消防救援队伍
财会监督法规应用指南

主　编　刘伟民
副主编　周列美　李宁波
编　委　柯　凡　向　勇　宁永丽　解连卫
　　　　王　雷　秦七月　史　李　王安军

中国科学技术大学出版社

内 容 简 介

本书是一本针对消防救援队伍财会监督工作的指南,对国家有关财会监督方面的各类法规进行了全面梳理,按照财会监督工作的责任主体和具体内容有序分类,对与机关单位及其工作人员经济行为相关的财政检查监督、内部审计监督、中介执业监督、纪检监察监督、行政司法监督、行业领域监督、违法违规行为等进行了法规解读与内容介绍;同时结合工作实际,探索提出财会监督工作技巧,以供相关行业从业人员借鉴与参考。

图书在版编目(CIP)数据

消防救援队伍财会监督法规应用指南/刘伟民主编. —合肥:中国科学技术大学出版社,2024.6(2024.12重印)

ISBN 978-7-312-05983-4

Ⅰ. 消⋯　Ⅱ. 刘⋯　Ⅲ. 消防部队—财政法—研究—中国　Ⅳ. D922.204

中国国家版本馆CIP数据核字(2024)第103867号

消防救援队伍财会监督法规应用指南

XIAOFANG JIUYUAN DUIWU CAIKUAI JIANDU FAGUI YINGYONG ZHINAN

出版	中国科学技术大学出版社
	安徽省合肥市金寨路96号,230026
	http://press.ustc.edu.cn
	https://zgkxjsdxcbs.tmall.com
印刷	安徽省瑞隆印务有限公司
发行	中国科学技术大学出版社
开本	787 mm×1092 mm　1/16
印张	25.25
字数	611千
版次	2024年6月第1版
印次	2024年12月第2次印刷
定价	90.00元

前　言

在十九届中央纪委六次全会上,习近平总书记指出,审计监督、财会监督、统计监督都是党和国家监督体系的重要组成部分,要推动规范用权,及时校准纠偏,严肃财经纪律。2022年4月19日,习近平总书记在中央全面深化改革委员会第二十五次会议上再次强调,要严肃财经纪律,维护财经秩序,健全财会监督机制。中共中央办公厅、国务院办公厅在2023年2月印发的《关于进一步加强财会监督工作的意见》中指出,财会监督是依法依规对国家机关、企事业单位、其他组织和个人的财政、财务、会计活动实施的监督,要构建起财政部门主责监督、有关部门依责监督、各单位内部监督、相关中介机构执业监督、行业协会自律监督的财会监督体系。

国家消防救援局作为中央财政预算单位,统一执行国家财经法规、政府会计制度和行政事业单位财务规章,为帮助国家综合性消防救援队伍相关人员学习了解财会监督相关法规,我们在多年工作实践和经验积累的基础上,对国家现行各类法规制度中与行政事业单位及其工作人员的财务活动和经济行为密切相关的内容进行了全面梳理、分类,并为每个部分撰写了政策导读,方便读者快速查阅、正确理解、有效运用。

本书共分八个部分。第一部分"财政检查监督"对加强财会监督工作意见、预算执行与绩效运行监督、财政检查工作办法等作了解读,由李宁波、柯凡编写;第二部分"内部审计监督"对审计法及其实施条例、国家审计准则、审计工作开展与审计人员、经济责任审计、政府投资审计、预算执行情况和政府财务报告审计、内部审计准则体系、内部审计工作规定与统计调查、审计听证与审计档案等作了解读,由向勇、宁永丽编写;第三部分"中介执业监督"对注册会计师行业发展、会计师事务所管理、代理记账行业管理、资产评估行业监管等作了解读,由解连卫编写;第四部分"纪检监察监督"对党政机关工作人员经济行为监督、纪检监察机关与相关部门工作协作、证据的收集鉴别与使用、赠送与接受礼品规定、公款出国旅游行为处理等作了解读，由王雷、秦七月编写；第五部分"行政司法监督"对涉案财物处置管理、贪污挪用与行贿受贿、劳动与合同纠纷处理、行政案件与国家赔偿、网络诈骗与冻结资金返还等作了解读，由史李、王安军编写；第六部分"行业领域监督"对社会团体与行业协会管理、涉企收费与经营服务性收费管理、保障企业款项支付、工程建设领域专项整治、金融领域经济行为监督、医疗保障基金使用监督、其他领域经济行为监督等作了解读，由刘伟民、周列美编写；第七部分"违法违规行为"对财政违法违规行为、"收支两条线"管理规定、设立和使用"小金库"违法违纪行为、违规发放津贴补贴行为、违法失信行为、机构编制违法违纪行为、违规兼职和参加相关组织、其他违法违规行为等作了解读，由刘伟民编写；第八部分"监督方式探析"是编者在实际工作中总结的财会监督方法与技巧，包括如何有效利用台账资料、如何发现各类问题线索、如何挖掘潜在风险隐患、如何抓好问题整改问责等，由周列美编写。本书由刘伟民任主编，周列美、李宁波任副主编。

本书解读各类法规文件227个，实际收录94个，收录文件时间截至2023年10月。书中解读文件可作为消防救援队伍和行政事业单位各级领导及财务、审计、纪检、后勤、采购、基建等业务部门工作人员学习行政事业单位财会监督法规制度的培训教材和工具书。

由于行政事业单位财经管理工作不断发展，财会监督各类法规不断更新，加之编者水平有限，书中的缺点和不足在所难免，恳请读者批评指正。

编　者

2023年10月

目 录

前言 ·· (ⅰ)

第一部分 财政检查监督

政策导读 ·· (2)
  一、进一步加强财会监督工作 ··· (2)
  二、预算执行与绩效运行监督 ··· (4)

参考法规 ·· (8)
  中共中央办公厅　国务院办公厅印发《关于进一步加强财会监督工作的意见》 ······ (8)
  中央预算内投资项目日常监管实施办法(试行) ··································· (12)
  中央财政预算执行动态监控管理办法 ··· (15)
  中央部门预算绩效运行监控管理暂行办法 ··· (19)
  财政部办公厅关于对中央预算单位政府采购执行情况实行动态监管的通知 ······ (22)
  财政部关于进一步推进地方预算执行动态监控工作的指导意见 ············· (23)
  财政检查工作办法 ··· (25)

第二部分 内部审计监督

政策导读 ··· (30)
  一、《中华人民共和国审计法》及其实施条例 ··································· (30)
  二、国家审计准则与加强审计工作意见 ··· (33)
  三、审计工作开展与审计人员 ··· (38)
  四、经济责任审计 ··· (41)
  五、政府投资审计 ··· (44)
  六、预算执行情况和政府财务报告审计 ··· (45)
  七、内部审计准则体系 ··· (48)
  八、内部审计工作规定与统计调查 ··· (56)
  九、审计听证与审计档案 ··· (57)

参考法规 ··· (59)
  中华人民共和国审计法 ··· (59)

中华人民共和国审计法实施条例 …………………………………………（65）
中华人民共和国国家审计准则 …………………………………………（73）
国务院关于加强审计工作的意见 ………………………………………（97）
国务院办公厅关于利用计算机信息系统开展审计工作有关问题的通知 …（100）
审计署　人民银行　银保监会　证监会关于审计机关查询单位和个人在金融
　　机构账户和存款有关问题的通知 ……………………………………（101）
党政主要领导干部和国有企事业主要领导人员经济责任审计规定 ……（103）
审计署关于进一步完善和规范投资审计工作的意见 …………………（110）
《关于进一步完善和规范投资审计工作的意见》贯彻落实中常见问题解答 …（112）
审计署关于加强公务支出和公款消费审计的若干意见 ………………（116）
政府财务报告审计办法（试行） …………………………………………（118）
内部审计基本准则 ………………………………………………………（120）
内部审计具体准则——经济责任审计 …………………………………（122）
审计署关于内部审计工作的规定 ………………………………………（128）
审计机关审计听证规定 …………………………………………………（132）
审计机关审计档案管理规定 ……………………………………………（135）

第三部分　中介执业监督

政策导读 ……………………………………………………………………（140）
　一、注册会计师行业发展 ………………………………………………（140）
　二、会计师事务所管理 …………………………………………………（144）
　三、代理记账行业管理 …………………………………………………（145）
　四、资产评估行业监管 …………………………………………………（147）
参考法规 ……………………………………………………………………（150）
　国务院办公厅关于进一步规范财务审计秩序促进注册会计师行业健康发展
　　的意见 …………………………………………………………………（150）
　财政部关于加大审计重点领域关注力度　控制审计风险　进一步有效识别
　　财务舞弊的通知 ………………………………………………………（153）
　会计师事务所监督检查办法 ……………………………………………（160）
　代理记账管理办法 ………………………………………………………（164）
　代理记账行业协会管理办法 ……………………………………………（168）
　资产评估行业财政监督管理办法 ………………………………………（171）
　加强资产评估行业联合监管若干措施 …………………………………（179）

第四部分　纪检监察监督

政策导读 ·· (182)
　一、党政机关工作人员经济行为监督 ·· (182)
　二、纪检监察机关与相关部门工作协作 ·· (184)
　三、证据的收集鉴别与使用 ·· (185)
　四、赠送与接受礼品规定 ··· (185)
　五、公款出国旅游行为处理 ·· (187)

参考法规 ·· (188)
　中共中央纪委关于严格禁止利用职务上的便利谋取不正当利益的若干规定 ···· (188)
　关于党政机关工作人员个人证券投资行为若干规定 ······························· (189)
　中共中央纪委关于省、地两级党委、政府主要领导干部配偶、子女个人经商
　　办企业的具体规定(试行) ··· (190)
　中国共产党中央委员会组织部　人力资源和社会保障部　国家工商行政管理
　　总局　国家公务员局关于规范公务员辞去公职后从业行为的意见 ········· (191)
　中共中央纪委　监察部　审计署关于纪检监察机关和审计机关在查处案件中
　　加强协作配合的通知 ··· (192)
　银行业金融机构协助人民检察院公安机关国家安全机关查询冻结工作规定 ··· (193)
　中共中央纪律检查委员会关于查处党员违纪案件中收集、鉴别、使用证据的
　　具体规定 ··· (198)
　中共中央办公厅　国务院办公厅关于严禁党政机关及其工作人员在公务活动
　　中接受和赠送礼金、有价证券的通知 ··· (201)
　中共中央办公厅　国务院办公厅关于认真贯彻执行《国务院关于在对外公务
　　活动中赠送和接受礼品的规定》的通知 ·· (202)
　关于中央党政机关工作人员在国内交往中收受礼品登记和处理办法 ·········· (204)
　用公款出国(境)旅游及相关违纪行为处分规定 ··································· (205)
　中共中央纪委关于用公款出国(境)旅游及相关违纪行为适用《中国共产党
　　纪律处分条例》若干问题的解释 ··· (206)

第五部分　行政司法监督

政策导读 ·· (210)
　一、涉案财物处置管理 ··· (210)
　二、贪污挪用与行贿受贿 ··· (213)
　三、劳动与合同纠纷处理 ··· (216)
　四、行政案件与国家赔偿 ··· (218)

五、网络诈骗与冻结资金返还 ……………………………………………………… (220)
参考法规 ……………………………………………………………………………… (222)
最高人民法院关于民事执行中财产调查若干问题的规定 ……………………… (222)
最高人民法院 最高人民检察院 公安部 司法部关于办理黑恶势力刑事案件
中财产处置若干问题的意见 …………………………………………………… (225)
国家监察委员会办公厅 自然资源部办公厅关于不动产登记机构协助监察机关
在涉案财物处理中办理不动产登记工作的通知 ……………………………… (229)
最高人民法院关于审理挪用公款案件具体应用法律若干问题的解释 ………… (230)
最高人民法院关于审理贪污、职务侵占案件如何认定共同犯罪几个问题的解释 … (232)
最高人民法院 最高人民检察院关于办理贪污贿赂刑事案件适用法律若干问题
的解释 …………………………………………………………………………… (232)
最高人民法院关于审理劳动争议案件适用法律问题的解释(一) ……………… (236)
最高人民法院关于审理建设工程施工合同纠纷案件适用法律问题的解释(一) …… (243)
最高人民法院关于审理银行卡民事纠纷案件若干问题的规定 ………………… (248)
最高人民法院关于审理行政赔偿案件若干问题的规定 ………………………… (250)
最高人民法院关于行政机关负责人出庭应诉若干问题的规定 ………………… (254)
电信网络新型违法犯罪案件冻结资金返还若干规定 …………………………… (257)
最高人民法院 最高人民检察院 公安部关于办理电信网络诈骗等刑事案件
适用法律若干问题的意见(二) ………………………………………………… (259)
最高人民法院 最高人民检察院 公安部关于办理非法集资刑事案件若干问题
的意见 …………………………………………………………………………… (262)

第六部分 行业领域监督

政策导读 ……………………………………………………………………………… (268)
一、社会团体与行业协会管理 …………………………………………………… (268)
二、涉企收费与经营服务性收费管理 …………………………………………… (270)
三、保障企业款项支付 …………………………………………………………… (276)
四、工程建设领域专项整治 ……………………………………………………… (277)
五、金融领域经济行为监督 ……………………………………………………… (281)
六、医疗保障基金使用监督 ……………………………………………………… (284)
七、其他领域经济行为监督 ……………………………………………………… (285)
参考法规 ……………………………………………………………………………… (289)
行业协会商会与行政机关脱钩总体方案 ………………………………………… (289)
民政部社会组织管理局关于进一步加强社会组织管理 严格规范社会组织
行为的通知 ……………………………………………………………………… (294)
国家发展改革委办公厅关于组织开展行业协会商会经营服务性收费清理规范

工作的通知 …………………………………………………………………… (296)
　涉企违规收费专项整治行动方案 ………………………………………………… (297)
　国家发展改革委关于进一步清理规范政府定价经营服务性收费的通知 ………… (300)
　保障中小企业款项支付投诉处理暂行办法 ……………………………………… (302)
　住房和城乡建设部办公厅关于开展工程建设领域整治工作的通知 …………… (303)
　工程建设项目招标投标活动投诉处理办法 ……………………………………… (305)
　住房和城乡建设部办公厅关于出借资质违法行为有关查处问题的意见 ……… (309)
　违反规定插手干预工程建设领域行为处分规定 ………………………………… (309)
　党员领导干部违反规定插手干预工程建设领域行为适用《中国共产党纪律处分
　　条例》若干问题的解释 …………………………………………………………… (312)
　中国银监会关于进一步规范银行业金融机构吸收公款存款行为的通知 ……… (315)
　中国人民银行　中国银行保险监督管理委员会　中国证券监督管理委员会
　　国家外汇管理局　关于进一步规范金融营销宣传行为的通知 ………………… (316)
　中国人民银行　中央网信办　最高人民法院　最高人民检察院　工业和
　　信息化部　公安部　市场监管总局　银保监会　证监会　外汇局关于
　　进一步防范和处置虚拟货币交易炒作风险的通知 ……………………………… (319)
　违法违规使用医疗保障基金举报奖励办法 ……………………………………… (322)
　不合理医疗检查专项治理行动工作方案 ………………………………………… (323)
　国务院办公厅关于加强和规范各地政府驻北京办事机构管理的意见 ………… (326)
　市场监管总局办公厅关于开展清理整治网络销售和宣传"特供""专供"标识
　　商品专项行动的通知 ……………………………………………………………… (328)
　人力资源社会保障部　中央组织部　中央编办　财政部关于建立机关事业单位
　　防治"吃空饷"问题长效机制的指导意见 ……………………………………… (329)

第七部分　违法违规行为

政策导读 ……………………………………………………………………………… (334)
　一、财政违法违规行为 ……………………………………………………………… (334)
　二、"收支两条线"管理规定 ……………………………………………………… (335)
　三、设立和使用"小金库"违法违纪行为 ………………………………………… (336)
　四、违规发放津贴补贴行为 ………………………………………………………… (337)
　五、违法失信行为 …………………………………………………………………… (338)
　六、机构编制违法违纪行为 ………………………………………………………… (341)
　七、违规兼职和参加相关组织 ……………………………………………………… (342)
　八、其他违法违规行为 ……………………………………………………………… (343)
参考法规 ……………………………………………………………………………… (348)
　财政违法行为处罚处分条例 ………………………………………………………… (348)

财政部门财政扶贫资金违规管理责任追究办法 (353)
行政事业性收费和罚没收入实行"收支两条线"管理的若干规定 (355)
违反行政事业性收费和罚没收入收支两条线管理规定行政处分暂行规定 (357)
深入开展贯彻执行中央八项规定严肃财经纪律和"小金库"专项治理工作方案 (359)
中国共产党中央纪律检查委员会关于设立"小金库"和使用"小金库"款项违纪
  行为适用《中国共产党纪律处分条例》若干问题的解释 (362)
设立"小金库"和使用"小金库"款项违法违纪行为政纪处分暂行规定 (363)
违规发放津贴补贴行为适用《中国共产党纪律处分条例》若干问题的解释 (364)
违规发放津贴补贴行为处分规定 (366)
国家发展改革委　最高人民法院　国土资源部关于对失信被执行人实施限制
  不动产交易惩戒措施的通知 (368)
拖欠农民工工资失信联合惩戒对象名单管理暂行办法 (369)
机构编制违纪行为适用《中国共产党纪律处分条例》若干问题的解释 (371)
行政机关机构编制违法违纪行为政纪处分暂行规定 (372)
中共中央纪委　中共中央组织部关于退出现职、接近或者达到退休年龄的
  党政领导干部在企业兼职、任职有关问题的意见 (373)
中共中央纪委　中共中央组织部　总政治部关于领导干部不得参加自发成立的
  "老乡会""校友会""战友会"组织的通知 (374)
关于党政机关及事业单位用公款为个人购买商业保险若干问题的规定 (375)
抗震救灾款物管理使用违法违纪行为处分规定 (377)
合同行政监督管理办法 (380)
档案管理违法违纪行为处分规定 (382)

第八部分　监督方式探析

工作研讨 (386)
　一、寻踪觅迹　有效利用台账资料 (386)
　二、望闻问切　及时发现各类问题 (387)
　三、或有事项　关注潜在风险隐患 (389)
　四、整改问责　做好监督后篇文章 (390)

第一部分
财政检查监督

本部分主要涉及由各级政府财政部门主导组织开展的监督检查活动,主要包括中共中央办公厅、国务院办公厅颁布的《关于进一步加强财会监督工作的意见》、预算执行与绩效运行监督、财政检查工作办法等相关内容。

一、进一步加强财会监督工作

财会监督是依法依规对国家机关、企事业单位、其他组织和个人的财政、财务、会计活动实施的监督。以习近平同志为核心的党中央总揽全局、审时度势,作出健全党和国家监督体系的战略部署,将财会监督作为党和国家监督体系的重要组成部分,为新时代推进财会监督工作提供了根本遵循。习近平总书记在十九届中央纪委四次全会上发表重要讲话,强调要以党内监督为主导,推动人大监督、民主监督、行政监督、司法监督、审计监督、财会监督、统计监督、群众监督、舆论监督有机贯通、相互协调。在十九届中央纪委六次全会上,习近平总书记指出,审计监督、财会监督、统计监督都是党和国家监督体系的重要组成部分,要推动规范用权,及时校准纠偏,严肃财经纪律。2022年4月19日,习近平总书记在中央全面深化改革委员会第二十五次会议上再次强调,要严肃财经纪律,维护财经秩序,健全财会监督机制。党的十八大以来,财会监督在推进全面从严治党、维护中央政令畅通、规范财经秩序、促进经济社会健康发展等方面发挥了重要作用。但也要看到,财会监督工作还存在一些问题和短板,财会监督体系尚待完善,工作机制有待理顺,法治建设亟待健全,信息化水平不高,监督能力有待提升,这制约了财会监督职能作用的有效发挥。同时,财经纪律松弛现象不同程度存在,违规使用财政资金、财务造假、会计信息失真、部分中介机构"看门人"职责失守等问题多发,严重违反国家财经纪律,而且扰乱市场经济秩序,亟须强化监督和治理规范。随着全面深化改革向纵深推进,健全完善党和国家监督体系进入系统集成、协同高效的新阶段。做好新时代财会监督工作,必须立足当前、着眼长远,从体制机制上破解难题,从能力建设上夯实基础,加快构建健全完善、保障有力的监督体系,建立协调配合、运转有序的工作机制,切实提升财会监督效能,更好地发挥财会监督在党和国家监督体系中的基础性、支撑性作用。为此,中共中央办公厅、国务院办公厅于2023年2月印发了《关于进一步加强财会监督工作的意见》(中办发〔2023〕4号,以下简称《意见》),《意见》的出台是贯彻落实习近平总书记关于财会监督重要论述精神的具体行动,是贯彻落实党中央、国务院关于加强财会监督工作决策部署的重大举措。《意见》对新时代建立健全财会监督体系、完善工作机制等方面进行了顶层设计,对于进一步健全党和国家监督体系、推进国家治理体系和治理能力现代化,进一步推进全面从严治党、维护中央政令畅通,进一步健全财政职能、加强财政管理、严肃财经纪律、维护财经秩序等方面具有重要意义。

《意见》以习近平新时代中国特色社会主义思想为指导,深入贯彻党的二十大精神,完整、准确、全面贯彻新发展理念,坚持以完善党和国家监督体系为出发点,以推进国家治理体系和治理能力现代化为根本目标,注重把握财会监督工作的时代要求、职能定位、重点任务,突出政治属性,对新时代财会监督体系、工作机制等方面进行科学谋划和统筹设计,推动新时代财会监督工作高质量发展。《意见》从明确财会监督的内涵和工作要求、构建财会监督体系、健全工作机制等方面,搭建起财会监督的"四梁八柱"。《意见》提出了到2025年的工作目标:构建起财政部门主责监督、有关部门依责监督、各单位内部监督、相关中介机构执业监督、行业协会自律监督的财会监督体系;基本建立起各类监督主体横向协同,中央与地方纵向联动,财会监督与其他各类监督贯通协调的工作机制;财会监督法律制度更加健全,信息化水平明显提高,监督队伍素质不断提升,在规范财政财务管理、提高会计信息质量、维护财经纪律和市场经济秩序等方面发挥重要保障作用。《意见》共五部分:第一部分是总体要求,提出了新时代财会监督工作的指导思想、工作要求和主要目标;第二部分是进一步健全财会监督体系;第三部分是完善财会监督工作机制;第四部分明确了新时期财会监督的三大重点领域;第五部分提出了相关保障措施。

《意见》在深化新时代财会监督理论和政策设计上有许多创新和亮点,最突出的有以下几个方面:一是明确了财会监督的内涵。新时代财会监督不是传统意义上的财政监督、财务监督和会计监督的简单加总,而是三者的有机融合和凝练升华,是涵盖了财政、财务、会计监督的全覆盖的一种监督行为。财会监督涉及与国家财经政策执行和资金运行相关的各类单位和个人的经济活动。二是明确了财会监督的定位。《意见》站在全局的高度,为财会监督赋予了新的定位。财会监督是党和国家监督体系的重要组成部分,在党和国家监督体系中发挥基础性、支撑性作用。三是明确了财会监督的原则。《意见》坚持守正创新,顺应实践发展,提出了四项新原则:坚持党的领导,发挥政治优势;坚持依法监督,强化法治思维;坚持问题导向,分类精准施策;坚持协同联动,加强贯通协调。四是明确了财会监督的体系。《意见》坚持系统观念,提出了构建财政部门主责监督、有关部门依责监督、各单位内部监督、中介机构执业监督、行业协会自律监督的财会监督体系。五是明确了财会监督"纵横贯通"机制。《意见》坚持"一盘棋"理念,推动构建监督主体间横向协同、中央与地方纵向联动、财会监督与其他各类监督贯通协调的财会监督机制。

《意见》坚持目标导向和问题导向,立足于财会监督在党和国家监督体系中的重要作用,针对财经领域存在的突出问题,要求切实加大监督力度,为确保中央决策部署贯彻落实、严肃财经纪律、维护财经秩序提供坚强保障。新时代财会监督的重点任务有以下三个方面:一是保障党中央、国务院重大决策部署贯彻落实。聚焦深化供给侧结构性改革,做好稳增长、稳就业、稳物价工作等重大部署,严肃查处财经领域违反中央宏观决策和治理调控要求、影响经济社会健康稳定发展的违纪违规行为,确保党中央政令畅通。二是强化财经纪律刚性约束。加强对财经领域公权力行使的制约和监督,聚焦党政机关过紧日子、加强基层"三保"工作等方面存在的突出问题,强化通报问责和处理处罚,使纪律真正成为带电的"高压线"。三是严厉打击财务会计违法违规行为。从严从重查处影响恶劣的财务舞弊、会计造假案件,强化对相关责任人的追责问责。加强对国有企业、上市公司、金融企业等的财务、会计行为的监督,强化对会计信息质量的监督,进一步加大对会计师事务所、资产评估机构等中介机构执业质量的监督力度。

二、预算执行与绩效运行监督

预算执行动态监控是财政国库管理工作的重要组成部分。做好这项工作,对于硬化预算约束、保障财政资金安全、推动政策措施落实、严肃财经纪律具有重要意义。按照预算管理制度改革和现代国库制度的要求,切实履行预算执行动态监控职责,健全动态监控系统,完善动态监控方式,扩大动态监控范围,强化预防、纠偏、威慑、反映功能,建立财政资金支付全程动态监控机制,保障预算执行严格规范、财政资金使用合规透明和财经政策措施落实到位,才能使预算执行动态监控在财政财务管理中发挥更大的作用。

为加强中央预算内投资计划实施的综合监管,落实日常监管责任,压实主体责任,规范监管程序,建立问责机制,国家发展改革委于2017年12月颁发了《中央预算内投资项目日常监管实施办法(试行)》(发改稽察规〔2017〕2276号),对所有使用中央预算内投资的项目,包括国家发展改革委直接安排投资的项目和采用打捆、切块方式下达投资计划的项目,其日常监管提出明确要求。一是明确了责任主体,日常监管直接责任单位及监管责任人承担中央预算内投资项目日常监管责任,项目单位(法人)承担项目建设主体责任。日常监管直接责任单位及监管责任人的相关信息应当随投资计划电子数据一并加载到国家重大建设项目库。二是明确了责任内容,日常监管直接责任单位承担制定日常监管工作方案、对监管对象开展定期或不定期检查、发现问题提出整改意见并及时报告、按时填报项目信息和进度数据等职责。监管责任人承担到现场了解建设情况、对项目信息和进度数据进行初审、对发现的问题及时报告等职责。项目单位(法人)是项目建设的责任主体,对项目建设的组织、管理承担全面责任,应当严格执行中央预算内投资计划,履行按要求提供真实的项目申报材料、签署综合信用承诺书、依法依规履行各项报建手续并组织项目建设、及时准确完整报送项目信息和进度数据等职责。三是明确了工作方式,日常监管直接责任单位应组织专业力量围绕项目建设各环节开展监督检查,派出并指导监管责任人开展工作;监管责任人可采取现场巡查、在线监测等方式开展工作。监管责任人对发现的重大问题,应当在两个工作日内上报日常监管直接责任单位。日常监管直接责任单位应当在十个工作日内组织核查并提出整改意见,督促项目单位(法人)认真整改。监管责任人应当及时了解整改情况,并向日常监管直接责任单位报告。

为进一步加强中央财政预算执行管理与监督,提高财政资金管理使用的安全性、规范性、有效性,财政部于2020年1月颁布了《中央财政预算执行动态监控管理办法》(财库〔2020〕3号)。动态监控是指财政部根据财政国库管理制度和相关财政财务管理规定,通过预算执行动态监控系统,动态监控中央预算单位财政资金支付清算信息,对发现的违规问题及时纠正处理,以规范预算执行、防范财政资金支付使用风险的管理活动。该办法规定:动态监控的资金范围为实行国库集中支付的财政资金,财政部根据财政管理需要将其他资金纳入动态监控范围。动态监控的基本要素包括付款人名称、付款人账号、支付时间、支付金额、结算方式、用途、预算科目、支付方式、支付类型、项目名称、收款人名称、收款人账号及银行账户等相关信息。动态监控的主要事项包括预算单位财政资金支付情况,代理银行代理国库集中支付业务情况,以及按照有关规定和管理要求的其他需要动态监控的事项。该办法明确,财政部对监控疑点信息,主要采取电话核实、调阅材料、约谈、实地核证以及部门协查的方式进行核实。对核实确认的违规问题,在职责范围内,依据有关法律法规和制度规定作出处理,包括通知整改、暂停拨款、撤销账户、通报批评、退款并承担赔偿、扣费或终止协议;不属于职责范围的,按照规定移交有关部门处理。该办法还提出,财政部将加强动态监控结果运用,将动态监控结果作为编制或调剂预算、制定完善相关管理制度和开展绩效评价等工作的参考。定期或不定期将预算执行中的共性问题、典型案例、潜在风险等反馈给中央部门,督促各部门落实预算执行主体责任,开展自查自纠,加强预算执行和财政资金管理。

为进一步提高中央部门预算绩效监控工作的规范性和系统性,加强绩效监控管理,提升预算执行效率和资金使用效益,经充分征求各相关方意见,财政部于2019年7月制定了《中央部门预算绩效运行监控管理暂行办法》(财预〔2019〕136号)。绩效监控是指在预算执行过程中,财政部、中央部门及其所属单位依照职责,对预算执行情况和绩效目标实现程度开展的监督、控制和管理活动。绩效监控按照"全面覆盖、突出重点,权责对等、约束有力,结果运用、及时纠偏"的原则,由财政部统一组织、中央部门分级实施。该办法规定了绩效监控范围:中央部门应对重点政策和重大项目,以及巡视、审计、有关监督检查、重点绩效评价和日常管理中发现问题较多、绩效水平不高、管理薄弱的项目予以重点监控,并逐步开展中央部门及其所属单位整体预算绩效监控。该办法规定了绩效监控内容主要包括:一是绩效目标完成情况,预计产出的完成进度及趋势,包括数量、质量、时效、成本等;预计效果的实现进度及趋势,包括经济效益、社会效益、生态效益和可持续影响等;跟踪服务对象满意度及趋势。二是预算资金执行情况,包括预算资金拨付情况、预算执行单位实际支出情况以及预计结转结余情况。三是重点政策和重大项目绩效延伸监控。必要时,可对重点政策和重大项目支出具体工作任务开展、发展趋势、实施计划调整等情况进行延伸监控,具体内容包括:政府采购、工程招标、监理和验收、信息公示、资产管理以及有关预算资金会计核算等。四是其他情况,除上述内容外其他需要实施绩效监控的内容。该办法规定了绩效监控方式和流程,采用目标比较法,用定量分析和定性分析相结合的方式,开展及时性、合规性和有效性监控。具体采取中央部门日常监控和财政部定期监控相结合的方式开展。该办法还规定了绩效监控结果应用办法,将绩效监控结果作为以后年度预算安排和政策制定的参考,绩效监控工作情况作为中央部门预算绩效管理工作考核的内容。对绩效监控中发现的绩效目标执行偏差和管理漏洞,应及时采取分类处置措施予以纠正;对发现的问题和风险进行研判,督促相关部门改进管理,确保预算资金安全有效,保障党中央、国务院重大战略部署和政策目标如期实现。

为切实加强对中央预算单位政府采购活动的事中事后监管,推动中央预算单位依法依规开展政府采购活动,财政部决定对中央预算单位政府采购执行情况实行动态监管,并于2016年11月印发了《关于对中央预算单位政府采购执行情况实行动态监管的通知》(财办库〔2016〕413号),由财政部(国库司)依托中国政府采购网、政府采购计划管理系统等信息系统,对采购项目采购预算和计划编报、单一来源采购审核前公示、采购公告、中标(成交)结果公告和采购合同公告等环节的数据信息进行核对校验,对中央预算单位政府采购项目执行情况实行动态监管。动态监管的主要内容包括:一是政府采购预算和计划编报情况,重点监管中央预算单位是否违规调剂政府采购预算,规避公开招标和政府采购;是否超采购预算或计划开展采购活动。二是政府采购审核审批事项执行情况,重点监管中央预算单位达到公开招标数额标准以上的货物、服务采购项目采用公开招标以外采购方式的,在发布采购公告前是否按规定报财政部审批;采购进口产品的采购项目,在发布采购公告前是否按规定报财政部审核或备案。三是政府采购信息公开情况,重点监管中央预算单位是否按规定在中国政府采购网发布招标公告、竞争性谈判公告、竞争性磋商公告、询价公告、中标(成交)结果公告和采购合同公告。通知要求财政部(国库司)将动态监管中发现的疑点问题定期反馈主管预算单位核实,对违法违规问题依法进行处理。各主管预算单位应加强本系统政府采购项目执行管理,督促所属预算单位做好政府采购活动的内控管理,积极配合财政部(国库司)对动态监管中发现的疑点问题进行核实处理,对违法违规问题及时进行整改,切实提高政府采购规范化管理水平。

财政部《关于加快建立地方预算执行动态监控机制的指导意见》(财库〔2009〕70号)印发以来,在各级财政部门的共同努力下,地方预算执行动态监控工作明显提速,取得较大进展和成效。但总体上还存在各地进展不均衡、工作机制不健全、信息技术手段应用不充分等问题。为进一步推进新形势下地方预算执行动态监控工作,财政部于2015年3月印发了《财政部关于进一步推进地方预算执行动态监控工作的指导意见》(财库〔2015〕73号)。该意见提出了地方预算执行动态监控的总体目标是,2016年底前建立预算执行动态监控机制,将动态监控范围扩展到所有财政资金和全部预算单位。到2018年建成预警高效、反馈迅速、纠偏及时、控制有力的覆盖各级财政的预算执行动态监控体系。该意见提出了四项工作要求:一是加快制度建设,完善规章制度,强化依法监控;严格执行规章制度,避免制度规定流于形式。二是健全工作机制,完善动态监控运作机制,建立多层次互动机制,建立监控信息报告机制和违规问题处理机制。三是强化技术支撑,基于金财工程应用支撑平台,实施辖区内预算执行动态监控系统(或模块)建设。四是加大监控力度,扩大动态监控范围,强化国库内部控制,开展重点监控核查。为督导地方加快推进预算执行动态监控工作,实现2018年建成地方预算执行动态监控体系的目标,根据《财政部关于进一步推进地方预算执行动态监控工作的指导意见》(财库〔2015〕73号),财政部于2017年9月制定了《地方预算执行动态监控工作督导考核办法》(财库〔2017〕161号),规范了财政部对省级财政部门预算执行动态监控工作的督导考核。该办法明确了督导考核的主要内容包括管理制度情况、工作机制情况、技术支撑情况、工作责任落实情况、省本级动态监控工作情况、省以下工作推动情况、自评报告情况等。该办法还规定了督导考核的步骤和有关要求。

为了规范财政检查工作,保障和监督财政部门有效实施财政检查,保护公民、法人和其他组织的合法权益,财政部于2006年1月发布《财政检查工作办法》(财政部令第32号),统一规范了财政部门开展财政检查的检查目的、检查对象、检查人员组成、检查程序、检查方法、检查结果处理等工作内容。财政检查,是指财政部门为履行财政监督职责,纠正财政违法行为,维护国家财政经济秩序,对单位和个人执行财税法规情况以及财政、财务、会计等管理事项进行检查的活动。财政检查的目的是保障财政收支活动合法合规进行,发现和纠正财政管理中的问题,加强财政监督和风险管理。检查对象主要是各级财政部门和财政资金使用单位,如政府部门、企事业单位、基层组织等。检查程序包括开展检查前的通知、组建检查小组、执行检查、形成检查报告、送达检查通知书等步骤，各个环节需要严格遵循程序。对于检查中发现的问题，应当及时将检查报告送达被检查对象，并根据法律法规和有关规定，依照程序进行处理。财政部门检查人员可以运用查账、盘点、查询及函证、计算、分析性复核等方法实施财政检查，在检查过程中有权查阅和复制有关会计账簿、凭证等财务资料，向被检查人询问有关情况并制作笔录，对检查报告进行复核，对审定发现的问题，作出行政处理、处罚决定。

中共中央办公厅 国务院办公厅
印发《关于进一步加强财会监督工作的意见》

(中办发〔2023〕4号)

财会监督是依法依规对国家机关、企事业单位、其他组织和个人的财政、财务、会计活动实施的监督。近年来,财会监督作为党和国家监督体系的重要组成部分,在推进全面从严治党、维护中央政令畅通、规范财经秩序、促进经济社会健康发展等方面发挥了重要作用,同时也存在监督体系尚待完善、工作机制有待理顺、法治建设亟待健全、监督能力有待提升、一些领域财经纪律亟需整治等问题。为进一步加强财会监督工作,更好发挥财会监督职能作用,现提出如下意见。

一、总体要求

(一)指导思想。以习近平新时代中国特色社会主义思想为指导,深入贯彻党的二十大精神,完整、准确、全面贯彻新发展理念,加快构建新发展格局,着力推动高质量发展,更好统筹发展和安全,坚持以完善党和国家监督体系为出发点,以党内监督为主导,突出政治属性,严肃财经纪律,健全财会监督体系,完善工作机制,提升财会监督效能,促进财会监督与其他各类监督贯通协调,推动健全党统一领导、全面覆盖、权威高效的监督体系。

(二)工作要求

——坚持党的领导,发挥政治优势。坚持加强党的全面领导和党中央集中统一领导,把党的领导落实到财会监督全过程各方面,确保党中央、国务院重大决策部署有效贯彻落实。

——坚持依法监督,强化法治思维。按照全面依法治国要求,健全财经领域法律法规和政策制度,加快补齐法治建设短板,依法依规开展监督,严格执法、严肃问责。

——坚持问题导向,分类精准施策。针对重点领域多发、高发、易发问题和突出矛盾,分类别、分阶段精准施策,强化对公权力运行的制约和监督,建立长效机制,提升监督效能。

——坚持协同联动,加强贯通协调。按照统筹协同、分级负责、上下联动的要求,健全财会监督体系,构建高效衔接、运转有序的工作机制,与其他各类监督有机贯通、相互协调,形成全方位、多层次、立体化的财会监督工作格局。

(三)主要目标。到2025年,构建起财政部门主责监督、有关部门依责监督、各单位内部监督、相关中介机构执业监督、行业协会自律监督的财会监督体系;基本建立起各类监督主体横向协同、中央与地方纵向联动,财会监督与其他各类监督贯通协调的工作机制;财会监督法律制度更加健全,信息化水平明显提高,监督队伍素质不断提升,在规范财政财务管理、提高会计信息质量、维护财经纪律和市场经济秩序等方面发挥重要保障作用。

二、进一步健全财会监督体系

（四）加强党对财会监督工作的领导。各级党委要加强对财会监督工作的领导，保障党中央决策部署落实到位，统筹推动各项工作有序有效开展。各级政府要建立财会监督协调工作机制，明确工作任务、健全机制、完善制度，加强对下级财会监督工作的督促和指导。

（五）依法履行财会监督主责。各级财政部门是本级财会监督的主责部门，牵头组织对财政、财务、会计管理法律法规及规章制度执行情况的监督。加强预算管理监督，推动构建完善综合统筹、规范透明、约束有力、讲求绩效、持续安全的现代预算制度，推进全面实施预算绩效管理。加强对行政事业性国有资产管理规章制度、政府采购制度实施情况的监督，保障国有资产安全完整，规范政府采购行为。加强对财务管理、内部控制的监督，督促指导相关单位规范财务管理，提升内部管理水平。加强对会计行为的监督，提高会计信息质量。加强对注册会计师、资产评估和代理记账行业执业质量的监督，规范行业秩序，促进行业健康发展。

（六）依照法定职责实施部门监督。有关部门要依法依规强化对主管、监管行业系统和单位财会监督工作的督促指导。加强对所属单位预算执行的监督，强化预算约束。按照职责分工加强对政府采购活动、资产评估行业的监督，提高政府采购资金使用效益，推动资产评估行业高质量发展。加强对归口财务管理单位财务活动的指导和监督，严格财务管理。按照会计法赋予的职权对有关单位的会计资料实施监督，规范会计行为。

（七）进一步加强单位内部监督。各单位要加强对本单位经济业务、财务管理、会计行为的日常监督。结合自身实际建立权责清晰、约束有力的内部财会监督机制和内部控制体系，明确内部监督的主体、范围、程序、权责等，落实单位内部财会监督主体责任。各单位主要负责人是本单位财会监督工作第一责任人，对本单位财会工作和财会资料的真实性、完整性负责。单位内部应明确承担财会监督职责的机构或人员，负责本单位经济业务、财会行为和会计资料的日常监督检查。财会人员要加强自我约束，遵守职业道德，拒绝办理或按照职权纠正违反法律法规规定的财会事项，有权检举单位或个人的违法违规行为。

（八）发挥中介机构执业监督作用。会计师事务所、资产评估机构、税务师事务所、代理记账机构等中介机构要严格依法履行审计鉴证、资产评估、税收服务、会计服务等职责，确保独立、客观、公正、规范执业。切实加强对执业质量的把控，完善内部控制制度，建立内部风险防控机制，加强风险分类防控，提升内部管理水平，规范承揽和开展业务，建立健全事前评估、事中跟踪、事后评价管理体系，强化质量管理责任。持续提升中介机构一体化管理水平，实现人员调配、财务安排、业务承接、技术标准、信息化建设的实质性一体化管理。

（九）强化行业协会自律监督作用。注册会计师协会、资产评估协会、注册税务师协会、银行业协会、证券业协会等要充分发挥督促引导作用，促进持续提升财会信息质量和内部控制有效性。加强行业诚信建设，健全行业诚信档案，把诚信建设要求贯穿行业管理和服务工作各环节。进一步加强行业自律监管，运用信用记录、警示告诫、公开曝光等措施加大惩戒力度，完善对投诉举报、媒体质疑等的处理机制，推动提升财会业务规范化水平。

三、完善财会监督工作机制

（十）加强财会监督主体横向协同。构建财政部门、有关部门、各单位、中介机构、行业协会等监督主体横向协同工作机制。各级财政部门牵头负责本级政府财会监督协调工作机制日常工作,加强沟通协调,抓好统筹谋划和督促指导;税务、人民银行、国有资产监管、银行保险监管、证券监管等部门积极配合、密切协同。建立健全部门间财会监督政策衔接、重大问题处理、综合执法检查、监督结果运用、监督线索移送、监督信息交流等工作机制,形成监督合力,提升监督效能。建立部门与行业协会联合监管机制,推动行政监管与自律监管有机结合。相关中介机构要严格按照法律法规、准则制度进行执业,并在配合财会监督执法中提供专业意见。中介机构及其从业人员对发现的违法违规行为,应及时向主管部门、监管部门和行业协会报告。各单位应配合依法依规实施财会监督,不得拒绝、阻挠、拖延,不得提供虚假或者有重大遗漏的财会资料及信息。

(十一)强化中央与地方纵向联动。压实各有关方面财会监督责任,加强上下联动。国务院财政部门加强财会监督工作的制度建设和统筹协调,牵头组织制定财会监督工作规划,明确年度监督工作重点,指导推动各地区各部门各单位组织实施。县级以上地方政府和有关部门依法依规组织开展本行政区域内财会监督工作。国务院有关部门派出机构依照法律法规规定和上级部门授权实施监督工作。地方各级政府和有关部门要畅通财会监督信息渠道,建立财会监督重大事项报告机制,及时向上一级政府和有关部门反映财会监督中发现的重大问题。

(十二)推动财会监督与其他各类监督贯通协调。建立健全信息沟通、线索移送、协同监督、成果共享等工作机制。开展财会监督要自觉以党内监督为主导,探索深化贯通协调有效路径,加强与巡视巡察机构协作,建立重点监督协同、重大事项会商、线索移交移送机制,通报财会监督检查情况,研究办理巡视巡察移交的建议;加强与纪检监察机关的贯通协调,完善财会监督与纪检监察监督在贯彻落实中央八项规定精神、纠治"四风"、整治群众身边腐败和不正之风等方面要求贯通协调机制,加强监督成果共享,发现党员、监察对象涉嫌违纪或职务违法、职务犯罪的问题线索,依法依规及时移送纪检监察机关;发挥财会监督专业力量作用,选派财会业务骨干参加巡视巡察、纪委监委监督检查和审查调查。强化与人大监督、民主监督的配合协同,完善与人大监督在提高预算管理规范性、有效性等方面贯通协调机制。增强与行政监督、司法监督、审计监督、统计监督的协同性和联动性,加强信息共享,推动建立健全长效机制,形成监督合力。畅通群众监督、舆论监督渠道,健全财会监督投诉举报受理机制,完善受理、查处、跟踪、整改等制度。

四、加大重点领域财会监督力度

(十三)保障党中央、国务院重大决策部署贯彻落实。把推动党中央、国务院重大决策部署贯彻落实作为财会监督工作的首要任务。聚焦深化供给侧结构性改革,做好稳增长、稳就业、稳物价工作,保障和改善民生,防止资本无序扩张,落实财政改革举措等重大部署,综合运用检查核查、评估评价、监测监控、调查研究等方式开展财会监督,严肃查处财经领域违反中央宏观决策和治理调控要求、影响经济社会健康稳定发展的违纪违规行为,确保党中央政令畅通。

(十四)强化财经纪律刚性约束。加强对财经领域公权力行使的制约和监督,严肃财经纪律。聚焦贯彻落实减税降费、党政机关过紧日子、加强基层保基本民生保工资保运转工作、规范国库管理、加强资产管理、防范债务风险等重点任务,严肃查处财政收入不真实不合规、违规兴建楼堂馆所、乱设财政专户、违规处置资产、违规新增地方政府隐性债务等突出问题,强化通报问责和处理处罚,使纪律真正成为带电的"高压线"。

（十五）严厉打击财务会计违法违规行为。坚持"强穿透、堵漏洞、用重典、正风气",从严从重查处影响恶劣的财务舞弊、会计造假案件,强化对相关责任人的追责问责。加强对国有企业、上市公司、金融企业等的财务、会计行为的监督,严肃查处财务数据造假、出具"阴阳报告"、内部监督失效等突出问题。加强对会计信息质量的监督,依法严厉打击伪造会计账簿、虚构经济业务、滥用会计准则等会计违法违规行为,持续提升会计信息质量。加强对会计师事务所、资产评估机构、代理记账机构等中介机构执业质量监督,聚焦行业突出问题,加大对无证经营、挂名执业、违规提供报告、超出胜任能力执业等违法违规行为的整治力度,强化行业日常监管和信用管理,坚决清除害群之马。

五、保障措施

（十六）加强组织领导。各地区各有关部门要强化组织领导,加强协同配合,结合实际制定具体实施方案,确保各项工作任务落地见效。将财会监督工作推进情况作为领导班子和有关领导干部考核的重要内容；对于贯彻落实财会监督决策部署不力、职责履行不到位的,要严肃追责问责。

（十七）推进财会监督法治建设。健全财会监督法律法规制度,及时推动修订预算法、会计法、注册会计师法、资产评估法、财政违法行为处罚处分条例等法律法规。健全财政财务管理、资产管理等制度,完善内部控制制度体系。深化政府会计改革,完善企业会计准则体系和非营利组织会计制度,增强会计准则制度执行效果。

（十八）加强财会监督队伍建设。县级以上财政部门应强化财会监督队伍和能力建设。各单位应配备与财会监督职能任务相匹配的人员力量,完善财会监督人才政策体系,加强财会监督人才培训教育,分类型、分领域建立高层次财会监督人才库,提升专业能力和综合素质。按照国家有关规定完善财会监督人才激励约束机制。

（十九）统筹推进财会监督信息化建设。深化"互联网+监督",充分运用大数据和信息化手段,切实提升监管效能。依托全国一体化在线政务服务平台,统筹整合各地区各部门各单位有关公共数据资源,分级分类完善财会监督数据库,推进财会监督数据汇聚融合和共享共用。构建财会领域重大风险识别预警机制。

（二十）提升财会监督工作成效。优化监督模式与方式方法,推动日常监督与专项监督、现场监督与非现场监督、线上监督与线下监督、事前事中事后监督相结合,实现监督和管理有机统一。加大对违法违规行为的处理处罚力度,大幅提高违法违规成本,推动实施联合惩戒,依法依规开展追责问责。加强财会监督结果运用,完善监督结果公告公示制度,对违反财经纪律的单位和人员,加大公开曝光力度,属于党员和公职人员的,及时向所在党组织、所在单位通报,发挥警示教育作用。

（二十一）加强宣传引导。加强财会监督法律法规政策宣传贯彻,强化财会从业人员执业操守教育。在依法合规、安全保密等前提下,大力推进财会信息公开工作,提高财会信息透明度。鼓励先行先试,强化引领示范,统筹抓好财会监督试点工作。加强宣传解读和舆论引导,积极回应社会关切,充分调动各方面积极性,营造财会监督工作良好环境。

中央预算内投资项目日常监管实施办法(试行)[①]

第一章 总 则

第一条 为加强中央预算内投资计划实施的综合监管,压实日常监管责任,规范监管行为,根据《中共中央 国务院关于深化投融资体制改革的意见》及有关法律法规和规章制度,制定本办法。

第二条 本办法适用于所有使用中央预算内投资的项目,包括国家发展改革委直接安排投资的项目和采用打捆、切块方式下达投资计划的项目。由中央预算内投资出资的投资基金类专项按照批复方案明确的监管规定执行。

第三条 日常监管直接责任单位及监管责任人承担中央预算内投资项目日常监管责任,项目单位(法人)承担项目建设主体责任。

第二章 日常监管直接责任单位和监管责任人

第四条 日常监管直接责任单位原则上为项目直接管理单位〔对项目单位(法人)的财务或人事行使管理职责的上一级单位〕。没有项目直接管理单位的,由项目单位(法人)上级行业主管部门履行日常监管职责。

第五条 监管责任人由日常监管直接责任单位派出,为日常监管直接责任单位的相关负责同志。监管责任人是项目日常监管的直接责任人。

第六条 各有关单位向国家发展改革委申报投资计划时,应当明确每个项目(包括国家发展改革委直接安排投资的项目和打捆安排项目中的每个具体项目)的日常监管直接责任单位及监管责任人,并经日常监管直接责任单位及监管责任人认可后,随投资计划申报文件一并报送。

第七条 切块项目投资计划申报时,日常监管直接责任单位原则上应当为省级发展改革部门或有关省级行业主管部门。待国家发展改革委投资计划下达后,省级发展改革部门按照分解后的具体项目逐一落实日常监管直接责任单位及监管责任人。未分解落实责任的,由省级发展改革部门承担日常监管直接责任。

第八条 日常监管直接责任单位及监管责任人的相关信息,应当随投资计划电子数据一并加载到国家重大建设项目库。

第九条 日常监管直接责任单位及监管责任人一经确定,原则上不予调整。确需调整的,应报经汇总申报投资计划的部门同意,划清责任界线后履行调整手续,同时通过国家重大建设项目库更新相关信息。

第十条 各有关单位要加强对日常监管直接责任单位及监管责任人的能力培训,提高日常监管能力和水平。

[①] 国家发展改革委于2017年12月28日印发(发改稽察规〔2017〕2276号)。

第三章 日常监管责任

第十一条 中央预算内投资项目日常监管工作从投资(分解)计划下达开始,到项目竣工验收为止。

第十二条 日常监管直接责任单位的职责主要包括:

(一)制定日常监管工作方案,明确具体监管方式和要求,建立、管理日常监管台账(格式见附件1)。

(二)组织专业力量围绕项目建设各环节,以中央预算内投资计划执行为重点,对监管对象开展定期或不定期检查。检查的主要内容包括:

1. 建设手续是否齐全规范;
2. 建设进度是否符合投资计划要求;
3. 建设资金是否及时到位,资金使用是否规范;
4. 建设内容、规模、标准、筹资方式等与批复是否相符;
5. 项目信息和进度数据上报是否及时、准确、完整;
6. 法律法规规定的其他内容。

(三)派出监管责任人,指导监管责任人开展相关工作。

(四)对日常监管中发现的问题组织核查,提出整改意见,督促整改;对发现的重大问题,及时向有关部门报告,并抄送汇总申报部门。

(五)督促指导项目单位(法人)通过国家重大建设项目库报备综合信用承诺书,按时填报项目信息和进度数据。

(六)配合上级有关部门开展稽察、检查和督查工作。

第十三条 监管责任人的职责主要包括:

(一)到现场了解建设情况。应当及时跟踪项目进展,到现场实地了解工程建设情况。对投资多、规模大的项目,适当增加到现场的频次。对建设地点比较分散的项目,可根据实际情况到现场抽查。

(二)对项目信息和进度数据进行初审。督促项目单位(法人)及时上报项目信息和进度数据,并对其真实性和完整性进行审核,对发现的问题督促修正。

(三)对发现的问题及时报告。对项目建设中存在的问题,及时向日常监管直接责任单位报告。登记日常监管台账,详细记录日常检查和问题整改等情况。

(四)配合上级有关部门开展项目稽察、检查和督查,做好联系工作。

第十四条 监管责任人可采取下列方式开展工作:

(一)现场巡查。监管责任人根据建设计划,到项目建设现场进行巡查,重点了解项目进度等。

(二)在线监测。监管责任人通过国家重大建设项目库,在线监测非涉密项目的建设信息,及时发现项目建设中存在的疑点和问题,必要时到现场核查。

第十五条 监管责任人对发现的重大问题,应当在两个工作日内上报日常监管直接责任单位。日常监管直接责任单位应当在十个工作日内组织核查并提出整改意见,督促项目单位(法人)认真整改。监管责任人应当及时了解整改情况,并向日常监管直接责任单位报告。

第十六条　利用全国信用信息共享平台,对列入失信黑名单的项目单位(法人)加大日常监管力度和频次,对列入守信红名单的项目单位(法人),可视情况减少日常监管频次。

第十七条　日常监管直接责任单位及监管责任人的职责应当以适当形式予以公开,接受公众监督。

第四章　项目单位(法人)的主体责任

第十八条　各有关单位在申报或分解投资计划时,应明确每个项目的项目单位(法人)及项目负责人。项目单位(法人)是项目建设的责任主体,对项目建设的组织、管理承担全面责任。

第十九条　项目单位(法人)应当严格执行中央预算内投资计划,具体职责包括:

(一)严格按要求提供真实的项目申报材料;

(二)收到投资计划文件两个工作日内,应当按要求签署综合信用承诺书(格式见附件2);

(三)严格按有关法律法规履行各项报建手续,按照批复的建设内容、规模、标准、筹资方式和工期等组织项目建设;

(四)通过国家重大建设项目库及时、准确、完整地报送项目信息和进度数据;

(五)自觉接受监管部门和监管责任人的稽察、检查和督查,认真按要求落实整改意见,向有关部门报送整改情况;

(六)法律法规规定的其他有关要求。

第五章　处罚问责

第二十条　各有关单位应当将中央预算内投资项目日常监管责任和项目建设主体责任落实情况,作为年度绩效考核的重要内容。

第二十一条　日常监管直接责任单位有下列情形之一的,各级发展改革部门应当依法责令相关单位限期整改,根据情节采取在一定时期和范围内不再受理其资金申请报告、减少投资安排等措施,同时转请有关部门依据《行政机关公务员处分条例》《关于实行党政领导干部问责的暂行规定》以及监察法律法规等规定,追究相关责任人的责任:

(一)授意或放任项目单位(法人)违反国家有关政策申报项目、组织建设的;

(二)监管失职失责,对参建单位违规违法建设行为制止不力甚至包庇纵容的;

(三)对项目建设中存在的问题隐匿不报,造成严重后果的;

(四)对日常监管中发现的问题不及时督促整改的;

(五)其他违反国家法律法规和规定的情形。

第二十二条　监管责任人有下列情形之一的,有关部门应当依据《行政机关公务员处分条例》《关于实行党政领导干部问责的暂行规定》以及监察法律法规等规定,追究其责任:

(一)履职不到位,不按要求到现场了解项目建设情况的;

(二)不认真审核或指使篡改、伪造项目上报信息和进度数据的;

(三)对项目建设中存在的问题隐匿不报或严重失职的;

(四)利用职务之便干预项目正常实施的;

(五)其他违反国家法律法规和规定的情形。

第二十三条 项目单位(法人)有下列情形之一的,各级发展改革部门应当按照《中央预算内投资补助和贴息项目管理办法》《中央预算内直接投资项目管理办法》《中央预算内投资计划实施综合监管暂行办法》等有关规定,采取通报批评,核减、收回、停止拨付安排中央预算内投资,在一定时期和范围内不再受理该项目单位(法人)资金申请报告等措施。情节严重、性质恶劣的,可将相关信息纳入全国信用信息共享平台实施联合惩戒。同时转请有关部门依法追究有关责任人的行政或法律责任:

(一)提供虚假项目申报材料的;
(二)不按要求签署综合信用承诺书的;
(三)不按规定履行报建手续,违法违规开工建设的;
(四)不严格执行中央预算内投资计划,不按批复的建设内容、规模、标准、筹资方式和工期等组织项目建设的;
(五)工程质量存在重大问题的;
(六)拒绝、阻碍监管部门和监管责任人履行职责的;
(七)隐匿、伪造项目建设资料的;
(八)不按要求上报项目信息和进度数据的;
(九)不按整改要求对存在问题进行整改的;
(十)其他违反国家法律法规和规定的情形。

第六章 附 则

第二十四条 本办法由国家发展改革委负责解释。

第二十五条 本办法自发布之日起试行,有效期五年。

附件:1. 日常监管台账(略)
　　　2. 综合信用承诺书(略)

中央财政预算执行动态监控管理办法[①]

第一章 总 则

第一条 为进一步加强中央财政预算执行管理与监督,提高财政资金管理使用的安全性、规范性、有效性,根据《中华人民共和国预算法》等法律法规、《党政机关厉行节约反对浪费条例》和财政国库管理制度有关规定,制定本办法。

第二条 本办法所称中央财政预算执行动态监控(以下简称动态监控),是指财政部根据财政国库管理制度和相关财政财务管理规定,通过预算执行动态监控系统,动态监控中央预算单位财政资金支付清算信息,对发现的违规问题及时纠正处理,以规范预算执行、防范

[①] 财政部于2020年1月8日印发(财库〔2020〕3号)。

财政资金支付使用风险的管理活动。

第三条 动态监控不改变各部门各单位的预算执行主体地位和责任,不改变预算单位的资金使用权、财务管理权和会计核算权,不改变各部门对所属预算单位的财务监管权。各部门各单位对本部门本单位预算执行的合规性负责。

第四条 财政部是动态监控管理的主管部门,财政部各地监管局根据职能分工,负责属地中央预算单位(二级及二级以下预算单位)动态监控工作。

第五条 财政部与中央部门、中央国库集中支付代理银行(以下简称代理银行)各司其职,密切配合,共同加强动态监控管理。

第二章 动态监控的主要内容

第六条 动态监控的资金范围为实行国库集中支付的财政资金。财政部根据财政管理需要将其他资金纳入动态监控范围。

第七条 动态监控的基本要素包括付款人名称、付款人账号、支付时间、付款金额、结算方式、用途、预算科目、支付方式、支付类型、项目名称、收款人名称、收款人账号及银行账户等相关信息。

第八条 动态监控的主要事项包括:

(一)预算单位财政资金支付情况。

1. 是否按照财政部批准的年度预算科目、指标、支出范围和标准支付资金;
2. 是否按照国库集中支付制度规定的方式、程序和账户等支付资金;
3. 是否按照政府采购管理规定支付采购资金;
4. 是否按照公务卡制度规定使用公务卡和报销公务支出;
5. 是否按照现金管理规定提取使用现金;
6. 是否按照财政财务管理规定的范围和标准计提基金、发放补贴和报销费用;
7. 是否按照厉行节约反对浪费有关规定支付使用资金。

(二)代理银行代理国库集中支付业务情况。

1. 是否按照财政部或预算单位的支付指令及时、准确支付资金;
2. 是否按照预算单位填写的支付信息完整准确反馈相关内容;
3. 是否按照规定向财政部及时、准确、完整传输动态监控信息;
4. 是否按照规定及时向财政部报告预算单位重大违规支付事项。

(三)按照有关规定和管理要求,其他需要动态监控的事项。

第三章 监控疑点信息核实

第九条 财政部根据有关法律法规和制度规定,在预算执行动态监控系统中设置预警规则,采取系统预警和人工判断相结合的方式,动态监控财政资金支付清算信息,核实监控疑点信息。

第十条 财政部对监控疑点信息,主要采取以下方式进行核实:

(一)电话核实。通过电话方式向预算单位、主管部门、代理银行、收款单位等了解核实情况。

（二）调阅材料。通知预算单位或代理银行提供有关文件、合同、支付单据、原始凭证、会计账册及财务报表等资料。

（三）约谈和实地核证。对电话和调阅材料方式无法完全核实的,根据工作需要约谈或实地了解核实情况。

（四）部门协查。对情况复杂或相关单位不配合核实工作的,财政部将监控疑点信息转送预算单位主管部门或代理银行总行协助调查核实。

第十一条　财政部核实监控疑点信息过程中,应做好文字记录、电子记录和资料归档等工作。

第十二条　财政部接到预算单位、代理银行、收款人等关于国库集中支付事项的投诉后,应按照相关程序及时处理。

第四章　违规问题处理

第十三条　财政部对核实确认的违规问题,在职责范围内,依据有关法律法规和制度规定作出处理;不属于职责范围的,按照规定移交有关部门处理。

第十四条　预算单位存在违规问题的,根据情节按下列方式进行处理:

（一）对确因理解偏差、操作失误等原因发生错误支付的,财政部通过电话等方式通知预算单位按照规范方式进行整改。预算单位应及时整改,并向财政部提交书面整改结果和相关佐证材料。

（二）对违反财政预算和执行管理有关规定的,财政部通过电话等方式通知预算单位采取退回违规资金、调整账目、补办手续等方式进行整改。预算单位应及时整改,并向财政部提交书面整改结果和相关佐证材料。

（三）对不及时整改、未按要求整改或虚报整改情况的,财政部制发书面整改意见,要求限期予以整改。

（四）对未在限期内落实财政部书面整改意见的,财政部依据有关规定,可以采取暂停拨付资金、撤销相关银行账户等处理措施。视情节严重程度,在一定范围内予以通报。

第十五条　代理银行存在违规问题的,根据情节按下列方式进行处理:

（一）对违规支付资金的,应将违规资金按原渠道退回相关银行账户或重新办理有关业务;造成损失的,按代理协议承担赔偿责任。

（二）对未及时、准确、完整向财政部传输动态监控信息的,应立即采取措施加以解决。

（三）对不及时整改、未按要求整改或虚报整改情况的,财政部采取适当方式予以通报批评,并结合综合考评情况扣减其代理服务费,直至终止代理协议。

第十六条　财政部跟踪预算单位和代理银行整改结果,按要求在预算执行动态监控系统中规范制作处理单,记录核实处理情况。

第十七条　预算单位对财政部处理决定不服的,依法申请行政复议或提起行政诉讼;代理银行对在履行代理协议过程中产生的争议,可依照代理协议的规定申请仲裁或提起民事诉讼。

第五章　动态监控结果运用

第十八条　财政部定期或不定期将预算执行中的共性问题、典型案例、潜在风险等反馈给中央部门，督促各部门落实预算执行主体责任，开展自查自纠，加强预算执行和财政资金管理。

第十九条　财政部加强动态监控结果运用，将动态监控结果作为编制或调剂预算、制定完善相关管理制度和开展绩效评价等工作的参考。预算单位、代理银行应充分运用动态监控结果，不断改进和加强预算和财务管理等工作。

第二十条　财政部各地监管局向财政部定期反馈动态监控工作情况，及时反馈重大问题和情况。

第六章　管理职责

第二十一条　财政部的主要职责包括：

（一）研究制定预算执行动态监控管理制度。

（二）组织开展日常监控、监控疑点信息核实、违规问题处理等工作。

（三）加强与中央部门、代理银行联系互动，推动动态监控结果运用。

（四）指导各地监管局开展属地中央预算单位预算执行动态监控工作。

（五）依照权限受理国库集中支付投诉事宜。

（六）管理和维护预算执行动态监控系统。

第二十二条　财政部各地监管局的主要职责包括：

（一）研究制定属地中央预算单位动态监控实施细则等管理制度。

（二）组织开展属地中央预算单位日常监控、监控疑点信息核实、违规问题处理等工作。

（三）按规定及时向财政部相关司局报告动态监控情况，提出意见建议。

（四）加强与属地中央预算单位和代理银行所属分支机构联系互动，推动动态监控结果运用。

第二十三条　中央部门的主要职责包括：

（一）加强对所属预算单位国库集中支付工作的监督管理，督促指导所属预算单位配合做好动态监控相关工作。

（二）协助调查核实监控疑点信息、处理违规问题，并向财政部完整准确提供有关资料。

（三）加强与财政部联系互动，积极运用动态监控结果，不断改进和加强本系统预算和财务管理等工作。

第二十四条　预算单位的主要职责包括：

（一）按照财政预算和执行管理有关规定使用财政资金，并做好相应的财务管理和会计核算工作。

（二）按规定真实、完整、准确填写国库集中支付相关票据要素信息。

（三）配合财政部和财政部当地监管局核实监控疑点信息，按要求及时对违规问题进行整改并向财政部和财政部当地监管局完整准确提供有关资料。

第二十五条　代理银行的主要职责包括：

（一）按照财政国库管理制度规定的业务流程和规范支付清算资金。

（二）加强对所属分支机构国库集中支付业务的监督管理，及时核实监控疑点信息、整改违规问题并向财政部完整准确提供有关资料。

（三）按照动态监控工作要求，调整完善相关信息系统，向财政部及时、准确、完整传输动态监控信息。

（四）加强与财政部联系互动，及时向财政部报告发现的预算单位重大违规支付事项。

（五）配合预算单位做好整改工作。

第七章 附　　则

第二十六条　地方财政部门结合本地实际，参照制定本地区预算执行动态监控管理办法。

第二十七条　本办法自2020年2月1日起施行。《中央财政国库动态监控管理暂行办法》（财库〔2013〕217号）同时废止。

中央部门预算绩效运行监控管理暂行办法[①]

第一章 总　　则

第一条　为加强中央部门预算绩效运行监控（以下简称绩效监控）管理，提高预算执行效率和资金使用效益，根据《中共中央 国务院关于全面实施预算绩效管理的意见》的有关规定，制定本办法。

第二条　本办法所称绩效监控是指在预算执行过程中，财政部、中央部门及其所属单位依照职责，对预算执行情况和绩效目标实现程度开展的监督、控制和管理活动。

第三条　绩效监控按照"全面覆盖、突出重点，权责对等、约束有力，结果运用、及时纠偏"的原则，由财政部统一组织、中央部门分级实施。

第二章　职责分工

第四条　财政部主要职责包括：

（一）负责对中央部门开展绩效监控的总体组织和指导工作；

（二）研究制定绩效监控管理制度办法；

（三）根据工作需要开展重点绩效监控；

（四）督促绩效监控结果应用；

（五）应当履行的其他绩效监控职责。

第五条　中央部门是实施预算绩效监控的主体。中央部门主要职责包括：

（一）牵头负责组织部门本级开展预算绩效监控工作，对所属单位的绩效监控情况进行指导和监督，明确工作要求，加强绩效监控结果应用等。按照要求向财政部报送绩效监控结果。

---

① 财政部于2019年7月26日印发（财预〔2019〕136号）。

(二)按照"谁支出,谁负责"的原则,预算执行单位(包括部门本级及所属单位,下同)负责开展预算绩效日常监控,并定期对绩效监控信息进行收集、审核、分析、汇总、填报;分析偏离绩效目标的原因,并及时采取纠偏措施。

(三)应当履行的其他绩效监控职责。

第三章 监控范围和内容

第六条 中央部门绩效监控范围涵盖中央部门一般公共预算、政府性基金预算和国有资本经营预算所有项目支出。

中央部门应对重点政策和重大项目,以及巡视、审计、有关监督检查、重点绩效评价和日常管理中发现问题较多、绩效水平不高、管理薄弱的项目予以重点监控,并逐步开展中央部门及其所属单位整体预算绩效监控。

第七条 绩效监控内容主要包括:

(一)绩效目标完成情况。一是预计产出的完成进度及趋势,包括数量、质量、时效、成本等。二是预计效果的实现进度及趋势,包括经济效益、社会效益、生态效益和可持续影响等。三是跟踪服务对象满意度及趋势。

(二)预算资金执行情况,包括预算资金拨付情况、预算执行单位实际支出情况以及预计结转结余情况。

(三)重点政策和重大项目绩效延伸监控。必要时,可对重点政策和重大项目支出具体工作任务开展、发展趋势、实施计划调整等情况进行延伸监控。具体内容包括:政府采购、工程招标、监理和验收、信息公示、资产管理以及有关预算资金会计核算等。

(四)其他情况。除上述内容外其他需要实施绩效监控的内容。

第四章 监控方式和流程

第八条 绩效监控采用目标比较法,用定量分析和定性分析相结合的方式,将绩效实现情况与预期绩效目标进行比较,对目标完成、预算执行、组织实施、资金管理等情况进行分析评判。

第九条 绩效监控包括及时性、合规性和有效性监控。及时性监控重点关注上年结转资金较大、当年新增预算且前期准备不充分,以及预算执行环境发生重大变化等情况。合规性监控重点关注相关预算管理制度落实情况、项目预算资金使用过程中的无预算开支、超预算开支、挤占挪用预算资金、超标准配置资产等情况。有效性监控重点关注项目执行是否与绩效目标一致、执行效果能否达到预期等。

第十条 绩效监控工作是全流程的持续性管理,具体采取中央部门日常监控和财政部定期监控相结合的方式开展。对科研类项目可暂不开展年度中的绩效监控,但应在实施期内结合项目检查等方式强化绩效监控,更加注重项目绩效目标实现程度和可持续性。条件具备时,财政部门对中央部门预算绩效运行情况开展在线监控。

第十一条 每年8月,中央部门要集中对1—7月预算执行情况和绩效目标实现程度开展一次绩效监控汇总分析,具体工作程序如下:

(一)收集绩效监控信息。预算执行单位对照批复的绩效目标,以绩效目标执行情况为重点收集绩效监控信息。

（二）分析绩效监控信息。预算执行单位在收集上述绩效信息的基础上，对偏离绩效目标的原因进行分析，对全年绩效目标完成情况进行预计，并对预计年底不能完成目标的原因及拟采取的改进措施做出说明。

（三）填报绩效监控情况表。预算执行单位在分析绩效监控信息的基础上填写《项目支出绩效目标执行监控表》（附后），并作为年度预算执行完成后绩效评价的依据。

（四）报送绩效监控报告。中央部门年度集中绩效监控工作完成后，及时总结经验、发现问题、提出下一步改进措施，形成本部门绩效监控报告，并将所有一级项目《项目支出绩效目标执行监控表》于8月31日前报送财政部对口部门司和预算司。

第五章　结果应用

第十二条　绩效监控结果作为以后年度预算安排和政策制定的参考，绩效监控工作情况作为中央部门预算绩效管理工作考核的内容。

第十三条　中央部门通过绩效监控信息深入分析预算执行进度慢、绩效水平不高的具体原因，对绩效监控中发现的绩效目标执行偏差和管理漏洞，应及时采取分类处置措施予以纠正：

（一）对于因政策变化、突发事件等客观因素导致预算执行进度缓慢或预计无法实现绩效目标的，要本着实事求是的原则，及时按程序调减预算，并同步调整绩效目标。

（二）对于绩效监控中发现严重问题的，如预算执行与绩效目标偏离较大、已经或预计造成重大损失浪费或风险等情况，应暂停项目实施，相应按照有关程序调减预算并停止拨付资金，及时纠偏止损。已开始执行的政府采购项目应当按照相关程序办理。

第十四条　财政部要加强绩效监控结果应用。对中央部门绩效监控结果进行审核分析，对发现的问题和风险进行研判，督促相关部门改进管理，确保预算资金安全有效，保障党中央、国务院重大战略部署和政策目标如期实现。

对绩效监控过程中发现的财政违法行为，依照《中华人民共和国预算法》《财政违法行为处罚处分条例》等有关规定追究责任，报送同级政府和有关部门作为行政问责参考依据；发现重大违纪违法问题线索，及时移送纪检监察机关。

第六章　附　　则

第十五条　各中央部门可根据本办法，结合实际制定预算绩效监控具体管理办法或实施细则，报财政部备案。

第十六条　本办法自印发之日起施行。

附件：项目支出绩效目标执行监控表（略）

财政部办公厅关于对中央预算单位政府采购执行情况实行动态监管的通知

(财办库〔2016〕413号)

党中央有关部门办公厅(室),国务院各部委、各直属机构办公厅(室),全国人大常委会办公厅秘书局,全国政协办公厅秘书局,高法院办公厅,高检院办公厅,各民主党派中央办公厅,有关人民团体办公厅(室),新疆生产建设兵团财务局,各省、自治区、直辖市、计划单列市财政厅(局):

为切实加强对中央预算单位政府采购活动的事中事后监管,推动中央预算单位依法依规开展政府采购活动,财政部决定对中央预算单位政府采购执行情况实行动态监管。现将有关事项通知如下:

一、推进中央预算单位采购执行情况动态监管

财政部(国库司)依托中国政府采购网、政府采购计划管理系统等信息系统,对采购项目采购预算和计划编报、单一来源采购审核前公示、采购公告、中标(成交)结果公告和采购合同公告等环节的数据信息进行核对校验,对中央预算单位政府采购项目执行情况实行动态监管。财政部(国库司)将动态监管中发现的疑点问题定期反馈主管预算单位核实,对违法违规问题依法进行处理。

二、动态监管的主要内容

(一)政府采购预算和计划编报情况。重点监管中央预算单位是否违规调剂政府采购预算,规避公开招标和政府采购;是否超采购预算或计划开展采购活动。

(二)政府采购审核审批事项执行情况。重点监管中央预算单位达到公开招标数额标准以上的货物、服务采购项目采用公开招标以外采购方式的,在发布采购公告前是否按规定报财政部审批;采购进口产品的采购项目,在发布采购公告前是否按规定报财政部审核或备案。

(三)政府采购信息公开情况。重点监管中央预算单位是否按规定在中国政府采购网发布招标公告、竞争性谈判公告、竞争性磋商公告、询价公告、中标(成交)结果公告和采购合同公告。

三、有关工作要求

各主管预算单位应加强本系统政府采购项目执行管理,督促所属预算单位做好政府采购活动的内控管理,积极配合财政部(国库司)对动态监管中发现疑点问题的核实处理,对违法违规问题及时进行整改,切实提高政府采购规范化管理水平。

各地区可参照本通知精神,结合实际,开展本地区预算单位政府采购执行情况动态监管工作。

财政部办公厅
2016年11月17日

财政部关于进一步推进地方预算执行动态监控工作的指导意见

(财库〔2015〕73号)

各省、自治区、直辖市、计划单列市财政厅(局),新疆生产建设兵团财务局:

预算执行动态监控是财政国库管理工作的重要组成部分。做好这项工作,对于硬化预算约束、保障财政资金安全、推动政策措施落实、严肃财经纪律具有重要意义。财政部《关于加快建立地方预算执行动态监控机制的指导意见》(财库〔2009〕70号)印发以来,在各级财政部门的共同努力下,地方预算执行动态监控工作明显提速,取得较大进展和成效。但总体上还存在各地进展不均衡、工作机制不健全、信息技术手段应用不充分等问题。为进一步推进新形势下地方预算执行动态监控工作,特提出以下指导意见:

一、总体要求

(一)指导思想。

按照预算管理制度改革和现代国库制度的要求,切实履行预算执行动态监控职责,健全动态监控系统,完善动态监控方式,扩大动态监控范围,强化预防、纠偏、威慑、反映功能,建立财政资金支付全程动态监控机制,保障预算执行严格规范、财政资金使用合规透明和财经政策措施落实到位,在财政财务管理中发挥更大的作用。

(二)基本原则。

1. 相互配合,共同推进。地方财政部门应建立由相关处室共同参与的权责清晰、高效顺畅的工作协作机制,形成监管合力,确保工作顺利开展。

2. 省级规划,统筹实施。省级财政部门应做好本省(区、市)工作规划和具体安排,明确总体要求、任务和措施;下级财政部门根据上级要求和本地实际,确定动态监控模式和操作规程。

3. 全面覆盖,突出重点。深化国库集中支付制度改革,尽快将所有财政资金纳入动态监控范围。强化对重点单位、重大项目、重要领域的资金监控,提高动态监控的针对性和有效性。

4. 创新手段,厉行节约。应结合金财工程应用支撑平台的推广实施、国库管理电子化和信息系统的一体化建设开展工作,避免重复建设和资源浪费。

(三)总体目标。

县以上(包括县)财政部门和具备条件的乡镇财政部门应于2016年底前建立预算执行动态监控机制,将动态监控范围扩展到所有财政资金和全部预算单位。暂不具备条件的乡镇应积极创造条件,尽快开展预算执行动态监控工作。到2018年,建成预警高效、反馈迅速、纠偏及时、控制有力的覆盖各级财政的预算执行动态监控体系。

二、主要任务

(一)加快制度建设。

完善规章制度,强化依法监控。根据实际情况,参照《中央财政国库动态监控管理暂行办法》(财库〔2013〕217号),制定本地区预算执行动态监控管理办法,明确监控主体、监控内容、核查方式、违规处理等事项；根据监控工作内容和业务环节，制定内部操作规程，理顺工作职能，优化岗位设置，促进监控工作制度化、规范化。

严格执行规章制度，避免制度规定流于形式，真正做到执制必严、违制必究；做好制度宣传工作，使各部门、各单位负责财务工作的领导和工作人员了解掌握动态监控的规定，强化预算执行主体责任，确保监控工作抓出实效、抓出影响力。

（二）健全工作机制。

1. 完善动态监控运作机制。通过动态监控系统，全程监控财政资金支付活动，及时核实预警疑点，深入核查重大事项，迅速纠正查实问题，严格处理违规事件，即时通报违规情况，跟踪监督问题整改，加强案例警示教育，形成事前事中有效控制、事后跟踪问效的资金支付使用监控模式。

2. 建立多层次的互动机制。积极与预算单位主管部门、代理银行建立监控工作互动机制，利用信息技术手段，将监控核查情况周知各方，调动主管部门强化预算执行监管的积极性，促进预算编制、预算执行更加科学规范。

3. 建立监控信息报告机制。通过建立周、月、季、年报及专项报告等形式，对监控发现的问题及情况进行综合分析和及时反馈，为领导提供决策参考。

4. 建立违规问题处理机制。在监控过程中，发现预算单位和代理银行存在违规行为的，在职责范围内，依据有关法律法规和制度规定，及时做出处理，涉嫌严重违规违纪的，移交有关部门进行处理，对易发、多发的违规问题，以适当方式予以通报。

（三）强化技术支撑。

省级财政部门应基于金财工程应用支撑平台，按照"一体化、标准化、智能化、自动化"指导思想，组织实施辖区内预算执行动态监控系统（或模块）建设，充分利用预算指标、项目库、银行账户、用款计划、资金支付、会计核算等数据信息，提高系统（或模块）预警能力和分析水平，达到动态即时、智能预警、综合分析等核心主体功能目标。

（四）加大监控力度。

1. 扩大动态监控范围。在做好零余额账户资金动态监控的基础上，逐步将财政专户资金、预算单位实有资金、转移支付资金等纳入动态监控范围，最终将动态监控范围拓展到所有财政资金和全部预算单位。

2. 强化国库内部控制。加快财政国库内部控制建设，认真厘清国库业务流程和风险点，完善收付控制方式，建立科学规范的内部管理制度、分工明确的岗位制衡机制和监督检查程序，确保财政资金和财政国库干部"双安全"。

3. 开展重点监控核查。围绕中央和地方有关规定精神及决策部署，加强"三公"经费、会议费、培训费、现金支出、科研经费、民生项目资金以及对下级政府转移支付资金使用等方面动态监控，加大现场核查力度，促进厉行节约和规范管理，严肃财经纪律，保障政策措施贯彻落实。

三、保障措施

（一）加强组织领导。

各级财政部门应高度重视和积极推进预算执行动态监控工作，明确工作责任，及时研究解决工作中遇到的突出问题，把监控结果作为下年度预算编制、财政资金管理制度制定等方面的重要依据。制定适合本地情况的工作方案,确定好时间表和路线图,完成好各项任务。

(二)加强队伍建设。

根据实际情况,优化国库岗位配置,加强业务培训,提高综合能力和水平。原则上,省、市财政部门应设置国库监控专岗,配备专人负责日常动态监控工作;县、乡镇财政部门可以按照"不相容职务分离"原则,选择具备较高政治素质和业务素质、作风过硬的国库业务干部兼职动态监控工作。

(三)加大督查力度。

加强辖区内动态监控工作督查,采取多种形式支持和引导下级财政部门因地制宜地开展工作。省级财政部门应于2015年7月1日前将本省(区、市)工作方案报财政部备案;2015年起至2018年,每年10月底前将本省(区、市)工作进展情况报告财政部。财政部将跟踪各地工作进展情况,以适当方式进行督促和考核,确保总体目标顺利实现。

财政部
2015年3月26日

财政检查工作办法

(中华人民共和国财政部令第32号)

第一条 为了规范财政检查工作,保障和监督财政部门有效实施财政检查,保护公民、法人和其他组织的合法权益,根据《中华人民共和国预算法》《财政违法行为处罚处分条例》等法律、行政法规,制定本办法。

第二条 县级以上人民政府财政部门及省级以上人民政府财政部门的派出机构(以下统称财政部门)依法实施财政检查,适用本办法。

第三条 本办法所称财政检查,是指财政部门为履行财政监督职责,纠正财政违法行为,维护国家财政经济秩序,对单位和个人执行财税法规情况以及财政、财务、会计等管理事项进行检查的活动。

第四条 财政部门实施财政检查,应当遵循合法、客观、公正、公开的原则。

第五条 财政部门应当按照法律、法规、规章和本办法的规定,在规定的职权范围内,实施财政检查,依法作出检查结论或处理、处罚决定。

对财政检查工作管辖发生争议的,报请共同的上一级财政部门指定管辖。

第六条 财政部门应当制定年度财政检查计划,按计划组织开展财政检查,或者根据日常财政管理需要,组织开展财政检查。

第七条 财政部门组织开展财政检查应当组成检查组,并指定检查组组长。检查组实行组长负责制。

第八条 检查组检查人员由财政部门工作人员组成。检查人员应当具备下列条件:

(一)熟悉有关法律、法规、规章和政策;

（二）掌握相关的专业知识；

（三）具有一定的调查研究、综合分析和文字表达能力。

第九条 根据需要，财政部门可以聘请专门机构或者具有专门知识的人员协助检查人员开展检查工作。

第十条 检查人员与被检查单位或个人（以下统称被检查人）有直接利害关系的，应当回避。被检查人认为检查人员与自己有利害关系的，可以要求检查人员回避。

检查人员的回避，由财政部门负责人决定。

第十一条 检查人员应当遵守国家有关保密规定，不得泄露检查中知悉的国家秘密和商业秘密，不得将检查中取得的材料用于与检查工作无关的事项。

第十二条 检查组在实施财政检查前，应当熟悉与检查事项有关的法律、法规、规章和政策，了解被检查人的基本情况，编制财政检查工作方案。

第十三条 财政部门实施财政检查，一般应于3个工作日前向被检查人送达财政检查通知书。

财政部门认为实施财政检查的3个工作日前向被检查人送达检查通知书对检查工作有不利影响时，经财政部门负责人批准，检查通知书可在实施财政检查前适当时间下达。

财政检查通知书的内容包括：

（一）被检查人的名称；

（二）检查的依据、范围、内容、方式和时间；

（三）对被检查人配合检查工作的具体要求；

（四）检查组组长及检查人员名单、联系方式；

（五）财政部门公章及签发日期。

第十四条 实施财政检查时，检查人员不得少于两人，并应当向被检查人出示证件。

检查人员可以向被检查人询问有关情况，被检查人应当予以配合，如实回答询问、反映情况。询问应当制作笔录，并由被检查人签字或盖章。

第十五条 实施财政检查时，检查人员可以要求被检查人提供有关资料，并可以对有关资料进行复制。

提供的资料是外国文字或少数民族文字记录的，被检查人应当将资料译成中文。

第十六条 实施财政检查时，检查人员可以运用查账、盘点、查询及函证、计算、分析性复核等方法。

第十七条 实施财政检查时，经财政部门负责人批准，检查人员可以向与被检查人有经济业务往来的单位查询有关情况，可以依法向金融机构查询被检查单位的存款。

检查人员查询存款时，应当持有财政部门签发的查询存款通知书，并负有保密义务。

第十八条 实施财政检查时，在有关证据可能灭失或者以后难以取得的情况下，经财政部门负责人批准，可以先行登记保存，并应当在7个工作日内及时作出处理决定。在此期间，被检查人或者有关人员不得销毁或者转移证据。

第十九条 检查人员在检查中取得的证明材料，应当有提供者的签名或者盖章。

未取得提供者签名或盖章的材料，检查人员应当注明原因。

第二十条 实施财政检查时，检查人员应当将检查内容与事项予以记录和摘录，编制财政检查工作底稿,并由被检查人签字或者盖章。

第二十一条　检查组组长应当对本组其他检查人员的工作质量进行监督,并对有关事项进行必要的审查和复核。

第二十二条　检查组在实施检查中,遇到重大问题应当及时向财政部门请示汇报。

第二十三条　检查工作结束前,检查组应当就检查工作的基本情况、被检查人存在的问题等事项书面征求被检查人的意见。被检查人自收到书面征求意见函之日起5个工作日内,提出书面意见或说明;在规定期限内没有提出书面意见或说明的,视为无异议。

第二十四条　检查组应于检查结束10个工作日内,向财政部门提交书面财政检查报告;特殊情况下,经批准提交财政检查报告的时间可以延长,但最长不得超过30日。

检查组在提交财政检查报告时,还应当一并提交行政处理、处罚建议或者移送处理建议以及财政检查工作底稿等材料。

第二十五条　财政检查报告应当包括下列内容:
(一)被检查人的基本情况;
(二)检查范围、内容、方式和时间;
(三)被检查人执行财税法规情况以及财政、财务、会计等管理事项的基本情况;
(四)被检查人存在财政违法行为的基本事实以及认定依据、证据;
(五)被检查人的意见或说明;
(六)应当向财政部门报告的其他事项;
(七)检查组组长签名及财政检查报告日期。

第二十六条　财政部门应当建立健全财政检查的复核制度,指定内部有关职能机构或者专门人员,对检查组提交的财政检查报告以及其他有关材料予以复核。

复核人员与被检查人或者检查人员有直接利害关系的,应当回避。

第二十七条　负责复核的有关职能机构或者专门人员,应当从以下几个方面对财政检查报告以及其他有关材料进行复核:
(一)检查事项认定的事实是否清楚;
(二)取得的证据是否真实、充分;
(三)检查程序是否合法;
(四)认定财政违法行为的法律依据是否适当;
(五)提出的行政处理、处罚建议或者移送处理建议是否适当;
(六)其他需要复核的事项。

有关职能机构或者专门人员对财政检查报告复核后,应当提出复核意见。

第二十八条　财政部门对财政检查报告和复核意见进行审定后,应当根据不同情况作出如下处理:
(一)对未发现有财政违法行为的被检查人作出检查结论;
(二)对有财政违法行为的被检查人依法作出行政处理、处罚决定;
(三)对不属于本部门职权范围的事项依法移送。

财政检查报告与复核意见存在重大分歧的,财政部门应当责成检查组进一步核实、补正有关情况或者材料;必要时,应当另行派出检查组,重新实施财政检查。

第二十九条 财政部门作出行政处理、处罚决定的,应当制作行政处理、处罚决定书。行政处理、处罚决定书应当载明以下事项:

(一)当事人的姓名或者名称、地址;

(二)违反法律、法规或者规章的事实和证据;

(三)行政处理、处罚的种类和依据;

(四)行政处理、处罚履行的方式和期限;

(五)不服行政处理、处罚决定,申请行政复议或者提起行政诉讼的途径和期限;

(六)作出行政处理、处罚决定的财政部门名称和日期;行政处理、处罚决定书必须盖有作出行政处理、处罚决定的财政部门印章。

第三十条 财政部门在作出行政处罚决定之前,应当告知当事人作出行政处罚的事实、理由及依据,并告知当事人依法享有的权利。

当事人有权进行陈述和申辩。财政部门必须充分听取当事人的意见,对当事人提出的事实、理由和证据,应当进行核查;当事人提出的事实、理由或者证据成立的,财政部门应当采纳。

第三十一条 财政部门作出应当告知听证权利的行政处罚决定之前,应当告知当事人有要求举行听证的权利;当事人要求听证的,财政部门应当组织听证。

财政部门举行听证的,依照《财政机关行政处罚听证实施办法》(财政部令第23号)的规定办理。

第三十二条 财政部门依法作出行政处理、处罚决定后,应当将行政处理、处罚决定书送达当事人。

行政处理、处罚决定书自送达之日起生效。

第三十三条 当事人对行政处理、处罚不服的,依照《中华人民共和国行政复议法》《中华人民共和国行政诉讼法》的规定申请行政复议或者提起行政诉讼。

行政复议和行政诉讼期间,行政处理、处罚决定不停止执行,法律另有规定的除外。

第三十四条 财政部门应当依法对财政行政处理、处罚决定执行情况进行监督检查。

第三十五条 被检查人有财政违法行为的,财政部门可以公告其财政违法行为及行政处理、处罚、处分决定。

第三十六条 财政检查工作结束后,财政部门应当做好财政检查工作相关材料的立卷归档工作。

第三十七条 财政部门的工作人员在财政检查工作中,滥用职权、玩忽职守、徇私舞弊的,依法给予行政处分。构成犯罪的,依法追究刑事责任。

第三十八条 财政部门对财政检查工作中发现的影响财税政策、预算执行等方面的重要问题,应当及时向本级人民政府和上一级财政部门报告。

第三十九条 财政部门实施会计监督检查,适用本办法以及2001年2月20日财政部发布的《财政部门实施会计监督办法》(财政部令第10号)。

第四十条 本办法自2006年3月1日起施行。1998年10月8日财政部发布的《财政检查工作规则》(财监字〔1998〕223号)同时废止。

第二部分
内部审计监督

本部分介绍以各级政府审计部门或单位内部审计机构为主导组织开展的监督检查活动,主要包括《中华人民共和国审计法》及其实施条例、审计准则、国务院加强审计工作的意见、审计工作发展规划、审计工作开展、审计人员、经济责任审计、政府投资审计、预算执行情况与政府财务报告审计、内部审计基本准则与具体准则、内部审计实务指南、内部审计质量评估与统计调查、审计听证与审计档案等相关内容。

一、《中华人民共和国审计法》及其实施条例

1982年宪法确立了我国的审计监督制度,规定:国务院设立审计机关,对国务院各部门和地方各级政府的财政收支,对国家的财政金融机构和企业事业组织的财务收支,进行审计监督。审计机关在国务院总理领导下,依照法律规定独立行使审计监督权,不受其他行政机关、社会团体和个人的干涉。根据宪法,1988年出台了《中华人民共和国审计条例》,1994年出台了《中华人民共和国审计法》,1997年出台了《中华人民共和国审计法实施条例》,审计署根据工作需要还出台了审计工作规范和审计准则等。这些法律法规的出台,为开展审计工作提供了法制保障。根据2006年2月28日第十届全国人民代表大会常务委员会第二十次会议《关于修改〈中华人民共和国审计法〉的决定》第一次修正,根据2021年10月23日第十三届全国人民代表大会常务委员会第三十一次会议《关于修改〈中华人民共和国审计法〉的决定》第二次修正,2021年10月23日公布修改后的《中华人民共和国审计法》(中华人民共和国主席令第100号)。

《中华人民共和国审计法》共7章60条。第一章是总则,明确坚持党对审计工作的领导,构建集中统一、全面覆盖、权威高效的审计监督体系,审计机关依法独立行使审计监督权,对财政收支或者财务收支的真实性、合法性和效益进行审计监督。第二章、第三章、第四章分别规定了各级政府审计机关设置、审计人员从业要求、审计机关工作职责、审计机关开展审计工作中的相关权限等。第五章明确了审计程序,规定了下达审计通知书、实施审计、提出审计报告、依法对违规行为给予处理处罚等工作流程。第六章规定了法律责任,包括被审计单位违法行为及处理措施、审计整改跟踪检查、相关责任人处理、报复陷害审计人员的法律责任、审计人员违规违法行为处理等。第七章为附则。

2021年《中华人民共和国审计法》(以下简称《审计法》)修订,坚持在宪法框架下,突出修订重点,致力于将审计管理体制改革成果和审计工作中成熟的经验做法上升为法律,将党中央、国务院赋予审计机关的新职责写入审计法,着力破解影响和制约审计工作高质量发展的制度障碍,满足实际工作需要。围绕增强国家审计的独立性和公开性,新修订的审计法主要从以下方面作了修改完善:一是加强党对审计工作的领导。新修订的《审计法》在总则中明确规定:坚持中国共产党对审计工作的领导,构建集中统一、全面覆盖、权威高效的审计监

督体系。这为提高审计监督的政治权威和制度权威提供了有力保证。二是完善审计工作报告机制和审计整改情况报告机制。为进一步增强人大对审计工作的民主监督,同时更好地发挥审计监督对人大预算审查监督和国有资产监督工作的支持服务作用,新修订的《审计法》规定:国务院和县级以上地方人民政府应当每年向本级人民代表大会常务委员会提出审计工作报告。审计工作报告应当报告审计机关对预算执行、决算草案以及其他财政收支的审计情况,重点报告对预算执行及其绩效的审计情况,按照有关法律、行政法规的规定报告对国有资源、国有资产的审计情况。国务院和县级以上地方人民政府应当将审计工作报告中指出的问题的整改情况和处理结果向本级人民代表大会常务委员会报告。三是完善审计报告和审计决定报送机制。为进一步加强上级审计机关对下级审计机关的业务领导,推动形成审计工作全国一盘棋,新修订的《审计法》规定:审计机关应当将审计机关的审计报告和审计决定送达被审计单位和有关主管机关、单位,并报上一级审计机关。审计决定自送达之日起生效。四是完善审计经费保障机制。新修订的《审计法》规定:审计机关履行职责所必需的经费,应当列入预算予以保证。五是增加审计机关和审计人员不得参加、干预、插手有关活动的要求。为增强审计独立性,保持审计机关和审计人员客观公正的工作立场,维护审计监督的权威性和公信力,新修订的《审计法》规定:审计机关和审计人员不得参加可能影响其依法独立履行审计监督职责的活动,不得干预、插手被审计单位及其相关单位的正常生产经营和管理活动。六是完善审计机关通报或公布审计结果的规定。为进一步规范审计机关通报或公布审计结果的行为,并与《中华人民共和国民法典》《中华人民共和国个人信息保护法》等法律、行政法规相衔接,新修订的《审计法》规定:审计机关通报或者公布审计结果,应当保守国家秘密、工作秘密、商业秘密、个人隐私和个人信息,遵守法律、行政法规和国务院的有关规定。七是建立审计查出问题整改情况公开机制。为推动审计查出问题的整改,主动接受社会监督,新修订的《审计法》规定:被审计单位应当按照规定时间整改审计查出的问题,将整改情况报告审计机关,同时向本级人民政府或者有关主管机关、单位报告,并按照规定向社会公布。

审计独立是审计工作的基本原则之一,对于审计质量起着至关重要的作用,审计法对此有明确要求。其第五条规定:审计机关依照法律规定独立行使审计监督权,不受其他行政机关、社会团体和个人的干涉。这是精神上的独立,要求审计机关在执行审计工作中保持独立的姿态,从客观公正的立场出发,自由客观地收集审计证据,依照一定的标准和原则,谨慎合理地对审计证据进行评价,严格遵守职业道德,不屈从来自任何方面的压力。第十四条规定:审计机关和审计人员不得参加可能影响其依法独立履行审计监督职责的活动,第十五条规定:审计人员办理审计事项,与被审计单位或者审计事项有利害关系的,应当回避,这是实质上的独立,要求审计人员具有独立的身份,与被审计单位之间不存在经济联系和有损于独立性的利害关系或其他联系。为了保证审计机关和审计人员独立公允地开展审计工作,审计法对审计人员提出了保护措施。第十七条规定:审计人员依法执行职务,受法律保护。任何组织和个人不得拒绝、阻碍审计人员依法执行职务,不得打击报复审计人员,审计机关负责人没有违法失职或者其他不符合任职条件的情况的,不得随意撤换。第五十六条规定:报复陷害审计人员的,依法给予处分;构成犯罪的,依法追究刑事责任,对审计人员依法执行职务、岗位任职作出保护,对报复陷害审计人员的行为和责任人依法处分。

1997年10月21日国务院颁布了《中华人民共和国审计法实施条例》（国务院令第231号）（以下简称《审计法实施条例》），2010年2月11日国务院颁布了新修订的《中华人民共和国审计法实施条例》（国务院令第571号），条例共7章58条。此次修订《审计法实施条例》，以贯彻落实审计法、加强审计监督为出发点，体现了党中央、国务院关于推进依法行政、建设法治政府的要求，对于充分发挥审计保障国家经济社会健康运行的"免疫系统"功能具有十分重要的意义。

这次修订的《审计法实施条例》有三个方面的重要变化，体现了我国审计立法的新发展。一是进一步拓展了审计监督范围。新修订的《审计法实施条例》明确了审计机关对于其他取得财政资金的单位和项目接受、运用财政资金情况的审计监督权，规定经本级人民政府批准，审计机关对其真实、合法和效益情况依法进行审计监督；明确了建设项目审计的具体范围：政府投资的建设项目，是指全部使用预算内投资资金、专项建设基金、政府举借债务筹措的资金等财政资金的建设项目；以政府投资为主的建设项目，是指未全部使用财政资金，财政资金占项目总投资的比例超过50%，或者占项目总投资的比例在50%以下，但政府拥有项目建设、运营实际控制权的建设项目。二是进一步明确了审计监督权限。为了保障审计监督的依法实施，维护被审计单位的合法权益，新修订的《审计法实施条例》进一步明确和规范了审计监督权限；细化了审计查询权，明确了审计机关对被审计单位在金融机构的账户和私存公款的查询程序和保密义务；细化了审计封存权，明确了审计机关封存被审计单位资料、资产的程序、期限和被审计单位的保管义务；细化了审计公布审计结果权，明确了审计机关公布审计结果的内容和程序。三是进一步强化了对审计机关的监督。为了规范审计机关行为，保障审计决定的准确和公正，充分保障被审计单位的合法权益，新修订的《审计法实施条例》从内部监督和外部监督两方面加强了对审计机关的监督。一方面，加强了审计机关的内部监督，《审计法》规定：上级审计机关可以撤销下级审计机关作出的违反国家有关规定的审计决定；另一方面，加强了对审计机关的外部监督，对政府裁决和审计复议诉讼制度作了细化，审计机关应当在审计决定中，告知被审计单位提请政府裁决、申请行政复议或者提起行政诉讼的途径和期限。

这次修订的《审计法实施条例》至少在以下四个方面对审计工作有着重大帮助。一是进一步明确了对财政资金运用的审计范围。审计工作主要是对财政资金使用的合法性和正当性作出判断。国家资金运用主要有两个方面：第一，对国家机关和国有事业性单位的经费使用和收支的合法性情况进行审计；第二，对国家财政投资和资助的项目使用资金的合法性和效益性进行审计。财政资金运用与财政收入是一对矛盾体，没有财政收入就没有财政资金运用，但财政资金运用不当也会使财政收入失去意义，其合法性也会受到置疑。所以，对财政资金的运用非常有必要进行审计监督。审计机关是国家财政资金运用的监督机构，审计就是通过对财政资金运用进行真实、合法、效益监督，促使财政资金不被错用和滥用，实现达到预期经济目标。二是增强了审计系统的组织力量。如何保障审计机关正常履行职责一直是《审计法》立法的重要内容。审计机关对被审计单位金融账户负有保密义务。审计的主要方式是查账，必然要对被审计对象的财务账册和相关文件等情况进行透彻了解，其中不可避免地涉及被审计者的商业秘密。查询被审计单位以个人名义在金融机构的存款的，应当持县级以上人民政府审计机关主要负责人签发的协助查询个人存款通知书。审计机关和审计人员负有保密义务。这是一种双重保密义务,即不仅审计机关要保密,而且知悉该秘密的审计机关的工作人员也应具有保守秘密的义务。向被执法对象通告有关情况是执法机关的基本义务,也是公正行政的内容之一。国家审计机关的审计活动虽然不是管理性的行政行为,但却是保障性的行政行为,审计机关在执法时应当尊重被审计对象的知情权,以便让其有充分的时间说明和自辩财政收支和财务收支运用的情况,这既有利于保障被审计对象的权利,也有利于被审计对象对审计机关的行为进行合法性监督,是一个较好的制度性设计。三是新增了审计机关的审计保全权。审计机关认为必要时可直接进入被审计单位查账,目的主要是确保财政资金安全。在特殊情况下,审计机关可以在不提前通知当事人的情况下进入被审计单位即刻开展进行审计。这样做是考虑到近些年有些单位财务违法情况严重,但其财务账册报表却做得巧妙、隐蔽。如果提前通知,被审计对象有可能提前转移资产或藏匿、销毁凭证,大大增加之后的审计工作的难度。审计机关在紧急情况下有权封存被审计单位的资产。审计机关在查账时若发现被审计对象有转移、藏匿财产和账册的情形,或者有证据证明被审计对象有可能转移、藏匿财产和账册时,有权先将涉案财产和账册予以查封冻结。一方面保证顺利查清账目,另一方面保障财政资金安全。审计机关查出违法款项时,应当有权采取查封冻结等措施,以保证被审计对象不能随意转移款项。四是完善了上级审计机关对下级审计机关监督的程序。进一步完善了组织监督程序,《审计法实施条例》规定审计机关负责人任免、撤换,需要经上级审计机关同意。这条规定主要有两个意义:第一,可以保证下级审计机关依法在履行审计职责时不会被地方政府突然撤职换人,解除了下级审计机关负责人的后顾之忧;第二,从组织系统上保证下级审计机关负责人的任命符合审计职责的条件要求,从组织制度上保证审计工作的正常进行。完善了审计回避制度,《审计法实施条例》规定,审计人员在工作中,遇有可能影响公正审计的情况时应当申请回避,被审计单位也有权申请审计人员回避,这些情况包括:审计人员与被审计单位负责人或者有关主管人员有夫妻关系、直系血亲关系、三代以内旁系血亲或者近姻亲关系的;与被审计单位或者审计事项有经济利益关系的;与被审计单位、审计事项、被审计单位负责人或者有关主管人员有其他利害关系,可能影响公正执行公务的。明确了上级审计机关对下级审计机关业务监督程序。当上级审计机关发现下级审计机关作出的审计决定违法违规时,可以责成下级审计机关变更或者撤销审计决定,也可以直接作出变更或者撤销审计决定;审计决定被撤销后需要重新作出审计决定的,上级审计机关可以责成下级审计机关在规定的期限内重新作出审计决定,也可以直接作出审计决定。这在程序上厘清了上级审计机关对下级审计机关业务的监督指导关系。

二、国家审计准则与加强审计工作意见

2010年9月,国务院审计署发布新修订的《中华人民共和国国家审计准则》(审计署令第8号),这是在1996年审计署发布的《中华人民共和国国家审计基本准则》的基础上修订的,是继《审计法》和《审计法实施条例》修订后,我国审计法制建设的又一件大事,是完善我国审计法律制度的重大举措,是国家审计准则体系建设史上一个重要的里程碑,对于规范审计机关和审计人员执行审计业务的行为,保证审计质量,防范审计风险,发挥审计保障国家经济

和社会健康运行的"免疫系统"功能有十分重大的意义。修订后的《中华人民共和国国家审计准则》共7章200条,包括总则、审计机关和审计人员、审计计划、审计实施、审计报告、审计质量控制和责任、附则。其对执行审计业务基本程序作了系统规范,是审计机关和审计人员履行法定审计职责的行为规范,是执行审计业务的职业标准,是评价审计质量的基本尺度,适用于审计机关开展的各项审计业务。

学习《中华人民共和国国家审计准则》时应重点关注以下几个方面。一是审计人员应回避影响审计独立性的活动。审计人员执行审计业务时,应当保持应有的审计独立性。可能成为损害审计独立性的情形包括:审计人员与被审计单位负责人或者有关主管人员有夫妻关系、直系血亲关系、三代以内旁系血亲以及近姻亲关系;与被审计单位或者审计事项有直接经济利益关系;对曾经管理或者直接办理过的相关业务进行审计等,存在这些情形时应当向审计机关报告。同时,审计人员不得参加影响审计独立性的活动,不得参与被审计单位的管理活动。审计机关可以依法要求相关审计人员回避;对相关审计人员执行具体审计业务的范围作出限制;对相关审计人员的工作追加必要的复核程序等。二是行政首长要求审计的项目为必审项目。审计准则公开了审计计划以及审计项目的确定过程。可作为审计机关初步选择的审计项目包括:国家和地区财政收支、财务收支以及有关经济活动情况;政府工作中心;本级政府行政首长和相关领导机关对审计工作的要求;上级审计机关安排或者授权审计的事项;有关部门委托或者提请审计机关审计的事项等。群众举报以及公众关注的事项也可作为初步选择的审计项目。审计机关通过对初选审计项目进行评估,来确定备选审计项目及其优先顺序。其中对项目的重要程度的评估,要看项目在国家经济和社会发展中的重要性、政府行政首长和相关领导机关及公众关注程度、资金和资产规模等。审计机关对必选审计项目,可以不进行可行性研究,必选审计项目包括:法律法规规定每年应当审计的项目;本级政府行政首长和相关领导机关要求审计的项目;上级审计机关安排或者授权的审计项目等。三是受关注程度可作为判断项目是否重要的因素。可作为审计人员在审计实施过程中,判断审计项目重要性的因素主要包括:是否属于涉嫌犯罪的问题;是否属于法律法规和政策禁止的问题;是否属于故意行为所产生的问题;可能存在问题涉及的数量或者金额;是否涉及政策、体制或者机制的严重缺陷;是否属于信息系统设计缺陷。"政府行政首长和相关领导机关及公众的关注程度"也是判断审计项目重要性的因素。四是报道可作为重大违法行为判断依据。审计机关审计行为不仅仅是"看账本"。审计人员执行审计业务时,应当保持职业谨慎,充分关注可能存在的重大违法行为。重大违法行为,是指被审计单位和相关人员违反法律法规、涉及金额比较大、造成国家重大经济损失或者对社会造成重大不良影响的行为。如何对重大违法行为作出判断,《中华人民共和国国家审计准则》指出,审计人员除了可依据"具体经济活动中存在的异常事项;财务和非财务数据中反映出的异常变化;有关部门提供的线索和群众举报"等作出判断外,"公众、媒体的反映和报道"也可作为是否重大违法行为的判断依据。五是审计证据未取得被审单位的签名同样有效。审计人员取得证明被审计单位存在违反国家规定的财政收支、财务收支行为以及其他重要审计事项的审计证据材料,应当由提供证据的有关人员、单位签名或者盖章;不能取得签名或者盖章不影响事实存在的,在审计人员说明情况后,该审计证据仍然有效。同时,对于被审计单位的相关资料、资产可能被转移、隐匿、篡改、毁弃并影响获取审计证据的,出现这种情况时,审计机关应当依照法律法规的规定采取相应的证据保全措施。此外,审计机关执行审计业务过程中,因行使职权受到限制而无法获取适当、充分的审计证据,或者无法制止违法行为对国家利益的侵害时,根据需要,可以按照有关规定提请有权处理的机关或者相关单位予以协助和配合。审计报告中涉及的重大经济案件调查等特殊事项,经审计机关主要负责人批准,可以不征求被审计单位或者被审计人员的意见。

党的十八大以来,党中央出台了一系列稳增长、促改革、调结构、惠民生、防风险的政策措施。审计机关要把对国家重大政策措施贯彻落实情况进行跟踪审计作为一项日常工作,对各部门各地区贯彻中央政策措施和决策部署情况进行监督检查,促进落实到位,这也是确保中央政令畅通的需要。为切实加强审计工作,推动国家重大决策部署和有关政策措施的贯彻落实,更好地服务改革发展,维护经济秩序,促进经济社会持续健康发展,国务院于2014年印发了《国务院关于加强审计工作的意见》(国发〔2014〕48号),对于审计工作的指导思想和基本原则,给予明确要求和清晰表述,并就发挥审计促进国家重大决策部署落实的保障作用,强化审计的监督作用,完善审计工作机制,狠抓审计发现问题的整改落实,提升审计能力和加强组织领导等,形成了一系列重要方针和具体要求。

该意见体现了党和国家领导在全面改革新时期推进国家治理现代化进程中,对于审计这一重要领域的高度重视,重点鲜明地指导部署了以审计促进国家治理现代化的工作任务。第一是要发挥审计促进国家重大决策部署落实的保障作用。在全面改革新时期,国家一系列重大部署的密集出台,为贯彻稳增长、促改革、调结构、惠民生、防风险的多项政策,实现公共资金安全高效使用、维护国家经济安全、搞好与民生息息相关的经济社会多方面的建设和推动攻坚克难的配套改革,提供了必要的审计支撑与保障。第二是要在依法行政、廉政建设、领导干部履职尽责方面强化审计的监督作用。在建设法治国家和反腐倡廉的推进过程中,积极运用审计功能及时发现问题,进而促成解决问题和实施问责。第三是完善审计工作机制,凡涉及管理、分配、使用公共资金、国有资产、国有资源的部门、单位和个人,都要自觉接受和配合审计工作,提供完整准确真实的相关信息,积极协助审计工作。第四是狠抓审计发现问题的整改落实,以责任制、督促检查和问责考核奖惩,对审计中发现的问题予以最有效的解决。这些对于以审计服务全局、推进国家现代化进程,具有十分重大的现实意义。审计人员要当好国家利益的捍卫者,公共资金的守护者,权力运行的"紧箍咒",反腐败的利剑,深化改革的"催化剂"。

该意见主要有以下三个重要特点:一是将审计"全覆盖"首次写进政府文件。意见明确,审计机关要对稳增长、促改革、调结构、惠民生、防风险等政策措施落实情况,以及公共资金、国有资产、国有资源、领导干部经济责任履行情况进行审计,实现审计监督全覆盖。凡是涉及管理、分配、使用公共资金、国有资产、国有资源的部门、单位和个人,都要接受审计、配合审计。这意味着,凡涉及公共资金、国有资产和国有资源的,都要接受审计;凡涉及对这些资金、资产和资源进行管理、分配和使用,都要接受审计;凡涉及这些资金、资产和资源的部门、单位和人员,都要接受审计。审计不仅针对会计资料,还包括业务资料以及管理资料。这里面不仅涉及单位,也明确提到了个人。受审计力量和人员素质的限制,国家审计机关还未实现审计监督全覆盖的要求。因此该意见也提出,有必要通过强化审计队伍建设、推进审计职业化、向社会购买审计服务、加强内部审计等措施来实现审计监督的全覆盖。二是强调整改有望根治"屡审屡犯"顽疾。社会各界对屡审屡犯的问题特别关注,要求对审计查出问题的整改情况全面向社会公开。对此,意见关于加大整改力度的规定有两个方面:一个是公开,即要求被审计单位向社会公告审计发现问题的整改结果,接受社会的监督;一个是问责,即落实整改责任制,强化责任追究。为督促被审计单位、其他有关部门、单位、地方政府、有关主管部门切实整改审计发现的问题,充分运用审计成果,该意见进一步明确了相关单位整改的责任,具体包括:明确了整改的责任主体,要求被审计单位主要负责人担任整改的第一责任人,若整改成了"一把手"工程,单位自然更重视;要求被审计单位将整改结果在书面告知审计机关的同时,向同级政府或主管部门报告,并向社会公告;各级政府每年要专题研究整改工作,并将整改纳入督查督办事项,有关被审计单位主管部门要及时督促整改;有关地区和部门要把审计结果及其整改情况作为考核、奖惩的重要依据,对整改不到位的,要与被审计单位主要负责人进行约谈,对整改不力、屡审屡犯的,要严格追责问责;审计机关将建立整改检查跟踪机制,必要时可提请有关部门协助落实整改意见,同时也会将有关单位反馈的整改情况向社会作相应的公告。三是推动中央重大政策措施落实到位。近年来,各级相关单位非常注重在审计中推动中央重大政策措施的贯彻落实。今后,审计相关部门将持续组织对国家重大政策措施和宏观调控部署落实情况的跟踪审计,推动政策措施贯彻落实,加强预算执行和其他财政收支审计,密切关注资金的存量和增量,促进公共资金安全高效使用。同时,加大对经济运行中风险隐患的审计力度,维护国家经济安全;加强对"三农"、社保、教育等重点民生资金和项目的审计,促进改善民生和生态文明建设;密切关注各项改革措施的协调配合情况,推动深化改革。

根据《中共中央关于全面推进依法治国若干重大问题的决定》和《国务院关于加强审计工作的意见》要求,为保障审计机关依法独立行使审计监督权,更好发挥审计在党和国家监督体系中的重要作用,中共中央办公厅、国务院办公厅于 2015 年 12 月印发了《关于完善审计制度若干重大问题的框架意见》及相关配套文件的通知(中办发〔2015〕58 号),就完善审计制度有关重大问题提出框架意见,对完善审计制度、保障依法独立行使审计监督权作出了部署和安排。框架意见及配套文件提出,完善审计制度的总体目标是通过健全有利于依法独立行使审计监督权的审计管理体制,建立具有审计职业特点的审计人员管理制度,对公共资金、国有资产、国有资源和领导干部履行经济责任情况实行审计全覆盖,到 2020 年,基本形成与国家治理体系和治理能力现代化相适应的审计监督机制,更好地发挥审计在保障国家重大决策部署贯彻落实、维护国家经济安全、推动深化改革、促进依法治国、推进廉政建设中的重要作用。框架意见及配套文件明确,完善审计制度的任务主要是实行审计全覆盖、强化审计机关对下级审计机关的领导、探索省以下地方审计机关人财物管理改革、推进审计职业化建设、加强审计队伍思想和作风建设、建立健全履行法定审计职责保障机制、完善审计结果运用机制、加强对审计机关的监督。

框架意见及配套文件中所述的重点任务有三项:一是实行审计全覆盖,制定了《关于实行审计全覆盖的实施意见》。通过加强审计资源统筹整合和创新审计技术方法,依法全面履行审计监督职责,坚持党政同责、同责同审,对公共资金、国有资产、国有资源和领导干部履行经济责任情况实行审计全覆盖。对重点部门、单位要每年审计,对重点地区、部门、单位以及关键岗位的领导干部任期内至少审计 1 次,对重大政策措施、重大投资项目、重点专项资金和重大突发事件开展跟踪审计,做到应审尽审、凡审必严、严肃问责。通过审计全覆盖发现国家重大决策部署执行中存在的突出问题和重大违纪违法问题线索,维护财经法纪,促进廉政建设;反映经济运行中的突出矛盾和风险隐患,维护国家经济安全;总结经济运行中好的做法和经验,注重从体制机制层面分析原因和提出建议,促进深化改革和体制机制创新。二是探索省以下地方审计机关人财物管理改革,制定了《关于省以下地方审计机关人财物管理改革试点方案》。围绕增强审计监督的整体合力和独立性,从领导干部管理、机构编制和人员管理、经费预算和资产管理、审计项目计划统筹管理、审计结果报告和公告、审计执法责任、审计信息化等方面强化上级审计机关对下级审计机关的领导,强化全国审计工作的统筹。三是推进审计职业化建设,制定了《关于推进国家审计职业化建设的指导意见》。根据审计职业特点,建立分类科学、权责一致的审计人员管理制度和职业保障机制,包括建立审计人员分类管理制度、建立审计专业技术类公务员职务序列、完善审计人员选任机制、健全审计职业岗位责任追究机制、健全审计职业保障机制等,提升审计队伍的政治素质和专业能力。

2021年6月,中央审计委员会办公室、审计署印发了《"十四五"国家审计工作发展规划》(以下简称《规划》),这是中央审计委员会成立后发布的第一个审计工作发展规划,对发挥好审计监督作用具有重要意义。《规划》提出了"十四五"时期国家审计的新理念、新目标、新举措,其中最突出的是通篇贯穿着党中央对审计工作的集中统一领导。例如,发展环境中,分析了新时代党中央赋予审计工作的新职责、新使命、新要求;指导思想中,提出了要做到三个坚持,增强"四个意识"、坚定"四个自信"、做到"两个维护";基本原则中,将坚持党的全面领导作为首要原则;主要目标确定为加快构建集中统一、全面覆盖、权威高效的审计监督体系;审计业务中,明确把党的领导落实到审计工作全过程各环节;保障措施中,从健全各级党委审计委员会工作运行机制、完善推动党中央关于审计工作的重大决策部署落实机制、严格执行审计领域重大事项请示报告制度、加强对全国审计工作的领导等角度,将党中央对审计工作的集中统一领导进一步细化、实化、制度化。审计机关首先是政治机关,要强化政治机关意识,首要任务就是坚决贯彻落实党中央对审计工作集中统一领导的各项要求,带头做到"两个维护",要把讲政治体现在审计实践和审计人员言行上。从审计实践角度看,审计首先是经济监督,但审计并不是简单地查账,必须善于用政治眼光来观察和分析审计发现的经济社会问题,善于从倾向性、苗头性问题中发现政治问题的端倪,从经济监督中体现政治导向、政治要求。审计人员要把讲政治体现在我们每个人的一言一行上,既要做专业上的内行人,更要做政治上的明白人,要善于从政治上看问题,善于分析把握政治大局,不断提高政治判断力、政治领悟力、政治执行力。唯有如此,才能牢牢把握审计事业前进的正确政治方向,更好发挥审计在党和国家监督体系中的重要作用。

《规划》提出了加快构建集中统一、全面覆盖、权威高效的审计监督体系的目标,要求发挥审计机关对推进规划实施的监督作用,对标国家"十四五"规划纲要确定的重点任务,立足审计实际,组织安排以下六项审计工作:第一,为促进党中央、国务院重大决策部署贯彻落实,将政策落实跟踪审计放在首要位置。第二,按照国家"十四五"规划纲要确定的加快建立现代财政制度、完善现代税收制度、创新驱动发展、建设现代化基础设施体系等要求,明确财政审计的工作目标、思路和重点,提出从预算执行及决算草案、科技文化等重点专项资金、政府债务、收入征管、重大公共工程投资等方面开展财政审计。第三,围绕全面深化改革、构建高水平社会主义市场经济体制,提出从国有企业改革、国有资本投资、运营和监管等方面开展国有企业审计。第四,围绕统筹发展与安全、深化金融供给侧结构性改革,提出从防范化解金融风险、金融监管部门职能履行、金融服务实体经济等方面开展金融审计。第五,围绕全面推进乡村振兴、绿色发展、增进民生福祉等,提出农业农村审计、资源环境审计、民生审计的目标、思路和措施。第六,围绕加强社会主义民主法治建设、健全党和国家监督制度,强调加强经济责任审计。在各项审计中,要求审计机关坚守审计监督首先强调的是经济监督的职责定位,着力揭示财政财务收支真实合法效益以及重大政策落实、措施实施效果、重大经济风险、廉政风险与权力运行等方面的问题,深入分析可能存在的体制性障碍、机制性缺陷、制度性漏洞,有针对性地提出审计建议。

政策落实跟踪审计是党中央、国务院赋予审计机关的重要工作职责,《规划》进一步深化政策落实跟踪审计。在审计内容上:一是明确政策落实跟踪审计定位,要求始终围绕党中央、国务院决策部署,对各地区、各部门贯彻落实国家重大政策措施的具体部署、执行进度和实际效果进行审计,加大对经济社会运行中各类风险隐患揭示力度,加大对重点民生资金和项目审计力度,及时发出预警,维护国家安全,维护人民利益。二是强化宏观政策研究,在把握政策实质、吃透政策精神的基础上,根据经济社会发展的要求和国家宏观调控的主要方向,突出不同时期、不同地域的审计重点,促进党和国家各项重大政策措施落地生根。三是加强对审计发现问题的宏观分析,在推动补齐工作短板、堵塞制度漏洞、完善协同传导机制上发力,把最终落脚点放在推动改革发展上,放在推动完善国家治理上。在组织管理方式上:一是改进项目组织实施,做实政策、落实跟踪审计项目,按照中央重大决策部署安排审计,一个方面的政策落实跟踪审计原则上列为一个审计项目。二是明确各级审计机关及其派出机构在政策落实跟踪审计中的职责定位。审计署和省级审计机关应将更多精力放在政策分析研究方面,重在提出政策落实跟踪审计项目库建议,明确审计重点事项和审计思路,做好项目组织和自身承担的实施工作。审计机关的派出机构和市县审计机关重在抓好审计实施。

审计不仅要查病,更要治已病、防未病。只注重发现和揭示问题而忽视督促整改,发现的问题会不了了之,审计的最终目的就不能实现,审计的作用就会大打折扣。《规划》从做实审计监督后半篇文章出发,将审计整改作为第二部分依法全面履行审计监督职责的一部分,提出从强化审计整改的责任落实、健全审计整改工作机制、推动审计整改结果运用等3个方面做好审计整改工作,明确以推动审计查出问题有效整改、巩固和拓展审计整改效果为目标,坚持揭示问题与推动解决问题相统一,推动建立健全审计整改长效机制。审计机关在履行督促检查责任时,要做到不越位、不错位、不缺位,推动被审计单位压实整改主体责任,强化主管部门对其管辖行业领域的监督管理责任,及时组织对审计整改情况的跟踪督促检查,严格落实对账销号制度,推动提升整改效果。

三、审计工作开展与审计人员

计算机审计是以被审单位计算机系统和电子数据为对象的审计活动,它是计算机进入会计和管理领域后发展起来的,是审计科学、计算机科学与电子数据处理技术发展的结果。为了适应我国国民经济信息化的发展,并将高新技术运用于审计工作之中,更有效地对财政收支、财务收支进行审计监督,国务院办公厅于2001年11月印发了《国务院办公厅关于利用计算机信息系统开展审计工作有关问题的通知》(国办发〔2001〕88号),这是审计部门利用计算机信息系统开展审计工作的重要依据,为在高新技术条件下加强审计监督提供了重要保证。该通知明确了审计机关获取计算机审计工作环境、检查被审计单位计算机信息系统的权利、被审计单位配合计算机审计的义务、相关法律责任等,具有重要的现实意义。关于计算机信息系统,《中华人民共和国国家审计准则》第六十二条规定:审计人员可以从下列方面调查了解被审计单位信息系统控制情况:一般控制,即保障信息系统正常运行的稳定性、有效性、安全性等方面的控制。第七十六条规定:审计人员认为存在下列情形之一的,应当检查信息系统的有效性、安全性:(一)仅审计电子数据不足以为发现重要问题提供适当、充分的审计证据;(二)电子数据中频繁出现某类差异。审计人员在检查被审计单位相关信息系统时,可以利用被审计单位信息系统的现有功能或者采用其他计算机技术和工具,检查中应当避免对被审计单位相关信息系统及其电子数据造成不良影响。第八十七条规定:审计人员获取的电子审计证据包括与信息系统控制相关的配置参数、反映交易记录的电子数据等。采集被审计单位电子数据作为审计证据的,审计人员应当记录电子数据的采集和处理过程。本法规更加突出了对信息系统本身的有效性、安全性进行审计。

修订后的《审计法》规定:审计机关经县级以上人民政府审计机关负责人批准,有权查询被审计单位在金融机构的账户。审计机关有证据证明被审计单位违反国家规定将公款转入其他单位、个人在金融机构账户的,经县级以上人民政府审计机关主要负责人批准,有权查询有关单位、个人在金融机构与审计事项相关的存款。为进一步落实上述规定,规范审计机关查询被审计单位在金融机构的账户和有关单位、个人在金融机构的存款工作,审计署、人民银行、银保监会、证监会于2022年1月印发了《审计署 人民银行 银保监会 证监会关于审计机关查询单位和个人在金融机构账户和存款有关问题的通知》(审法发〔2022〕7号)。该通知明确,审计机关查询的账户和存款,包括单位、个人在各类银行等金融机构开立的银行、资金、证券、基金、信托、保险等各类账户。审计机关查询单位、个人账户和存款应当严格依法履行审批程序,向有关金融机构送达协助查询通知书,并提供账户名称、账号或者有关身份信息。审计机关查询单位、个人账户和存款的内容,主要包括开户销户情况、交易日期、内容、金额和账户余额情况,以及交易资金流向、交易设备和网络信息、第三方支付信息等记录。金融机构应当依法协助审计机关办理查询工作,如实提供相关资料,不得隐匿。审计实践中,审计人员通过延伸银行等金融机构,取得真实的资金流水记录和原始凭证,从而拨开资金迷雾,查实得到资金真实流向,发现和落实案件线索,已成为审计的重要手段,并得到广泛应用,取得了很好的效果。

为认真贯彻党中央、国务院有关要求,进一步强化自身监督,提升国家审计公信力,审计署于2019年4月印发了《审计署关于印发定期接受特聘审计监督员对部门预算和其他财政收支情况进行审计的办法(试行)的通知》,审计署建立特聘审计监督员资源库,商请有关国家机关和国有企事业单位,择优推荐从事其内部审计的专业人员,担任特聘审计监督员,承担定期对审计署部门预算和其他财政收支情况进行审计的任务。对审计署直属单位、驻地方特派员办事处主要负责人的经济责任审计项目可以根据需要聘请特聘审计监督员。这样既可以充分利用国家机关和国有企事业单位的内审机构和人员的力量,增强审计公信力,又可以适当缓解审计部门审计力量不足的情况,能够更好地完成相关审计工作任务。

党的十八大以来,党中央对加强党对审计工作领导、完善审计制度、改革审计管理体制等作出一系列重大决策部署。审计监督作为党和国家监督体系的重要组成部分,在推进国家治理体系和治理能力现代化中发挥重要作用,审计工作面临的新形势新任务对职称制度改革提出新要求。多年来,审计专业人员职称制度在客观公正评价审计专业人员、加强审计人才队伍建设方面发挥了重要作用。但随着经济社会发展和审计人才队伍壮大,也存在着职称层级设置不够健全、评价标准不够科学、管理服务不够规范等问题,需要通过改革加以完善。2016年,中共中央办公厅、国务院办公厅印发了《关于深化职称制度改革的意见》,对全面深化职称制度改革指出了明确方向,提出了具体要求。为了贯彻落实党中央和国务院决策部署,谋划推进审计专业人员职称制度改革,人力资源社会保障部、审计署于2020年11月联合印发了《人力资源社会保障部 审计署关于深化审计专业人员职称制度改革的指导意见》(人社部发〔2020〕84号)。审计工作具有很强的政治性、政策性和专业性,审计专业人员职称制度对于客观评价审计人员专业能力水平、建设高素质专业化审计干部人才队伍具有重要意义。深化审计专业人员职称制度改革,完善符合审计职业特点的评价机制,有利于审计专业人才成长和审计干部队伍建设,有利于提高审计公信力,更好发挥审计监督作用,促进社会主义市场经济高质量发展。该意见贯彻落实党中央、国务院有关部署,坚持服务发展、科学评价、以用为本的原则,遵循审计人员成长规律,在健全评价体系、完善评价标准、创新评价机制、促进职称评价与人才培养使用有效衔接、加强职称评审监督和服务等方面,提出了针对性的改革举措。一是健全评价体系,完善职称层级设置,增设正高级审计师职称,拓展审计专业人员的职称晋升空间。二是完善评价标准,实行分级分类评价,突出考察审计专业人员能力水平和业绩贡献,满足不同层级、不同类别审计专业人员的职称评审需求。实行国家标准、地区标准和单位标准相结合,为建立全国统一的审计专业人员职称标准奠定基础。三是创新评价机制,丰富职称评价方式,综合采用考试、评审、考评结合等多种评价方式,适应不同层级审计工作的职业特点。加强职称评审委员会建设,完善评审专家遴选机制,积极吸纳审计相关领域的学术和实务专家参与职称评审委员会。合理下放职称评审权限,加强对自主评审工作的监管。四是促进职称评价与人才培养使用有效衔接,推动职称制度与审计高端人才培养、审计专业学位研究生教育等有机衔接,探索建立审计专业技术资格考试与注册会计师、法律等职业资格考试的衔接措施。加强审计专业人员继续教育。五是加强职称评审监管和服务,健全完善职称评审公示制度、回避制度和随机抽查、巡查制度,建立职称评审诚信档案和失信联合惩戒制度。加强审计职称评审公共服务平台建设,优化评审服务。《意见》适用于在国家机关、社会团体、企事业单位和其他组织中从事审计工作的人员。《意见》落实中央要求,明确公务员不能参加专业技术人才职称评审,鼓励符合条件的公务员参加审计专业技术资格考试,建立健全专业能力标准评价体系,将通过审计专业技术资格考试作为专业能力评价的参考。

我国自1986年开始首批审计人员专业职务评聘工作,1992年起施行审计专业技术资格制度。2002年、2003年审计署、原人事部先后修订印发《高级审计师资格评价办法(试行)》

《审计专业技术初、中级资格考试规定》及其实施办法,在全面客观评价审计人员、提升审计人员专业水平等方面发挥了重要作用。但随着经济社会发展,审计专业技术资格制度在条件标准、评价使用和考试管理服务等方面逐渐无法满足现实需求,需要修订完善。根据《人力资源社会保障部 审计署关于深化审计专业人员职称制度改革的指导意见》(人社部发〔2020〕84号)和国家职业资格制度等有关规定,审计署、人力资源社会保障部于2022年7月印发了《审计专业技术资格规定》和《审计专业技术资格考试实施办法》的通知(审人发〔2022〕18号),进一步加强审计专业人员队伍建设,完善审计人才评价工作机制,更好地适应审计工作高质量发展要求。该规定和实施办法对原制度的修订主要有:一是完善资格考试评价机制。审计人员初、中级资格考试合格直接取得相应职称。高级资格考试合格,评审通过后取得高级审计师职称。初、中级资格从要求一次通过全部考试科目调整为考试成绩实行2年为一个周期的滚动管理方法;高级资格考试科目从2科调整为1科《高级审计实务》,取得考试合格证明后参加评审年限从3年调整为5年,进一步提升了资格评价的科学性和针对性。二是完善资格考试管理服务机制。明确了合规、稽核、内部控制、风险管理等审计相关工作岗位人员可以参加审计专业技术资格评价。高中毕业生、在校大学生等均可报考初级资格考试。对考试报名证明事项实行告知承诺制,推广电子证书等便利化服务。从人才队伍建设实际出发,明确单独划定相关地区考试合格标准和划定高级资格考试当地当年度评审使用标准的机制。三是完善资格考试衔接机制。明确了与会计、经济、统计、工程等其他职称系列的报考衔接政策;注册会计师、造价工程师、资产评估师、税务师等其他职业资格与审计专业技术资格对应的政策;与其他系列高级职称人员的评价衔接政策;审计专业硕士、专业博士的免考政策等。

四、经济责任审计

党的十八大以来,以习近平同志为核心的党中央着眼推进国家治理体系和治理能力现代化、健全党和国家监督体系的全局,对加强审计工作、完善审计制度等作出了重大部署。党的十九大和十九届三中全会决定改革审计管理体制,组建中央审计委员会,加强党对审计工作的领导,构建集中统一、全面覆盖、权威高效的审计监督体系。2018年5月,习近平总书记主持召开中央审计委员会第一次会议并发表重要讲话,深刻阐述了审计工作的一系列根本性、方向性、全局性问题,指明了新时代审计事业的前进方向。2019年7月,中共中央办公厅、国务院办公厅印发了新修订的《党政主要领导干部和国有企事业单位主要领导人员经济责任审计规定》(中办发〔2019〕45号),这是对2010年颁布的规定进行修订,是适应审计管理体制改革、完善审计监督体系的必然要求,对促进领导干部履职尽责、担当作为,确保党中央令行禁止具有重要意义。

该规定重点修订了五个方面的内容:一是明确经济责任审计工作指导思想。强调经济责任审计工作以习近平新时代中国特色社会主义思想为指导,聚焦经济责任,客观评价,揭示问题,着力促进经济高质量发展,促进全面深化改革,促进权力规范运行,促进反腐倡廉,推进国家治理体系和治理能力现代化。二是规范计划管理和审计结果报送。坚持党对经济责任审计工作的领导和党管干部原则,强调以任职期间审计为主,年度审计项目计划提交同级审计委员会审议决定。经济责任审计报告等审计结论性文书报同级审计委员会,按照干部管理权限送组织部门。三是明确审计评价内容。要求在审计范围内,对领导干部履行经济责任情况,包括公共资金、国有资产、国有资源的管理、分配和使用中其个人遵守廉洁从政(从业)规定等情况,作出客观公正、实事求是的评价。四是调整责任类型。将2010年规定的"直接责任、主管责任、领导责任"3类责任调整为"直接责任、领导责任"2类责任,要求综合考虑审计发现问题的历史背景、决策过程、性质、后果和领导干部实际所起作用等情况界定责任。五是完善监督纠错机制。明确被审计领导干部对经济责任审计报告有异议,可以向同级审计委员会办公室申诉,由办公室另外组织人员进行复查并提出复查意见,报审计委员会批准后作出复查决定。

在经济责任审计内容方面,该规定要求:一是强调聚焦经济责任,明确领导干部经济责任的内涵,即领导干部任职期间,对其管辖范围内贯彻执行党和国家经济方针政策、决策部署,推动经济和社会事业发展,管理公共资金、国有资产、国有资源,防控重大经济风险等有关经济活动应当履行的职责。二是明确审计内容的确定原则,即以公共资金、国有资产、国有资源的管理、分配和使用为基础,以权力运行和责任落实情况为重点,充分考虑领导干部管理监督需要、履职特点和审计资源等因素,依规依法确定审计内容。三是细化审计内容,分类列举地方党委和政府主要领导干部、党政工作部门等主要领导干部、国有企业主要领导人员3类审计对象的主要审计内容,重点包括贯彻执行党和国家经济方针政策及决策部署情况、重大经济事项的决策执行情况、财政财务管理和经济风险防范情况、生态文明建设项目和资金管理使用情况,以及遵守廉洁从政(从业)规定情况等内容。

审计评价是经济责任审计报告的核心内容,是经济责任审计区别于其他类型审计的重要特征,该规定强调:评价要客观公正、实事求是,促进领导干部履职尽责、担当作为。一是明确审计评价内容。强调在审计范围内,对被审计领导干部履行经济责任情况,包括公共资金、国有资产、国有资源的管理、分配和使用中个人遵守廉洁从政(从业)规定等情况作出评价。二是细化明确责任界定的具体情形。结合领导干部履行职责的实际情况,列举了领导干部对审计发现问题负有直接责任、领导责任等2类责任的主要情形,提高责任界定的科学性、准确性和操作性。三是严格评价要求。要求按照权责一致原则,根据不同领导职务的职责要求,在审计查证或者认定事实的基础上,综合运用多种方法,坚持定性评价与定量评价相结合,依照有关党内法规、法律法规、政策规定、责任制考核目标等,综合考虑相关问题的历史背景、决策过程、性质、后果和领导干部实际所起的作用等情况,界定其应当承担的责任。

审计结果运用是经济责任审计的重要环节,关系到审计作用的发挥和审计目标的实现,该规定要求:一是明确了审计结果运用的总体要求,即各级党委和政府应当建立健全经济责任审计情况通报、责任追究、整改落实、结果公告等结果运用制度,将审计结果以及整改情况作为考核、任免、奖惩领导干部的重要参考,并将相关报告归入被审计领导干部本人档案。二是明确了不同主体在结果运用中的职责,对审计委员会办公室、审计机关,联席会议其他成员单位,有关主管部门的主要职责分别作出规定。三是强调被审计领导干部及其所在单位的审计整改责任,将审计结果整改情况纳入所在单位领导班子党风廉政建设责任制检查考核的内容,以及领导班子民主生活会及成员述责述廉的重要内容。

中央办公厅、国务院办公厅于2010年10月颁布的《党政主要领导干部和国有企业领导人员经济责任审计规定》，有力推动了经济责任审计工作的规范和深化。但在这个规定执行过程中，出现了对部分条文的理解不统一、不一致，操作不规范等问题；审计实践中探索形成了一些好的经验和做法，有待总结并上升为制度。为落实中央提出的新要求和解决审计实践中出现的新问题，2014年7月，中央纪委机关、中央组织部、中央编办、监察部、人力资源和社会保障部、审计署、国务院国资委联合印发实施《党政主要领导干部和国有企业领导人员经济责任审计规定实施细则》（以下简称《实施细则》），细化和完善了经济责任审计对象、审计内容、审计评价、审计报告、审计结果运用、组织领导和审计实施等内容。一是审计对象方面，细化明确了党政主要领导干部和国有企业领导人员审计对象范围。二是审计内容方面，细化明确了地方各级党委和政府主要领导干部、党政工作部门主要领导干部和国有企业领导人员的审计内容，将地方政府性债务、自然资源资产、生态环境保护、民生改善、厉行节约反对浪费、履行有关党风廉政建设第一责任人职责等情况列入审计内容。三是审计评价方面，明确了审计评价应当重点关注经济、社会、事业发展的质量、效益和可持续性，关注任期内举借债务、自然资源资产管理、环境保护、民生改善、科技创新等重要事项，关注领导干部应承担直接责任的问题。四是责任界定方面，细化列举了直接责任、主管责任、领导责任的情形。五是审计结果运用方面，明确了联席会议成员单位、有关主管部门在审计结果运用中的主要职责。六是组织领导和审计实施方面，明确了领导小组作为经济责任审计工作的组织领导机构，细化完善了审计计划、审计组织实施等方面的程序。

经济责任审计的组织管理实行联席会议或领导小组制度。各级领导小组和联席会议的成员单位，一般包括纪检监察、组织、编制管理、人力资源社会保障、审计、国有资产监督管理等部门，负责领导本地区经济责任审计工作，统一组织协调经济责任审计的规范、计划、实施、结果运用和督查调研等，并形成了各部门"审前共商、审中协作、审后运用"的协调配合机制。中央经济责任审计工作联席会议制度的建立健全经历了两个阶段：第一个阶段，按照中办、国办1999年印发的《县级以下党政领导干部任期经济责任审计暂行规定》和《国有企业及国有控股企业领导人员任期经济责任审计暂行规定》的要求，中央纪委、中央组织部、人事部、监察部、审计署、国资委建立了中央部委一级的联席会议制度；第二个阶段，按照中办、国办2010年印发的《党政主要领导干部和国有企业领导人员经济责任审计规定》的要求，成立了中央经济责任审计工作部际联席会议，由审计署牵头，中央纪委、中央组织部、中央编办、监察部、人力资源社会保障部、国务院国资委为成员单位，审计署审计长为联席会议召集人。中央联席会议每年制定经济责任审计工作指导意见，履行指导、监督和检查全国经济责任审计工作的职责。

根据中央关于加强对主要领导干部行使权力的制约和监督，以及全国各地经济责任审计的实践发展，《实施细则》进一步将以下领导干部明确为经济责任审计的审计对象：一是地方各级党委、政府、审判机关、检察机关，中央和地方各级党政工作部门、事业单位和人民团体等单位的党委（党组、党工委）正职领导干部和行政正职领导干部；二是行政公署、街道办事处等履行政府职能的政府派出机关的主要领导干部，政府设立的开发区、新区等的主要领导干部，以及党委、政府设立的超过一年以上有独立经济活动的临时机构的主要领导干部等。国有和国有资本占控股地位或者主导地位的国有企业（含金融企业）的法定代表人属于经济责任审计的对象,同时将不担任法定代表人的董事长、总经理、党委书记等企业主要负责人纳入经济责任审计对象范围,其主要原因是,虽然这些主要负责人并未担任企业法定代表人,但却实际履行企业经营管理等重要职责,并对企业重大决策制定和经营发展起着重要作用,应当对其进行经济责任审计。根据地方党委、政府的要求,审计机关可以对村党组织和村民委员会、社区党组织和社区居民委员会的主要负责人进行经济责任审计。部门、单位(含垂直管理系统)内部管理领导干部的经济责任审计,由部门、单位负责组织实施,这是国家审计机关开展经济责任审计的重要补充,有利于形成国家审计和内部审计的监督合力,推动各部门、单位事业的科学发展。

对领导干部经济责任的审计评价,要围绕"经济"和"责任"四个字。《实施细则》对经济责任审计评价作了明确规定:一是审计评价应当依照法律法规、国家有关政策以及干部考核评价等规定,结合地区、部门(系统)、单位的实际情况,根据审计查证或者认定的事实,客观公正、实事求是地进行审计评价。二是审计评价应当有充分的审计证据支持,对审计过程未涉及、审计证据不适当或者不充分的事项不作评价。三是审计评价应当与审计内容相统一。一般包括领导干部任职期间履行经济责任的业绩、主要问题以及应当承担的责任。四是审计评价应当重点关注经济、社会、事业发展的质量、效益和可持续性,关注与领导干部履行经济责任有关的管理和决策等活动的经济效益、社会效益和环境效益,关注任期内举借债务、自然资源资产管理、环境保护、民生改善、科技创新等重要事项,关注领导干部应承担直接责任的问题。五是审计评价可以综合运用多种方法,包括进行纵向和横向的业绩比较、运用与领导干部履行经济责任有关的指标量化分析、将领导干部履行经济责任的行为或事项置于相关经济社会环境中加以分析等。六是审计机关可以根据审计内容和审计评价的需要,选择设定评价指标,将定性评价与定量指标相结合。对同一类别、同一层级领导干部履行经济责任情况的评价标准,应当具有一致性和可比性。

五、政府投资审计

为适应市场经济要求,深化和推进投资体制改革,严格执行投资与建设管理法规,规范建筑市场行为,加强对建设项目的审计监督,审计署根据当时的形势和审计监督任务,联合原国家计委、财政部、原国家经贸委、原建设部、原国家工商行政管理局制定印发了《建设项目审计处理暂行规定》(审投发〔1996〕105号),在当时的历史背景下,该暂行规定对规范和加强基建项目审计起到了积极的促进作用。为应对错综复杂的国内国际形势,实现经济高质量发展,党中央把公共投资政策和公共投资定位为促发展、抗风险的"定海神针"和"压舱石"。投资审计正面临前所未有的发展机遇,前途光明,大有可为。

2017年9月,审计署印发了《审计署关于进一步完善和规范投资审计工作的意见》(审投发〔2017〕30号),重点解决相关制度机制不够完善、部分投资审计工作质量不高和审计结果运用不规范等问题。该意见要求:一是坚持依法审计,坚持在法定职责权限范围内开展审计工作,独立行使审计监督权。二是坚持突出重点,加强对政府投资为主,关系全局性、战略性、基础性的重大公共基础设施工程的审计监督,紧紧围绕重大项目审批、征地拆迁、环境保护、工程招投标、物资采购、工程结算、资金管理等关键环节,合理确定审计重点。三是健全完善制度机制,有效运用投资审计结果。四是严格遵守审计纪律,加强廉政风险防控。

2019年6月,审计署办公厅印发了《〈关于进一步完善和规范投资审计工作的意见〉贯彻落实中常见问题解答》的通知(审办投发〔2019〕59号),对在审计工作实践中出现的一些认识理解和落实不到位的问题,以问答的形式梳理出投资审计中的13类常见问题及其主要表现,并按照现行制度提供了规范做法。13类常见问题包括:履行法定程序方面、审计职责权限方面、审计对象范围方面、投资审计"从数量规模向质量效益转变"、投资审计"从单一工程造价审计向全面投资审计转变"、投资审计"从传统投资审计向现代投资审计转变"、杜绝"以审代结"、能不能参与拦标价审查管理、建设工程审计中涉及工程价款的审核、审计查出问题整改落实、审计机关和投资审计人员面临的廉政风险、聘请社会中介机构和人员参与投资审计、聘请中介机构费用支付方面等。

2019年10月,审计署办公厅发布了《关于进一步严格规范投资审计工作的通知》(审办投发〔2019〕95号),该通知指出仍有一些地方未及时转变观念、调整职能,有的仍然存在变相强制规定或要求"以审代结"问题,有的甚至以未完成审计为由拖延支付工程款,影响工程建设和企业利益,也影响地方政府和审计机关的公信力。审计署指出为进一步严格依法规范投资审计工作,更好发挥国家审计在促进稳投资、深化"放管服"改革、优化营商环境等重大政策措施落实中的作用,审计机关应从以下几个方面做好审计监督工作:一要围绕中心、服务大局,依法履行审计监督职责。二要进一步厘清建设单位的管理责任和国家审计的监督责任,对合同已约定以国家审计结果作为工程结算依据的,按进度支付的工程款不受审计影响,审计机关难以及时开展审计的,应及时告知合同双方调整结算审核方式,不得以未完成审计为借口拖延支付工程款;对新签订合同,不得强制或变相强制要求以国家审计结果作为结算依据。三要对照《政府投资条例》等要求,立即组织开展本地区规范投资审计工作专项清理检查,切实纠正"以审代结"问题。

六、预算执行情况和政府财务报告审计

财政审计又称财政收支审计,是审计机关依照《中华人民共和国宪法》和《中华人民共和国审计法》对政府公共财政收支的真实性、合法性和效益性所实施的审计监督,是政府审计的一种形式。为了做好对中央预算执行和其他财政收支的审计监督工作,国务院于1995年7月发布了《中央预算执行情况审计监督暂行办法》(国务院令第181号),主要对财政部门具体组织中央预算执行情况、国税部门税收征管情况、海关系统关税及进口环节税征管情况、金库办理预算资金收纳和拨付情况、国务院各部门各直属单位预算执行情况、预算外收支以及下级政府预算执行和决算等7个方面进行审计监督。该办法规定:审计署应当按照全国人民代表大会常务委员会的安排,受国务院的委托,每年向全国人民代表大会常务委员会提出对上一年度中央预算执行和其他财政收支的审计工作报告。从此,听取和审议国务院计划预算执行情况的报告和审计工作报告(即审计机关的"两个报告")制度正式建立并实施。经过多年的实践发展,"两个报告"的内涵日益丰富,外延不断拓展,特别是2003年实行审计结果公告制之后,"两个报告"的社会影响不断扩大,对国家经济社会发展的推动作用也不断彰显,成为国家治理中一项不可或缺的制度安排。

为履行宪法、法律赋予全国人民代表大会及其常务委员会的预算审查监督职责,贯彻落实党中央关于加强人大预算决算审查监督职能的部署要求,推进全面依法治国,健全完善中国特色社会主义预算审查监督制度,规范预算行为,提高预算绩效,厉行节约,更好地发挥中央预算在推进国家治理体系和治理能力现代化、推动高质量发展、促进社会进步、改善人民生活和全面深化改革开放中的重要作用,全国人大常委会于1999年12月25日审议通过、并于2021年4月29日修订发布了《全国人民代表大会常务委员会关于加强中央预算审查监督的决定》,进一步加强对中央预算的审查监督。该决定要求,加强全口径审查和全过程监管,明确了加强财政政策、一般公共预算、政府债务、政府性基金预算、国有资本经营预算、社会保险基金预算的审查监督重点,进一步推进预算决算公开,提高预算决算透明度,主动接受社会监督。该决定指出,加强中央预算编制、中央预算执行情况、中央预算调整方案、中央决算、预算绩效的审查监督工作,加强审计查出问题整改情况的监督工作。

该决定的发布,对于贯彻依法治国方针,规范预算行为,进一步改进和规范预算管理工作,更好地发挥中央预算在发展国民经济、促进社会进步、改善人民生活和深化改革、扩大开放中的作用具有重要意义。国务院于2000年12月发布了《国务院关于贯彻落实〈全国人民代表大会常务委员会关于加强中央预算审查监督的决定〉的通知》(国发〔2000〕39号),要求国务院各部委、各直属机构提高思想认识,严格依法行政;改进预算编制工作,加强预算资金管理;自觉接受全国人大及其常委会对中央预算的审查和监督。

"三公"经费开支情况一直是社会关注的热点,党中央、国务院高度重视,多次作出部署和安排。2012年12月4日,中央政治局印发八项规定,在相关实施细则中明确要求,审计部门每年要对各地区各部门会议活动等经费的使用情况进行审查。2013年11月印发的《党政机关厉行节约反对浪费条例》也强调了加大对党政机关公务支出和公款消费的审计力度。为深入贯彻落实中央八项规定精神,加强党风廉政建设,促进厉行勤俭节约,反对铺张浪费,审计署于2014年3月专门研究制定了《审计署关于加强公务支出和公款消费审计的若干意见》(审行发〔2014〕22号),就进一步加强公务支出和公款消费审计提出相关要求。加强对重点领域和重点环节进行审计监督,主要包括:"三公"经费、会议费、培训费和楼堂馆所建设维护经费等公务支出预算管理情况,会议、培训计划编报、审批管理和组织实施情况,公务接待审批控制制度、国内公务接待清单制度执行情况,公务用车(含执法执勤用车)配置和使用管理情况,因公出国(境)计划编制和审批情况,国务院有关本届政府任期内一律不得新建政府性楼堂馆所要求落实情况,本届政府财政供养人员只减不增目标的落实情况,国有企业和国有金融机构领导人员职务消费和业务消费情况等。同时,加大审计结果公开力度,加大对违法违规问题和典型案例的查处力度,依法处理、督促整改违规问题,对违反党纪政纪或涉嫌违法犯罪问题要按规定及时移送纪检监察机关、司法机关和编制管理机关等有关主管部门查处。近年来,在中央部门预算执行审计中,不断加大对"三公"经费和会议费管理使用情况的审计力度,进行专门部署,并将审计发现的主要问题全部纳入审计工作报告重点揭示。2014年,审计署对40个中央部门250个所属单位"三公"经费和会议费管理使用情况进行了专项审计。通过审计,揭示突出问题,深入分析原因,提出审计建议,深入分析促进优化财政支出结构、切实降低行政运行成本,推动完善有关制度规定和监督机制,强化内部控制和财务管理,及时堵塞"三公"经费和会议费支出漏洞。

2013年11月,党的十八届三中全会审议通过的《中共中央关于全面深化改革若干重大问题的决定》中提出,要建立权责发生制政府综合财务报告制度。2014年12月,《国务院关于批转财政部权责发生制政府综合财务报告制度改革方案的通知》(国发〔2014〕63号)中进一步明确,要建立政府财务报告审计机制和制度,在2018年至2020年制定发布政府财务报告审计制度。为此,审计署于2020年9月印发了《政府财务报告审计办法(试行)》(审办财发〔2020〕74号)。该办法的总体考虑主要体现在:一是立足现行国家审计制度体系,严格落实改革方案的要求,对审计主体、对象、内容等作出规定,对现行审计制度中已有明确要求的不再重复规定。二是立足国家审计实践,既借鉴了英、澳、美等国家政府财务报告审计经验,也保持了我国国家审计的特点。三是注重原则性,对重要内容作出原则性规定,在很多方面为各级审计机关探索政府财务报告审计工作留出空间。下一步将在审计实践中,边探索、边完善,逐步建立健全"办法+指引"的政府财务报告审计制度体系。该办法的主要内容包括:制定依据和适用范围、审计主体和审计对象、审计目标、审计职责、审计计划、审计内容、审计报告、审计结果报送、审计结果公开、与社会审计的关系、审计人员保密义务和其他。实施政府财务报告审计,需要纳入年度审计计划,可以单独实施,也可以结合预算执行情况审计、决算草案审计等项目统筹安排实施。该办法参考一般财务报告审计目标和其他国家政府财务报告审计目标的发展情况,充分考虑我国政府财务报告编制的实际进展,将政府财务报告审计目标分为微观和宏观两个层面。微观层面,通过聚焦政府财务状况和运行情况的真实、合法、效益,推进提升政府财务报告信息的可信性和透明度,进而完善相关制度;宏观层面,通过审计发现的问题,揭示和防范财政风险,促进提升政府运行绩效,为财政与经济决策提供有用信息。在审计内容方面,政府财务报告审计主要是对反映政府财务状况的资产负债、反映政府运行情况的收入费用的真实合法效益情况进行审计,既包含对政府财务报告报表编制情况的审计,也包括对形成政府财务报告信息的有关经济事项、经济活动的审计。在政府财务报告审计初期,审计目标可以侧重真实、兼顾合规,从重点科目、重点业务入手,由局部向整体推进,逐步促进完善政府财务报告编制工作、夯实政府财务报告编制基础、提升政府财务报告信息质量。例如,可以充分利用预算执行情况审计和决算草案审计结果,研究预算收支不真实不完整对财务会计收入、费用、资产、负债等各报表项目的影响;可以充分利用行政事业单位国有资产数据等外部数据,选择具有变现价值、与地方安全和民众利益密切相关的重点科目,开展专项审计,逐步推动账实相符、账账相符、账表相符。

党中央、国务院一直以来高度重视社会保障工作,把社会保障制度体系建设作为保障民生、推动发展、构建和谐社会的重要基础性工作,作出了一系列重大决策部署,社会保障各领域改革快速推进,在增进人民福祉、维护社会公平等方面发挥了重要作用。社会保障审计是推动社会保障政策落实、维护社会保障资金安全、切实保障人民群众基本权益的一项重要工作。2016年以来持续开展医保基金和养老保险基金审计,严肃查处欺诈骗保、贪污侵占等重大违法违规问题,揭示未应保尽保、重复参保报销、药品价格虚高、过度诊疗、过度保障等问题,推进医药卫生体制改革,促进完善养老保障体系可持续发展;以推进深化制度改革为重点开展住房公积金和住宅维修资金审计,紧盯就业优先政策落实情况开展就业失业资金审计,及时揭示骗提骗贷、扩大提取范围、挤占挪用资金等问题,突出反映重点群体就业状况,促进提高资金使用绩效。在2018年以来召开的中央审计委员会历次会议上,习近平总书记都要求审计机关贯彻以人民为中心的发展思想,加大对重点民生资金和项目审计力度。为深入贯彻落实党中央社会保障决策部署,提升社会保障审计监督效能,推动社会保障事业高质量发展,审计署于2021年7月印发了《审计署关于提升社会保障审计监督效能的指导意见》(审社发〔2021〕21号)。该意见包括总体要求、聚焦主责主业、统筹谋划、科技强审和组织保障5个部分共14条内容。该意见指出,提升社会保障审计监督效能要坚持以习近平新时代中国特色社会主义思想为指导,以增进民生福祉、促进社会公平正义为目标,以保障资金运行"精准、安全、高效"为主线,把实现好、维护好、发展好最广大人民根本利益作为出发点和落脚点,一体推进揭示问题、规范管理、促进改革,促进健全覆盖全民、统筹城乡、公平统一、可持续的多层次社会保障体系。该意见要求,要牢牢把握审计机关首先是政治机关的定位,坚持党的全面领导,坚持以人民为中心,坚持依法审计、实事求是,坚持科技引领、改革创新,坚持系统观念,树立战略眼光,增强风险意识,推动党中央决策部署和各项改革任务贯彻落实。关于社会保障审计的主责主业,该意见在总结以往审计经验的基础上,提出要进一步加大对重点民生资金和项目的审计力度,加强对社会保险、社会救助、社会福利、优抚安置、慈善捐赠等资金的审计,查处套取骗取、挤占挪用、截留滞拨等违法违规问题,维护基金安全,促进提高资金使用效益;加大对社会保障领域重大政策措施贯彻落实情况跟踪审计力度,推动社会保障各领域改革措施落地见效,促进应保尽保,兜牢基本民生保障底线。该意见同时要求,要以零容忍的态度严肃查处群众身边的微腐败和违纪违法问题,揭示影响公共安全和社会稳定的风险隐患。

七、内部审计准则体系

中国内部审计协会于2003年发布了《内部审计基本准则》(第1101号)、《内部审计人员职业道德规范》(第1201号)和10个具体准则在内的首批内部审计准则,初步建立了内部审计准则体系。此后,协会又陆续发布和修订了5批共19个内部审计具体准则和5个实务指南,形成了较为完善的内部审计准则体系。2013年,协会对包括基本准则在内的内部审计准则体系进行了系统修订和完善。准则实施情况表明,内部审计准则对内部审计机构和内部审计人员规范内部审计工作,加强内部审计管理,提升内部审计质量发挥了重要的指导作用。近年来,随着我国经济社会的发展,内部审计的内外部环境、审计对象以及审计内容发生了很大变化。特别是党的十八大以来,党中央国务院高度重视内部审计工作。《审计署关于内部审计工作的规定》《中华人民共和国审计法》等相关法律法规陆续修订出台,这对内部审计工作提出了新的更高的要求。基本准则在内部审计准则体系中具有统领性和指导性,是内部审计机构和内部审计人员开展内部审计工作应当遵循的基本规范,是制定内部审计具体准则和内部审计实务指南的依据,地位十分重要。为了适应新时期内部审计的发展要求,协会于2023年6月再次对基本准则进行了修订完善。

2013年修订的内部审计准则有以下3个特点:一是提升了准则体系结构的科学性和合理性。将具体准则分为作业类、业务类和管理类,在分类的基础上,对准则体系采用四位数编码进行编号。内部审计基本准则和内部审计人员职业道德规范为第一层次,编码为1000;具体准则为第二层次,编码为2000;实务指南为第三层次,编码是3000。新的编号方式借鉴了国际内部审计准则的经验，体现了准则体系的系统性和准则之间的逻辑关系，也为准则未来发展预留了空间。同时针对部分准则存在的内容交叉、重复，个别准则不适应内部审计最新发展等问题，对准则体系结构和内容进行了调整。二是反映了内部审计的最新发展理念。结合国际、国内内部审计理念和实务的最新发展变化，将内部审计定义为"一种独立、客观的确认和咨询活动，它通过运用系统、规范的方法，审查和评价组织的业务活动、内部控制和风险管理的适当性和有效性，以促进组织完善治理、增加价值和实现目标"，基本上实现了与国际内部审计师协会(IIA)定义的接轨。如将"监督和评价"职能改为"确认和咨询"职能，拓展了内部审计的职能范围，突出了内部审计的价值增值功能；明确了内部审计在提升组织治理水平，促进价值增值以及实现组织目标中的重要作用；将风险导向审计理念全面贯彻于整个准则体系中，强调内部审计机构和人员应当全面关注组织风险，以风险为基础组织实施内部审计业务等。三是增强了准则的适用性和可操作性。立足于内部审计实践的发展，对部分准则的内容进行了调整、充实和完善，进一步增强了适用性和可操作性。如将经济性、效率性和效果性3个具体准则合并修订为绩效审计准则；将遵循性审计、风险管理审计、内部审计的控制自我评估法三个准则进行调整和补充，形成修订后的内部控制审计准则，并与《企业内部控制基本规范》及其配套指引相衔接，进一步增强了准则的适用性。再如进一步细化了内部审计人员职业道德中有关诚信正直、客观性、专业胜任能力和保密等具体要求，删除了关于舞弊的预防、协助董事会或最高管理层工作等不易操作的内容。

2023年再次修订《第1101号——内部审计基本准则》时，遵循以下3个原则：一是保持该准则的连续性和稳定性。实践证明，该准则的专业性得到了内部审计机构和广大内审人员的充分认可和遵循，具有科学性和适用性。此次修订在保持准则的框架结构不变的基础上，坚持专业性内容非必要不调整的原则，尽量保留被内部审计实践证明比较成熟的规定，同时对确有必要修改的内容作适当的调整、充实和完善。二是体现该准则的前瞻性和先进性。此次修订深入研究了近年来内部审计实践的先进经验和做法，体现中国内部审计的特色，同时适当参考了《国际内部审计专业实务框架》的最新理念，使修订后的准则能够体现先进的内部审计理念，反映良好的内部审计实践，发挥该准则引领内部审计创新发展的重要作用。三是突出该准则的规范性和指导性。此次修订还对相关表述进行了修改和完善，力求使准则既符合内部审计理论和实务发展的需要，同时也有利于提升其规范性和指导性，从而推动内部审计高质量发展。

2023年修订该准则的重点内容包括：一是突出"加强党对内部审计工作领导"方面的规定。为体现党对内部审计工作的全面领导，此次修订对第三章"作业准则"和第五章"内部管理准则"中涉及的三个条款的表述进行了相应调整。二是删除原第十四条中"内部审计机构应当在实施审计三日前，向被审计单位或者被审计人员送达审计通知书，做好审计准备工作"中"三日"的规定。鉴于内部审计具有内向性、灵活性的特点，个别审计项目需要临时开展或突击开展，难以或不宜提前三日送达审计通知书。此外，随着内部审计信息化的发展，非现场审计、持续性审计等新的审计手段和审计方式的出现，使得审计项目的开始实施审计时间变得难以确定。三是增加数字化环境对内部审计工作影响的相关规定。为充分体现当前数字化环境对内部审计理念、组织方式、技术方法以及审计管理产生的全面而深刻的影响，此次修订单独在第三章"作业准则"中增加一条。同时不再保留原第十五条中有关"内部审计人员应当关注信息系统对业务活动、内部控制和风险管理的影响"的内容,因为新规定已经涵盖了此项内容,而且更为宽泛。四是增加审计档案管理的规定。协会于2016年发布了《第2308号内部审计具体准则——审计档案工作》,为了与之相衔接,此次基本准则修订在第三章"作业准则"中增加一条。以此作为《第2308号内部审计具体准则——审计档案工作》的"上位法",进一步规范和指导审计档案管理工作,更好体现审计作业规范的完整性。五是对第四章"报告准则"中关于审计报告正文内容的顺序进行了调整。根据内部审计实务经验和内审人员的意见,认为在审计报告中先写审计评价结论,再对审计发现的具体问题展开表述,接着提出相应的审计意见和审计建议,这样的表述顺序逻辑性更强,更有利于审计报告使用者的阅读理解,因此协会在2019年修订发布的《第3101号内部审计实务指南——审计报告》中,对原基本准则和审计报告具体准则中审计报告正文内容的顺序做了适当调整。为使基本准则与之相衔接,同时考虑用"审计评价"比"审计结论"能更准确地反映所述内容,与当前经济责任审计报告的相关规范也表述一致,作出相关修订。六是增加内部审计推动审计整改的相关条款。近年来,党中央、国务院高度重视审计整改工作,强调审计整改"下半篇文章"与审计揭示问题"上半篇文章"同样重要,必须一体推进。为强调内部审计推动审计整改的重要性,充分发挥内部审计督促整改工作的作用,在管理准则中增加一条。

内部审计准则体系的框架结构共有3个层次,采用四位数编码进行编号。四位数中,千位数代表准则的层次,百位数代表准则在某一层次中的类别,十位数和个位数代表某具体准则在该类中的排序。内部审计基本准则和内部审计人员职业道德规范作为准则体系的第一层次,编码为1000。其中内部审计基本准则为第1101号,内部审计人员职业道德规范为第1201号。具体准则作为准则体系的第二层次,分为作业类、业务类和管理类3大类,编码为2000。其中,内部审计作业类编号为2100,属于这一类别的审计计划、审计通知书、审计证据、审计工作底稿、结果沟通、审计报告、后续审计、审计抽样、分析程序等9个具体准则编码分别为第2101号至第2109号;内部审计业务类编号为2200,属于这一类别的内部控制审计、绩效审计、信息系统审计、对舞弊行为进行检查和报告、经济责任审计等5个具体准则编码分别为第2201号至第2205号;内部审计管理类编号为2300,属于这一类别的内部审计机构的管理、与董事会或者最高管理层的关系、内部审计与外部审计的协调、利用外部专家服务、人际关系、内部审计质量控制、评价外部审计工作质量、审计档案工作、内部审计业务外包管理等9个具体准则编码分别为第2301号至第2309号。实务指南作为准则体系的第三层次,编码是3000。第3101号为审计报告指南,第3201号至3205号分别为建设项目审计指南、物资采购审计指南、高校内部审计指南、经济责任审计指南和信息系统审计指南。

2003年发布、2013年第一次修订、2023年6月第二次修订的《第1101号——内部审计基本准则》,共6章23条。总则首先明确了内部审计的涵义及适用范围。一般准则明确了内审机构与内审人员、审计独立性与客观性、职业道德与专业能力要求、保密要求。作业准则明确了实施内审的批准程序、审前准备、审计方法、重要性与审计风险、审计证据等。报告准则明确了审计报告的主要内容、质量要求和注意事项。内部管理准则明确了内审机构的管理、审计计划、审计整改、审计责任等内容。

2003年发布、2013年修订的《第1201号——内部审计人员职业道德规范》,共7章21条。总则明确了内部审计人员职业道德的涵义。一般原则明确了内审人员从事内审活动时,应保持诚信正直、客观公正,提高专业胜任能力,遵循保密要求。该规范列举了诚信正直不应有的4种行为,廉洁正直不应有的2种行为。要求采取规定步骤,对内审业务的客观性进行评估,列举了可能影响客观性的7种因素,要求内审机构负责人采取6种措施保障内审客观性。还列举了专业胜任能力的3种具体形式,要求开展继续教育,谨慎运用职业判断。

2013年发布的《第2101号内部审计具体准则——审计计划》,共5章17条。审计计划是指内部审计机构和内部审计人员为完成审计业务,达到预期的审计目的,对审计工作或者具体审计项目作出的安排。审计计划一般包括年度审计计划和项目审计方案。年度审计计划包括年度审计工作目标、具体审计项目及实施时间、各审计项目需要的审计资源、后续审计安排等。编制年度审计计划时,应当重点了解相关情况,以便评价具体审计项目风险。审计项目负责人应根据被审计单位相关情况,编制项目审计方案。项目审计方案包括被审计单位项目的名称、审计目标和范围、审计内容和重点、审计程序和方法、审计组成员及分工、审计起止日期、对专家和外部审计工作结果的利用等内容。

2013年发布的《第2102号内部审计具体准则——审计通知书》,共3章9条。审计通知书是指内部审计机构在实施审计之前,告知被审计单位或者人员接受审计的书面文件。审计通知书应当包括审计项目名称、被审计单位名称或者被审计人员姓名、审计范围和审计内容、审计时间、需要被审计单位提供的资料及其他必要的协助要求、审计组组长及审计组成员名单、内部审计机构的印章和签发日期等内容。内部审计机构应当在实施审计前,向被审计单位或者被审计人员送达审计通知书。

2013年发布的《第2103号内部审计具体准则——审计证据》,共4章16条。审计证据是指内部审计人员在实施内部审计业务中,通过实施审计程序所获取的,用以证实审计事项,支持审计结论、意见和建议的各种事实依据。审计证据主要包括书面证据、实物证据、视听证据、电子证据、口头证据、环境证据等种类。审计人员获取审计证据时应当考虑具体审计事项的重要性、可以接受的审计风险水平、成本与效益的合理程度、适当的抽查方法等因素,获取的审计证据应具备相关性、可靠性和充分性。获取审计证据可以采用(但不限于)审核、观察、监盘、访谈、调查、函证、计算、分析程序等专业方法。

2013年发布的《第2104号内部审计具体准则——审计工作底稿》,共5章18条。审计工作底稿是指内部审计人员在审计过程中所形成的工作记录。审计工作底稿应当内容完整、记录清晰、结论明确,客观地反映项目审计方案的编制及实施情况,以及与形成审计结论、意见和建议有关的所有重要事项。审计工作底稿主要包括被审计单位的名称、审计事项及其期间或者截止日期、审计程序的执行过程及结果记录、审计结论和意见及建议、审计人员姓名和审计日期、复核人员姓名和复核日期及复核意见、索引号及页次、审计标识与其他符号及其说明等相关要素。审计项目完成后,应当及时对审计工作底稿进行分类整理,按照审计工作底稿相关规定进行归档、保管和使用。

2013年发布的《第2105号内部审计具体准则——结果沟通》,共4章15条。结果沟通是指内部审计机构与被审计单位、组织适当管理层就审计概况、审计依据、审计发现、审计结论、审计意见和审计建议进行的讨论和交流。结果沟通的目的,是提高审计结果的客观性、公正性,并取得被审计单位、组织适当管理层的理解和认同,一般采取书面或者口头方式,应当在审计报告正式提交之前进行。结果沟通主要包括审计概况、审计依据、审计发现、审计结论、审计意见、审计建议等内容。结果沟通的有关书面材料作为审计工作底稿归档保存。

2013年发布的《第2106号内部审计具体准则——审计报告》，共5章17条。审计报告是指内部审计人员根据审计计划对被审计单位实施必要的审计程序后，就被审计事项作出审计结论，提出审计意见和审计建议的书面文件。审计实施结束后，以经过核实的审计证据为依据，形成审计结论、意见和建议，出具审计报告。审计报告的编制应当符合实事求是、要素齐全、逻辑清楚、充分考虑审计项目的重要性和风险水平等相关要求。审计报告主要包括标题、收件人、正文、附件、签章、报告日期等要素。审计报告的正文主要包括审计概况、审计依据、审计发现、审计结论、审计意见、审计建议等内容。审计报告的附件应当包括针对审计过程、审计中发现问题所作出的具体说明，以及被审计单位的反馈意见等内容。审计报告征求被审计对象的意见，经过必要的修改后，报送内审机构负责人复核，提交被审计单位和组织适当管理层，并要求落实整改。

2013年发布的《第2107号内部审计具体准则——后续审计》，共4章14条。后续审计是指内部审计机构为跟踪检查被审计单位针对审计发现的问题所采取的纠正措施及其改进效果，而进行的审查和评价活动。对审计中发现的问题采取纠正措施，是被审计单位管理层的责任。评价被审计单位管理层所采取的纠正措施是否及时、合理、有效，是内部审计人员的责任。编制后续审计方案时应当考虑审计意见和审计建议的重要性、纠正措施的复杂性、落实纠正措施所需要的时间和成本、纠正措施失败可能产生的影响、被审计单位的业务安排和时间要求等因素。根据后续审计的实施过程和结果编制后续审计报告。

2013年发布的《第2108号内部审计具体准则——审计抽样》，共5章25条。审计抽样是指内部审计人员在审计业务实施过程中，从被审查和评价的审计总体中抽取一定数量具有代表性的样本进行测试，以样本审查结果推断总体特征，并作出审计结论的一种审计方法。确定抽样总体、选择抽样方法时应当以审计目标为依据，并考虑被审计单位及审计项目的具体情况，应当遵循相关性、充分性和经济性原则。审计抽样方法包括统计抽样和非统计抽样。选取的样本应当有代表性，具有与审计总体相似的特征。抽样结果的评价应当从定量和定性两个方面进行，并以此为依据合理推断审计总体特征。还规定了审计抽查的一般程序、审计抽样方案包括的主要内容、确定样本量的要素、选取样本的方法、抽样风险和非抽样风险等要求。

2013年发布的《第2109号内部审计具体准则——分析程序》，共5章18条。分析程序是指内部审计人员通过分析和比较信息之间的关系或者计算相关的比率，以确定合理性，并发现潜在差异和漏洞的一种审计方法。分析程序需要内部审计人员合理运用职业判断，根据需要在审计过程中执行，同时应当保持应有的谨慎性，考虑信息之间的相关性，以免得出不恰当的审计结论。执行分析程序，以便获取相关证据，有助于实现业务活动的合理性、发现差异、发现不合法和不合规行为的线索等目标。分析程序主要包括比较分析、比率分析、结构分析、趋势分析、回归分析等技术方法。

2013年发布的《第2201号内部审计具体准则——内部控制审计》，共7章28条。内部控制审计是指内部审计机构对组织内部控制设计和运行的有效性进行的审查和评价活动，通过审查内部环境、风险评估、控制活动、信息与沟通、内部监督等要素，对组织层面内部控制的设计与运行情况进行审查和评价。按其范围划分为全面内部控制审计和专项内部控制审计。内部控制审计主要包括编制项目审计方案、组成审计组、实施现场审查、认定控制缺陷、汇总审计结果、编制审计报告等程序。内部控制缺陷包括设计缺陷和运行缺陷,按照其性质和影响程度分为重大缺陷、重要缺陷和一般缺陷。

2013年发布的《第2202号内部审计具体准则——绩效审计》,共7章19条。绩效审计是指内部审计机构和内部审计人员对本组织经营管理活动的经济性、效率性和效果性进行的审查和评价。绩效审计主要审查和评价的内容包括:有关经营管理活动经济性、效率性和效果性,相关资源取得、配置和使用的合法性、合理性、恰当性和节约性,经营管理目标的适当性、相关性和可行性等。应当依据重要性、审计风险和审计成本,选择与审计对象、审计目标及审计评价标准相适应的绩效审计方法。应当选择适当的绩效审计评价标准,绩效审计评价标准应当具有可靠性、客观性和可比性。

2013年发布的《第2203号内部审计具体准则——信息系统审计》,共7章28条。信息系统审计是指内部审计机构和内部审计人员对组织的信息系统及其相关的信息技术内部控制和流程所进行的审查与评价活动,目的是通过实施信息系统审计工作,对组织层面信息技术控制、信息技术一般性控制及业务流程层面相关应用控制进行审查和评价。可以根据实际需要利用计算机辅助审计工具和技术进行数据的验证、关键系统控制/计算的逻辑验证、审计样本选取等。

2013年发布的《第2204号内部审计具体准则——对舞弊行为进行检查和报告》,共6章20条。舞弊是指组织内、外人员采用欺骗等违法违规手段,损害或者谋取组织利益,同时可能为个人带来不正当利益的行为。内部审计人员应当保持应有的职业谨慎,在实施的审计活动中关注可能发生的损害组织经济利益或谋取组织经济利益的舞弊行为,并对舞弊行为进行检查和报告。同时以书面或者口头形式向组织适当管理层或者董事会报告舞弊检查情况及结果。

2016年发布、2021年修订的《第2205号内部审计具体准则——经济责任审计》,共8章41条。经济责任是指领导干部在本单位任职期间,对其管辖范围内贯彻执行党和国家经济方针政策、决策部署,推动本单位事业发展,管理公共资金、国有资产、国有资源,防控经济风险等有关经济活动应当履行的职责。经济责任审计是指内部审计机构、内部审计人员对本单位所管理的领导干部在任职期间的经济责任履行情况的监督、评价和建议活动。该准则明确了经济责任审计的对象,可以在领导干部任期内进行,也可以在离任后进行。规定了经济责任审计的主要内容,结合被审计领导干部监督管理需要、履职特点、审计资源及其任职期间所在单位的实际情况,依规依法确定。经济责任审计可分为审计准备、审计实施、审计报告和后续审计4个阶段。内部审计人员应当考虑审计目标、审计重要性、审计风险和审计成本等因素,综合运用审核、观察、监盘、访谈、调查、函证、计算和分析等审计方法,充分运用信息化手段和大数据分析,获取相关、可靠和充分的审计证据。审计评价应当遵循全面性、重要性、客观性、相关性和谨慎性原则。对被审计领导干部履行经济责任过程中存在的问题,内部审计机构应当按照权责一致原则,根据领导干部职责分工及相关问题的历史背景、决策过程、性质、后果和领导干部实际发挥的作用等情况,界定其应当承担的直接责任或者领导责任。实施经济责任审计项目后,应当编制审计报告,并书面征求被审计领导干部及其所在单位的意见。内部审计机构应当推动经济责任审计结果的充分运用,推进单位健全经济责任审计整改落实、责任追究、情况通报等制度。

2013年发布的《第2301号内部审计具体准则——内部审计机构的管理》，共5章24条。内部审计机构的管理，是指内部审计机构对内部审计人员和内部审计活动实施的计划、组织、领导、控制和协调工作。内部审计机构应当接受组织董事会或者最高管理层的领导和监督，内部审计机构负责人应当对内部审计机构管理的适当性和有效性负主要责任。

2013年发布的《第2302号内部审计具体准则——与董事会或者最高管理层的关系》，共5章19条。与董事会或者最高管理层的关系，是指内部审计机构因其隶属于董事会或者最高管理层所形成的接受其领导并向其报告的组织关系。内部审计机构应当接受董事会或者最高管理层的领导，保持与董事会或最高管理层的良好关系，实现董事会、最高管理层与内部审计在组织治理中的协同作用。

2013年发布的《第2303号内部审计具体准则——内部审计与外部审计的协调》，共4章15条。内部审计与外部审计的协调，是指内部审计机构与社会审计组织、国家审计机关在审计工作中的沟通与合作。可以通过定期会议、不定期会面或者其他沟通方式进行。在条件允许的情况下，内部审计与外部审计应当在必要的范围内互相交流相关审计工作底稿，以便利用对方的工作成果。

2013年发布的《第2304号内部审计具体准则——利用外部专家服务》，共5章17条。利用外部专家服务，是指内部审计机构聘请在某一领域中具有专门技能、知识和经验的人员或者单位提供专业服务，并在审计活动中利用其工作结果的行为。利用外部专家服务是为了获取相关、可靠和充分的审计证据，保证审计工作的质量。外部专家应当对其所选用的假设、方法及其工作结果负责。内部审计机构在利用外部专家服务结果作为审计证据时，应当评价其相关性、可靠性和充分性，并对利用外部专家服务结果所形成的审计结论负责。

2013年发布的《第2305号内部审计具体准则——人际关系》，共4章21条。人际关系是指内部审计人员与组织内外相关机构和人员之间的相互交往与联系。内部审计人员应当与组织内外相关机构和人员进行必要的沟通，保持良好的人际关系，以实现有关工作目的。内部审计人员在人际关系的处理中应当注意保持独立性和客观性。

2013年发布的《第2306号内部审计具体准则——内部审计质量控制》，共5章18条。内部审计质量控制，是指内部审计机构为保证其审计质量符合内部审计准则的要求而制定和执行的制度、程序和方法。内部审计质量控制分为内部审计机构质量控制和内部审计项目质量控制。内部审计机构负责人和审计项目负责人通过督导、分级复核、质量评估等方式对内部审计质量进行控制。

2013年发布的《第2307号内部审计具体准则——评价外部审计工作质量》，共6章19条。评价外部审计工作质量，是指由内部审计机构对外部审计工作过程及结果的质量所进行的评价活动。内部审计机构应当根据适当的标准对外部审计工作质量进行客观评价，合理利用外部审计成果。评价外部审计工作质量，可以按照评价准备、评价实施和评价报告3个阶段进行。内部审计机构在评价外部审计工作质量时，可以采用审核、观察、询问等常用方法，以及与有关方面进行沟通、协调的方法。

2016年发布的《第2308号内部审计具体准则——审计档案工作》，共7章41条。审计档案，是指内部审计机构和内部审计人员在审计项目实施过程中形成的、具有保存价值的历史记录。在审计项目实施结束后,应当遵循按性质分类、按单元排列、按项目组卷原则,及时收集审计档案材料,按照立卷原则和方法进行归类整理、编目装订、组合成卷和定期归档。审计档案材料主要包括立项类、证明类、结论类、备查类等材料。纸质审计档案应按规定编目、装订和移交。在条件允许的情况下,可以为审计项目建立电子审计档案,并应当确保电子审计档案的真实、完整、可用和安全。审计档案应当归组织所有,一般情况下,由档案管理部门负责保管。

2019年发布的《第2309号内部审计具体准则——内部审计业务外包管理》,共7章26条。内部审计业务外包管理,是指组织及其内部审计机构将业务委托给本组织外部具有一定资质的中介机构,而实施的相关管理活动。除涉密事项外,内部审计机构可以根据具体情况,考虑相关因素,对内部审计业务实施外包。内部审计业务外包通常包括业务全部外包和业务部分外包两种形式。内部审计业务外包管理的关键环节一般包括:选择中介机构、签订业务外包合同(业务约定书)、审计项目外包的质量控制、评价中介机构的工作质量等。内部审计机构应当对中介机构开展的受托业务进行指导、监督、检查和评价,并对采用的审计结果负责。

2009年发布、2019年修订的《第3101号内部审计实务指南——审计报告》,共7章45条。审计项目终结后应当编制审计报告,如果存在相关情形,内部审计人员可以在审计过程中提交中期审计报告,以便及时采取有效措施改善业务活动、内部控制和风险管理。中期审计报告不能取代项目终结后的审计报告,但可以作为其编制依据。该指南规定了审计报告的编制应当符合有关要求,建立健全分级复核制度,加强审计报告的质量控制。该指南还明确了审计报告的要素和内容,统一了审计报告的格式,作为指南附件提供参考。

2005年发布、2021年修订的《第3201号内部审计实务指南——建设项目审计》,共8章及若干小节。建设项目是指按照一个建设单位的总体设计要求,在一个或几个场地进行建设的所有工程项目之和,其建成后具有完整的系统,可以独立形成生产能力或者使用价值。通常以一家企业、一个单位或一个独立工程为一个建设项目。按照建设项目分解管理的需要,一个建设项目通常可以分为若干个单项工程、单位工程、分部工程和分项工程。内部审计机构和内部审计人员依据法律法规和组织内部授权开展建设项目审计,审计对象是所在组织作为投资主体或建设主体所建设的项目。该指南分别介绍了建设项目审计的要求、目标、内容和程序,建设项目各项主要业务与审计内容、程序及方法,包括建设项目前期决策审计、建设项目内部控制和风险管理审计、建设项目采购审计、建设项目工程管理审计、工程造价审计、建设项目财务审计以及建设项目绩效审计等。

2011年发布、2022年修订的《第3204号内部审计实务指南——经济责任审计》,共6章及若干小节。该指南明确了经济责任审计的总体要求、审计程序与方法。经济责任审计常用的审计方法包括调查访谈、查阅分析、重点核查、归纳提炼等。该指南分别介绍了经济责任审计的内容、责任认定、审计评价、审计报告和审计结果报告、审计结果运用等。经济责任审计的内容主要包括贯彻执行党和国家经济方针政策及决策部署情况、发展战略规划制定及执行情况、重大经济事项决策及执行情况、组织治理情况、内部控制和风险管理情况、财政财务管理情况、自然资源资产管理和生态环境保护情况、境外机构、境外资产和境外经济活动情况、党风廉政建设责任和个人遵守廉洁从业规定情况、以往审计发现问题整改情况等。

该指南还提供了审计通知书、述职报告、审计报告、审计结果报告的模板,作为附件参考。

2020年发布的《第3205号内部审计实务指南——信息系统审计》,共6章及若干小节。围绕组织信息系统涉及的组织层面、一般控制、应用控制三方面内容,梳理信息系统审计可能涉及管理环节的关键控制点,结合信息系统建设业务流程中的立项、开发、应用及运维全过程,选取信息系统审计所涉及的建设需求分析、立项管理、预算管理、成本管理、招投标管理、采购管理、合同管理、进度管理、安全管理、质量管理、应用及运维管理、运行的效果及效率等方面,全面系统地提出信息系统审计的内容框架及实务操作指南。该指南明确了信息系统审计的基本概念、内容体系和审计程序等基础知识,提供关于信息系统审计的总体概念框架。分别介绍了组织层面信息系统管理控制审计、信息系统一般控制审计、信息系统应用控制审计、信息系统相关专项审计、信息系统审计的质量控制等内容。该指南还提供了相关实务案例,作为参考。该指南的主要特点有:一是尽可能减少使用复杂的专业术语,深入浅出,很容易理解;二是立足于审计实务,解决实际问题,几乎没有看起来空洞复杂的理论,和日常的审计工作息息相关;三是以风险为基础,以内部控制为重点,审计的思路、方法与常规的审计工作是相通的,完全不难理解;四是以用户为导向,坚持易于操作的原则,对各方面的审计列出了常见问题和风险清单,方便应用和操作;五是坚持源于实践、遵循中国内部审计协会2013年发布的《信息系统审计准则》的思路,根据信息化不断演进变化的实际情况做适当拓展。六是涵盖了当下信息系统审计的绝大部分的内容,具有一定的前瞻性和指导性。

为规范内部审计质量评估工作,提高内部审计工作质量,推动内部审计的职业化发展,根据《第1101号——内部审计基本准则》,中国内部审计协会于2014年8月制定了《内部审计质量评估办法》。内部审计质量评估,是指由具备职业胜任能力的人员,以内部审计准则、内部审计人员职业道德规范为标准,同时参考风险管理、内部控制等方面的法律法规,对组织的内部审计工作进行独立检查和客观评价的活动。目标是帮助组织改善内部审计环境,提升内部审计水平,防范内部审计风险,增强内部审计的有效性,促进内部审计的规范化和制度化建设。主要包括内部评估和外部评估两种形式,内部评估由组织内部的人员按照外部质量评估的要求实施,外部评估由中国内部审计协会或者其核准的机构实施。评估的程序包括前期准备、现场实施和出具评估报告3个阶段。评估可以运用问卷调查、访谈、现场查阅文档等方法。评估的结论分为合格与不合格两类。评估结果可以作为考核被评估组织内部审计工作质量和作出相关决策的依据。

八、内部审计工作规定与统计调查

为了加强内部审计工作,建立健全内部审计制度,提升内部审计工作质量,充分发挥内部审计作用,审计署于2018年1月发布了《审计署关于内部审计工作的规定》(审计署令第11号),对审计署2003年发布的《审计署关于内部审计工作的规定》(审计署令第4号)进行了重新修订。这是贯彻落实党中央国务院关于加强内部审计工作、充分发挥内部审计作用指示精神的重大举措,对促进被审计单位规范内部管理、完善内部控制、防范风险和提质增效具有十分重要的意义。为充分发挥内部审计作用,加大内部审计监督力度,该规定进一步拓展了内部审计职责范围。一是明确内部审计定义,将定义中明确为"对本单位及所属单位财政财务收支、经济活动、内部控制、风险管理实施独立、客观的监督、评价和建议,以促进单位完善治理、实现目标的活动",与原定义相较,增加了"建议"职能,将监督范围拓展至内部控制、风险管理领域,将目标定位为"促进单位完善治理、实现目标"。二是明确内部审计职责范围,共涉及财政财务收支审计、内部管理领导人员经济责任审计等12项职能,与原职责相比,增加了贯彻落实国家重大政策措施情况审计,发展规划、战略决策、重大措施以及年度业务计划执行情况审计,自然资源资产管理和生态环境保护责任的履行情况审计,境外机构、境外资产和境外经济活动审计,协助督促落实审计发现问题的整改工作,指导监督所属单位内部审计工作等职责。

为进一步强化内部审计独立性,该规定主要从两个方面予以规范。一是进一步健全有利于保障内部审计独立性的领导机制。规定内部审计机构或履行内部审计职责的机构应当在单位党组织、董事会(或者主要负责人)直接领导下开展内部审计工作。单位党组织、董事会(或者主要负责人)要定期听取内部审计工作汇报,加强对内部审计工作规划、年度审计计划、审计质量控制、问题整改和队伍建设等重要事项的管理。国有企业还应当按照有关规定建立总审计师制度,总审计师协助党组织、董事会(或者主要负责人)管理内部审计工作。同时明确下属单位、分支机构较多或者实行系统垂直管理的单位的内部审计机构对全系统内部审计工作负有指导和监督职责。二是建立健全内部审计人员独立性约束和保护制度。规定内部审计人员必须严格遵守有关法律法规、《审计署关于内部审计工作的规定》和内部审计职业规范,忠于职守,做到独立、客观、公正、保密,不得参与可能影响独立、客观履行审计职责的工作;在遭受打击、报复、陷害时,单位党组织、董事会(或者主要负责人)应当及时采取保护措施,并对相关责任人员进行处理;涉嫌犯罪的,移送司法机关依法追究刑事责任。内部审计结果的运用,对于提高内部审计的地位、充分发挥内部审计的作用具有十分重要的意义。为此,该规定专设一章对如何运用内部审计结果做了明确规定。一方面,单位内部应加强内部审计结果运用,建立内部审计发现问题整改机制、内部审计与其他内部监督力量协作配合机制、重大违纪违法问题线索移送机制等机制,并将内部审计结果及整改情况作为考核、任免、奖惩干部和相关决策的重要依据。另一方面,审计机关应加强内部审计结果运用,在审计中,特别是在国家机关、事业单位和国有企业三级以下单位审计中,应当有效利用内部审计力量和成果。

为全面、准确、完整掌握内部审计机构、人员基本情况和内部审计工作开展情况,切实推动新形势下内部审计指导监督工作高质量发展,经国家统计局同意,审计署于2020年12月印发了《内部审计统计调查制度》。该制度明确,内部审计统计的调查对象和统计范围是各级党政机关、国有企业和金融机构等依法纳入审计机关监督范围的单位。统计内容包括内部审计机构设置及人员配备情况、实施的审计项目及查出问题金额、发现问题数量及整改情况、根据审计建议给予有关人员党纪政务或内部纪律处分情况、向司法机关移送或报告案件线索情况等。该制度还就统计调查的组织实施、统计信息利用等作出具体规定。

九、审计听证与审计档案

为规范审计机关的审计处罚程序,保证审计质量,维护公民、法人或者其他组织的合法权益,审计署于 2021 年 11 月发布了《审计机关审计听证规定》(审计署令第 14 号),审计机关对被审计单位和有关责任人员拟作出相关审计处罚的,应当向当事人送达审计听证告知书,告知当事人有要求听证的权利,当事人要求听证的,审计机关应当举行审计听证会。相关审计处罚包括:对被审计单位处以十万元以上或者对个人处以一万元以上罚款的、对被审计单位处以没收十万元以上违法所得的、法律法规规章规定的其他情形。当事人要求举行审计听证会的,应向审计机关提出书面申请。当事人有申请主持人、书记员回避的权利。审计听证会参加人和旁听人员应当遵守相关听证纪律。审计听证文书和有关资料应当归入相应的审计项目档案。

为了规范审计机关封存被审计单位有关资料和违反国家规定取得的资产的行为,保障审计机关和审计人员严格依法行使审计监督职权,提高依法审计水平,维护国家利益和被审计单位的合法权益,审计署于 2010 年 12 月发布了《审计机关封存资料资产规定》(审计署令第 9 号)。被审计单位有下列情形之一的,审计机关可采取封存措施:正在或可能转移、隐匿、篡改、毁弃会计凭证、会计账簿、财务会计报告以及其他与财政收支或者财务收支有关的资料的;正在或可能转移、隐匿违反国家规定取得的资产的。审计机关依法对被审计单位的"会计凭证、会计账簿、财务会计报告等会计资料""合同、文件、会议记录等与被审计单位财政收支或者财务收支有关的其他资料"以及"违反国家规定取得的现金、实物等资产或者有价证券、权属证明等资产凭证"进行封存。根据这一规定,审计机关对被审计单位有关资料和违反国家规定取得的资产可采取封存措施,但应遵循合法、谨慎原则,不得滥用封存权。审计机关通过制止被审计单位违法行为、及时取证或者采取先行登记保存措施可以达到审计目的的,不必采取封存措施。审计机关采取封存措施,应经县级以上人民政府审计机关负责人批准,封存期限一般不超过 7 个工作日。

为了规范审计档案管理,维护审计档案的完整与安全,保证审计档案的质量,发挥审计档案的作用,审计署、国家档案局于 2012 年 11 月发布了《审计机关审计档案管理规定》(审计署、国家档案局令第 10 号)。审计档案是指审计机关进行审计(含专项审计调查)活动中直接形成的对国家和社会具有保存价值的各种文字、图表等不同形式的历史记录。审计档案是国家档案的组成部分。审计项目文件材料应当真实、完整、有效、规范,并做到遵循文件材料的形成规律和特点,保持文件材料之间的在机联系,区别不同价值,便于保管和使用。审计文件材料归档范围包括结论类、证明类、立项类、备查类等 4 类文件材料。审计档案的保管期限应当根据审计项目涉及的金额、性质、社会影响等因素划定为永久、定期两种,定期分为 30 年、10 年。特别重大的审计事项、列入审计工作报告、审计结果报告或第一次涉及的审计领域等具有突出代表意义的审计事项档案为永久保管档案;重要审计事项、查考价值较大的档案保管 30 年;一般性审计事项的档案保管 10 年。省级以上(含省级)审计机关应当永久保管的,省级以下审计机关应当将永久和 30 年保管的审计档案在本机关保管 20 年后,定期向同级国家综合档案馆移交。

中华人民共和国审计法

(1994年8月31日第八届全国人民代表大会常务委员会第九次会议通过
根据2006年2月28日第十届全国人民代表大会常务委员会
第二十次会议《关于修改〈中华人民共和国审计法〉的决定》第一次修正
根据2021年10月23日第十三届全国人民代表大会常务委员会第三十一次会议
《关于修改〈中华人民共和国审计法〉的决定》第二次修正)

第一章 总 则

第一条 为了加强国家的审计监督,维护国家财政经济秩序,提高财政资金使用效益,促进廉政建设,保障国民经济和社会健康发展,根据宪法,制定本法。

第二条 国家实行审计监督制度。坚持中国共产党对审计工作的领导,构建集中统一、全面覆盖、权威高效的审计监督体系。

国务院和县级以上地方人民政府设立审计机关。

国务院各部门和地方各级人民政府及其各部门的财政收支,国有的金融机构和企业事业组织的财务收支,以及其他依照本法规定应当接受审计的财政收支、财务收支,依照本法规定接受审计监督。

审计机关对前款所列财政收支或者财务收支的真实、合法和效益,依法进行审计监督。

第三条 审计机关依照法律规定的职权和程序,进行审计监督。

审计机关依据有关财政收支、财务收支的法律、法规和国家其他有关规定进行审计评价,在法定职权范围内作出审计决定。

第四条 国务院和县级以上地方人民政府应当每年向本级人民代表大会常务委员会提出审计工作报告。审计工作报告应当报告审计机关对预算执行、决算草案以及其他财政收支的审计情况,重点报告对预算执行及其绩效的审计情况,按照有关法律、行政法规的规定报告对国有资源、国有资产的审计情况。必要时,人民代表大会常务委员会可以对审计工作报告作出决议。

国务院和县级以上地方人民政府应当将审计工作报告中指出的问题的整改情况和处理结果向本级人民代表大会常务委员会报告。

第五条 审计机关依照法律规定独立行使审计监督权,不受其他行政机关、社会团体和个人的干涉。

第六条 审计机关和审计人员办理审计事项,应当客观公正,实事求是,廉洁奉公,保守秘密。

第二章　审计机关和审计人员

第七条　国务院设立审计署,在国务院总理领导下,主管全国的审计工作。审计长是审计署的行政首长。

第八条　省、自治区、直辖市、设区的市、自治州、县、自治县、不设区的市、市辖区的人民政府的审计机关,分别在省长、自治区主席、市长、州长、县长、区长和上一级审计机关的领导下,负责本行政区域内的审计工作。

第九条　地方各级审计机关对本级人民政府和上一级审计机关负责并报告工作,审计业务以上级审计机关领导为主。

第十条　审计机关根据工作需要,经本级人民政府批准,可以在其审计管辖范围内设立派出机构。

派出机构根据审计机关的授权,依法进行审计工作。

第十一条　审计机关履行职责所必需的经费,应当列入预算予以保证。

第十二条　审计机关应当建设信念坚定、为民服务、业务精通、作风务实、敢于担当、清正廉洁的高素质专业化审计队伍。

审计机关应当加强对审计人员遵守法律和执行职务情况的监督,督促审计人员依法履职尽责。

审计机关和审计人员应当依法接受监督。

第十三条　审计人员应当具备与其从事的审计工作相适应的专业知识和业务能力。

审计机关根据工作需要,可以聘请具有与审计事项相关专业知识的人员参加审计工作。

第十四条　审计机关和审计人员不得参加可能影响其依法独立履行审计监督职责的活动,不得干预、插手被审计单位及其相关单位的正常生产经营和管理活动。

第十五条　审计人员办理审计事项,与被审计单位或者审计事项有利害关系的,应当回避。

第十六条　审计机关和审计人员对在执行职务中知悉的国家秘密、工作秘密、商业秘密、个人隐私和个人信息,应当予以保密,不得泄露或者向他人非法提供。

第十七条　审计人员依法执行职务,受法律保护。

任何组织和个人不得拒绝、阻碍审计人员依法执行职务,不得打击报复审计人员。

审计机关负责人依照法定程序任免。审计机关负责人没有违法失职或者其他不符合任职条件的情况的,不得随意撤换。

地方各级审计机关负责人的任免,应当事先征求上一级审计机关的意见。

第三章　审计机关职责

第十八条　审计机关对本级各部门(含直属单位)和下级政府预算的执行情况和决算以及其他财政收支情况,进行审计监督。

第十九条　审计署在国务院总理领导下,对中央预算执行情况、决算草案以及其他财政收支情况进行审计监督,向国务院总理提出审计结果报告。

地方各级审计机关分别在省长、自治区主席、市长、州长、县长、区长和上一级审计机关的领导下,对本级预算执行情况、决算草案以及其他财政收支情况进行审计监督,向本级人民政府和上一级审计机关提出审计结果报告。

第二十条　审计署对中央银行的财务收支,进行审计监督。

第二十一条　审计机关对国家的事业组织和使用财政资金的其他事业组织的财务收支,进行审计监督。

第二十二条　审计机关对国有企业、国有金融机构和国有资本占控股地位或者主导地位的企业、金融机构的资产、负债、损益以及其他财务收支情况,进行审计监督。

遇有涉及国家财政金融重大利益情形,为维护国家经济安全,经国务院批准,审计署可以对前款规定以外的金融机构进行专项审计调查或者审计。

第二十三条　审计机关对政府投资和以政府投资为主的建设项目的预算执行情况和决算,对其他关系国家利益和公共利益的重大公共工程项目的资金管理使用和建设运营情况,进行审计监督。

第二十四条　审计机关对国有资源、国有资产,进行审计监督。

审计机关对政府部门管理的和其他单位受政府委托管理的社会保险基金、全国社会保障基金、社会捐赠资金以及其他公共资金的财务收支,进行审计监督。

第二十五条　审计机关对国际组织和外国政府援助、贷款项目的财务收支,进行审计监督。

第二十六条　根据经批准的审计项目计划安排,审计机关可以对被审计单位贯彻落实国家重大经济社会政策措施情况进行审计监督。

第二十七条　除本法规定的审计事项外,审计机关对其他法律、行政法规规定应当由审计机关进行审计的事项,依照本法和有关法律、行政法规的规定进行审计监督。

第二十八条　审计机关可以对被审计单位依法应当接受审计的事项进行全面审计,也可以对其中的特定事项进行专项审计。

第二十九条　审计机关有权对与国家财政收支有关的特定事项,向有关地方、部门、单位进行专项审计调查,并向本级人民政府和上一级审计机关报告审计调查结果。

第三十条　审计机关履行审计监督职责,发现经济社会运行中存在风险隐患的,应当及时向本级人民政府报告或者向有关主管机关、单位通报。

第三十一条　审计机关根据被审计单位的财政、财务隶属关系或者国有资源、国有资产监督管理关系,确定审计管辖范围。

审计机关之间对审计管辖范围有争议的,由其共同的上级审计机关确定。

上级审计机关对其审计管辖范围内的审计事项,可以授权下级审计机关进行审计,但本法第十八条至第二十条规定的审计事项不得进行授权;上级审计机关对下级审计机关审计管辖范围内的重大审计事项,可以直接进行审计,但是应当防止不必要的重复审计。

第三十二条　被审计单位应当加强对内部审计工作的领导,按照国家有关规定建立健全内部审计制度。

审计机关应当对被审计单位的内部审计工作进行业务指导和监督。

第三十三条　社会审计机构审计的单位依法属于被审计单位的,审计机关按照国务院的规定,有权对该社会审计机构出具的相关审计报告进行核查。

第四章 审计机关权限

第三十四条 审计机关有权要求被审计单位按照审计机关的规定提供财务、会计资料以及与财政收支、财务收支有关的业务、管理等资料,包括电子数据和有关文档。被审计单位不得拒绝、拖延、谎报。

被审计单位负责人应当对本单位提供资料的及时性、真实性和完整性负责。

审计机关对取得的电子数据等资料进行综合分析,需要向被审计单位核实有关情况的,被审计单位应当予以配合。

第三十五条 国家政务信息系统和数据共享平台应当按照规定向审计机关开放。

审计机关通过政务信息系统和数据共享平台取得的电子数据等资料能够满足需要的,不得要求被审计单位重复提供。

第三十六条 审计机关进行审计时,有权检查被审计单位的财务、会计资料以及与财政收支、财务收支有关的业务、管理等资料和资产,有权检查被审计单位信息系统的安全性、可靠性、经济性,被审计单位不得拒绝。

第三十七条 审计机关进行审计时,有权就审计事项的有关问题向有关单位和个人进行调查,并取得有关证明材料。有关单位和个人应当支持、协助审计机关工作,如实向审计机关反映情况,提供有关证明材料。

审计机关经县级以上人民政府审计机关负责人批准,有权查询被审计单位在金融机构的账户。

审计机关有证据证明被审计单位违反国家规定将公款转入其他单位、个人在金融机构账户的,经县级以上人民政府审计机关主要负责人批准,有权查询有关单位、个人在金融机构与审计事项相关的存款。

第三十八条 审计机关进行审计时,被审计单位不得转移、隐匿、篡改、毁弃财务、会计资料以及与财政收支、财务收支有关的业务、管理等资料,不得转移、隐匿、故意毁损所持有的违反国家规定取得的资产。

审计机关对被审计单位违反前款规定的行为,有权予以制止;必要时,经县级以上人民政府审计机关负责人批准,有权封存有关资料和违反国家规定取得的资产;对其中在金融机构的有关存款需要予以冻结的,应当向人民法院提出申请。

审计机关对被审计单位正在进行的违反国家规定的财政收支、财务收支行为,有权予以制止;制止无效的,经县级以上人民政府审计机关负责人批准,通知财政部门和有关主管机关、单位暂停拨付与违反国家规定的财政收支、财务收支行为直接有关的款项,已经拨付的,暂停使用。

审计机关采取前两款规定的措施不得影响被审计单位合法的业务活动和生产经营活动。

第三十九条 审计机关认为被审计单位所执行的上级主管机关、单位有关财政收支、财务收支的规定与法律、行政法规相抵触的,应当建议有关主管机关、单位纠正;有关主管机关、单位不予纠正的,审计机关应当提请有权处理的机关、单位依法处理。

第四十条 审计机关可以向政府有关部门通报或者向社会公布审计结果。

审计机关通报或者公布审计结果，应当保守国家秘密、工作秘密、商业秘密、个人隐私和个人信息，遵守法律、行政法规和国务院的有关规定。

第四十一条　审计机关履行审计监督职责，可以提请公安、财政、自然资源、生态环境、海关、税务、市场监督管理等机关予以协助。有关机关应当依法予以配合。

第五章　审计程序

第四十二条　审计机关根据经批准的审计项目计划确定的审计事项组成审计组，并应当在实施审计三日前，向被审计单位送达审计通知书；遇有特殊情况，经县级以上人民政府审计机关负责人批准，可以直接持审计通知书实施审计。

被审计单位应当配合审计机关的工作，并提供必要的工作。

审计机关应当提高审计工作效率。

第四十三条　审计人员通过审查财务、会计资料，查阅与审计事项有关的文件、资料，检查现金、实物、有价证券和信息系统，向有关单位和个人调查等方式进行审计，并取得证明材料。

向有关单位和个人进行调查时，审计人员应当不少于二人，并出示其工作证件和审计通知书副本。

第四十四条　审计组对审计事项实施审计后，应当向审计机关提出审计组的审计报告。审计组的审计报告报送审计机关前，应当征求被审计单位的意见。被审计单位应当自接到审计组的审计报告之日起十日内，将其书面意见送交审计组。审计组应当将被审计单位的书面意见一并报送审计机关。

第四十五条　审计机关按照审计署规定的程序对审计组的审计报告进行审议，并对被审计单位对审计组的审计报告提出的意见一并研究后，出具审计机关的审计报告。对违反国家规定的财政收支、财务收支行为，依法应当给予处理、处罚的，审计机关在法定职权范围内作出审计决定；需要移送有关主管机关、单位处理、处罚的，审计机关应当依法移送。

审计机关应当将审计机关的审计报告和审计决定送达被审计单位和有关主管机关、单位，并报上一级审计机关。审计决定自送达之日起生效。

第四十六条　上级审计机关认为下级审计机关作出的审计决定违反国家有关规定的，可以责成下级审计机关予以变更或者撤销，必要时也可以直接作出变更或者撤销的决定。

第六章　法律责任

第四十七条　被审计单位违反本法规定，拒绝、拖延提供与审计事项有关的资料的，或者提供的资料不真实、不完整的，或者拒绝、阻碍检查、调查、核实有关情况的，由审计机关责令改正，可以通报批评，给予警告；拒不改正的，依法追究法律责任。

第四十八条　被审计单位违反本法规定，转移、隐匿、篡改、毁弃财务、会计资料以及与财政收支、财务收支有关的业务、管理等资料，或者转移、隐匿、故意毁损所持有的违反国家规定取得的资产，审计机关认为对直接负责的主管人员和其他直接责任人员依法应当给予处分的，应当向被审计单位提出处理建议，或者移送监察机关和有关主管机关、单位处理，有关机关、单位应当将处理结果书面告知审计机关；构成犯罪的，依法追究刑事责任。

第四十九条　对本级各部门(含直属单位)和下级政府违反预算的行为或者其他违反国家规定的财政收支行为,审计机关、人民政府或者有关主管机关、单位在法定职权范围内,依照法律、行政法规的规定,区别情况采取下列处理措施:

(一)责令限期缴纳应当上缴的款项;

(二)责令限期退还被侵占的国有资产;

(三)责令限期退还违法所得;

(四)责令按照国家统一的财务、会计制度的有关规定进行处理;

(五)其他处理措施。

第五十条　对被审计单位违反国家规定的财务收支行为,审计机关、人民政府或者有关主管机关、单位在法定职权范围内,依照法律、行政法规的规定,区别情况采取前条规定的处理措施,并可以依法给予处罚。

第五十一条　审计机关在法定职权范围内作出的审计决定,被审计单位应当执行。

审计机关依法责令被审计单位缴纳应当上缴的款项,被审计单位拒不执行的,审计机关应当通报有关主管机关、单位,有关主管机关、单位应当依照有关法律、行政法规的规定予以扣缴或者采取其他处理措施,并将处理结果书面告知审计机关。

第五十二条　被审计单位应当按照规定时间整改审计查出的问题,将整改情况报告审计机关,同时向本级人民政府或者有关主管机关、单位报告,并按照规定向社会公布。

各级人民政府和有关主管机关、单位应当督促被审计单位整改审计查出的问题。审计机关应当对被审计单位整改情况进行跟踪检查。

审计结果以及整改情况应当作为考核、任免、奖惩领导干部和制定政策、完善制度的重要参考;拒不整改或者整改时弄虚作假的,依法追究法律责任。

第五十三条　被审计单位对审计机关作出的有关财务收支的审计决定不服的,可以依法申请行政复议或者提起行政诉讼。

被审计单位对审计机关作出的有关财政收支的审计决定不服的,可以提请审计机关的本级人民政府裁决,本级人民政府的裁决为最终决定。

第五十四条　被审计单位的财政收支、财务收支违反国家规定,审计机关认为对直接负责的主管人员和其他直接责任人员依法应当给予处分的,应当向被审计单位提出处理建议,或者移送监察机关和有关主管机关、单位处理,有关机关、单位应当将处理结果书面告知审计机关。

第五十五条　被审计单位的财政收支、财务收支违反法律、行政法规的规定,构成犯罪的,依法追究刑事责任。

第五十六条　报复陷害审计人员的,依法给予处分;构成犯罪的,依法追究刑事责任。

第五十七条　审计人员滥用职权、徇私舞弊、玩忽职守或者泄露、向他人非法提供所知悉的国家秘密、工作秘密、商业秘密、个人隐私和个人信息的,依法给予处分;构成犯罪的,依法追究刑事责任。

第七章　附　　则

第五十八条　领导干部经济责任审计和自然资源资产离任审计,依照本法和国家有关规定执行。

第五十九条　中国人民解放军和中国人民武装警察部队审计工作的规定,由中央军事委员会根据本法制定。

审计机关和军队审计机构应当建立健全协作配合机制,按照国家有关规定对涉及军地经济事项实施联合审计。

第六十条　本法自1995年1月1日起施行。1988年11月30日国务院发布的《中华人民共和国审计条例》同时废止。

中华人民共和国审计法实施条例

(1997年10月21日 中华人民共和国国务院令第231号公布
2010年2月2日 国务院第100次常务会议修订通过)

第一章　总　　则

第一条　根据《中华人民共和国审计法》(以下简称审计法)的规定,制定本条例。

第二条　审计法所称审计,是指审计机关依法独立检查被审计单位的会计凭证、会计账簿、财务会计报告以及其他与财政收支、财务收支有关的资料和资产,监督财政收支、财务收支真实、合法和效益的行为。

第三条　审计法所称财政收支,是指依照《中华人民共和国预算法》和国家其他有关规定,纳入预算管理的收入和支出,以及下列财政资金中未纳入预算管理的收入和支出:

(一)行政事业性收费;

(二)国有资源、国有资产收入;

(三)应当上缴的国有资本经营收益;

(四)政府举借债务筹措的资金;

(五)其他未纳入预算管理的财政资金。

第四条　审计法所称财务收支,是指国有的金融机构、企业事业组织以及依法应当接受审计机关审计监督的其他单位,按照国家财务会计制度的规定,实行会计核算的各项收入和支出。

第五条　审计机关依照审计法和本条例以及其他有关法律、法规规定的职责、权限和程序进行审计监督。

审计机关依照有关财政收支、财务收支的法律、法规,以及国家有关政策、标准、项目目标等方面的规定进行审计评价,对被审计单位违反国家规定的财政收支、财务收支行为,在法定职权范围内作出处理、处罚的决定。

第六条　任何单位和个人对依法应当接受审计机关审计监督的单位违反国家规定的财政收支、财务收支行为,有权向审计机关举报。审计机关接到举报,应当依法及时处理。

第二章 审计机关和审计人员

第七条 审计署在国务院总理领导下,主管全国的审计工作,履行审计法和国务院规定的职责。

地方各级审计机关在本级人民政府行政首长和上一级审计机关的领导下,负责本行政区域的审计工作,履行法律、法规和本级人民政府规定的职责。

第八条 省、自治区人民政府设有派出机关的,派出机关的审计机关对派出机关和省、自治区人民政府审计机关负责并报告工作,审计业务以省、自治区人民政府审计机关领导为主。

第九条 审计机关派出机构依照法律、法规和审计机关的规定,在审计机关的授权范围内开展审计工作,不受其他行政机关、社会团体和个人的干涉。

第十条 审计机关编制年度经费预算草案的依据主要包括:

(一)法律、法规;

(二)本级人民政府的决定和要求;

(三)审计机关的年度审计工作计划;

(四)定员定额标准;

(五)上一年度经费预算执行情况和本年度的变化因素。

第十一条 审计人员实行审计专业技术资格制度,具体按照国家有关规定执行。

审计机关根据工作需要,可以聘请具有与审计事项相关专业知识的人员参加审计工作。

第十二条 审计人员办理审计事项,有下列情形之一的,应当申请回避,被审计单位也有权申请审计人员回避:

(一)与被审计单位负责人或者有关主管人员有夫妻关系、直系血亲关系、三代以内旁系血亲或者近姻亲关系的;

(二)与被审计单位或者审计事项有经济利益关系的;

(三)与被审计单位、审计事项、被审计单位负责人或者有关主管人员有其他利害关系,可能影响公正执行公务的。

审计人员的回避,由审计机关负责人决定;审计机关负责人办理审计事项时的回避,由本级人民政府或者上一级审计机关负责人决定。

第十三条 地方各级审计机关正职和副职负责人的任免,应当事先征求上一级审计机关的意见。

第十四条 审计机关负责人在任职期间没有下列情形之一的,不得随意撤换:

(一)因犯罪被追究刑事责任的;

(二)因严重违法、失职受到处分,不适宜继续担任审计机关负责人的;

(三)因健康原因不能履行职责1年以上的;

(四)不符合国家规定的其他任职条件的。

第三章 审计机关职责

第十五条 审计机关对本级人民政府财政部门具体组织本级预算执行的情况,本级预算收入征收部门征收预算收入的情况,与本级人民政府财政部门直接发生预算缴款、拨款关系的部门、单位的预算执行情况和决算,下级人民政府的预算执行情况和决算,以及其他财政收支情况,依法进行审计监督。经本级人民政府批准,审计机关对其他取得财政资金的单位和项目接受、运用财政资金的真实、合法和效益情况,依法进行审计监督。

第十六条 审计机关对本级预算收入和支出的执行情况进行审计监督的内容包括:

(一)财政部门按照本级人民代表大会批准的本级预算向本级各部门(含直属单位)批复预算的情况、本级预算执行中调整情况和预算收支变化情况;

(二)预算收入征收部门依照法律、行政法规的规定和国家其他有关规定征收预算收入情况;

(三)财政部门按照批准的年度预算、用款计划,以及规定的预算级次和程序,拨付本级预算支出资金情况;

(四)财政部门依照法律、行政法规的规定和财政管理体制,拨付和管理政府间财政转移支付资金情况以及办理结算、结转情况;

(五)国库按照国家有关规定办理预算收入的收纳、划分、留解情况和预算支出资金的拨付情况;

(六)本级各部门(含直属单位)执行年度预算情况;

(七)依照国家有关规定实行专项管理的预算资金收支情况;

(八)法律、法规规定的其他预算执行情况。

第十七条 审计法第十七条所称审计结果报告,应当包括下列内容:

(一)本级预算执行和其他财政收支的基本情况;

(二)审计机关对本级预算执行和其他财政收支情况作出的审计评价;

(三)本级预算执行和其他财政收支中存在的问题以及审计机关依法采取的措施;

(四)审计机关提出的改进本级预算执行和其他财政收支管理工作的建议;

(五)本级人民政府要求报告的其他情况。

第十八条 审计署对中央银行及其分支机构履行职责所发生的各项财务收支,依法进行审计监督。

审计署向国务院总理提出的中央预算执行和其他财政收支情况审计结果报告,应当包括对中央银行的财务收支的审计情况。

第十九条 审计法第二十一条所称国有资本占控股地位或者主导地位的企业、金融机构,包括:

(一)国有资本占企业、金融机构资本(股本)总额的比例超过50%的;

(二)国有资本占企业、金融机构资本(股本)总额的比例在50%以下,但国有资本投资主体拥有实际控制权的。

审计机关对前款规定的企业、金融机构,除国务院另有规定外,比照审计法第十八条第二款、第二十条规定进行审计监督。

第二十条 审计法第二十二条所称政府投资和以政府投资为主的建设项目,包括:

(一)全部使用预算内投资资金、专项建设基金、政府举借债务筹措的资金等财政资金的;

(二)未全部使用财政资金,财政资金占项目总投资的比例超过50%,或者占项目总投资的比例在50%以下,但政府拥有项目建设、运营实际控制权的。

审计机关对前款规定的建设项目的总预算或者概算的执行情况、年度预算的执行情况和年度决算、单项工程结算、项目竣工决算,依法进行审计监督;对前款规定的建设项目进行审计时,可以对直接有关的设计、施工、供货等单位取得建设项目资金的真实性、合法性进行调查。

第二十一条 审计法第二十三条所称社会保障基金,包括社会保险、社会救助、社会福利基金以及发展社会保障事业的其他专项基金;所称社会捐赠资金,包括来源于境内外的货币、有价证券和实物等各种形式的捐赠。

第二十二条 审计法第二十四条所称国际组织和外国政府援助、贷款项目,包括:

(一)国际组织、外国政府及其机构向中国政府及其机构提供的贷款项目;

(二)国际组织、外国政府及其机构向中国企业事业组织以及其他组织提供的由中国政府及其机构担保的贷款项目;

(三)国际组织、外国政府及其机构向中国政府及其机构提供的援助和赠款项目;

(四)国际组织、外国政府及其机构向受中国政府委托管理有关基金、资金的单位提供的援助和赠款项目;

(五)国际组织、外国政府及其机构提供援助、贷款的其他项目。

第二十三条 审计机关可以依照审计法和本条例规定的审计程序、方法以及国家其他有关规定,对预算管理或者国有资产管理使用等与国家财政收支有关的特定事项,向有关地方、部门、单位进行专项审计调查。

第二十四条 审计机关根据被审计单位的财政、财务隶属关系,确定审计管辖范围;不能根据财政、财务隶属关系确定审计管辖范围的,根据国有资产监督管理关系,确定审计管辖范围。

两个以上国有资本投资主体投资的金融机构、企业事业组织和建设项目,由对主要投资主体有审计管辖权的审计机关进行审计监督。

第二十五条 各级审计机关应当按照确定的审计管辖范围进行审计监督。

第二十六条 依法属于审计机关审计监督对象的单位的内部审计工作,应当接受审计机关的业务指导和监督。

依法属于审计机关审计监督对象的单位,可以根据内部审计工作的需要,参加依法成立的内部审计自律组织。审计机关可以通过内部审计自律组织,加强对内部审计工作的业务指导和监督。

第二十七条 审计机关进行审计或者专项审计调查时,有权对社会审计机构出具的相关审计报告进行核查。

审计机关核查社会审计机构出具的相关审计报告时,发现社会审计机构存在违反法律、法规或者执业准则等情况的,应当移送有关主管机关依法追究责任。

第四章 审计机关权限

第二十八条 审计机关依法进行审计监督时,被审计单位应当依照审计法第三十一条规定,向审计机关提供与财政收支、财务收支有关的资料。被审计单位负责人应当对本单位提供资料的真实性和完整性作出书面承诺。

第二十九条　各级人民政府财政、税务以及其他部门(含直属单位)应当向本级审计机关报送下列资料：

(一)本级人民代表大会批准的本级预算和本级人民政府财政部门向本级各部门(含直属单位)批复的预算,预算收入征收部门的年度收入计划,以及本级各部门(含直属单位)向所属各单位批复的预算；

(二)本级预算收支执行和预算收入征收部门的收入计划完成情况月报、年报,以及决算情况；

(三)综合性财政税务工作统计年报、情况简报,财政、预算、税务、财务和会计等规章制度；

(四)本级各部门(含直属单位)汇总编制的本部门决算草案。

第三十条　审计机关依照审计法第三十三条规定查询被审计单位在金融机构的账户的,应当持县级以上人民政府审计机关负责人签发的协助查询单位账户通知书；查询被审计单位以个人名义在金融机构的存款的,应当持县级以上人民政府审计机关主要负责人签发的协助查询个人存款通知书。有关金融机构应当予以协助,并提供证明材料,审计机关和审计人员负有保密义务。

第三十一条　审计法第三十四条所称违反国家规定取得的资产,包括：

(一)弄虚作假骗取的财政拨款、实物以及金融机构贷款；

(二)违反国家规定享受国家补贴、补助、贴息、免息、减税、免税、退税等优惠政策取得的资产；

(三)违反国家规定向他人收取的款项、有价证券、实物；

(四)违反国家规定处分国有资产取得的收益；

(五)违反国家规定取得的其他资产。

第三十二条　审计机关依照审计法第三十四条规定封存被审计单位有关资料和违反国家规定取得的资产的,应当持县级以上人民政府审计机关负责人签发的封存通知书,并在依法收集与审计事项相关的证明材料或者采取其他措施后解除封存。封存的期限为7日以内；有特殊情况需要延长的,经县级以上人民政府审计机关负责人批准,可以适当延长,但延长的期限不得超过7日。

对封存的资料、资产,审计机关可以指定被审计单位负责保管,被审计单位不得损毁或者擅自转移。

第三十三条　审计机关依照审计法第三十六条规定,可以就有关审计事项向政府有关部门通报或者向社会公布对被审计单位的审计、专项审计调查结果。

审计机关经与有关主管机关协商,可以在向社会公布的审计、专项审计调查结果中,一并公布对社会审计机构相关审计报告核查的结果。

审计机关拟向社会公布对上市公司的审计、专项审计调查结果的,应当在5日前将拟公布的内容告知上市公司。

第五章 审计程序

第三十四条 审计机关应当根据法律、法规和国家其他有关规定,按照本级人民政府和上级审计机关的要求,确定年度审计工作重点,编制年度审计项目计划。

审计机关在年度审计项目计划中确定对国有资本占控股地位或者主导地位的企业、金融机构进行审计的,应当自确定之日起7日内告知列入年度审计项目计划的企业、金融机构。

第三十五条 审计机关应当根据年度审计项目计划,组成审计组,调查了解被审计单位的有关情况,编制审计方案,并在实施审计3日前,向被审计单位送达审计通知书。

第三十六条 审计法第三十八条所称特殊情况,包括:

(一)办理紧急事项的;

(二)被审计单位涉嫌严重违法违规的;

(三)其他特殊情况。

第三十七条 审计人员实施审计时,应当按照下列规定办理:

(一)通过检查、查询、监督盘点、发函询证等方法实施审计;

(二)通过收集原件、原物或者复制、拍照等方法取得证明材料;

(三)对与审计事项有关的会议和谈话内容作出记录,或者要求被审计单位提供会议记录材料;

(四)记录审计实施过程和查证结果。

第三十八条 审计人员向有关单位和个人调查取得的证明材料,应当有提供者的签名或者盖章;不能取得提供者签名或者盖章的,审计人员应当注明原因。

第三十九条 审计组向审计机关提出审计报告前,应当书面征求被审计单位意见。被审计单位应当自接到审计组的审计报告之日起10日内,提出书面意见;10日内未提出书面意见的,视同无异议。

审计组应当针对被审计单位提出的书面意见,进一步核实情况,对审计组的审计报告作必要修改,连同被审计单位的书面意见一并报送审计机关。

第四十条 审计机关有关业务机构和专门机构或者人员对审计组的审计报告以及相关审计事项进行复核、审理后,由审计机关按照下列规定办理:

(一)提出审计机关的审计报告,内容包括:对审计事项的审计评价,对违反国家规定的财政收支、财务收支行为提出的处理、处罚意见,移送有关主管机关、单位的意见,改进财政收支、财务收支管理工作的意见;

(二)对违反国家规定的财政收支、财务收支行为,依法应当给予处理、处罚的,在法定职权范围内作出处理、处罚的审计决定;

(三)对依法应当追究有关人员责任的,向有关主管机关、单位提出给予处分的建议;对依法应当由有关主管机关处理、处罚的,移送有关主管机关;涉嫌犯罪的,移送司法机关。

第四十一条 审计机关在审计中发现损害国家利益和社会公共利益的事项,但处理、处罚依据又不明确的,应当向本级人民政府和上一级审计机关报告。

第四十二条 被审计单位应当按照审计机关规定的期限和要求执行审计决定。对应当上缴的款项,被审计单位应当按照财政管理体制和国家有关规定缴入国库或者财政专户。审计决定需要有关主管机关、单位协助执行的,审计机关应当书面提请协助执行。

第四十三条　上级审计机关应当对下级审计机关的审计业务依法进行监督。

下级审计机关作出的审计决定违反国家有关规定的,上级审计机关可以责成下级审计机关予以变更或者撤销,也可以直接作出变更或者撤销的决定;审计决定被撤销后需要重新作出审计决定的,上级审计机关可以责成下级审计机关在规定的期限内重新作出审计决定,也可以直接作出审计决定。

下级审计机关应当作出而没有作出审计决定的,上级审计机关可以责成下级审计机关在规定的期限内作出审计决定,也可以直接作出审计决定。

第四十四条　审计机关进行专项审计调查时,应当向被调查的地方、部门、单位出示专项审计调查的书面通知,并说明有关情况;有关地方、部门、单位应当接受调查,如实反映情况,提供有关资料。

在专项审计调查中,依法属于审计机关审计监督对象的部门、单位有违反国家规定的财政收支、财务收支行为或者其他违法违规行为的,专项审计调查人员和审计机关可以依照审计法和本条例的规定提出审计报告,作出审计决定,或者移送有关主管机关、单位依法追究责任。

第四十五条　审计机关应当按照国家有关规定建立、健全审计档案制度。

第四十六条　审计机关送达审计文书,可以直接送达,也可以邮寄送达或者以其他方式送达。直接送达的,以被审计单位在送达回证上注明的签收日期或者见证人证明的收件日期为送达日期;邮寄送达的,以邮政回执上注明的收件日期为送达日期;以其他方式送达的,以签收或者收件日期为送达日期。

审计机关的审计文书的种类、内容和格式,由审计署规定。

第六章　法律责任

第四十七条　被审计单位违反审计法和本条例的规定,拒绝、拖延提供与审计事项有关的资料,或者提供的资料不真实、不完整,或者拒绝、阻碍检查的,由审计机关责令改正,可以通报批评,给予警告;拒不改正的,对被审计单位可以处5万元以下的罚款,对直接负责的主管人员和其他直接责任人员,可以处2万元以下的罚款,审计机关认为应当给予处分的,向有关主管机关、单位提出给予处分的建议;构成犯罪的,依法追究刑事责任。

第四十八条　对本级各部门(含直属单位)和下级人民政府违反预算的行为或者其他违反国家规定的财政收支行为,审计机关在法定职权范围内,依照法律、行政法规的规定,区别情况采取审计法第四十五条规定的处理措施。

第四十九条　对被审计单位违反国家规定的财务收支行为,审计机关在法定职权范围内,区别情况采取审计法第四十五条规定的处理措施,可以通报批评,给予警告;有违法所得的,没收违法所得,并处违法所得1倍以上5倍以下的罚款;没有违法所得的,可以处5万元以下的罚款;对直接负责的主管人员和其他直接责任人员,可以处2万元以下的罚款,审计机关认为应当给予处分的,向有关主管机关、单位提出给予处分的建议;构成犯罪的,依法追究刑事责任。

法律、行政法规对被审计单位违反国家规定的财务收支行为处理、处罚另有规定的,从其规定。

第五十条　审计机关在作出较大数额罚款的处罚决定前,应当告知被审计单位和有关人员有要求举行听证的权利。较大数额罚款的具体标准由审计署规定。

第五十一条　审计机关提出的对被审计单位给予处理、处罚的建议以及对直接负责的主管人员和其他直接责任人员给予处分的建议,有关主管机关、单位应当依法及时作出决定,并将结果书面通知审计机关。

第五十二条　被审计单位对审计机关依照审计法第十六条、第十七条和本条例第十五条规定进行审计监督作出的审计决定不服的,可以自审计决定送达之日起60日内,提请审计机关的本级人民政府裁决,本级人民政府的裁决为最终决定。

审计机关应当在审计决定中告知被审计单位提请裁决的途径和期限。

裁决期间,审计决定不停止执行。但是,有下列情形之一的,可以停止执行:

(一)审计机关认为需要停止执行的;

(二)受理裁决的人民政府认为需要停止执行的;

(三)被审计单位申请停止执行,受理裁决的人民政府认为其要求合理,决定停止执行的。

裁决由本级人民政府法制机构办理。裁决决定应当自接到提请之日起60日内作出;有特殊情况需要延长的,经法制机构负责人批准,可以适当延长,并告知审计机关和提请裁决的被审计单位,但延长的期限不得超过30日。

第五十三条　除本条例第五十二条规定的可以提请裁决的审计决定外,被审计单位对审计机关作出的其他审计决定不服的,可以依法申请行政复议或者提起行政诉讼。

审计机关应当在审计决定中告知被审计单位申请行政复议或者提起行政诉讼的途径和期限。

第五十四条　被审计单位应当将审计决定执行情况书面报告审计机关。审计机关应当检查审计决定的执行情况。

被审计单位不执行审计决定的,审计机关应当责令限期执行;逾期仍不执行的,审计机关可以申请人民法院强制执行,建议有关主管机关、单位对直接负责的主管人员和其他直接责任人员给予处分。

第五十五条　审计人员滥用职权、徇私舞弊、玩忽职守,或者泄露所知悉的国家秘密、商业秘密的,依法给予处分;构成犯罪的,依法追究刑事责任。

审计人员违法违纪取得的财物,依法予以追缴、没收或者责令退赔。

第七章　附　　则

第五十六条　本条例所称以上、以下,包括本数。

本条例第五十二条规定的期间的最后一日是法定节假日的,以节假日后的第一个工作日为期间届满日。审计法和本条例规定的其他期间以工作日计算,不含法定节假日。

第五十七条　实施经济责任审计的规定,另行制定。

第五十八条　本条例自2010年5月1日起施行。

中华人民共和国国家审计准则

（中华人民共和国审计署令第 8 号）

第一章 总 则

第一条 为了规范和指导审计机关和审计人员执行审计业务的行为，保证审计质量，防范审计风险，发挥审计保障国家经济和社会健康运行的"免疫系统"功能，根据《中华人民共和国审计法》《中华人民共和国审计法实施条例》和其他有关法律法规，制定本准则。

第二条 本准则是审计机关和审计人员履行法定审计职责的行为规范，是执行审计业务的职业标准，是评价审计质量的基本尺度。

第三条 本准则中使用"应当""不得"词汇的条款为约束性条款，是审计机关和审计人员执行审计业务必须遵守的职业要求。

本准则中使用"可以"词汇的条款为指导性条款，是对良好审计实务的推介。

第四条 审计机关和审计人员执行审计业务，应当适用本准则。其他组织或者人员接受审计机关的委托、聘用，承办或者参加审计业务，也应当适用本准则。

第五条 审计机关和审计人员执行审计业务，应当区分被审计单位的责任和审计机关的责任。

在财政收支、财务收支以及有关经济活动中，履行法定职责、遵守相关法律法规、建立并实施内部控制、按照有关会计准则和会计制度编报财务会计报告、保持财务会计资料的真实性和完整性，是被审计单位的责任。

依据法律法规和本准则的规定，对被审计单位财政收支、财务收支以及有关经济活动独立实施审计并作出审计结论，是审计机关的责任。

第六条 审计机关的主要工作目标是通过监督被审计单位财政收支、财务收支以及有关经济活动的真实性、合法性、效益性，维护国家经济安全，推进民主法治，促进廉政建设，保障国家经济和社会健康发展。

真实性是指反映财政收支、财务收支以及有关经济活动的信息与实际情况相符合的程度。

合法性是指财政收支、财务收支以及有关经济活动遵守法律、法规或者规章的情况。

效益性是指财政收支、财务收支以及有关经济活动实现的经济效益、社会效益和环境效益。

第七条 审计机关对依法属于审计机关审计监督对象的单位、项目、资金进行审计。

审计机关按照国家有关规定，对依法属于审计机关审计监督对象的单位的主要负责人经济责任进行审计。

第八条 审计机关依法对预算管理或者国有资产管理使用等与国家财政收支有关的特定事项向有关地方、部门、单位进行专项审计调查。

审计机关进行专项审计调查时，也应当适用本准则。

第九条　审计机关和审计人员执行审计业务,应当依据年度审计项目计划,编制审计实施方案,获取审计证据,作出审计结论。

审计机关应当委派具备相应资格和能力的审计人员承办审计业务,并建立和执行审计质量控制制度。

第十条　审计机关依据法律法规规定,公开履行职责的情况及其结果,接受社会公众的监督。

第十一条　审计机关和审计人员未遵守本准则约束性条款的,应当说明原因。

第二章　审计机关和审计人员

第十二条　审计机关和审计人员执行审计业务,应当具备本准则规定的资格条件和职业要求。

第十三条　审计机关执行审计业务,应当具备下列资格条件:

(一)符合法定的审计职责和权限;

(二)有职业胜任能力的审计人员;

(三)建立适当的审计质量控制制度;

(四)必需的经费和其他工作条件。

第十四条　审计人员执行审计业务,应当具备下列职业要求:

(一)遵守法律法规和本准则;

(二)恪守审计职业道德;

(三)保持应有的审计独立性;

(四)具备必需的职业胜任能力;

(五)其他职业要求。

第十五条　审计人员应当恪守严格依法、正直坦诚、客观公正、勤勉尽责、保守秘密的基本审计职业道德。

严格依法就是审计人员应当严格依照法定的审计职责、权限和程序进行审计监督,规范审计行为。

正直坦诚就是审计人员应当坚持原则,不屈从于外部压力;不歪曲事实,不隐瞒审计发现的问题;廉洁自律,不利用职权谋取私利;维护国家利益和公共利益。

客观公正就是审计人员应当保持客观公正的立场和态度,以适当、充分的审计证据支持审计结论,实事求是地作出审计评价和处理审计发现的问题。

勤勉尽责就是审计人员应当爱岗敬业,勤勉高效,严谨细致,认真履行审计职责,保证审计工作质量。

保守秘密就是审计人员应当保守其在执行审计业务中知悉的国家秘密、商业秘密;对于执行审计业务取得的资料、形成的审计记录和掌握的相关情况,未经批准不得对外提供和披露,不得用于与审计工作无关的目的。

第十六条　审计人员执行审计业务时,应当保持应有的审计独立性,遇有下列可能损害审计独立性情形的,应当向审计机关报告:

(一)与被审计单位负责人或者有关主管人员有夫妻关系、直系血亲关系、三代以内旁系血亲以及近姻亲关系；

（二）与被审计单位或者审计事项有直接经济利益关系；

（三）对曾经管理或者直接办理过的相关业务进行审计；

（四）可能损害审计独立性的其他情形。

第十七条 审计人员不得参加影响审计独立性的活动，不得参与被审计单位的管理活动。

第十八条 审计机关组成审计组时，应当了解审计组成员可能损害审计独立性的情形，并根据具体情况采取下列措施，避免损害审计独立性：

（一）依法要求相关审计人员回避；

（二）对相关审计人员执行具体审计业务的范围作出限制；

（三）对相关审计人员的工作追加必要的复核程序；

（四）其他措施。

第十九条 审计机关应当建立审计人员交流等制度，避免审计人员因执行审计业务长期与同一被审计单位接触可能对审计独立性造成的损害。

第二十条 审计机关可以聘请外部人员参加审计业务或者提供技术支持、专业咨询、专业鉴定。

审计机关聘请的外部人员应当具备本准则第十四条规定的职业要求。

第二十一条 有下列情形之一的外部人员，审计机关不得聘请：

（一）被刑事处罚的；

（二）被劳动教养的；

（三）被行政拘留的；

（四）审计独立性可能受到损害的；

（五）法律规定不得从事公务的其他情形。

第二十二条 审计人员应当具备与其从事审计业务相适应的专业知识、职业能力和工作经验。

审计机关应当建立和实施审计人员录用、继续教育、培训、业绩评价考核和奖惩激励制度，确保审计人员具有与其从事业务相适应的职业胜任能力。

第二十三条 审计机关应当合理配备审计人员，组成审计组，确保其在整体上具备与审计项目相适应的职业胜任能力。

被审计单位的信息技术对实现审计目标有重大影响的，审计组的整体胜任能力应当包括信息技术方面的胜任能力。

第二十四条 审计人员执行审计业务时，应当合理运用职业判断，保持职业谨慎，对被审计单位可能存在的重要问题保持警觉，并审慎评价所获取审计证据的适当性和充分性，得出恰当的审计结论。

第二十五条 审计人员执行审计业务时，应当从下列方面保持与被审计单位的工作关系：

（一）与被审计单位沟通并听取其意见；

（二）客观公正地作出审计结论，尊重并维护被审计单位的合法权益；

(三) 严格执行审计纪律;

(四) 坚持文明审计,保持良好的职业形象。

第三章 审计计划

第二十六条 审计机关应当根据法定的审计职责和审计管辖范围,编制年度审计项目计划。

编制年度审计项目计划应当服务大局,围绕政府工作中心,突出审计工作重点,合理安排审计资源,防止不必要的重复审计。

第二十七条 审计机关按照下列步骤编制年度审计项目计划:

(一) 调查审计需求,初步选择审计项目;

(二) 对初选审计项目进行可行性研究,确定备选审计项目及其优先顺序;

(三) 评估审计机关可用审计资源,确定审计项目,编制年度审计项目计划。

第二十八条 审计机关从下列方面调查审计需求,初步选择审计项目:

(一) 国家和地区财政收支、财务收支以及有关经济活动情况;

(二) 政府工作中心;

(三) 本级政府行政首长和相关领导机关对审计工作的要求;

(四) 上级审计机关安排或者授权审计的事项;

(五) 有关部门委托或者提请审计机关审计的事项;

(六) 群众举报、公众关注的事项;

(七) 经分析相关数据认为应当列入审计的事项;

(八) 其他方面的需求。

第二十九条 审计机关对初选审计项目进行可行性研究,确定初选审计项目的审计目标、审计范围、审计重点和其他重要事项。

进行可行性研究重点调查研究下列内容:

(一) 与确定和实施审计项目相关的法律法规和政策;

(二) 管理体制、组织结构、主要业务及其开展情况;

(三) 财政收支、财务收支状况及结果;

(四) 相关的信息系统及其电子数据情况;

(五) 管理和监督机构的监督检查情况及结果;

(六) 以前年度审计情况;

(七) 其他相关内容。

第三十条 审计机关在调查审计需求和可行性研究过程中,从下列方面对初选审计项目进行评估,以确定备选审计项目及其优先顺序:

(一) 项目重要程度,评估在国家经济和社会发展中的重要性、政府行政首长和相关领导机关及公众关注程度、资金和资产规模等;

(二) 项目风险水平,评估项目规模、管理和控制状况等;

(三) 审计预期效果;

(四) 审计频率和覆盖面;

(五)项目对审计资源的要求。

第三十一条 年度审计项目计划应当按照审计机关规定的程序审定。

审计机关在审定年度审计项目计划前,根据需要,可以组织专家进行论证。

第三十二条 下列审计项目应当作为必选审计项目:

(一)法律法规规定每年应当审计的项目;

(二)本级政府行政首长和相关领导机关要求审计的项目;

(三)上级审计机关安排或者授权的审计项目。

审计机关对必选审计项目,可以不进行可行性研究。

第三十三条 上级审计机关直接审计下级审计机关审计管辖范围内的重大审计事项,应当列入上级审计机关年度审计项目计划,并及时通知下级审计机关。

第三十四条 上级审计机关可以依法将其审计管辖范围内的审计事项,授权下级审计机关进行审计。对于上级审计机关审计管辖范围内的审计事项,下级审计机关也可以提出授权申请,报有管辖权的上级审计机关审批。

获得授权的审计机关应当将授权的审计事项列入年度审计项目计划。

第三十五条 根据中国政府及其机构与国际组织、外国政府及其机构签订的协议和上级审计机关的要求,审计机关确定对国际组织、外国政府及其机构援助、贷款项目进行审计的,应当纳入年度审计项目计划。

第三十六条 对于预算管理或者国有资产管理使用等与国家财政收支有关的特定事项,符合下列情形的,可以进行专项审计调查:

(一)涉及宏观性、普遍性、政策性或者体制、机制问题的;

(二)事项跨行业、跨地区、跨单位的;

(三)事项涉及大量非财务数据的;

(四)其他适宜进行专项审计调查的。

第三十七条 审计机关年度审计项目计划的内容主要包括:

(一)审计项目名称;

(二)审计目标,即实施审计项目预期要完成的任务和结果;

(三)审计范围,即审计项目涉及的具体单位、事项和所属期间;

(四)审计重点;

(五)审计项目组织和实施单位;

(六)审计资源。

采取跟踪审计方式实施的审计项目,年度审计项目计划应当列明跟踪的具体方式和要求。

专项审计调查项目的年度审计项目计划应当列明专项审计调查的要求。

第三十八条 审计机关编制年度审计项目计划可以采取文字、表格或者两者相结合的形式。

第三十九条 审计机关计划管理部门与业务部门或者派出机构,应当建立经常性的沟通和协调机制。

调查审计需求、进行可行性研究和确定备选审计项目,以业务部门或者派出机构为主实施;备选审计项目排序、配置审计资源和编制年度审计项目计划草案,以计划管理部门为主实施。

第四十条 审计机关根据项目评估结果,确定年度审计项目计划。

第四十一条 审计机关应当将年度审计项目计划报经本级政府行政首长批准并向上一级审计机关报告。

第四十二条 审计机关应当对确定的审计项目配置必要的审计人力资源、审计时间、审计技术装备、审计经费等审计资源。

第四十三条 审计机关同一年度内对同一被审计单位实施不同的审计项目,应当在人员和时间安排上进行协调,尽量避免给被审计单位工作带来不必要的影响。

第四十四条 审计机关应当将年度审计项目计划下达审计项目组织和实施单位执行。

年度审计项目计划一经下达,审计项目组织和实施单位应当确保完成,不得擅自变更。

第四十五条 年度审计项目计划执行过程中,遇有下列情形之一的,应当按照原审批程序调整:

(一)本级政府行政首长和相关领导机关临时交办审计项目的;
(二)上级审计机关临时安排或者授权审计项目的;
(三)突发重大公共事件需要进行审计的;
(四)原定审计项目的被审计单位发生重大变化,导致原计划无法实施的;
(五)需要更换审计项目实施单位的;
(六)审计目标、审计范围等发生重大变化需要调整的;
(七)需要调整的其他情形。

第四十六条 上级审计机关应当指导下级审计机关编制年度审计项目计划,提出下级审计机关重点审计领域或者审计项目安排的指导意见。

第四十七条 年度审计项目计划确定审计机关统一组织多个审计组共同实施一个审计项目或者分别实施同一类审计项目的,审计机关业务部门应当编制审计工作方案。

第四十八条 审计机关业务部门编制审计工作方案,应当根据年度审计项目计划形成过程中调查审计需求、进行可行性研究的情况,开展进一步调查,对审计目标、范围、重点和项目组织实施等进行确定。

第四十九条 审计工作方案的内容主要包括:

(一)审计目标;
(二)审计范围;
(三)审计内容和重点;
(四)审计工作组织安排;
(五)审计工作要求。

第五十条 审计机关业务部门编制的审计工作方案应当按照审计机关规定的程序审批。在年度审计项目计划确定的实施审计起始时间之前,下达到审计项目实施单位。

审计机关批准审计工作方案前,根据需要,可以组织专家进行论证。

第五十一条 审计机关业务部门根据审计实施过程中情况的变化,可以申请对审计工作方案的内容进行调整,并按审计机关规定的程序报批。

第五十二条　审计机关应当定期检查年度审计项目计划执行情况,评估执行效果。

审计项目实施单位应当向下达审计项目计划的审计机关报告计划执行情况。

第五十三条　审计机关应当按照国家有关规定,建立和实施审计项目计划执行情况及其结果的统计制度。

第四章　审计实施

第一节　审计实施方案

第五十四条　审计机关应当在实施项目审计前组成审计组。

审计组由审计组组长和其他成员组成。审计组实行审计组组长负责制。审计组组长由审计机关确定,审计组组长可以根据需要在审计组成员中确定主审,主审应当履行其规定职责和审计组组长委托履行的其他职责。

第五十五条　审计机关应当依照法律法规的规定,向被审计单位送达审计通知书。

第五十六条　审计通知书的内容主要包括被审计单位名称、审计依据、审计范围、审计起始时间、审计组组长及其他成员名单和被审计单位配合审计工作的要求。同时,还应当向被审计单位告知审计组的审计纪律要求。

采取跟踪审计方式实施审计的,审计通知书应当列明跟踪审计的具体方式和要求。

专项审计调查项目的审计通知书应当列明专项审计调查的要求。

第五十七条　审计组应当调查了解被审计单位及其相关情况,评估被审计单位存在重要问题的可能性,确定审计应对措施,编制审计实施方案。

对于审计机关已经下达审计工作方案的,审计组应当按照审计工作方案的要求编制审计实施方案。

第五十八条　审计实施方案的内容主要包括:

(一)审计目标;

(二)审计范围;

(三)审计内容、重点及审计措施,包括审计事项和根据本准则第七十三条确定的审计应对措施;

(四)审计工作要求,包括项目审计进度安排、审计组内部重要管理事项及职责分工等。

采取跟踪审计方式实施审计的,审计实施方案应当对整个跟踪审计工作作出统筹安排。

专项审计调查项目的审计实施方案应当列明专项审计调查的要求。

第五十九条　审计组调查了解被审计单位及其相关情况,为作出下列职业判断提供基础:

(一)确定职业判断适用的标准;

(二)判断可能存在的问题;

(三)判断问题的重要性;

(四)确定审计应对措施。

第六十条　审计人员可以从下列方面调查了解被审计单位及其相关情况:

(一)单位性质、组织结构;

(二)职责范围或者经营范围、业务活动及其目标;

（三）相关法律法规、政策及其执行情况；

（四）财政财务管理体制和业务管理体制；

（五）适用的业绩指标体系以及业绩评价情况；

（六）相关内部控制及其执行情况；

（七）相关信息系统及其电子数据情况；

（八）经济环境、行业状况及其他外部因素；

（九）以往接受审计和监管及其整改情况；

（十）需要了解的其他情况。

第六十一条　审计人员可以从下列方面调查了解被审计单位相关内部控制及其执行情况：

（一）控制环境，即管理模式、组织结构、责权配置、人力资源制度等；

（二）风险评估，即被审计单位确定、分析与实现内部控制目标相关的风险，以及采取的应对措施；

（三）控制活动，即根据风险评估结果采取的控制措施，包括不相容职务分离控制、授权审批控制、资产保护控制、预算控制、业绩分析和绩效考评控制等；

（四）信息与沟通，即收集、处理、传递与内部控制相关的信息，并能有效沟通的情况；

（五）对控制的监督，即对各项内部控制设计、职责及其履行情况的监督检查。

第六十二条　审计人员可以从下列方面调查了解被审计单位信息系统控制情况：

（一）一般控制，即保障信息系统正常运行的稳定性、有效性、安全性等方面的控制；

（二）应用控制，即保障信息系统产生的数据的真实性、完整性、可靠性等方面的控制。

第六十三条　审计人员可以采取下列方法调查了解被审计单位及其相关情况：

（一）书面或者口头询问被审计单位内部和外部相关人员；

（二）检查有关文件、报告、内部管理手册、信息系统的技术文档和操作手册；

（三）观察有关业务活动及其场所、设施和有关内部控制的执行情况；

（四）追踪有关业务的处理过程；

（五）分析相关数据。

第六十四条　审计人员根据审计目标和被审计单位的实际情况，运用职业判断确定调查了解的范围和程度。

对于定期审计项目，审计人员可以利用以往审计中获得的信息，重点调查了解已经发生变化的情况。

第六十五条　审计人员在调查了解被审计单位及其相关情况的过程中，可以选择下列标准作为职业判断的依据：

（一）法律、法规、规章和其他规范性文件；

（二）国家有关方针和政策；

（三）会计准则和会计制度；

（四）国家和行业的技术标准；

（五）预算、计划和合同；

（六）被审计单位的管理制度和绩效目标；

(七）被审计单位的历史数据和历史业绩；
（八）公认的业务惯例或者良好实务；
（九）专业机构或者专家的意见；
（十）其他标准。

审计人员在审计实施过程中需要持续关注标准的适用性。

第六十六条　职业判断所选择的标准应当具有客观性、适用性、相关性、公认性。

标准不一致时，审计人员应当采用权威的和公认程度高的标准。

第六十七条　审计人员应当结合适用的标准，分析调查了解的被审计单位及其相关情况，判断被审计单位可能存在的问题。

第六十八条　审计人员应当运用职业判断，根据可能存在问题的性质、数额及其发生的具体环境，判断其重要性。

第六十九条　审计人员判断重要性时，可以关注下列因素：
（一）是否属于涉嫌犯罪的问题；
（二）是否属于法律法规和政策禁止的问题；
（三）是否属于故意行为所产生的问题；
（四）可能存在问题涉及的数量或者金额；
（五）是否涉及政策、体制或者机制的严重缺陷；
（六）是否属于信息系统设计缺陷；
（七）政府行政首长和相关领导机关及公众的关注程度；
（八）需要关注的其他因素。

第七十条　审计人员实施审计时，应当根据重要性判断的结果，重点关注被审计单位可能存在的重要问题。

第七十一条　需要对财务报表发表审计意见的，审计人员可以参照中国注册会计师执业准则的有关规定确定和运用重要性。

第七十二条　审计组应当评估被审计单位存在重要问题的可能性，以确定审计事项和审计应对措施。

第七十三条　审计组针对审计事项确定的审计应对措施包括：
（一）评估对内部控制的依赖程度，确定是否及如何测试相关内部控制的有效性；
（二）评估对信息系统的依赖程度，确定是否及如何检查相关信息系统的有效性、安全性；
（三）确定主要审计步骤和方法；
（四）确定审计时间；
（五）确定执行的审计人员；
（六）其他必要措施。

第七十四条　审计组在分配审计资源时，应当为重要审计事项分派有经验的审计人员和安排充足的审计时间，并评估特定审计事项是否需要利用外部专家的工作。

第七十五条　审计人员认为存在下列情形之一的，应当测试相关内部控制的有效性：
（一）某项内部控制设计合理且预期运行有效，能够防止重要问题的发生；

（二）仅实施实质性审查不足以为发现重要问题提供适当、充分的审计证据。

审计人员决定不依赖某项内部控制的，可以对审计事项直接进行实质性审查。

被审计单位规模较小、业务比较简单的，审计人员可以对审计事项直接进行实质性审查。

第七十六条 审计人员认为存在下列情形之一的，应当检查相关信息系统的有效性、安全性：

（一）仅审计电子数据不足以为发现重要问题提供适当、充分的审计证据；

（二）电子数据中频繁出现某类差异。

审计人员在检查被审计单位相关信息系统时，可以利用被审计单位信息系统的现有功能或者采用其他计算机技术和工具，检查中应当避免对被审计单位相关信息系统及其电子数据造成不良影响。

第七十七条 审计人员实施审计时，应当持续关注已作出的重要性判断和对存在重要问题可能性的评估是否恰当，及时作出修正，并调整审计应对措施。

第七十八条 遇有下列情形之一的，审计组应当及时调整审计实施方案：

（一）年度审计项目计划、审计工作方案发生变化的；

（二）审计目标发生重大变化的；

（三）重要审计事项发生变化的；

（四）被审计单位及其相关情况发生重大变化的；

（五）审计组人员及其分工发生重大变化的；

（六）需要调整的其他情形。

第七十九条 一般审计项目的审计实施方案应当经审计组组长审定，并及时报审计机关业务部门备案。

重要审计项目的审计实施方案应当报经审计机关负责人审定。

第八十条 审计组调整审计实施方案中的下列事项，应当报经审计机关主要负责人批准：

（一）审计目标；

（二）审计组组长；

（三）审计重点；

（四）现场审计结束时间。

第八十一条 编制和调整审计实施方案可以采取文字、表格或者两者相结合的形式。

第二节 审计证据

第八十二条 审计证据是指审计人员获取的能够为审计结论提供合理基础的全部事实，包括审计人员调查了解被审计单位及其相关情况和对确定的审计事项进行审查所获取的证据。

第八十三条 审计人员应当依照法定权限和程序获取审计证据。

第八十四条 审计人员获取的审计证据，应当具有适当性和充分性。

适当性是对审计证据质量的衡量，即审计证据在支持审计结论方面具有的相关性和可靠性。相关性是指审计证据与审计事项及其具体审计目标之间具有实质性联系。可靠性是指审计证据真实、可信。

充分性是对审计证据数量的衡量。审计人员在评估存在重要问题的可能性和审计证据质量的基础上，决定应当获取审计证据的数量。

第八十五条　审计人员对审计证据的相关性分析时，应当关注下列方面：

（一）一种取证方法获取的审计证据可能只与某些具体审计目标相关，而与其他具体审计目标无关；

（二）针对一项具体审计目标可以从不同来源获取审计证据或者获取不同形式的审计证据。

第八十六条　审计人员可以从下列方面分析审计证据的可靠性：

（一）从被审计单位外部获取的审计证据比从内部获取的审计证据更可靠；

（二）内部控制健全有效情况下形成的审计证据比内部控制缺失或者无效情况下形成的审计证据更可靠；

（三）直接获取的审计证据比间接获取的审计证据更可靠；

（四）从被审计单位财务会计资料中直接采集的审计证据比经被审计单位加工处理后提交的审计证据更可靠；

（五）原件形式的审计证据比复制件形式的审计证据更可靠。

不同来源和不同形式的审计证据存在不一致或者不能相互印证时，审计人员应当追加必要的审计措施，确定审计证据的可靠性。

第八十七条　审计人员获取的电子审计证据包括与信息系统控制相关的配置参数、反映交易记录的电子数据等。

采集被审计单位电子数据作为审计证据的，审计人员应当记录电子数据的采集和处理过程。

第八十八条　审计人员根据实际情况，可以在审计事项中选取全部项目或者部分特定项目进行审查，也可以进行审计抽样，以获取审计证据。

第八十九条　存在下列情形之一的，审计人员可以对审计事项中的全部项目进行审查：

（一）审计事项由少量大额项目构成的；

（二）审计事项可能存在重要问题，而选取其中部分项目进行审查无法提供适当、充分的审计证据的；

（三）对审计事项中的全部项目进行审查符合成本效益原则的。

第九十条　审计人员可以在审计事项中选取下列特定项目进行审查：

（一）大额或者重要项目；

（二）数量或者金额符合设定标准的项目；

（三）其他特定项目。

选取部分特定项目进行审查的结果，不能用于推断整个审计事项。

第九十一条　在审计事项包含的项目数量较多，需要对审计事项某一方面的总体特征作出结论时，审计人员可以进行审计抽样。

审计人员进行审计抽样时，可以参照中国注册会计师执业准则的有关规定。

第九十二条　审计人员可以采取下列方法向有关单位和个人获取审计证据：

（一）检查，是指对纸质、电子或者其他介质形式存在的文件、资料进行审查，或者对有形资产进行审查；

（二）观察，是指察看相关人员正在从事的活动或者执行的程序；

（三）询问，是指以书面或者口头方式向有关人员了解关于审计事项的信息；

（四）外部调查，是指向与审计事项有关的第三方进行调查；

（五）重新计算，是指以手工方式或者使用信息技术对有关数据计算的正确性进行核对；

（六）重新操作，是指对有关业务程序或者控制活动独立进行重新操作验证；

（七）分析，是指研究财务数据之间、财务数据与非财务数据之间可能存在的合理关系，对相关信息作出评价，并关注异常波动和差异。

审计人员进行专项审计调查，可以使用上述方法及其以外的其他方法。

第九十三条　审计人员应当依照法律法规规定，取得被审计单位负责人对本单位提供资料真实性和完整性的书面承诺。

第九十四条　审计人员取得证明被审计单位存在违反国家规定的财政收支、财务收支行为以及其他重要审计事项的审计证据材料，应当由提供证据的有关人员、单位签名或者盖章；不能取得签名或者盖章不影响事实存在的，该审计证据仍然有效，但审计人员应当注明原因。

审计事项比较复杂或者取得的审计证据数量较大的，可以对审计证据进行汇总分析，编制审计取证单，由证据提供者签名或者盖章。

第九十五条　被审计单位的相关资料、资产可能被转移、隐匿、篡改、毁弃并影响获取审计证据的，审计机关应当依照法律法规的规定采取相应的证据保全措施。

第九十六条　审计机关执行审计业务过程中，因行使职权受到限制而无法获取适当、充分的审计证据，或者无法制止违法行为对国家利益的侵害时，根据需要，可以按照有关规定提请有权处理的机关或者相关单位予以协助和配合。

第九十七条　审计人员需要利用所聘请外部人员的专业咨询和专业鉴定作为审计证据的，应当对下列方面作出判断：

（一）依据的样本是否符合审计项目的具体情况；

（二）使用的方法是否适当和合理；

（三）专业咨询、专业鉴定是否与其他审计证据相符。

第九十八条　审计人员需要使用有关监管机构、中介机构、内部审计机构等已经形成的工作结果作为审计证据的，应当对该工作结果的下列方面作出判断：

（一）是否与审计目标相关；

（二）是否可靠；

（三）是否与其他审计证据相符。

第九十九条　审计人员对于重要问题，可以围绕下列方面获取审计证据：

（一）标准，即判断被审计单位是否存在问题的依据；

（二）事实，即客观存在和发生的情况。事实与标准之间的差异构成审计发现的问题；

（三）影响，即问题产生的后果；

(四)原因,即问题产生的条件。

第一百条 审计人员在审计实施过程中,应当持续评价审计证据的适当性和充分性。

已采取的审计措施难以获取适当、充分审计证据的,审计人员应当采取替代审计措施;仍无法获取审计证据的,由审计组报请审计机关采取其他必要的措施或者不作出审计结论。

第三节 审计记录

第一百零一条 审计人员应当真实、完整地记录实施审计的过程、得出的结论和与审计项目有关的重要管理事项,以实现下列目标:

(一)支持审计人员编制审计实施方案和审计报告;
(二)证明审计人员遵循相关法律法规和本准则;
(三)便于对审计人员的工作实施指导、监督和检查。

第一百零二条 审计人员作出的记录,应当使未参与该项业务的有经验的其他审计人员能够理解其执行的审计措施、获取的审计证据、作出的职业判断和得出的审计结论。

第一百零三条 审计记录包括调查了解记录、审计工作底稿和重要管理事项记录。

第一百零四条 审计组在编制审计实施方案前,应当对调查了解被审计单位及其相关情况作出记录。调查了解记录的内容主要包括:

(一)对被审计单位及其相关情况的调查了解情况;
(二)对被审计单位存在重要问题可能性的评估情况;
(三)确定的审计事项及其审计应对措施。

第一百零五条 审计工作底稿主要记录审计人员依据审计实施方案执行审计措施的活动。

审计人员对审计实施方案确定的每一审计事项,均应当编制审计工作底稿。一个审计事项可以根据需要编制多份审计工作底稿。

第一百零六条 审计工作底稿的内容主要包括:

(一)审计项目名称;
(二)审计事项名称;
(三)审计过程和结论;
(四)审计人员姓名及审计工作底稿编制日期并签名;
(五)审核人员姓名、审核意见及审核日期并签名;
(六)索引号及页码;
(七)附件数量。

第一百零七条 审计工作底稿记录的审计过程和结论主要包括:

(一)实施审计的主要步骤和方法;
(二)取得的审计证据的名称和来源;
(三)审计认定的事实摘要;
(四)得出的审计结论及其相关标准。

第一百零八条 审计证据材料应当作为调查了解记录和审计工作底稿的附件。一份审计证据材料对应多个审计记录时,审计人员可以将审计证据材料附在与其关系最密切的审计记录后面,并在其他审计记录中予以注明。

第一百零九条 审计组起草审计报告前,审计组组长应当对审计工作底稿的下列事项进行审核:

(一)具体审计目标是否实现;

(二)审计措施是否有效执行;

(三)事实是否清楚;

(四)审计证据是否适当、充分;

(五)得出的审计结论及其相关标准是否适当;

(六)其他有关重要事项。

第一百一十条 审计组组长审核审计工作底稿,应当根据不同情况分别提出下列意见:

(一)予以认可;

(二)责成采取进一步审计措施,获取适当、充分的审计证据;

(三)纠正或者责成纠正不恰当的审计结论。

第一百一十一条 重要管理事项记录应当记载与审计项目相关并对审计结论有重要影响的下列管理事项:

(一)可能损害审计独立性的情形及采取的措施;

(二)所聘请外部人员的相关情况;

(三)被审计单位承诺情况;

(四)征求被审计对象或者相关单位及人员意见的情况、被审计对象或者相关单位及人员反馈的意见及审计组的采纳情况;

(五)审计组对审计发现的重大问题和审计报告讨论的过程及结论;

(六)审计机关业务部门对审计报告、审计决定书等审计项目材料的复核情况和意见;

(七)审理机构对审计项目的审理情况和意见;

(八)审计机关对审计报告的审定过程和结论;

(九)审计人员未能遵守本准则规定的约束性条款及其原因;

(十)因外部因素使审计任务无法完成的原因及影响;

(十一)其他重要管理事项。

重要管理事项记录可以使用被审计单位承诺书、审计机关内部审批文稿、会议记录、会议纪要、审理意见书或者其他书面形式。

第四节 重大违法行为检查

第一百一十二条 审计人员执行审计业务时,应当保持职业谨慎,充分关注可能存在的重大违法行为。

第一百一十三条 本准则所称重大违法行为是指被审计单位和相关人员违反法律法规、涉及金额比较大、造成国家重大经济损失或者对社会造成重大不良影响的行为。

第一百一十四条 审计人员检查重大违法行为,应当评估被审计单位和相关人员实施重大违法行为的动机、性质、后果和违法构成。

第一百一十五条 审计人员调查了解被审计单位及其相关情况时,可以重点了解可能与重大违法行为有关的下列事项:

(一)被审计单位所在行业发生重大违法行为的状况;

（二）有关的法律法规及其执行情况；
（三）监管部门已经发现和了解的与被审计单位有关的重大违法行为的事实或者线索；
（四）可能形成重大违法行为的动机和原因；
（五）相关的内部控制及其执行情况；
（六）其他情况。

第一百一十六条　审计人员可以通过关注下列情况，判断可能存在的重大违法行为：
（一）具体经济活动中存在的异常事项；
（二）财务和非财务数据中反映出的异常变化；
（三）有关部门提供的线索和群众举报；
（四）公众、媒体的反映和报道；
（五）其他情况。

第一百一十七条　审计人员根据被审计单位实际情况、工作经验和审计发现的异常现象，判断可能存在重大违法行为的性质，并确定检查重点。

审计人员在检查重大违法行为时，应当关注重大违法行为的高发领域和环节。

第一百一十八条　发现重大违法行为的线索，审计组或者审计机关可以采取下列应对措施：
（一）增派具有相关经验和能力的人员；
（二）避免让有关单位和人员事先知晓检查的时间、事项、范围和方式；
（三）扩大检查范围，使其能够覆盖重大违法行为可能涉及的领域；
（四）获取必要的外部证据；
（五）依法采取保全措施；
（六）提请有关机关予以协助和配合；
（七）向政府和有关部门报告；
（八）其他必要的应对措施。

第五章　审计报告

第一节　审计报告的形式和内容

第一百一十九条　审计报告包括审计机关进行审计后出具的审计报告以及专项审计调查后出具的专项审计调查报告。

第一百二十条　审计组实施审计或者专项审计调查后，应当向派出审计组的审计机关提交审计报告。审计机关审定审计组的审计报告后，应当出具审计机关的审计报告。遇有特殊情况，审计机关可以不向被调查单位出具专项审计调查报告。

第一百二十一条　审计报告应当内容完整、事实清楚、结论正确、用词恰当、格式规范。

第一百二十二条　审计机关的审计报告（审计组的审计报告）包括下列基本要素：
（一）标题；
（二）文号（审计组的审计报告不含此项）；
（三）被审计单位名称；
（四）审计项目名称；

（五）内容；

（六）审计机关名称（审计组名称及审计组组长签名）；

（七）签发日期（审计组向审计机关提交报告的日期）。

经济责任审计报告还包括被审计人员姓名及所担任职务。

第一百二十三条 审计报告的内容主要包括：

（一）审计依据，即实施审计所依据的法律法规规定；

（二）实施审计的基本情况，一般包括审计范围、内容、方式和实施的起止时间；

（三）被审计单位基本情况；

（四）审计评价意见，即根据不同的审计目标，以适当、充分的审计证据为基础发表的评价意见；

（五）以往审计决定执行情况和审计建议采纳情况；

（六）审计发现的被审计单位违反国家规定的财政收支、财务收支行为和其他重要问题的事实、定性、处理处罚意见以及依据的法律法规和标准；

（七）审计发现的移送处理事项的事实和移送处理意见，但是涉嫌犯罪等不宜让被审计单位知悉的事项除外；

（八）针对审计发现的问题，根据需要提出的改进建议。

审计期间被审计单位对审计发现的问题已经整改的，审计报告还应当包括有关整改情况。

经济责任审计报告还应当包括被审计人员履行经济责任的基本情况，以及被审计人员对审计发现问题承担的责任。

核查社会审计机构相关审计报告发现的问题，应当在审计报告中一并反映。

第一百二十四条 采取跟踪审计方式实施审计的，审计组在跟踪审计过程中发现的问题，应当以审计机关的名义及时向被审计单位通报，并要求其整改。

跟踪审计实施工作全部结束后，应当以审计机关的名义出具审计报告。审计报告应当反映审计发现但尚未整改的问题，以及已经整改的重要问题及其整改情况。

第一百二十五条 专项审计调查报告除符合审计报告的要素和内容要求外，还应当根据专项审计调查目标重点分析宏观性、普遍性、政策性或者体制、机制问题并提出改进建议。

第一百二十六条 对审计或者专项审计调查中发现被审计单位违反国家规定的财政收支、财务收支行为，依法应当由审计机关在法定职权范围内作出处理处罚决定的，审计机关应当出具审计决定书。

第一百二十七条 审计决定书的内容主要包括：

（一）审计的依据、内容和时间；

（二）违反国家规定的财政收支、财务收支行为的事实、定性、处理处罚决定以及法律法规依据；

（三）处理处罚决定执行的期限和被审计单位书面报告审计决定执行结果等要求；

（四）依法提请政府裁决或者申请行政复议、提起行政诉讼的途径和期限。

第一百二十八条 审计或者专项审计调查发现的依法需要移送其他有关主管机关或者单位纠正、处理处罚或者追究有关人员责任的事项，审计机关应当出具审计移送处理书。

第一百二十九条　审计移送处理书的内容主要包括：
（一）审计的时间和内容；
（二）依法需要移送有关主管机关或者单位纠正、处理处罚或者追究有关人员责任事项的事实、定性及其依据和审计机关的意见；
（三）移送的依据和移送处理说明，包括将处理结果书面告知审计机关的说明；
（四）所附的审计证据材料。

第一百三十条　出具对国际组织、外国政府及其机构援助、贷款项目的审计报告，按照审计机关的相关规定执行。

第二节　审计报告的编审

第一百三十一条　审计组在起草审计报告前，应当讨论确定下列事项：
（一）评价审计目标的实现情况；
（二）审计实施方案确定的审计事项完成情况；
（三）评价审计证据的适当性和充分性；
（四）提出审计评价意见；
（五）评估审计发现问题的重要性；
（六）提出对审计发现问题的处理处罚意见；
（七）其他有关事项。
审计组应当对讨论前款事项的情况及其结果作出记录。

第一百三十二条　审计组组长应当确认审计工作底稿和审计证据已经审核，并从总体上评价审计证据的适当性和充分性。

第一百三十三条　审计组根据不同的审计目标，以审计认定的事实为基础，在防范审计风险的情况下，按照重要性原则，从真实性、合法性、效益性方面提出审计评价意见。

审计组应当只对所审计的事项发表审计评价意见。对审计过程中未涉及、审计证据不适当或者不充分、评价依据或者标准不明确以及超越审计职责范围的事项，不得发表审计评价意见。

第一百三十四条　审计组应当根据审计发现问题的性质、数额及其发生的原因和审计报告的使用对象，评估审计发现问题的重要性，如实在审计报告中予以反映。

第一百三十五条　审计组对审计发现的问题提出处理处罚意见时，应当关注下列因素：
（一）法律法规的规定；
（二）审计职权范围：属于审计职权范围的，直接提出处理处罚意见，不属于审计职权范围的，提出移送处理意见；
（三）问题的性质、金额、情节、原因和后果；
（四）对同类问题处理处罚的一致性；
（五）需要关注的其他因素。
审计发现被审计单位信息系统存在重大漏洞或者不符合国家规定的，应当责成被审计单位在规定期限内整改。

第一百三十六条　审计组应当针对经济责任审计发现的问题，根据被审计人员履行职责情况，界定其应当承担的责任。

第一百三十七条 审计组实施审计或者专项审计调查后,应当提出审计报告,按照审计机关规定的程序审批后,以审计机关的名义征求被审计单位、被调查单位和拟处罚的有关责任人员的意见。

经济责任审计报告还应当征求被审计人员的意见;必要时,征求有关干部监督管理部门的意见。

审计报告中涉及的重大经济案件调查等特殊事项,经审计机关主要负责人批准,可以不征求被审计单位或者被审计人员的意见。

第一百三十八条 被审计单位、被调查单位、被审计人员或者有关责任人员对征求意见的审计报告有异议的,审计组应当进一步核实,并根据核实情况对审计报告作出必要的修改。

审计组应当对采纳被审计单位、被调查单位、被审计人员、有关责任人员意见的情况和原因,或者上述单位或人员未在法定时间内提出书面意见的情况作出书面说明。

第一百三十九条 对被审计单位或者被调查单位违反国家规定的财政收支、财务收支行为,依法应当由审计机关进行处理处罚的,审计组应当起草审计决定书。

对依法应当由其他有关部门纠正、处理处罚或者追究有关责任人员责任的事项,审计组应当起草审计移送处理书。

第一百四十条 审计组应当将下列材料报送审计机关业务部门复核:

(一)审计报告;

(二)审计决定书;

(三)被审计单位、被调查单位、被审计人员或者有关责任人员对审计报告的书面意见及审计组采纳情况的书面说明;

(四)审计实施方案;

(五)调查了解记录、审计工作底稿、重要管理事项记录、审计证据材料;

(六)其他有关材料。

第一百四十一条 审计机关业务部门应当对下列事项进行复核,并提出书面复核意见:

(一)审计目标是否实现;

(二)审计实施方案确定的审计事项是否完成;

(三)审计发现的重要问题是否在审计报告中反映;

(四)事实是否清楚、数据是否正确;

(五)审计证据是否适当、充分;

(六)审计评价、定性、处理处罚和移送处理意见是否恰当,适用法律法规和标准是否适当;

(七)被审计单位、被调查单位、被审计人员或者有关责任人员提出的合理意见是否采纳;

(八)需要复核的其他事项。

第一百四十二条 审计机关业务部门应当将复核修改后的审计报告、审计决定书等审计项目材料连同书面复核意见,报送审理机构审理。

第一百四十三条 审理机构以审计实施方案为基础,重点关注审计实施的过程及结果,主要审理下列内容：
（一）审计实施方案确定的审计事项是否完成；
（二）审计发现的重要问题是否在审计报告中反映；
（三）主要事实是否清楚、相关证据是否适当、充分；
（四）适用法律法规和标准是否适当；
（五）评价、定性、处理处罚意见是否恰当；
（六）审计程序是否符合规定。

第一百四十四条　审理机构审理时，应当就有关事项与审计组及相关业务部门进行沟通。

必要时，审理机构可以参加审计组与被审计单位交换意见的会议，或者向被审计单位和有关人员了解相关情况。

第一百四十五条　审理机构审理后，可以根据情况采取下列措施：
（一）要求审计组补充重要审计证据；
（二）对审计报告、审计决定书进行修改。

审理过程中遇有复杂问题的，经审计机关负责人同意后，审理机构可以组织专家进行论证。

审理机构审理后，应当出具审理意见书。

第一百四十六条　审理机构将审理后的审计报告、审计决定书连同审理意见书报送审计机关负责人。

第一百四十七条　审计报告、审计决定书原则上应当由审计机关审计业务会议审定；特殊情况下，经审计机关主要负责人授权，可以由审计机关其他负责人审定。

第一百四十八条　审计决定书经审定，处罚的事实、理由、依据、决定与审计组征求意见的审计报告不一致并且加重处罚的，审计机关应当依照有关法律法规的规定及时告知被审计单位、被调查单位和有关责任人员，并听取其陈述和申辩。

第一百四十九条　对于拟作出罚款的处罚决定，符合法律法规规定的听证条件的，审计机关应当依照有关法律法规的规定履行听证程序。

第一百五十条　审计报告、审计决定书经审计机关负责人签发后，按照下列要求办理：
（一）审计报告送达被审计单位、被调查单位；
（二）经济责任审计报告送达被审计单位和被审计人员；
（三）审计决定书送达被审计单位、被调查单位、被处罚的有关责任人员。

第三节　专题报告与综合报告

第一百五十一条　审计机关在审计中发现的下列事项，可以采用专题报告、审计信息等方式向本级政府、上一级审计机关报告：
（一）涉嫌重大违法犯罪的问题；
（二）与国家财政收支、财务收支有关政策及其执行中存在的重大问题；
（三）关系国家经济安全的重大问题；
（四）关系国家信息安全的重大问题；
（五）影响人民群众经济利益的重大问题；

(六)其他重大事项。

第一百五十二条 专题报告应当主题突出、事实清楚、定性准确、建议适当。

审计信息应当事实清楚、定性准确、内容精炼、格式规范、反映及时。

第一百五十三条 审计机关统一组织审计项目的,可以根据需要汇总审计情况和结果,编制审计综合报告。必要时,审计综合报告应当征求有关主管机关的意见。

审计综合报告按照审计机关规定的程序审定后,向本级政府和上一级审计机关报送,或者向有关部门通报。

第一百五十四条 审计机关实施经济责任审计项目后,应当按照相关规定,向本级政府行政首长和有关干部监督管理部门报告经济责任审计结果。

第一百五十五条 审计机关依照法律法规的规定,每年汇总对本级预算执行情况和其他财政收支情况的审计报告,形成审计结果报告,报送本级政府和上一级审计机关。

第一百五十六条 审计机关依照法律法规的规定,代本级政府起草本级预算执行情况和其他财政收支情况的审计工作报告(稿),经本级政府行政首长审定后,受本级政府委托向本级人民代表大会常务委员会报告。

第四节 审计结果公布

第一百五十七条 审计机关依法实行公告制度。审计机关的审计结果、审计调查结果依法向社会公布。

第一百五十八条 审计机关公布的审计和审计调查结果主要包括下列信息:

(一)被审计(调查)单位基本情况;

(二)审计(调查)评价意见;

(三)审计(调查)发现的主要问题;

(四)处理处罚决定及审计(调查)建议;

(五)被审计(调查)单位的整改情况。

第一百五十九条 在公布审计和审计调查结果时,审计机关不得公布下列信息:

(一)涉及国家秘密、商业秘密的信息;

(二)正在调查、处理过程中的事项;

(三)依照法律法规的规定不予公开的其他信息。

涉及商业秘密的信息,经权利人同意或者审计机关认为不公布可能对公共利益造成重大影响的,可以予以公布。

审计机关公布审计和审计调查结果应当客观公正。

第一百六十条 审计机关公布审计和审计调查结果,应当指定专门机构统一办理,履行规定的保密审查和审核手续,报经审计机关主要负责人批准。

审计机关内设机构、派出机构和个人,未经授权不得向社会公布审计和审计调查结果。

第一百六十一条 审计机关统一组织不同级次审计机关参加的审计项目,其审计和审计调查结果原则上由负责该项目组织工作的审计机关统一对外公布。

第一百六十二条 审计机关公布审计和审计调查结果按照国家有关规定需要报批的,未经批准不得公布。

第五节 审计整改检查

第一百六十三条 审计机关应当建立审计整改检查机制,督促被审计单位和其他有关单位根据审计结果进行整改。

第一百六十四条 审计机关主要检查或者了解下列事项:
（一）执行审计机关作出的处理处罚决定情况;
（二）对审计机关要求自行纠正事项采取措施的情况;
（三）根据审计机关的审计建议采取措施的情况;
（四）对审计机关移送处理事项采取措施的情况。

第一百六十五条 审计组在审计实施过程中,应当及时督促被审计单位整改审计发现的问题。

审计机关在出具审计报告、作出审计决定后,应当在规定的时间内检查或者了解被审计单位和其他有关单位的整改情况。

第一百六十六条 审计机关可以采取下列方式检查或者了解被审计单位和其他有关单位的整改情况:
（一）实地检查或者了解;
（二）取得并审阅相关书面材料;
（三）其他方式。

对于定期审计项目,审计机关可以结合下一次审计,检查或者了解被审计单位的整改情况。

检查或者了解被审计单位和其他有关单位的整改情况应当取得相关证明材料。

第一百六十七条 审计机关指定的部门负责检查或者了解被审计单位和其他有关单位整改情况,并向审计机关提出检查报告。

第一百六十八条 检查报告的内容主要包括:
（一）检查工作开展情况,主要包括检查时间、范围、对象、和方式等;
（二）被审计单位和其他有关单位的整改情况;
（三）没有整改或者没有完全整改事项的原因和建议。

第一百六十九条 审计机关对被审计单位没有整改或者没有完全整改的事项,依法采取必要措施。

第一百七十条 审计机关对审计决定书中存在的重要错误事项,应当予以纠正。

第一百七十一条 审计机关汇总审计整改情况,向本级政府报送关于审计工作报告中指出问题的整改情况的报告。

第六章 审计质量控制和责任

第一百七十二条 审计机关应当建立审计质量控制制度,以保证实现下列目标:
（一）遵守法律法规和本准则;
（二）作出恰当的审计结论;
（三）依法进行处理处罚。

第一百七十三条 审计机关应当针对下列要素建立审计质量控制制度:

（一）审计质量责任；
（二）审计职业道德；
（三）审计人力资源；
（四）审计业务执行；
（五）审计质量监控。

对前款第二、三、四项应当按照本准则第二至五章的有关要求建立审计质量控制制度。

第一百七十四条　审计机关实行审计组成员、审计组主审、审计组组长、审计机关业务部门、审理机构、总审计师和审计机关负责人对审计业务的分级质量控制。

第一百七十五条　审计组成员的工作职责包括：
（一）遵守本准则，保持审计独立性；
（二）按照分工完成审计任务，获取审计证据；
（三）如实记录实施的审计工作并报告工作结果；
（四）完成分配的其他工作。

第一百七十六条　审计组成员应当对下列事项承担责任：
（一）未按审计实施方案实施审计导致重大问题未被发现的；
（二）未按照本准则的要求获取审计证据导致审计证据不适当、不充分的；
（三）审计记录不真实、不完整的；
（四）对发现的重要问题隐瞒不报或者不如实报告的。

第一百七十七条　审计组组长的工作职责包括：
（一）编制或者审定审计实施方案；
（二）组织实施审计工作；
（三）督导审计组成员的工作；
（四）审核审计工作底稿和审计证据；
（五）组织编制并审核审计组起草的审计报告、审计决定书、审计移送处理书、专题报告、审计信息；
（六）配置和管理审计组的资源；
（七）审计机关规定的其他职责。

第一百七十八条　审计组组长应当从下列方面督导审计组成员的工作：
（一）将具体审计事项和审计措施等信息告知审计组成员，并与其讨论；
（二）检查审计组成员的工作进展，评估审计组成员的工作质量，并解决工作中存在的问题；
（三）给予审计组成员必要的培训和指导。

第一百七十九条　审计组组长应当对审计项目的总体质量负责，并对下列事项承担责任：
（一）审计实施方案编制或者组织实施不当，造成审计目标未实现或者重要问题未被发现的；
（二）审核未发现或者未纠正审计证据不适当、不充分问题的；
（三）审核未发现或者未纠正审计工作底稿不真实、不完整问题的；

（四）得出的审计结论不正确的；
（五）审计组起草的审计文书和审计信息反映的问题严重失实的；
（六）提出的审计处理处罚意见或者移送处理意见不正确的；
（七）对审计组发现的重要问题隐瞒不报或者不如实报告的；
（八）违反法定审计程序的。

第一百八十条　根据工作需要，审计组可以设立主审。主审根据审计分工和审计组组长的委托，主要履行下列职责：
（一）起草审计实施方案、审计文书和审计信息；
（二）对主要审计事项进行审计查证；
（三）协助组织实施审计；
（四）督导审计组成员的工作；
（五）审核审计工作底稿和审计证据；
（六）组织审计项目归档工作；
（七）完成审计组组长委托的其他工作。

第一百八十一条　审计组组长将其工作职责委托给主审或者审计组其他成员的，仍应当对委托事项承担责任。受委托的成员在受托范围内承担相应责任。

第一百八十二条　审计机关业务部门的工作职责包括：
（一）提出审计组组长人选；
（二）确定聘请外部人员事宜；
（三）指导、监督审计组的审计工作；
（四）复核审计报告、审计决定书等审计项目材料；
（五）审计机关规定的其他职责。

业务部门统一组织审计项目的，应当承担编制审计工作方案，组织、协调审计实施和汇总审计结果的职责。

第一百八十三条　审计机关业务部门应当及时发现和纠正审计组工作中存在的重要问题，并对下列事项承担责任：
（一）对审计组请示的问题未及时采取适当措施导致严重后果的；
（二）复核未发现审计报告、审计决定书等审计项目材料中存在的重要问题的；
（三）复核意见不正确的；
（四）要求审计组不在审计文书和审计信息中反映重要问题的。

业务部门对统一组织审计项目的汇总审计结果出现重大错误、造成严重不良影响的事项承担责任。

第一百八十四条　审计机关审理机构的工作职责包括：
（一）审查修改审计报告、审计决定书；
（二）提出审理意见；
（三）审计机关规定的其他职责。

第一百八十五条　审计机关审理机构对下列事项承担责任：
（一）审理意见不正确的；

(二)对审计报告、审计决定书作出的修改不正确的;

(三)审理时应当发现而未发现重要问题的。

第一百八十六条　审计机关负责人的工作职责包括:

(一)审定审计项目目标、范围和审计资源的配置;

(二)指导和监督检查审计工作;

(三)审定审计文书和审计信息;

(四)审计管理中的其他重要事项。

审计机关负责人对审计项目实施结果承担最终责任。

第一百八十七条　审计机关对审计人员违反法律法规和本准则的行为,应当按照相关规定追究其责任。

第一百八十八条　审计机关应当按照国家有关规定,建立健全审计项目档案管理制度,明确审计项目归档要求、保存期限、保存措施、档案利用审批程序等。

第一百八十九条　审计项目归档工作实行审计组组长负责制,审计组组长应当确定立卷责任人。

立卷责任人应当收集审计项目的文件材料,并在审计项目终结后及时立卷归档,由审计组组长审查验收。

第一百九十条　审计机关实行审计业务质量检查制度,对其业务部门、派出机构和下级审计机关的审计业务质量进行检查。

第一百九十一条　审计机关可以通过查阅有关文件和审计档案、询问相关人员等方式、方法,检查下列事项:

(一)建立和执行审计质量控制制度的情况;

(二)审计工作中遵守法律法规和本准则的情况;

(三)与审计业务质量有关的其他事项。

审计业务质量检查应当重点关注审计结论的恰当性、审计处理处罚意见的合法性和适当性。

第一百九十二条　审计机关开展审计业务质量检查,应当向被检查单位通报检查结果。

第一百九十三条　审计机关在审计业务质量检查中,发现被检查的派出机构或者下级审计机关应当作出审计决定而未作出的,可以依法直接或者责成其在规定期限内作出审计决定;发现其作出的审计决定违反国家有关规定的,可以依法直接或者责成其在规定期限内变更、撤销审计决定。

第一百九十四条　审计机关应当对其业务部门、派出机构实行审计业务年度考核制度,考核审计质量控制目标的实现情况。

第一百九十五条　审计机关可以定期组织优秀审计项目评选,对被评为优秀审计项目的予以表彰。

第一百九十六条　审计机关应当对审计质量控制制度及其执行情况进行持续评估,及时发现审计质量控制制度及其执行中存在的问题,并采取措施加以纠正或者改进。

审计机关可以结合日常管理工作或者通过开展审计业务质量检查、考核和优秀审计项目评选等方式,对审计质量控制制度及其执行情况进行持续评估。

第七章 附 则

第一百九十七条 审计机关和审计人员开展下列工作,不适用本准则的规定:
(一)配合有关部门查处案件;
(二)与有关部门共同办理检查事项;
(三)接受交办或者接受委托办理不属于法定审计职责范围的事项。

第一百九十八条 地方审计机关可以根据本地实际情况,在遵循本准则规定的基础上制定实施细则。

第一百九十九条 本准则由审计署负责解释。

第二百条 本准则自2011年1月1日起施行。附件所列的审计署以前发布的审计准则和规定同时废止。

附件:废止的审计准则和规定目录(略)

国务院关于加强审计工作的意见

(国发〔2014〕48号)

各省、自治区、直辖市人民政府,国务院各部委、各直属机构:

为切实加强审计工作,推动国家重大决策部署和有关政策措施的贯彻落实,更好地服务改革发展,维护经济秩序,促进经济社会持续健康发展,现提出以下意见:

一、总体要求

(一)指导思想。坚持以邓小平理论、"三个代表"重要思想、科学发展观为指导,深入贯彻落实党的十八大和十八届二中、三中全会精神,依法履行审计职责,加大审计力度,创新审计方式,提高审计效率,对稳增长、促改革、调结构、惠民生、防风险等政策措施落实情况,以及公共资金、国有资产、国有资源、领导干部经济责任履行情况进行审计,实现审计监督全覆盖,促进国家治理现代化和国民经济健康发展。

(二)基本原则。

——围绕中心,服务大局。紧紧围绕国家中心工作,服务改革发展,服务改善民生,促进社会公正,为建设廉洁政府、俭朴政府、法治政府提供有力支持。

——发现问题,完善机制。发现国家政策措施执行中存在的主要问题和重大违法违纪案件线索,维护财经法纪,促进廉政建设;发现经济社会运行中的突出矛盾和风险隐患,维护国家经济安全;发现经济运行中好的做法、经验和问题,注重从体制机制制度层面分析原因和提出建议,促进深化改革和创新体制机制。

——依法审计,秉公用权。依法履行宪法和法律赋予的职责,敢于碰硬,勇于担当,严格遵守审计工作纪律和各项廉政、保密规定,注意工作方法,切实做到依法审计、文明审计、廉洁审计。

二、发挥审计促进国家重大决策部署落实的保障作用

(三)推动政策措施贯彻落实。持续组织对国家重大政策措施和宏观调控部署落实情

况的跟踪审计,着力监督检查各地区、各部门落实稳增长、促改革、调结构、惠民生、防风险等政策措施的具体部署、执行进度、实际效果等情况,特别是重大项目落地、重点资金保障,以及简政放权推进情况,及时发现和纠正有令不行、有禁不止行为,反映好的做法、经验和新情况、新问题,促进政策落地生根和不断完善。

(四)促进公共资金安全高效使用。要看好公共资金,严防贪污、浪费等违法违规行为,确保公共资金安全。把绩效理念贯穿审计工作始终,加强预算执行和其他财政收支审计,密切关注财政资金的存量和增量,促进减少财政资金沉淀,盘活存量资金,推动财政资金合理配置、高效使用,把钱用在刀刃上。围绕中央八项规定精神和国务院"约法三章"要求,加强"三公"经费、会议费使用和楼堂馆所建设等方面审计,促进厉行节约和规范管理,推动俭朴政府建设。

(五)维护国家经济安全。要加大对经济运行中风险隐患的审计力度,密切关注财政、金融、民生、国有资产、能源、资源和环境保护等方面存在的薄弱环节和风险隐患,以及可能引发的社会不稳定因素,特别是地方政府性债务、区域性金融稳定等情况,注意发现和反映苗头性、倾向性问题,积极提出解决问题和化解风险的建议。

(六)促进改善民生和生态文明建设。加强对"三农"、社会保障、教育、文化、医疗、扶贫、救灾、保障性安居工程等重点民生资金和项目的审计,加强对土地、矿产等自然资源,以及大气、水、固体废物等污染治理和环境保护情况的审计,探索实行自然资源资产离任审计,深入分析财政投入与项目进展、事业发展等情况,推动惠民和资源、环保政策落实到位。

(七)推动深化改革。密切关注各项改革措施的协调配合情况,促进增强改革的系统性、整体性和协调性。正确把握改革和发展中出现的新情况,对不合时宜、制约发展、阻碍改革的制度规定,及时予以反映,推动改进和完善。

三、强化审计的监督作用

(八)促进依法行政、依法办事。要加大对依法行政情况的审计力度,注意发现有法不依、执法不严等问题,促进法治政府建设,切实维护法律尊严。要着力反映严重损害群众利益、妨害公平竞争等问题,维护市场经济秩序和社会公平正义。

(九)推进廉政建设。对审计发现的重大违法违纪问题,要查深查透查实。重点关注财政资金分配、重大投资决策和项目审批、重大物资采购和招标投标、贷款发放和证券交易、国有资产和股权转让、土地和矿产资源交易等重点领域和关键环节,揭露以权谋私、失职渎职、贪污受贿、内幕交易等问题,促进廉洁政府建设。

(十)推动履职尽责。深化领导干部经济责任审计,着力检查领导干部守法守纪守规尽责情况,促进各级领导干部主动作为、有效作为,切实履职尽责。依法依纪反映不作为、慢作为、乱作为问题,促进健全责任追究和问责机制。

四、完善审计工作机制

(十一)依法接受审计监督。凡是涉及管理、分配、使用公共资金、国有资产、国有资源的部门、单位和个人,都要自觉接受审计、配合审计,不得设置障碍。有关部门和单位要依法、及时、全面提供审计所需的财务会计、业务和管理等资料,不得制定限制向审计机关提供资料和开放计算机信息系统查询权限的规定,已经制定的应予修订或废止。对获取的资料,审计机关要严格保密。

（十二）提供完整准确真实的电子数据。有关部门、金融机构和国有企事业单位应根据审计工作需要，依法向审计机关提供与本单位、本系统履行职责相关的电子数据信息和必要的技术文档；在确保数据信息安全的前提下，协助审计机关开展联网审计。在现场审计阶段，被审计单位要为审计机关进行电子数据分析提供必要的工作环境。

（十三）积极协助审计工作。审计机关履行职责需要协助时，有关部门、单位要积极予以协助和支持，并对有关审计情况严格保密。要建立健全审计与纪检监察、公安、检察以及其他有关主管单位的工作协调机制，对审计移送的违法违纪问题线索，有关部门要认真查处，及时向审计机关反馈查处结果。审计机关要跟踪审计移送事项的查处结果，适时向社会公告。

五、狠抓审计发现问题的整改落实

（十四）健全整改责任制。被审计单位的主要负责人作为整改第一责任人，要切实抓好审计发现问题的整改工作，对重大问题要亲自管、亲自抓。对审计发现的问题和提出的审计建议，被审计单位要及时整改和认真研究，整改结果在书面告知审计机关的同时，要向同级政府或主管部门报告，并向社会公告。

（十五）加强整改督促检查。各级政府每年要专题研究国家重大决策部署和有关政策措施落实情况审计，以及本级预算执行和其他财政收支审计查出问题的整改工作，将整改纳入督查督办事项。对审计反映的问题，被审计单位主管部门要及时督促整改。审计机关要建立整改检查跟踪机制，必要时可提请有关部门协助落实整改意见。

（十六）严肃整改问责。各地区、各部门要把审计结果及其整改情况作为考核、奖惩的重要依据。对审计发现的重大问题，要依法依纪作出处理，严肃追究有关人员责任。对审计反映的典型性、普遍性、倾向性问题，要及时研究，完善制度规定。对整改不到位的，要与被审计单位主要负责人进行约谈。对整改不力、屡审屡犯的，要严格追责问责。

六、提升审计能力

（十七）强化审计队伍建设。着力提高审计队伍的专业化水平，推进审计职业化建设，建立审计人员职业保障制度，实行审计专业技术资格制度，完善审计职业教育培训体系，努力建设一支具有较高政治素质和业务素质、作风过硬的审计队伍。审计机关负责人原则上应具备经济、法律、管理等工作背景。招录审计人员可加试审计工作必需的专业知识和技能，部分专业性强的职位可实行聘任制。

（十八）推动审计方式创新。加强审计机关审计计划的统筹协调，优化审计资源配置，开展好涉及全局的重大项目审计，探索预算执行项目分阶段组织实施审计的办法，对重大政策措施、重大投资项目、重点专项资金和重大突发事件等可以开展全过程跟踪审计。根据审计项目实施需要，探索向社会购买审计服务。加强上级审计机关对下级审计机关的领导，建立健全工作报告等制度，地方各级审计机关将审计结果和重大案件线索向同级政府报告的同时，必须向上一级审计机关报告。

（十九）加快推进审计信息化。推进有关部门、金融机构和国有企事业单位等与审计机关实现信息共享，加大数据集中力度，构建国家审计数据系统。探索在审计实践中运用大数据技术的途径，加大数据综合利用力度，提高运用信息化技术查核问题、评价判断、宏观分析的能力。创新电子审计技术，提高审计工作能力、质量和效率。推进对各部门、单位计算机信息系统安全性、可靠性和经济性的审计。

（二十）保证履行审计职责必需的力量和经费。根据审计任务日益增加的实际，合理配置审计力量。按照科学核算、确保必需的原则，在年度财政预算中切实保障本级审计机关履行职责所需经费，为审计机关提供相应的工作条件。加强内部审计工作，充分发挥内部审计作用。

七、加强组织领导

（二十一）健全审计工作领导机制。地方各级政府主要负责人要依法直接领导本级审计机关，支持审计机关工作，定期听取审计工作汇报，及时研究解决审计工作中遇到的突出问题，把审计结果作为相关决策的重要依据。要加强政府监督检查机关间的沟通交流，充分利用已有的检查结果等信息，避免重复检查。

（二十二）维护审计的独立性。地方各级政府要保障审计机关依法审计、依法查处问题、依法向社会公告审计结果，不受其他行政机关、社会团体和个人的干涉，定期组织开展对审计法律法规执行情况的监督检查。对拒不接受审计监督，阻挠、干扰和不配合审计工作，或威胁、恐吓、报复审计人员的，要依法依纪查处。

国务院

2014年10月9日

国务院办公厅关于利用计算机信息系统开展审计工作有关问题的通知

（国办发〔2001〕88号）

各省、自治区、直辖市人民政府，国务院各部委、各直属机构：

为了适应我国国民经济信息化的发展，并将高新技术运用于审计工作之中，更有效地对财政收支、财务收支进行审计监督，根据《中华人民共和国审计法》《中华人民共和国审计法实施条例》的有关规定，现就利用计算机信息系统开展审计工作的有关问题通知如下：

一、审计机关有权检查被审计单位运用计算机管理财政收支、财务收支的信息系统（以下简称计算机信息系统）。被审计单位应当按照审计机关的要求，提供与财政收支、财务收支有关的电子数据和必要的计算机技术文档等资料。审计机关在对计算机信息系统实施审计时，被审计单位应当配合审计机关的工作，并提供必要的工作条件。

被审计单位拒绝、拖延提供与审计事项有关的电子数据资料，或者拒绝、阻碍检查的，由审计机关按照《中华人民共和国审计法实施条例》第四十九条的规定处理。

二、被审计单位的计算机信息系统应当具备符合国家标准或者行业标准的数据接口；已投入使用的计算机信息系统没有设置符合标准的数据接口的，被审计单位应将审计机关要求的数据转换成能够读取的格式输出。

审计机关发现被审计单位的计算机信息系统不符合法律、法规和政府有关主管部门的规定、标准的,可以责令限期改正或者更换。在规定期限内不予改正或者更换的,应当通报批评并建议有关主管部门予以处理。审计机关在审计过程中发现开发、故意使用有舞弊功能的计算机信息系统的,要依法追究有关单位和人员的责任。

三、被审计单位应当按照关于纸质会计凭证、会计账簿、会计报表和其他会计资料以及有关经济活动资料保存期限的规定,保存计算机信息系统处理的电子数据,在规定期限内不得覆盖、删除或者销毁。

四、审计机关对被审计单位电子数据真实性产生疑问时,可以对计算机信息系统进行测试。测试计算机信息系统时,审计人员应当提出测试方案,监督被审计单位操作人员按照方案的要求进行测试。

审计机关应积极稳妥地探索网络远程审计。

五、审计人员应当严格执行审计准则,在审计过程中,不得对被审计单位计算机信息系统造成损害,对知悉的国家秘密和商业秘密负有保密的义务,不得用于与审计工作无关的目的。审计人员泄露知悉的国家秘密和被审计单位的商业秘密,由审计机关给予相应的行政处分;构成犯罪的,移送司法机关依法处理。

各地区、各有关部门要高度重视利用计算机信息系统开展审计工作,对审计机关的工作给予支持和配合。审计机关要加强业务和技术培训,培养熟悉利用计算机信息系统开展审计工作的专业人员,保障审计工作顺利进行。

国务院办公厅
二〇〇一年十一月十六日

审计署 人民银行 银保监会 证监会关于审计机关查询单位和个人在金融机构账户和存款有关问题的通知

(审法发〔2022〕7号)

2021年10月23日,国家主席习近平签署第100号主席令,公布《全国人民代表大会常务委员会关于修改〈中华人民共和国审计法〉的决定》,自2022年1月1日起施行。修订后的审计法第三十七条第二款、第三款规定:"审计机关经县级以上人民政府审计机关负责人批准,有权查询被审计单位在金融机构的账户。""审计机关有证据证明被审计单位违反国家规定将公款转入其他单位、个人在金融机构账户的,经县级以上人民政府审计机关主要负责人批准,有权查询有关单位、个人在金融机构与审计事项相关的存款。"为进一步落实上述规定,规范审计机关查询被审计单位在金融机构的账户和有关单位、个人在金融机构的存款(以下统称单位、个人账户和存款)工作,现就有关事项通知如下:

一、审计机关在审计(含专项审计调查,下同)过程中,有权依法向金融机构查询单位、个人账户和存款,并取得证明材料,金融机构应当予以协助。审计机关查询的账户和存款,包括单位、个人在政策性银行、商业银行、城市信用合作社、农村信用合作社、保险公司、信托投资公司、财务公司、金融租赁公司、中央国债登记结算公司、中国证券登记结算有限责任公司、证券公司、证券投资基金管理公司、期货公司以及经国务院金融监督管理机构批准设立的其他金融机构（以下统称金融机构）开立的银行、资金、证券、基金、信托、保险等各类账户，以及在金融机构办理的储蓄账户、结算账户以及买卖证券、基金等的资金账户的资金。

二、审计机关查询单位、个人账户和存款应当严格依法履行审批程序。查询被审计单位账户应当经县级以上人民政府审计机关（含省级以上人民政府审计机关派出机构，下同）负责人批准，制发协助查询通知书；查询其他单位、个人存款应当取得相关的证明材料（主要涉及其他单位、个人与被审计单位之间的关系、款项的来源、款项使用情况、相关当事人确认的被审计单位违反国家规定将公款转入其他单位、个人在金融机构账户的调查记录等），以此认定被审计单位违反国家规定将公款转入其他单位、个人在金融机构账户，并经县级以上人民政府审计机关主要负责人批准，制发协助查询通知书。

三、审计机关查询单位、个人账户和存款时，应当向有关金融机构送达协助查询通知书。审计人员具体执行查询任务时，应当由两名以上审计人员参加，并出示审计人员的工作证件和审计通知书。

四、审计机关查询单位、个人账户和存款时，应当向金融机构提供账户名称、账号或者有关身份信息。对因群众举报等原因，审计机关无法提供上述信息的，审计机关应当向金融机构说明原因，由金融机构协助查询。

五、审计机关查询单位、个人账户和存款的内容，主要包括开户销户情况、交易日期、内容、金额和账户余额情况，以及交易资金流向、交易设备和网络信息、第三方支付信息等记录。

六、审计机关查询单位、个人账户和存款时，可以对相关资料进行抄录、复印、照相，或拷贝电子数据，但不得带走原件。金融机构应当在其提供的证明材料上注明来源并盖章。

七、金融机构应当依法协助审计机关办理查询工作，如实提供相关资料，不得隐匿。金融机构协助复制存款资料等支付了成本费用的，可以按照相关规定向审计机关收取工本费。

八、审计机关需要到异地查询单位、个人账户和存款的，可以直接到异地金融机构进行查询，也可以委托当地审计机关查询。

九、对金融机构提供的有关资料以及在查询工作中知悉的国家秘密、工作秘密、商业秘密、个人隐私和个人信息，审计机关和审计人员应当依法予以保密。对审计机关查询单位、个人账户和存款的情况和内容，金融机构及其工作人员应当保密，不得告知有关单位或者个人。

十、审计机关和审计人员违反本通知的规定进行查询，由上级审计机关依法追究有关人员的责任；金融机构和有关工作人员未按本通知的规定协助查询，由有关金融监管机构依法追究有关人员的责任。

十一、以上各项规定请各级审计机关、各金融机构认真贯彻执行。对执行中遇到的问题，请及时报告上级审计机关和相应的金融监管机构。

十二、本通知自印发之日起执行。《审计署　人民银行　银监会　证监会关于审计机关查询被审计单位在金融机构账户和存款有关问题的通知》(审法发〔2006〕67号)同时废止。

附件：(略)

审计署
人民银行
银保监会
证监会
2022年1月24日

党政主要领导干部和国有企事业主要领导人员经济责任审计规定[①]

第一章 总 则

第一条 为了坚持和加强党对审计工作的集中统一领导，强化对党政主要领导干部和国有企事业单位主要领导人员(以下统称领导干部)的管理监督，促进领导干部履职尽责、担当作为，确保党中央令行禁止，根据《中华人民共和国审计法》和有关党内法规，制定本规定。

第二条 经济责任审计工作以马克思列宁主义、毛泽东思想、邓小平理论、"三个代表"重要思想、科学发展观、习近平新时代中国特色社会主义思想为指导，增强"四个意识"、坚定"四个自信"、做到"两个维护"，认真落实党中央、国务院决策部署，紧紧围绕统筹推进"五位一体"总体布局和协调推进"四个全面"战略布局，贯彻新发展理念，聚集经济责任，客观评价，揭示问题，促进经济高质量发展，促进全面深化改革，促进权力规范运行，促进反腐倡廉，推进国家治理体系和治理能力现代化。

第三条 本规定所称经济责任，是指领导干部在任职期间，对其管辖范围内贯彻执行党和国家经济方针政策、决策部署，推动经济和社会事业发展，管理公共资金、国有资产、国有资源，防控重大经济风险等有关经济活动应当履行的职责。

第四条 领导干部经济责任审计对象包括：

(一)地方各级党委、政府、纪检监察机关、法院、检察院的正职领导干部或者主持工作1年以上的副职领导干部；

(二)中央和地方各级党政工作部门、事业单位和人民团体等单位的正职领导干部或者主持工作1年以上的副职领导干部；

(三)国有和国有资本占控股地位或者主导地位的企业(含金融机构，以下统称国有企业)的法定代表人或者不担任法定代表人但实际行使相应职权的主要领导人员；

(四)上级领导干部兼任下级单位正职领导职务且不实际履行经济责任时，实际分管日

[①] 中共中央办公厅、国务院办公厅于2019年7月7日印发(中办发〔2019〕45号)。

常工作的副职领导干部；

（五）党中央和县级以上地方党委要求进行经济责任审计的其他主要领导干部。

第五条　领导干部履行经济责任的情况，应当依规依法接受审计监督。

经济责任审计可以在领导干部任职期间进行，也可以在领导干部离任后进行，以任职期间审计为主。

第六条　领导干部的经济责任审计按照干部管理权限确定。遇有干部管理权限与财政财务隶属关系等不一致时，由对领导干部具有干部管理权限的部门与同级审计机关共同确定实施审计的审计机关。

审计署审计长的经济责任审计，按照中央审计委员会的决定组织实施。地方审计机关主要领导干部的经济责任审计，由地方党委与上一级审计机关协商后，由上一级审计机关组织实施。

第七条　审计委员会办公室、审计机关依规依法独立实施经济责任审计，任何组织和个人不得拒绝、阻碍、干涉，不得打击报复审计人员。

对有意设置障碍、推诿拖延的，应当进行批评和通报；造成恶劣影响的，应当严肃问责追责。

第八条　审计委员会办公室、审计机关和审计人员对经济责任审计工作中知悉的国家秘密、商业秘密和个人隐私，负有保密义务。

第九条　各级党委和政府应当保证履行经济责任审计职责所必需的机构、人员和经费。

第二章　组织协调

第十条　各级党委和政府应当加强对经济责任审计工作的领导，建立健全经济责任审计工作联席会议（以下简称联席会议）制度。联席会议由纪检监察机关和组织、机构编制、审计、财政、人力资源社会保障、国有资产监督管理、金融监督管理等部门组成，召集人由审计委员会办公室主任担任。联席会议在同级审计委员会的领导下开展工作。

联席会议下设办公室，与同级审计机关内设的经济责任审计机构合署办公。办公室主任由同级审计机关的副职领导或者相当职务层次领导担任。

第十一条　联席会议主要负责研究拟订有关经济责任审计的制度文件，监督检查经济责任审计工作情况，协调解决经济责任审计工作中出现的问题，推进经济责任审计结果运用，指导下级联席会议的工作，指导和监督部门、单位内部管理领导干部经济责任审计工作，完成审计委员会交办的其他工作。

联席会议办公室负责联席会议的日常工作。

第十二条　经济责任审计应当有计划地进行，根据干部管理监督需要和审计资源等实际情况，对审计对象实行分类管理，科学制定经济责任审计中长期规划和年度审计项目计划，推进领导干部履行经济责任情况审计全覆盖。

第十三条　年度经济责任审计项目计划按照下列程序制定：

（一）审计委员会办公室商同级组织部门提出审计计划安排，组织部门提出领导干部年度审计建议名单；

（二）审计委员会办公室征求同级纪检监察机关等有关单位意见后，纳入审计机关年度

审计项目计划;

(三)审计委员会办公室提交同级审计委员会审议决定。

对属于有关主管部门管理的领导干部进行审计的,审计委员会办公室商有关主管部门提出年度审计建议名单,纳入审计机关年度审计项目计划,提交审计委员会审议决定。

第十四条　年度经济责任审计项目计划一经确定不得随意变更。确需调减或者追加的,应当按照原制定程序,报审计委员会批准后实施。

第十五条　被审计领导干部遇有被有关部门采取强制措施、纪律审查、监察调查或者死亡等特殊情况,以及存在其他不宜继续进行经济责任审计情形的,审计委员会办公室商同级纪检监察机关、组织部门等有关单位提出意见,报审计委员会批准后终止审计。

第三章　审计内容

第十六条　经济责任审计应当以领导干部任职期间公共资金、国有资产、国有资源的管理、分配和使用为基础,以领导干部权力运行和责任落实情况为重点,充分考虑领导干部管理监督需要、履职特点和审计资源等因素,依规依法确定审计内容。

第十七条　地方各级党委和政府主要领导干部经济责任审计的内容包括:

(一)贯彻执行党和国家经济方针政策、决策部署情况;

(二)本地区经济社会发展规划和政策措施的制定、执行和效果情况;

(三)重大经济事项的决策、执行和效果情况;

(四)财政财务管理和经济风险防范情况,民生保障和改善情况,生态文明建设项目、资金等管理使用和效益情况,以及在预算管理中执行机构编制管理规定情况;

(五)在经济活动中落实有关党风廉政建设责任和遵守廉洁从政规定情况;

(六)以往审计发现问题的整改情况;

(七)其他需要审计的内容。

第十八条　党政工作部门、纪检监察机关、法院、检察院、事业单位和人民团体等单位主要领导干部经济责任审计的内容包括:

(一)贯彻执行党和国家经济方针政策、决策部署情况;

(二)本部门本单位重要发展规划和政策措施的制定、执行和效果情况;

(三)重大经济事项的决策、执行和效果情况;

(四)财政财务管理和经济风险防范情况,生态文明建设项目、资金等管理使用和效益情况,以及在预算管理中执行机构编制管理规定情况;

(五)在经济活动中落实有关党风廉政建设责任和遵守廉洁从政规定情况;

(六)以往审计发现问题的整改情况;

(七)其他需要审计的内容。

第十九条　国有企业主要领导人员经济责任审计的内容包括:

(一)贯彻执行党和国家经济方针政策、决策部署情况;

(二)企业发展战略规划的制定、执行和效果情况;

(三)重大经济事项的决策、执行和效果情况;

(四)企业法人治理结构的建立、健全和运行情况,内部控制制度的制定和执行情况;

（五）企业财务的真实合法效益情况，风险管控情况，境外资产管理情况，生态环境保护情况；

（六）在经济活动中落实有关党风廉政建设责任和遵守廉洁从业规定情况；

（七）以往审计发现问题的整改情况；

（八）其他需要审计的内容。

第二十条　有关部门和单位、地方党委和政府的主要领导干部由上级领导干部兼任，且实际履行经济责任的，对其进行经济责任审计时，审计内容仅限于该领导干部所兼任职务应当履行的经济责任。

第四章　审计实施

第二十一条　审计委员会办公室、审计机关应当根据年度经济责任审计项目计划，组成审计组并实施审计。

第二十二条　对同一地方党委和政府主要领导干部，以及同一部门、单位2名以上主要领导干部的经济责任审计，可以同步组织实施，分别认定责任。

第二十三条　审计委员会办公室、审计机关应当按照规定，向被审计领导干部及其所在单位或者原任职单位（以下统称所在单位）送达审计通知书，抄送同级纪检监察机关、组织部门等有关单位。

地方审计机关主要领导干部的经济责任审计通知书，由上一级审计机关送达。

第二十四条　实施经济责任审计时，应当召开由审计组主要成员、被审计领导干部及其所在单位有关人员参加的会议，安排审计工作有关事项。联席会议有关成员单位根据工作需要可以派人参加。

审计组应当在被审计单位公示审计项目名称、审计纪律要求和举报电话等内容。

第二十五条　经济责任审计过程中，应当听取被审计领导干部所在单位领导班子成员的意见。

对地方党委和政府主要领导干部的审计，还应当听取同级人大常委会、政协主要负责同志的意见。

审计委员会办公室、审计机关应当听取联席会议有关成员单位的意见，及时了解与被审计领导干部履行经济责任有关的考察考核、群众反映、巡视巡察反馈、组织约谈、函询调查、案件查处结果等情况。

第二十六条　被审计领导干部及其所在单位，以及其他有关单位应当及时、准确、完整地提供与被审计领导干部履行经济责任有关的下列资料：

（一）被审计领导干部经济责任履行情况报告；

（二）工作计划、工作总结、工作报告、会议记录、会议纪要、决议决定、请示、批示、目标责任书、经济合同、考核检查结果、业务档案、机构编制、规章制度、以往审计发现问题整改情况等资料；

（三）财政收支、财务收支相关资料；

（四）与履行职责相关的电子数据和必要的技术文档；

（五）审计所需的其他资料。

第二十七条 被审计领导干部及其所在单位应当对所提供资料的真实性、完整性负责，并作出书面承诺。

第二十八条 经济责任审计应当加强与领导干部自然资源资产离任审计等其他审计的统筹协调，科学配置审计资源，创新审计组织管理，推动大数据等新技术应用，建立健全审计工作信息和结果共享机制，提高审计监督整体效能。

第二十九条 经济责任审计过程中，可以依规依法提请有关部门、单位予以协助。有关部门、单位应当予以支持，并及时提供有关资料和信息。

第三十条 审计组实施审计后，应当向派出审计组的审计委员会办公室、审计机关提交审计报告。

审计报告一般包括被审计领导干部任职期间履行经济责任情况的总体评价、主要业绩、审计发现的主要问题和责任认定、审计建议等内容。

第三十一条 审计委员会办公室、审计机关应当书面征求被审计领导干部及其所在单位对审计组审计报告的意见。

第三十二条 被审计领导干部及其所在单位应当自收到审计组审计报告之日起10个工作日内提出书面意见；10个工作日内未提出书面意见的，视同无异议。

审计组应当针对被审计领导干部及其所在单位提出的书面意见，进一步研究和核实，对审计报告作出必要的修改，连同被审计领导干部及其所在单位的书面意见一并报送审计委员会办公室、审计机关。

第三十三条 审计委员会办公室、审计机关按照规定程序对审计组审计报告进行审定，出具经济责任审计报告；同时出具经济责任审计结果报告，在经济责任审计报告的基础上，简要反映审计结果。

经济责任审计报告和经济责任审计结果报告应当事实清楚、评价客观、责任明确、用词恰当、文字精炼、通俗易懂。

第三十四条 经济责任审计报告、经济责任审计结果报告等审计结论性文书按照规定程序报同级审计委员会，按照干部管理权限送组织部门。根据工作需要，送纪检监察机关等联席会议其他成员单位、有关主管部门。

地方审计机关主要领导干部的经济责任审计结论性文书，由上一级审计机关送有关组织部门。根据工作需要，送有关纪检监察机关。

经济责任审计报告应当送达被审计领导干部及其所在单位。

第三十五条 经济责任审计中发现的重大问题线索，由审计委员会办公室按照规定向审计委员会报告。

应当由纪检监察机关或者有关主管部门处理的问题线索，由审计机关依规依纪依法移送处理。

被审计领导干部所在单位存在的违反国家规定的财政收支、财务收支行为，依法应当给予处理处罚的，由审计机关在法定职权范围内作出审计决定。

第三十六条 经济责任审计项目结束后，审计委员会办公室、审计机关应当组织召开会议，向被审计领导干部及其所在单位领导班子成员等有关人员反馈审计结果和相关情况。联席会议有关成员单位根据工作需要可以派人参加。

第三十七条 被审计领导干部对审计委员会办公室、审计机关出具的经济责任审计报告有异议的,可以自收到审计报告之日起30日内向同级审计委员会办公室申诉。审计委员会办公室应当组成复查工作小组,并要求原审计组人员等回避,自收到申诉之日起90日内提出复查意见,报审计委员会批准后作出复查决定。复查决定为最终决定。

地方审计机关主要领导干部对上一级审计机关出具的经济责任审计报告有异议的,可以自收到审计报告之日起30日内向上一级审计机关申诉。上一级审计机关应当组成复查工作小组,并要求原审计组人员等回避,自收到申诉之日起90日内作出复查决定。复查决定为最终决定。

本条规定的期间的最后一日是法定节假日的,以节假日后的第一个工作日为期间届满日。

第五章 审计评价

第三十八条 审计委员会办公室、审计机关应当根据不同领导职务的职责要求,在审计查证或者认定事实的基础上,综合运用多种方法,坚持定性评价与定量评价相结合,依照有关党内法规、法律法规、政策规定、责任制考核目标等,在审计范围内,对被审计领导干部履行经济责任情况,包括公共资金、国有资产、国有资源的管理、分配和使用中个人遵守廉洁从政(从业)规定等情况,作出客观公正、实事求是的评价。

审计评价应当有充分的审计证据支持,对审计中未涉及的事项不作评价。

第三十九条 对领导干部履行经济责任过程中存在的问题,审计委员会办公室、审计机关应当按照权责一致原则,根据领导干部职责分工,综合考虑相关问题的历史背景、决策过程、性质、后果和领导干部实际所起的作用等情况,界定其应当承担的直接责任或者领导责任。

第四十条 领导干部对履行经济责任过程中的下列行为应当承担直接责任:

(一)直接违反有关党内法规、法律法规、政策规定的;

(二)授意、指使、强令、纵容、包庇下属人员违反有关党内法规、法律法规、政策规定的;

(三)贯彻党和国家经济方针政策、决策部署不坚决不全面不到位,造成公共资金、国有资产、国有资源损失浪费,生态环境破坏,公共利益损害等后果的;

(四)未完成有关法律法规规章、政策措施、目标责任书等规定的领导干部作为第一责任人(负总责)事项,造成公共资金、国有资产、国有资源损失浪费,生态环境破坏,公共利益损害等后果的;

(五)未经民主决策程序或者民主决策时在多数人不同意的情况下,直接决定、批准、组织实施重大经济事项,造成公共资金、国有资产、国有资源损失浪费,生态环境破坏,公共利益损害等后果的;

(六)不履行或者不正确履行职责,对造成的后果起决定性作用的其他行为。

第四十一条 领导干部对履行经济责任过程中的下列行为应当承担领导责任:

(一)民主决策时,在多数人同意的情况下,决定、批准、组织实施重大经济事项,由于决策不当或者决策失误造成公共资金、国有资产、国有资源损失浪费,生态环境破坏,公共利益损害等后果的;

（二）违反部门、单位内部管理规定造成公共资金、国有资产、国有资源损失浪费，生态环境破坏，公共利益损害等后果的；

（三）参与相关决策和工作时，没有发表明确的反对意见，相关决策和工作违反有关党内法规、法律法规、政策规定，或者造成公共资金、国有资产、国有资源损失浪费，生态环境破坏，公共利益损害等后果的；

（四）疏于监管，未及时发现和处理所管辖范围内本级或者下一级地区（部门、单位）违反有关党内法规、法律法规、政策规定的问题，造成公共资金、国有资产、国有资源损失浪费，生态环境破坏，公共利益损害等后果的；

（五）除直接责任外，不履行或者不正确履行职责，对造成的后果应当承担责任的其他行为。

第四十二条　对被审计领导干部以外的其他责任人员，审计委员会办公室、审计机关可以适当方式向有关部门、单位提供相关情况。

第四十三条　审计评价时，应当把领导干部在推进改革中因缺乏经验、先行先试出现的失误和错误，同明知故犯的违纪违法行为区分开来；把上级尚无明确限制的探索性试验中的失误和错误，同上级明令禁止后依然我行我素的违纪违法行为区分开来；把为推动发展的无意过失，同为谋取私利的违纪违法行为区分开来。对领导干部在改革创新中的失误和错误，正确把握事业为上、实事求是、依纪依法、容纠并举等原则，经综合分析研判，可以免责或者从轻定责，鼓励探索创新，支持担当作为，保护领导干部干事创业的积极性、主动性、创造性。

第六章　审计结果运用

第四十四条　各级党委和政府应当建立健全经济责任审计情况通报、责任追究、整改落实、结果公告等结果运用制度，将经济责任审计结果以及整改情况作为考核、任免、奖惩被审计领导干部的重要参考。

经济责任审计结果报告以及审计整改报告应当归入被审计领导干部本人档案。

第四十五条　审计委员会办公室、审计机关应当按照规定以适当方式通报或者公告经济责任审计结果，对审计发现问题的整改情况进行监督检查。

第四十六条　联席会议其他成员单位应当在各自职责范围内运用审计结果：

（一）根据干部管理权限，将审计结果以及整改情况作为考核、任免、奖惩被审计领导干部的重要参考；

（二）对审计发现的问题作出进一步处理；

（三）加强审计发现问题整改落实情况的监督检查；

（四）对审计发现的典型性、普遍性、倾向性问题和提出的审计建议及时进行研究，将其作为采取有关措施、完善有关制度规定的重要参考。

联席会议其他成员单位应当以适当方式及时将审计结果运用情况反馈审计委员会办公室、审计机关。党中央另有规定的，按照有关规定办理。

第四十七条　有关主管部门应当在各自职责范围内运用审计结果：

（一）根据干部管理权限，将审计结果以及整改情况作为考核、任免、奖惩被审计领导干

部的重要参考;

(二)对审计移送事项依规依纪依法作出处理处罚;

(三)督促有关部门、单位落实审计决定和整改要求,在对相关行业、单位管理和监督中有效运用审计结果;

(四)对审计发现的典型性、普遍性、倾向性问题和提出的审计建议及时进行研究,并将其作为采取有关措施、完善有关制度规定的重要参考。

有关主管部门应当以适当方式及时将审计结果运用情况反馈审计委员会办公室、审计机关。

第四十八条 被审计领导干部及其所在单位根据审计结果,应当采取以下整改措施:

(一)对审计发现的问题,在规定期限内进行整改,将整改结果书面报告审计委员会办公室、审计机关,以及组织部门或者主管部门;

(二)对审计决定,在规定期限内执行完毕,将执行情况书面报告审计委员会办公室、审计机关;

(三)根据审计发现的问题,落实有关责任人员的责任,采取相应的处理措施;

(四)根据审计建议,采取措施,健全制度,加强管理;

(五)将审计结果以及整改情况纳入所在单位领导班子党风廉政建设责任制检查考核的内容,作为领导班子民主生活会以及领导班子成员述责述廉的重要内容。

第七章 附 则

第四十九条 审计委员会办公室、审计机关和审计人员,被审计领导干部及其所在单位,以及其他有关单位和个人在经济责任审计中的职责、权限、法律责任等,本规定未作规定的,依照党中央有关规定、《中华人民共和国审计法》、《中华人民共和国审计法实施条例》和其他法律法规执行。

第五十条 有关部门、单位对内部管理领导干部开展经济责任审计参照本规定执行,或者根据本规定制定具体办法。

第五十一条 本规定由中央审计委员会办公室、审计署负责解释。

第五十二条 本规定自2019年7月7日起施行。2010年10月12日中共中央办公厅、国务院办公厅印发的《党政主要领导干部和国有企业领导人员经济责任审计规定》同时废止。

审计署关于进一步完善和规范投资审计工作的意见

(审投发〔2017〕30号)

各省、自治区、直辖市和计划单列市、新疆生产建设兵团审计厅(局),署机关各单位、各派出审计局、各特派员办事处、各直属单位:

近年来,全国审计机关在各级党委、政府的领导下,积极开展投资审计监督,在推动深化改革、促进社会经济发展、加强反腐倡廉建设、提高政府投资绩效等方面发挥了重要作用。但也存在相关制度机制不够完善、部分投资审计工作质量不高和审计结果运用不规范等问题。为进一步完善和规范投资审计工作,现提出如下意见:

一、坚持依法审计,认真履行审计监督职责。各级审计机关要牢固树立依法审计意识,坚持在法定职责权限范围内开展审计工作,依法确定审计对象和范围,严格规范审计取证、资料获取、账户查询、延伸审计、审计处理等行为。审计机关和审计人员要依法独立行使审计监督权,不得参与工程项目建设决策和审批、征地拆迁、工程招标、物资采购、质量评价、工程结算等管理活动。

二、坚持突出重点,切实提高投资审计工作质量和效果。各级审计机关要根据本地区公共投资项目情况,按照围绕中心、服务大局、突出重点、量力而行、确保质量的原则,统筹制定年度投资审计项目计划。要按照国家审计准则要求,严格执行审计项目计划,履行规定流程和审批复核程序,严格审计报告和公告制度。加强对政府投资为主,关系全局性、战略性、基础性的重大公共基础设施工程的审计监督,紧紧围绕重大项目审批、征地拆迁、环境保护、工程招投标、物资采购、工程结算、资金管理等关键环节,合理确定审计重点,运用先进技术方法,提高审计工作质量和效率。各省级审计机关要加强对本地区投资审计工作的领导和指导,加强审计质量监督检查。

三、健全完善制度机制,有效运用投资审计结果。各级审计机关要严格遵守审计法等法律法规,进一步健全和完善投资审计制度,认真履行工程结算审计法定职责,促进相关单位履职尽责,提高投资绩效。对平等民事主体在合同中约定采用审计结果作为竣工结算依据的,审计机关应依照合同法等有关规定,尊重双方意愿。审计项目结束后,审计机关应依法独立出具投资项目审计报告,对审计发现的结算不实等问题,应作出审计决定,责令建设单位整改;对审计发现的违纪违法、损失浪费等问题线索,应依法移送有关部门处理。要健全审计查出问题整改督查机制,促进整改落实和追责问责。

四、严格遵守审计纪律,加强廉政风险防控。各级审计机关和审计人员要严格遵守审计"八不准"等廉政纪律、保密纪律、工作纪律,坚守审计职业道德,不得利用审计职权、个人影响谋取私利。坚持公开透明,加强对审计权力运行监督。加强审计项目廉政回访等监督检查,抓好廉政制度贯彻落实工作,切实防控廉政风险和审计风险。各级审计机关在投资审计工作中确有必要购买社会服务的,应严格把关,依法审慎进行,要加强全过程监管,对弄虚作假、恶意串通等严重失信和违反职业道德的社会中介机构、执业人员要加大通报和责任追究力度。

审计署
2017 年 9 月 6 日

《关于进一步完善和规范投资审计工作的意见》贯彻落实中常见问题解答[①]

问题一:在履行法定程序方面,投资审计容易出现哪些问题?应该怎样对待和处理?

【解答】主要表现形式:未按规定程序将投资审计项目纳入年度审计项目计划管理,在审计项目计划外开展投资审计事项;未按规定送达审计通知书;审计报告相关事项未按规定在审计组内讨论,或未经复核、审理;实施审计后,未按规定出具审计报告、下达审计决定。

规范做法:按照《中华人民共和国审计法》《中华人民共和国国家审计准则》和《意见》要求,各级各类投资审计均应严格依照法定程序实施。第一,要根据法定职责权限,在调查审计需求和评估审计资源的基础上,编制年度审计项目计划,报经本级审计委员会批准并向上一级审计机关报告。年度审计项目计划一经制定,各单位应当严格执行,未经批准机关同意不得擅自变更。确需调整的,应先履行审计项目计划审批调整程序,并向上级审计机关报告(省审计机关另有规定的除外)。第二,要严格遵守审计业务规范流程,按规定及时向被审计单位送达审计通知书。审计组在起草审计报告前,对重大事项要进行集体讨论并形成明确意见,审计组的审计报告在书面征求被审计单位意见的基础上,应依次提交审计机关业务部门复核、审理部门审理。审计机关应当向被审计单位提出审计报告、作出审计决定,督促被审计单位整改。

问题二:在审计职责权限方面,投资审计容易出现哪些问题?应该怎样对待和处理?

【解答】主要表现形式:超越审计权限对被审计单位进行处理;介入工程项目管理活动,参与投资项目概(预)算编制、标底审核、材料价格认定、隐蔽工程验收签字等决策和管理环节。

规范做法:按照《中华人民共和国审计法》《中华人民共和国审计法实施条例》《中华人民共和国国家审计准则》和《意见》要求,审计机关要在法定职责权限范围内开展审计。第一,对被审计单位和个人违反国家相关法律和党的纪律规定的事项,应及时移送有关部门查处。第二,审计机关不得参与各类与审计法定职责无关的、可能影响依法独立进行审计监督的议事协调机构或工作。各级审计机关要厘清工程项目管理职责和审计监督职责界限,坚决退出各类带有管理职能的议事协调机构,不得参与工程项目建设决策和审批、征地拆迁、工程招标、物资采购、质量评价、工程结算等管理活动。第三,要依法履行审计职责,加强对政府投资、以政府投资为主的建设项目以及其他重大公共工程项目的审计监督,揭示政府投资管理中存在的突出问题,规范投融资及建设管理秩序,促进营商环境的改善,提高政府投资绩效。

问题三:在审计对象范围方面,投资审计容易出现哪些问题?应该怎样对待和处理?

【解答】主要表现形式:超越审计工作实际需要,随意扩大审计对象范围、收集个人信息、查询个人银行账户和扩大审计追溯时间等。

[①] 审计署办公厅于2019年6月28日印发(审办投发〔2019〕59号)。

规范做法：按照《中华人民共和国审计法》和《意见》要求，审计机关要依照法定职责、权限和程序确定审计对象、时间和范围，严格规范审计取证、资料获取、账户查询、延伸审计、审计处理等行为。

问题四：在投资审计"从数量规模向质量效益转变"中，容易出现哪些问题？应该怎样对待和处理？

【解答】主要表现形式：部分审计机关脱离实际，片面强调数量任务，审计项目数量严重超过审计资源承受能力，审计质量难以保证。

规范做法：按照《中华人民共和国国家审计准则》和《意见》要求，审计机关要坚持"围绕中心、服务大局、突出重点、量力而行、确保质量"的原则，加强审计项目审计组织方式统筹，优化审计资源配置，对政府投资和以政府投资为主的建设项目进行审计，促进深化投融资体制改革、扩大有效投资、优化供给结构、提高投资绩效。

问题五：在投资审计"从单一工程造价审计向全面投资审计转变"中，容易出现哪些问题？应该怎样对待和处理？

【解答】主要表现形式：部分审计机关专注于造价审计，对重大政策贯彻落实、招标投标、设备材料采购、征地拆迁等审计的深度不够、广度不宽，审计项目资源环境保护情况、地方政府债务风险等内容关注不够，工程建设领域重大违纪违法问题线索揭示力度不够。

规范做法：按照《意见》要求，审计机关要依法全面履行审计监督职责。第一，投资审计应涵盖重大政策贯彻落实、投资决策、工程项目建设程序、工程项目建设财务、招标投标、工程质量管理、材料设备管理、建设用地和征地拆迁、环境保护和水土保持、工程结算、公共投资绩效审计等主要内容。第二，积极开展对政府投资和以政府投资为主的建设项目的审计监督，努力做到应审尽审、凡审必严、严肃问责。第三，坚持问题导向，通过揭示和反映问题推动国家重大政策措施贯彻落实，督促项目投资和建设管理单位落实责任，促进深化投融资体制机制改革；加大对重大违纪违法问题线索揭示力度，促进反腐倡廉建设。

问题六：在"从传统投资审计向现代投资审计转变"中，投资审计容易出现哪些问题？应该怎样对待和处理？

【解答】主要表现形式："发展、法治、改革、绩效、绿色"的投资审计理念尚未完全树牢；运用现代工程建设和信息化新技术解决投资审计实际问题的成效不够显著；缺少既懂工程审计又懂数字化审计的复合型人才。

规范做法：按照《中华人民共和国审计法》《关于完善审计制度若干重大问题的框架意见》及相关配套文件等要求，审计机关要不断创新审计理念、技术方法，实现投资审计理念、理论、制度、技术的现代化，努力向现代投资审计转变。要以"金审工程"三期为依托，积极开展工程建设项目的信息化、智能化、模块化审计，大力推进大数据在投资审计中的运用，提高投资审计的质量和效率。要通过引进人才、培训交流等方式，加强工程审计和信息化审计复合型人才培养，使审计人员具备相应的专业胜任能力。

问题七：为什么要杜绝"以审代结"？

【解答】主要表现形式：部分审计机关代替建设单位承担工程结算审核等管理职责，以审计单位的审计结果直接作为甲乙双方结算的依据。

规范做法：按照《中华人民共和国审计法》要求，审计机关要坚决杜绝"以审代结"的错误做法。第一,"以审代结"混淆了建设单位的管理责任和国家审计的监督责任。结算审核是建设单位的管理责任,审计机关是在建设单位完成结算审核的基础上进行审计监督,审计不能代替管理,否则既违反了独立性原则,又因介入平等主体的民事关系而超越了审计机关的法定职责权限。第二,投资审计依法独立对建设单位的工程价款审定情况进行审计监督,通过审计反映工程结算管理中可能存在的问题,督促建设单位今后认真履行职责,提高投资绩效。

问题八:能不能参与拦标价审查管理?

【解答】主要表现形式:部分审计机关参与拦标价制定、审查等管理活动,介入工程项目建设管理。

规范做法:按照《中华人民共和国审计法》要求,审计机关要准确把握审计职责边界,规范行使审计职权,不得参与拦标价制定、审查等管理活动。

问题九:建设工程审计中涉及工程价款的审核,如何督促建设单位整改审计查出的相关问题?

【解答】主要表现形式:建设单位和施工单位已完成工程价款结算,审计中查出多付的工程价款难以追回;建设单位合同签订不规范或存在其他问题,多支付工程款等。

规范做法:按照《中华人民共和国审计法》要求,审计机关要推动建设单位落实多付工程价款问题的纠正。第一,除合同已有约定外,审计机关应明确告知建设单位,不得直接将审计报告和审计决定作为调整其与施工单位结算的依据,审计报告和审计决定也不得对施工单位设定义务。第二,对审计发现的超概算(预算)以及建设单位决策失误、履职不到位、多支付工程款等问题,应向主管部门(单位)如实报告并提出审计建议。第三,发现建设单位和施工单位恶意串通骗取国家资金的,可以建议相关部门或单位通过解除无效合同等法定程序来解决,对构成犯罪的单位和个人,应及时移送相关部门处理。

问题十:在审计查出问题整改落实中,投资审计容易出现哪些问题?应该怎样对待和处理?

【解答】主要表现形式:对审计查出问题整改缺乏跟踪和督促机制;被审计单位对审计查出问题整改不到位,有些问题屡审屡犯。

规范做法:按照中央办公厅、国务院办公厅《关于完善审计制度若干重大问题的框架意见》及相关配套文件、《中华人民共和国国家审计准则》和"三个区分开来"等要求,审计机关要认真研究分析,着眼宏观、立足长远,提出操作性强的对策建议,消除问题产生的根源。第一,要按照"谁审计、谁负责督促"原则,跟踪被审计单位的整改情况,及时督促被审计单位落实整改责任。第二,审计中,要把以前年度审计查出问题整改情况作为重要内容,对未整改、假整改和整改不到位的,要予以揭示反映。第三,要加强沟通协调,推动建立健全审计与组织人事、纪检监察以及其他有关主管单位的工作协调机制,把审计结果及整改情况作为考核、任免、奖惩领导干部的重要依据。第四,审计发现的违纪违法问题线索要及时移送有关部门和单位处理。第五,要依法向政府有关部门通报或者向社会公告审计结果。督促被审计单位公告整改结果,自觉接受社会监督。

问题十一:审计机关和投资审计人员面临的廉政风险有哪些?应该怎样加强廉政风险防控?

【解答】主要表现形式:承诺优先安排审计项目;将工程审减额,审计发现的问题等作为向被审计单位、施工单位和个人索贿的筹码;向被审计单位推荐施工单位、材料设备供应商、中介机构等谋取利益;出具审计报告前,向被审计单位通风报信谋取利益等。

规范做法:按照《中华人民共和国审计法》和《中国共产党纪律处分条例》要求,加强廉政风险和审计风险防控。第一,坚持思想教育常态化、制度化,组织审计人员认真学习《中国共产党纪律处分条例》,开展廉政教育等,增强审计人员的政治责任和廉政意识。第二,认真执行审计"四严禁"工作要求和审计"八不准"工作纪律等要求;建立健全审计机关内控机制和廉政风险防范措施;严格规范审计业务流程,严格履行复核、审理职责,确保审计过程公正、公开、透明。第三,通过设立廉政监督员、廉政回访等形式,做好日常廉政监督检查;定期组织开展内部巡视,通过问题清单、责任清单和任务清单等形式,确保巡视发现的廉政问题及时整改到位。第四,一旦出现廉政和违纪违法问题,要及时处理,严肃追责问责,涉嫌犯罪的必要时移送相关部门处理。

问题十二:聘请社会中介机构和人员参与投资审计需要注意哪些事项?应该怎样加强管理?

【解答】主要表现形式:部分审计机关选聘中介机构过程中,搞关系、讲人情,甚至索贿受贿;对购买的中介机构审计服务的质量不复核不审查,直接以审计机关名义出具审计报告;因中介机构(人员)与被审计单位(人员)之间可能存在的利益交换,审计机关面临着较大质量和廉政风险。

规范做法:按照《中华人民共和国审计法》《关于完善审计制度若干重大问题的框架意见》及相关配套文件等要求,购买审计服务时要强化管理。第一,选聘中介机构应当遵循公平、公开、公正原则,建立健全选聘工作制度,严格监督执行。第二,开展投资审计项目时,可以根据工作需要,把部分工作委托给中介机构,但不得将整个审计项目外包;对外聘人员的审计取证等材料进行复核把关。第三,确需外聘人员参与审计时,应将外聘人员编入审计组,与审计人员共同开展审计。第四,加强对聘请的中介机构和人员的监督管理,对弄虚作假、恶意串通等严重失信和违反职业道德的社会中介机构、执业人员,要加大通报和责任追究力度。

问题十三:在聘请中介机构费用支付方面,容易出现哪些问题?应该怎样对待和处理?

【解答】主要表现形式:聘请中介机构费用由建设单位部分或全部支付;照搬照抄社会中介机构实施造价咨询审计的收费方式搞"协审收费"。

规范做法:按照《中华人民共和国审计法》《审计署办公厅关于进一步规范聘请中介机构参与投资审计工作的通知》要求,审计机关应当按照"谁委托谁付费"的原则,协调财政部门将购买服务费用列入年度预算,不得以任何方式向审计对象及其他单位转嫁聘请中介机构的费用,确保审计监督的独立性和客观性。

审计署关于加强公务支出和公款消费审计的若干意见

(审行发〔2014〕22号)

各省、自治区、直辖市和计划单列市、新疆生产建设兵团审计厅(局)、署机关各单位、各特派员办事处、各派出审计局:

为深入贯彻落实中央八项规定精神,加强党风廉政建设,促进厉行勤俭节约,反对铺张浪费,根据《党政机关厉行节约反对浪费条例》及有关法律法规,现就进一步加强公务支出和公款消费审计提出以下意见:

一、增强厉行节约反对浪费的责任感和使命感

艰苦奋斗、勤俭节约,是党的优良传统和作风。党中央、国务院历来强调,各级党政机关要大兴艰苦奋斗之风,带头厉行勤俭节约、反对铺张浪费。但近年来,讲排场、比阔气、挥霍公款等奢侈浪费现象时有发生,人民群众反映强烈。党的十八大以来,以习近平同志为总书记的党中央着力加强作风建设,采取有力措施,坚决整治公务支出和公款消费中的违纪违规违法现象,得到人民群众的支持和拥护。各级审计机关和全体审计人员要深刻领会中央八项规定和习近平总书记重要批示精神,充分认识加强公务支出和公款消费审计的重要性和必要性,带头贯彻落实中央规定,坚决反对铺张浪费,切实履行审计监督职责,不断加大对各级党政机关及国有企事业单位公务支出和公款消费的审计力度,为推动党风廉政建设发挥积极作用。

二、加强重点领域和重点环节的审计监督

(一)公务支出预算管理情况。全面检查"三公"经费、会议费、培训费和楼堂馆所建设维护经费等公务支出预算编制、审核报批、执行和决算,以及按规定压缩经费支出规模,及时、全面公开预决算信息等情况,揭示和反映预决算编制不规范,有关公务支出的政府采购预算编报不完整,未经批准通过追加预算等方式突破预算控制规模、超预算、无预算安排支出或实施采购;虚列支出、转移或套取预算资金,超范围、超标准列支公务支出,向下级单位、企业、个人以及驻外机构等转嫁公务支出费用;纳入公务卡强制结算目录的支出未按规定使用公务卡结算,以及违规购置商业预付卡、虚假票据报销、财务管理不规范、决算数据不真实等问题,促进增强预算执行的严肃性,规范预决算编制和财务管理。

(二)会议和培训管理情况。全面检查会议、培训计划编报、审批管理和组织实施等情况,揭示和反映违反规定在五星级宾馆、风景名胜区开会、培训;以培训名义召开会议,组织会餐、安排宴请、公款旅游及其他与会议、培训无关的参观活动,借举办会议、培训及其他各类活动发放纪念品;使用财政性资金举办营业性文艺晚会,未经批准举办节会、庆典、论坛、研讨会、博览会、展会、运动会、赛会活动以及开展评比达标表彰活动等问题,促进落实节俭办会要求,切实精简各类会议活动。

(三)公务接待管理情况。全面检查公务接待审批控制制度、国内公务接待清单制度执行等情况,揭示和反映违规定将休假、探亲等活动纳入公务接待范围,接待无公函的公务活动和来访人员,组织异地部门间没有特别需要的一般性学习交流、考察调研,以及以招商

引资为名变相安排公务接待;超规格组织迎送活动和安排陪同陪餐,增加接待项目,安排超标准接待、高消费娱乐专场文艺演出或参观旅游景点,赠送礼品、礼金、有价证券、纪念品和土特产品等问题,促进简化和规范各类公务接待活动。

(四)公务用车配置和管理使用情况。全面检查执行公务用车(含执法执勤用车)配置和使用管理规定,加强车辆日常运行维护管理等情况,揭示和反映违反规定超编制、超标准配备公务用车,擅自扩大专车配备范围或变相配备专车;换用、借用、占用下属单位或其他单位和个人的车辆,接受企事业单位和个人赠送的车辆,挪用或者固定给个人使用执法执勤、机要通信等公务用车,因私使用公务用车;为公务用车增加高档配置、豪华内饰,提前更新车辆;实行公车改革后超标准发放公务交通补贴,发放公车补贴后仍通过其他形式变相保留公车等问题,促进加强公务用车管理和深化公务用车制度改革。

(五)因公出国(境)管理情况。全面检查年度因公出国(境)计划编制和审批情况,揭示和反映违反规定安排考察性出访和照顾性、无实质内容的一般性出访和出境调研、会议、培训等活动,违规组织跨部门、跨地区团组;私自通过旅行社等组织出国(境)活动,乘坐民航包机和私人、企业及外国航空公司包机,安排超标准住房和用车,擅自增加出访国家或地区、绕道旅行、延长在国外停留时间,以及变相公款出国(境)旅游,出国(境)期间用公款相互宴请或接受礼金、贵重礼品、有价证券等问题,促进从严控制和规范各类因公出国(境)活动。

(六)办公楼等楼堂馆所建设管理情况。全面检查国务院有关本届政府任期内一律不得新建政府性楼堂馆所要求落实情况,揭示和反映违反规定建设办公楼和配套建设大型广场、公园等设施,新建、改建、扩建所属宾馆、招待所等具有接待功能的设施或场所,以建设技术业务用房名义变相建设楼堂馆所,规避审批置换办公用房;超规定面积占有、使用办公用房,违规出租出借、租用办公用房,领导干部长期租用宾馆、酒店房间作为办公用房;超标准装修办公用房、配置办公家具,擅自改变办公用房使用功能等问题,促进严禁违规修建楼堂馆所规定的落实。

(七)机构编制管理情况。认真贯彻国务院领导关于将编制管理情况纳入审计内容的指示精神,全面检查本届政府财政供养人员只减不增目标的落实情况,重点检查超编进人、编外用人等情况;未按编制数和实有人数分别编制申报公用经费和人员经费,为经费自理和企业化管理的事业单位申请基本支出预算,虚报冒领财政资金问题;在编不在岗人员、已调离人员不办理核减编制手续,被判刑或者受到降级、撤职等处分人员仍在原单位、按原职级领取工资和津贴补贴等"吃空饷"问题;在项目经费中安排超编人员和自行设立机构经费等问题,促进控编减编,切实降低行政成本。

(八)国有企业领导人员职务消费情况。全面检查国有企业和国有金融机构领导人员职务消费和业务消费情况,重点关注领导人员职务消费和业务消费制度建立健全情况,以及有关业务招待、考察培训、车辆配备和使用等消费项目和标准的规定执行情况,揭示和反映违反规定借业务接待、商务公关等名义违规列支会所、俱乐部、高尔夫消费等高消费娱乐支出,挥霍浪费甚至贪污侵占国有资产,以及消费支出不公开、不透明等问题,促进规范国有企业和国有金融机构领导人员职务消费和业务消费。

三、推动构建厉行节约反对浪费长效机制

各级审计机关要结合公务支出和公款消费审计,着力检查各地区、各部门、各单位按照中央八项规定精神和中央要求制定厉行节约反对浪费制度规定等情况，揭示和反映公务支出、公款消费和机构编制管理制度规定及相关开支范围和支出标准不健全、不完善，支出审批程序不明确、不规范，内部控制、监督检查和责任追究制度不健全、不落实等制度缺陷和管理漏洞，深入分析问题产生的原因，提出完善政策制度的意见和建议，促进建立健全加强公务支出和公款消费管理监督的制度体系和政策规定，构建厉行节约反对浪费长效机制，保障中央各项政策措施贯彻落实。

四、强化审计结果运用和公开

各级审计机关要严格依法审计，加大对违法违规问题和典型案例的查处力度，依法处理、督促整改违规问题，对违反党纪政纪或涉嫌违法犯罪问题要按规定及时移送纪检监察机关、司法机关和编制管理机关等有关主管部门查处。加大审计结果公开力度，适时向社会公告一批公款吃喝、公车私用、公款旅游、超标办会、违规建设楼堂馆所、"吃空饷"等典型案件，狠刹铺张浪费之风。对外公告的审计结果涉及上市公司的，应在公告发布5日前将拟公布的内容告知上市公司；对领导干部经济责任审计中发现的相关问题，可以被审计领导干部所在单位财政或财务收支审计结果形式予以公告。

五、切实加强审计工作组织领导

审计署要加强对公务支出和公款消费审计工作的指导和调研，及时了解和掌握工作情况，推动建立健全经常性审计监督制度。地方审计机关要切实加强组织领导，统筹调配资源，每年在各项审计工作中都要认真落实公务支出和公款消费审计要求，上级审计机关要加强对下级审计机关的工作指导和质量检查。审计机关应加强与机构编制管理机关的沟通，在相关审计中，根据需要可商机构编制管理机关派员参加，机构编制管理机关在专项督查和机构、人员编制核查时，需审计机关协助查证的，审计机关应予以协助办理。审计人员要严格遵守审计纪律，规范审计程序，保证审计质量，对审计人员违反审计纪律等行为，要按照规定追究责任。各省、自治区、直辖市和新疆生产建设兵团审计厅（局）要及时汇总本地区审计结果，每年2月底前向审计署报送上年审计情况。

地方审计机关要结合实际，及时制定贯彻实施本意见的具体措施和办法，确保本意见各项部署和要求落到实处。

审计署

2014年3月17日

政府财务报告审计办法（试行）[①]

第一条 为加强对各级政府及其部门财务状况和运行情况的审计监督，根据《中华人民共和国审计法》、《中华人民共和国预算法》、《国务院关于批转财政部权责发生制政府综合财务报告制度改革方案的通知》（国发〔2014〕63号）和相关法律法规，制定本办法。

---

① 审计署办公厅于2020年9月24日印发（审办财发〔2020〕74号）。

第二条 审计机关依照法定的职责、权限和程序对政府财务报告进行审计监督,依据政府会计准则、政府财务报告编制办法等作出审计评价。

政府财务报告审计,包括政府综合财务报告审计和政府部门财务报告审计。

第三条 各级审计机关实施政府财务报告审计,适用本办法。

第四条 政府财务报告审计工作聚焦政府财务状况和运行情况的真实、合法、效益,着力揭示问题和风险,促进提高政府财务报告可信性和透明度,推动完善权责发生制政府综合财务报告制度,助力防范财政风险,促进提升政府运行绩效,为财政与经济决策提供有用信息,推进国家治理体系和治理能力现代化。

第五条 政府财务报告审计管辖范围按照《中华人民共和国审计法》和《中华人民共和国审计法实施条例》的规定确定。

审计署负责对全国政府综合财务报告、中央政府综合财务报告、中央政府部门财务报告进行审计;负责加强对下级政府财务报告的审计监督;负责指导下级审计机关的政府财务报告审计工作。

地方各级审计机关负责对本行政区政府综合财务报告、本级政府综合财务报告和本级政府部门财务报告进行审计。省、市级审计机关负责加强对下级政府财务报告的审计监督;负责指导本行政区内下级审计机关的政府财务报告审计工作。

第六条 政府财务报告审计应当纳入年度审计项目计划管理,既可以单独实施,也可以结合预算执行情况审计、决算草案审计等项目统筹安排实施。

第七条 政府财务报告审计应关注政府及其部门的资产、负债、收入、费用等情况的真实、合法、效益。

政府综合财务报告审计的内容包括:政府财务状况和运行情况,政府综合财务报告编报披露情况,政府财政财务管理情况,相关电子数据及信息系统设计运行情况,以及其他需要审计的内容。

政府部门财务报告审计的内容包括:部门财务状况和运行情况,政府部门财务报告编报披露情况,部门财政财务管理情况,相关电子数据及信息系统设计运行情况,以及其他需要审计的内容。

第八条 审计机关派出审计组实施审计。审计组向派出审计组的审计机关提交审计报告。审计报告的内容一般应包括:

(一)审计依据和实施审计的基本情况,包括审计范围、内容、方式等;

(二)被审计单位基本情况;

(三)审计评价意见,基于充分适当的审计证据,对于审计范围内被审计单位财务状况和运行情况的真实、合法、效益等做出客观评价;

(四)审计发现主要问题的事实、定性以及依据的法律法规标准等;

(五)根据审计发现问题提出的审计处理、处罚意见或审计建议;

(六)其他需要反映和说明的情况。

第九条 审计组的审计报告提交审计机关前,应当按规定征求被审计单位的意见。审计机关按照规定的程序对审计组的审计报告进行审议,并对被审计单位的意见一并研究后,向被审计单位出具审计报告。

第十条　中央政府财务报告审计结果,应当报中央审计委员会和国务院,同时报全国人民代表大会常务委员会备案。

地方政府财务报告审计结果,应当报本级党委审计委员会、本级人民政府和上一级审计机关,同时报本级人民代表大会常务委员会备案。

第十一条　审计机关应当向社会公布政府财务报告审计结果,但法律、行政法规规定不予公布的内容除外。

第十二条　审计机关可以根据工作需要,聘请具有政府财务报告审计相关专业知识的人员参加政府财务报告审计。

参加审计工作人员,应当遵循《中华人民共和国审计法》《中华人民共和国审计法实施条例》《中华人民共和国国家审计准则》以及审计机关的有关规定,做到依法审计、文明审计。

第十三条　审计机关和参加审计工作人员对政府财务报告审计工作中知悉的国家秘密、商业秘密、工作秘密、个人隐私等,负有保密义务。

第十四条　对审计机关职责和权限、审计程序、审计质量控制,以及审计机关和被审计单位的法律责任等,本办法未作规定的,依照《中华人民共和国审计法》《中华人民共和国审计法实施条例》《中华人民共和国国家审计准则》和其他有关法律法规执行。

第十五条　地方各级审计机关可以根据本办法制定具体办法。

第十六条　本办法由审计署负责解释。

第十七条　本办法自发布之日起施行。

内部审计基本准则①

第一章　总　　则

第一条　为了规范内部审计工作,保证内部审计质量,明确内部审计机构和内部审计人员的责任,根据《审计法》及其实施条例,以及其他有关法律、法规和规章,制定本准则。

第二条　本准则所称内部审计,是一种独立、客观的确认和咨询活动,它通过运用系统、规范的方法,审查和评价组织的业务活动、内部控制和风险管理的适当性和有效性,以促进组织完善治理、增加价值和实现目标。

第三条　本准则适用于各类组织的内部审计机构、内部审计人员及其从事的内部审计活动。其他组织或者人员接受委托、聘用,承办或者参与内部审计业务,也应当遵守本准则。

第二章　一般准则

第四条　组织应当设置与其目标、性质、规模、治理结构等相适应的内部审计机构,并配备具有相应资格的内部审计人员。

第五条　内部审计的目标、职责和权限等内容应当在组织的内部审计章程中明确规定。

---

① 中国内部审计协会于2023年修订发布。

第六条　内部审计机构和内部审计人员应当保持独立性和客观性,不得负责被审计单位的业务活动、内部控制和风险管理的决策与执行。

第七条　内部审计人员应当遵守职业道德,在实施内部审计业务时保持应有的职业谨慎。

第八条　内部审计人员应当具备相应的专业胜任能力,并通过后续教育加以保持和提高。

第九条　内部审计人员应当履行保密义务,对于实施内部审计业务中所获取的信息保密。

第三章　作业准则

第十条　内部审计机构和内部审计人员应当全面关注组织风险,以风险为基础组织实施内部审计业务。

第十一条　内部审计人员应当充分运用重要性原则,考虑差异或者缺陷的性质、数量等因素,合理确定重要性水平。

第十二条　内部审计机构应当根据组织的风险状况、管理需要及审计资源的配置情况,编制年度审计计划,并报经组织党委(党组)、董事会(或者主要负责人)或者最高管理层批准。

第十三条　内部审计人员根据年度审计计划确定的审计项目,编制项目审计方案。

第十四条　内部审计机构应当在实施审计前,向被审计单位或者被审计人员送达审计通知书,做好审计准备工作。

第十五条　内部审计人员应当深入了解被审计单位的情况,审查和评价业务活动、内部控制和风险管理的适当性和有效性。

第十六条　内部审计人员应当关注被审计单位业务活动、内部控制和风险管理中的舞弊风险,对舞弊行为进行检查和报告。

第十七条　内部审计人员可以运用审核、观察、监盘、访谈、调查、函证、计算和分析程序等方法,获取相关、可靠和充分的审计证据,以支持审计结论、意见和建议。

第十八条　内部审计人员在实施审计时,应当关注数字化环境对内部审计工作的影响。

第十九条　内部审计人员应当在审计工作底稿中记录审计程序的执行过程,获取的审计证据,以及作出的审计结论。

第二十条　内部审计人员应当在审计项目完成后,及时收集整理相关信息和资料,做好归档工作。

第二十一条　内部审计人员应当以适当方式提供咨询服务,改善组织的业务活动、内部控制和风险管理。

第四章　报告准则

第二十二条　内部审计机构应当在实施必要的审计程序后,及时出具审计报告。

第二十三条　审计报告应当客观、完整、清晰,具有建设性并体现重要性原则。

第二十四条　审计报告应当包括审计概况、审计依据、审计评价、审计发现、审计意见和审计建议。

第二十五条　审计报告应当包含是否遵循内部审计准则的声明。如存在未遵循内部审计准则的情形,应当在审计报告中作出解释和说明。

第五章　内部管理准则

第二十六条　内部审计机构应当接受组织党委(党组)、董事会(或者主要负责人)的领导和监督,并保持与党委(党组)、董事会(或者主要负责人)或者最高管理层及时、高效的沟通。

第二十七条　内部审计机构应当建立合理、有效的组织结构,多层级组织的内部审计机构可以实行集中管理或者分级管理。

第二十八条　内部审计机构应当根据内部审计准则及相关规定,结合本组织的实际情况制定内部审计工作手册,指导内部审计人员的工作。

第二十九条　内部审计机构应当对内部审计质量实施有效控制,建立指导、监督、分级复核和内部审计质量评估制度,并接受内部审计质量外部评估。

第三十条　内部审计机构应当编制中长期审计规划、年度审计计划、本机构人力资源计划和财务预算。

第三十一条　内部审计机构应当建立激励约束机制,对内部审计人员的工作进行考核、评价和奖惩。

第三十二条　内部审计机构应当在党委(党组)、董事会(或者主要负责人)或者最高管理层的支持和监督下,做好与外部审计的协调工作。

第三十三条　内部审计机构应当跟踪审计发现问题和审计意见建议的落实情况,督促被审计单位做好审计整改工作。

第三十四条　内部审计机构负责人应当对内部审计机构管理的适当性和有效性负主要责任。

第六章　附　　则

第三十五条　本准则由中国内部审计协会发布并负责解释。

第三十六条　本准则自 2023 年 7 月 1 日起施行。2014 年 1 月 1 日起施行的《第 1101 号——内部审计基本准则》同时废止。

内部审计具体准则——经济责任审计[①]

第一章　总　　则

第一条　为了贯彻落实《党政主要领导干部和国有企事业单位主要领导人员经济责任审计规定》,坚持和加强党对审计工作的集中统一领导,强化对部门、单位(以下统称单位)内

---

① 中国内部审计协会于 2021 年 1 月 21 日印发(中内协发〔2021〕6 号)。

部管理主要领导干部和主要领导人员(以下统称领导干部)的管理监督,规范开展经济责任审计工作,提高审计质量和效果,根据有关党内法规、《审计署关于内部审计工作的规定》(中华人民共和国审计署令第 11 号)、《内部审计基本准则》及相关内部审计具体准则,制定本准则。

第二条　本准则所称经济责任,是指领导干部在本单位任职期间,对其管辖范围内贯彻执行党和国家经济方针政策、决策部署,推动本单位事业发展,管理公共资金、国有资产、国有资源,防控经济风险等有关经济活动应当履行的职责。

第三条　本准则所称经济责任审计,是指内部审计机构、内部审计人员对本单位所管理的领导干部在任职期间的经济责任履行情况的监督、评价和建议活动。

第四条　经济责任审计工作以马克思列宁主义、毛泽东思想、邓小平理论、"三个代表"重要思想、科学发展观、习近平新时代中国特色社会主义思想为指导,贯彻创新、协调、绿色、开放、共享的新发展理念,聚焦经济责任,客观评价,揭示问题,促进党和国家经济方针政策和决策部署的落实,促进领导干部履职尽责和担当作为,促进权力规范运行和反腐倡廉,促进组织规范管理和目标实现。

第五条　本准则适用于党政工作部门、纪检监察机关、法院、检察院、事业单位和人民团体,国有及国有资本占控股地位或主导地位的企业(含金融机构)等单位的内部审计机构、内部审计人员所从事的经济责任审计活动,其他类型单位可以参照执行。

第二章　一般原则

第六条　经济责任审计的对象包括:党政工作部门、纪检监察机关、法院、检察院、事业单位和人民团体等单位所属独立核算单位的主要领导干部,以及所属非独立核算但负有经济管理职能单位的主要领导干部;企业(含金融机构)本级中层主要领导干部,下属全资、控股或占主导地位企业的主要领导干部,以及对经营效益产生重大影响或掌握重要资产的部门和机构的主要领导干部;上级要求以及本单位内部确定的其他重要岗位人员等。

第七条　经济责任审计可以在领导干部任职期间进行,也可以在领导干部离任后进行,以任职期间审计为主。

第八条　经济责任审计应当根据干部监督管理需要和审计资源等实际情况有计划地进行,对审计对象实行分类管理,科学制定年度审计计划,推进领导干部履行经济责任情况审计全覆盖。

第九条　经济责任审计一般由内部审计机构商同级组织人事部门,或者根据组织人事部门的书面建议,拟定经济责任审计项目安排,纳入年度审计计划,报本单位党组织、董事会(或者主要负责人)批准后组织实施。

经济责任年度审计计划确定后,一般不得随意调整。确需调整的,应当按照管理程序,报本单位党组织、董事会(或者主要负责人)批准后实施。

第十条　被审计领导干部遇有被国家机关采取强制措施、纪律审查、监察调查或者死亡等特殊情况,以及存在其他不宜继续进行经济责任审计情形的,内部审计机构应商本单位纪检监察机构、组织人事部门等有关部门并提出意见,报本单位党组织、董事会(或者主要负责人)批准后终止审计程序。

第十一条 各单位可以结合实际情况,建立健全经济责任审计工作组织协调机制,成立相应的经济责任审计工作协调机构(以下统称协调机构),负责研究制定本单位有关经济责任审计的制度文件,监督检查经济责任审计工作情况,协调解决工作中出现的问题,推进经济责任审计结果运用。协调机构在本单位党组织、董事会(或者主要负责人)的领导下开展工作。

第十二条 协调机构一般由内部审计、纪检监察、组织人事及其他相关监督管理职能部门组成。协调机构下设办公室,负责日常工作,办公室设在内部审计机构,办公室主任由内部审计机构负责人担任。

第三章 审计内容

第十三条 内部审计机构应当根据被审计领导干部的职责权限和任职期间履行经济责任情况,结合被审计领导干部监督管理需要、履职特点、审计资源及其任职期间所在单位的实际情况,依规依法确定审计内容。

第十四条 经济责任审计的主要内容一般包括:

(一)贯彻执行党和国家经济方针政策和决策部署,推动单位可持续发展情况;

(二)发展战略的制定、执行和效果情况;

(三)治理结构的建立、健全和运行情况;

(四)管理制度的健全和完善,特别是内部控制和风险管理制度的制定和执行情况,以及对下属单位的监管情况;

(五)有关目标责任制完成情况;

(六)重大经济事项决策程序的执行情况及其效果;

(七)重要经济项目的投资、建设、管理及效益情况;

(八)财政、财务收支的真实、合法和效益情况;

(九)资产的管理及保值增值情况;

(十)自然资源资产管理和生态环境保护责任的履行情况;

(十一)境外机构、境外资产和境外经济活动的真实、合法和效益情况;

(十二)在经济活动中落实有关党风廉政建设责任和遵守廉洁从业规定情况;

(十三)以往审计发现问题的整改情况;

(十四)其他需要审计的内容。

第四章 审计程序和方法

第十五条 经济责任审计可分为审计准备、审计实施、审计报告和后续审计四个阶段。

(一)审计准备阶段主要工作包括:组成审计组、开展审前调查、编制审计方案和下达审计通知书。审计通知书送达被审计领导干部及其所在单位,并抄送同级纪检监察机构、组织人事部门等有关部门。

(二)审计实施阶段主要工作包括:召开审计进点会议、收集有关资料、获取审计证据、编制审计工作底稿、与被审计领导干部及其所在单位交换意见。被审计领导干部应当参加审计进点会并述职。

(三) 审计报告阶段主要工作包括：编制审计报告、征求意见、修改与审定审计报告、出具审计报告、建立审计档案。

(四) 后续审计阶段主要工作包括：移交重大审计线索、推进责任追究、检查审计发现问题的整改情况和审计建议的实施效果。

第十六条　对单位内同一部门、同一所属单位的2名以上领导干部的经济责任审计，可以同步组织实施，分别认定责任。

第十七条　内部审计人员应当考虑审计目标、审计重要性、审计风险和审计成本等因素，综合运用审核、观察、监盘、访谈、调查、函证、计算和分析等审计方法，充分运用信息化手段和大数据分析，获取相关、可靠和充分的审计证据。

第五章　审计评价

第十八条　内部审计机构应当根据被审计领导干部的职责要求，依据有关党内法规、法律法规、政策规定、责任制考核目标等，结合所在单位的实际情况，根据审计查证或者认定的事实，坚持定性评价与定量评价相结合，客观公正、实事求是地进行审计评价。

第十九条　审计评价应当遵循全面性、重要性、客观性、相关性和谨慎性原则。审计评价应当与审计内容相一致，一般包括被审计领导干部任职期间履行经济责任的主要业绩、主要问题以及应当承担的责任。

审计评价事项应当有充分的审计证据作支持，对审计中未涉及、审计证据不适当或不充分的事项不作评价。

第二十条　审计评价可以综合运用多种方法，主要包括：与同业对比分析和跨期分析；与被审计领导干部履行经济责任有关的指标量化分析；将被审计领导干部履行经济责任的行为或事项置于相关经济社会环境中进行对比分析等。

内部审计机构应当根据审计内容和审计评价的需要，合理选择定性和定量评价指标。

第二十一条　审计评价的依据一般包括：

(一) 党和国家有关经济方针政策和决策部署；

(二) 党内法规、法律、法规、规章、规范性文件；

(三) 国家和行业的有关标准；

(四) 单位的内部管理制度、发展战略、规划和目标；

(五) 有关领导的职责分工文件，有关会议记录、纪要、决议和决定，有关预算、决算和合同，有关内部管理制度；

(六) 有关主管部门、职能管理部门发布或者认可的统计数据、考核结果和评价意见；

(七) 专业机构的意见和公认的业务惯例或者良好实务；

(八) 其他依据。

第二十二条　对被审计领导干部履行经济责任过程中存在的问题，内部审计机构应当按照权责一致原则，根据领导干部职责分工及相关问题的历史背景、决策过程、性质、后果和领导干部实际发挥的作用等情况，界定其应当承担的直接责任或者领导责任。

内部审计机构对被审计领导干部应当承担责任的问题或者事项，可以提出责任追究建议。

第二十三条　领导干部对履行经济责任过程中的下列行为应当承担直接责任:

(一)直接违反有关党内法规、法律法规、政策规定的;

(二)授意、指使、强令、纵容、包庇下属人员违反有关党内法规、法律法规、政策规定的;

(三)贯彻党和国家经济方针政策、决策部署不坚决不全面不到位,造成公共资金、国有资产、国有资源损失浪费,生态环境破坏,公共利益损害等后果的;

(四)未完成有关法律法规规章、政策措施、目标责任书等规定的领导干部作为第一责任人(负总责)事项,造成公共资金、国有资产、国有资源损失浪费,生态环境破坏,公共利益损害等后果的;

(五)未经民主决策程序或者民主决策时在多数人不同意的情况下,直接决定、批准、组织实施重大经济事项,造成公共资金、国有资产、国有资源损失浪费,生态环境破坏,公共利益损害等后果的;

(六)不履行或者不正确履行职责,对造成的后果起决定性作用的其他行为。

第二十四条　领导干部对履行经济责任过程中的下列行为应当承担领导责任:

(一)民主决策时,在多数人同意的情况下,决定、批准、组织实施重大经济事项,由于决策不当或者决策失误造成公共资金、国有资产、国有资源损失浪费,生态环境破坏,公共利益损害等后果的;

(二)违反单位内部管理规定造成公共资金、国有资产、国有资源损失浪费,生态环境破坏,公共利益损害等后果的;

(三)参与相关决策和工作时,没有发表明确的反对意见,相关决策和工作违反有关党内法规、法律法规、政策规定,或者造成公共资金、国有资产、国有资源损失浪费,生态环境破坏,公共利益损害等后果的;

(四)疏于监管,未及时发现和处理所管辖范围内本级或者下一级地区(部门、单位)违反有关党内法规、法律法规、政策规定的问题,造成公共资金、国有资产、国有资源损失浪费,生态环境破坏,公共利益损害等后果的;

(五)除直接责任外,不履行或者不正确履行职责,对造成的后果应当承担责任的其他行为。

第二十五条　审计评价时,应当把领导干部在推进改革中因缺乏经验、先行先试出现的失误和错误,同明知故犯的违纪违法行为区分开来;把上级尚无明确限制的探索性试验中的失误和错误,同上级明令禁止后依然我行我素的违纪违法行为区分开来;把为推动发展的无意过失,同为谋取私利的违纪违法行为区分开来。正确把握事业为上、实事求是、依纪依法、容纠并举等原则,经综合分析研判,可以免责或者从轻定责,鼓励探索创新,支持担当作为,保护领导干部干事创业的积极性、主动性、创造性。

第二十六条　被审计领导干部以外的其他人员对有关问题应当承担的责任,内部审计机构可以以适当方式向组织人事部门等提供相关情况。

第六章　审计报告

第二十七条　审计组实施经济责任审计项目后,应当编制审计报告。

第二十八条　经济责任审计报告的内容,主要包括:

（一）基本情况，包括审计依据、实施审计的情况、被审计领导干部所在单位的基本情况、被审计领导干部的任职及分工情况等；

（二）被审计领导干部履行经济责任情况的总体评价；

（三）被审计领导干部履行经济责任情况的主要业绩；

（四）审计发现的主要问题和责任认定；

（五）审计处理意见和建议；

（六）以往审计发现问题的整改情况；

（七）其他必要的内容。

第二十九条 内部审计机构应当将审计组编制的审计报告书面征求被审计领导干部及其所在单位的意见。被审计领导干部及其所在单位在收到征求意见的审计报告后，应当在规定的时间内提出书面意见；逾期未提出书面意见的，视同无异议。

第三十条 审计组应当针对收到的书面意见，进一步核实情况，对审计报告作出必要的修改，连同被审计领导干部及其所在单位的书面意见一并报送内部审计机构审定。

第三十一条 内部审计机构按照规定程序审定并出具审计报告，同时可以根据实际情况出具经济责任审计结果报告，简要反映审计结果。

经济责任审计报告和经济责任审计结果报告应当事实清楚、评价客观、责任明确、用词恰当、文字精炼、通俗易懂。

第三十二条 内部审计机构应当将审计报告、审计结果报告按照规定程序报本单位党组织、董事会（或者主要负责人）；提交委托审计的组织人事部门；送纪检监察机构等协调机构成员部门。

审计报告送达被审计领导干部及其所在单位和相关部门。

第七章　审计结果运用

第三十三条 内部审计机构应当推动经济责任审计结果的充分运用，推进单位健全经济责任审计整改落实、责任追究、情况通报等制度。

第三十四条 内部审计机构发现被审计领导干部及其所在单位违反党内法规、法律法规和规章制度时，应当建议由单位的权力机构或有关部门对责任单位和责任人员作出处理、处罚决定；发现涉嫌违法犯罪线索时，应当及时报告本单位党组织、董事会（或者主要负责人）。

第三十五条 内部审计机构应当推动经济责任审计结果作为干部考核、任免和奖惩的重要依据。推动被审计领导干部及其所在单位将审计结果以及整改情况纳入所在单位领导班子党风廉政建设责任制考核的内容，作为领导班子民主生活会以及领导班子成员述责述廉的重要内容。

经济责任审计结果报告应当按照规定归入被审计领导干部本人档案。

第三十六条 内部审计机构应当推动建立健全单位纪检监察等其他内部监督管理职能部门的协调贯通机制，在各自职责范围内运用审计结果。

第三十七条 内部审计机构应当及时跟踪、了解、核实被审计领导干部及其所在单位对于审计发现问题和审计建议的整改落实情况。必要时，内部审计机构应当开展后续审计，审查和评价被审计领导干部及其所在单位对审计发现问题的整改情况。

第三十八条　内部审计机构应当将经济责任审计结果和被审计领导干部及其所在单位的整改落实情况，在一定范围内进行通报；对审计发现的典型性、普遍性、倾向性问题和有关建议，以综合报告、专题报告等形式报送党组织、董事会（或者主要负责人），提交有关部门。

第三十九条　内部审计机构应当有效利用国家审计机关、上级单位对本单位实施经济责任审计的成果，督促本单位及所属单位整改审计发现问题，落实审计建议。

第八章　附　　则

第四十条　本准则由中国内部审计协会发布并负责解释。

第四十一条　本准则自2021年3月1日起施行。2016年3月1日起施行的《第2205号内部审计具体准则——经济责任审计》同时废止。

审计署关于内部审计工作的规定

（中华人民共和国审计署令第11号）

第一章　总　　则

第一条　为了加强内部审计工作，建立健全内部审计制度，提升内部审计工作质量，充分发挥内部审计作用，根据《中华人民共和国审计法》《中华人民共和国审计法实施条例》以及国家其他有关规定，制定本规定。

第二条　依法属于审计机关审计监督对象的单位（以下统称单位）的内部审计工作，以及审计机关对单位内部审计工作的业务指导和监督，适用本规定。

第三条　本规定所称内部审计，是指对本单位及所属单位财政财务收支、经济活动、内部控制、风险管理实施独立、客观的监督、评价和建议，以促进单位完善治理、实现目标的活动。

第四条　单位应当依照有关法律法规、本规定和内部审计职业规范，结合本单位实际情况，建立健全内部审计制度，明确内部审计工作的领导体制、职责权限、人员配备、经费保障、审计结果运用和责任追究等。

第五条　内部审计机构和内部审计人员从事内部审计工作，应当严格遵守有关法律法规、本规定和内部审计职业规范，忠于职守，做到独立、客观、公正、保密。

内部审计机构和内部审计人员不得参与可能影响独立、客观履行审计职责的工作。

第二章　内部审计机构和人员管理

第六条　国家机关、事业单位、社会团体等单位的内部审计机构或者履行内部审计职责的内设机构，应当在本单位党组织、主要负责人的直接领导下开展内部审计工作，向其负责并报告工作。

国有企业内部审计机构或者履行内部审计职责的内设机构应当在企业党组织、董事会（或者主要负责人）直接领导下开展内部审计工作，向其负责并报告工作。国有企业应当按照有关规定建立总审计师制度。总审计师协助党组织、董事会（或者主要负责人）管理内部审计工作。

第七条　内部审计人员应当具备从事审计工作所需要的专业能力。单位应当严格内部审计人员录用标准，支持和保障内部审计机构通过多种途径开展继续教育，提高内部审计人员的职业胜任能力。

内部审计机构负责人应当具备审计、会计、经济、法律或者管理等工作背景。

第八条　内部审计机构应当根据工作需要，合理配备内部审计人员。除涉密事项外，可以根据内部审计工作需要向社会购买审计服务，并对采用的审计结果负责。

第九条　单位应当保障内部审计机构和内部审计人员依法依规独立履行职责，任何单位和个人不得打击报复。

第十条　内部审计机构履行内部审计职责所需经费，应当列入本单位预算。

第十一条　对忠于职守、坚持原则、认真履职、成绩显著的内部审计人员，由所在单位予以表彰。

第三章　内部审计职责权限和程序

第十二条　内部审计机构或者履行内部审计职责的内设机构应当按照国家有关规定和本单位的要求，履行下列职责：

（一）对本单位及所属单位贯彻落实国家重大政策措施情况进行审计；

（二）对本单位及所属单位发展规划、战略决策、重大措施以及年度业务计划执行情况进行审计；

（三）对本单位及所属单位财政财务收支进行审计；

（四）对本单位及所属单位固定资产投资项目进行审计；

（五）对本单位及所属单位的自然资源资产管理和生态环境保护责任的履行情况进行审计；

（六）对本单位及所属单位的境外机构、境外资产和境外经济活动进行审计；

（七）对本单位及所属单位经济管理和效益情况进行审计；

（八）对本单位及所属单位内部控制及风险管理情况进行审计；

（九）对本单位内部管理的领导人员履行经济责任情况进行审计；

（十）协助本单位主要负责人督促落实审计发现问题的整改工作；

（十一）对本单位所属单位的内部审计工作进行指导、监督和管理；

（十二）国家有关规定和本单位要求办理的其他事项。

第十三条　内部审计机构或者履行内部审计职责的内设机构应有下列权限：

（一）要求被审计单位按时报送发展规划、战略决策、重大措施、内部控制、风险管理、财政财务收支等有关资料（含相关电子数据，下同），以及必要的计算机技术文档；

（二）参加单位有关会议，召开与审计事项有关的会议；

（三）参与研究制定有关的规章制度，提出制定内部审计规章制度的建议；

（四）检查有关财政财务收支、经济活动、内部控制、风险管理的资料、文件和现场勘察实物；

（五）检查有关计算机系统及其电子数据和资料；

（六）就审计事项中的有关问题，向有关单位和个人开展调查和询问，取得相关证明材料；

（七）对正在进行的严重违法违规、严重损失浪费行为及时向单位主要负责人报告，经同意作出临时制止决定；

（八）对可能转移、隐匿、篡改、毁弃会计凭证、会计账簿、会计报表以及与经济活动有关的资料，经批准，有权予以暂时封存；

（九）提出纠正、处理违法违规行为的意见和改进管理、提高绩效的建议；

（十）对违法违规和造成损失浪费的被审计单位和人员，给予通报批评或者提出追究责任的建议；

（十一）对严格遵守财经法规、经济效益显著、贡献突出的被审计单位和个人，可以向单位党组织、董事会（或者主要负责人）提出表彰建议。

第十四条 单位党组织、董事会（或者主要负责人）应当定期听取内部审计工作汇报，加强对内部审计工作规划、年度审计计划、审计质量控制、问题整改和队伍建设等重要事项的管理。

第十五条 下属单位、分支机构较多或者实行系统垂直管理的单位，其内部审计机构应当对全系统的内部审计工作进行指导和监督。系统内各单位的内部审计结果和发现的重大违纪违法问题线索，在向本单位党组织、董事会（或者主要负责人）报告的同时，应当及时向上一级单位的内部审计机构报告。

单位应当将内部审计工作计划、工作总结、审计报告、整改情况以及审计中发现的重大违纪违法问题线索等资料报送同级审计机关备案。

第十六条 内部审计的实施程序，应当依照内部审计职业规范和本单位的相关规定执行。

第十七条 内部审计机构或者履行内部审计职责的内设机构，对本单位内部管理的领导人员实施经济责任审计时，可以参照执行国家有关经济责任审计的规定。

第四章 审计结果运用

第十八条 单位应当建立健全审计发现问题整改机制，明确被审计单位主要负责人为整改第一责任人。对审计发现的问题和提出的建议，被审计单位应当及时整改，并将整改结果书面告知内部审计机构。

第十九条 单位对内部审计发现的典型性、普遍性、倾向性问题，应当及时分析研究，制定和完善相关管理制度，建立健全内部控制措施。

第二十条 内部审计机构应当加强与内部纪检监察、巡视巡察、组织人事等其他内部监督力量的协作配合，建立信息共享、结果共用、重要事项共同实施、问题整改问责共同落实等工作机制。

内部审计结果及整改情况应当作为考核、任免、奖惩干部和相关决策的重要依据。

第二十一条 单位对内部审计发现的重大违纪违法问题线索,应当按照管辖权限依法依规及时移送纪检监察机关、司法机关。

第二十二条 审计机关在审计中,特别是在国家机关、事业单位和国有企业三级以下单位审计中,应当有效利用内部审计力量和成果。对内部审计发现且已经纠正的问题不再在审计报告中反映。

第五章 对内部审计工作的指导和监督

第二十三条 审计机关应当依法对内部审计工作进行业务指导和监督,明确内部职能机构和专职人员,并履行下列职责:

(一)起草有关内部审计工作的法规草案;
(二)制定有关内部审计工作的规章制度和规划;
(三)推动单位建立健全内部审计制度;
(四)指导内部审计统筹安排审计计划,突出审计重点;
(五)监督内部审计职责履行情况,检查内部审计业务质量;
(六)指导内部审计自律组织开展工作;
(七)法律、法规规定的其他职责。

第二十四条 审计机关可以通过业务培训、交流研讨等方式,加强对内部审计人员的业务指导。

第二十五条 审计机关应当对单位报送的备案资料进行分析,将其作为编制年度审计项目计划的参考依据。

第二十六条 审计机关可以采取日常监督、结合审计项目监督、专项检查等方式,对单位的内部审计制度建立健全情况、内部审计工作质量情况等进行指导和监督。

对内部审计制度建设和内部审计工作质量存在问题的,审计机关应当督促单位内部审计机构及时进行整改并书面报告整改情况;情节严重的,应当通报批评并视情况抄送有关主管部门。

第二十七条 审计机关应当按照国家有关规定对内部审计自律组织进行政策和业务指导,推动内部审计自律组织按照法律法规和章程开展活动。必要时,可以向内部审计自律组织购买服务。

第六章 责任追究

第二十八条 被审计单位有下列情形之一的,由单位党组织、董事会(或者主要负责人)责令改正,并对直接负责的主管人员和其他直接责任人员进行处理:

(一)拒绝接受或者不配合内部审计工作的;
(二)拒绝、拖延提供与内部审计事项有关的资料,或者提供资料不真实、不完整的;
(三)拒不纠正审计发现问题的;
(四)整改不力、屡审屡犯的;
(五)违反国家规定或者本单位内部规定的其他情形。

第二十九条 内部审计机构或者履行内部审计职责的内设机构和内部审计人员有下列

情形之一的,由单位对直接负责的主管人员和其他直接责任人员进行处理;涉嫌犯罪的,移送司法机关依法追究刑事责任:

（一）未按有关法律法规、本规定和内部审计职业规范实施审计导致应当发现的问题未被发现并造成严重后果的;

（二）隐瞒审计查出的问题或者提供虚假审计报告的;

（三）泄露国家秘密或者商业秘密的;

（四）利用职权谋取私利的;

（五）违反国家规定或者本单位内部规定的其他情形。

第三十条　内部审计人员因履行职责受到打击、报复、陷害的,单位党组织、董事会（或者主要负责人）应当及时采取保护措施,并对相关责任人员进行处理;涉嫌犯罪的,移送司法机关依法追究刑事责任。

第七章　附　　则

第三十一条　本规定所称国有企业是指国有和国有资本占控股地位或者主导地位的企业、金融机构。

第三十二条　不属于审计机关审计监督对象的单位的内部审计工作,可以参照本规定执行。

第三十三条　本规定由审计署负责解释。

第三十四条　本规定自2018年3月1日起施行。审计署于2003年3月4日发布的《审计署关于内部审计工作的规定》（2003年审计署第4号令）同时废止。

审计机关审计听证规定

（中华人民共和国审计署令第14号）

第一条　为规范审计机关的审计处罚程序,保证审计质量,维护公民、法人或者其他组织的合法权益,根据《中华人民共和国行政处罚法》和《中华人民共和国审计法》及其实施条例,制定本规定。

第二条　审计机关进行审计听证应当遵循公正、公平、公开的原则。

第三条　审计机关对被审计单位和有关责任人员（以下统称当事人）拟作出下列审计处罚的,应当向当事人送达审计听证告知书,告知当事人有要求听证的权利,当事人要求听证的,审计机关应当举行审计听证会:

（一）对被审计单位处以十万元以上或者对个人处以一万元以上罚款的;

（二）对被审计单位处以没收十万元以上违法所得的;

（三）法律、法规、规章规定的其他情形。

第四条　审计听证告知书主要包括以下内容:

（一）当事人的名称或者姓名;

(二) 当事人违法的事实和证据;
(三) 审计处罚的法律依据;
(四) 审计处罚建议;
(五) 当事人有要求审计听证的权利;
(六) 当事人申请审计听证的期限;
(七) 审计机关的名称(印章)和日期。

第五条 当事人要求举行审计听证会的,应当自收到审计听证告知书之日起五个工作日内,向审计机关提出书面申请,列明听证要求,并由当事人签名或者盖章。逾期不提出书面申请的,视为放弃审计听证权利。

第六条 审计机关应当在举行审计听证会七个工作日前向当事人及有关人员送达审计听证会通知书,通知当事人举行审计听证会的时间、地点,审计听证主持人、书记员姓名,并告知当事人有申请主持人、书记员回避的权利。

第七条 除涉及国家秘密、商业秘密或者个人隐私依法予以保密外,审计听证会应当公开举行。

第八条 审计听证会的主持人由审计机关负责人指定的非本案审计人员担任,负责审计听证会的组织、主持工作。

书记员可以由一至二人组成,由主持人指定,负责审计听证的记录工作,制作审计听证笔录。

第九条 当事人认为主持人或者书记员与本案有直接利害关系的,有权申请其回避并说明理由。

当事人申请主持人回避应当在审计听证会举行之前提出;申请书记员回避可以在审计听证会举行时提出。

当事人申请回避可以以书面形式提出,也可以以口头形式提出。以口头形式提出的,由书记员记录在案。

第十条 主持人的回避,由审计机关负责人决定;书记员的回避,由主持人决定。

相关回避情况应当记入审计听证笔录。

第十一条 当事人可以亲自参加审计听证,也可以委托一至二人代理参加审计听证。委托他人代理参加审计听证会的,代理人应当出具当事人的授权委托书。

当事人的授权委托书应当载明代理人的代理权限。

第十二条 当事人接到审计听证通知书后,本人或者其代理人不能按时参加审计听证会的,应当及时告知审计机关并说明理由。

当事人及其代理人无正当理由拒不出席听证或者未经许可中途退出听证的,视为放弃听证权利,审计机关终止听证。终止听证的情况应当记入审计听证笔录。

第十三条 书记员应当将审计听证的全部活动记入审计听证笔录。审计机关认为有必要的,可以对审计听证会情况进行录音、录像。

审计听证笔录应当交听证双方确认无误后签字或者盖章。当事人或者其代理人如认为笔录有差错,可以要求补正。当事人或者其代理人拒绝签字或者盖章的,由听证主持人在笔录中注明。

第十四条 审计听证会参加人和旁听人员应当遵守以下听证纪律:
(一)审计听证会参加人应当在主持人的主持下发言、提问、辩论;
(二)未经主持人允许,审计听证会参加人不得提前退席;
(三)未经主持人允许,任何人不得录音、录像或摄影;
(四)旁听人员要保持肃静,不得发言、提问或者议论。

第十五条 主持人在审计听证会主持过程中,有以下权利:
(一)对审计听证会参加人的不当辩论或者其他违反审计听证会纪律的行为予以制止、警告;
(二)对违反审计听证会纪律的旁听人员予以制止、警告、责令退席;
(三)对违反审计听证纪律的人员制止无效的,提请公安机关依法处置。

第十六条 审计听证会应当按照下列程序进行:
(一)主持人宣读审计听证会的纪律和应注意的事项;
(二)主持人宣布审计听证会开始;
(三)主持人宣布案由并宣读参加审计听证会的主持人、书记员、听证参加人的姓名、工作单位和职务;
(四)主持人告知当事人或者其代理人有申请书记员回避的权利,并询问当事人或者其代理人是否申请回避;
(五)本案审计人员提出当事人违法的事实、证据和审计处罚的法律依据以及审计处罚建议;
(六)当事人进行陈述、申辩;
(七)在主持人允许下,双方进行质证、辩论;
(八)双方作最后陈述;
(九)书记员将所作的笔录交听证双方当场确认并签字或者盖章;
(十)主持人宣布审计听证会结束。

第十七条 有下列情形之一的,可以延期举行审计听证会:
(一)当事人或者其代理人有正当理由未到场的;
(二)需要通知新的证人到场,或者有新的事实需要重新调查核实的;
(三)主持人应当回避,需要重新确定主持人的;
(四)其他需要延期的情形。

第十八条 审计听证会结束后,主持人应当将审计听证笔录、案卷材料等一并报送审计机关。

审计机关根据审计听证笔录以及有关审理意见,区别以下情形作出决定:
(一)确有应受审计处罚的违法行为的,根据情节轻重及具体情况,作出审计处罚;
(二)违法事实不能成立的,不予审计处罚;
(三)违法行为轻微,依法依规可以不予审计处罚的,不予审计处罚。

违法行为涉嫌犯罪的,审计机关应当依法依规移送监察机关或者司法机关处理。

第十九条 审计机关不得因当事人要求审计听证、在审计听证中进行申辩和质证而加重处罚。

第二十条　审计听证文书和有关资料应当归入相应的审计项目档案。

第二十一条　审计听证文书送达适用《中华人民共和国民事诉讼法》的有关规定。

第二十二条　本规定由审计署负责解释。

第二十三条　本规定自发布之日起施行。审计署于2000年1月28日发布的《审计机关审计听证的规定》(2000年审计署第1号令)同时废止。

附件：1. 审计听证告知书(参考格式)(略)
　　　2. 审计听证通知书(参考格式)(略)
　　　3. 审计听证笔录(参考格式)(略)

审计机关审计档案管理规定

(中华人民共和国审计署、中华人民共和国国家档案局令第10号)

第一条　为了规范审计档案管理，维护审计档案的完整与安全，保证审计档案的质量，发挥审计档案的作用，根据《中华人民共和国档案法》《中华人民共和国审计法》和其他有关法律法规，制定本规定。

第二条　本规定所称审计档案，是指审计机关进行审计(含专项审计调查)活动中直接形成的对国家和社会具有保存价值的各种文字、图表等不同形式的历史记录。

审计档案是国家档案的组成部分。

第三条　审计机关的审计档案管理工作接受同级档案行政管理部门的监督和指导；审计机关和档案行政管理部门在各自的职责范围内开展审计档案工作。

第四条　审计机关审计档案应当实行集中统一管理。

第五条　审计机关应当设立档案机构或者配备专职(兼职)档案人员，负责本单位的审计档案工作。

第六条　审计档案案卷质量的基本要求是：审计项目文件材料应当真实、完整、有效、规范，并做到遵循文件材料的形成规律和特点，保持文件材料之间的有机联系，区别不同价值，便于保管和利用。

第七条　审计文件材料应当按照结论类、证明类、立项类、备查类4个单元进行排列。

第八条　审计文件材料归档范围：

(一)结论类文件材料：上级机关(领导)对该审计项目形成的《审计要情》《重要信息要目》等审计信息批示的情况说明、审计报告、审计决定书、审计移送处理书等结论类报告，及相关的审理意见书、审计业务会议记录、纪要、被审计对象对审计报告的书面意见、审计组的书面说明等。

(二)证明类文件材料：被审计单位承诺书、审计工作底稿汇总表、审计工作底稿及相应的审计取证单、审计证据等。

(三)立项类文件材料：上级审计机关或者本级政府的指令性文件、与审计事项有关的举报材料及领导批示、调查了解记录、审计实施方案及相关材料、审计通知书和授权审计通知书等。

（四）备查类文件材料：被审计单位整改情况、该审计项目审计过程中产生的信息等不属于前三类的其他文件材料。

第九条　审计文件材料按审计项目立卷，不同审计项目不得合并立卷。

第十条　审计文件材料归档工作实行审计组组长负责制。

审计组组长确定的立卷人应当及时收集审计项目的文件材料，在审项目终结后按立卷方法和规则进行归类整理，经业务部门负责人审核、档案人员检查后，按照有关规定进行编目和装订，由审计业务部门向本机关档案机构或者专职（兼职）档案人员办理移交手续。

第十一条　审计机关统一组织多个下级审计机关的审计组共同实施一个审计项目，由审计机关负责组织的业务部门确定文件材料归档工作。

第十二条　审计复议案件的文件材料由复议机构逐案单独立卷归档。

为了便于查找和利用，档案机构（人员）应当将审计复议案件归档情况在被复议的审计项目案卷备考表中加以说明。

第十三条　审计档案的保管期限应当根据审计项目涉及的金额、性质、社会影响等因素划定为永久、定期两种，定期分为30年、10年。

（一）永久保管的档案，是指特别重大的审计事项、列入审计工作报告、审计结果报告或第一次涉及的审计领域等具有突出代表意义的审计事项档案。

（二）保管30年的档案，是指重要审计事项、查考价值较大的档案。

（三）保管10年的档案，是指一般性审计事项的档案。

审计机关业务部门应当负责划定审计档案的保管期限。

执行同一审计工作方案的审计项目档案，由审计机关负责组织的业务部门确定相同保管期限。

审计档案的保管期限自归档年度开始计算。

第十四条　审计文件材料的归档时间应当在该审计项目终结后的5个月内，不得迟于次年4月底。

跟踪审计项目，按年度分别立卷归档。

第十五条　审计机关应当根据审计工作保密事项范围和有关主管部门保密事项范围的规定确定密级和保密期限。凡未标明保密期限的，按照绝密级30年、机密级20年、秘密级10年认定。

审计档案的密级及其保密期限，按卷内文件的最高密级及其保密期限确定，由审计业务部门按有关规定作出标识。

审计档案保密期限届满，即自行解密。因工作需要提前或者推迟解密的，由审计业务部门向本机关保密工作部门按解密程序申请办理。

第十六条　审计档案应当采用"年度—组织机构—保管期限"的方法排列、编目和存放。审计案卷排列方法应当统一，前后保持一致，不可任意变动。

第十七条　审计机关应当按照国家有关规定配置具有防盗、防光、防高温、防火、防潮、防尘、防鼠、防虫功能的专用、坚固的审计档案库房，配备必要的设施和设备。

第十八条　审计机关应当加强审计档案信息化管理，采用计算机等现代化管理技术编制适用的检索工具和参考材料,积极开展审计档案的利用工作。

第十九条　审计机关应当建立健全审计档案利用制度。借阅审计档案,仅限定在审计机关内部。审计机关以外的单位有特殊情况需要查阅、复制审计档案或者要求出具审计档案证明的,须经审计档案所属审计机关分管领导审批,重大审计事项的档案须经审计机关主要领导审批。

第二十条　省级以上(含省级)审计机关应当将永久保管的、省级以下审计机关应当将永久和30年保管的审计档案在本机关保管20年后,定期向同级国家综合档案馆移交。

第二十一条　审计机关应当按照有关规定成立鉴定小组,在审计机关办公厅(室)主要负责人的主持下定期对已超过保管期限的审计档案进行鉴定,准确地判定档案的存毁。

第二十二条　审计机关应当对确无保存价值的审计档案进行登记造册,经分管负责人批准后销毁。销毁审计档案,应当指定两人负责监销。

第二十三条　对审计机关工作人员损毁、丢失、涂改、伪造、出卖、转卖、擅自提供审计档案的,由任免机关或者监察机关依法对直接责任人员和负有责任的领导人员给予行政处分;涉嫌犯罪的,移送司法机关依法追究刑事责任。档案行政管理部门可以对相关责任单位依法给予行政处罚。

第二十四条　电子审计档案的管理办法另行规定。

第二十五条　审计机关和档案行政管理部可以根据本地实际情况,在遵循本规定的基础上联合制定实施办法。

第二十六条　本规定由审计署和国家档案局负责解释。

第二十七条　本规定自2013年1月1日起施行。此前审计署发布的《审计机关审计档案工作准则》(2001年审计署第3号令)同时废止。

第三部分
中介执业监督

 政策导读

本部分介绍以会计师事务所等社会中介执业机构为主导组织开展的监督检查活动,主要包括注册会计师行业发展、会计师事务所管理、代理记账行业管理、资产评估行业管理等相关内容。

一、注册会计师行业发展

党中央高度重视注册会计师行业发展,习近平总书记多次对行业发展作出重要批示指示,要求会计审计机构增强自律性、公正性和专业化水平,有效发挥财会监督作用。在党中央的坚强领导下,我国注册会计师行业规模不断扩大,服务范围不断拓展,做强做大战略取得成效,行业发展总体向好,在维护资本市场秩序和社会公众利益、提升会计信息质量和经济效率等方面发挥了重要作用。截至2021年7月底,全国共有执业注册会计师11.1万人,会计师事务所8782家,行业年度业务收入超过1000亿元,为全国4000多家上市公司、1万多家新三板企业和400多万家企事业单位提供审计鉴证和其他业务服务,并深度参与国家"一带一路"建设,为1.1万中国企业在全球200多个国家和地区设点布局提供强有力的专业支持。但在取得成绩的同时,也存在会计师事务所"看门人"职责履行不到位、行业监管和执法力度不足、行业治理水平有待进一步提升、事中事后监管手段有待进一步创新等问题。为深入贯彻落实党中央决策部署,切实加强会计师事务所监管,充分发挥注册会计师审计鉴证作用,财政部会同相关部门研究起草、报请国务院批准,由国务院办公厅于2021年7月印发实施了《国务院办公厅关于进一步规范财务审计秩序促进注册会计师行业健康发展的意见》(国办发〔2021〕30号)。该意见以全面提升注册会计师行业服务国家建设能力为目标,统筹发展和安全,紧抓质量提升主线,守住诚信操守底线,筑牢法律法规红线,明确提出诚信为本、质量为先,从严监管、从严执法等5项原则,并从依法整治财务审计秩序、强化行业日常管理、优化执业环境和能力等三方面提出12项主要任务,为"十四五"和今后一段时期我国注册会计师行业的发展指明了方向,标志着我国注册会计师行业迎来新的重大发展机遇。

加大对违法主体的处罚力度,从严监管、从严执法,需要进一步完善行业基础性制度规范,从根本上解决制约行业发展的体制性、机制性问题。对此,该意见明确指出,要制定注册会计师行业基础性制度清单,及时跟进健全相关制度规定,建立健全制度化、常态化的长效机制。在推动相关法律修订方面,一是抓紧修订会计法,着重加大财务造假处罚力度,规范开展财务管理,强化内部控制,从源头上规范企业会计行为。二是加快推进注册会计师法修订,严格行业准入标准,加强特定实体审计监管,完善责任追究机制,合理区分会计责任和审计责任,着重加大对违规出具虚假审计报告等行为的处罚力度。三是配合有关方面研究完善注册会计师法律责任相关司法解释,细化故意、重大过失、一般过失的不同情形和判断标准,指导判罚实践体现"过罚相当"原则。在完善行业制度规范方面,一是加强监管类制度,

包括会计师事务所监督检查办法、会计师事务所一体化管理办法、注册会计师行业严重失信主体名单管理办法、会计师事务所自查自纠报告规定等。二是优化服务类制度，包括国有企业、上市公司选聘会计师事务所有关规定；银行审计函证数据标准；会计师事务所职业责任保险暂行办法等。

提升监管信息化水平是提升监管效能、解决多头监管和效率低下等问题的重要抓手。目前，注册会计师行业监管系统还未完全打通，既影响了行业监管效率效果，也加重了会计师事务所和注册会计师信息报送负担。该意见提出，要加强信息化建设，构建注册会计师行业统一监管信息平台；探索建立审计报告数据单一来源制度，推动实现全国范围"一码通"。近年来，财政部致力于通过信息化建设加强注册会计师执业日常监控，丰富预警和分析工具，提升大数据时代信息化监管能力，取得了积极效果。目前，正在加快推进建设统一的监管信息平台，将涉及注册会计师和会计师事务所的行政监管、行业自律事项和信息纳入统一平台管理，优化管理流程、提高服务效率，实现监管信息共享。同时，积极开发推广审计报告验真码，将审计报告上传、信息填报、防伪贴码、查询验证等全流程纳入监管，从源头遏制虚假审计报告行为，从机制设计上打击"无证经营"、冒用会计师事务所名义网络售卖审计报告、超出胜任能力执业等行业突出违法违规行为，切实规范审计秩序。

诚信建设是注册会计师行业的灵魂和底线。近年来，会计师事务所审计失败的案例时有发生，引发社会公众对注册会计师的执业能力特别是诚信操守的质疑。财政部对此高度重视，积极采取措施，加强行业诚信体系建设，净化行业底层土壤，营造风清气正的行业发展环境。一是有效整治行业"潜规则"。依法整治当前行业内较为突出的会计师事务所无证经营、注册会计师挂名执业、网络售卖审计报告、注册会计师超出胜任能力执业等问题，坚决纠正会计师事务所违反职业规范和道德规范的重大问题。目前，财政部已联合网信办、市场监管总局、人力资源社会保障部等部门在全国部署开展整治工作并取得阶段性成效。二是建立行业诚信约束制度。财政部正抓紧研究制定注册会计师行业严重失信主体名单管理办法，拟将一定期间内屡次受到行政处罚、承担刑事民事责任的注册会计师、会计师事务所以及未向行业主管部门履行基本报备义务的会计师事务所纳入失信"黑名单"，与相关部门实现信息共享，进行联合惩戒，形成失信者"寸步难行"的强大威慑。三是完善统一的投诉举报渠道。为了强化公众参与，加强社会监督，及时发现和处理会计师事务所违法违规问题，要畅通投诉举报渠道，建立统一的行业举报受理平台，进一步完善投诉举报办理机制，做到"接诉必应、限时核查、查实必处、处则必严"。

实践工作中，部分企业利用招投标机制不断增加价格因素权重，压低中标价格，部分会计师事务所为承揽业务压低报价，导致审计收费不合理降低，有的明显低于审计成本，引发行业低价恶性竞争。低价恶性竞争不但导致会计师事务所减少审计投入，压减审计程序，从而直接影响审计质量，更引发了"劣币驱逐良币"的现象，合规经营的会计师事务所难以获取合理收入、人才流失等制约了行业长远发展。为此，该意见提出，要推进以质量为导向的会计师事务所选聘机制建设。目前，财政部正会同国资委、证监会等相关部门加快研究制定、完善国有企业、上市公司选聘会计师事务所有关规定，通过科学设置会计师事务所选聘的指标权重，提高质量因素权重，降低价格因素权重，完善价格因素的评价方式，引导形成以质量为导向的选聘机制。同时，进一步压实企业审计委员会责任，要求企业按照客观、公正的原则选聘执业质量高、独立性强、职业操守好的会计师事务所,充分发挥注册会计师对企业的审计把关作用。下一步,财政部将会同相关部门加强规定执行情况的监督检查,对违反规定的企业和压价竞争的会计师事务所严肃追责并公告,通过规范企业选聘行为,有效遏制行业低价恶性竞争,为提高注册会计师审计质量提供制度保障。

为贯彻落实《国务院办公厅关于进一步规范财务审计秩序 促进注册会计师行业健康发展的意见》(国办发〔2021〕30号),指导会计师事务所和注册会计师加大审计重点领域关注力度、控制审计风险、进一步有效识别财务舞弊,充分发挥审计鉴证作用,财政部于2022年10月发布了《关于加大审计重点领域关注力度 控制审计风险 进一步有效识别财务舞弊的通知》(财会〔2022〕28号),这是推动注册会计师行业切实履行审计鉴证职责、合理保证会计信息质量、帮助财务报告使用者作出有效决策判断的重要举措,是保障注册会计师行业长远健康发展的重要基础,是回应社会关切、维护市场秩序和公众利益的重要手段。该通知表示,会计师事务所要不断健全质量管理体系,完善审计程序。各会计师事务所要认真对照通知要求,查找自身在审计环节中存在的突出问题与薄弱环节,及时有效识别、评价和应对其对执业质量的不利影响,相应完善自身审计程序。进驻企业前要多方渠道收集企业财务、经营信息并形成客户风险分析和应对报告,进驻企业后要对存在财务舞弊行为的重点领域采取针对性审计程序,切实防范、揭示会计造假行为。实施整合审计时,要高度关注管理层凌驾内部控制之上的风险。该通知要求,注册会计师要严格执行审计准则,提高应对财务舞弊的执业能力。注册会计师要在做好其他领域审计的同时,加大对货币资金、存货、在建工程和购置资产、资产减值、收入、境外业务、企业合并、商誉、金融工具、滥用会计政策和会计估计、关联方关系及交易等11个近年来财务舞弊易发高发领域的关注力度,做好有效应对。财政部门、注册会计师协会在开展会计师事务所执业质量检查中,要对会计师事务所在上述重点领域是否贯彻风险导向审计理念、相关审计程序是否实施到位、获取的审计证据是否足以有效支持审计报告意见类型等列入重点关注范围。要进一步规范审计秩序,严格依法依规处理处罚,坚决清理注册会计师行业"害群之马",强化震慑,促进会计师事务所提升执业质量和职业声誉、注册会计师提升专业胜任能力和塑造职业精神。

诚信作为行业的核心价值,是行业的立业之本和发展之要。习近平总书记对注册会计师行业作出"要紧紧抓住服务国家建设这个主题和诚信建设这条主线"的重要批示。2021年,国务院办公厅印发《国务院办公厅关于进一步规范财务审计秩序 促进注册会计师行业健康发展的意见》,明确提出要"加强行业日常监管和信用管理"。2023年,中共中央办公厅、国务院办公厅印发《关于进一步加强财会监督工作的意见》,明确要求"加强行业诚信建设,健全行业诚信档案,把诚信建设要求贯穿行业管理和服务工作各环节"。财政部始终坚持以诚信建设为主线推进注册会计师行业改革发展,持续加强行业诚信建设,基本形成了符合我国市场经济特点的行业诚信建设体系,行业诚信建设取得积极成效。但从近年来曝光的一些审计失败案例来看,行业诚信建设与新时代高质量发展和全面建设社会主义现代化强国要求不匹配、不协调、不适应的矛盾仍然突出。主要表现为:诚信标准尚不健全;覆盖行业全过程、全链条的诚信监控体系尚未形成,诚信信息采集和披露机制尚不完备,行业从业人员诚信信息仍有缺失;守信激励和失信惩戒机制尚不健全,尚未实现共享和公开相关信息并实施联合惩戒;诚信教育机制尚未覆盖行业服务全环节,履约践诺、诚实守信的诚信文化氛围尚未全面形成。为贯彻落实国家文件要求,适应新时代高质量发展和全面建设社会主义现代化强国对注册会计师行业诚信建设提出的要求,增强行业诚信观念,提升执业质量,营造守法经营、诚信服务的行业文化,财政部于2023年3月制定了《注册会计师行业诚信建设纲要》(财会〔2023〕5号),对行业诚信建设进行全面统筹谋划,明确未来一段时间行业诚信建设的方向,对行业诚信建设提出新的要求。印发该纲要对于加强行业诚信建设,更好地发挥行业维护社会公平正义、规范市场经济秩序、保障国家经济安全等作用,培育和践行社会主义核心价值观等都具有重要意义。该纲要分为8个部分,共17条,主要按以下思路谋篇布局:围绕一条主线,即围绕以诚信建设推进行业高质量发展为主线,作为工作基点;聚焦两个需求,即聚焦落实社会信用体系建设客观需求和行业高质量发展内在需求,细化有关工作;抓住三个环节,即抓住诚信标准建设、诚信标准执行、诚信监督管理等主要环节,推进构建行业诚信闭环管理体系。统筹发挥四方面主体作用,即统筹财政部门、注册会计师协会、会计师事务所和从业人员等四方面主体,明确各自职责定位和工作要求;遵循五项原则,即按照"政府推动,社会共建""健全制度,规范发展""以人为本,教育为先""德法并举,刚柔相济""重点突破,强化联动"等基本原则,对行业诚信建设体系进行谋划布局;规划六方面重点工作,即从诚信标准建设、诚信教育和诚信文化建设、诚信信息采集和信息监控体系建设、诚信监管和评级评价制度建设、守信激励和失信惩戒机制建设以及组织保障等六个方面重点推进行业诚信建设。

为全面贯彻习近平总书记关于做好新时代人才工作的重要思想和党中央、国务院决策部署,进一步加强新时代注册会计师行业人才工作,财政部于2022年6月制定了《关于加强新时代注册会计师行业人才工作的指导意见》(财会〔2022〕21号),用"全生命周期"理论指导,完善提升行业人才工作体制机制建设、完善制度体系和工作体系的各个方面,推动行业人才建设整体上台阶,更好服务国家经济社会发展。该指导意见共包括总体要求、建立健全行业人才工作体制机制、健全完善行业人才工作体系和制度体系、着力加强行业人才培养载体建设、持续打造行业人才领头羊和生力军、组织保障等六个部分。制定出台该指导意见加强新时代行业人才工作,是面向社会经济发展对行业发展提出新要求的积极回应。当前我国已转向高质量发展阶段,我国经济总量稳居世界第二,经济增速名列前茅。我国经济高质量发展对注册会计师行业人才提出了新要求,比如,双循环发展、高水平对外开放和"一带一路"倡议的深入开展,要求行业人才具有国际化视野和全球化思维;数字化、双碳时代等经济高质量发展需求要求人才素质向专业化和价值链高端延伸;注册制推行和新证券法贯彻实施,资本市场的开放发展对行业人才服务质量、诚信度和服务范围提出了更高要求。为此,必须加强新时代行业人才工作,打造一支适应市场经济发展需求,被市场和公众普遍认可、专业倚重、道德信赖的行业人才队伍。这既是行业更好践行服务国家建设这个主题和诚信建设这条主线的必由之路,也是就国家社会经济发展对行业发展提出新要求的积极回应。该指导意见的制定主要从以下方面出发来谋篇布局:一是坚持一个中心。坚持党管人才的中心,在财政部党组领导下,充分发挥财政部人才工作领导小组的作用,将政治标准放在行业人才建设的首要位置,将政治引领贯穿于行业人才工作的始终。二是构建两个体系。在全面总结梳理行业人才工作已有工作体系、工作方法、工作经验的基础上,按照全生命周期管理理论,紧扣行业人才建设"选、用、管、育、留"各个环节,建立健全行业人才工作体系和制度体系两个体系，推动行业人才工作迈上新台阶。三是把握三个立足。立足于国家经济社会发展对行业人才工作的客观要求，立足于加强财会监督对行业人才工作的根本要求，立足于行业高质量发展对行业人才工作的内在要求，坚持问题导向、需求导向，科学研判、精准施策、守正创新，优化、创新行业人才工作管理和服务内容。四是聚焦四类人才。顺应行业高质量发展需要，突出行业人才工作重点，聚焦行业人才"高精尖缺"，抓好行业后备人才、青年骨干人才、会计师事务所合伙人、行业国际化人才等四类人才培养，形成梯次化行业人才培养体系，夯实行业高质量发展人才基础。

二、会计师事务所管理

会计师事务所在促进提高会计信息质量，维护市场经济秩序等方面发挥重要作用。近年来，财政部在国务院国资委、银保监会等部门的大力支持下，开展提升会计师事务所审计质量专项整治，严厉打击注册会计师行业违法违规行为，加强行业管理制度和审计准则建设，持续推动会计师事务所加强一体化管理，加快推进函证集中化、数字化处理，引导注册会计师行业在提升审计质量方面取得积极成效。但同时，注册会计师行业发展还存在一些问题，部分会计师事务所审计质量不高、风险意识不足、内部治理不完善，执业环境不容乐观，需要加强和改进执业管理、进一步提升审计质量。根据国务院有关决定精神，为加强会计师事务所执业管理，切实促进提高会计师事务所审计质量，落实国务院金融稳定发展委员会工作任务要求，财政部、国务院国资委、银保监会于 2020 年 9 月共同印发了《关于加强会计师事务所执业管理 切实提高审计质量的实施意见》（财会〔2020〕14 号）。坚持有序推动，平稳实施，在调整会计师事务所执业管理政策的同时，加快形成接续性管理措施，引导会计师事务所根据自身规模、能力和专长承接业务，推动改革平稳有序实施。总的考虑是：坚持质量优先，做强做优，树立质量优先导向，加快推动形成市场择优的体制机制，引导要素资源等向优质会计师事务所聚集，促进注册会计师行业发展壮大；坚持突出重点，统一规则，以上市公司、国有企业及金融企业等公众利益实体审计作为监管重点，完善执业标准体系，维护国家统一审计准则的严肃性，促进形成规范统一的审计市场。该实施意见突出行业监管的系统性协同性，运用行政监管、市场约束、行业自律、信用建设等多种方式手段，推出了 10 项政策措施，强化市场约束，增强企业责任，加大监管力度，加强会计师事务所执业管理，促进注册会计师行业在公平竞争中、在严格监管中实现高质量发展。一是完善会计师事务所执业管理政策，对会计师事务所从事证券服务业务实行备案管理，充分运用现有规章制度，突出服务能力和执业质量，促进形成科学有序的管理格局。二是逐步推动开展会计师事务所质量评估，鲜明树立质量优先发展导向，进一步推动大型会计师事务所做强做优，促进中小型会计师事务所做精做专，形成大中小会计师事务所协同发展的格局。三是深化会计师事务所符合执业许可条件监督，督促会计师事务所不断保持和提升执业能力。四是加强会计师事务所执业监测和管理，及时共享有关信息。五是加大会计师事务所信息披露力度，满足企业选聘会计师事务所信息需求，自觉接受社会公众监督。加强注册会计师行业诚信体系建设，研究推动对执业失信行为的联合惩戒。六是强化企业在选聘会计师事务所中的责任，企业应当有效发挥股东大会、董事会及审计委员会、监事会在选聘会计师事务所中的作用。七是加强注册会计师行业自律,维护行业良好有序的竞争环境。八是加大对会计师事务所监督检查力度,加强监督检查工作的协同和信息共享。九是对负有责任的会计师事务所及相关责任人,严格处罚措施。十是加强行业主管部门与其他监管部门的协同,强化联动,形成合力,共同促进审计质量提升。

会计师事务所内部管理水平如何,直接影响注册会计师执业质量。当前,少数会计师事务所过于注重规模扩张,疏于内部治理,存在"山头主义""分灶吃饭"的现象,持续发展的根基不稳,埋下了风险隐患。近年来发生的审计失败案例,多与会计师事务所内部治理出现问题、导致质量控制流于形式有关。为严格质量控制,加强风险管理,《国务院办公厅关于进一步规范财务审计秩序促进注册会计师行业健康发展的意见》(国办发〔2021〕30号)提出,要引导会计师事务所强化内部管理,重点是加强一体化管理。为贯彻落实有关要求,加强会计师事务所内部治理,提高质量管理水平,财政部于2022年5月印发了《会计师事务所一体化管理办法》(财会〔2022〕12号)。通过建立可衡量、可比较的指标体系,引导会计师事务所在人员调配、财务安排、业务承接、技术标准和信息化建设等五个方面对标对表,加强内部统一管理,为审计质量整体提升提供保障。同时加强检查评估并纳入综合排名,财政部会同相关部门、行业协会建立健全公开、透明、规范的一体化管理检查程序,将一体化管理情况作为监督检查的重点内容,检查评价结果作为会计师事务所综合排名的重要依据。

为加强财会监督,进一步规范注册会计师行业管理,持续提升注册会计师审计质量,有效发挥注册会计师审计鉴证作用,财政部于2022年4月印发了《会计师事务所监督检查办法》(财办〔2022〕23号),创新事中事后监管。财政部各地监管局根据财政部授权监督检查其监管区域内会计师事务所从事证券服务业务和经法律、行政法规规定的关系公众利益的其他特定业务的执业质量,以及上述业务涉及的注册会计师执业情况。办法提出,建立分级分类监管机制,突出对从事证券服务业务、中央金融机构审计业务、中央企业集团审计业务会计师事务所的检查,重点围绕会计师事务所执业质量、符合执业许可条件、一体化管理、独立性保持、信息安全、职业风险防范、注册会计师执业情况等开展检查。细化处罚措施,根据违规情节、危害后果,对会计师事务所和注册会计师违规行为分别给予采取监管措施、不同幅度的行政处罚,并建立公开披露、诚信约束机制。同时,强化会计师事务所责任,要求会计师事务所建立年度自查自纠报告机制。省级以上财政部门应当将存在下列情形的会计师事务所列为重点检查对象,加大检查力度:因执业行为被投诉或举报,且经核属实的;因执业行为五年内(检查当年按一年计算)受到两次(含)以上行政处罚的;以不正当竞争方式承揽业务,或审计收费明显低于合理成本的;审计报告数量、被审计单位规模与会计师事务所和注册会计师的执业能力、承担风险能力不相称,且明显超出服务能力的;未按规定进行报备的。

三、代理记账行业管理

近年来,代理记账行业发展迅速,全国新设立代理记账机构数量成倍增长,但快速发展的背后也暴露出诸多问题。如:个人代账和无照无证代账等违法违规现象严重,加剧了代理记账行业恶性竞争,损害了代理记账行业整体形象,影响了行业的健康有序发展;代理记账行业准入门槛较低,且缺乏相应的退出机制和行政处罚手段,加大了行业管理部门的监管难度等。要妥善解决好这些问题,一方面,需要加强政府直接监管,建立政府部门间综合监管机制,有效维护市场的正常秩序;另一方面,需要加强行业自律管理,通过鼓励代理记账机构自发依法成立行业协会,积极发挥行业协会自律管理和自我服务功能,推动行业执业标准化建设,规范代理记账机构操作流程,提高行业风险防范能力,促进行业健康有序发展。

为进一步贯彻落实国务院"放管服"改革要求,从优化准入服务、清理证明事项、推广业务网上办理等方面优化代理记账审批服务,加强事中事后监管,财政部于2019年3月修订发布《代理记账管理办法》(财政部令第98号),大力简化了代理记账资格申请材料,压缩了法定审批时限,优化代理记账审批服务体验;同时删除了有关会计从业资格的规定,进一步放宽主管代理记账业务负责人的条件,激发市场主体活力。代理记账有关人员从业条件有两方面变化:一是对代理记账从业人员从业不再设置硬性门槛条件,代理记账机构从业人员具有会计类专业基础知识和业务技能,能够独立处理基本会计业务即可,并由代理记账机构对从业人员从业能力自主评价认定。二是拓宽了主管代理记账业务负责人的条件,"从事会计工作不少于三年"的人员可担任主管代理记账业务负责人。对代理记账资格申请和审批规定了以下便民举措:一是取消了申请材料中的各项证明,由有关人员出具书面承诺即可。二是大力压缩代理记账审批时限,在国务院"证照分离"改革将代理记账资格审批时限从20个工作日压缩到15个工作日的基础上,进一步压缩到10个工作日。关于代理记账资格监管和法律责任方面,加强了事中事后监管:一是根据国务院关于"证照分离"改革中"告知承诺"有关做法的精神,明确由审批机关进行全覆盖例行检查,发现实际情况与有关承诺内容不符的,依法撤销审批并给予处罚。二是要求县级以上人民政府财政部门开展"双随机一公开"方式检查,并根据有关企业因违法受到处罚情况、其他部门移交的线索以及公民、法人或者其他组织的举报等开展重点检查。三是明确了以欺骗、贿赂等不正当手段取得代理记账资格、未经批准从事代理记账、代理记账机构及其负责人、主管代理记账业务的负责人以及专职从业人员出具虚假材料等违法行为的法律责任。

在"放管服"改革红利的激励下,一些地区先行先试,部分代理记账机构联合起来,纷纷自发成立了省级、市级代理记账行业协会。但由于缺乏相应的制度规范和政策指导,客观上存在行业协会设立程序不规范、归口管理部门不明确、监管支持引导力度不够、地区间管理差异性较大等问题,一定程度上造成《代理记账管理办法》赋予基层财政部门指导行业协会的职能难以有效发挥,行业协会在新业态下的独特优势和作用不能得到充分显现。为适应"放管服"改革新形势下社会管理的总体要求,促进代理记账行业协会健康有序发展,切实规范代理记账行业协会行为,财政部于2018年11月印发了《代理记账行业协会管理办法》(财会〔2018〕32号),共计5章34条,分为总则、自律管理和自我服务、财务管理、指导与监督、附则。这是适应行政审批制度改革后政府后续监管、顺应行业协会综合监管模式的客观需要,也是促进行业健康有序发展、加强代理记账行业协会管理的客观需要。该管理办法重点规范了以下三方面关系:一是政府与行业协会之间的关系,即县级以上地方人民政府财政部门是本地区行业协会的行业管理部门,按照职能对行业协会进行业务、政策指导,履行相关监管职责,引导行业协会健康发展。二是政府行业管理和行业协会自律管理之间的关系,该管理办法立足厘清政府行业管理和协会的职能边界,即政府行业管理是通过建立健全工作联系机制,加强备案管理,监督、指导行业协会依法依规依章程开展活动,规范行业协会的自律管理和服务行为(行业协会自律管理,即制定执业规范和标准、开展诚信自律建设、督促指导会员遵守法律法规和国家统一的会计制度并实行奖惩,真正成为治理规范、反映诉求、行为自律的社会组织;力求通过改变目前单一的行政管理方式,促进共治,形成合力,推动形成行业自律和政府监管良性互动的行业监管新模式)。三是行业协会与会员之间的关系,即行业协会以服务会员为宗旨,监督会员执业质量、职业道德,维护会员合法权益,并依据其章程和行业规范对会员实行奖惩。

为贯彻落实《国务院关于深化"证照分离"改革进一步激发市场主体发展活力的通知》(国发〔2021〕7号)文件精神,深化"放管服"改革,进一步激发代理记账行业发展活力,财政部办公厅于2021年7月印发了《关于深化代理记账行业"证照分离"改革 进一步激发市场主体发展活力的通知》(财办会〔2021〕20号),在全国范围内(不含自由贸易试验区)对代理记账资格行政审批按照实行告知承诺方式推进行政审批制度改革,同时在自由贸易试验区进一步加大改革力度,试点取消代理记账资格行政审批。创新和加强代理记账行业日常监管,各级财政部门切实履行监管职责,摸清监管对象底数,通过全覆盖核查、"双随机、一公开"日常检查、重点专项检查等方式,加强对纳入监管范围的代理记账机构的监督和管理。充分发挥行业协会在行业执业标准制定、内部控制建设、诚信体系建设、竞争机制搭建、服务质量监督等方面的自律管理功能。

按照《代理记账管理办法》(财政部令第98号)第十六条关于代理记账机构应当于每年4月30日之前向审批机关报送代理记账机构基本情况表、专职从业人员变动情况的有关规定,财政部门应认真组织做好代理记账机构网上年度备案工作,加强对备案信息真实性、规范性、完整性的审核。为进一步提高政府监管效能,激发市场主体活力,推动行业高质量发展,财政部办公厅于2023年3月印发了《关于做好2023年代理记账行业管理工作的通知》(财办会〔2023〕4号),要求省级财政部门应当组织本地区县级以上财政部门认真做好2023年代理记账机构网上年度备案工作,继续开展代理记账行业无证经营、虚假承诺等违法违规行为专项整治,对违法违规行为坚持"零容忍"。同时,在推进行业整治工作走深走实的过程中,重点推动建立部门协同机制、创新监管方式、加强信用监管、强化队伍建设等,确保行业整治工作取得实效,逐步从根本上解决问题,实现会计秩序有效整肃、执业风气全面好转。

四、资产评估行业监管

资产评估是现代高端服务业,是经济社会发展中的重要专业力量,是财政管理中的重要基础工作。党的十八大以来,随着全面深化改革稳步推进和各项改革措施不断出台,资产评估行业面临的环境发生了很大变化,对资产评估行业行政管理提出更高要求。为落实资产评估法规定的对资产评估行业监督管理要求,体现"简政放权、放管结合"的改革精神和"既不缺位也不越位"的监管原则,财政部于2017年4月制定出台、2019年1月修改了《资产评估行业财政监督管理办法》(财政部令第86号)(以下简称《办法》),共8章72条,分别为总则、资产评估专业人员、资产评估机构、资产评估协会、监督检查、调查处理、法律责任和附则。对提升资产评估行业行政管理水平,促进资产评估行业健康发展具有重要意义。《办法》重新构建了新的资产评估行业监督管理体系,建立了行政监管、行业自律与机构自主管理相结合的管理新原则,明确了对评估专业人员、评估机构和评估协会的监管内容和监管要求,划分了各级财政部门的行政监管分工和职能,细化了资产评估法律责任的相关规定。新监管体系的建立,厘清了资产评估行业有关主体的运行规则,使资产评估行业有关主体在规则的框架内运行。

根据《中华人民共和国资产评估法》和国务院有关文件规定,目前,我国的评估行业包括六个专业领域,分别由财政、国土资源、住房和城乡建设、商务、保险监督管理五个部门负责监督管理。其中,财政部门监管的资产评估领域,具有综合性特征,必须清晰界定《办法》的适用范围:一是《办法》的名称确定为资产评估行业财政监督管理办法,便于明晰部门职责。二是限定监管的业务范围,即资产评估机构及其资产评估专业人员根据委托,对单项资产、资产组合、企业价值、金融权益、资产损失或者其他经济权益进行评定、估算,并出具资产评估报告的专业服务行为和财政部门对资产评估行业实施监督管理,适用本办法。《办法》同时指出,资产评估机构及其资产评估专业人员从事前款规定业务,涉及法律、行政法规和国务院规定由其他评估行政管理部门管理的,按照其他有关规定执行。三是《办法》在附则中进一步规定,本办法所称资产评估行业、资产评估专业人员、资产评估机构和资产评估协会是指根据资产评估法和国务院规定,按照职责分工由财政部门监管的资产评估行业、资产评估专业人员、资产评估机构和资产评估协会。按照现行部门职责分工,财政监管以外的评估领域,应执行相关法律、行政法规和国土资源、住房和城乡建设、商务、保险监督管理等其他评估行政管理部门的相关规定。

《办法》对财政部门的监督管理办法作了相关调整,由事前审批转为事后监管。首先明确了财政部门监督检查工作的职责、内容和要求,理顺了财政部和地方财政部门的具体职责关系,规定了财政部门进行监督检查的具体方式。其次明确了财政部门调查处理工作的内容和要求,对比监督检查而言,调查处理具有事由的偶发性、对象与内容的特定性、行政执法的被动性等特征。《办法》专章规范了财政部门调查处理行为,细化了财政部门受理投诉、举报的具体情形、受理范围和受理的主体;明确了财政部门处理投诉、举报的程序和方法等。按照政社分开、权责明确、依法自治的原则,根据资产评估法的规定,《办法》进一步细化了对资产评估行业协会的要求。一是规定资产评估协会是资产评估机构和资产评估专业人员的自律性组织,接受有关财政部门的监督,不得损害国家利益和社会公共利益,不得损害会员的合法权益。二是规定资产评估协会章程应报财政管理部门备案,资产评估协会向财政部门报告会员信用档案、会员自律检查情况和对会员的奖惩情况等。三是规定资产评估协会的自律管理要求,包括应对资产评估机构及其资产评估专业人员执业质量和职业风险防范机制进行自律检查,对机构年度报送的材料进行分析,发现违法情形及时向财政部门报告等。四是规定资产评估协会应当与其他评估专业领域行业协会加强沟通协作,建立会员、执业、惩戒等相关信息的共享机制。

为贯彻落实习近平总书记关于坚持和完善党和国家监督体系的重要指示精神,围绕加强财会监督工作,使行政监管和行业自律有机融合、协同推进,把资产评估行业监管制度优势更好转化为治理效能,促进资产评估行业持续健康发展,财政部办公厅于2021年2月印发了《财政部加强资产评估行业联合监管若干措施》(财办监〔2021〕7号)。财政部监督评价局和中国资产评估协会在财政部党组的集中统一领导下共同履行对资产评估行业的法定监管职责,建立资产评估行业联合监管工作机制,加强对中央企业、中央金融机构、上市公司相关资产评估业务的监管。遵循"统一检查计划、统一规范程序、统一标准制度、统一组织实施、统一处理处罚、统一发布公告"的原则,开展年度执业质量检查。对检查发现的问题进行联合审理,分别由财政部监督评价局和中国资产评估协会作出行政处罚和行业自律惩戒。对高风险行业、领域、业务等,采取约谈、风险提示函等方式对相关资产评估机构进行日常提醒。对监管工作中发现的普遍共性问题,组织资产评估机构开展自查自纠,必要时由中国资产评估协会开展专项自律检查。

为加强资产评估机构及其资产评估师的监督管理,切实规范资产评估市场秩序,净化资产评估行业执业环境,财政部于2021年月10月印发了《财政部关于开展资产评估行业专项整治工作的通知》(财资函〔2021〕12号),重点整治资产评估师资格挂靠、超出胜任能力执业严重影响评估质量、未在财政部门备案、非法售卖资产评估报告以及内控制度不力等行为。财政部门和资产评估协会对资产评估机构提交的自查报告进行梳理分析,根据本地区和行业的实际情况,开展专项检查工作。对存在违规行为的资产评估机构和资产评估师依法作出行政处罚或行业惩戒,并公开曝光检查处理结果。财政部、中国资产评估协会汇总形成全国资产评估行业整治工作总结,建立长效机制,探索利用信息化手段监测跟踪,对资产评估机构及其资产评估师开展日常提醒和约谈。

国务院办公厅关于进一步规范财务审计秩序促进注册会计师行业健康发展的意见

（国办发〔2021〕30号）

各省、自治区、直辖市人民政府，国务院各部委、各直属机构：

改革开放以来，我国注册会计师行业规模不断扩大，服务范围不断拓展，行业发展总体向好，在维护资本市场秩序和社会公众利益、提升会计信息质量和经济效率等方面发挥了重要作用，但同时也存在会计师事务所"看门人"职责履行不到位、行业监管和执法力度不足等问题，企业财务会计信息失真、上市公司财务造假等现象时有发生。为深入贯彻党中央、国务院关于严肃财经纪律的决策部署，切实加强会计师事务所监管，遏制财务造假，有效发挥注册会计师审计鉴证作用，经国务院同意，现就进一步规范财务审计秩序、促进注册会计师行业健康发展提出以下意见。

一、总体要求

（一）指导思想。以习近平新时代中国特色社会主义思想为指导，全面贯彻党的十九大和十九届二中、三中、四中、五中全会精神，切实增强"四个意识"、坚定"四个自信"、做到"两个维护"，按照党中央、国务院决策部署，严肃财经纪律，以全面提升注册会计师行业服务国家建设能力为目标，统筹发展和安全，紧抓质量提升主线，守住诚信操守底线，筑牢法律法规红线。坚持监管与服务并重、治标与治本结合，树立系统观念，做好统筹谋划，努力构建部门协同、多方联动、社会参与的监管工作格局，有效解决突出问题，切实加强行政监管，逐步完善行业治理，显著优化执业环境，持续提升审计质量，为维护社会公平正义、规范市场经济秩序、保障国家经济安全提供有力支撑。

（二）工作原则。

——诚信为本，质量为先。将诚信建设作为行业发展的生命线，始终坚持质量至上的发展导向，持续提升注册会计师执业能力、独立性、道德水平和行业公信力。

——从严监管，从严执法。坚持问题导向，坚决纠正违反职业规范和道德规范的重大问题，严厉打击会计审计违法违规行为，发现一起、查处一起，做到"零容忍"，曝光典型案例，树行业正气。

——归位尽责，协同发力。加强监管部门之间、政府部门和行业协会之间的沟通协作，进一步厘清职责边界，落实监管责任，加强统筹协调，完善工作机制，强化信息共享，形成监管合力。

——综合施策，多措并举。加强注册会计师行业监管的系统性、协同性，综合运用行政监管、市场约束、行业自律、社会监督等多种方式手段，优化执业环境，净化行业风气，督促会计师事务所提升内部管理水平,提高行业监管效能。

——着眼长远,常抓不懈。立足当前,强化法律法规和职业道德要求,狠抓审计职业规范,集中解决突出问题;着眼长远,与时俱进完善相关基础制度规范,形成长效机制,全面提升行业监管能力和治理水平。

二、依法整治财务审计秩序

(三)依法加强从事证券业务的会计师事务所监管。行业主管部门严格履行职责,充实财会监督检查力量,推动形成专业化执法检查机制,对从事证券业务的会计师事务所开展有效日常监管。出台会计师事务所监督检查办法,突出检查重点,提高检查频次,严格处理处罚,建立自查自纠报告机制,强化会计师事务所责任。完善相关部门对从事证券业务的会计师事务所监管的协作机制,加强统筹协调,形成监管合力,对会计师事务所和上市公司从严监管,依法追究财务造假的审计责任、会计责任。加强财会监督大数据分析,对财务造假进行精准打击。

(四)严肃查处违法违规行为并曝光典型案例。上下联动、依法整治各类违法违规行为,特别是针对当前行业内较为突出的会计师事务所无证经营、注册会计师挂名执业、网络售卖审计报告、超出胜任能力执业、泄露传播涉密敏感信息等,坚决纠正会计师事务所串通舞弊、丧失独立性等违反职业规范和道德规范的重大问题。梳理一批财务会计领域违法违规典型案件,形成各部门共同行动清单,区分不同情况依法依规严肃处理,坚决做到"零容忍",对影响恶劣的重大案件从严从重处罚,对违法违规者形成有效震慑。加大典型案例曝光力度,对全社会、全行业形成警示。

(五)加快推进注册会计师行业法律和基础制度建设。制定注册会计师行业基础性制度清单,及时跟进健全相关制度规定,建立健全制度化、常态化的长效机制。推动加快修订注册会计师法,进一步完善行政强制措施、丰富监管工具、细化处罚标准、加大处罚力度。合理区分财务造假的企业会计责任和会计师事务所审计责任,明确其他单位向注册会计师出具不实证明的法律责任。完善会计师事务所组织形式相关规定,明确公众利益实体审计要求。按照过罚相当原则依法处理涉会计师事务所责任案件,研究完善会计师事务所和注册会计师法律责任相关司法解释,进一步明确特殊普通合伙会计师事务所的民事责任承担方式。完善维护信息安全要求,明确境外机构和人员入境执业等相关监管规定。科学合理确定会计师事务所从事上市公司等特定实体审计业务的具体要求,统一公开相关标准。结合实际优化会计师事务所和注册会计师审计轮换机制。

(六)建立健全监管合作机制。建立跨部门合作机制,实现财会监督与其他方面监督有机贯通、协同发力。建立注册会计师行业年度工作会议和日常联席会议机制,整合力量、凝聚共识,切实形成监管合力,及时研究解决制约行业发展的突出问题,不断提升行业监管水平。针对财务会计领域跨区域、跨行业的突出问题,加强中央与地方之间、部门之间监管协调。依法依规开展跨境会计审计监管合作,维护国家经济信息安全和企业合法权益,增强国际公信力和影响力。

三、强化行业日常管理

(七)强化国家统一的会计制度贯彻实施。完善企业会计准则体系,修订相关指南、案例等,加强培训和实务指导,及时解决贯彻实施中存在的突出问题。制定推广会计数据标准,开展企业会计报表电子报送试点,推动部门间会计数据共享。推动加快修订会计法,进一步明确会计核算、内部控制、信息化建设等要求,丰富监管手段,大幅提高处罚标准,加大财务造假法律责任追究力度,推进会计诚信体系建设,全面提升企业会计信息质量。

(八)加强行业日常监管和信用管理。加强信息化建设,构建注册会计师行业统一监管信息平台,通过业务报备、电子证照和签章等手段加强日常监测,提升监管效率和水平。探索建立审计报告数据单一来源制度,推动实现全国范围"一码通",从源头治理虚假审计报告问题。出台注册会计师行业严重失信主体名单管理办法,依法依规共享和公开相关信息并实施联合惩戒。畅通投诉举报渠道,建立统一的行业举报受理平台,完善投诉举报办理机制,做到"接诉必应、限时核查、查实必处、处则从严"。

(九)完善审计准则体系和职业道德规范体系。立足我国注册会计师执业实践,结合准则国际趋同等需要,及时修订完善审计准则体系并推动落地实施。加强职业道德守则宣传、培训和实施指导,针对职业规范和道德规范执行的薄弱环节,指导会计师事务所改进审计程序,增强审计独立性,提高应对财务舞弊的执业能力。

四、优化执业环境和能力

(十)引导会计师事务所强化内部管理。加强会计师事务所一体化管理,出台一体化管理办法,建立可衡量、可比较的指标体系,引导会计师事务所在人员调配、财务安排、业务承接、技术标准和信息化建设方面实行统一管理,建立健全公开、透明、规范的一体化管理检查评估程序。进一步完善会计师事务所综合排名机制,将一体化管理检查评估结果作为排名的重要依据,引导会计师事务所对标对表加强内部管理。结合大、中、小型会计师事务所特点,每年从一体化管理、信息化管理、"专精特"发展等方面树立典型示范,推广先进经验。着力培育一批国内领先、国际上有影响力的会计师事务所,助力更多自主品牌会计师事务所走向世界。

(十一)推进以质量为导向的会计师事务所选聘机制建设。加强对企业内部审计工作的指导和监督,调动内部审计和社会审计力量,增强审计监管合力。完善国有企业、上市公司选聘会计师事务所有关规定,压实企业审计委员会责任,科学设置选聘会计师事务所指标权重,提高质量因素权重,降低价格因素权重,完善报价因素评价方式,引导形成以质量为导向的选聘机制,从源头有效遏制恶性竞争。加强对选聘相关规定执行情况的监督,对违反规定的企业和压价竞争的会计师事务所严肃追责并公告。

(十二)提升会计师事务所审计风险承担能力。完善职业责任保险制度,修订《会计师事务所职业责任保险暂行办法》,根据资本市场发展和证券业务现状,充分考虑会计师事务所客户群体、风险状况等客观差异,完善保险金额等相关要求。加强职业责任保险和职业风险基金计提情况监督,规范职业风险基金管理和使用,督促会计师事务所提升风险防范能力。探索实行行业集中投保。

(十三)加强注册会计师专业培训教育。创新继续教育方式,围绕专业胜任能力、职业技能、职业价值、职业道德等重点,丰富完善教育内容。充分利用信息技术手段,上线继续教育相关应用,切实提高培训效果,持续保持和强化注册会计师专业胜任能力和职业道德操守,提升审计质量。

(十四)进一步规范银行函证业务。加强银行函证数字化平台建设,加快推进函证集约化、规范化、数字化进程,利用信息技术解决函证不实、效率低下、收费过高等问题,支持提升审计效率和质量。开展银行函证第三方平台试点工作,总结试点经验,形成配套工作指引,完善业务、数据、安全等标准体系,推动银行函证数字化平台规范、有序、安全运行,并在上市公司年报审计中推广应用。规范银行函证业务及收费行为,对提供不实回函等违法违规行为依法依规严肃查处。

五、加强组织实施

(十五)加强党的全面领导。进一步落实行业党建工作责任,坚持会计师事务所党的组织和工作有形覆盖与有效覆盖相统一,推动会计师事务所将党建工作要求载入章程或协议,加强教育、管理、监督、服务,充分发挥行业基层党组织战斗堡垒作用和党员先锋模范作用,为注册会计师行业健康发展提供坚强政治保证。

(十六)加强组织领导。各地区、各有关部门要从经济社会发展和全面深化改革开放的大局出发,充分认识推动注册会计师行业健康发展的重要性,将相关工作摆到重要议事日程,并作为巡视督导的重要内容。财政部门作为主管部门要牵头建立信息报送、督查考评等制度,发挥统筹抓总作用。强化行业自律,支持注册会计师协会依法履职,充分发挥协会作用。密切关注注册会计师行业发展重大问题,加强前瞻性、预判性研究,坚持问题导向,注重体系建设,制定完善基础制度,及时出台配套政策,精准施策,扎实推进各项重点工作。

(十七)加强宣传引导。建立行业舆情日常监测、会商研判以及中央和地方、政府部门和行业协会的分级分类响应机制。加强对注册会计师行业法律法规和监管制度的宣传,积极引导社会舆论和市场预期。

国务院办公厅
2021 年 7 月 30 日

财政部关于加大审计重点领域关注力度 控制审计风险进一步有效识别财务舞弊的通知

(财会〔2022〕28 号)

各省、自治区、直辖市财政厅(局),深圳市财政局,新疆生产建设兵团财政局,各注册会计师协会,各会计师事务所:

为贯彻落实《国务院办公厅关于进一步规范财务审计秩序 促进注册会计师行业健康发展的意见》(国办发〔2021〕30 号),指导会计师事务所和注册会计师提高应对财务舞弊的执业能力,充分发挥审计鉴证作用,现就有关事项通知如下。

一、充分认识加大审计重点领域关注力度、控制审计风险、进一步有效识别财务舞弊的重要意义

随着我国社会主义市场经济高质量发展深入推进,注册会计师行业规模和服务范围不断扩大,在社会主义市场经济建设中发挥着日益重要的作用。中央领导高度重视注册会计师行业,多次作出重要批示指示。国办发〔2021〕30号文件明确要求各地区、各部门从经济社会发展和全面深化改革开放的大局出发,充分认识推动注册会计师行业健康发展的重要性,将相关工作摆到重要议事日程。注册会计师行业发展总体向好,为提升会计信息质量和经济效率、维护市场秩序作出了重要贡献。但仍然存在少数会计师事务所和注册会计师在执行审计业务时未严格遵守审计准则、在一些审计重点领域审计程序执行不到位、审计证据获取不充分、未能有效揭示财务舞弊等问题,引发社会各界对会计师事务所职责履行效果的高度关注。因此,指导会计师事务所和注册会计师加大审计重点领域关注力度、控制审计风险、进一步有效识别财务舞弊,是推动注册会计师行业切实履行审计鉴证职责、合理保证会计信息质量、帮助财务报告使用者作出有效决策判断的重要举措,是保障注册会计师行业长远健康发展的重要基础,是回应社会关切、维护市场秩序和公众利益的重要手段。

二、会计师事务所要不断健全质量管理体系,完善审计程序

完善的质量管理体系是提升会计师事务所整体审计质量、防范审计风险的基石。各会计师事务所要高度重视,对标《会计师事务所质量管理准则第5101号——业务质量管理》《会计师事务所质量管理准则第5102号——项目质量复核》《中国注册会计师审计准则第1121号——对财务报表审计实施的质量管理》,充分认识构建完善质量管理体系任务的系统性、复杂性,扎实做好贯彻实施工作,确保按照时间要求建成并运行在全所范围内统一的质量管理体系。会计师事务所治理层要高度重视、深度参与和引领推动,依照事务所自身规模、服务范围、业务性质和具体情形,"量身定制"符合自身实际情况的质量管理体系框架,杜绝盲目"照搬照抄"。各会计师事务所要认真对照本通知要求,查找自身在审计环节中存在的突出问题与薄弱环节,及时有效识别、评价和应对其对执业质量的不利影响,相应完善自身审计程序。进驻企业前要多方渠道收集企业财务、经营信息并形成客户风险分析和应对报告,进驻企业后要对存在财务舞弊行为的重点领域采取针对性审计程序,切实防范、揭示会计造假行为。实施整合审计时,要高度关注管理层凌驾内部控制之上的风险。

三、注册会计师要严格执行审计准则,提高应对财务舞弊的执业能力

注册会计师要严格执行审计准则,在整个审计过程中保持充分的职业怀疑,对财务舞弊等风险因素保持警觉,当识别出可能存在由于财务舞弊导致的错报且涉及管理层时,应当考虑重新评价由于财务舞弊导致的重大错报风险的评估结果,以及该结果对审计程序的性质、时间安排和范围的影响。要针对相应风险点强化审计程序、扩大抽查比例、增加审计证据,有效控制审计风险。要在审计过程中对企业遵守会计准则情况作出职业判断;要在做好其他领域审计的同时,加大对货币资金、存货、在建工程和购置资产、资产减值、收入、境外业务、企业合并、商誉、金融工具、滥用会计政策和会计估计、关联方关系及交易等11个近年来财务舞弊易发高发领域的关注力度,做好有效应对(详见附件)。

四、财政部门、注册会计师协会要持续加强审计秩序管理和业务指导

财政部门、注册会计师协会在开展会计师事务所执业质量检查中,要对会计师事务所在上述重点领域是否贯彻风险导向审计理念、相关审计程序是否实施到位、获取的审计证据是否足以有效支持审计报告意见类型等列入重点关注范围。要进一步规范审计秩序,严格依法依规处理处罚,坚决清理注册会计师行业"害群之马",强化震慑,促进会计师事务所提升执业质量和职业声誉、注册会计师提升专业胜任能力和塑造职业精神。中国注册会计师协会要动态掌握注册会计师审计过程中遇到的新领域、新情况、新问题,在国务院财政部门指导下及时充实、完善审计准则,发布问题解答,加强对注册会计师审计业务的规范和指导。

本通知自2022年11月1日起施行。

附件:财务舞弊易发高发领域及重点应对措施

财政部

2022年9月30日

财务舞弊易发高发领域及重点应对措施

会计师事务所和注册会计师在审计过程中,要严格执行执业准则规则,控制审计风险,在做好其他领域审计的同时,加大对下列近年来财务舞弊易发高发领域的关注力度,合理运用职业判断,对发现的可能存在的舞弊风险做好有效应对。

一、货币资金相关舞弊风险应对措施

(一)针对虚构货币资金相关舞弊风险。一是严格实施银行函证程序,保持对函证全过程的控制,恰当评价回函可靠性,深入调查不符事项或函证程序中发现的异常情况;二是关注货币资金的真实性和巨额货币资金余额以及大额定期存单的合理性;三是了解企业开立银行账户的数量及分布,是否与企业实际经营需要相匹配且具有合理性,检查银行账户的完整性和银行对账单的真实性;四是分析利息收入和财务费用的合理性,关注存款规模与利息收入是否匹配,是否存在"存贷双高"现象;五是关注是否存在大额境外资金,是否存在缺少具体业务支持或与交易金额不相匹配的大额资金或汇票往来等异常情况。

(二)针对大股东侵占货币资金相关舞弊风险。一是识别企业银行对账单中与实际控制人、控股股东或高级管理人员的大额资金往来交易,关注是否存在异常的大额资金流动,关注资金往来是否以真实、合理的交易为基础,关注利用无商业实质的购销业务进行资金占用的情况;二是分析企业的交易信息,识别交易异常的疑似关联方,检查企业银行对账单中与疑似关联方的大额资金往来交易,关注资金或商业汇票往来是否以真实、合理的交易为基础;三是关注期后货币资金重要账户的划转情况以及资金受限情况;四是通过公开信息等可获取的信息渠道了解实际控制人、控股股东财务状况,关注其是否存在资金紧张或长期占用企业资金等情况,检查大股东有无高比例股权质押的情况。

(三)针对虚构现金交易相关舞弊风险。一是结合企业所在行业的特征恰当评价现金交易的合理性,检查相关内部控制是否健全、运行是否有效,是否保留了充分的资料和证据;二是计算月现金销售收款、现金采购付款的占比,关注现金收、付款比例是否与企业业务性质相匹配,识别现金收、付款比例是否存在异常波动,并追查波动原因;三是了解现金交易对方的情况,关注使用现金结算的合理性和交易的真实性;四是检查大额现金收支,追踪来源和去向,核对至交易的原始单据,关注收付款方、收付款金额与合同、订单、出入库单相关信息是否一致;五是检查交易对象的相关外部证据,验证其交易真实性;六是检查是否存在洗钱等违法违规行为。

二、存货相关舞弊风险应对措施

(一)针对虚构存货相关舞弊风险。一是根据存货的特点、盘存制度和存货内部控制,设计和执行存货监盘程序;二是关注是否存在金额较大且占比较高、库龄较长、周转率低于同行业可比公司等情形的存货,分析评价其合理性;三是严格执行分析性程序,检查存货结构波动情况,分析其与收入结构变动的匹配性,评价产成品存货与收入、成本之间变动的匹配性;四是对异地存放或由第三方保管或控制的存货,严格执行函证或异地监盘等程序。

(二)针对账外存货相关舞弊风险。一是在其他资产审计中,关注是否有转移资产形成账外存货的情况;二是关注存货盘亏、报废的内部控制程序,关注是否有异常大额存货盘亏、报废的情况;三是存货监盘中,关注存货的所有权及完整性;四是关注是否存在通过多结转成本、多报耗用数量、少报产成品入库等方式,形成账外存货。

三、在建工程和购置资产相关舞弊风险应对措施

(一)针对利用在建工程掩盖舞弊的风险。一是检查是否存在与企业整体生产经营规划不符或与预算不符的异常在建工程项目;二是检查是否存在非正常停工或长期未完工的工程项目,关注有无通过虚构在建工程项目或虚增在建工程成本进行舞弊的情形。

(二)针对通过购置固定资产实施舞弊的风险。一是复核购置固定资产的理由及其合理性;二是检查购置固定资产相关的采购合同、采购发票等,判断固定资产计价的准确性,关注是否存在混淆费用和成本属性来操纵利润的情况;三是复核已入账固定资产的验收情况,观察固定资产是否确实存在并了解其使用情况。

四、资产减值相关舞弊风险应对措施

(一)针对通过不恰当计提减值准备人为调整资产账面价值的舞弊风险。一是对于存在减值迹象的资产,复核企业资产减值的测试过程和结果,评价管理层作出的与资产减值相关的重大判断和估计,必要时利用专家工作;二是对于持续存在减值迹象的资产,关注一次性大额计提减值的合理性,以及是否存在以前年度未予充分计提减值的情况。

(二)针对通过不恰当计提坏账准备人为调整利润的舞弊风险。一是复核企业对应收账款进行信用风险评估的相关考虑和客观证据,评价是否恰当识别各项应收账款的信用风险特征;二是评价应收账款账龄与预期信用损失计算的合理性,复核计提坏账准备的准确性,检查计提方法是否按照坏账政策执行;三是检查应收账款的期后回款情况,关注是否存在通过虚构回款冲减往来款等情形,评价应收账款坏账准备计提的合理性。

五、收入相关舞弊风险应对措施

(一)针对收入确认存在的舞弊风险因素。一是客观评价企业哪些类型的收入或收入认定可能存在重大舞弊风险;二是严格核查收入的交易背景,关注是否存在复杂的收入安排,收入确认是否取决于较高层次的管理层判断等;三是详细查阅是否存在股权激励等可能构成舞弊动机的事项;四是关注企业管理层变更后,收入确认政策是否发生重大变化。

(二)针对虚增或隐瞒收入舞弊风险。一是严格执行针对收入的分析程序,关注报告期毛利率明显偏高或毛利率波动较大、经营活动现金流量与收入不匹配等情况;二是借助数据分析工具,加强对收入财务数据与业务运营数据的多维度分析,有效识别异常情况;三是检查交易合同,并综合运用函证、走访、实地调查等方法,关注商业背景的真实性、资金资产交易的真实性、销售模式的合理性和交易价格的公允性等,识别是否存在虚构交易或进行显失公允的交易等情况,必要时,延伸验证相关交易的真实性;四是将业务系统和财务系统纳入信息系统一般控制和应用控制进行评价和测试,关注有无异常设定的超级用户等情况;五是分析收入确认政策的合规性,关注是否存在不恰当地以总额法代替净额法核算等情形。

(三)针对提前或延迟确认收入舞弊风险。一是严格实施收入截止测试,关注收入是否被计入恰当的期间;二是检查临近期末执行的重要销售合同,关注是否存在异常的定价、结算、发货、退货、换货或验收条款,关注期后是否存在退货以及改变或撤销合同条款的情况;三是复核重要合同的重要条款,关注是否存在通过高估履约进度,或将单项履约义务的销售交易拆分为多项履约义务实现提前确认收入以及通过将多项履约义务合并为单项履约义务延迟确认收入的情况。

六、境外业务相关舞弊风险应对措施

(一)针对虚构境外经营相关舞弊风险。一是结合境外业务所在国家或地区的经济环境和企业自身发展情况,评价境外经营的合理性;二是检查境外业务供应链、交易流程、相关内部控制和财务报告编制流程,关注境外经营的真实性;三是充分了解企业内外部风险因素,关注企业面临业绩压力、存在扭亏为盈等重大变化下管理层的舞弊风险,评价是否存在可能导致对其持续经营能力产生重大疑虑的情况,重点关注企业境外经营所在地是否存在影响持续经营的事项。

(二)针对虚构境外收入相关舞弊风险。一是分析境外销售毛利率是否存在异常,相同或类似产品是否存在境外销售价格明显高于境内、境外销售毛利率明显高于境内等情形;二是核查企业海关出口数据、出口退税金额、境外客户应收账款函证情况、物流运输记录、发货验收单据、出口信用保险数据等,评估其是否与境外销售收入相匹配;三是检查企业汇兑损益的计算是否准确,是否与现有销售收入相匹配;四是关注境外业务的结算方式,销售回款是否来自签订业务合同的往来客户,对存在第三方代收货款情形的,关注是否与第三方回款的支付方存在关联关系或其他利益安排,充分评估第三方回款的必要性和商业合理性。

(三)针对利用境外业务虚增虚构资产舞弊风险。一是对于储存在境外银行的货币资金,执行银行函证程序,关注是否存在被冻结的货币资金,是否存在大额境外资金,以及缺少具体业务支持或与交易金额不相匹配的大额资金或汇票往来等异常情况;二是对于源自境外客户的应收款项,考虑相关公司的信用风险、当前状况及未来经济情况的预测,评估管理层计提的预期信用减值损失是否恰当,检查是否存在大额应收款项减值或核销等情况;三是对于已通过海运或空运等方式发货但尚未到达海外客户的存货,向货运公司函证以验证存货的数量和金额,关注相关交易的真实性;四是关注税收缴纳等特殊领域,考虑利用专家工作,并充分评估专家的胜任能力、专业素质、客观性和工作结果。

七、企业合并相关舞弊风险应对措施

(一)针对操纵合并范围实施舞弊的风险。一是检查控制的判断依据,充分关注与被投资企业相关安排的设计目的与意图,综合考虑有关合同、协议等约定的相关主体财务和经营决策、决策人员权力限制、利润分享或损失承担机制等因素,判断是否对被投资企业具有控制,并据此确定合并财务报表的合并范围是否恰当;二是评估未纳入合并范围的子公司可能对财务会计报告整体产生的影响,关注有无人为调整合并范围的情形。

(二)针对滥用企业合并实施舞弊的风险。一是关注企业合并的商业实质,是否与合并方的发展战略协同,特别是涉及复杂的交易、付款安排,相关的会计处理是否符合实质重于形式原则;二是检查被合并企业的业绩真实性、财务数据合理性,是否存在通过虚增收入达到高溢价并购以及并购业绩承诺精准达标的情况;三是关注被合并企业的内部控制情况,是否存在隐性关联方交易、违规为关联方担保、大股东违规占用资金等问题。

八、商誉相关舞弊风险应对措施

(一)针对确认高额商誉相关舞弊风险。一是分析企业合并对价合理性、商誉金额的合理性、企业合并过程中专家意见的合理性;二是复核企业合并中合并成本计量的准确性,判断是否存在应计入合并成本中的或有对价;三是检查企业是否以购买日公允价值重新确认和计量被购买方所有可辨认资产和负债(包括被购买方拥有但未在个别财务报表中确认的资产和负债),是否因未能恰当识别和确认被购买方的可辨认资产(尤其是无形资产)和负债而形成高额商誉。

(二)针对商誉未被恰当分摊至相关资产组或资产组组合的舞弊风险。一是评价管理层商誉分摊方法的恰当性,判断是否存在为了避免计提商誉减值准备而扩大分摊商誉资产组或资产组组合的范围,将商誉分摊至可收回金额较高但与商誉不相关的资产组的情况;二是检查购买日后相关资产组或资产组组合发生了重组、处置等变化,或某些资产组已经与商誉不再相关时,是否对商誉进行重新分摊;三是检查是否存在人为安排合并范围内子公司间的交易,以提高资产组的相关收入或盈利的情形。

(三)针对商誉减值测试过程中的相关舞弊风险。一是评价与管理层进行商誉减值测试相关的内部控制设计和运行的有效性;二是复核管理层商誉减值测试方法的合理性及一致性,评价管理层在减值测试中采用的关键假设的合理性并核实与上年关键假设的变化,关注盈利预测所使用基础数据和参数的相关性、准确性及完整性;三是评价商誉减值测试所涉及专家的胜任能力、专业素质和客观性,判断专家工作结果的恰当性,尤其要关注利用评估机构出具评估报告的情形。

(四)针对商誉减值确认相关舞弊风险。一是复核企业以前年度商誉减值计提情况,有无以前年度未计提或少计提而在本年度大幅计提商誉减值的情形,检查其理由和依据;二是关注企业是否存在与商誉有关的业绩承诺并分析其达标情况,关注是否存在精准达标或未达标,但未充分计提商誉减值的情况;三是检查商誉减值测试所依据的信息与管理层年度展望等相关信息的一致性。

九、金融工具相关舞弊风险应对措施

(一)针对金融工具分类和计量相关舞弊风险。一是检查金融工具分类的恰当性,关注债务工具和权益工具的区分不当、混淆业务模式与管理层投资时的主观意图、金融工具分类随意调整、复合金融工具或混合金融工具的拆分错误等情形;二是检查金融工具计价的准确性,关注因企业自身信用风险变化导致的金融负债公允价值变动的会计处理方式是否恰当,复核摊余成本计算的结果,并对公允价值计量的金融工具检查其报告期末公允价值数据来源或测试其估值模型。

（二）针对金融工具终止确认相关舞弊风险。一是关注金融资产终止确认是否满足合同权利终止或满足规定的转移，关注交易对手方的履约能力、交易条件、是否存在关联方关系等，分析其商业合理性，关注有无人为安排交易以满足某些监管要求或合同义务等情形；二是关注金融负债现时义务是否解除、终止确认的时点是否恰当，是否存在以承担新金融负债的方式替换原金融负债，人为提前或者不当终止确认金融负债虚增利润。

（三）针对利用复杂金融产品实施舞弊的风险。一是了解金融产品和服务的业务模式和盈利方式，是否符合企业会计准则和监管规范要求，特别关注混合金融工具会计处理的恰当性；二是关注是否存在"资金池"、刚性兑付、违规承诺收益或其他利用多层嵌套、通道业务等方式将表内信用风险表外化的迹象；三是关注保理业务的商业实质，对相关的应收账款本身的真实性、可收回性进行分析，分析保理业务涉及的应收账款是否存在虚构交易或空转贸易情形。

十、滥用会计政策和会计估计相关舞弊风险应对措施

（一）针对滥用会计政策和会计估计变更实施舞弊的风险。一是结合企业经营状况，充分了解变更会计政策和会计估计的意图及其合理性；二是评价会计政策和会计估计变更前后经营成果发生的重大变化，检查是否存在通过会计政策和会计估计变更实现扭亏为盈，是否存在滥用会计政策和会计估计变更调节资产和利润等情况。

（二）针对混淆会计政策变更、会计估计变更和前期差错更正实施舞弊的风险。关注是否正确划分会计政策变更、会计估计变更和前期差错更正，是否如实反映相关的交易和事项，并进行相应会计处理和披露。特别是重要项目的会计政策、重大和异常交易的会计处理方法、在新领域和缺乏权威性标准或共识的领域采用重要会计政策产生的影响、会计政策的变更等，以及其对财务会计报告反映的信息质量的影响。

十一、关联方相关舞弊风险应对措施

（一）针对通过未识别出或未披露的关联方实施舞弊的风险。一是保持职业怀疑态度，关注交易金额重大、交易发生频次较少且交易时间集中、交易条件与其他对手方明显不同、交易规模和性质与对方的能力明显不匹配，以及其他不具有合理商业理由的交易，关注是否存在关联交易非关联化；二是针对不具有合理商业理由的交易采取进一步审计程序，通过背景调查、交易信息分析等方法，评估对手方与企业的关系，识别将原关联方非关联化行为的动机及后续交易的真实性、公允性，以及是否存在通过相关交易增加利润的可能。

（二）针对通过关联方实施舞弊的风险。一是加强关联交易舞弊风险的评估与控制，关注是否存在通过以显失公允的交易条款与关联方进行交易、与关联方或特定第三方串通舞弊进行虚假交易或侵占被审计单位资产、实际控制人或控股股东通过凌驾于被审计单位内部控制之上侵占被审计单位资产等方式影响关联交易真实性、价格公允性，从而粉饰财务会计报告或进行利益输送的舞弊行为；二是关注交易商业安排的合理性、资金资产交易的真实性、销售模式的合理性和公允性、关联交易金额上限的合规性等内部控制流程和控制措施的有效性。

会计师事务所监督检查办法[①]

第一章 总 则

第一条 为加强财会监督，进一步规范注册会计师行业管理，持续提升注册会计师审计质量，有效发挥注册会计师审计鉴证作用，根据《中华人民共和国注册会计师法》《中华人民共和国会计法》、《国务院办公厅关于进一步规范财务审计秩序促进注册会计师行业健康发展的意见》（国办发〔2021〕30号）、《会计师事务所执业许可和监督管理办法》（财政部令第97号），制定本办法。

第二条 财政部及各地监管局和省级（含深圳市、新疆生产建设兵团）财政部门（以下统称省级以上财政部门）对会计师事务所开展监督检查，按照《中华人民共和国注册会计师法》、《会计师事务所执业许可和监督管理办法》（财政部令第97号）和本办法的规定执行。

省级以上财政部门监督检查的方式、程序等按照《财政部门监督办法》（财政部令第69号）、《财政检查工作办法》（财政部令第32号）、《财政部门实施会计监督办法》（财政部令第10号）等规定执行。

第三条 财政部负责组织、指导、统筹全国会计师事务所监督检查工作，加强对省级财政部门监督、指导会计师事务所和注册会计师工作的监督检查。

省级财政部门按照本办法的规定，负责对本行政区域内会计师事务所进行监督检查。

第四条 省级以上财政部门应当健全重点检查和日常监管相结合的会计师事务所监管机制，随机抽取检查对象，随机选派执法人员，及时公开抽查情况和查处结果，严格依法行政，确保监督检查的公平、公正、公开。

第五条 财政部建设注册会计师行业统一监管平台，为备案的审计报告赋予验证码，在全国范围内推广使用。

省级以上财政部门应当通过统一监管平台办理注册会计师行业审批备案等管理业务，发放会计师事务所和注册会计师电子证照，接受会计师事务所业务报备，通过监管大数据分析等方式，对会计师事务所和注册会计师执业行为加强日常监测，提高监管的及时性和精准性。

省级以上财政部门应当在统一监管平台上公开会计师事务所的组织形式、人员规模、行政处理处罚、行业惩戒、一体化管理、省级以上财政部门表彰荣誉等信息，供社会公众查询，增强会计师事务所透明度，强化行业诚信约束。

第六条 省级财政部门按照财政部的规定建立信息报告制度，及时上报会计师事务所监督检查及处理处罚情况、会计师事务所和注册会计师重大违法违规案件。

第七条 省级以上财政部门在监督检查工作中，应当加强与相关监管机构的工作协同，统筹做好监管工作，形成监管合力。

第八条 注册会计师协会依法对注册会计师的任职资格和执业情况进行年度检查并接

[①] 财政部于2022年4月29日印发（财办〔2022〕23号）。

受财政部和同级财政部门的指导和监督。

第二章　监督检查的分级分类

第九条　财政部各地监管局根据财政部授权监督检查其监管区域内会计师事务所从事证券服务业务和经法律、行政法规规定的关系公众利益的其他特定业务的执业质量,以及上述业务涉及的注册会计师执业情况。

第十条　省级财政部门负责监督检查本行政区域内会计师事务所从事除第九条之外业务的执业质量、注册会计师执业情况,以及执业许可条件、一体化管理、独立性保持、信息安全、职业风险防范等情况。

第十一条　对符合下列条件之一的会计师事务所,原则上每年检查一次。

(一)上年度合计为100家(含)以上的中央企业(按国资委公布的央企名录,下同)、中央金融企业(按财政部公布的中央金融企业名录,下同)、境内上市公司(不含新三板,下同)等单位提供年报审计服务的会计师事务所;

(二)上年度业务收入超过10亿元的会计师事务所;

(三)上年末注册会计师数量超过1000人的会计师事务所;

(四)其他有重大影响的会计师事务所。

第十二条　对符合下列条件之一的会计师事务所,原则上每三年检查一次。

(一)上年度合计为50家以上、100家以下的中央企业、中央金融企业、境内上市公司等单位提供年报审计服务的会计师事务所;

(二)上年度业务收入5亿元以上、10亿元以下的会计师事务所;

(三)上年末注册会计师数量为500人以上、1000人以下的会计师事务所。

第十三条　对新备案从事证券服务业务的会计师事务所,自其首次承接上市公司审计业务起,原则上前三年内每年检查一次,此后每五年检查一次,如符合第十一条、第十二条规定的,按照第十一条、第十二条规定执行。

第十四条　对本办法第十一条、第十二条、第十三条之外的会计师事务所,原则上每五年检查一次。

第十五条　省级以上财政部门应当将存在下列情形的会计师事务所列为重点检查对象,加大检查力度:

(一)因执业行为被投诉或举报,且经核属实的;

(二)因执业行为五年内(检查当年按一年计算)受到两次(含)以上行政处罚的;

(三)以不正当竞争方式承揽业务,或审计收费明显低于合理成本的;

(四)审计报告数量、被审计单位规模与会计师事务所和注册会计师的执业能力、承担风险能力不相称,且明显超出服务能力的;

(五)未按规定进行报备的。

第十六条　省级以上财政部门可采取全面检查或专项检查方式,对会计师事务所开展检查。省级以上财政部门检查会计师事务所时,可延伸检查相关被审计单位的会计信息质量。

省级以上财政部门发现单位违反会计法律法规导致会计信息质量失真的,可延伸检查为其出具相关审计报告的会计师事务所。

第十七条 省级财政部门可以组织设区的市级以上地方人民政府财政部门开展会计师事务所监督检查,由省级财政部门作出处理处罚决定。

第三章 监督检查的重点内容

第十八条 省级以上财政部门重点对会计师事务所执业质量、执业许可条件、一体化管理、独立性保持、信息安全、职业风险防范,以及注册会计师执业情况等进行监督检查。

第十九条 省级以上财政部门对会计师事务所执业质量开展监督检查,应当重点检查会计师事务所是否存在下列违法违规行为:

(一)在未履行必要的审计程序,未获取充分适当的审计证据的情况下出具审计报告;

(二)除纠正错误审计意见重新出具审计报告以外,对同一委托单位的同一事项,依据相同的审计证据出具不同结论的审计报告;

(三)隐瞒审计中发现的问题,发表不恰当的审计意见;

(四)为被审计单位编造或伪造事由,出具虚假或不实的审计报告;

(五)未对被审计单位舞弊迹象或异常情况保持职业怀疑;

(六)从事证券服务业务未依法依规进行备案;

(七)违反执业准则、规则的其他行为。

第二十条 省级以上财政部门对会计师事务所执业质量开展监督检查,应当重点关注会计师事务所是否针对审计高风险领域采取以下措施:

(一)进驻被审计单位前,通过市场、媒体、分析师、监管部门网站、前任注册会计师等多方渠道,收集企业财务、经营等方面的风险信息,进行风险分析研判,形成客户风险分析和应对报告;

(二)进驻被审计单位后,对相应风险点强化审计程序、扩大抽查比例、增加审计证据,有效防范和控制审计风险,提升审计质量。

第二十一条 省级财政部门对会计师事务所执业许可条件情况开展监督检查,应当重点检查以下内容:

(一)合伙人(有限责任会计师事务所为股东,下同)是否符合任职条件;

(二)合伙人人数是否符合条件;

(三)合伙人信息是否与工商登记一致;

(四)注册会计师人数是否符合条件;

(五)是否存在允许其他单位、其他单位团队或个人挂靠在本所,以本所名义承办业务的情形;

(六)是否存在借用、冒用其他会计师事务所名义承办业务的情形;

(七)是否存在会计师事务所、合伙人或注册会计师发生变更、终止等情况未按规定备案的情形;

(八)是否存在被非注册会计师实际控制的情形;

(九)是否存在违反注册会计师行业管理政策的其他行为。

第二十二条 省级财政部门对会计师事务所一体化管理情况开展监督检查,应当按照会计师事务所一体化管理有关规定,对会计师事务所人员管理、财务管理、业务管理、技术标准和质量管理、信息化建设等方面情况进行检查。

第二十三条 省级财政部门对会计师事务所及其从业人员独立性保持情况开展监督检查,应当重点检查以下内容:

(一)是否同时为被审计单位提供可能损害其独立性且未采取有效应对措施的非鉴证业务;

(二)审计收费是否采取或有收费方式,如,被审计单位根据审计意见类型、是否能够实现上市、发债等支付部分或全部审计费用;

(三)项目组人员(含项目合伙人,下同)、质量复核人员是否与被审计单位董事、高级管理人员存在主要近亲属关系以及其他可能损害其独立性的利害关系;

(四)项目组人员、质量复核人员是否存在索取、收受被审计单位合同约定以外的酬金或其他财物的行为;

(五)项目组人员、质量复核人员是否持有被审计单位股票;

(六)项目组人员、质量复核人员是否兼任被审计单位董事、监事或高管;

(七)是否未按规定轮换有关审计人员。

第二十四条 省级财政部门对会计师事务所信息安全情况开展监督检查,应当重点检查以下内容:

(一)存储业务工作、被审计单位资料的数据服务器和信息技术应用服务器是否架设在中国境内,是否设置安全隔离或备份;

(二)对本条第(一)项所列服务器的访问以及相关数据调用是否在法定期限内保存清晰完整的日志;

(三)审计数据保存是否符合国家保密工作规定及被审计单位信息保密要求;

(四)是否建立审计工作底稿出境涉密筛查制度及程序;

(五)是否对境外网络成员所或合作所访问会计师事务所信息系统设有隔离、限制、权限管理等措施。

第二十五条 省级财政部门对会计师事务所职业风险防范情况开展监督检查,应当重点检查以下内容:

(一)职业风险基金计提、使用情况;

(二)职业责任保险购买、赔付情况。

第二十六条 省级财政部门应当加强对本行政区域内未经批准承办《中华人民共和国注册会计师法》第十四条规定的注册会计师业务的单位和个人的检查,并依法予以处罚。

第四章 附 则

第二十七条 省级以上财政部门根据本办法对会计师事务所及其注册会计师进行监督检查,对于存在违法违规行为的会计师事务所及相关注册会计师,应当依法作出处理处罚。

第二十八条 省级以上财政部门工作人员在监督检查过程中,滥用职权、玩忽职守、徇私舞弊或泄露国家秘密、商业秘密的,按照《中华人民共和国公务员法》等国家有关规定追究相应责任;涉嫌犯罪的,依法移送有关机关处理。

第二十九条　本办法所称执业,是指注册会计师执行《中华人民共和国注册会计师法》第十四条规定的业务。

第三十条　本办法由财政部负责解释,自2022年7月1日起施行。

代理记账管理办法

(2016年2月16日财政部令第80号公布　根据2019年3月14日《财政部关于修改〈代理记账管理办法〉等2部部门规章的决定》修改)

第一条　为了加强代理记账资格管理,规范代理记账活动,促进代理记账行业健康发展,根据《中华人民共和国会计法》等法律、行政法规,制定本办法。

第二条　代理记账资格的申请、取得和管理,以及代理记账机构从事代理记账业务,适用本办法。

本办法所称代理记账机构是指依法取得代理记账资格,从事代理记账业务的机构。

本办法所称代理记账是指代理记账机构接受委托办理会计业务。

第三条　除会计师事务所以外的机构从事代理记账业务,应当经县级以上地方人民政府财政部门(以下简称审批机关)批准,领取由财政部统一规定样式的代理记账许可证书。具体审批机关由省、自治区、直辖市、计划单列市人民政府财政部门确定。

会计师事务所及其分所可以依法从事代理记账业务。

第四条　申请代理记账资格的机构应当同时具备以下条件:

(一)为依法设立的企业;

(二)专职从业人员不少于3名;

(三)主管代理记账业务的负责人具有会计师以上专业技术职务资格或者从事会计工作不少于三年,且为专职从业人员;

(四)有健全的代理记账业务内部规范。

代理记账机构从业人员应当具有会计类专业基础知识和业务技能,能够独立处理基本会计业务,并由代理记账机构自主评价认定。

本条第一款所称专职从业人员是指仅在一个代理记账机构从事代理记账业务的人员。

第五条　申请代理记账资格的机构,应当向所在地的审批机关提交申请及下列材料,并对提交材料的真实性负责:

(一)统一社会信用代码;

(二)主管代理记账业务的负责人具备会计师以上专业技术职务资格或者从事会计工作不少于三年的书面承诺;

(三)专职从业人员在本机构专职从业的书面承诺;

(四)代理记账业务内部规范。

第六条　审批机关审批代理记账资格应当按照下列程序办理:

(一)申请人提交的申请材料不齐全或不符合规定形式的,应当在5日内一次告知申请人需要补正的全部内容,逾期不告知的,自收到申请材料之日起即视为受理;申请人提交的申请材料齐全、符合规定形式的,或者申请人按照要求提交全部补正申请材料的,应当受理申请。

(二)受理申请后应当按照规定对申请材料进行审核,并自受理申请之日起10日内作出批准或者不予批准的决定。10日内不能作出决定的,经本审批机关负责人批准可延长10日,并应当将延长期限的理由告知申请人。

(三)作出批准决定的,应当自作出决定之日起10日内向申请人发放代理记账许可证书,并向社会公示。审批机关进行全覆盖例行检查,发现实际情况与承诺内容不符的,依法撤销审批并给予处罚。

(四)作出不予批准决定的,应当自作出决定之日起10日内书面通知申请人。书面通知应当说明不予批准的理由,并告知申请人享有依法申请行政复议或者提起行政诉讼的权利。

第七条 申请人应当自取得代理记账许可证书之日起20日内通过企业信用信息公示系统向社会公示。

第八条 代理记账机构名称、主管代理记账业务的负责人发生变更,设立或撤销分支机构,跨原审批机关管辖地迁移办公地点的,应当自作出变更决定或变更之日起30日内依法向审批机关办理变更登记,并应当自变更登记完成之日起20日内通过企业信用信息公示系统向社会公示。

代理记账机构变更名称的,应当向审批机关领取新的代理记账许可证书,并同时交回原代理记账许可证书。

代理记账机构跨原审批机关管辖地迁移办公地点的,迁出地审批机关应当及时将代理记账机构的相关信息及材料移交迁入地审批机关。

第九条 代理记账机构设立分支机构的,分支机构应当及时向其所在地的审批机关办理备案登记。

分支机构名称、主管代理记账业务的负责人发生变更的,分支机构应当按照要求向其所在地的审批机关办理变更登记。

代理记账机构应当在人事、财务、业务、技术标准、信息管理等方面对其设立的分支机构进行实质性的统一管理,并对分支机构的业务活动、执业质量和债务承担法律责任。

第十条 未设置会计机构或配备会计人员的单位,应当委托代理记账机构办理会计业务。

第十一条 代理记账机构可以接受委托办理下列业务:

(一)根据委托人提供的原始凭证和其他相关资料,按照国家统一的会计制度的规定进行会计核算,包括审核原始凭证、填制记账凭证、登记会计账簿、编制财务会计报告等;

(二)对外提供财务会计报告;

(三)向税务机关提供税务资料;

(四)委托人委托的其他会计业务。

第十二条 委托人委托代理记账机构代理记账,应当在相互协商的基础上,订立书面委托合同。委托合同除应具备法律规定的基本条款外,应当明确下列内容:

（一）双方对会计资料真实性、完整性各自应当承担的责任；
（二）会计资料传递程序和签收手续；
（三）编制和提供财务会计报告的要求；
（四）会计档案的保管要求及相应的责任；
（五）终止委托合同应当办理的会计业务交接事宜。

第十三条　委托人应当履行下列义务：
（一）对本单位发生的经济业务事项，应当填制或者取得符合国家统一的会计制度规定的原始凭证；
（二）应当配备专人负责日常货币收支和保管；
（三）及时向代理记账机构提供真实、完整的原始凭证和其他相关资料；
（四）对于代理记账机构退回的，要求按照国家统一的会计制度的规定进行更正、补充的原始凭证，应当及时予以更正、补充。

第十四条　代理记账机构及其从业人员应当履行下列义务：
（一）遵守有关法律、法规和国家统一的会计制度的规定，按照委托合同办理代理记账业务；
（二）对在执行业务中知悉的商业秘密予以保密；
（三）对委托人要求其作出不当的会计处理，提供不实的会计资料，以及其他不符合法律、法规和国家统一的会计制度行为的，予以拒绝；
（四）对委托人提出的有关会计处理相关问题予以解释。

第十五条　代理记账机构为委托人编制的财务会计报告，经代理记账机构负责人和委托人负责人签名并盖章后，按照有关法律、法规和国家统一的会计制度的规定对外提供。

第十六条　代理记账机构应当于每年4月30日之前，向审批机关报送下列材料：
（一）代理记账机构基本情况表（附表）；
（二）专职从业人员变动情况。

代理记账机构设立分支机构的，分支机构应当于每年4月30日之前向其所在地的审批机关报送上述材料。

第十七条　县级以上人民政府财政部门对代理记账机构及其从事代理记账业务情况实施监督，随机抽取检查对象、随机选派执法检查人员，并将抽查情况及查处结果依法及时向社会公开。

对委托代理记账的企业因违反财税法律、法规受到处理处罚的，县级以上人民政府财政部门应当将其委托的代理记账机构列入重点检查对象。

对其他部门移交的代理记账违法行为线索，县级以上人民政府财政部门应当及时予以查处。

第十八条　公民、法人或者其他组织发现有违反本办法规定的代理记账行为，可以依法向县级以上人民政府财政部门进行举报，县级以上人民政府财政部门应当依法进行处理。

第十九条　代理记账机构采取欺骗、贿赂等不正当手段取得代理记账资格的，由审批机关撤销其资格，并对代理记账机构及其负责人给予警告，记入会计领域违法失信记录，根据有关规定实施联合惩戒，并向社会公告。

第二十条　代理记账机构在经营期间达不到本办法规定的资格条件的,审批机关发现后,应当责令其在60日内整改;逾期仍达不到规定条件的,由审批机关撤销其代理记账资格。

第二十一条　代理记账机构有下列情形之一的,审批机关应当办理注销手续,收回代理记账许可证书并予以公告:

(一)代理记账机构依法终止的;

(二)代理记账资格被依法撤销或撤回的;

(三)法律、法规规定的应当注销的其他情形。

第二十二条　代理记账机构违反本办法第七条、第八条、第九条、第十四条、第十六条规定,由县级以上人民政府财政部门责令其限期改正,拒不改正的,将代理记账机构及其负责人列入重点关注名单,并向社会公示,提醒其履行有关义务;情节严重的,由县级以上人民政府财政部门按照有关法律、法规给予行政处罚,并向社会公示。

第二十三条　代理记账机构及其负责人、主管代理记账业务负责人及其从业人员违反规定出具虚假申请材料或者备案材料的,由县级以上人民政府财政部门给予警告,记入会计领域违法失信记录,根据有关规定实施联合惩戒,并向社会公告。

第二十四条　代理记账机构从业人员在办理业务中违反会计法律、法规和国家统一的会计制度的规定,造成委托人会计核算混乱、损害国家和委托人利益的,由县级以上人民政府财政部门依据《中华人民共和国会计法》等有关法律、法规的规定处理。

代理记账机构有前款行为的,县级以上人民政府财政部门应当责令其限期改正,并给予警告;有违法所得的,可以处违法所得3倍以下罚款,但最高不得超过3万元;没有违法所得的,可以处1万元以下罚款。

第二十五条　委托人向代理记账机构隐瞒真实情况或者委托人会同代理记账机构共同提供虚假会计资料的,应当承担相应法律责任。

第二十六条　未经批准从事代理记账业务的单位或者个人,由县级以上人民政府财政部门按照《中华人民共和国行政许可法》及有关规定予以查处。

第二十七条　县级以上人民政府财政部门及其工作人员在代理记账资格管理过程中,滥用职权、玩忽职守、徇私舞弊的,依法给予行政处分;涉嫌犯罪的,移送司法机关处理。

第二十八条　代理记账机构依法成立的行业组织,应当维护会员合法权益,建立会员诚信档案,规范会员代理记账行为,推动代理记账信息化建设。

代理记账行业组织应当接受县级以上人民政府财政部门的指导和监督。

第二十九条　本办法规定的"5日""10日""20日""30日"均指工作日。

第三十条　省级人民政府财政部门可以根据本办法制定具体实施办法,报财政部备案。

第三十一条　外商投资企业申请代理记账资格,从事代理记账业务按照本办法和其他有关规定办理。

第三十二条　本办法自2016年5月1日起施行,财政部2005年1月22日发布的《代理记账管理办法》(财政部令第27号)同时废止。

附件:代理记账机构基本情况表(略)

代理记账行业协会管理办法[①]

第一章 总 则

第一条 为加强代理记账行业协会管理,规范代理记账行业协会行为,根据《代理记账管理办法》及国家有关规定,制定本办法。

第二条 本办法所称的代理记账行业协会(以下简称行业协会)是指由依法取得代理记账资格、从事代理记账业务的机构(以下简称代理记账机构)自愿发起,依法成立的非营利性法人。

第三条 行业协会应当加强行业诚信自律建设和会员服务,督促会员执业质量、职业道德,协调行业内、外部关系,维护社会公众利益、优化公平竞争环境、确保会员合法权益,促进行业健康有序发展。

第四条 行业协会应当遵循自主办会的原则,依据经登记管理机关核准的行业协会章程,实行会务自理、经费自筹、自律管理、自我服务,并使会员享有平等的权利和义务。

第五条 行业协会的活动应当符合国家法律法规以及行业的整体要求,不得损害社会公共利益。

第六条 行业协会应当加强党的组织建设,宣传和执行党的路线方针政策,领导本协会工会、共青团、妇联等群团组织,教育引导党员,团结凝聚群众,推动事业发展。

第七条 行业协会的负责人包括会长(理事长)、副会长(副理事长)、秘书长,其设立及人员配备应当符合国家有关规定。

第八条 行业协会应当依据有关法律法规及行业协会章程,建立健全法人治理结构及运行机制,完善各项内部管理制度,规范议事规则和工作程序。

行业协会不得限制会员开展正当的经营活动或参与其他社会活动;不得在会员之间实施歧视性政策。

第九条 县级以上地方人民政府财政部门是本地区行业协会的行业管理部门,应当加强对行业协会的业务指导和日常监管,引导行业协会健康发展。

跨行政区域的行业协会,由其登记管理机关的同级财政部门作为其行业管理部门。

第二章 自律管理和自我服务

第十条 行业协会应当加强下列自律管理:

(一)研究制定本协会的自律规约和职业道德准则;

(二)推行会员信用承诺,开展会员信用评价,建立健全会员信用档案;

(三)加强会员信用信息共享和应用,实行信息公开并自觉接受社会公众和会员的监督;

(四)督促指导会员遵守国家统一的会计制度;

[①] 财政部于2018年11月13日印发(财会〔2018〕32号)。

（五）对违反国家法律法规、行业协会章程、自律规约和职业道德的会员进行惩戒；

（六）采取其他有助于本行业健康发展的自律措施。

第十一条　行业协会可以按照国家有关规定，协调相关市场主体共同制定满足市场和创新需要的执业规范和标准。行业协会制定的执业规范和标准应当符合国家法律法规及国家统一的会计制度的规定。

行业协会制定的执业规范和标准由本协会会员约定采用。

第十二条　行业协会应当建立健全行业诚信激励和失信惩戒机制，对遵纪守法、诚信执业并受到社会广泛认可的会员，行业协会可以给予奖励；对违反国家法律法规、行业协会章程、行业规范，严重损害行业整体形象的会员，行业协会应当按照行业协会章程、行业规范进行处理，并在有关处理决定作出后的15个工作日内向行业管理部门备案。

第十三条　行业协会应当做好会员服务，在政策咨询、法律维权、人员培训、经验交流、市场拓展、信息化建设等方面向会员提供必要的支持和便利。

第十四条　行业协会应当切实维护会员和行业的合法权益，向政府有关部门及时反映行业诉求。

第十五条　行业协会应当规范行业发展秩序，发挥专业调解作用，就行业经营活动中产生的争议事项制定具体的处置规则和程序，并可以对以下争议事项进行调解：

（一）会员之间的争议事项；

（二）会员与同业非会员单位之间的争议事项；

（三）会员与委托客户之间的争议事项；

（四）会员与其他经济组织之间的争议事项。

第三章　财务管理

第十六条　行业协会应当加强财务管理和内部控制建设，建立健全财务管理制度，经费使用应当符合行业协会章程规定的范围。

第十七条　行业协会的会费应当按照《社会团体登记管理条例》和行业协会章程的规定收取。

会费的收取、使用应当接受会员代表大会和有关部门的监督，任何组织或者个人不得侵占、私分和挪用。

第十八条　行业协会资产管理和使用应当按照行业协会章程和财务管理制度执行。重大资产配置、处置应当经过会员代表大会、理事会审议。

第十九条　行业协会应当严格按照《中华人民共和国会计法》等法律法规以及《民间非营利组织会计制度》等规定，建立健全本协会的会计核算办法，依法进行会计核算，编制财务会计报告。

行业协会的年度财务会计报告应当按照国家有关规定，委托会计师事务所进行审计。

第四章　指导与监督

第二十条　行业管理部门应当加强对管辖区域内行业协会的政策和业务指导，建立健全工作联系机制，加强备案管理，监督、指导行业协会遵守国家法律法规和有关政策，依据行业协会章程开展活动。

第二十一条 登记管理机关准予登记的,行业协会应当在完成注册登记后的15个工作日内,向行业管理部门提交以下备案材料:

(一)行业协会负责人、理事、会员等的基本情况;

(二)行业协会章程、会费管理办法;

(三)《社会团体法人登记证书》相关信息。

第二十二条 行业协会应当于每年完成向登记管理机关报送年度工作报告后的15个工作日内,向同级行业管理部门报送年度工作报告。

第二十三条 登记管理机关准予变更登记或准予注销的,行业协会应当在办理完成后的15个工作日内,向行业管理部门进行备案。

第二十四条 行业协会进行换届、更换法定代表人,应当进行财务审计,并在取得审计报告后的15个工作日内将审计报告报送行业管理部门备案。

第二十五条 行业协会应当依法履行对年度工作报告、经审计的年度财务会计报告等信息的公开义务。

第二十六条 行业管理部门在制定涉及行业利益的政策措施、行业规范和标准时,应当发挥行业协会的职能作用,主动听取行业协会关于行业发展的意见和建议。

第二十七条 行业管理部门应当依法加强对行业协会活动的监管,定期对行业协会执行行业协会章程、开展自律管理、自我服务以及财务管理等情况进行监督检查。

第二十八条 行业管理部门应当鼓励和支持行业协会开展行业人才建设工作,积极提升行业从业人员的职业技能和道德水平。

第二十九条 行业管理部门对代理记账机构实施监管时,应当主动核实并运用行业协会的自律管理、信用档案、激励惩戒等信息,对违反《中华人民共和国会计法》以及国家统一的会计制度等法律法规的行为,应当及时依据有关法律法规进行处理。

第三十条 行业协会违反行业协会章程,造成恶劣社会影响的,行业管理部门应当及时进行约谈,责令其限期改正;逾期不改正的,列入重点关注名单,并向社会公示;同时违反国家有关规定,情节严重的,依据有关法律法规进行处理。

第三十一条 行业协会未按照本办法第十二条、第二十一条、第二十二条、第二十三条、第二十四条的规定按时报送相关材料的,由行业管理部门进行约谈,并责令其限期改正;逾期不改正的,列入重点关注名单,并向社会公示。

第三十二条 行业协会未按照本办法第二十五条的规定依法履行信息公开义务的,由行业管理部门进行约谈,并责令其限期改正;逾期不改正的,列入重点关注名单,并向社会公示;情节严重的,依据有关法律法规进行处理。

第三十三条 行业管理部门及其工作人员在监管过程中,滥用职权、玩忽职守、徇私舞弊的,依法给予行政处分;涉嫌犯罪的,移送司法机关处理。

第五章 附 则

第三十四条 本办法自2019年1月1日起施行。

资产评估行业财政监督管理办法

(2017年4月21日财政部令第86号公布 根据2019年1月2日《财政部关于修改〈会计师事务所执业许可和监督管理办法〉等2部部门规章的决定》修改)

第一章 总　　则

第一条　为了加强资产评估行业财政监督管理,促进资产评估行业健康发展,根据《中华人民共和国资产评估法》(以下简称资产评估法)等法律、行政法规和国务院的有关规定,制定本办法。

第二条　资产评估机构及其资产评估专业人员根据委托对单项资产、资产组合、企业价值、金融权益、资产损失或者其他经济权益进行评定、估算,并出具资产评估报告的专业服务行为和财政部门对资产评估行业实施监督管理,适用本办法。

资产评估机构及其资产评估专业人员从事前款规定业务,涉及法律、行政法规和国务院规定由其他评估行政管理部门管理的,按照其他有关规定执行。

第三条　涉及国有资产或者公共利益等事项,属于本办法第二条规定范围有法律、行政法规规定需要评估的法定资产评估业务(以下简称法定资产评估业务),委托人应当按照资产评估法和有关法律、行政法规的规定,委托资产评估机构进行评估。

第四条　财政部门对资产评估行业的监督管理,实行行政监管、行业自律与机构自主管理相结合的原则。

第五条　财政部负责统筹财政部门对全国资产评估行业的监督管理,制定有关监督管理办法和资产评估基本准则,指导和督促地方财政部门实施监督管理。

财政部门对资产评估机构从事证券期货相关资产评估业务实施的监督管理,由财政部负责。

第六条　各省、自治区、直辖市、计划单列市财政厅(局)(以下简称省级财政部门)负责对本行政区域内资产评估行业实施监督管理。

第七条　中国资产评估协会依照法律、行政法规、本办法和其协会章程的规定,负责全国资产评估行业的自律管理。

地方资产评估协会依照法律、法规、本办法和其协会章程的规定,负责本地区资产评估行业的自律管理。

第八条　资产评估机构从事资产评估业务,除本办法第十六条规定外,依法不受行政区域、行业限制,任何组织或者个人不得非法干预。

第二章　资产评估专业人员

第九条　资产评估专业人员包括资产评估师(含珠宝评估专业,下同)和具有资产评估专业知识及实践经验的其他资产评估从业人员。

资产评估师是指通过中国资产评估协会组织实施的资产评估师资格全国统一考试的资

产评估专业人员。

其他资产评估从业人员从事本办法第二条规定的资产评估业务,应当接受财政部门的监管。除从事法定资产评估业务外,其所需的资产评估专业知识及实践经验,由资产评估机构自主评价认定。

由其他评估行政管理部门管理的其他专业领域评估师从事本办法第二条规定的资产评估业务,按照本条第三款规定执行。

第十条 资产评估专业人员从事资产评估业务,应当加入资产评估机构,并且只能在一个资产评估机构从事业务。

资产评估专业人员应当与资产评估机构签订劳动合同,建立社会保险缴纳关系,按照国家有关规定办理人事档案存放手续。

第十一条 资产评估专业人员从事资产评估业务,应当遵守法律、行政法规和本办法的规定,执行资产评估准则及资产评估机构的各项规章制度,依法签署资产评估报告,不得签署本人未承办业务的资产评估报告或者有重大遗漏的资产评估报告。

未取得资产评估师资格的人员,不得签署法定资产评估业务资产评估报告,其签署的法定资产评估业务资产评估报告无效。

第十二条 资产评估专业人员应当接受资产评估协会的自律管理和所在资产评估机构的自主管理,不得从事损害资产评估机构合法利益的活动。

加入资产评估协会的资产评估专业人员,平等享有章程规定的权利,履行章程规定的义务。

第三章 资产评估机构

第一节 机构自主管理

第十三条 资产评估机构应当依法采用合伙或者公司形式,并符合资产评估法第十五条规定的条件。

不符合资产评估法第十五条规定条件的资产评估机构不得承接资产评估业务。

第十四条 资产评估机构从事资产评估业务,应当遵守资产评估准则,履行资产评估程序,加强内部审核,严格控制执业风险。

资产评估机构开展法定资产评估业务,应当指定至少两名资产评估师承办。不具备两名以上资产评估师条件的资产评估机构,不得开展法定资产评估业务。

第十五条 法定资产评估业务资产评估报告应当由两名以上承办业务的资产评估师签署,并履行内部程序后加盖资产评估机构印章,资产评估机构及签字资产评估师依法承担责任。

第十六条 资产评估机构应当遵守独立性原则和资产评估准则规定的资产评估业务回避要求,不得受理与其合伙人或者股东存在利害关系的业务。

第十七条 资产评估机构应当建立健全质量控制制度和内部管理制度。其中,内部管理制度包括资产评估业务管理制度、业务档案管理制度、人事管理制度、继续教育制度、财务管理制度等。

第十八条 资产评估机构应当指定一名取得资产评估师资格的本机构合伙人或者股东

专门负责执业质量控制。

第十九条 资产评估机构根据业务需要建立职业风险基金管理制度,或者自愿购买职业责任保险,完善职业风险防范机制。

资产评估机构建立职业风险基金管理制度的,按照财政部的具体规定提取、管理和使用职业风险基金。

第二十条 实行集团化发展的资产评估机构,应当在质量控制、内部管理、客户服务、企业形象、信息化等方面,对设立的分支机构实行统一管理,或者对集团成员实行统一政策。

分支机构应当在资产评估机构授权范围内,依法从事资产评估业务,并以资产评估机构的名义出具资产评估报告。

第二十一条 资产评估机构和分支机构加入资产评估协会,平等享有章程规定的权利,履行章程规定的义务。

第二十二条 资产评估机构和分支机构应当在每年3月31日之前,分别向所加入的资产评估协会报送下列材料:

(一)资产评估机构或分支机构基本情况;

(二)上年度资产评估项目重要信息;

(三)资产评估机构建立职业风险基金或者购买职业责任保险情况。购买职业责任保险的,应当提供职业责任保险保单信息。

第二节 机构备案管理

第二十三条 省级财政部门负责本地区资产评估机构和分支机构的备案管理。

第二十四条 资产评估机构应当自领取营业执照之日起30日内,通过备案信息管理系统向所在地省级财政部门备案,提交下列材料:

(一)资产评估机构备案表;

(二)统一社会信用代码;

(三)资产评估机构合伙人或者股东以及执行合伙事务的合伙人或者法定代表人三年以上从业经历、最近三年接受处罚信息等基本情况;

(四)在该机构从业的资产评估师、其他专业领域的评估师和其他资产评估从业人员情况;

(五)资产评估机构质量控制制度和内部管理制度。

第二十五条 资产评估机构的备案信息不齐全或者备案材料不符合要求的,省级财政部门应当在接到备案材料5个工作日内一次性告知需要补正的全部内容,并给予指导。资产评估机构应当根据要求,在15个工作日内补正。逾期不补正的,视同未备案。

第二十六条 备案材料完备且符合要求的,省级财政部门收齐备案材料即完成备案,并在20个工作日内将下列信息以公函编号向社会公开:

(一)资产评估机构名称及组织形式;

(二)资产评估机构的合伙人或者股东的基本情况;

(三)资产评估机构执行合伙事务的合伙人或者法定代表人;

(四)申报的资产评估专业人员基本情况。

对于资产评估机构申报的资产评估师信息,省级财政部门应当在公开前向有关资产评估协会核实。

第二十七条　资产评估机构设立分支机构的,应当比照本办法第二十四条至第二十六条的规定,由资产评估机构向其分支机构所在地省级财政部门备案,提交下列材料:

(一)资产评估机构设立分支机构备案表;

(二)分支机构统一社会信用代码;

(三)资产评估机构授权分支机构的业务范围;

(四)分支机构负责人三年以上从业经历、最近三年接受处罚信息等基本情况;

(五)在该分支机构从业的资产评估师、其他专业领域评估师和其他资产评估从业人员情况。

完成分支机构备案的省级财政部门应当将分支机构备案情况向社会公开,同时告知资产评估机构所在地省级财政部门。

第二十八条　资产评估机构的名称、执行合伙事务的合伙人或者法定代表人、合伙人或者股东、分支机构的名称或者负责人发生变更,以及发生机构分立、合并、转制、撤销等重大事项,应当自变更之日起15个工作日内,比照本办法第二十四条至第二十六条的规定,向有关省级财政部门办理变更手续。需要变更工商登记的,自工商变更登记完成之日起15个工作日内向有关省级财政部门办理变更手续。

第二十九条　资产评估机构办理合并或者分立变更手续的,应当提供合并或者分立协议。合并或者分立协议应当包括以下事项:

(一)合并或者分立前资产评估机构评估业务档案保管方案;

(二)合并或者分立前资产评估机构职业风险基金或者执业责任保险的处理方案;

(三)合并或者分立前资产评估机构资产评估业务、执业责任的承继关系。

第三十条　合伙制资产评估机构转为公司制资产评估机构,或者公司制资产评估机构转为合伙制资产评估机构,办理变更手续应当提供合伙人会议或股东(大)会审议通过的转制决议。

转制决议应当载明转制后机构与转制前机构的债权债务、档案保管、资产评估业务、执业责任等承继关系。

第三十一条　资产评估机构跨省级行政区划迁移经营场所,应当书面告知迁出地省级财政部门。

资产评估机构在办理完迁入地工商登记手续后15个工作日内,比照本办法第二十四条至第二十六条的规定,向迁入地省级财政部门办理迁入备案手续。

迁入地省级财政部门办理迁入备案手续后通知迁出地的省级财政部门,迁出地的省级财政部门应同时予以公告。

第三十二条　已完成备案的资产评估机构或者分支机构有下列行为之一的,省级财政部门予以注销备案,并向社会公开:

(一)注销工商登记的;

(二)被工商行政管理机关吊销营业执照的;

(三)主动要求注销备案的。

第三十三条　注销备案的资产评估机构及其分支机构的资产评估业务档案,应当按照

《中华人民共和国档案法》和资产评估档案管理的有关规定予以妥善保存。

第三十四条　财政部建立统一的备案信息管理系统。备案信息管理系统实行全国联网,并与其他相关行政管理部门实行信息共享。

第三十五条　资产评估机构未按本办法规定备案的,依法承担法律责任。

第四章　资产评估协会

第三十六条　资产评估协会是资产评估机构和资产评估专业人员的自律性组织,接受有关财政部门的监督,不得损害国家利益和社会公共利益,不得损害会员的合法权益。

第三十七条　资产评估协会通过制定章程规范协会内部管理和活动。协会章程应当由会员代表大会制定,经登记管理机关核准后,报有关财政部门备案。

第三十八条　资产评估协会应当依法履行职责,向有关财政部门提供资产评估师信息,及时向有关财政部门报告会员信用档案、会员自律检查情况及奖惩情况。

第三十九条　资产评估协会对资产评估机构及其资产评估专业人员进行自律检查。资产评估机构及其资产评估专业人员应当配合资产评估协会组织实施的自律检查。

资产评估协会应当重点检查资产评估机构及其资产评估专业人员的执业质量和职业风险防范机制。

第四十条　资产评估协会应当结合自律检查工作,对资产评估机构及其分支机构按照本办法第二十二条规定报送的材料进行分析,发现不符合法律、行政法规和本办法规定的情况,及时向有关财政部门报告。

第四十一条　资产评估协会应当与其他评估专业领域行业协会加强沟通协作,建立会员、执业、惩戒等相关信息的共享机制。

中国资产评估协会应当会同其他评估专业领域行业协会根据需要制定共同的行为规范,促进评估行业健康有序发展。

第五章　监督检查

第四十二条　财政部统一部署对资产评估行业的监督检查,主要负责以下工作:

(一)制定资产评估专业人员、资产评估机构、资产评估协会和相关资产评估业务监督检查的具体办法;

(二)组织开展资产评估执业质量专项检查;

(三)监督检查资产评估机构从事证券期货相关资产评估业务情况;

(四)检查中国资产评估协会履行资产评估法第三十六条规定的职责情况,并根据工作需要,对地方资产评估协会履行职责情况进行抽查;

(五)指导和督促地方财政部门对资产评估行业的监督检查,并对其检查情况予以抽查。

对本条第一款第三项进行监督检查,必要时,财政部可以会同其他有关部门进行。

第四十三条　省级财政部门开展监督检查,包括年度检查和必要的专项检查,对本行政区域内资产评估机构包括分支机构下列内容进行重点检查,并将检查结果予以公开,同时向财政部报告:

（一）资产评估机构持续符合资产评估法第十五条规定条件的情况；

（二）办理备案情况；

（三）资产评估执业质量情况。

对本条第一款第一项进行检查，必要时，有关财政部门可以会同其他相关评估行政管理部门进行。

第四十四条　省级财政部门对地方资产评估协会实施监督检查，并将检查情况向财政部汇报，重点检查资产评估协会履行以下职责情况：

（一）地方资产评估协会章程的制定、修改情况；

（二）指导会员落实准则情况；

（三）检查会员执业质量情况；

（四）开展会员继续教育、信用档案、风险防范等情况；

（五）机构会员年度信息管理情况。

第四十五条　财政部门开展资产评估行业监督检查，应当由本部门两名以上执法人员组成检查组。具体按照财政检查工作的有关规定执行。

第四十六条　检查时，财政部门认定虚假资产评估报告和重大遗漏资产评估报告，应当以资产评估准则为依据，组织相关专家进行专业技术论证，也可以委托资产评估协会组织专家提供专业技术支持。

第四十七条　检查过程中，财政部和省级财政部门发现资产评估专业人员、资产评估机构和资产评估协会存在违法情形的，应当依照资产评估法等法律、行政法规和本办法的规定处理、处罚。涉嫌犯罪的，移送司法机关处理。

当事人对行政处理、行政处罚决定不服的，可以依法申请行政复议或者提起行政诉讼。

第六章　调查处理

第四十八条　资产评估委托人或资产评估报告使用人对资产评估机构或资产评估专业人员的下列行为，可以向对该资产评估机构备案的省级财政部门进行投诉、举报，其他公民、法人或其他组织可以向对该资产评估机构备案的省级财政部门举报：

（一）违法开展法定资产评估业务的；

（二）资产评估专业人员违反资产评估法第十四条规定的；

（三）资产评估机构未按照本办法规定备案或备案后未持续符合资产评估法第十五条规定条件的；

（四）资产评估机构违反资产评估法第二十条规定的；

（五）资产评估机构违反本办法第十六条规定的；

（六）资产评估机构违反本办法第二十条第二款规定的。

资产评估委托人或资产评估报告使用人投诉、举报资产评估机构出具虚假资产评估报告或者重大遗漏的资产评估报告的，可以先与资产评估机构进行沟通。

第四十九条　在法定资产评估业务中，委托人或被评估单位有资产评估法第五十二条规定行为的，资产评估的相关当事人可以向委托人或被评估单位所在地省级财政部门进行投诉、举报，其他公民、法人或其他组织可以向委托人或被评估单位所在地省级财政部门举报。

由于委托人或被评估单位的行政管理层级不匹配或存在其他原因超出省级财政部门处理权限的,省级财政部门可以申请由财政部受理。

向财政部门投诉、举报事项涉及资产评估机构从事证券期货相关资产评估业务的,由财政部受理。

第五十条　投诉、举报应当通过书面形式实名进行,并如实反映情况,提供相关证明材料。

第五十一条　财政部门接到投诉、举报的事项,应当在15个工作日内作出是否受理的书面决定。投诉、举报事项属于财政部门职责的,财政部门应当予以受理。不予受理的,应当说明理由,及时告知实名投诉人、举报人。

第五十二条　投诉、举报事项属于下列情形的,财政部门不予受理:

(一) 投诉、举报事项不属于财政部门职责的;

(二) 已由公安机关、检察机关立案调查或者进入司法程序的;

(三) 属于资产评估协会自律管理的。

投诉人、举报人就同一事项向财政部门和资产评估协会投诉、举报的,财政部门按照本办法第五十一条和本条第一款的规定处理。

第五十三条　财政部门受理投诉、举报,应当采用书面审查的方式及时进行处理,必要时可以成立由本部门两名以上执法人员和聘用的专家组成的调查组,进行调查取证。有关当事人应当如实反映情况,提供相关材料。

调查组成员与当事人有直接利害关系的,应当回避;对调查工作中知悉的国家秘密和商业秘密,应当保密。

受理的投诉、举报事项同时涉及其他行政管理部门职责的,应当会同其他行政管理部门进行处理。

第五十四条　对投诉、举报的调查,调查组有权进入被投诉举报单位现场调查,查阅、复印有关凭证、文件等资料,询问被投诉举报单位有关人员,必要时按照资产评估业务延伸调查,并将调查内容与事项予以记录和摘录,编制调查工作底稿。

调查组在调查中取得的证据、材料以及工作底稿,应当有提供者或者被调查人的签名或者盖章。未取得提供者或者被调查人签名或者盖章的材料,调查组应当注明原因。

第五十五条　在有关证据可能灭失或者以后难以取得的情况下,经财政部门负责人批准,调查组可以先行登记保存,并应当在7个工作日内及时作出处理决定。被调查人或者有关人员不得销毁或者转移证据。

第五十六条　针对资产评估协会的投诉、举报,财政部和省级财政部门应当及时调查处理。

第五十七条　调查时,财政部门认定虚假资产评估报告和重大遗漏资产评估报告,按照本办法第四十六条规定执行。

第五十八条　经调查发现资产评估专业人员、资产评估机构和资产评估协会存在违法情形的,财政部和省级财政部门按照本办法第四十七条规定予以处理。

第五十九条　财政部门根据调查处理具体情况,应当采取书面形式答复实名投诉人、举报人。

第六十条 对其他有关部门移送的资产评估违法线索或案件,或者资产评估协会按照本办法第四十条规定报告的情况,有关财政部门应当比照本办法第五十二条至第五十八条的规定依法调查处理,并将处理结果告知移送部门或者资产评估协会。

第七章 法律责任

第六十一条 资产评估专业人员有下列行为之一的,由有关省级财政部门予以警告,可以责令停止从业6个月以上1年以下;有违法所得的,没收违法所得;情节严重的,责令停止从业1年以上5年以下;构成犯罪的,移送司法机关处理:

(一)违反本办法第十条第一款的规定,同时在两个以上资产评估机构从事业务的;

(二)违反本办法第十一条第一款的规定,签署本人未承办业务的资产评估报告或者有重大遗漏的资产评估报告的。

资产评估专业人员违反本办法第十二条第一款、第三十九条第一款规定,不接受行业自律管理的,由资产评估协会予以惩戒,记入信用档案;情节严重的,由资产评估协会按照规定取消会员资格,并予以公告。

第六十二条 有下列行为之一的,由对其备案的省级财政部门对资产评估机构予以警告,可以责令停业1个月以上6个月以下;有违法所得的,没收违法所得,并处违法所得1倍以上5倍以下罚款;情节严重的,通知工商行政管理部门依法处理;构成犯罪的,移送司法机关处理:

(一)违反本办法第十一条第二款规定,未取得资产评估师资格的人员签署法定资产评估业务资产评估报告的;

(二)违反本办法第十五条规定,承办并出具法定资产评估业务资产评估报告的资产评估师人数不符合法律规定的;

(三)违反本办法第十六条规定,受理与其合伙人或者股东存在利害关系业务的。

第六十三条 资产评估机构违反本办法第十七条、第十八条、第十九条、第二十条第一款、第二十八条、第三十一条第一款和第二款规定的,由资产评估机构所在地省级财政部门责令改正,并予以警告。

第六十四条 资产评估机构违反本办法第二十条第二款规定造成不良后果的,由其分支机构所在地的省级财政部门责令改正,对资产评估机构及其法定代表人或执行合伙事务的合伙人分别予以警告;没有违法所得的,可以并处资产评估机构1万元以下罚款;有违法所得的,可以并处资产评估机构违法所得1倍以上3倍以下、最高不超过3万元的罚款;同时通知资产评估机构所在地省级财政部门。

第六十五条 资产评估机构未按照本办法第二十四条规定备案或者备案后不符合资产评估法第十五条规定条件的,由资产评估机构所在地省级财政部门责令改正;拒不改正的,责令停业,可以并处1万元以上5万元以下罚款,并通报工商行政管理部门。

资产评估机构未按照本办法第二十七条第一款规定办理分支机构备案的,由其分支机构所在地的省级财政部门责令改正,并对资产评估机构及其法定代表人或者执行合伙事务的合伙人分别予以警告,同时通知资产评估机构所在地的省级财政部门。

第六十六条　资产评估协会有下列行为之一的,由有关财政部门予以警告,责令改正;拒不改正的,可以通报登记管理机关依法处理:

(一)章程不符合资产评估法和本办法规定的;

(二)资产评估协会未依照资产评估法、本办法和其章程的规定履行职责的。

第六十七条　有关财政部门对资产评估机构、资产评估专业人员和资产评估协会的财政处理、处罚情况,应当在15个工作日内向社会公开。

第六十八条　财政部门工作人员在资产评估行业监督管理工作中滥用职权、玩忽职守、徇私舞弊的,按照《中华人民共和国公务员法》《中华人民共和国行政监察法》等国家有关规定追究相应责任;涉嫌犯罪的,移送司法机关处理。

第八章　附　　则

第六十九条　本办法所称资产评估行业、资产评估专业人员、资产评估机构和资产评估协会是指根据资产评估法和国务院规定,按照职责分工由财政部门监管的资产评估行业、资产评估专业人员、资产评估机构和资产评估协会。

第七十条　外商投资者在中华人民共和国境内设立、参股、入伙资产评估机构或者开展法定资产评估业务,应当依法履行国家安全审查程序。

第七十一条　省级财政部门可结合实际制定具体的实施办法。设区的市级财政部门可以对本行政区域内资产评估行业实施监督管理,具体由省级财政部门根据当地资产评估行业发展状况和设区的市级财政部门具备的监管条件确定。

第七十二条　本办法自2017年6月1日起施行。财政部2011年8月11日发布的《资产评估机构审批和监督管理办法》(财政部令第64号)同时废止。

加强资产评估行业联合监管若干措施[①]

资产评估是现代高端服务业,是经济社会发展中的重要专业力量,是财政管理中的重要基础工作。在财政部党组集中统一领导下依法实施监管,是促进资产评估行业提升执业质量的重要保障。为进一步提升监管效能,加大资产评估行业监管力度,建立行政监管和行业自律相结合的资产评估行业联合监管机制,现就财政部监督评价局、中国资产评估协会加强资产评估行业联合监管工作,提出以下措施。

一、加强党对联合监管工作的集中统一领导

(一)党的领导。以习近平新时代中国特色社会主义思想为指导,全面贯彻党的十九大和十九届二中、三中、四中、五中全会精神以及十九届中央纪委四次、五次全会精神,增强"四个意识",坚定"四个自信",做到"两个维护",财政部监督评价局和中国资产评估协会在财政部党组的集中统一领导下共同履行法定监管职责,承担党中央、国务院和财政部党组交办的监管任务,定期向财政部党组汇报联合监管工作有关情况。

[①] 财政部办公厅于2021年2月3日印发(财办监〔2021〕7号)。

（二）党建工作。发挥基层党组织战斗堡垒作用，在联合检查组中建立临时党支部，开展政治学习，落实"三会一课"制度、组织生活会、主题党日等支部活动。以党的纪律为统领，严格执行财政部《会计和评估监督检查工作纪律》，强化"四项纪律"和"八个不准"要求，加强自身约束，确保依法监管，增强纪律约束力和制度执行力。

二、建立联合监管工作机制

（三）依法履职。依据《中华人民共和国资产评估法》，严格执行《资产评估行业财政监督管理办法》《财政检查工作办法》《资产评估执业质量自律检查办法》及相关法规制度，依法依规依程序开展检查。财政部监督评价局、中国资产评估协会建立资产评估行业联合监管工作机制，加强制度机制的顶层设计，研究部署联合监管实施工作。在财政部监督评价局统一组织下，财政部各地监管局充分发挥属地监管优势，加强对中央企业、中央金融机构、上市公司相关资产评估业务的监管。地方财政部门及资产评估协会建立完善本区域相关工作机制，并与当地监管局密切合作，形成监督合力。

（四）执业质量联合检查。遵循"统一检查计划、统一规范程序、统一标准制度、统一组织实施、统一处理处罚、统一发布公告"的原则，开展年度执业质量检查。落实"双随机、一公开"监管要求，发布年度检查名单。制定检查方案，组建联合检查组实施检查。对检查发现的问题进行联合审理，分别由财政部监督评价局和中国资产评估协会作出行政处罚和行业自律惩戒。处理处罚结果对外公开发布。

（五）日常监管。坚持"点面结合"，实现"面上监管"常态化。运用信息技术手段开展日常数据分析，掌握行业面上情况，通过风险识别发现有关问题线索，提出监管重点及有关措施。对高风险行业、领域、业务等，采取约谈、风险提示函等方式对相关资产评估机构进行日常提醒。对监管工作中发现的普遍共性问题，组织资产评估机构开展自查自纠，必要时由中国资产评估协会开展专项自律检查。

（六）相关工作安排。财政部监督评价局日常受理的投诉举报事项，可委托中国资产评估协会开展前期调查，根据调查结果履行相应处理程序。坚持"寓管于服"，对检查发现的"问题机构"实施"回头看"和整改帮扶，整治行业突出问题，推动资产评估机构切实提升执业质量。

三、夯实联合监管基础

（七）队伍建设。进一步充实监管队伍，切实加强一线监管力量。注重发挥资产评估行业专家资源优势，财政部层面成立资产评估技术咨询专家小组，协会层面建立资产评估行业技术专家库，协助开展相关工作。加大监管人才培养力度，有关人员纳入资产评估行业高端人才培养项目。定期举办资产评估行业监管人员业务培训班。

（八）信息化建设。按照国家"互联网＋监管"系统建设要求，中国资产评估协会完善资产评估业务报备系统，构建资产评估行业监管一体化管理信息平台，实现行政监管和行业自律信息共享，并接入国家"互联网＋监管"系统。

（九）监管成果运用。对发现的严重违反有关法律法规、屡查屡犯的资产评估机构及人员，将其列入失信"黑名单"，与其他监督部门共享。加强处理处罚结果在资产评估机构综合评价、行业评先评优、各级行业代表人士及有关部门专家推荐等行业工作中的运用。对联合监管中发现的典型案例予以曝光，震慑违法行为。加大行业正面宣传力度，提升资产评估行业声誉和公信力。

第四部分
纪检监察监督

政策导读

本部分介绍以纪检监察部门为主导组织开展的对行政事业单位及其工作人员的财务活动与经济行为的监督检查,主要包括党政机关工作人员经济行为监督、纪检监察机关与相关部门工作协作、证据的收集鉴别与使用、赠送与接受礼品规定、公款旅游行为处理等相关内容。

一、党政机关工作人员经济行为监督

加强对主要领导干部和领导班子的监督,是新时代坚持和加强党的全面领导,提高党的建设质量,推动全面从严治党向纵深发展的必然要求。2021年3月,《中共中央关于加强对"一把手"和领导班子监督的意见》公开发布,这是我们党针对"一把手"和领导班子监督制定的首个专门文件。该意见突出对"关键少数"的监督,把党章党规中对"一把手"和领导班子监督的有关规定进一步细化、具体化,把实践中的有效做法上升为制度规范,是破解对"一把手"监督和同级监督难题的重要举措。从经济活动层面来看,在决策环节上,要求贯彻执行民主集中制,完善"三重一大"决策监督机制,把"三重一大"决策制度执行情况作为巡视巡察、审计监督、专项督查的重要内容。在执行环节上,要求坚持集体领导制度,严格按规则和程序办事,健全党委(党组)领导班子权力运行制约机制,合理分解、科学配置权力;坚决防止以专题会议代替常委会会议作出决策,坚决防止以党委集体决策名义集体违规,决不允许领导班子成员将分管工作、分管领域变成不受集体领导和监督的"私人领地"。在监督环节上,要求严格执行领导干部插手干预重大事项记录制度,发现问题及时报告,党委(党组)要完善落实领导干部插手干预重大事项记录制度的具体举措,对领导班子成员存在违规干预干部选拔任用、工程建设、执法司法等问题的,受请托人应当及时向所在部门和单位党组织报告。要切实发挥党内监督带动作用,推动人大监督、民主监督、行政监督、司法监督、审计监督、财会监督、统计监督、群众监督、舆论监督贯通协调、形成合力。纪检机关应当加强对审批监管、工程建设、资源开发、金融信贷等领域党风廉政建设情况的分析,注重发现普遍性问题,形成专题报告,促进同级党委领导班子加强对关键岗位的管理监督。

近年来,涉及权钱交易的违纪违法案件出现了一些新情况、新问题,违纪违法者的手段不断翻新,形式变化多样,更具有隐蔽性复杂性。为教育各级党员领导干部严格自律,加大对涉及权钱交易行为的惩处力度,中央纪委于2007年5月印发了《中共中央纪委关于严格禁止利用职务上的便利谋取不正当利益的若干规定》,要求国家工作人员中的共产党员特别是各级领导干部,应当认真学习本规定,引以为戒,自觉遵守。该规定具体列示了国家工作人员中的共产党员利用职务上的便利谋取不正当利益的8种行为:一是以明显低于市场的价格向请托人购买或以明显高于市场的价格向请托人出售房屋、汽车等物品,以及以其他交易形式非法收受请托人财物;二是收受请托人提供的干股;三是由请托人出资,"合作"开办公司或者进行其他"合作"投资;四是以委托请托人投资证券、期货或者其他委托理财的名义,未实际出资而获取"收益",或者虽然实际出资,但获取"收益"明显高于出资应得收益;五是通过赌博方式收受请托人财物;六是要求或者接受请托人以给特定关系人安排工作为名,使特定关系人不实际工作却获取所谓薪酬;七是授意请托人以本规定所列形式,将有关财物给予特定关系人;八是为请托人谋取利益之前或者之后,约定在其离职后收受请托人财物,并在离职后收受。

  1993年10月,党中央、国务院作出了关于党政机关县(处)级以上领导干部不准买卖股票的规定。各地区、各部门也对所属工作人员买卖股票问题作了一些限制性规定。在当时国家证券市场监管机制不够健全的历史条件下,这一规定对于党政机关领导干部廉洁自律,防治腐败,保证证券市场健康发展起到了重要作用。随着我国证券市场制度的逐步健全,特别是《中华人民共和国证券法》的颁布实施,我国证券市场的发展已经走上法制化轨道。党政机关工作人员将其合法财产以合法的方式投资于证券市场,是对国家建设的支持。为此,党中央、国务院决定有限制地放宽对党政机关工作人员买卖股票的禁令,在一定条件下允许党政机关工作人员个人依法投资证券市场,买卖股票和证券投资基金。中共中央办公厅、国务院办公厅于2001年印发了《关于党政机关工作人员个人证券投资行为若干规定》,党政机关工作人员个人可以买卖股票和证券投资基金。在买卖股票和证券投资基金时,应当遵守有关法律、法规的规定,不得采取不正当手段、利用内幕信息、持有买卖直接业务管辖范围内的上市公司股票、利用工作时间或办公设施买卖股票等禁止行为。该规定还对党政机关工作人员的父母、配偶、子女及其配偶,在掌握内幕信息、证券公司任职、证交所工作等相关情形,作了相关要求。

  加强对领导干部配偶、子女及其配偶经商办企业管理,是全面从严治党、从严管理监督干部的重要举措。2022年6月中共中央办公厅印发了《领导干部配偶、子女及其配偶经商办企业管理规定》(以下简称《规定》),对领导干部配偶、子女及其配偶经商办企业管理的适用对象和情形、工作措施、纪律要求等作出明确规定,对于规范和制约权力运行,从源头上防范廉政风险,促进领导干部家风建设,具有重要意义。《规定》明确,领导干部配偶、子女及其配偶经商办企业管理的适用对象,主要是党政机关、群团组织、企事业单位厅局级及相当职务层次以上领导干部;经商办企业情形,主要是投资开办企业、担任私营企业或外资企业等高级职务、私募股权基金投资及从业、从事有偿社会中介和法律服务等行为。《规定》对不同层级、不同类别领导干部配偶、子女及其配偶经商办企业分别提出了禁业要求,领导干部职务层次越高要求越严,综合部门严于其他部门。《规定》要求,领导干部每年报告个人有关事项时,应当如实填报配偶、子女及其配偶经商办企业情况,年度集中报告后新产生的经商办企业情况要及时报告。中央纪委在2001年2月印发的《关于省、地两级党委、政府主要领导干部配偶、子女个人经商办企业的具体规定(试行)》,对省(自治区、直辖市)、地(市)两级党委、政府主要领导干部配偶、子女在该领导干部任职地区个人从事经商办企业活动作出"五个不准"规定,即:不准从事房地产开发、经营及相关代理、评估、咨询等有偿中介活动;不准从事广告代理、发布等经营活动;不准开办律师事务所,受聘担任律师的,不准在领导干部管辖地区代理诉讼;不准从事营业性歌厅、舞厅、夜总会等娱乐业,洗浴按摩等行业的经营活动;不准从事其他可能与公共利益发生冲突的经商办企业活动。

为贯彻落实党中央关于全面从严治党、从严管理干部要求,加强对权力运行的制约和监督,防止出现公务员辞去公职后从业中的违纪违法现象,中共中央组织部、人力资源社会保障部、国家工商行政管理总局、国家公务员局于2017年4月印发了《关于规范公务员辞去公职后从业行为的意见》的通知(组通字〔2017〕22号)。该意见规定,各级机关中原系领导班子成员的公务员以及其他担任县处级以上职务的公务员,辞去公职后3年内,不得接受原任职务管辖地区和业务范围内的企业、中介机构或其他营利性组织的聘任,个人不得从事与原任职务管辖业务直接相关的营利性活动;其他公务员辞去公职后2年内,不得接受与原工作业务直接相关的企业、中介机构或其他营利性组织的聘任,个人不得从事与原工作业务直接相关的营利性活动。该意见要求,公务员申请辞去公职时应如实报告从业去向,签署承诺书,在从业限制期限内主动报告从业变动情况;公务员原所在单位在批准辞去公职前要与本人谈话,了解从业意向,提醒严格遵守从业限制规定;公务员主管部门要建立健全公务员辞去公职从业备案和监督检查制度,对各机关落实辞去公职从业规定情况进行指导和监督检查;工商、市场监管部门要对经查实的违规从业人员和接收企业给予相应处罚。该意见强调,要准确把握和执行政策,正确对待公务员依法辞去公职行为,支持人才的合理流动,充分尊重和保障辞去公职人员合法就业和创业的权益。

二、纪检监察机关与相关部门工作协作

为了加强纪检监察机关和审计机关在查处案件中的协作配合,充分发挥纪检监察机关和审计机关在查处案件中的职能作用,中共中央纪委、监察部、审计署于2003年联合印发了《中共中央纪委、监察部、审计署关于纪检监察机关和审计机关在查处案件中加强协作配合的通知》,明确了纪检监察机关和审计机关在查处案件时的职责范围、分工协作,发现有关单位和人员有违反党纪政纪的行为,属于纪检监察管辖范围;发现有关单位有违反国家规定的财政收支、财务收支行为,属于审计机关管辖范围。

为规范银行业金融机构协助人民检察院、公安机关、国家安全机关查询、冻结单位或个人涉案存款、汇款等财产的行为,保障刑事侦查活动的顺利进行,保护存款人和其他客户的合法权益,中国银监会、最高人民检察院、公安部、国家安全部于2014年12月联合印发了《银行业金融机构协助人民检察院公安机关国家安全机关查询冻结工作规定》(银监发〔2014〕53号)。该规定要求协助查询、冻结工作应当遵循依法合规、保护存款人和其他客户合法权益的原则。银行业金融机构在接到协助查询、冻结财产法律文书后,应当严格保密,严禁向被查询、冻结的单位、个人或者第三方通风报信,帮助隐匿或者转移财产。应当由两名以上办案人员持有效的本人工作证或人民警察证和加盖县级以上人民检察院、公安机关、国家安全机关公章的协助查询财产或协助冻结/解除冻结财产法律文书,到银行业金融机构现场办理。银行业金融机构协助人民检察院、公安机关、国家安全机关查询的信息仅限于涉案财产信息,包括:被查询单位或者个人开户销户信息,存款余额、交易日期、交易金额、交易方式、交易对手账户及身份等信息,电子银行信息,网银登录日志等信息,POS机商户、自动机具相关信息等。冻结涉案账户的款项数额,应当与涉案金额相当。不得超出涉案金额范围冻结款项,冻结数额应当具体、明确。暂时无法确定具体数额的,人民检察院、公安机关、

国家安全机关应当在协助冻结财产法律文书上明确注明"只收不付"。该规定还明确了"十四种"不得冻结的财产和账户,如:党团费账户和工会经费集中户、社会保险基金等。

三、证据的收集鉴别与使用

在查处党员违纪案件中,证据必不可少,与案件相关的有关会计档案和财务资料也是证据的一种。为正确收集、鉴别和使用证据,保证办案质量,中央纪委于 1991 年 7 月发布了《中共中央纪律检查委员会关于查处党员违纪案件中收集、鉴别、使用证据的具体规定》。该规定明确,证明案件真实情况的一切事实都是证据,包括:物证、书证、证人证言、视听材料、受侵害人员的陈述、受审查党员的陈述、鉴定结论、勘验检查笔录、现场笔录等,证据必须经过审核属实,才能作为定案的根据。收集证据要及时、客观、全面,收集证据必须两人以上。收集物证应尽可能提取原物。物证能随卷保存的即随卷保存,不能提取的原物或不能随卷保存的原物应拍成照片入卷,并注明原物存放何处。收集书证采用提取会议记录、介绍信、文件、个人记录、私人信件、日记等方法,并尽可能提取原件。如不能提取原件的,用摘抄或复印的方法提取,但应注明出处、原件保存单位,并应由原件保存单位加盖公章。收集证人证言,不要采取座谈会的形式。证人证言要一人一证,一般情况下一事一证。书写证人证言,应把所要证明的事实发生的时间、地点、当事人、原因、情节、手段、结果等书写清楚。认定案件事实,证据必须确凿。证据经过鉴别,其真实性得到确认后,即成为有效证据,任何人无权涂改或弃毁,有关党组织在移送证据时,不得任意取舍。特别不得舍弃那些经过鉴别证明受审查党员无错的证据。在没有物证、书证的情况下,仅凭言词证据定案时,必须有两个以上(含两个)证据,才能定案。

四、赠送与接受礼品规定

为了严肃政纪,保持国家行政机关及其工作人员廉洁,国务院于 1988 年 12 月发布了《国家行政机关及其工作人员在国内公务活动中不得赠送和接受礼品的规定》(国务院令第 20 号)。该规定要求,国家行政机关及其工作人员在国内公务活动中,不得赠送和接受礼品,不得假借名义或者以变相形式赠送和接受礼品,如:鉴定会、评比会、业务会、订货会、展销会、招待会、茶话会、新闻发布会、座谈会、研讨会以及其他会议的形式;以祝贺春节、元旦、国庆节、中秋节和其他节假日的名义;以试用、借用、品尝、鉴定的名义;以祝寿、生日、婚丧嫁娶的名义;以其他形式和名义。该规定所称的礼品,是指礼物、礼金、礼券以及以象征性低价收款的物品。违反规定的,给予相应处分。为谋取不正当利益而赠送、接受或者索取礼品的,按照国家有关惩治行贿、受贿的法律法规处理。对接收的礼品必须在一个月内交出并上交国库。所收礼品不按期交出的,按贪污论处。

党中央、国务院对党政机关及其工作人员在公务活动中不得接受和赠送礼品问题曾多次作过规定。但是,一些地区、部门和单位违反规定的现象仍时有发生。中共中央办公厅、国务院办公厅于 1993 年 4 月再次印发《中共中央办公厅 国务院办公厅关于严禁党政机关及其工作人员在公务活动中接受和赠送礼金、有价证券的通知》(中办发〔1993〕5 号),强调纪律。该通知要求,在公务活动包括礼仪庆典、新闻发布会和经济活动中,不得以任何名义和变相形式接受礼金和有价证券。不得以业务会、招待会、定货展销会、新闻发布会等各种会议和礼仪、庆典、纪念、商务等各种活动及其他的形式或名义,向党政机关及其工作人员赠送礼金和有价证券。在涉外活动(包括与华侨和港澳台同胞交往活动)中,由于难以谢绝而接受的礼金和有价证券,必须在一个月内全部交出并上缴国库。凡不按期交出的,以贪污论处。审计机关要把赠送礼金和有价证券问题作为审计监督的一项经常性内容,严格执行财经纪律,银行要加强现金管理,严防套取现金。

加强在对外公务活动中赠送和接受礼品的管理,对于严肃外事纪律,保持党和国家工作人员廉洁奉公,维护我国国际声誉,保证对外交往的顺利进行,具有重要意义。为了加强对国家行政机关工作人员在对外公务活动中赠送和接受礼品的管理,严肃外事纪律,保持清廉,国务院于1993年12月发布了《国务院关于在对外公务活动中赠送和接受礼品的规定》(国务院令第133号)。该规定要求,根据国际惯例和对外工作需要,必要时可以对外赠送礼物。必须贯彻节约从简的原则,礼物应当以具有民族特色的纪念品、传统手工艺品和实用物品为主。对来访的外宾,不主动赠送礼物。外宾向我方赠送礼物的,可以适当回赠礼物。在对外公务活动中接受的礼物,应当妥善处理。价值按我国市价折合人民币二百元以上的,自接受之日起(在国外接受礼物的,自回国之日起)一个月内填写礼品申报单并将应上缴的礼物上缴礼品管理部门或者受礼人所在单位;不满二百元的,归受礼人本人或者受礼人所在单位。在对外公务活动中,对方赠送礼金、有价证券时,应当予以谢绝;确实难以谢绝的,所收礼金、有价证券必须一律上缴国库。礼品管理部门及有关部门对于收缴的礼品,应当登记造册,妥善保管,及时处理。

为了认真贯彻执行国务院规定,中共中央办公厅、国务院办公厅于1993年12月印发了《中共中央办公厅 国务院办公厅关于认真贯彻执行〈国务院关于在对外公务活动中赠送和接受礼品的规定〉的通知》(中办发〔1993〕26号),就有关具体事项予以明确。所受礼物200元以上的,处理办法有:贵重礼品,黄金,珠宝制品,高级工艺品,有重要历史价值的礼品,由受礼单位交礼品管理部门送有关机构或者博物馆保存、陈列;专业用品、设备器材和具有科研价值的礼品,可以留给受礼单位;食品、烟酒、水果类礼品,可以归受礼人本人或者其所在单位;高中档实用物品,如钟表、收录机、衣料、服装等,按照国内市价折半价由受礼人所在单位处理,可以照顾受礼人,每人一年以两件为限;其他贵重物品和未经礼品管理部门批准归受礼人或者其所在单位的物品,全部交由礼品管理部门处理。对外赠送礼物金额由财政部和外交部规定。

为了规范礼品登记制度,中共中央办公厅、国务院办公厅于1995年4月印发了《关于对党和国家机关工作人员在国内交往中收受的礼品实行登记制度的规定》(中办发〔1995〕7号)。该规定要求,党和国家机关工作人员在国内交往中,不得收受可能影响公正执行公务的礼品馈赠,因各种原因未能拒收的礼品,必须登记上交。自收受礼品之日起(在外地接受礼品的,自回本单位之日起)一个月内由本人如实填写礼品登记表,并将登记表交所在机关指定的受理登记的部门。为贯彻落实规定要求,中共中央直属机关事务管理局、国务院机关事务管理局于1995年9月印发了《关于中央党政机关工作人员在国内交往中收受礼品登记和处理办法》(〔95〕国管财字第158号),明确了具体标准和办法。中央党政机关工作人员在国内交往中(不含亲友之间的交往),对因各种原因未能拒收的礼金、有价证券、金银珠宝制品,不论价值数额大小,一律登记上交。中央党政机关工作人员在国内交往中(不含亲友之间的交往),因各种原因未能谢绝的其他礼品,参照市场价格一次合计价值人民币100元以上的(含100元),必须登记;200元以上的(含200元),必须登记上交。一人一年之内收受礼品累计价值超过600元的,超过部分必须登记上交。价值人民币200元以上容易腐烂或不易存放的礼品,经单位领导同意,受礼人可以先行处置,而后向负责礼品登记和处理的部门登记报告。交礼品的处理权限为:价值在200元以上1000元以下的(含1000元),由各单位处理;其中,受礼人属于机关直属事业单位,价值在200元以上500元以下的(含500元),可由机关直属单位自行处理。价值在1000元以上的,分别交中共中央直属机关事务管理局、国务院机关事务管理局处理。对于上交的礼品,可作如下处理:具有办公用途的礼品,如照相机、录音机及其他专用设备等,根据工作需要,可留在单位内使用,但须纳入国有资产管理;不能用于办公的礼品,如衣物、手表、烟酒等,可根据情况定期向当地国有收购部门作价处理,或以市场价的70%在本单位公开处理;处理礼品所收款项以及上交的礼金、有价证券一律上交本单位财务部门,年终一并上交国库。

五、公款出国旅游行为处理

为规范因公出国(境)管理秩序,明确相关政策界限,惩处用公款出国(境)旅游及相关违纪行为,监察部于2010年8月印发了《用公款出国(境)旅游及相关违纪行为处分规定》(监察部、人社部令第23号)。用公款出国(境)旅游行为,是指无出国(境)公务,组织或者参加用公款支付全部或者部分费用,到国(境)外进行参观、游览等活动的行为;其中包括无实质性公务,以考察、学习、培训、研讨、招商、参展、参加会议等名义,变相用公款出国(境)旅游的行为。用公款出国(境)旅游的违规行为主要有:虚报出国(境)公务骗取批准的;购买、伪造邀请函或者编造虚假日程骗取批准的;采取伪造个人身份、资料等形式,安排与出国(境)公务无关人员出国(境)的;避开主管部门委托非主管部门办理因公出国(境)审核审批手续的;违反因公出国(境)管理规定,将一个团组拆分为若干团组报批或者审核审批的;其他违反因公出国(境)审核审批管理规定的。根据情节轻重不同,处分形式包括:警告、记过、记大过、降级或者降职、撤职、开除。有公款出国(境)旅游及相关违纪行为,应当给予党纪处分的,移送党的纪律检查机关处理;涉嫌犯罪的,移送司法机关处理。

为明确相关政策界限,惩处用公款出国(境)旅游及相关违纪行为,中央纪委于2010年6月发布了《用公款出国(境)旅游及相关违纪行为适用〈中国共产党纪律处分条例〉若干问题的解释》。用公款出国(境)旅游的,依照《中国共产党纪律处分条例》第七十八条的规定处理;其中,对于组织者,给予撤销党内职务或者留党察看处分,情节严重的,给予开除党籍处分。以不正当方式谋求本人或者他人用公款出国(境),有前述违规行为之一的,依照《中国共产党纪律处分条例》第六十八条的规定处理。

参考法规

中共中央纪委关于严格禁止利用职务上的便利谋取不正当利益的若干规定[①]

根据中央纪委第七次全会精神,为贯彻落实标本兼治、综合治理、惩防并举、注重预防的反腐倡廉方针,针对当前查办违纪案件工作中发现的新情况、新问题,特对国家工作人员中的共产党员提出并重申以下纪律要求:

一、严格禁止利用职务上的便利为请托人谋取利益,以下列交易形式收受请托人财物:

(1) 以明显低于市场的价格向请托人购买房屋、汽车等物品;

(2) 以明显高于市场的价格向请托人出售房屋、汽车等物品;

(3) 以其他交易形式非法收受请托人财物。

前款所列市场价格包括商品经营者事先设定的不针对特定人的最低优惠价格。根据商品经营者事先设定的各种优惠交易条件,以优惠价格购买商品的,不属于违纪。

二、严格禁止利用职务上的便利为请托人谋取利益,收受请托人提供的干股。

干股是指未出资而获得的股份。进行了股权转让登记,或者相关证据证明股份发生了实际转让的,违纪数额按转让行为时股份价值计算,所分红利按违纪孳息处理。股份未实际转让,以股份分红名义获取利益的,实际获利数额应当认定为违纪数额。

三、严格禁止利用职务上的便利为请托人谋取利益,由请托人出资,"合作"开办公司或者进行其他"合作"投资。

利用职务上的便利为请托人谋取利益,以合作开办公司或者其他合作投资的名义,没有实际出资和参与管理、经营而获取"利润"的,以违纪论处。

四、严格禁止利用职务上的便利为请托人谋取利益,以委托请托人投资证券、期货或者其他委托理财的名义,未实际出资而获取"收益",或者虽然实际出资,但获取"收益"明显高于出资应得收益。

五、严格禁止利用职务上的便利为请托人谋取利益,通过赌博方式收受请托人财物。

执行中应注意区分前款所列行为与赌博活动、娱乐活动的界限。具体认定时,主要应当结合以下因素进行判断:(1) 赌博的背景、场合、时间、次数;(2) 赌资来源;(3) 其他赌博参与者有无事先通谋;(4) 输赢钱物的具体情况和金额大小。

六、严格禁止利用职务上的便利为请托人谋取利益,要求或者接受请托人以给特定关系人安排工作为名,使特定关系人不实际工作却获取所谓薪酬。

特定关系人,是指与国家工作人员有近亲属、情妇(夫)以及其他共同利益关系的人。

---

① 中共中央纪委印发(中纪发〔2007〕7号)。

七、严格禁止利用职务上的便利为请托人谋取利益,授意请托人以本规定所列形式,将有关财物给予特定关系人。

特定关系人中的共产党员与国家工作人员通谋,共同实施前款所列行为的,对特定关系人以共同违纪论处。特定关系人以外的其他人与国家工作人员通谋,由国家工作人员利用职务上的便利为请托人谋取利益,收受请托人财物后双方共同占有的,以共同违纪论处。

八、严格禁止利用职务上的便利为请托人谋取利益之前或者之后,约定在其离职后收受请托人财物,并在离职后收受。

离职前后连续收受请托人财物的,离职前后收受部分均应计入违纪数额。

九、利用职务上的便利为请托人谋取利益,收受请托人房屋、汽车等物品,未变更权属登记或者借用他人名义办理权属变更登记的,不影响违纪的认定。

认定以房屋、汽车等物品为对象的违纪,应注意与借用的区分。具体认定时,除双方交待或者书面协议之外,主要应当结合以下因素进行判断:(1)有无借用的合理事由;(2)是否实际使用;(3)借用时间的长短;(4)有无归还的条件;(5)有无归还的意思表示及行为。

十、收受请托人财物后及时退还或者上交的,不是违纪。

违纪后,因自身或者与违纪有关联的人、事被查处,为掩饰违纪而退还或者上交的,不影响认定违纪。

各级纪律检查机关在办案中发现有本规定所列禁止行为的,依照《中国共产党纪律处分条例》第八十五条等有关规定处理。

关于党政机关工作人员个人证券投资行为若干规定[①]

第一条 为规范党政机关工作人员个人证券投资行为,促进党政机关工作人员廉洁自律,加强党风廉政建设,促进证券市场健康发展,制定本规定。

第二条 本规定所称党政机关工作人员个人证券投资行为,是指党政机关工作人员将其合法的财产以合法的方式投资于证券市场,买卖股票和证券投资基金的行为。

第三条 党政机关工作人员个人可以买卖股票和证券投资基金。在买卖股票和证券投资基金时,应当遵守有关法律、法规的规定,严禁下列行为:

(一)利用职权、职务上的影响或者采取其他不正当手段,索取或者强行买卖股票、索取或者倒卖认股权证;

(二)利用内幕信息直接或者间接买卖股票和证券投资基金,或者向他人提出买卖股票和证券投资基金的建议;

(三)买卖或者借他人名义持有、买卖其直接业务管辖范围内的上市公司的股票;

(四)借用本单位的公款,或者借用管理和服务对象的资金,或者借用主管范围内的下属单位和个人的资金,或者借用其他与其行使职权有关系的单位和个人的资金,购买股票和证券投资基金;

---

① 中共中央办公厅、国务院办公厅于2001年4月3日印发(中办发〔2001〕10号)。

（五）以单位名义集资买卖股票和证券投资基金；

（六）利用工作时间、办公设施买卖股票和证券投资基金；

（七）其他违反《中华人民共和国证券法》和相关法律、法规的行为。

第四条　上市公司的主管部门以及上市公司的国有控股单位的主管部门中掌握内幕信息的人员及其父母、配偶、子女及其配偶，不准买卖上述主管部门所管理的上市公司的股票。

第五条　国务院证券监督管理机构及其派出机构、证券交易所和期货交易所的工作人员及其父母、配偶、子女及其配偶，不准买卖股票。

第六条　本人的父母、配偶、子女及其配偶在证券公司、基金管理公司任职的，或者在由国务院证券监督管理机构授予证券期货从业资格的会计（审计）师事务所、律师事务所、投资咨询机构、资产评估机构、资信评估机构任职的，该党政机关工作人员不得买卖与上述机构有业务关系的上市公司的股票。

第七条　掌握内幕信息的党政机关工作人员，在离开岗位三个月内，继续受本规定的约束。

由于新任职务而掌握内幕信息的党政机关工作人员，在任职前已持有的股票和证券投资基金必须在任职后一个月内作出处理，不得继续持有。

第八条　各综合性经济管理部门及行业管理部门，应当根据工作性质，对其工作人员进入证券市场的行为作出限制性规定，报中共中央纪委、监察部备案。

第九条　党政机关工作人员违反本规定的，应当给予党纪处分、行政处分或者其他纪律处分；有犯罪嫌疑的，移送司法机关依法处理。有违法所得的，应当予以没收。

第十条　本规定所称党政机关工作人员，是指党的机关、人大机关、行政机关、政协机关、审判机关、检察机关中的工作人员。依照公务员制度管理的事业单位，具有行政管理职能和行政执法职能的企业、事业单位，以及工会、共青团、妇联、文联、作协、科协等群众团体机关中的工作人员；各级党政机关、工会、共青团、妇联、文联、作协、科协等群众团体机关所属事业单位中的工作人员适用本规定。

第十一条　除买卖股票和证券投资基金外，买卖其他股票类证券及其衍生产品，适用本规定。

第十二条　本规定由中共中央纪委、监察部负责解释。

第十三条　本规定自发布之日起施行。对于本规定发布前党政机关工作人员利用职权或者职务上的影响购买、收受"原始股"，以及其他违反当时规定买卖股票的行为，应当继续依照原有的规定予以查处。

中共中央纪委关于省、地两级党委、政府主要领导干部配偶、子女个人经商办企业的具体规定（试行）

（2001年2月8日）

为了贯彻落实中央纪委第四次全会提出的"省（部）、地（厅）级领导干部的配偶、子女，不准在该领导干部管辖的业务范围内个人从事可能与公共利益发生冲突的经商办企业活动"的要求,对省(自治区、直辖市)、地(市)两级党委、政府主要领导干部配偶、子女在该领导干部任职地区个人从事经商办企业活动作出如下规定:

一、不准从事房地产开发、经营及相关代理、评估、咨询等有偿中介活动。

二、不准从事广告代理、发布等经营活动。

三、不准开办律师事务所;受聘担任律师的,不准在领导干部管辖地区代理诉讼。

四、不准从事营业性歌厅、舞厅、夜总会等娱乐业,洗浴按摩等行业的经营活动。

五、不准从事其他可能与公共利益发生冲突的经商办企业活动。

已经从事上述经商办企业活动的,或者领导干部的配偶、子女退出所从事的经商办企业活动,或者领导干部本人辞去现任职务或给予组织处理。本规定发布后,再从事上述活动的,对领导干部本人以违纪论处。

各省、自治区、直辖市可根据实际情况制定补充规定。

中国共产党中央委员会组织部 人力资源和社会保障部 国家工商行政管理总局 国家公务员局关于规范公务员辞去公职后从业行为的意见

(组通字〔2017〕22号)

为贯彻落实党中央关于全面从严治党、从严管理干部要求,加强对权力运行的制约和监督,防止出现公务员辞去公职后从业中的违纪违法现象,根据《中华人民共和国公务员法》《中国共产党纪律处分条例》等法律法规,对规范公务员辞去公职后从业行为提出如下意见。

一、本意见所规范的公务员辞去公职后从业行为,是指公务员根据本人意愿提出辞去公职,经批准依法解除公务员身份,到国有企事业以外的单位就业或自主创业。

二、各级机关中原系领导班子成员的公务员以及其他担任县处级以上职务的公务员,辞去公职后3年内,不得接受原任职务管辖地区和业务范围内的企业、中介机构或其他营利性组织的聘任,个人不得从事与原任职务管辖业务直接相关的营利性活动;其他公务员辞去公职后2年内,不得接受与原工作业务直接相关的企业、中介机构或其他营利性组织的聘任,个人不得从事与原工作业务直接相关的营利性活动。

"原任职务"或"原工作业务",一般应包括辞去公职前3年内担任过的职务或从事过的工作业务。

三、公务员辞去公职后从业行为是否违反上述规定,由其原单位认定。省级以上具有行政审批、行业监管、执法监督等职能的机关,应当结合实际,逐步建立公务员辞去公职后从业行为限制清单。

四、公务员申请辞去公职时应当如实报告从业去向,签署承诺书,对遵守从业限制规定、保守国家秘密和工作秘密,以及在从业限制期限内主动报告从业变动情况等作出承诺。

五、公务员所在单位或上级组织(人事)部门在批准其辞去公职前要与本人谈话,了解其从业意向,提醒严格遵守从业限制规定,告知违规从业须承担的法律责任。对不符合从业限制规定的,要劝其调整从业意向;经劝说仍不调整的,不予批准其辞去公职申请。对经批准同意辞去公职的,在从业限制期限内,原单位每年至少与其联系一次,了解和核查从业情况,发现有违反规定的情形,应当及时向公务员主管部门报告。

六、公务员辞去公职后有违规从业行为的,由公务员主管部门会同原单位责令其限期解除与接收单位的聘任关系或终止违规经营性活动;逾期不改正的,公务员主管部门要会同有关部门,对其违规从业所得数额进行调查核定,由县级以上工商、市场监管等部门依法没收,责令接收单位将该人员清退,并根据情节轻重,对接收单位处以被处罚人员违规从业所得一倍以上五倍以下罚款。违规从业人员为中共党员的,依照有关党规党纪给予相应处分。对涉嫌犯罪的,移交司法机关依法处理。

公务员主管部门会同有关部门将辞去公职人员违规从业行为纳入个人信用记录。接收单位为企业的,工商、市场监管部门将其受行政处罚情况录入企业信用信息系统。

七、建立健全公务员辞去公职后从业备案和监督检查制度。经批准同意辞去公职的公务员,由原单位报公务员主管部门备案。公务员主管部门通过专项检查、接受信访举报、了解舆情报道等方式,对各单位落实公务员辞去公职后从业规定情况进行指导和监督检查。对未按照规定审批,或未履行提醒告知、备案、了解核实等职责,导致辞去公职人员违规从业的,对单位给予通报批评,对相关负责人进行提醒、函询和诫勉,视情节轻重给予组织处理或纪律处分。

八、要准确把握和执行政策,正确对待公务员依法辞去公职行为,支持人才的合理流动,充分尊重和保障辞去公职人员合法就业和创业的权益。

九、对参照公务员法管理机关(单位)工作人员,以及公务员交流到国有企事业单位未满从业限制期限,辞去公职后从业行为的规范,参照本意见执行。

十、本意见自 2017 年 4 月 28 日起施行,由中央组织部、人力资源社会保障部、工商总局、国家公务员局负责解释。

中共中央纪委　监察部　审计署关于纪检监察机关和审计机关在查处案件中加强协作配合的通知

(中纪发〔2003〕19 号)

为了加强纪检监察机关和审计机关在查处案件中的协作配合,充分发挥纪检监察机关和审计机关在查处案件中的职能作用,维护社会主义市场经济秩序,促进党风廉政建设,现将有关事项通知如下:

一、各级纪检监察机关和审计机关应当分别依照党章和其他党内法规、《中华人民共和国行政监察法》和《中华人民共和国审计法》规定的职权范围,充分发挥各自的职能作用,在查处案件工作中互通情况,相互支持,加强协作配合,并可以根据需要召开联席会议研究相关问题,建立相应的沟通、协调机制。

二、纪检监察机关和审计机关共同立案查处的案件,案件查清后,对党纪政纪责任的追究,由纪检监察机关负责;对违反国家规定的财政收支、财务收支行为的审计处理、处罚,由审计机关负责。

三、纪检监察机关在查处案件中,发现有关单位有违反国家规定的财政收支、财务收支行为,属于审计机关管辖范围的,应当将案件线索及时移送审计机关,任何人不得隐瞒或者阻挠。

四、审计机关在审计监督中,发现有关单位和人员有违反党纪政纪的行为,属于纪检监察机关管辖范围的,应当将案件线索及时移送纪检监察机关,任何人不得隐瞒或者阻挠。

五、纪检监察机关在查处案件中,需要审计机关协助配合的,可以商请审计机关予以协助,审计机关应当予以配合。

六、审计机关在审计监督中,需要纪检监察机关协助配合的,可以商请纪检监察机关予以协助,纪检监察机关应当予以配合。

七、纪检监察机关根据检查、调查结果,认为应当给予审计处理、处罚的,可以向审计机关提出建议或者监察建议。审计机关应当依法及时查处,并将结果书面通知纪检监察机关。

八、审计机关根据审计结果,认为应当追究党纪政纪责任的,可以向纪检监察机关提出建议或者审计建议。纪检监察机关应当依纪依法及时查处,监察机关应将结果书面通知审计机关。

银行业金融机构协助人民检察院公安机关国家安全机关查询冻结工作规定[①]

第一条 为规范银行业金融机构协助人民检察院、公安机关、国家安全机关查询、冻结单位或个人涉案存款、汇款等财产的行为,保障刑事侦查活动的顺利进行,保护存款人和其他客户的合法权益,根据《中华人民共和国刑事诉讼法》《中华人民共和国商业银行法》《中华人民共和国银行业监督管理法》等法律法规,制定本规定。

第二条 本规定所称银行业金融机构是指依法设立的商业银行、农村信用合作社、农村合作银行等吸收公众存款的金融机构以及政策性银行。

第三条 本规定所称"协助查询、冻结"是指银行业金融机构依法协助人民检察院、公安机关、国家安全机关查询、冻结单位或个人在本机构的涉案存款、汇款等财产的行为。

第四条 协助查询、冻结工作应当遵循依法合规、保护存款人和其他客户合法权益的原则。

第五条 银行业金融机构应当建立健全内部制度,完善信息系统,依法做好协助查询、冻结工作。

第六条 银行业金融机构应当在总部,省、自治区、直辖市、计划单列市分行和有条件的地市级分行指定专门受理部门和专人负责,在其他分支机构指定专门受理部门或者专人负

[①] 中国银监会、最高人民检察院、公安部、国家安全部于2014年12月29日印发(银监发〔2014〕53号)。

责,统一接收和反馈人民检察院、公安机关、国家安全机关查询、冻结要求。

银行业金融机构应当将专门受理部门和专人信息及时报告银行业监督管理机构,并抄送同级人民检察院、公安机关、国家安全机关。上述信息发生变动的,应当及时报告。

第七条 银行业金融机构在接到协助查询、冻结财产法律文书后,应当严格保密,严禁向被查询、冻结的单位、个人或者第三方通风报信,帮助隐匿或者转移财产。

第八条 人民检察院、公安机关、国家安全机关要求银行业金融机构协助查询、冻结或者解除冻结时,应当由两名以上办案人员持有效的本人工作证或人民警察证和加盖县级以上人民检察院、公安机关、国家安全机关公章的协助查询财产或协助冻结/解除冻结财产法律文书,到银行业金融机构现场办理,但符合本规定第二十六条情形除外。

无法现场办理完毕的,可以由提出协助要求的人民检察院、公安机关、国家安全机关指派至少一名办案人员持有效的本人工作证或人民警察证和单位介绍信到银行业金融机构取回反馈结果。

第九条 银行业金融机构协助人民检察院、公安机关、国家安全机关办理查询、冻结或者解除冻结时,应当对办案人员的工作证或人民警察证以及协助查询财产或协助冻结/解除冻结财产法律文书进行形式审查。银行业金融机构应当留存上述法律文书原件及工作证或人民警察证复印件,并注明用途。银行业金融机构应当妥善保管留存的工作证或人民警察证复印件,不得挪作他用。

第十条 人民检察院、公安机关、国家安全机关需要跨地区办理查询、冻结的,可以按照本规定要求持协助查询财产或协助冻结/解除冻结财产法律文书、有效的本人工作证或人民警察证、办案协作函,与协作地县级以上人民检察院、公安机关、国家安全机关联系,协作地人民检察院、公安机关、国家安全机关应当协助执行。

办案地人民检察院、公安机关、国家安全机关可以通过人民检察院、公安机关、国家安全机关信息化应用系统传输加盖电子签章的办案协作函和相关法律文书,或者将办案协作函和相关法律文书及凭证传真至协作地人民检察院、公安机关、国家安全机关。协作地人民检察院、公安机关、国家安全机关接收后,经审查确认,在传来的协助查询财产或协助冻结/解除冻结财产法律文书上加盖本地人民检察院、公安机关、国家安全机关印章,由两名以上办案人员持有效的本人工作证或人民警察证到银行业金融机构现场办理,银行业金融机构应当予以配合。

第十一条 对于涉案账户较多,办案地人民检察院、公安机关、国家安全机关需要对其集中查询、冻结的,可以分别按照以下程序办理:

人民检察院、公安机关、国家安全机关需要查询、冻结的账户属于同一省、自治区、直辖市的,由办案地人民检察院、公安机关、国家安全机关出具协助查询财产或协助冻结/解除冻结财产法律文书,逐级上报并经省级人民检察院、公安机关、国家安全机关的相关业务部门批准后,由办案地人民检察院、公安机关、国家安全机关指派两名以上办案人员持有效的本人工作证或人民警察证和上述法律文书原件,到有关银行业金融机构的省、自治区、直辖市、计划单列市分行或其授权的分支机构要求办理。

人民检察院、公安机关、国家安全机关需要查询、冻结的账户分属不同省、自治区、直辖市的,由办案地人民检察院、公安机关、国家安全机关出具协助查询财产或协助冻结/解除冻结财产法律文书,逐级上报并经省级人民检察院、公安机关、国家安全机关负责人批准后,由办案地人民检察院、公安机关、国家安全机关指派两名以上办案人员持有效的本人工作证或人民警察证和上述法律文书原件,到有关银行业金融机构总部或其授权的分支机构要求办理。

第十二条 对人民检察院、公安机关、国家安全机关提出的超出查询权限或者属于跨地区查询需求的,有条件的银行业金融机构可以通过内部协作程序,向有权限查询的上级机构或系统内其他分支机构提出协查请求,并通过内部程序反馈查询的人民检察院、公安机关、国家安全机关。

第十三条 协助查询财产法律文书应当提供查询账号、查询内容等信息。

人民检察院、公安机关、国家安全机关无法提供具体账号时,银行业金融机构应当根据人民检察院、公安机关、国家安全机关提供的足以确定该账户的个人身份证件号码或者企业全称、组织机构代码等信息积极协助查询。没有所查询的账户的,银行业金融机构应当如实告知人民检察院、公安机关、国家安全机关,并在查询回执中注明。

第十四条 银行业金融机构协助人民检察院、公安机关、国家安全机关查询的信息仅限于涉案财产信息,包括:被查询单位或者个人开户销户信息,存款余额、交易日期、交易金额、交易方式、交易对手账户及身份等信息,电子银行信息,网银登录日志等信息,POS机商户、自动机具相关信息等。

人民检察院、公安机关、国家安全机关根据需要可以抄录、复制、照相,并要求银行业金融机构在有关复制材料上加盖证明印章,但一般不得提取原件。人民检察院、公安机关、国家安全机关要求提供电子版查询结果的,银行业金融机构应当在采取必要加密措施的基础上提供,必要时可予以标注和说明。

涉案账户较多,需要批量查询的,人民检察院、公安机关、国家安全机关应当同时提供电子版查询清单。

第十五条 银行业金融机构接到人民检察院、公安机关、国家安全机关协助查询需求后,应当及时办理。能够现场办理完毕的,应当现场办理并反馈。如无法现场办理完毕,对于查询单位或者个人开户销户信息、存款余额信息的,原则上应当在三个工作日以内反馈;对于查询单位或者个人交易日期、交易方式、交易对手账户及身份等信息、电子银行信息、网银登录日志等信息、POS机商户、自动机具相关信息的,原则上应当在十个工作日以内反馈。

对涉案账户较多,人民检察院、公安机关、国家安全机关办理集中查询的,银行业金融机构总部或有关省、自治区、直辖市、计划单列市分行应当在前款规定的时限内反馈。

因技术条件、不可抗力等客观原因,银行业金融机构无法在规定时限内反馈的,应当向人民检察院、公安机关、国家安全机关说明原因,并采取有效措施尽快反馈。

第十六条 协助冻结财产法律文书应当明确冻结账户名称、冻结账号、冻结数额、冻结期限等要素。

冻结涉案账户的款项数额,应当与涉案金额相当。不得超出涉案金额范围冻结款项。冻结数额应当具体、明确。暂时无法确定具体数额的,人民检察院、公安机关、国家安全机关应当在协助冻结财产法律文书上明确注明"只收不付"。

人民检察院、公安机关、国家安全机关应当明确填写冻结期限起止时间,并应当给银行业金融机构预留必要的工作时间。

第十七条　人民检察院、公安机关、国家安全机关提供手续齐全的,银行业金融机构应当立即办理冻结手续,并在协助冻结财产法律文书回执中注明办理情况。

对涉案账户较多,人民检察院、公安机关、国家安全机关办理集中冻结的,银行业金融机构总部或有关省、自治区、直辖市、计划单列市分行一般应当在二十四小时以内采取冻结措施。

如被冻结账户财产余额低于人民检察院、公安机关、国家安全机关要求数额时,银行业金融机构应当在冻结期内对该账户做"只收不付"处理,直至达到要求的冻结数额。

第十八条　冻结涉案存款、汇款等财产的期限不得超过六个月。

有特殊原因需要延长的,作出原冻结决定的人民检察院、公安机关、国家安全机关应当在冻结期限届满前按照本规定第八条办理续冻手续。每次续冻期限不得超过六个月,续冻没有次数限制。

对于重大、复杂案件,经设区的市一级以上人民检察院、公安机关、国家安全机关负责人批准,冻结涉案存款、汇款等财产的期限可以为一年。需要延长期限的,应当按照原批准权限和程序,在冻结期限届满前办理续冻手续,每次续冻期限最长不得超过一年。

冻结期限届满,未办理续冻手续的,冻结自动解除。

第十九条　被冻结的存款、汇款等财产在冻结期限内如需解冻,应当由作出原冻结决定的人民检察院、公安机关、国家安全机关出具协助解除冻结财产法律文书,由两名以上办案人员持有效的本人工作证或人民警察证和协助解除冻结财产法律文书到银行业金融机构现场办理,但符合本规定第二十六条情形除外。

在冻结期限内银行业金融机构不得自行解除冻结。

第二十条　对已被冻结的涉案存款、汇款等财产,人民检察院、公安机关、国家安全机关不得重复冻结,但可以轮候冻结。冻结解除的,登记在先的轮候冻结自动生效。冻结期限届满前办理续冻的,优先于轮候冻结。

两个以上人民检察院、公安机关、国家安全机关要求对同一单位或个人的同一账户采取冻结措施时,银行业金融机构应当协助最先送达协助冻结财产法律文书且手续完备的人民检察院、公安机关、国家安全机关办理冻结手续。

第二十一条　下列财产和账户不得冻结:

(一)金融机构存款准备金和备付金;

(二)特定非金融机构备付金;

(三)封闭贷款专用账户(在封闭贷款未结清期间);

(四)商业汇票保证金;

(五)证券投资者保障基金、保险保障基金、存款保险基金、信托业保障基金;

(六)党、团费账户和工会经费集中户;

(七)社会保险基金;

(八)国有企业下岗职工基本生活保障资金;

(九)住房公积金和职工集资建房账户资金;

(十)人民法院开立的执行账户;

（十一）军队、武警部队一类保密单位开设的"特种预算存款""特种其他存款"和连队账户的存款；

（十二）金融机构质押给中国人民银行的债券、股票、贷款；

（十三）证券登记结算机构、银行间市场交易组织机构、银行间市场集中清算机构、银行间市场登记托管结算机构、经国务院批准或者同意设立的黄金交易组织机构和结算机构等依法按照业务规则收取并存放于专门清算交收账户内的特定股票、债券、票据、贵金属等有价凭证、资产和资金，以及按照业务规则要求金融机构等登记托管结算参与人、清算参与人、投资者或者发行人提供的、在交收或者清算结算完成之前的保证金、清算基金、回购质押券、价差担保物、履约担保物等担保物，支付机构客户备付金；

（十四）其他法律、行政法规、司法解释、部门规章规定不得冻结的账户和款项。

第二十二条　对金融机构账户、特定非金融机构账户和以证券登记结算机构、银行间市场交易组织机构、银行间市场集中清算机构、银行间市场登记托管结算机构、经国务院批准或者同意设立的黄金交易组织机构和结算机构、支付机构等名义开立的各类专门清算交收账户、保证金账户、清算基金账户、客户备付金账户，不得整体冻结，法律另有规定的除外。

第二十三条　经查明冻结财产确实与案件无关的，人民检察院、公安机关、国家安全机关应当在三日以内按照本规定第十九条的规定及时解除冻结，并书面通知被冻结财产的所有人；因此对被冻结财产的单位或者个人造成损失的，银行业金融机构不承担法律责任，但因银行业金融机构自身操作失误或设备故障造成被冻结财产的单位或者个人损失的除外。

上级人民检察院、公安机关、国家安全机关认为应当解除冻结措施的，应当责令作出冻结决定的下级人民检察院、公安机关、国家安全机关解除冻结。

第二十四条　银行业金融机构应当按照内部授权审批流程办理协助查询、冻结工作。

银行业金融机构应当对协助查询、冻结工作做好登记记录，妥善保存登记信息。

第二十五条　银行业金融机构在协助人民检察院、公安机关、国家安全机关办理完毕冻结手续后，在存款单位或者个人查询时，应当告知其账户被冻结情况。被冻结款项的单位或者个人对冻结有异议的，银行业金融机构应当告知其与作出冻结决定的人民检察院、公安机关、国家安全机关联系。

第二十六条　人民检察院、公安机关、国家安全机关可以与银行业金融机构建立快速查询、冻结工作机制，办理重大、紧急案件查询、冻结工作。具体办法由银监会会同最高人民检察院、公安部、国家安全部另行制定。

人民检察院、公安机关、国家安全机关可以与银行业金融机构建立电子化专线信息传输机制，查询、冻结（含续冻、解除冻结）需求发送和结果反馈原则上依托银监会及其派出机构与银行业金融机构的金融专网完成。

银监会会同最高人民检察院、公安部、国家安全部制定规范化的电子化信息交互流程，确保各方依法合规使用专线传输数据，保障专线运行和信息传输的安全性。

第二十七条　银行业金融机构接到人民检察院、公安机关、国家安全机关查询、冻结账户要求后，应当立即进行办理；发现存在文书不全、要素欠缺等问题，无法办理协助查询、冻结的，应当及时要求人民检察院、公安机关、国家安全机关采取必要的补正措施；确实无法补正的，银行业金融机构应当在回执上注明原因，退回人民检察院、公安机关、国家安全机关。

银行业金融机构对人民检察院、公安机关、国家安全机关提出的不符合本规定第二十一条、第二十二条的协助冻结要求有权拒绝,同时将相关理由告知办案人员。

银行业金融机构与人民检察院、公安机关、国家安全机关在协助查询、冻结工作中意见不一致的,应当先行办理查询、冻结,并提请银行业监督管理机构的法律部门协调解决。

第二十八条　银行业金融机构在协助人民检察院、公安机关、国家安全机关查询、冻结工作中有下列行为之一的,由银行业监督管理机构责令改正,并责令银行业金融机构对直接负责的主管人员和其他直接责任人员依法给予处分;必要时,予以通报批评;构成犯罪的,依法追究刑事责任:

(一)向被查询、冻结单位、个人或者第三方通风报信,伪造、隐匿、毁灭相关证据材料,帮助隐匿或者转移财产;

(二)擅自转移或解冻已冻结的存款;

(三)故意推诿、拖延,造成应被冻结的财产被转移的;

(四)其他无正当理由拒绝协助配合、造成严重后果的。

第二十九条　人民检察院、公安机关、国家安全机关要求银行业金融机构协助开展相关工作时,应当符合法律、行政法规以及本规定。人民检察院、公安机关、国家安全机关违反法律、行政法规及本规定,强令银行业金融机构开展协助工作,其上级机关应当立即予以纠正;违反相关法律法规规定的,依法追究法律责任。

第三十条　银行业金融机构应当将协助查询、冻结工作纳入考核,建立奖惩机制。

银行业监督管理机构和人民检察院、公安机关、国家安全机关对在协助查询、冻结工作中有突出贡献的银行业金融机构及其工作人员给予表彰。

第三十一条　此前有关银行业金融机构协助人民检察院、公安机关、国家安全机关查询、冻结工作的相关规定与本规定不一致的,以本规定为准。

第三十二条　非银行金融机构协助人民检察院、公安机关、国家安全机关查询、冻结单位或个人涉案存款、汇款等财产的,适用本规定。

第三十三条　本规定由国务院银行业监督管理机构和最高人民检察院、公安部、国家安全部共同解释。

第三十四条　本规定所称的"以上""以内"包括本数。

第三十五条　本规定自 2015 年 1 月 1 日起施行。

中共中央纪律检查委员会关于查处党员违纪案件中收集、鉴别、使用证据的具体规定[①]

第一条　为正确收集、鉴别和使用证据,保证办案质量,正确执行党的纪律,特制定本规定。

第二条　证明案件真实情况的一切事实都是证据。证据包括:

---

① 中共中央纪律检查委员会于 1991 年 7 月 23 日印发(中纪办发〔1991〕6 号)。

1. 物证,指能够证明案件真实情况的物品和痕迹。
2. 书证,指以其记载的内容证明案件真实情况的文字(包括符号、图画)。
3. 证人证言,指证人就其所了解的案件情况所作的陈述。凡是知道案件真实情况的人都可以作为证人。不能辨别是非的人,不能正确表达的人,不能作证人。
4. 视听材料,指可以将重现的原始声响或形象的录音录像用作证明案件事实的材料。
5. 受侵害人员的陈述,指受违纪行为直接侵害的人员就案件事实情况所作的控告和述说。
6. 受审查党员的陈述,指受审查党员就案件事实所作的交待、申辩和对同案违纪人员的检举、揭发。
7. 鉴定结论,指鉴定人运用专门知识或技能对办案人员不能解决的专门事项进行科学鉴定后所作出的结论。
8. 勘验、检查笔录,指公安、司法人员对与案件有关的场所、物品及其他证据材料进行勘验、检查时所作的笔录。
9. 现场笔录,指纪律检查人员对案件(非刑事案件)有关的场所进行检查时所作的笔录。

证据必须经过审核属实,才能作为定案的根据。

第三条 收集、鉴别和使用证据必须实事求是,一切从客观实际出发,不得带框框、主观臆断、偏听偏信;必须尊重党员的民主权利和公民的合法权利。任何党员和群众都有向党组织提供自己所知道的案情的义务。严禁使用威胁、引诱、欺骗及其他非法手段收集证据。

第四条 收集违犯党纪案件的证据,由党的纪律检查工作人员或党组织委派的党员负责进行,收集证据必须两人以上。收集证据要及时、客观、全面。

证据的收集主要由案件检查人员进行。案件审理人员在审理案件时,发现证据不足或证据间存在矛盾,一般由报案单位补充调查取证,需要补充个别证据的也可以由案件审理部门补充收集。

第五条 收集物证应尽可能提取原物。物证能随卷保存的即随卷保存,不能提取的原物或不能随卷保存的原物应拍成照片入卷,并注明原物存放何处。

第六条 收集书证采用提取会议记录、介绍信、文件、个人记录、私人信件、日记等方法,并尽可能提取原件。如不能提取原件的,用摘抄或复印的方法提取,但应注明出处、原件保存单位,并应由原件保存单位加盖公章。摘抄或复印会议记录、个人记录、私人日记时,要注意时间的连续性,节录材料不得断章取义。

对可作为书证的原始材料或复制件,党的各级组织不得以任何借口拒绝提供。收集的材料涉及机密事项应履行一定的批准手续。党员有义务向组织提供记载有与案情有关系的工作记录本。

对可作为书证的私人日记、信件等原始材料的收集只能采取动员的方法,不得强行收集,涉及个人隐私的,有关党组织应为其保密。

第七条 凡是知道案件情况的党员和群众,都应及时地、如实地提供证言,不得拒绝作证。党员故意提供虚假情况,情节严重的给予必要的纪律处分。

收集证人证言,不要采取座谈会的形式。证人证言要一人一证,一般情况下一事一证。

由证人用钢笔或毛笔书写。没有书写能力的,由他人或调查取证人根据证人的讲述代写,写好后读给证人听,并按证人意见进行修改,然后由证人签字、盖章或按手印。书写证人证言,应把所要证明的事实发生的时间、地点、当事人、原因、情节、手段、结果等书写清楚。调查人员要做好询问笔录,并由被询问人签字。

对证人证言,应由取证人注明证人工作单位、职务,并由取证人签字。不必由所在单位加盖公章或加注"属实""供参考"之类的文字。

证人作证后,如有补充、更正,可另行书写,并说明更正的理由。办案人员应将补充、更正的证人证言与该证人原出具的证言一并归入案卷。

证人作证后,党组织应为其保密。如发现受审查党员及其亲友对证人打击报复,从严处理。

第八条 收集受审查党员的陈述包括:受审查党员对自己所犯错误的交待或申辩;揭发同案违纪人员的材料。

受审查党员应对党忠诚老实,如实向组织交待自己的问题,同时也有依据党章的规定为自己申辩的权利。受审查党员对"处分所依据的事实材料"如提出不同意见,有关党组织应认真研究并作出说明,一并归入案卷。

第九条 纪律检查机关在需要时,可以运用公安机关、人民检察院、人民法院的鉴定结论、勘验检查笔录等。

从公安机关、人民检察院、人民法院取得证据,按有关规定办理。

纪律检查人员对有作案现场的非刑事案件,应注意对现场作出检查,并作好笔录。

第十条 对受到刑事处罚、政纪处分的党员作党纪处理,必须收集主要证据材料。

第十一条 鉴别证据的任务是:根据各种证据材料的具体特征,逐个进行审查和分析研究,鉴别其真伪,判断其与案件事实有无内在联系,对查明和证实案情有无意义。经过鉴别,确实符合客观实际,与案件事实有内在联系的证据,才能作为定案的依据。

第十二条 鉴别证据,首先鉴别每个证据是否客观真实,是否伪造;是否与案件事实有联系;是原始证据还是传来证据,是直接证据还是间接证据,其来源有无问题,然后,综合分析证明案件的同一事实的各类证据之间有无矛盾;各种证据之间有无内在的联系,要注意时间、条件的变化对证据的影响,要把不同的证据摆到案件发生、发展的过程中去,考虑当时的历史背景,同其他证据联系起来综合分析。

第十三条 对物证的鉴别,要审查是否错误地收集了疑似的物品和痕迹,收集的物证是否伪造,有无栽赃陷害的情况。研究、分析所取物证与案件事实的联系,确定其有无证明作用。

第十四条 对书证的鉴别,要查清其原始制作人,是在何种情况下制作的,是否伪造,节录材料是否断章取义,所记载的内容有无差错,联系其他证据判断所取书证的真实性。

第十五条 对证人证言的鉴别,要注意审查证言的内容与案件事实是否有联系,来源有无问题,是否受到外界不正常因素的干扰,是否属实,证言前后是否一致,有无矛盾。不得采用对质的方法鉴别证言。

第十六条 对受审查党员陈述的鉴别,要审查其交待或申辩前后是否一致,有无矛盾,将交待或申辩与其他证据相对照,看其是否合情合理,是否属实。

第十七条　对视听材料的鉴别,要注意是否伪造,是否被裁剪,是否拼接组合。

第十八条　对受侵害人员陈述的鉴别,要注意受侵害人员感情因素对其陈述真实性的影响。

第十九条　认定案件事实,证据必须确凿。证据经过鉴别,其真实性得到确认后,即成为有效证据,任何人无权涂改或弃毁,有关党组织在移送证据时,不得任意取舍。特别不得舍弃那些经过鉴别证明受审查党员无错的证据。要综合运用证据,证据之间矛盾时,不能仅凭数量多少决定其真实可靠性;认定主要错误事实所依据的证据之间的矛盾不能排除时,不能定案。

第二十条　在没有物证、书证的情况下,仅凭言词证据定案时,必须有两个以上(含两个)证据,才能定案。

第二十一条　没有直接证据而仅凭间接证据定案时,所有间接证据必须查证属实;每个证据与案件事实都有着客观联系;取得的证据必须形成一个完整的证明体系,这个证明体系足以排除其他可能性,才能定案。不能排除其他可能时,不能定案。

第二十二条　仅有受审查党员的交待,没有其他证据,不能定案;受审查党员拒不承认,其他证据确实充分,仍可定案。

第二十三条　本规定由中共中央纪律检查委员会案件审理室负责解释。

第二十四条　本规定自下发之日起施行。

中共中央办公厅　国务院办公厅关于严禁党政机关及其工作人员在公务活动中接受和赠送礼金、有价证券的通知

(中办发〔1993〕5号)

各省、自治区、直辖市党委和人民政府,各大军区党委,中央和国家机关各部委,军委各总部、各军兵种党委,各人民团体:

党中央、国务院对党政机关及其工作人员在公务活动中不得接受和赠送礼品问题曾多次作过规定。但是,一些地区、部门和单位违反规定的现象仍时有发生。特别严重的是,一些企业在开展业务、举办新闻发布会和纪念庆典等活动中,不顾党中央、国务院的明令禁止,以各种名义和形式向党政机关及其工作人员赠送礼金和代币购物券、礼仪储蓄单、债券、股票及其他有价证券。在党政机关工作人员中,接受礼金和有价证券的现象有蔓延的趋势。接受和赠送礼金、有价证券,腐蚀性很大,不仅违反了国家金融管理制度和财经纪律,而且诱发行贿受贿、搞权钱交易、不给好处不办事等腐败行为,败坏党风、政风,损害党和政府的形象,影响改革开放和经济建设的健康发展。广大群众对此反映强烈,如不及时加以坚决制止,将贻害无穷。为此,经党中央、国务院领导同志同意,特作如下通知:

一、各级党政机关及其工作人员(包括离休、退休干部和受党政机关委托、聘任从事公务的人员),特别是领导机关和领导干部,在公务活动包括礼仪庆典、新闻发布会和经济活动中,不得以任何名义和变相形式接受礼金和有价证券。凡违反规定接受礼金和有价证券者,

要坚决追究,根据数额多少和情节轻重,给予党纪、政纪处分。对索要或暗示对方赠送礼金和有价证券的,要从重处分。触犯刑律的,要依法惩处。

二、各地区、各部门、各单位(包括企业、事业单位)不得以业务会、招待会、定货展销会、新闻发布会等各种会议和礼仪、庆典、纪念、商务等各种活动及其他的形式或名义,向党政机关及其工作人员赠送礼金和有价证券。凡违反规定的,要追究有关领导的责任。

三、各级党政机关及其工作人员在涉外活动(包括与华侨和港澳台同胞交往活动)中,由于难以谢绝而接受的礼金和有价证券,必须在一个月内全部交出并上缴国库。凡不按期交出的,以贪污论处。

四、各地区、各部门、各单位对上述规定必须坚决贯彻执行。各级领导干部要切实负起责任,严以律己,带头贯彻执行,并对本地区、本部门、本单位的工作人员加强教育管理,对执行本通知的情况加强监督检查,绝不允许敷衍塞责。各级财政部门要加强财务管理,严格把好礼金和有价证券的开支关。各级审计机关要把赠送礼金和有价证券问题作为审计监督的一项经常性内容,严格执行财经纪律,银行要加强现金管理,严防套取现金;各储蓄机构一律不准接受国内任何单位和个人用公款办理礼仪储蓄的业务,各级党的纪律检查机关和行政监察机关,要认真受理群众举报,严肃查处党政机关及其工作人员在公务活动中接受和赠送礼金、有价证券的案件,对于情节严重、影响恶劣的典型案件,要公开处理,以儆效尤。

五、各地区、各部门、各单位过去制定的有关规定,凡与本通知精神不一致的,一律以本通知为准。

中共中央办公厅
国务院办公厅
1993年4月27日

中共中央办公厅 国务院办公厅关于认真贯彻执行《国务院关于在对外公务活动中赠送和接受礼品的规定》的通知

(中办发〔1993〕26号)

各省、自治区、直辖市党委和人民政府,中央和国家机关各部委,军委总政治部,各人民团体:

《国务院关于在对外公务活动中赠送和接受礼品的规定》(以下简称《规定》),是我国制定的关于在对外公务活动中赠送和接受礼品的行政法规。加强在对外公务活动中赠送和接受礼品的管理,对于严肃外事纪律,保持党和国家工作人员廉洁奉公,维护我国国际声誉,保证对外交往的顺利进行,具有重要意义。党和国家机关工作人员尤其是各级党政领导干部应当模范遵守,带头执行。为了认真贯彻执行这个《规定》,经党中央、国务院同意,现将在对外公务活动中赠送和接受礼品有关具体事项通知如下:

一、国家领导人、政府部门和地方政府负责人出国访问,根据国际惯例和国别情况,可以酌情赠送礼物。对首次访问我国的外宾,如果对方赠礼,可以适当回赠。

对来华帮助建设、免费讲学或者长期工作的外国专家、学者和技术人员离华回国时,可以赠送纪念品。

对再次或者多次访问我国的外宾,包括参加定期磋商、会晤、会议等活动的外宾,可以商对方互相免赠礼品。如果对方坚持赠礼,可以向代表团团长及其夫人、重要成员适当回礼。

对外方赠送礼物必须贯彻节约、从简原则,礼物应尽量选择具有民族特色的纪念品、传统手工艺品和实用物品,朴素大方,不求奢华。

二、所受礼物,价值按照我国市价折合人民币不满200元的,留归受礼人使用;200元以上的,按照以下办法处理:

(一)贵重礼品,黄金、珠宝制品,高级工艺品,有重要历史价值的礼品,由受礼单位交礼品管理部门送有关机构或者博物馆保存、陈列。

(二)专业用品、设备器材和具有科研价值的礼品,可以留给受礼单位。

(三)高级耐用品,汽车、摩托车,交礼品管理部门;电视机、摄像机、录像机、组合音响、高档照相机等,交礼品管理部门处理,经礼品管理部门同意后也可以留给受礼单位。

(四)食品、烟酒、水果类礼品,可以归受礼人本人或者其所在单位。

(五)高中档实用物品,如钟表、收录机、衣料、服装等,按照国内市价折半价由受礼人所在单位处理,可以照顾受礼人,每人一年以两件为限。

(六)其他贵重物品和未经礼品管理部门批准归受礼人或者其所在单位的物品,全部交由礼品管理部门处理。

礼物变卖收入一律上缴国库。

三、在对外公务活动中如果对方赠送礼金、有价证券,应当谢绝;确实难以谢绝的,所收礼金、有价证券一律上缴国库。

四、受礼人应当按照《规定》的要求填写礼品申报单。

五、出访、来访以外的其他对外交往中赠送礼品的标准和接受礼品的处理,参照前列有关规定办理。

六、对外赠送礼物金额由财政部和外交部规定。两部可以根据我国物价的变动,对金额作出调整并发文通知,其他任何部门均无权变更。

七、《规定》和本通知也适用于党的各级组织、国家权力机关、审判机关、检察机关、政协、各人民团体和军队。上述部门和单位在对外公务活动中都应当依照《规定》和本通知的要求,做好赠送、接受和处理礼品的管理工作。

中共中央办公厅
国务院办公厅
1993年12月16日

关于中央党政机关工作人员在国内交往中收受礼品登记和处理办法①

为贯彻落实中共中央办公厅、国务院办公厅《关于对党和国家机关工作人员在国内交往中收受的礼品实行登记制度的规定》(中办发〔1995〕7号),现就中央党政机关工作人员在国内交往中收受礼品的登记和上交处理,作如下规定:

一、中央党政机关工作人员在国内交往中,不得收受可能影响公正执行公务的礼品馈赠;对由于各种原因未能拒收的可能影响公正执行公务的礼品,不论价值大小,可分礼品类别,一律登记上交。

二、中央党政机关工作人员在国内交往中(不含亲友之间的交往),对因各种原因未能拒收的礼金、有价证券、金银珠宝制品,不论价值数额大小,一律登记上交。

三、中央党政机关工作人员在国内交往中(不含亲友之间的交往),因各种原因未能谢绝的其他礼品,参照市场价格一次合计价值人民币100元以上的(含100元),必须登记;200元以上的(含200元),必须登记上交。

一人一年之内收受礼品累计价值超过600元的,超过部分必须登记上交。

四、中央党政机关各单位(部、委、办、局等,下同)应指定一个部门,负责本单位的礼品登记和上交处理工作。

五、中央党政机关工作人员按规定必须登记、上交的礼品,自收受礼品之日起(在外地接受礼品的,自回单位之日起)一个月内由本人如实填写礼品登记表,需要上交的连同礼品一并上交所在单位负责礼品登记和处理的部门,并向行政领导报告。

价值人民币200元以上容易腐烂或不易存放的礼品,经单位领导同意,受礼人可以先行处置,而后向负责礼品登记和处理的部门登记报告。

受礼人无法确认其价值的礼品,应填写礼品登记表,交由所在单位负责礼品登记和处理的部门处理。

六、交礼品的处理权限:

(一)价值在200元以上,1000元以下的(含1000元),由各单位处理;其中,受礼人属于机关直属事业单位,价值在200元以上500元以下的(含500元),可由机关直属单位自行处理。

(二)价值在1000元以上的,分别交中共中央直属机关事务管理局、国务院机关事务管理局处理。

七、中央党政机关各单位负责礼品登记和处理的部门,对于上交的礼品,可作如下处理:

(一)具有办公用途的礼品,如照相机、录音机及其他专用设备等,根据工作需要,可留在单位内使用,但须纳入国有资产管理。

---

① 中共中央直属机关事务管理局、国务院机关事务管理局于1995年9月2日印发(〔95〕国管财字第158号)。

(二)不能用于办公的礼品,如衣物、手表、烟酒等,可根据情况定期向当地国有收购部门作价处理,或以市场价的70%在本单位公开处理。

(三)处理礼品所收款项以及上交的礼金、有价证券一律上交本单位财务部门,行政机关列入"应缴预算收入"科目管理,年终一并上交国库,其他单位纳入相应科目管理。

八、中央党政机关及各单位负责礼品登记和处理的部门,每季度应将礼品上交及处理情况在机关内公布一次,并送本单位纪检、监察部门备案。

九、本规定适用于中央和国家机关各部委、各直属机构及其工作人员和机关服务中心负责人。

中央和国家机关各部委、各直属机构所属企事业单位,经费归口中共中央直属机关事务管理局、国务院机关事务管理局管理的事业单位和社会团体,以及其他中央一级的企事业单位,参照本规定执行。

十、本规定自发布之日起施行。

用公款出国(境)旅游及相关违纪行为处分规定

(中华人民共和国监察部、中华人民共和国人力资源和社会保障部令第23号)

第一条 为规范因公出国(境)管理秩序,明确相关政策界限,惩处用公款出国(境)旅游及相关违纪行为,根据《中华人民共和国行政监察法》《中华人民共和国公务员法》和《行政机关公务员处分条例》等有关法律、行政法规,制定本规定。

第二条 本规定适用于下列人员:

(一)行政机关公务员;

(二)法律、法规授权的具有管理公共事务职能的组织以及国家行政机关依法委托的组织中除工勤人员以外的工作人员;

(三)企业、事业单位、社会团体中由行政机关任命的人员。

第三条 本规定所称用公款出国(境)旅游行为,是指无出国(境)公务,组织或者参加用公款支付全部或者部分费用,到国(境)外进行参观、游览等活动的行为;其中包括无实质性公务,以考察、学习、培训、研讨、招商、参展、参加会议等名义,变相用公款出国(境)旅游的行为。

第四条 用公款出国(境)旅游的,给予记过或者记大过处分;情节较重的,给予降级或者撤职处分;情节严重的,给予开除处分。

组织用公款出国(境)旅游的,给予降级或者撤职处分;情节严重的,给予开除处分。

第五条 有下列行为之一的,给予警告或者记过处分;情节较重的,给予记大过或者降级处分;情节严重的,给予撤职处分:

(一)虚报出国(境)公务骗取批准的;

(二)购买、伪造邀请函或者编造虚假日程骗取批准的;

(三)采取伪造个人身份、资料等形式,安排与出国(境)公务无关人员出国(境)的;

（四）避开主管部门委托非主管部门办理因公出国（境）审核审批手续的；

（五）违反因公出国（境）管理规定，将一个团组拆分为若干团组报批或者审核审批的；

（六）其他违反因公出国（境）审核审批管理规定的。

第六条　组织以营利为目的的跨地区、跨部门团组用公款出国（境）的，给予记过或者记大过处分；情节较重的，给予降级或者撤职处分；情节严重的，给予开除处分。

第七条　擅自批准或者同意延长在国（境）外停留时间，绕道安排行程，或者到未经批准进行公务活动的国家（地区）、城市，造成不良影响或者经济损失的，给予警告、记过或者记大过处分；情节较重的，给予降级或者撤职处分；情节严重的，给予开除处分。

第八条　因公出国（境）派出单位和审核审批管理部门玩忽职守、滥用职权，致使发生用公款出国（境）旅游行为，造成不良影响或者经济损失的，给予记过或者记大过处分；情节较重的，给予降级或者撤职处分；情节严重的，给予开除处分。

第九条　对本地区、本部门、本系统、本单位发生的用公款出国（境）旅游行为不制止、不查处，造成不良影响或者经济损失的，给予记过或者记大过处分；情节较重的，给予降级或者撤职处分；情节严重的，给予开除处分。

第十条　用公款出国（境）旅游的，应当责令其退赔用公款支付的各项费用。

第十一条　处分的程序和不服处分的申诉，依照《中华人民共和国行政监察法》《中华人民共和国公务员法》《行政机关公务员处分条例》等有关法律法规的规定办理。

第十二条　有公款出国（境）旅游及相关违纪行为，应当给予党纪处分的，移送党的纪律检查机关处理；涉嫌犯罪的，移送司法机关处理。

第十三条　本规定由监察部、人力资源社会保障部负责解释。

第十四条　本规定自公布之日起施行。

中共中央纪委关于用公款出国（境）旅游及相关违纪行为适用《中国共产党纪律处分条例》若干问题的解释

（中纪发〔2010〕27号）

为明确相关政策界限，惩处用公款出国（境）旅游及相关违纪行为，现就用公款出国（境）旅游及相关违纪行为适用《中国共产党纪律处分条例》若干问题解释如下。

一、本解释所称用公款出国（境）旅游行为，是指无出国（境）公务，组织或者参加用公款支付全部或者部分费用，到国（境）外进行参观、游览等活动的行为；其中包括无实质性公务，以考察、学习、培训、研讨、招商、参展、参加会议等名义，变相用公款出国（境）旅游的行为。

二、用公款出国（境）旅游的，依照《中国共产党纪律处分条例》第七十八条的规定处理；其中，对于组织者，给予撤销党内职务或者留党察看处分，情节严重的，给予开除党籍处分。

三、以不正当方式谋求本人或者他人用公款出国（境），有下列行为之一的，依照《中国共产党纪律处分条例》第六十八条的规定处理：

（一）虚报出国（境）公务骗取批准的；

(二)购买、伪造邀请函或者编造虚假日程骗取批准的;
(三)采取伪造个人身份、资料等形式,安排与出国(境)公务无关人员出国(境)的;
(四)避开主管部门委托非主管部门办理因公出国(境)审核审批手续的;
(五)违反因公出国(境)管理规定,将一个团组拆分为若干团组报批或者审核审批的;
(六)其他以不正当方式谋求本人或者他人用公款出国(境)的。

四、组织以营利为目的的跨地区、跨部门团组用公款出国(境)的,依照《中国共产党纪律处分条例》第七十七条的规定处理。

五、擅自批准或者同意延长在国(境)外停留时间,绕道安排行程,或者到未经批准进行公务活动的国家(地区)、城市,造成不良影响或者经济损失的,依照《中国共产党纪律处分条例》第六十九条的规定处理。

六、因公出国(境)派出单位和审核审批管理部门滥用职权或者玩忽职守,致使发生用公款出国(境)旅游行为,造成较大损失的,依照《中国共产党纪律处分条例》第一百二十七条的规定处理;虽未造成较大损失,但给本地区、本单位造成严重不良影响的,依照《中国共产党纪律处分条例》第一百三十九条的规定处理。

七、对本地区、本部门、本系统、本单位发生的用公款出国(境)旅游行为不制止、不查处,造成较大损失的,依照《中国共产党纪律处分条例》第一百二十七条的规定处理;虽未造成较大损失,但给本地区、本部门、本系统、本单位造成严重不良影响的,依照《中国共产党纪律处分条例》第一百三十九条的规定处理。

党组织负责人有前款所列行为的,依照《中国共产党纪律处分条例》第一百二十八条的规定处理。

八、用公款出国(境)旅游的,依照《中国共产党纪律处分条例》第四十一条的规定,应当责令其退赔用公款支付的各项费用。

第五部分
行政司法监督

政策导读

本部分介绍以行政司法部门为主导组织开展的与经济活动相关的监督检查，主要包括涉案财物处置管理、贪污挪用与行贿受贿、合同纠纷处理、行政案件与国家赔偿、网络诈骗与冻结资金返还等相关内容。

一、涉案财物处置管理

为了进一步做好赃物估价工作，统一估价原则和估价标准，正确办理刑事案件，最高人民法院、最高人民检察院、公安部、国家计委于1994年4月印发了《最高人民法院、最高人民检察院、公安部、国家计委关于统一赃物估价工作的通知》（法发〔1994〕9号）。该通知规定，人民法院、人民检察院、公安机关在办理刑事案件过程中，对于价格不明或者价格难以确定的赃物应当估价。国家计委及地方各级政府物价管理部门是赃物估价的主管部门，其设立的价格事务所是指定的赃物估价机构。估价委托书一般应当载明赃物的品名、牌号、规格、数量、来源、购置时间、以及违法犯罪获得赃物的时间、地点等有关情况。

为了切实加强对纪检监察机关暂予扣留、封存、没收、追缴违纪违法款物的管理，全面落实行政性收费和罚没收入"收支两条线"的各项规定，中共中央纪委、监察部于1998年8月发布了《中共中央纪律检查委员会、监察部关于纪检监察机关加强对没收追缴违纪违法款物管理的通知》。该通知要求，对纪检监察机关直接查办的或牵头组织其他部门联合查办的违纪违法案件中涉及的违纪违法款物，依法应当予以没收、追缴的，要及时没收、追缴；确需采取暂予扣留、封存措施的，要按规定程序办理。没收、追缴违纪违法款物，必须使用财政部门统一印制或监制的票据。办案处室经手的没收、追缴款物，一律交由机关财务部门统一管理，机关财务部门应有专人管理，设立专门账户。暂予扣留和封存的款物亦应有专人妥善管理。要按规定及时将违纪违法款物上缴国库，或及时退还给原财物所有人或者使用人，不准截留、挪用、侵占、私分，不准将违纪违法款设立"小金库"。

为了进一步规范民事执行中的查封、扣押、冻结措施，维护当事人的合法权益，根据《中华人民共和国民事诉讼法》等法律的规定，结合人民法院民事执行工作的实践经验，最高人民法院于2004年11月印发了《最高人民法院关于人民法院民事执行中查封、扣押、冻结财产的规定》（法释〔2004〕15号），并于2020年12月进行修正。该规定要求，人民法院查封、扣押、冻结被执行人的动产、不动产及其他财产权，应当作出裁定，并送达被执行人和申请执行人。查封、扣押、冻结被执行人的财产，以其价额足以清偿法律文书确定的债权额及执行费用为限，不得明显超标的额查封、扣押、冻结。查封、扣押的效力及于查封、扣押物的从物和天然孳息。查封、扣押、冻结的财产灭失或者毁损的，查封、扣押、冻结的效力及于该财产的替代物、赔偿款。查封、扣押、冻结期限届满，人民法院未办理延期手续的，查封、扣押、冻结的效力消灭。符合规定情形时，人民法院应当作出解除查封、扣押、冻结裁定，并送达申请执行人、被执行人或者案外人。另外,还规定了不得查封、扣押、冻结"八种情形"的财产。

为了贯彻落实中央关于规范刑事诉讼涉案财物处置工作的要求,进一步规范人民检察院刑事诉讼涉案财物管理工作,提高司法水平和办案质量,保护公民、法人和其他组织的合法权益,最高人民检察院于2015年3月印发了《人民检察院刑事诉讼涉案财物管理规定》。人民检察院刑事诉讼涉案财物,是指人民检察院在刑事诉讼过程中查封、扣押、冻结的与案件有关的财物及其孳息以及从其他办案机关接收的财物及其孳息,包括犯罪嫌疑人的违法所得及其孳息、供犯罪所用的财物、非法持有的违禁品以及其他与案件有关的财物及其孳息。该规定要求,违法所得的一切财物,应当予以追缴或者责令退赔。对被害人的合法财产,应当依照有关规定返还。违禁品和供犯罪所用的财物,应当予以查封、扣押、冻结,并依法处理。不得查封、扣押、冻结与案件无关的财物。严禁以虚假立案或者其他非法方式采取查封、扣押、冻结措施。查封、扣押、冻结涉案财物,应当为犯罪嫌疑人、被告人及其所扶养的亲属保留必需的生活费用和物品,减少对涉案单位正常办公、生产、经营等活动的影响。人民检察院实行查封、扣押、冻结、处理涉案财物与保管涉案财物相分离的原则,办案部门与案件管理、计划财务装备等部门分工负责、互相配合、互相制约。该规定具体明确了涉案财物的移交与接收、保管与处理、监督与责任等内容。

为规范中央纪委监察部机关自办案件涉案款物的管理工作,中共中央纪委办公厅于2007年6月印发了《中央纪委监察部机关自办案件涉案款物管理规定(试行)》。该规定所称涉案款物,是指委部机关自办案件中与案件有关的涉嫌违纪违法的钱款和物品,如现金、有价证券、支付凭证以及房产、金银珠宝、文物古玩、名贵字画、家具、电器、交通和通信工具等。该规定要求,涉案款物的管理必须合法、公正、准确、及时,案件承办人与保管人相分离、办案部门与保管部门各司其职。严禁暂予扣留、封存与案件无关的合法财产。未经批准,案件承办人不得擅自暂予扣留、封存涉案款物。采取暂予扣留、封存涉案款物措施的承办人不得少于二人。暂予扣留的金银珠宝、文物古玩、名贵字画等贵重物品,除当场摄影、摄像或制作谈话笔录外,办案部门或调查组应当及时委托具有鉴定资格的机构进行鉴定。暂予扣留的涉案款物由机关事务管理局集中统一保管。机关事务管理局应当将暂予扣留款设立明细账,及时存入银行专用账户,严格收付手续。保管工作人员对暂予扣留、封存的实物应当建账设卡,做到一案一账,一物一卡。对经调查认定不是涉案款物的,应当及时解除相关措施。任何部门和个人不得贪污、侵占、挪用、私分、私存、调换、外借、压价收购或擅自使用、处理涉案款物及其孳息。

为规范民事执行财产调查,维护当事人及利害关系人的合法权益,最高人民法院于2017年2月印发了《最高人民法院关于民事执行中财产调查若干问题的规定》(法释〔2017〕8号),并于2020年12月进行修正。该规定要求,执行过程中,申请执行人应当提供被执行人的财产线索;被执行人应当如实报告财产。财产线索确实的,人民法院应当及时采取相应的执行措施。申请执行人确因客观原因无法自行查明财产的,可以申请人民法院调查。人民法院依申请执行人的申请或依职权责令被执行人报告财产情况的,应当向其发出报告财产令。被执行人应报告的财产包括:收入、银行存款、现金、理财产品、有价证券;土地使用权、房屋等不动产;交通运输工具、机器设备、产品、原材料等动产;债权、股权、投资权益、基金份额、信托受益权、知识产权等财产性权利;其他应当报告的财产。对被执行人报告的财产情况,人民法院应当及时调查核实,必要时可以组织当事人进行听证。被执行人拒绝报告、虚假报告或者无正当理由逾期报告财产情况的,人民法院可以根据情节轻重对被执行人或者其法定代理人予以罚款、拘留;构成犯罪的,依法追究刑事责任。被执行人隐匿财产、会计账簿等资料拒不交出的,人民法院可以依法采取搜查措施。作为被执行人的法人或非法人组织不履行生效法律文书确定的义务,申请执行人认为其有拒绝报告、虚假报告财产情况,隐匿、转移财产等逃避债务情形或者其股东、出资人有出资不实、抽逃出资等情形的,可以书面申请人民法院委托审计机构对该被执行人进行审计。被执行人不履行生效法律文书确定的义务,申请执行人可以向人民法院书面申请发布悬赏公告查找可供执行的财产。

为公平、公正、高效确定财产处置参考价,维护当事人、利害关系人的合法权益,最高人民法院于2018年8月印发了《最高人民法院关于人民法院确定财产处置参考价若干问题的规定》(法释〔2018〕15号)。该规定要求,人民法院查封、扣押、冻结财产后,对需要拍卖、变卖的财产,应当在30日内启动确定财产处置参考价程序,可以采取当事人议价、定向询价、网络询价、委托评估等方式。人民法院确定参考价前,应当查明财产的权属、权利负担、占有使用、欠缴税费、质量瑕疵等事项。人民法院收到定向询价、网络询价、委托评估、说明补正等报告后,应当在3日内发送给当事人及利害关系人。人民法院应当在参考价确定后10日内启动财产变价程序。拍卖的,参照参考价确定起拍价;直接变卖的,参照参考价确定变卖价。

为认真贯彻中央关于开展扫黑除恶专项斗争的重大决策部署,彻底铲除黑恶势力犯罪的经济基础,最高人民法院、最高人民检察院、公安部、司法部于2019年4月发布了《关于办理黑恶势力刑事案件中财产处置若干问题的意见》。该意见要求,公安机关、人民检察院、人民法院在办理黑恶势力犯罪案件时,在查明黑恶势力组织违法犯罪事实并对黑恶势力成员依法定罪量刑的同时,要全面调查黑恶势力组织及其成员的财产状况,依法对涉案财产采取查询、查封、扣押、冻结等措施,并根据查明的情况,依法作出处理。对涉案财产采取措施,应当严格依照法定条件和程序进行,应当为犯罪嫌疑人、被告人及其所扶养的亲属保留必需的生活费用和物品。公安机关侦查期间,可以先行依法采取措施的财产包括:黑恶势力组织的财产;犯罪嫌疑人个人所有的财产;犯罪嫌疑人实际控制的财产;犯罪嫌疑人出资购买的财产;犯罪嫌疑人转移到他人名下的财产;犯罪嫌疑人涉嫌洗钱以及掩饰、隐瞒犯罪所得、犯罪所得收益等犯罪涉及的财产;其他与黑恶势力组织及其违法犯罪活动有关的财产。公安机关、人民检察院应当加强对在案财产审查甄别。符合规定情形的涉案财产,应当依法追缴、没收。有证据证明确属被害人合法财产、有证据证明确与黑恶势力及其违法犯罪活动无关的涉案财产,应当依法返还。

为贯彻落实党中央关于深化国家监察体制改革决策部署,依法规范做好不动产登记机构协助监察机关在涉案财物处理中办理不动产登记工作,国家监察委员会办公厅、自然资源部办公厅于2019年12月印发了《关于不动产登记机构协助监察机关在涉案财物处理中办理不动产登记工作的通知》(国监办发〔2019〕3号)。该通知规定,县级以上监察机关经过调查,对违法取得且已经办理不动产登记或者具备首次登记条件的不动产作出没收、追缴、责令退赔等处理决定后,在执行没收、追缴、责令退赔等决定过程中需要办理不动产转移等登记的,不动产登记机构应当按照监察机关出具的监察文书和协助执行通知书办理。监察机关到不动产登记机构办理不动产登记时,应当出具监察文书和协助执行通知书,由两名工作人员持上述文书和本人工作证件办理。监察机关对不动产进行处理前,应当先行查询不动产权属情况。处理不动产涉及集体土地和划拨土地的,监察机关应当与自然资源管理部门协商后再行处理。相关不动产已被人民法院、人民检察院、公安机关等其他有权机关查封,并由不动产登记机构办理了查封登记的,监察机关在作出处理决定前应当与上述实施查封的有权机关协商。相关不动产已办理抵押登记的,监察机关应当依法妥善处理,保障抵押权人合法权益。

为依法惩治妨害武装部队制式服装、车辆号牌管理秩序等犯罪活动,维护国防利益,最高人民法院、最高人民检察院于2011年3月发布了《关于办理妨害武装部队制式服装、车辆号牌管理秩序等刑事案件具体应用法律若干问题的解释》。对以下三种行为符合法定情形的予以定罪处罚:伪造、变造、买卖或者盗窃、抢夺武装部队公文、证件、印章,非法生产、买卖武装部队现行装备的制式服装,伪造、盗窃、买卖或者非法提供、使用武装部队车辆号牌等专用标志。明知他人实施刑法第三百七十五条规定的犯罪行为,而为其生产、提供专用材料或者提供资金、账号、技术、生产经营场所等帮助的,以共犯论处。

二、贪污挪用与行贿受贿

为依法惩处挪用公款犯罪,最高人民法院于1998年4月发布了《最高人民法院关于审理挪用公款案件具体应用法律若干问题的解释》(法释〔1998〕9号),该解释明确,"挪用公款归个人使用",包括挪用者本人使用或者给他人使用。挪用公款给私有公司、私有企业使用的,属于挪用公款归个人使用。对挪用公款罪,应区分挪用公款数额、挪用时间和是否归还、挪用公款进行营利活动或者用于非法活动等3种不同情况予以认定。

为依法审理贪污或者职务侵占犯罪案件,最高人民法院于2000年6月发布了《最高人民法院关于审理贪污、职务侵占案件如何认定共同犯罪几个问题的解释》(法释〔2000〕15号),该解释明确,行为人与国家工作人员勾结,利用国家工作人员的职务便利,共同侵吞、窃取、骗取或者以其他手段非法占有公共财物的,以贪污罪共犯论处。行为人与公司、企业或者其他单位的人员勾结,利用公司、企业或者其他单位人员的职务便利,共同将该单位财物非法占为己有,数额较大的,以职务侵占罪共犯论处。

为依法惩治贪污贿赂犯罪活动,根据刑法有关规定,最高人民法院、最高人民检察院于2016年3月以公告印发了《最高人民法院、最高人民检察院关于办理贪污贿赂刑事案件适用法律若干问题的解释》。该解释规定:贪污或者受贿数额在3万元以上不满20万元的,应当认定为刑法第三百八十三条第一款规定的"数额较大"。贪污数额在1万元以上不满3万元,具有下列情形之一的,应当认定为刑法第三百八十三条第一款规定的"其他较重情节":贪污救灾、抢险、防汛、优抚、扶贫、移民、救济、防疫、社会捐助等特定款物的;曾因贪污、受贿、挪用公款受过党纪、行政处分的;曾因故意犯罪受过刑事追究的;赃款赃物用于非法活动的;拒不交待赃款赃物去向或者拒不配合追缴工作,致使无法追缴的;造成恶劣影响或者其他严重后果的。受贿数额在1万元以上不满3万元,具有前款第二项至第六项规定的情形之一,或者具有下列情形之一的,应当认定为刑法第三百八十三条第一款规定的"其他较重情节";多次索贿的;为他人谋取不正当利益,致使公共财产、国家和人民利益遭受损失的;为他人谋取职务提拔、调整的。贪污或者受贿数额在20万元以上不满300万元的,应当认定为刑法第三百八十三条第一款规定的"数额巨大"。贪污或者受贿数额在300万元以上的,应当认定为刑法第三百八十三条第一款规定的"数额特别巨大"。该解释还规定了挪用公款归个人使用的"数据巨大""数额较大""情节严重"等具体情形。为谋取不正当利益,向国家工作人员行贿,数额在3万元以上的,应当依照刑法第三百九十条的规定以行贿罪追究刑事责任。行贿数额在1万元以上不满3万元,具有下列情形之一的,应当依照刑法第三百九十条的规定以行贿罪追究刑事责任:向三人以上行贿的;将违法所得用于行贿的;通过行贿谋取职务提拔、调整的;向负有食品、药品、安全生产、环境保护等监督管理职责的国家工作人员行贿,实施非法活动的;向司法工作人员行贿,影响司法公正的;造成经济损失数额在50万元以上不满100万元的。该解释还规定了犯行贿罪"情节严重""情节特别严重"的法定情形。贿赂犯罪中的"财物",包括货币、物品和财产性利益。财产性利益包括可以折算为货币的物质利益如房屋装修、债务免除等,以及需要支付货币的其他利益如会员服务、旅游等。

最高人民检察院于2000年12月发布了《最高人民检察院关于行贿罪立案标准的规定》,明确行贿罪是指为谋取不正当利益,给予国家工作人员以财物的行为。涉嫌下列情形之一的,应予立案:行贿数额在1万元以上的;行贿数额不满1万元,但具有下列情形之一的(为谋取非法利益而行贿的,向三人以上行贿的,向党政领导、司法工作人员、行政执法人员行贿的,致使国家或者社会利益遭受重大损失的)。对单位行贿罪是指为谋取不正当利益,给予国家机关、国有公司、企业、事业单位、人民团体以财物,或者在经济往来中,违反国家规定,给予上述单位各种名义的回扣、手续费的行为。单位行贿罪是指公司、企业、事业单位、机关、团体为谋取不正当利益而行贿,或者违反国家规定,给予国家工作人员以回扣、手续费,情节严重的行为。规定明确了"对单位行贿罪""单位行贿罪"应予立案的法定情形。

为依法惩治受贿犯罪活动,最高人民法院、最高人民检察院于2007年7月印发了《最高人民法院、最高人民检察院关于办理受贿刑事案件适用法律若干问题的意见》(法发〔2007〕22号)。该意见明确,关于以交易形式收受贿赂的具体情形、收受干股的性质与数额认定、以开办公司等合作投资名义收受贿赂的具体情形、以委托请托人投资证券期货或者其他委托理财的名义收受贿赂的性质与数额认定、以赌博形式收受贿赂的认定与判断因素、特定关系人"挂名"领取薪酬的性质认定、由特定关系人收受贿赂的性质认定、收受贿赂物品未办理权属变更的认定与判断因素、收受财物后退还或者上交的性质认定、关于在职时为请托人谋利离职后收受财物的性质认定等问题。意见所称"特定关系人",是指与国家工作人员有近亲属、情妇(夫)以及其他共同利益关系的人。

为依法惩治行贿犯罪活动,最高人民法院、最高人民检察院于2012年12月发布了《最高人民法院、最高人民检察院关于办理行贿刑事案件具体应用法律若干问题的解释》(法释〔2012〕22号),再次明确,为谋取不正当利益,向国家工作人员行贿,数额在1万元以上的,应当依照刑法第三百九十条的规定追究刑事责任。解释还分别明确了"情节严重""情节特别严重"的法定情形,规定了"使国家利益遭受重大损失"的金额标准(100万元以上)。行贿犯罪中的"谋取不正当利益",是指行贿人谋取的利益违反法律、法规、规章、政策规定,或者要求国家工作人员违反法律、法规、规章、政策、行业规范的规定,为自己提供帮助或者方便条件。违背公平、公正原则,在经济、组织人事管理等活动中,谋取竞争优势的,应当认定为"谋取不正当利益"。

为了充分发挥法律监督职能作用,有效遏制贿赂犯罪,促进诚信建设,服务经济社会科学发展,人民检察院实行行贿犯罪档案查询制度,最高人民检察院于2013年2月发布了《最高人民检察院关于行贿犯罪档案查询工作的规定》。该规定要求,人民检察院收集、整理、存储经人民检察院立案侦查并由人民法院生效判决、裁定认定的行贿罪、单位行贿罪、对单位行贿罪、介绍贿赂罪等犯罪信息,统一建立行贿犯罪档案库,向社会提供查询。单位和个人可以根据需要直接到人民检察院申请查询行贿犯罪档案,也可以通过电话或者网络预约查询。申请查询应当提交查询申请和身份证明。人民检察对符合条件、事由正当的查询申请应当受理;对不符合条件、无正当事由的查询申请,不予受理,并应当说明理由。查询结果告知的内容包括:有无行贿犯罪记录;有行贿犯罪记录的,应当列明作出判决、裁定的人民法院,判决时间和结果,行贿犯罪的实施时间和犯罪数额;有多次行贿犯罪的,依人民法院判决、裁定的时间顺序,列明所有行贿犯罪记录;对有行贿犯罪记录但已经进行整改并采取预防措施的单位,可以附加告知有关整改和预防的信息;其他相关内容。行贿犯罪信息的查询期限为10年。国家机关主管部门、有关单位提出的针对其他单位或者个人的行贿犯罪档案查询的主要情形有:为招标进行资格审查需要的;为采购进行供应商资格审查需要的;为行业管理、市场管理、业务监管等进行资质、资格审查需要的;为信用管理需要的;为招聘、录用、选任人员等人事管理需要的;纪检监察、司法机关为办案需要的;金融机构为贷款进行资信审查需要的;其他情形。公司、企业、个人提出的针对本公司、企业、本人的行贿犯罪档案查询的主要情形有:公司、企业根据有关部门或者单位招标要求,为投标需要的;公司、企业、个人为信贷需要的;公司、企业、个人为从事商贸合作或者谈判需要的;个人为求职、应聘需要的;公司、企业、个人应国(境)外公司、企业或者组织要求,为在国(境)外投标、融资、信贷、商贸合作或者谈判等需要的;其他情形。

党的十九大明确提出,要坚持无禁区、全覆盖、零容忍,坚持重遏制、强高压、长震慑,坚持受贿行贿一起查。十九届中央纪委历次全会都对坚持受贿行贿一起查作出部署,各级纪检监察机关在严肃查办受贿案件的同时,加大对行贿的查处力度,有力促进了反腐败斗争取得压倒性胜利并全面巩固。但同时也要清醒看到,当前腐蚀和反腐蚀斗争依然严峻复杂,行贿作为贿赂犯罪发生的主要源头,行贿不查,受贿不止,因此必须坚持受贿行贿一起查。为此,中央纪委国家监委、中央组织部、中央统战部、中央政法委、最高人民法院、最高人民检察院于是2021年9月联合印发了《关于进一步推进受贿行贿一起查的意见》(以下简称《意见》),这是落实党中央决策部署,深入推进全面从严治党,坚定不移深化反腐败斗争,一体推进不敢腐、不能腐、不想腐的具体举措,是斩断"围猎"与甘于被"围猎"利益链、破除权钱交易关系网的有效途径,对于进一步净化政治生态、优化营商环境,实现腐败问题标本兼治,充分发挥全面从严治党的引领保障作用具有重要意义。《意见》明确了查处行贿行为的五个重点。一是多次行贿、巨额行贿以及向多人行贿,特别是党的十八大后不收敛不收手的。该类行贿人往往将行贿作为谋取不正当利益的主要手段,对政治生态、法治环境、营商环境和市场规则等破坏较大,如果不予以严肃查处,就会让行贿成为常态,形成劣币驱逐良币的"负面激励"效应。二是党员和国家工作人员行贿的。党员和国家工作人员理应在遵纪守法方面发挥模范带头作用,对这类知纪违纪、知法犯法的人员必须严肃查处。三是在国家重要工作、重点工程、重大项目中行贿的。该类行贿行为不仅扰乱正常市场经济秩序,直接造成国家巨额经济损失,而且危害国家经济安全,影响党和国家工作大局,应当坚决予以查处。四是在组织人事、执纪执法司法、生态环保、财政金融、安全生产、食品药品、帮扶救灾、养老社保、教育医疗等领域行贿的。该类行贿行为扰乱了相关领域的正常秩序,严重影响人民群众的获得感幸福感安全感,必须加大查处力度,推动解决一些行业的顽瘴痼疾。五是实施重大商业贿赂的。这既是落实《联合国反腐败公约》的要求,也是顺应广大市场主体呼声、营造公平竞争市场环境的重要举措。

三、劳动与合同纠纷处理

解决建设领域拖欠工程款和农民工工资问题,关系到人民群众的切身利益,关系到国民经济的健康发展和社会稳定。对此,党中央高度重视,国务院也建立了部际工作联席会议制度,最高人民法院于2004年12月发布了《最高人民法院关于集中清理拖欠工程款和农民工工资案件的紧急通知》(法〔2004〕259号),要求各级人民法院应当充分借助各级人民政府为解决拖欠工程款和农民工工资问题所建立的工作机制,及时与当地政府及有关部门进行沟通、协调,并将人民法院受理的建设领域拖欠工程款和农民工工资的执行案件通报给相关的人民政府和部门,争取政府和有关部门的协助、支持和配合,使这类案件得到更加及时、有效的执行。

当前,个别企业和个人有的有能力支付而不支付劳动者劳动报酬,有的通过转移财产、逃匿等方法逃避支付劳动者的劳动报酬,致使一些劳动者生活陷入困境,甚至引发群体性事件,严重侵害了劳动者的合法权益,影响社会和谐稳定。最高人民法院、最高人民检察院、人力资源和社会保障部、公安部于2012年1月联合印发了《最高人民法院、最高人民检察院、人力资源和社会保障部、公安部关于加强对拒不支付劳动报酬案件查处工作的通知》(人社部发〔2012〕3号),要求建立劳动保障监察执法与刑事司法衔接工作制度,依法移送和查处拒不支付劳动报酬涉嫌犯罪案件,及时查办一批典型案件,有力打击拒不支付劳动报酬的犯罪行为,维护法律权威,保障劳动者的合法权益,促进劳动关系和谐稳定与社会公平正义。

为正确审理劳动争议案件,最高人民法院于2020年12月发布了《最高人民法院关于审理劳动争议案件适用法律问题的解释(一)》(法释〔2020〕26号)。该解释明确了劳动者与用人单位之间发生的属于劳动争议的9种纠纷是:劳动者与用人单位在履行劳动合同过程中发生的纠纷;劳动者与用人单位之间没有订立书面劳动合同,但已形成劳动关系后发生的纠纷;劳动者与用人单位因劳动关系是否已经解除或者终止,以及应否支付解除或者终止劳动关系经济补偿金发生的纠纷;劳动者与用人单位解除或者终止劳动关系后,请求用人单位返还其收取的劳动合同定金、保证金、抵押金、抵押物发生的纠纷,或者办理劳动者的人事档案、社会保险关系等移转手续发生的纠纷;劳动者以用人单位未为其办理社会保险手续,且社会保险经办机构不能补办导致其无法享受社会保险待遇为由,要求用人单位赔偿损失发生的纠纷;劳动者退休后,与尚未参加社会保险统筹的原用人单位因追索养老金、医疗费、工伤保险待遇和其他社会保险待遇而发生的纠纷;劳动者因为工伤、职业病,请求用人单位依法给予工伤保险待遇发生的纠纷;劳动者依据劳动合同法第八十五条规定,要求用人单位支付加付赔偿金发生的纠纷;因企业自主进行改制发生的纠纷。该解释还明确了不属于劳动争议的6种纠纷是:劳动者请求社会保险经办机构发放社会保险金的纠纷;劳动者与用人单位因住房制度改革产生的公有住房转让纠纷;劳动者对劳动能力鉴定委员会的伤残等级鉴定结论或者对职业病诊断鉴定委员会的职业病诊断鉴定结论的异议纠纷;家庭或者个人与家政服务人员之间的纠纷;个体工匠与帮工、学徒之间的纠纷;农村承包经营户与受雇人之间的纠纷。用人单位迫使劳动者提出解除劳动合同的5种主要情形是:以暴力、威胁或者非法限制人身自由的手段强迫劳动的;未按照劳动合同约定支付劳动报酬或者提供劳动条件的;克扣或者无故拖欠劳动者工资的;拒不支付劳动者延长工作时间工资报酬的;低于当地最低工资标准支付劳动者工资的。发生这些情形时,用人单位应当支付劳动者的劳动报酬和经济补偿,并可支付赔偿金。劳动争议案件由用人单位所在地或者劳动合同履行地的基层人民法院管辖;劳动合同履行地不明确的,由用人单位所在地的基层人民法院管辖。该解释分别规定了不同劳动争议情形的法定情形、处理办法等内容。

为正确审理建设工程施工合同纠纷案件,依法保护当事人合法权益,维护建筑市场秩序,促进建筑市场健康发展,最高人民法院于2020年12月发布了《最高人民法院关于审理建设工程施工合同纠纷案件适用法律问题的解释(一)》(法释〔2020〕25号)。该解释规定了建设施工合同认定无效的4种法定情形:承包人未取得建筑业企业资质或者超越资质等级的;没有资质的实际施工人借用有资质的建筑施工企业名义的;建设工程必须进行招标而未招标或者中标无效的;承包人因转包、违法分包建设工程与他人签订的。当事人对建设工程的开工日期、实际竣工日期有争议时,解释要求应当分别按照不同情形予以认定。该解释还对质保金支付、工程量、垫资等事项有争议或合同未明确约定时,规定了相应的处理办法。

为正确审理城镇房屋租赁合同纠纷案件,依法保护当事人的合法权益,最高人民法院于2009年7月印发了《最高人民法院关于审理城镇房屋租赁合同纠纷案件具体应用法律若干问题的解释》(法释〔2009〕11号),该解释明确了房屋租赁合同无效的法定情形:出租人就未取得建设工程规划许可证或者未按照建设工程规划许可证的规定建设的房屋,与承租人订立的租赁合同无效;出租人就未经批准或者未按照批准内容建设的临时建筑,与承租人订立的租赁合同无效。该解释还规定了承租人经出租人同意装饰装修后,发生合同无效、租赁期满、合同解除时的不同处理方式,租赁房屋转租、承租人拖欠租金、承租人在租赁期间死亡等意外情况、租赁房屋被抵押变卖等情形时的处理办法。

为正确审理买卖合同纠纷案件,最高人民法院于2012年5月发布了《最高人民法院关于审理买卖合同纠纷案件适用法律问题的解释》(法释〔2012〕8号)。该解释明确了买卖合同的成立及效力、标的物交付和所有权转移、标的物风险负担、标的物检验、违约责任、所有权保留、特种买卖等规定要求。当事人之间没有书面合同,一方以送货单、收货单、结算单、发票等主张存在买卖合同关系的,人民法院应当结合当事人之间的交易方式、交易习惯以及其他相关证据,对买卖合同是否成立作出认定。出卖人就同一普通动产、同一机动车等特殊动产订立多重买卖合同时,应按不同情形分别处理。该解释还明确了分期付款、试用买卖等特种买卖合同的相关要求。

为正确审理民间借贷纠纷案件,最高人民法院于2020年8月修订发布了《最高人民法院关于审理民间借贷案件适用法律若干问题的规定》，对自然人、法人和非法人组织之间进行资金融通的行为，予以明确和规范。出借人向人民法院提起民间借贷诉讼时，应当提供借据、收据、欠条等债权凭证以及其他能够证明借贷法律关系存在的证据。自然人之间的借款合同可以视为合同成立的5种法定情形是：以现金支付的，自借款人收到借款时；以银行转账、网上电子汇款等形式支付的，自资金到达借款人账户时；以票据交付的，自借款人依法取得票据权利时；出借人将特定资金账户支配权授权给借款人的，自借款人取得对该账户实际支配权时；出借人以与借款人约定的其他方式提供借款并实际履行完成时。民间借贷合同无效的6种法定情形是：套取金融机构贷款转贷的；以向其他营利法人借贷、向本单位职工集资，或者以向公众非法吸收存款等方式取得的资金转贷的；未依法取得放贷资格的出借人，以营利为目的向社会不特定对象提供借款的；出借人事先知道或者应当知道借款人借款用于违法犯罪活动仍然提供借款的；违反法律、行政法规强制性规定的；违背公序良俗的。人民法院立案后，发现民间借贷行为本身涉嫌非法集资等犯罪的，应当裁定驳回起诉，并将涉嫌非法集资等犯罪的线索、材料移送公安或者检察机关。

为正确审理银行卡民事纠纷案件，保护当事人的合法权益，最高人民法院于2021年5月发布了《最高人民法院关于审理银行卡民事纠纷案件若干问题的规定》（法释〔2021〕10号），对持卡人与发卡行、非银行支付机构、收单行、特约商户等当事人之间因订立银行卡合同、使用银行卡等产生的民事纠纷，予以明确和规范。特别是对伪卡盗刷交易和网络盗刷交易，进行了明确规定。持卡人主张争议交易为伪卡盗刷交易或者网络盗刷交易的，可以提供生效法律文书、银行卡交易时真卡所在地、交易行为地、账户交易明细、交易通知、报警记录、挂失记录等证据材料进行证明。发卡行、非银行支付机构主张争议交易为持卡人本人交易或者其授权交易的，应当承担举证责任。发卡行、非银行支付机构可以提供交易单据、对账单、监控录像、交易身份识别信息、交易验证信息等证据材料进行证明。

四、行政案件与国家赔偿

为保护公民、法人和其他组织的合法权益，监督行政机关依法履行行政赔偿义务，确保人民法院公正、及时审理行政赔偿案件，实质化解行政赔偿争议，最高人民法院于2022年3月发布了《最高人民法院关于审理行政赔偿案件若干问题的规定》（法释〔2022〕10号）。该规定明确了行政赔偿案件的受案范围包括：不履行法定职责行为；行政机关及其工作人员在履行行政职责过程中作出的不产生法律效果，但事实上损害公民、法人或者其他组织人身权、财产权等合法权益的行为；公民、法人或者其他组织认为行政机关及其工作人员违法行使行政职权对其劳动权、相邻权等合法权益造成人身、财产损害的；赔偿请求人不服赔偿义务机关下列行为的（确定赔偿方式、项目、数额的行政赔偿决定，不予赔偿决定，逾期不作出赔偿决定等）。公民、法人或者其他组织认为国防、外交等国家行为或者行政机关制定发布行政法规、规章或者具有普遍约束力的决定、命令侵犯其合法权益造成损害，向人民法院提起行政赔偿诉讼的，不属于人民法院行政赔偿诉讼的受案范围。行政赔偿诉讼中，原告应当对行政行为造成的损害提供证据；因被告的原因导致原告无法举证的，由被告承担举证责任。公民、法人或者其他组织应当自知道或者应当知道行政行为侵犯其合法权益之日起两年内,向赔偿义务机关申请行政赔偿。规定还明确了国家赔偿法相关条款规定的"造成严重后果""后果特别严重"的法定情形,明确了"停产停业期间必要的经常性费用开支""直接损失"的具体范围。规定也明确了人民法院判决驳回原告的行政赔偿请求的4种情形:原告主张的损害没有事实根据的;原告主张的损害与违法行政行为没有因果关系的;原告的损失已经通过行政补偿等其他途径获得充分救济的;原告请求行政赔偿的理由不能成立的其他情形。

为正确适用《中华人民共和国国家赔偿法》有关规定,合理确定精神损害赔偿责任,最高人民法院于2021年3月发布了《最高人民法院关于审理国家赔偿案件确定精神损害赔偿责任适用法律若干问题的解释》(法释〔2021〕3号),公民以人身权受到侵犯为由提出国家赔偿申请,依照国家赔偿法第三十五条的规定请求精神损害赔偿的,适用本解释。该解释规定:侵权行为致人精神损害,应当为受害人消除影响、恢复名誉或者赔礼道歉;侵权行为致人精神损害并造成严重后果,应当在支付精神损害抚慰金的同时,视案件具体情形,为受害人消除影响、恢复名誉或者赔礼道歉。精神损害抚慰金的具体数额,应当在兼顾社会发展整体水平的同时,参考下列因素合理确定:精神受到损害以及造成严重后果的情况;侵权行为的目的、手段、方式等具体情节;侵权机关及其工作人员的违法、过错程度、原因力比例;原错判罪名、刑罚轻重、羁押时间;受害人的职业、影响范围;纠错的事由以及过程;其他应当考虑的因素。精神损害抚慰金的数额一般不少于1000元;数额在1000元以上的,以千为计数单位。该解释还明确了国家赔偿法第三十五条规定的"造成严重后果"的法定情形,

为正确审理工伤保险行政案件,最高人民法院于2014年6月印发了《最高人民法院关于审理工伤保险行政案件若干问题的规定》(法释〔2014〕9号)。该规定明确了单位应该承担工伤保险责任的5种情形是:职工与两个或两个以上单位建立劳动关系,工伤事故发生时,职工为之工作的单位为承担工伤保险责任的单位;劳务派遣单位派遣的职工在用工单位工作期间因工伤亡的,派遣单位为承担工伤保险责任的单位;单位指派到其他单位工作的职工因工伤亡的,指派单位为承担工伤保险责任的单位;用工单位违反法律、法规规定将承包业务转包给不具备用工主体资格的组织或者自然人,该组织或者自然人聘用的职工从事承包业务时因工伤亡的,用工单位为承担工伤保险责任的单位;个人挂靠其他单位对外经营,其聘用的人员因工伤亡的,被挂靠单位为承担工伤保险责任的单位。规定还明确了应认定为工伤的4种法定情形是:职工在工作时间和工作场所内受到伤害,用人单位或者社会保险行政部门没有证据证明是非工作原因导致的;职工参加用人单位组织或者受用人单位指派参加其他单位组织的活动受到伤害的;在工作时间内,职工来往于多个与其工作职责相关的工作场所之间的合理区域因工受到伤害的;其他与履行工作职责相关,在工作时间及合理区域内受到伤害的。规定还细化了"因工外出期间""上下班途中"的具体表现情形。

为进一步规范行政机关负责人出庭应诉活动,最高人民法院于2020年6月印发了《最高人民法院关于行政机关负责人出庭应诉若干问题的规定》(法释〔2020〕3号)。该规定明确,行政诉讼法第三条第三款规定的被诉行政机关负责人,包括行政机关的正职、副职负责人、参与分管被诉行政行为实施工作的副职级别的负责人以及其他参与分管的负责人。被诉行政机关委托的组织或者下级行政机关的负责人,不能作为被诉行政机关负责人出庭。对于涉及食品药品安全、生态环境和资源保护、公共卫生安全等重大公共利益,社会高度关

注或者可能引发群体性事件等的案件,人民法院应当通知行政机关负责人出庭应诉。该规定明确了行政机关负责人不能出庭的4种法定情形:不可抗力;意外事件;需要履行他人不能代替的公务;无法出庭的其他正当事由。人民法院应当对行政机关负责人不能出庭的理由以及证明材料进行审查。行政机关委托行使行政职权的组织或者下级行政机关的工作人员,可以视为行政机关相应的工作人员。行政机关负责人或者行政机关委托的相应工作人员在庭审过程中应当就案件情况进行陈述、答辩、提交证据、辩论、发表最后意见,对所依据的规范性文件进行解释说明。行政机关负责人出庭应诉的,应当就实质性解决行政争议发表意见。

五、网络诈骗与冻结资金返还

近年来,电信网络新型违法犯罪愈演愈烈,造成人民群众巨大财产损失。而银行则是"挽救"被害人的"最后一道防线",能够协助公安机关依法对特定银行账户实施冻结措施。为减少电信网络新型违法犯罪案件被害人的财产损失,确保依法、及时、便捷地返还已冻结资金,根据国务院关于研究解决电信网络新型违法犯罪案件冻结资金及时返还问题的工作部署,银监会和公安部于2016年9月联合印发了《电信网络新型违法犯罪案件冻结资金返还若干规定》(银监发〔2016〕41号),明确了返还工作原则、职责,返还条件、程序和方法以及被害人的义务。电信网络新型违法犯罪案件,是指不法分子利用电信、互联网等技术,通过发送短信、拨打电话、植入木马等手段,诱骗(盗取)被害人资金汇(存)入其控制的银行账户,实施的违法犯罪案件。冻结资金,是指公安机关依照法律规定对特定银行账户实施冻结措施,并由银行业金融机构协助执行的资金。该规定要求,公安机关负责查清被害人资金流向,及时通知被害人,并对权属明确的被害人财产作出资金返还决定,实施返还。公安机关要主动与被害人联系,依法办理资金返还工作,不得以权谋私,收取任何费用。该规定明确,银行业金融机构要依照有关法律、行政法规和规定,及时协助公安机关实施涉案冻结资金返还工作。冻结资金以溯源返还为原则,由公安机关区分不同情况采取不同方式予以返还。能够现场办理完毕的,应当现场办理;现场无法办理完毕的,应当在三个工作日内办理完毕。公安机关提示群众,要提高警惕,防止上当受骗。一旦发现被骗,要立即向公安机关报案,并提供相关信息。对非法倒卖银行卡的行为,公安机关将给予严厉打击。中国银监会办公厅、公安部办公厅于2016年12月又联合印发了《电信网络新型违法犯罪案件冻结资金返还若干规定实施细则》(银监办发〔2016〕170号),对电信网络犯罪案件的适用范围、告知被害人的主要内容、案件受理地的确定、资金返还的程序等相关内容予以明确和规范。

为依法惩治电信网络诈骗等犯罪活动,保护公民、法人和其他组织的合法权益,维护社会秩序,最高人民法院、最高人民检察院、公安部于2016年12月联合印发了《最高人民法院、最高人民检察院、公安部关于办理电信网络诈骗等刑事案件适用法律若干问题的意见》。该意见规定了诈骗公私财物价值"数额较大""数额巨大""数额特别巨大"的具体金额标准,明确了实施电信网络诈骗犯罪、达到相应数额标准、酌情从重处罚的10种法定情形。该意见还要求全面惩处与实施电信网络诈骗相关的关联犯罪,如:扰乱无线电通讯管理秩序罪、侵犯公民个人信息罪、招摇撞骗罪、妨害信用卡管理罪、拒不履行信息网络安全管理义务罪等。对于涉案财物的处理,该意见规定,被告人已将诈骗财物用于清偿债务或者转让给他人,具有下列情形之一的,应当依法追缴:对方明知是诈骗财物而收取的;对方无偿取得诈骗财物的;对方以明显低于市场的价格取得诈骗财物的;对方取得诈骗财物系源于非法债务或者违法犯罪活动的。他人善意取得诈骗财物的,不予追缴。为进一步依法严厉惩治电信网络诈骗犯罪,对其上下游关联犯罪实行全链条、全方位打击,最高人民法院、最高人民检察院、公安部于2021年6月印发了《最高人民法院、最高人民检察院、公安部关于办理电信网络诈骗等刑事案件适用法律若干问题的意见(二)》(法发〔2021〕22号)。该意见进一步细化了电信网络诈骗犯罪地的各种情形,明确了为他人利用信息网络实施犯罪而实施的"帮助"行为包括:收购、出售、出租信用卡、银行账户、非银行支付账户、具有支付结算功能的互联网账号密码、网络支付接口、网上银行数字证书的;收购、出售、出租他人手机卡、流量卡、物联网卡的。意见还规定了相关犯罪链条的打击范围,如:明知是电信网络诈骗犯罪所得及其产生的收益,以多种方式予以转账、套现、取现;为他人实施电信网络诈骗犯罪提供技术支持、广告推广、支付结算等帮助等行为。

为依法惩治非法吸收公众存款、集资诈骗等非法集资犯罪活动,维护国家金融管理秩序,保护公民、法人和其他组织合法权益,最高人民法院、最高人民检察院、公安部于2019年1月联合印发了《最高人民法院、最高人民检察院、公安部关于办理非法集资刑事案件若干问题的意见》,明确了非法集资的"非法性"认定依据、单位犯罪的认定、涉案下属单位的处理、主观故意的认定、犯罪数额的认定、宽严相济刑事政策把握、案件管辖、办案工作机制、涉案财物追缴处置、集资参与人权利保障、行政执法与刑事司法衔接、国家工作人员相关法律责任等问题。该意见规定,认定非法集资的"非法性",应当以国家金融管理法律法规作为依据。单位实施非法集资犯罪活动,全部或者大部分违法所得归单位所有的,应当认定为单位犯罪。非法吸收或者变相吸收公众存款的数额,以行为人所吸收的资金全额计算。集资参与人收回本金或者获得回报后又重复投资的数额不予扣除,但可以作为量刑情节酌情考虑。

最高人民法院关于民事执行中财产调查若干问题的规定

(2017年1月25日最高人民法院审判委员会第1708次会议通过,根据2020年12月23日最高人民法院审判委员会第1823次会议通过的《最高人民法院关于修改〈最高人民法院关于人民法院扣押铁路运输货物若干问题的规定〉等十八件执行类司法解释的决定》修正)

最高人民法院关于民事执行中财产调查若干问题的规定

为规范民事执行财产调查,维护当事人及利害关系人的合法权益,根据《中华人民共和国民事诉讼法》等法律的规定,结合执行实践,制定本规定。

第一条 执行过程中,申请执行人应当提供被执行人的财产线索;被执行人应当如实报告财产;人民法院应当通过网络执行查控系统进行调查,根据案件需要应当通过其他方式进行调查的,同时采取其他调查方式。

第二条 申请执行人提供被执行人财产线索,应当填写财产调查表。财产线索明确、具体的,人民法院应当在七日内调查核实;情况紧急的,应当在三日内调查核实。财产线索确实的,人民法院应当及时采取相应的执行措施。

申请执行人确因客观原因无法自行查明财产的,可以申请人民法院调查。

第三条 人民法院依申请执行人的申请或依职权责令被执行人报告财产情况的,应当向其发出报告财产令。金钱债权执行中,报告财产令应当与执行通知同时发出。

人民法院根据案件需要再次责令被执行人报告财产情况的,应当重新向其发出报告财产令。

第四条 报告财产令应当载明下列事项:

(一)提交财产报告的期限;

(二)报告财产的范围、期间;

(三)补充报告财产的条件及期间;

(四)违反报告财产义务应承担的法律责任;

(五)人民法院认为有必要载明的其他事项。

报告财产令应附财产调查表,被执行人必须按照要求逐项填写。

第五条 被执行人应当在报告财产令载明的期限内向人民法院书面报告下列财产情况:

(一)收入、银行存款、现金、理财产品、有价证券;

(二)土地使用权、房屋等不动产;

（三）交通运输工具、机器设备、产品、原材料等动产；
（四）债权、股权、投资权益、基金份额、信托受益权、知识产权等财产性权利；
（五）其他应当报告的财产。

被执行人的财产已出租、已设立担保物权等权利负担，或者存在共有、权属争议等情形的，应当一并报告；被执行人的动产由第三人占有，被执行人的不动产、特定动产、其他财产权等登记在第三人名下的，也应当一并报告。

被执行人在报告财产令载明的期限内提交书面报告确有困难的，可以向人民法院书面申请延长期限；申请有正当理由的，人民法院可以适当延长。

第六条　被执行人自收到执行通知之日前一年至提交书面财产报告之日，其财产情况发生下列变动的，应当将变动情况一并报告：
（一）转让、出租财产的；
（二）在财产上设立担保物权等权利负担的；
（三）放弃债权或延长债权清偿期的；
（四）支出大额资金的；
（五）其他影响生效法律文书确定债权实现的财产变动。

第七条　被执行人报告财产后，其财产情况发生变动，影响申请执行人债权实现的，应当自财产变动之日起十日内向人民法院补充报告。

第八条　对被执行人报告的财产情况，人民法院应当及时调查核实，必要时可以组织当事人进行听证。

申请执行人申请查询被执行人报告的财产情况的，人民法院应当准许。申请执行人及其代理人对查询过程中知悉的信息应当保密。

第九条　被执行人拒绝报告、虚假报告或者无正当理由逾期报告财产情况的，人民法院可以根据情节轻重对被执行人或者其法定代理人予以罚款、拘留；构成犯罪的，依法追究刑事责任。

人民法院对有前款规定行为之一的单位，可以对其主要负责人或者直接责任人员予以罚款、拘留；构成犯罪的，依法追究刑事责任。

第十条　被执行人拒绝报告、虚假报告或者无正当理由逾期报告财产情况的，人民法院应当依照相关规定将其纳入失信被执行人名单。

第十一条　有下列情形之一的，财产报告程序终结：
（一）被执行人履行完毕生效法律文书确定义务的；
（二）人民法院裁定终结执行的；
（三）人民法院裁定不予执行的；
（四）人民法院认为财产报告程序应当终结的其他情形。

发出报告财产令后，人民法院裁定终结本次执行程序的，被执行人仍应依照本规定第七条的规定履行补充报告义务。

第十二条　被执行人未按执行通知履行生效法律文书确定的义务，人民法院有权通过网络执行查控系统、现场调查等方式向被执行人、有关单位或个人调查被执行人的身份信息和财产信息，有关单位和个人应当依法协助办理。

人民法院对调查所需资料可以复制、打印、抄录、拍照或以其他方式进行提取、留存。

申请执行人申请查询人民法院调查的财产信息的,人民法院可以根据案件需要决定是否准许。申请执行人及其代理人对查询过程中知悉的信息应当保密。

第十三条 人民法院通过网络执行查控系统进行调查,与现场调查具有同等法律效力。

人民法院调查过程中作出的电子法律文书与纸质法律文书具有同等法律效力;协助执行单位反馈的电子查询结果与纸质反馈结果具有同等法律效力。

第十四条 被执行人隐匿财产、会计账簿等资料拒不交出的,人民法院可以依法采取搜查措施。

人民法院依法搜查时,对被执行人可能隐匿财产或者资料的处所、箱柜等,经责令被执行人开启而拒不配合的,可以强制开启。

第十五条 为查明被执行人的财产情况和履行义务的能力,可以传唤被执行人或被执行人的法定代表人、负责人、实际控制人、直接责任人员到人民法院接受调查询问。

对必须接受调查询问的被执行人、被执行人的法定代表人、负责人或者实际控制人,经依法传唤无正当理由拒不到场的,人民法院可以拘传其到场;上述人员下落不明的,人民法院可以依照相关规定通知有关单位协助查找。

第十六条 人民法院对已经办理查封登记手续的被执行人机动车、船舶、航空器等特定动产未能实际扣押的,可以依照相关规定通知有关单位协助查找。

第十七条 作为被执行人的法人或非法人组织不履行生效法律文书确定的义务,申请执行人认为其有拒绝报告、虚假报告财产情况,隐匿、转移财产等逃避债务情形或者其股东、出资人有出资不实、抽逃出资等情形的,可以书面申请人民法院委托审计机构对该被执行人进行审计。人民法院应当自收到书面申请之日起十日内决定是否准许。

第十八条 人民法院决定审计的,应当随机确定具备资格的审计机构,并责令被执行人提交会计凭证、会计账簿、财务会计报告等与审计事项有关的资料。

被执行人隐匿审计资料的,人民法院可以依法采取搜查措施。

第十九条 被执行人拒不提供、转移、隐匿、伪造、篡改、毁弃审计资料,阻挠审计人员查看业务现场或者有其他妨碍审计调查行为的,人民法院可以根据情节轻重对被执行人或其主要负责人、直接责任人员予以罚款、拘留;构成犯罪的,依法追究刑事责任。

第二十条 审计费用由提出审计申请的申请执行人预交。被执行人存在拒绝报告或虚假报告财产情况,隐匿、转移财产或者其他逃避债务情形的,审计费用由被执行人承担;未发现被执行人存在上述情形的,审计费用由申请执行人承担。

第二十一条 被执行人不履行生效法律文书确定的义务,申请执行人可以向人民法院书面申请发布悬赏公告查找可供执行的财产。申请书应当载明下列事项:

(一)悬赏金的数额或计算方法;

(二)有关人员提供人民法院尚未掌握的财产线索,使该申请执行人的债权得以全部或部分实现时,自愿支付悬赏金的承诺;

(三)悬赏公告的发布方式;

(四)其他需要载明的事项。

人民法院应当自收到书面申请之日起十日内决定是否准许。

第二十二条　人民法院决定悬赏查找财产的,应当制作悬赏公告。悬赏公告应当载明悬赏金的数额或计算方法、领取条件等内容。

悬赏公告应当在全国法院执行悬赏公告平台、法院微博或微信等媒体平台发布,也可以在执行法院公告栏或被执行人住所地、经常居住地等处张贴。申请执行人申请在其他媒体平台发布,并自愿承担发布费用的,人民法院应当准许。

第二十三条　悬赏公告发布后,有关人员向人民法院提供财产线索的,人民法院应当对有关人员的身份信息和财产线索进行登记;两人以上提供相同财产线索的,应当按照提供线索的先后顺序登记。

人民法院对有关人员的身份信息和财产线索应当保密,但为发放悬赏金需要告知申请执行人的除外。

第二十四条　有关人员提供人民法院尚未掌握的财产线索,使申请发布悬赏公告的申请执行人的债权得以全部或部分实现的,人民法院应当按照悬赏公告发放悬赏金。

悬赏金从前款规定的申请执行人应得的执行款中予以扣减。特定物交付执行或者存在其他无法扣减情形的,悬赏金由该申请执行人另行支付。

有关人员为申请执行人的代理人、有义务向人民法院提供财产线索的人员或者存在其他不应发放悬赏金情形的,不予发放。

第二十五条　执行人员不得调查与执行案件无关的信息,对调查过程中知悉的国家秘密、商业秘密和个人隐私应当保密。

第二十六条　本规定自2017年5月1日起施行。

本规定施行后,本院以前公布的司法解释与本规定不一致的,以本规定为准。

最高人民法院　最高人民检察院　公安部　司法部关于办理黑恶势力刑事案件中财产处置若干问题的意见

(2019年4月9日)

为认真贯彻中央关于开展扫黑除恶专项斗争的重大决策部署,彻底铲除黑恶势力犯罪的经济基础,根据刑法、刑事诉讼法及最高人民法院、最高人民检察院、公安部、司法部《关于办理黑恶势力犯罪案件若干问题的指导意见》(法发〔2018〕1号)等规定,现对办理黑恶势力刑事案件中财产处置若干问题提出如下意见:

一、总体工作要求

1. 公安机关、人民检察院、人民法院在办理黑恶势力犯罪案件时,在查明黑恶势力组织违法犯罪事实并对黑恶势力成员依法定罪量刑的同时,要全面调查黑恶势力组织及其成员的财产状况,依法对涉案财产采取查询、查封、扣押、冻结等措施,并根据查明的情况,依法作出处理。

前款所称处理既包括对涉案财产中犯罪分子违法所得、违禁品、供犯罪所用的本人财物以及其他等值财产等依法追缴、没收,也包括对被害人的合法财产等依法返还。

2. 对涉案财产采取措施,应当严格依照法定条件和程序进行。严禁在立案之前查封、扣押、冻结财物。凡查封、扣押、冻结的财物,都应当及时进行审查,防止因程序违法、工作瑕疵等影响案件审理以及涉案财产处置。

3. 对涉案财产采取措施,应当为犯罪嫌疑人、被告人及其所扶养的亲属保留必需的生活费用和物品。

根据案件具体情况,在保证诉讼活动正常进行的同时,可以允许有关人员继续合理使用有关涉案财产,并采取必要的保值保管措施,以减少案件办理对正常办公和合法生产经营的影响。

4. 要彻底摧毁黑社会性质组织的经济基础,防止其死灰复燃。对于组织者、领导者一般应当并处没收个人全部财产。对于确属骨干成员或者为该组织转移、隐匿资产的积极参加者,可以并处没收个人全部财产。对于其他组织成员,应当根据所参与实施违法犯罪活动的次数、性质、地位、作用、违法所得数额以及造成损失的数额等情节,依法决定财产刑的适用。

5. 要深挖细查并依法打击黑恶势力组织进行的洗钱以及掩饰、隐瞒犯罪所得、犯罪所得收益等转变涉案财产性质的关联犯罪。

二、依法采取措施全面收集证据

6. 公安机关侦查期间,要根据《公安机关办理刑事案件适用查封、冻结措施相关规定》(公通字〔2013〕30号)等有关规定,会同有关部门全面调查黑恶势力及其成员的财产状况,并可以根据诉讼需要,先行依法对下列财产采取查询、查封、扣押、冻结等措施:

(1) 黑恶势力组织的财产;
(2) 犯罪嫌疑人个人所有的财产;
(3) 犯罪嫌疑人实际控制的财产;
(4) 犯罪嫌疑人出资购买的财产;
(5) 犯罪嫌疑人转移至他人名下的财产;
(6) 犯罪嫌疑人涉嫌洗钱以及掩饰、隐瞒犯罪所得、犯罪所得收益等犯罪涉及的财产;
(7) 其他与黑恶势力组织及其违法犯罪活动有关的财产。

7. 查封、扣押、冻结已登记的不动产、特定动产及其他财产,应当通知有关登记机关,在查封、扣押、冻结期间禁止被查封、扣押、冻结的财产流转,不得办理被查封、扣押、冻结财产权属变更、抵押等手续。必要时可以提取有关产权证照。

8. 公安机关对于采取措施的涉案财产,应当全面收集证明其来源、性质、用途、权属及价值的有关证据,审查判断是否应当依法追缴、没收。

证明涉案财产来源、性质、用途、权属及价值的有关证据一般包括:

(1) 犯罪嫌疑人、被告人关于财产来源、性质、用途、权属、价值的供述;
(2) 被害人、证人关于财产来源、性质、用途、权属、价值的陈述、证言;
(3) 财产购买凭证、银行往来凭证、资金注入凭证、权属证明等书证;
(4) 财产价格鉴定、评估意见;
(5) 可以证明财产来源、性质、用途、权属、价值的其他证据。

9. 公安机关对应当依法追缴、没收的财产中黑恶势力组织及其成员聚敛的财产及其孳息、收益的数额,可以委托专门机构评估;确实无法准确计算的,可以根据有关法律规定及查明的事实、证据合理估算。

人民检察院、人民法院对于公安机关委托评估、估算的数额有不同意见的,可以重新委托评估、估算。

10. 人民检察院、人民法院根据案件诉讼的需要,可以依法采取上述相关措施。

三、准确处置涉案财产

11. 公安机关、人民检察院应当加强对在案财产审查甄别。在移送审查起诉、提起公诉时,一般应当对采取措施的涉案财产提出处理意见建议,并将采取措施的涉案财产及其清单随案移送。

人民检察院经审查,除对随案移送的涉案财产提出处理意见外,还需要对继续追缴的尚未被足额查封、扣押的其他违法所得提出处理意见建议。

涉案财产不宜随案移送的,应当按照相关法律、司法解释的规定,提供相应的清单、照片、录像、封存手续、存放地点说明、鉴定、评估意见、变价处理凭证等材料。

12. 对于不宜查封、扣押、冻结的经营性财产,公安机关、人民检察院、人民法院可以申请当地政府指定有关部门或者委托有关机构代管或者托管。

对易损毁、灭失、变质等不宜长期保存的物品,易贬值的汽车、船艇等物品,或者市场价格波动大的债券、股票、基金等财产,有效期即将届满的汇票、本票、支票等,经权利人同意或者申请,并经县级以上公安机关、人民检察院或者人民法院主要负责人批准,可以依法出售、变现或者先行变卖、拍卖,所得价款由扣押、冻结机关保管,并及时告知当事人或者其近亲属。

13. 人民检察院在法庭审理时应当对证明黑恶势力犯罪涉案财产情况进行举证质证,对于既能证明具体个罪又能证明经济特征的涉案财产情况相关证据在具体个罪中出示后,在经济特征中可以简要说明,不再重复出示。

14. 人民法院作出的判决,除应当对随案移送的涉案财产作出处理外,还应当在判决书中写明需要继续追缴尚未被足额查封、扣押的其他违法所得;对随案移送财产进行处理时,应当列明相关财产的具体名称、数量、金额、处置情况等。涉案财产或者有关当事人人数较多,不宜在判决书正文中详细列明的,可以概括叙述并另附清单。

15. 涉案财产符合下列情形之一的,应当依法追缴、没收:

(1) 黑恶势力组织及其成员通过违法犯罪活动或者其他不正当手段聚敛的财产及其孳息、收益;

(2) 黑恶势力组织成员通过个人实施违法犯罪活动聚敛的财产及其孳息、收益;

(3) 其他单位、组织、个人为支持该黑恶势力组织活动资助或者主动提供的财产;

(4) 黑恶势力组织及其成员通过合法的生产、经营活动获取的财产或者组织成员个人、家庭合法财产中,实际用于支持该组织活动的部分;

(5) 黑恶势力组织成员非法持有的违禁品以及供犯罪所用的本人财物;

(6) 其他单位、组织、个人利用黑恶势力组织及其成员违法犯罪活动获取的财产及其孳息、收益;

(7) 其他应当追缴、没收的财产。

16. 应当追缴、没收的财产已用于清偿债务或者转让,或者设置其他权利负担,具有下列情形之一的,应当依法追缴:

(1) 第三人明知是违法犯罪所得而接受的;

(2) 第三人无偿或者以明显低于市场的价格取得涉案财物的;

(3) 第三人通过非法债务清偿或者违法犯罪活动取得涉案财物的;

(4) 第三人通过其他方式恶意取得涉案财物的。

17. 涉案财产符合下列情形之一的,应当依法返还:

(1) 有证据证明确属被害人合法财产的;

(2) 有证据证明确与黑恶势力及其违法犯罪活动无关的。

18. 有关违法犯罪事实查证属实后,对于有证据证明权属明确且无争议的被害人、善意第三人或者其他人员合法财产及其孳息,凡返还不损害其他利害关系人的利益,不影响案件正常办理的,应当在登记、拍照或者录像后,依法及时返还。

四、依法追缴、没收其他等值财产

19. 有证据证明依法应当追缴、没收的涉案财产无法找到、被他人善意取得、价值灭失或者与其他合法财产混合且不可分割的,可以追缴、没收其他等值财产。

对于证明前款各种情形的证据,公安机关或者人民检察院应当及时调取。

20. 本意见第19条所称"财产无法找到",是指有证据证明存在依法应当追缴、没收的财产,但无法查证财产去向、下落的。被告人有不同意见的,应当出示相关证据。

21. 追缴、没收的其他等值财产的数额,应当与无法直接追缴、没收的具体财产的数额相对应。

五、其他

22. 本意见所称孳息,包括天然孳息和法定孳息。

本意见所称收益,包括但不限于以下情形:

(1) 聚敛、获取的财产直接产生的收益,如使用聚敛、获取的财产购买彩票中奖所得收益等;

(2) 聚敛、获取的财产用于违法犯罪活动产生的收益,如使用聚敛、获取的财产赌博赢利所得收益、非法放贷所得收益、购买并贩卖毒品所得收益等;

(3) 聚敛、获取的财产投资、置业形成的财产及其收益;

(4) 聚敛、获取的财产和其他合法财产共同投资或者置业形成的财产中,与聚敛、获取的财产对应的份额及其收益;

(5) 应当认定为收益的其他情形。

23. 本意见未规定的黑恶势力刑事案件财产处置工作其他事宜,根据相关法律法规、司法解释等规定办理。

24. 本意见自2019年4月9日起施行。

国家监察委员会办公厅　自然资源部办公厅关于不动产登记机构协助监察机关在涉案财物处理中办理不动产登记工作的通知

（国监办发〔2019〕3号）

各省、自治区、直辖市监委、自然资源主管部门，中央纪委国家监委各派出机构，各中管企业纪检监察机构：

为贯彻落实党中央关于深化国家监察体制改革决策部署，依法规范做好不动产登记机构协助监察机关在涉案财物处理中办理不动产登记工作，根据《中华人民共和国监察法》《中华人民共和国物权法》《中华人民共和国城市房地产管理法》《不动产登记暂行条例》等法律法规，现就有关事项通知如下：

一、县级以上监察机关经过调查，对违法取得且已经办理不动产登记或者具备首次登记条件的不动产作出没收、追缴、责令退赔等处理决定后，在执行没收、追缴、责令退赔等决定过程中需要办理不动产转移等登记的，不动产登记机构应当按照监察机关出具的监察文书和协助执行通知书办理。

监察机关对不动产作出的处理决定，应当依法告知被调查人以及不动产权利人。

不动产登记涉及的税费按照国家有关规定收取。

二、监察机关到不动产登记机构办理不动产登记时，应当出具监察文书和协助执行通知书，由两名工作人员持上述文书和本人工作证件办理。根据工作需要，也可以出具委托函，委托财政部门、国有资产管理部门或者其他被授权协助处理涉案财物的单位，由其两名工作人员持本人工作证件、委托函、监察机关出具的监察文书和协助执行通知书办理。

三、中央纪委国家监委各派驻（派出）机构以及中管企业纪检监察机构需要不动产登记机构协助办理不动产登记的，应当依法出具监察文书和协助执行通知书，按照本通知第二条规定的程序办理。

省级以下监察委员会派驻或者派出的监察机构、监察专员根据授权开展调查、处置工作过程中，需要商请不动产登记机构协助办理不动产登记的，应当依法出具监察文书，由该监察委员会审核并出具协助执行通知书，按照本通知第二条规定的程序办理。

四、监察机关需要异地不动产登记机构协助办理不动产登记的，可以直接到异地不动产登记机构办理，也可以出具委托函，委托不动产所在地监察机关办理。具体办理程序按照第二条的规定执行。

五、监察机关对不动产进行处理前，应当先行查询不动产权属情况。处理不动产涉及集体土地和划拨土地的，监察机关应当与自然资源管理部门协商后再行处理。

六、相关不动产已被人民法院、人民检察院、公安机关等其他有权机关查封，并由不动产登记机构办理了查封登记的，监察机关在作出处理决定前应当与上述实施查封的有权机关协商。需要注销查封登记的，应当由实施查封的有权机关按照规定程序办理。

七、相关不动产已办理抵押登记的，监察机关应当依法妥善处理，保障抵押权人合法权益。

八、不动产登记机构在协助监察机关办理不动产登记时,不对监察文书和协助执行通知书进行实体审查。不动产登记机构认为监察机关处理的相关不动产信息错误的,应当依法向监察机关提出书面核查建议,监察机关应当进行认真核查,核查期间中止协助事项。经监察机关核查并出具书面函件确认无误后,不动产登记机构应当予以协助办理。

九、公民、法人或者其他组织对不动产登记机构根据监察机关的监察文书等材料办理的不动产登记行为不服的,可以按规定向相关监察机关申诉、控告或者检举。

公民、法人或者其他组织对登记行为不服申请行政复议的,有关复议机构不予受理,但公民、法人或者其他组织认为登记与有关文书内容不一致的除外。

不动产登记机构根据监察机关的监察文书等材料办理不动产登记,是行政机关根据有权机关的协助执行通知书实施的行为,公民、法人或者其他组织对该行为不服提起行政诉讼的,按照《最高人民法院关于审理房屋登记案件若干问题的规定》(法释〔2010〕15号)第二条规定办理。

十、各级监察机关应当与同级自然资源部门建立沟通协调机制,及时研究解决协作配合过程中的问题。

十一、本通知自2020年1月1日起实施。

国家监察委员会办公厅
自然资源部办公厅
2019年12月17日

最高人民法院关于审理挪用公款案件具体应用法律若干问题的解释[①]

为依法惩处挪用公款犯罪,根据刑法的有关规定,现对办理挪用公款案件具体应用法律的若干问题解释如下:

第一条 刑法第三百八十四条规定的"挪用公款归个人使用",包括挪用者本人使用或者给他人使用。

挪用公款给私有公司、私有企业使用的,属于挪用公款归个人使用。

第二条 对挪用公款罪,应区分三种不同情况予以认定:

(一)挪用公款归个人使用,数额较大、超过三个月未还的,构成挪用公款罪。

挪用正在生息或者需要支付利息的公款归个人使用,数额较大,超过三个月但在案发前全部归还本金的,可以从轻处罚或者免除处罚。给国家、集体造成的利息损失应予追缴。挪用公款数额巨大,超过三个月,案发前全部归还的,可以酌情从轻处罚。

(二)挪用公款数额较大,归个人进行营利活动的,构成挪用公款罪,不受挪用时间和是

[①] 最高人民法院于1998年4月29日公布(法释〔1998〕9号)。

否归还的限制。在案发前部分或者全部归还本息的,可以从轻处罚;情节轻微的,可以免除处罚。

挪用公款存入银行、用于集资、购买股票、国债等,属于挪用公款进行营利活动。所获取的利息、收益等违法所得,应当追缴,但不计入挪用公款的数额。

(三)挪用公款归个人使用,进行赌博、走私等非法活动的,构成挪用公款罪,不受"数额较大"和挪用时间的限制。

挪用公款给他人使用,不知道使用人用公款进行营利活动或者用于非法活动,数额较大、超过三个月未还的,构成挪用公款罪;明知使用人用于营利活动或者非法活动的,应当认定为挪用人挪用公款进行营利活动或者非法活动。

第三条 挪用公款归个人使用,"数额较大、进行营利活动的",或者"数额较大、超过三个月未还的",以挪用公款一万元至三万元为"数额较大"的起点,以挪用公款十五万元至二十万元为"数额巨大"的起点。挪用公款"情节严重",是指挪用公款数额巨大,或者数额虽未达到巨大,但挪用公款手段恶劣;多次挪用公款;因挪用公款严重影响生产、经营,造成严重损失等情形。

"挪用公款归个人使用,进行非法活动的",以挪用公款五千元至一万元为追究刑事责任的数额起点。挪用公款五万元至十万元以上的,属于挪用公款归个人使用,进行非法活动"情节严重"的情形之一。挪用公款归个人使用,进行非法活动,情节严重的其他情形,按照本条第一款的规定执行。

各高级人民法院可以根据本地实际情况,按照本解释规定的数额幅度,确定本地区执行的具体数额标准,并报最高人民法院备案。

挪用救灾、抢险、防汛、优抚、扶贫、移民、救济款物归个人使用的数额标准,参照挪用公款归个人使用进行非法活动的数额标准。

第四条 多次挪用公款不还,挪用公款数额累计计算;多次挪用公款,并以后次挪用的公款归还前次挪用的公款,挪用公款数额以案发时未还的实际数额认定。

第五条 "挪用公款数额巨大不退还的",是指挪用公款数额巨大,因客观原因在一审宣判前不能退还的。

第六条 携带挪用的公款潜逃的,依照刑法第三百八十二条、第三百八十三条的规定定罪处罚。

第七条 因挪用公款索取、收受贿赂构成犯罪的,依照数罪并罚的规定处罚。

挪用公款进行非法活动构成其他犯罪的,依照数罪并罚的规定处罚。

第八条 挪用公款给他人使用,使用人与挪用人共谋,指使或者参与策划取得挪用款的,以挪用公款罪的共犯定罪处罚。

最高人民法院关于审理贪污、职务侵占案件如何认定共同犯罪几个问题的解释①

为依法审理贪污或者职务侵占犯罪案件,现就这类案件如何认定共同犯罪问题解释如下:

第一条 行为人与国家工作人员勾结,利用国家工作人员的职务便利,共同侵吞、窃取、骗取或者以其他手段非法占有公共财物的,以贪污罪共犯论处。

第二条 行为人与公司、企业或者其他单位的人员勾结,利用公司、企业或者其他单位人员的职务便利,共同将该单位财物非法占为己有,数额较大的,以职务侵占罪共犯论处。

第三条 公司、企业或者其他单位中,不具有国家工作人员身份的人与国家工作人员勾结,分别利用各自的职务便利,共同将本单位财物非法占为己有的,按照主犯的犯罪性质定罪。

最高人民法院 最高人民检察院关于办理贪污贿赂刑事案件适用法律若干问题的解释②

为依法惩治贪污贿赂犯罪活动,根据刑法有关规定,现就办理贪污贿赂刑事案件适用法律的若干问题解释如下:

第一条 贪污或者受贿数额在三万元以上不满二十万元的,应当认定为刑法第三百八十三条第一款规定的"数额较大",依法判处三年以下有期徒刑或者拘役,并处罚金。

贪污数额在一万元以上不满三万元,具有下列情形之一的,应当认定为刑法第三百八十三条第一款规定的"其他较重情节",依法判处三年以下有期徒刑或者拘役,并处罚金:

(一)贪污救灾、抢险、防汛、优抚、扶贫、移民、救济、防疫、社会捐助等特定款物的;

(二)曾因贪污、受贿、挪用公款受过党纪、行政处分的;

(三)曾因故意犯罪受过刑事追究的;

(四)赃款赃物用于非法活动的;

(五)拒不交待赃款赃物去向或者拒不配合追缴工作,致使无法追缴的;

(六)造成恶劣影响或者其他严重后果的。

受贿数额在一万元以上不满三万元,具有前款第二项至第六项规定的情形之一,或者具有下列情形之一的,应当认定为刑法第三百八十三条第一款规定的"其他较重情节",依法判处三年以下有期徒刑或者拘役,并处罚金:

(一)多次索贿的;

(二)为他人谋取不正当利益,致使公共财产、国家和人民利益遭受损失的;

---

① 最高人民法院于2000年6月30日公布(法释〔2000〕15号)。
② 最高人民法院、最高人民检察院于2016年4月18日公布(法释〔2016〕9号)。

（三）为他人谋取职务提拔、调整的。

第二条 贪污或者受贿数额在二十万元以上不满三百万元的，应当认定为刑法第三百八十三条第一款规定的"数额巨大"，依法判处三年以上十年以下有期徒刑，并处罚金或者没收财产。

贪污数额在十万元以上不满二十万元，具有本解释第一条第二款规定的情形之一的，应当认定为刑法第三百八十三条第一款规定的"其他严重情节"，依法判处三年以上十年以下有期徒刑，并处罚金或者没收财产。

受贿数额在十万元以上不满二十万元，具有本解释第一条第三款规定的情形之一的，应当认定为刑法第三百八十三条第一款规定的"其他严重情节"，依法判处三年以上十年以下有期徒刑，并处罚金或者没收财产。

第三条 贪污或者受贿数额在三百万元以上的，应当认定为刑法第三百八十三条第一款规定的"数额特别巨大"，依法判处十年以上有期徒刑、无期徒刑或者死刑，并处罚金或者没收财产。

贪污数额在一百五十万元以上不满三百万元，具有本解释第一条第二款规定的情形之一的，应当认定为刑法第三百八十三条第一款规定的"其他特别严重情节"，依法判处十年以上有期徒刑、无期徒刑或者死刑，并处罚金或者没收财产。

受贿数额在一百五十万元以上不满三百万元，具有本解释第一条第三款规定的情形之一的，应当认定为刑法第三百八十三条第一款规定的"其他特别严重情节"，依法判处十年以上有期徒刑、无期徒刑或者死刑，并处罚金或者没收财产。

第四条 贪污、受贿数额特别巨大，犯罪情节特别严重、社会影响特别恶劣，给国家和人民利益造成特别重大损失的，可以判处死刑。

符合前款规定的情形，但具有自首、立功，如实供述自己罪行、真诚悔罪、积极退赃，或者避免、减少损害结果的发生等情节，不是必须立即执行的，可以判处死刑缓期二年执行。

符合第一款规定情形的，根据犯罪情节等情况可以判处死刑缓期二年执行，同时裁判决定在其死刑缓期执行二年期满依法减为无期徒刑后，终身监禁，不得减刑、假释。

第五条 挪用公款归个人使用，进行非法活动，数额在三万元以上的，应当依照刑法第三百八十四条的规定以挪用公款罪追究刑事责任；数额在三百万元以上的，应当认定为刑法第三百八十四条第一款规定的"数额巨大"。具有下列情形之一的，应当认定为刑法第三百八十四条第一款规定的"情节严重"：

（一）挪用公款数额在一百万元以上的；

（二）挪用救灾、抢险、防汛、优抚、扶贫、移民、救济特定款物，数额在五十万元以上不满一百万元的；

（三）挪用公款不退还，数额在五十万元以上不满一百万元的；

（四）其他严重的情节。

第六条 挪用公款归个人使用，进行营利活动或者超过三个月未还，数额在五万元以上的，应当认定为刑法第三百八十四条第一款规定的"数额较大"；数额在五百万元以上的，应当认定为刑法第三百八十四条第一款规定的"数额巨大"。具有下列情形之一的，应当认定为刑法第三百八十四条第一款规定的"情节严重"：

（一）挪用公款数额在二百万元以上的；

（二）挪用救灾、抢险、防汛、优抚、扶贫、移民、救济特定款物，数额在一百万元以上不满二百万元的；

（三）挪用公款不退还，数额在一百万元以上不满二百万元的；

（四）其他严重的情节。

第七条　为谋取不正当利益，向国家工作人员行贿，数额在三万元以上的，应当依照刑法第三百九十条的规定以行贿罪追究刑事责任。

行贿数额在一万元以上不满三万元，具有下列情形之一的，应当依照刑法第三百九十条的规定以行贿罪追究刑事责任：

（一）向三人以上行贿的；

（二）将违法所得用于行贿的；

（三）通过行贿谋取职务提拔、调整的；

（四）向负有食品、药品、安全生产、环境保护等监督管理职责的国家工作人员行贿，实施非法活动的；

（五）向司法工作人员行贿，影响司法公正的；

（六）造成经济损失数额在五十万元以上不满一百万元的。

第八条　犯行贿罪，具有下列情形之一的，应当认定为刑法第三百九十条第一款规定的"情节严重"：

（一）行贿数额在一百万元以上不满五百万元的；

（二）行贿数额在五十万元以上不满一百万元，并具有本解释第七条第二款第一项至第五项规定的情形之一的；

（三）其他严重的情节。

为谋取不正当利益，向国家工作人员行贿，造成经济损失数额在一百万元以上不满五百万元的，应当认定为刑法第三百九十条第一款规定的"使国家利益遭受重大损失"。

第九条　犯行贿罪，具有下列情形之一的，应当认定为刑法第三百九十条第一款规定的"情节特别严重"：

（一）行贿数额在五百万元以上的；

（二）行贿数额在二百五十万元以上不满五百万元，并具有本解释第七条第二款第一项至第五项规定的情形之一的；

（三）其他特别严重的情节。

为谋取不正当利益，向国家工作人员行贿，造成经济损失数额在五百万元以上的，应当认定为刑法第三百九十条第一款规定的"使国家利益遭受特别重大损失"。

第十条　刑法第三百八十八条之一规定的利用影响力受贿罪的定罪量刑适用标准，参照本解释关于受贿罪的规定执行。

刑法第三百九十条之一规定的对有影响力的人行贿罪的定罪量刑适用标准，参照本解释关于行贿罪的规定执行。

单位对有影响力的人行贿数额在二十万元以上的，应当依照刑法第三百九十条之一的规定以对有影响力的人行贿罪追究刑事责任。

第十一条　刑法第一百六十三条规定的非国家工作人员受贿罪、第二百七十一条规定的职务侵占罪中的"数额较大""数额巨大"的数额起点,按照本解释关于受贿罪、贪污罪相对应的数额标准规定的二倍、五倍执行。

刑法第二百七十二条规定的挪用资金罪中的"数额较大""数额巨大"以及"进行非法活动"情形的数额起点,按照本解释关于挪用公款罪"数额较大""情节严重"以及"进行非法活动"的数额标准规定的二倍执行。

刑法第一百六十四条第一款规定的对非国家工作人员行贿罪中的"数额较大""数额巨大"的数额起点,按照本解释第七条、第八条第一款关于行贿罪的数额标准规定的二倍执行。

第十二条　贿赂犯罪中的"财物",包括货币、物品和财产性利益。财产性利益包括可以折算为货币的物质利益如房屋装修、债务免除等,以及需要支付货币的其他利益如会员服务、旅游等。后者的犯罪数额,以实际支付或者应当支付的数额计算。

第十三条　具有下列情形之一的,应当认定为"为他人谋取利益",构成犯罪的,应当依照刑法关于受贿犯罪的规定定罪处罚:

(一)实际或者承诺为他人谋取利益的;

(二)明知他人有具体请托事项的;

(三)履职时未被请托,但事后基于该履职事由收受他人财物的。

国家工作人员索取、收受具有上下级关系的下属或者具有行政管理关系的被管理人员的财物价值三万元以上,可能影响职权行使的,视为承诺为他人谋取利益。

第十四条　根据行贿犯罪的事实、情节,可能被判处三年有期徒刑以下刑罚的,可以认定为刑法第三百九十条第二款规定的"犯罪较轻"。

根据犯罪的事实、情节,已经或者可能被判处十年有期徒刑以上刑罚的,或者案件在本省、自治区、直辖市或者全国范围内有较大影响的,可以认定为刑法第三百九十条第二款规定的"重大案件"。

具有下列情形之一的,可以认定为刑法第三百九十条第二款规定的"对侦破重大案件起关键作用":

(一)主动交待办案机关未掌握的重大案件线索的;

(二)主动交待的犯罪线索不属于重大案件的线索,但该线索对于重大案件侦破有重要作用的;

(三)主动交待行贿事实,对于重大案件的证据收集有重要作用的;

(四)主动交待行贿事实,对于重大案件的追逃、追赃有重要作用的。

第十五条　对多次受贿未经处理的,累计计算受贿数额。

国家工作人员利用职务上的便利为请托人谋取利益前后多次收受请托人财物,受请托之前收受的财物数额在一万元以上的,应当一并计入受贿数额。

第十六条　国家工作人员出于贪污、受贿的故意,非法占有公共财物、收受他人财物之后,将赃款赃物用于单位公务支出或者社会捐赠的,不影响贪污罪、受贿罪的认定,但量刑时可以酌情考虑。

特定关系人索取、收受他人财物,国家工作人员知道后未退还或者上交的,应当认定国家工作人员具有受贿故意。

第十七条　国家工作人员利用职务上的便利,收受他人财物,为他人谋取利益,同时构成受贿罪和刑法分则第三章第三节、第九章规定的渎职犯罪的,除刑法另有规定外,以受贿罪和渎职犯罪数罪并罚。

第十八条　贪污贿赂犯罪分子违法所得的一切财物,应当依照刑法第六十四条的规定予以追缴或者责令退赔,对被害人的合法财产应当及时返还。对尚未追缴到案或者尚未足额退赔的违法所得,应当继续追缴或者责令退赔。

第十九条　对贪污罪、受贿罪判处三年以下有期徒刑或者拘役的,应当并处十万元以上五十万元以下的罚金;判处三年以上十年以下有期徒刑的,应当并处二十万元以上犯罪数额二倍以下的罚金或者没收财产;判处十年以上有期徒刑或者无期徒刑的,应当并处五十万元以上犯罪数额二倍以下的罚金或者没收财产。

对刑法规定并处罚金的其他贪污贿赂犯罪,应当在十万元以上犯罪数额二倍以下判处罚金。

第二十条　本解释自 2016 年 4 月 18 日起施行。最高人民法院、最高人民检察院此前发布的司法解释与本解释不一致的,以本解释为准。

最高人民法院关于审理劳动争议案件适用法律问题的解释(一)[①]

为正确审理劳动争议案件,根据《中华人民共和国民法典》《中华人民共和国劳动法》《中华人民共和国劳动合同法》《中华人民共和国劳动争议调解仲裁法》《中华人民共和国民事诉讼法》等相关法律规定,结合审判实践,制定本解释。

第一条　劳动者与用人单位之间发生的下列纠纷,属于劳动争议,当事人不服劳动争议仲裁机构作出的裁决,依法提起诉讼的,人民法院应予受理:

(一)劳动者与用人单位在履行劳动合同过程中发生的纠纷;

(二)劳动者与用人单位之间没有订立书面劳动合同,但已形成劳动关系后发生的纠纷;

(三)劳动者与用人单位因劳动关系是否已经解除或者终止,以及应否支付解除或者终止劳动关系经济补偿金发生的纠纷;

(四)劳动者与用人单位解除或者终止劳动关系后,请求用人单位返还其收取的劳动合同定金、保证金、抵押金、抵押物发生的纠纷,或者办理劳动者的人事档案、社会保险关系等移转手续发生的纠纷;

(五)劳动者以用人单位未为其办理社会保险手续,且社会保险经办机构不能补办导致其无法享受社会保险待遇为由,要求用人单位赔偿损失发生的纠纷;

(六)劳动者退休后,与尚未参加社会保险统筹的原用人单位因追索养老金、医疗费、工伤保险待遇和其他社会保险待遇而发生的纠纷;

(七)劳动者因为工伤、职业病,请求用人单位依法给予工伤保险待遇发生的纠纷;

[①] 最高人民法院于 2020 年 12 月 29 日公布(法释〔2020〕26 号)。

（八）劳动者依据劳动合同法第八十五条规定,要求用人单位支付加付赔偿金发生的纠纷;

（九）因企业自主进行改制发生的纠纷。

第二条　下列纠纷不属于劳动争议:

（一）劳动者请求社会保险经办机构发放社会保险金的纠纷;

（二）劳动者与用人单位因住房制度改革产生的公有住房转让纠纷;

（三）劳动者对劳动能力鉴定委员会的伤残等级鉴定结论或者对职业病诊断鉴定委员会的职业病诊断鉴定结论的异议纠纷;

（四）家庭或者个人与家政服务人员之间的纠纷;

（五）个体工匠与帮工、学徒之间的纠纷;

（六）农村承包经营户与受雇人之间的纠纷。

第三条　劳动争议案件由用人单位所在地或者劳动合同履行地的基层人民法院管辖。

劳动合同履行地不明确的,由用人单位所在地的基层人民法院管辖。

法律另有规定的,依照其规定。

第四条　劳动者与用人单位均不服劳动争议仲裁机构的同一裁决,向同一人民法院起诉的,人民法院应当并案审理,双方当事人互为原告和被告,对双方的诉讼请求,人民法院应当一并作出裁决。在诉讼过程中,一方当事人撤诉的,人民法院应当根据另一方当事人的诉讼请求继续审理。双方当事人就同一仲裁裁决分别向有管辖权的人民法院起诉的,后受理的人民法院应当将案件移送给先受理的人民法院。

第五条　劳动争议仲裁机构以无管辖权为由对劳动争议案件不予受理,当事人提起诉讼的,人民法院按照以下情形分别处理:

（一）经审查认为该劳动争议仲裁机构对案件确无管辖权的,应当告知当事人向有管辖权的劳动争议仲裁机构申请仲裁;

（二）经审查认为该劳动争议仲裁机构有管辖权的,应当告知当事人申请仲裁,并将审查意见书面通知该劳动争议仲裁机构;劳动争议仲裁机构仍不受理,当事人就该劳动争议事项提起诉讼的,人民法院应予受理。

第六条　劳动争议仲裁机构以当事人申请仲裁的事项不属于劳动争议为由,作出不予受理的书面裁决、决定或者通知,当事人不服依法提起诉讼的,人民法院应当分别情况予以处理:

（一）属于劳动争议案件的,应当受理;

（二）虽不属于劳动争议案件,但属于人民法院主管的其他案件,应当依法受理。

第七条　劳动争议仲裁机构以申请仲裁的主体不适格为由,作出不予受理的书面裁决、决定或者通知,当事人不服依法提起诉讼,经审查确属主体不适格的,人民法院不予受理;已经受理的,裁定驳回起诉。

第八条　劳动争议仲裁机构为纠正原仲裁裁决错误重新作出裁决,当事人不服依法提起诉讼的,人民法院应当受理。

第九条　劳动争议仲裁机构仲裁的事项不属于人民法院受理的案件范围,当事人不服依法提起诉讼的,人民法院不予受理;已经受理的,裁定驳回起诉。

第十条 当事人不服劳动争议仲裁机构作出的预先支付劳动者劳动报酬、工伤医疗费、经济补偿或者赔偿金的裁决，依法提起诉讼的，人民法院不予受理。

用人单位不履行上述裁决中的给付义务，劳动者依法申请强制执行的，人民法院应予受理。

第十一条 劳动争议仲裁机构作出的调解书已经发生法律效力，一方当事人反悔提起诉讼的，人民法院不予受理；已经受理的，裁定驳回起诉。

第十二条 劳动争议仲裁机构逾期未作出受理决定或仲裁裁决，当事人直接提起诉讼的，人民法院应予受理，但申请仲裁的案件存在下列事由的除外：

（一）移送管辖的；

（二）正在送达或者送达延误的；

（三）等待另案诉讼结果、评残结论的；

（四）正在等待劳动争议仲裁机构开庭的；

（五）启动鉴定程序或者委托其他部门调查取证的；

（六）其他正当事由。

当事人以劳动争议仲裁机构逾期未作出仲裁裁决为由提起诉讼的，应当提交该仲裁机构出具的受理通知书或者其他已接受仲裁申请的凭证、证明。

第十三条 劳动者依据劳动合同法第三十条第二款和调解仲裁法第十六条规定向人民法院申请支付令，符合民事诉讼法第十七章督促程序规定的，人民法院应予受理。

依据劳动合同法第三十条第二款规定申请支付令被人民法院裁定终结督促程序后，劳动者就劳动争议事项直接提起诉讼的，人民法院应当告知其先向劳动争议仲裁机构申请仲裁。

依据调解仲裁法第十六条规定申请支付令被人民法院裁定终结督促程序后，劳动者依据调解协议直接提起诉讼的，人民法院应予受理。

第十四条 人民法院受理劳动争议案件后，当事人增加诉讼请求的，如该诉讼请求与讼争的劳动争议具有不可分性，应当合并审理；如属独立的劳动争议，应当告知当事人向劳动争议仲裁机构申请仲裁。

第十五条 劳动者以用人单位的工资欠条为证据直接提起诉讼，诉讼请求不涉及劳动关系其他争议的，视为拖欠劳动报酬争议，人民法院按照普通民事纠纷受理。

第十六条 劳动争议仲裁机构作出仲裁裁决后，当事人对裁决中的部分事项不服，依法提起诉讼的，劳动争议仲裁裁决不发生法律效力。

第十七条 劳动争议仲裁机构对多个劳动者的劳动争议作出仲裁裁决后，部分劳动者对仲裁裁决不服，依法提起诉讼的，仲裁裁决对提起诉讼的劳动者不发生法律效力；对未提起诉讼的部分劳动者，发生法律效力，如其申请执行的，人民法院应当受理。

第十八条 仲裁裁决的类型以仲裁裁决书确定为准。仲裁裁决书未载明该裁决为终局裁决或者非终局裁决，用人单位不服该仲裁裁决向基层人民法院提起诉讼的，应当按照以下情形分别处理：

（一）经审查认为该仲裁裁决为非终局裁决的，基层人民法院应予受理；

（二）经审查认为该仲裁裁决为终局裁决的，基层人民法院不予受理，但应告知用人单位可以自收到不予受理裁定书之日起三十日内向劳动争议仲裁机构所在地的中级人民法院申请撤销该仲裁裁决;已经受理的,裁定驳回起诉。

第十九条　仲裁裁决书未载明该裁决为终局裁决或者非终局裁决,劳动者依据调解仲裁法第四十七条第一项规定,追索劳动报酬、工伤医疗费、经济补偿或者赔偿金,如果仲裁裁决涉及数项,每项确定的数额均不超过当地月最低工资标准十二个月金额的,应当按照终局裁决处理。

第二十条　劳动争议仲裁机构作出的同一仲裁裁决同时包含终局裁决事项和非终局裁决事项,当事人不服该仲裁裁决向人民法院提起诉讼的,应当按照非终局裁决处理。

第二十一条　劳动者依据调解仲裁法第四十八条规定向基层人民法院提起诉讼,用人单位依据调解仲裁法第四十九条规定向劳动争议仲裁机构所在地的中级人民法院申请撤销仲裁裁决的,中级人民法院应当不予受理;已经受理的,应当裁定驳回申请。

被人民法院驳回起诉或者劳动者撤诉的,用人单位可以自收到裁定书之日起三十日内,向劳动争议仲裁机构所在地的中级人民法院申请撤销仲裁裁决。

第二十二条　用人单位依据调解仲裁法第四十九条规定向中级人民法院申请撤销仲裁裁决,中级人民法院作出的驳回申请或者撤销仲裁裁决的裁定为终审裁定。

第二十三条　中级人民法院审理用人单位申请撤销终局裁决的案件,应当组成合议庭开庭审理。经过阅卷、调查和询问当事人,对没有新的事实、证据或者理由,合议庭认为不需要开庭审理的,可以不开庭审理。

中级人民法院可以组织双方当事人调解。达成调解协议的,可以制作调解书。一方当事人逾期不履行调解协议的,另一方可以申请人民法院强制执行。

第二十四条　当事人申请人民法院执行劳动争议仲裁机构作出的发生法律效力的裁决书、调解书,被申请人提出证据证明劳动争议仲裁裁决书、调解书有下列情形之一,并经审查核实的,人民法院可以根据民事诉讼法第二百三十七条规定,裁定不予执行:

(一)裁决的事项不属于劳动争议仲裁范围,或者劳动争议仲裁机构无权仲裁的;

(二)适用法律、法规确有错误的;

(三)违反法定程序的;

(四)裁决所根据的证据是伪造的;

(五)对方当事人隐瞒了足以影响公正裁决的证据的;

(六)仲裁员在仲裁该案时有索贿受贿、徇私舞弊、枉法裁决行为的;

(七)人民法院认定执行该劳动争议仲裁裁决违背社会公共利益的。

人民法院在不予执行的裁定书中,应当告知当事人在收到裁定书之次日起三十日内,可以就该劳动争议事项向人民法院提起诉讼。

第二十五条　劳动争议仲裁机构作出终局裁决,劳动者向人民法院申请执行,用人单位向劳动争议仲裁机构所在地的中级人民法院申请撤销的,人民法院应当裁定中止执行。

用人单位撤回撤销终局裁决申请或者其申请被驳回的,人民法院应当裁定恢复执行。仲裁裁决被撤销的,人民法院应当裁定终结执行。

用人单位向人民法院申请撤销仲裁裁决被驳回后,又在执行程序中以相同理由提出不予执行抗辩的,人民法院不予支持。

第二十六条　用人单位与其他单位合并的,合并前发生的劳动争议,由合并后的单位为当事人;用人单位分立为若干单位的,其分立前发生的劳动争议,由分立后的实际用人单位为当事人。

用人单位分立为若干单位后,具体承受劳动权利义务的单位不明确的,分立后的单位均为当事人。

第二十七条　用人单位招用尚未解除劳动合同的劳动者,原用人单位与劳动者发生的劳动争议,可以列新的用人单位为第三人。

原用人单位以新的用人单位侵权为由提起诉讼的,可以列劳动者为第三人。

原用人单位以新的用人单位和劳动者共同侵权为由提起诉讼的,新的用人单位和劳动者列为共同被告。

第二十八条　劳动者在用人单位与其他平等主体之间的承包经营期间,与发包方和承包方双方或者一方发生劳动争议,依法提起诉讼的,应当将承包方和发包方作为当事人。

第二十九条　劳动者与未办理营业执照、营业执照被吊销或者营业期限届满仍继续经营的用人单位发生争议的,应当将用人单位或者其出资人列为当事人。

第三十条　未办理营业执照、营业执照被吊销或者营业期限届满仍继续经营的用人单位,以挂靠等方式借用他人营业执照经营的,应当将用人单位和营业执照出借方列为当事人。

第三十一条　当事人不服劳动争议仲裁机构作出的仲裁裁决,依法提起诉讼,人民法院审查认为仲裁裁决遗漏了必须共同参加仲裁的当事人的,应当依法追加遗漏的人为诉讼当事人。

被追加的当事人应当承担责任的,人民法院应当一并处理。

第三十二条　用人单位与其招用的已经依法享受养老保险待遇或者领取退休金的人员发生用工争议而提起诉讼的,人民法院应当按劳务关系处理。

企业停薪留职人员、未达到法定退休年龄的内退人员、下岗待岗人员以及企业经营性停产放长假人员,因与新的用人单位发生用工争议而提起诉讼的,人民法院应当按劳动关系处理。

第三十三条　外国人、无国籍人未依法取得就业证件即与中华人民共和国境内的用人单位签订劳动合同,当事人请求确认与用人单位存在劳动关系的,人民法院不予支持。

持有《外国专家证》并取得《外国人来华工作许可证》的外国人,与中华人民共和国境内的用人单位建立用工关系的,可以认定为劳动关系。

第三十四条　劳动合同期满后,劳动者仍在原用人单位工作,原用人单位未表示异议的,视为双方同意以原条件继续履行劳动合同。一方提出终止劳动关系的,人民法院应予支持。

根据劳动合同法第十四条规定,用人单位应当与劳动者签订无固定期限劳动合同而未签订的,人民法院可以视为双方之间存在无固定期限劳动合同关系,并以原劳动合同确定双方的权利义务关系。

第三十五条　劳动者与用人单位就解除或者终止劳动合同办理相关手续、支付工资报酬、加班费、经济补偿或者赔偿金等达成的协议,不违反法律、行政法规的强制性规定,且不存在欺诈、胁迫或者乘人之危情形的,应当认定有效。

前款协议存在重大误解或者显失公平情形,当事人请求撤销的,人民法院应予支持。

第三十六条　当事人在劳动合同或者保密协议中约定了竞业限制,但未约定解除或者终止劳动合同后给予劳动者经济补偿,劳动者履行了竞业限制义务,要求用人单位按照劳动者在劳动合同解除或者终止前十二个月平均工资的30%按月支付经济补偿的,人民法院应予支持。

前款规定的月平均工资的30%低于劳动合同履行地最低工资标准的,按照劳动合同履行地最低工资标准支付。

第三十七条　当事人在劳动合同或者保密协议中约定了竞业限制和经济补偿,当事人解除劳动合同时,除另有约定外,用人单位要求劳动者履行竞业限制义务,或者劳动者履行了竞业限制义务后要求用人单位支付经济补偿的,人民法院应予支持。

第三十八条　当事人在劳动合同或者保密协议中约定了竞业限制和经济补偿,劳动合同解除或者终止后,因用人单位的原因导致三个月未支付经济补偿,劳动者请求解除竞业限制约定的,人民法院应予支持。

第三十九条　在竞业限制期限内,用人单位请求解除竞业限制协议的,人民法院应予支持。

在解除竞业限制协议时,劳动者请求用人单位额外支付劳动者三个月的竞业限制经济补偿的,人民法院应予支持。

第四十条　劳动者违反竞业限制约定,向用人单位支付违约金后,用人单位要求劳动者按照约定继续履行竞业限制义务的,人民法院应予支持。

第四十一条　劳动合同被确认为无效,劳动者已付出劳动的,用人单位应当按照劳动合同法第二十八条、第四十六条、第四十七条的规定向劳动者支付劳动报酬和经济补偿。

由于用人单位原因订立无效劳动合同,给劳动者造成损害,用人单位应当赔偿劳动者因合同无效所造成的经济损失。

第四十二条　劳动者主张加班费的,应当就加班事实的存在承担举证责任。但劳动者有证据证明用人单位掌握加班事实存在的证据,用人单位不提供的,由用人单位承担不利后果。

第四十三条　用人单位与劳动者协商一致变更劳动合同,虽未采用书面形式,但已经实际履行了口头变更的劳动合同超过一个月,变更后的劳动合同内容不违反法律、行政法规且不违背公序良俗,当事人以未采用书面形式为由主张劳动合同变更无效的,人民法院不予支持。

第四十四条　因用人单位作出的开除、除名、辞退、解除劳动合同、减少劳动报酬、计算劳动者工作年限等决定而发生的劳动争议,用人单位负举证责任。

第四十五条　用人单位有下列情形之一,迫使劳动者提出解除劳动合同的,用人单位应当支付劳动者的劳动报酬和经济补偿,并可支付赔偿金:

(一)以暴力、威胁或者非法限制人身自由的手段强迫劳动的;

(二)未按照劳动合同约定支付劳动报酬或者提供劳动条件的;

(三)克扣或者无故拖欠劳动者工资的;

(四) 拒不支付劳动者延长工作时间工资报酬的;
(五) 低于当地最低工资标准支付劳动者工资的。

第四十六条 劳动者非因本人原因从原用人单位被安排到新用人单位工作,原用人单位未支付经济补偿,劳动者依据劳动合同法第三十八条规定与新用人单位解除劳动合同,或者新用人单位向劳动者提出解除、终止劳动合同,在计算支付经济补偿或赔偿金的工作年限时,劳动者请求把在原用人单位的工作年限合并计算为新用人单位工作年限的,人民法院应予支持。

用人单位符合下列情形之一的,应当认定属于"劳动者非因本人原因从原用人单位被安排到新用人单位工作":

(一) 劳动者仍在原工作场所、工作岗位工作,劳动合同主体由原用人单位变更为新用人单位;
(二) 用人单位以组织委派或任命形式对劳动者进行工作调动;
(三) 因用人单位合并、分立等原因导致劳动者工作调动;
(四) 用人单位及其关联企业与劳动者轮流订立劳动合同;
(五) 其他合理情形。

第四十七条 建立了工会组织的用人单位解除劳动合同符合劳动合同法第三十九条、第四十条规定,但未按照劳动合同法第四十三条规定事先通知工会,劳动者以用人单位违法解除劳动合同为由请求用人单位支付赔偿金的,人民法院应予支持,但起诉前用人单位已经补正有关程序的除外。

第四十八条 劳动合同法施行后,因用人单位经营期限届满不再继续经营导致劳动合同不能继续履行,劳动者请求用人单位支付经济补偿的,人民法院应予支持。

第四十九条 在诉讼过程中,劳动者向人民法院申请采取财产保全措施,人民法院经审查认为申请人经济确有困难,或者有证据证明用人单位存在欠薪逃匿可能的,应当减轻或者免除劳动者提供担保的义务,及时采取保全措施。

人民法院作出的财产保全裁定中,应当告知当事人在劳动争议仲裁机构的裁决书或者在人民法院的裁判文书生效后三个月内申请强制执行。逾期不申请的,人民法院应当裁定解除保全措施。

第五十条 用人单位根据劳动合同法第四条规定,通过民主程序制定的规章制度,不违反国家法律、行政法规及政策规定,并已向劳动者公示的,可以作为确定双方权利义务的依据。

用人单位制定的内部规章制度与集体合同或者劳动合同约定的内容不一致,劳动者请求优先适用合同约定的,人民法院应予支持。

第五十一条 当事人在调解仲裁法第十条规定的调解组织主持下达成的具有劳动权利义务内容的调解协议,具有劳动合同的约束力,可以作为人民法院裁判的根据。

当事人在调解仲裁法第十条规定的调解组织主持下仅就劳动报酬争议达成调解协议,用人单位不履行调解协议确定的给付义务,劳动者直接提起诉讼的,人民法院可以按照普通民事纠纷受理。

第五十二条 当事人在人民调解委员会主持下仅就给付义务达成的调解协议,双方认为有必要的,可以共同向人民调解委员会所在地的基层人民法院申请司法确认。

第五十三条　用人单位对劳动者作出的开除、除名、辞退等处理,或者因其他原因解除劳动合同确有错误的,人民法院可以依法判决予以撤销。

对于追索劳动报酬、养老金、医疗费以及工伤保险待遇、经济补偿金、培训费及其他相关费用等案件,给付数额不当的,人民法院可以予以变更。

第五十四条　本解释自2021年1月1日起施行。

最高人民法院关于审理建设工程施工合同纠纷案件适用法律问题的解释(一)[①]

为正确审理建设工程施工合同纠纷案件,依法保护当事人合法权益,维护建筑市场秩序,促进建筑市场健康发展,根据《中华人民共和国民法典》《中华人民共和国建筑法》《中华人民共和国招标投标法》《中华人民共和国民事诉讼法》等相关法律规定,结合审判实践,制定本解释。

第一条　建设工程施工合同具有下列情形之一的,应当依据民法典第一百五十三条第一款的规定,认定无效:

(一)承包人未取得建筑业企业资质或者超越资质等级的;

(二)没有资质的实际施工人借用有资质的建筑施工企业名义的;

(三)建设工程必须进行招标而未招标或者中标无效的。

承包人因转包、违法分包建设工程与他人签订的建设工程施工合同,应当依据民法典第一百五十三条第一款及第七百九十一条第二款、第三款的规定,认定无效。

第二条　招标人和中标人另行签订的建设工程施工合同约定的工程范围、建设工期、工程质量、工程价款等实质性内容,与中标合同不一致,一方当事人请求按照中标合同确定权利义务的,人民法院应予支持。

招标人和中标人在中标合同之外就明显高于市场价格购买承建房产、无偿建设住房配套设施、让利、向建设单位捐赠财物等另行签订合同,变相降低工程价款,一方当事人以该合同背离中标合同实质性内容为由请求确认无效的,人民法院应予支持。

第三条　当事人以发包人未取得建设工程规划许可证等规划审批手续为由,请求确认建设工程施工合同无效的,人民法院应予支持,但发包人在起诉前取得建设工程规划许可证等规划审批手续的除外。

发包人能够办理审批手续而未办理,并以未办理审批手续为由请求确认建设工程施工合同无效的,人民法院不予支持。

第四条　承包人超越资质等级许可的业务范围签订建设工程施工合同,在建设工程竣工前取得相应资质等级,当事人请求按照无效合同处理的,人民法院不予支持。

第五条　具有劳务作业法定资质的承包人与总承包人、分包人签订的劳务分包合同,当

[①] 最高人民法院于2020年12月29日公布(法释〔2020〕25号)。

事人请求确认无效的,人民法院依法不予支持。

第六条　建设工程施工合同无效,一方当事人请求对方赔偿损失的,应当就对方过错、损失大小、过错与损失之间的因果关系承担举证责任。

损失大小无法确定,一方当事人请求参照合同约定的质量标准、建设工期、工程价款支付时间等内容确定损失大小的,人民法院可以结合双方过错程度、过错与损失之间的因果关系等因素作出裁判。

第七条　缺乏资质的单位或者个人借用有资质的建筑施工企业名义签订建设工程施工合同,发包人请求出借方与借用方对建设工程质量不合格等因出借资质造成的损失承担连带赔偿责任的,人民法院应予支持。

第八条　当事人对建设工程开工日期有争议的,人民法院应当分别按照以下情形予以认定:

(一)开工日期为发包人或者监理人发出的开工通知载明的开工日期;开工通知发出后,尚不具备开工条件的,以开工条件具备的时间为开工日期;因承包人原因导致开工时间推迟的,以开工通知载明的时间为开工日期。

(二)承包人经发包人同意已经实际进场施工的,以实际进场施工时间为开工日期。

(三)发包人或者监理人未发出开工通知,亦无相关证据证明实际开工日期的,应当综合考虑开工报告、合同、施工许可证、竣工验收报告或者竣工验收备案表等载明的时间,并结合是否具备开工条件的事实,认定开工日期。

第九条　当事人对建设工程实际竣工日期有争议的,人民法院应当分别按照以下情形予以认定:

(一)建设工程经竣工验收合格的,以竣工验收合格之日为竣工日期;

(二)承包人已经提交竣工验收报告,发包人拖延验收的,以承包人提交验收报告之日为竣工日期;

(三)建设工程未经竣工验收,发包人擅自使用的,以转移占有建设工程之日为竣工日期。

第十条　当事人约定顺延工期应当经发包人或者监理人签证等方式确认,承包人虽未取得工期顺延的确认,但能够证明在合同约定的期限内向发包人或者监理人申请过工期顺延且顺延事由符合合同约定,承包人以此为由主张工期顺延的,人民法院应予支持。

当事人约定承包人未在约定期限内提出工期顺延申请视为工期不顺延的,按照约定处理,但发包人在约定期限后同意工期顺延或者承包人提出合理抗辩的除外。

第十一条　建设工程竣工前,当事人对工程质量发生争议,工程质量经鉴定合格的,鉴定期间为顺延工期期间。

第十二条　因承包人的原因造成建设工程质量不符合约定,承包人拒绝修理、返工或者改建,发包人请求减少支付工程价款的,人民法院应予支持。

第十三条　发包人具有下列情形之一,造成建设工程质量缺陷,应当承担过错责任:

(一)提供的设计有缺陷;

(二)提供或者指定购买的建筑材料、建筑构配件、设备不符合强制性标准;

(三)直接指定分包人分包专业工程。

承包人有过错的,也应当承担相应的过错责任。

第十四条 建设工程未经竣工验收,发包人擅自使用后,又以使用部分质量不符合约定为由主张权利的,人民法院不予支持;但是承包人应当在建设工程的合理使用寿命内对地基基础工程和主体结构质量承担民事责任。

第十五条 因建设工程质量发生争议的,发包人可以以总承包人、分包人和实际施工人为共同被告提起诉讼。

第十六条 发包人在承包人提起的建设工程施工合同纠纷案件中,以建设工程质量不符合合同约定或者法律规定为由,就承包人支付违约金或者赔偿修理、返工、改建的合理费用等损失提出反诉的,人民法院可以合并审理。

第十七条 有下列情形之一,承包人请求发包人返还工程质量保证金的,人民法院应予支持:

(一)当事人约定的工程质量保证金返还期限届满;

(二)当事人未约定工程质量保证金返还期限的,自建设工程通过竣工验收之日起满二年;

(三)因发包人原因建设工程未按约定期限进行竣工验收的,自承包人提交工程竣工验收报告九十日后当事人约定的工程质量保证金返还期限届满;当事人未约定工程质量保证金返还期限的,自承包人提交工程竣工验收报告九十日后起满二年。

发包人返还工程质量保证金后,不影响承包人根据合同约定或者法律规定履行工程保修义务。

第十八条 因保修人未及时履行保修义务,导致建筑物毁损或者造成人身损害、财产损失的,保修人应当承担赔偿责任。

保修人与建筑物所有人或者发包人对建筑物毁损均有过错的,各自承担相应的责任。

第十九条 当事人对建设工程的计价标准或者计价方法有约定的,按照约定结算工程价款。

因设计变更导致建设工程的工程量或者质量标准发生变化,当事人对该部分工程价款不能协商一致的,可以参照签订建设工程施工合同时当地建设行政主管部门发布的计价方法或者计价标准结算工程价款。

建设工程施工合同有效,但建设工程经竣工验收不合格的,依照民法典第五百七十七条规定处理。

第二十条 当事人对工程量有争议的,按照施工过程中形成的签证等书面文件确认。承包人能够证明发包人同意其施工,但未能提供签证文件证明工程量发生的,可以按照当事人提供的其他证据确认实际发生的工程量。

第二十一条 当事人约定,发包人收到竣工结算文件后,在约定期限内不予答复,视为认可竣工结算文件的,按照约定处理。承包人请求按照竣工结算文件结算工程价款的,人民法院应予支持。

第二十二条 当事人签订的建设工程施工合同与招标文件、投标文件、中标通知书载明的工程范围、建设工期、工程质量、工程价款不一致,一方当事人请求将招标文件、投标文件、中标通知书作为结算工程价款的依据的,人民法院应予支持。

第二十三条 发包人将依法不属于必须招标的建设工程进行招标后,与承包人另行订立的建设工程施工合同背离中标合同的实质性内容,当事人请求以中标合同作为结算建设工程价款依据的,人民法院应予支持,但发包人与承包人因客观情况发生了在招标投标时难以预见的变化而另行订立建设工程施工合同的除外。

第二十四条 当事人就同一建设工程订立的数份建设工程施工合同均无效,但建设工程质量合格,一方当事人请求参照实际履行的合同关于工程价款的约定折价补偿承包人的,人民法院应予支持。

实际履行的合同难以确定,当事人请求参照最后签订的合同关于工程价款的约定折价补偿承包人的,人民法院应予支持。

第二十五条 当事人对垫资和垫资利息有约定,承包人请求按照约定返还垫资及其利息的,人民法院应予支持,但是约定的利息计算标准高于垫资时的同类贷款利率或者同期贷款市场报价利率的部分除外。

当事人对垫资没有约定的,按照工程欠款处理。

当事人对垫资利息没有约定,承包人请求支付利息的,人民法院不予支持。

第二十六条 当事人对欠付工程价款利息计付标准有约定的,按照约定处理。没有约定的,按照同期同类贷款利率或者同期贷款市场报价利率计息。

第二十七条 利息从应付工程价款之日开始计付。当事人对付款时间没有约定或者约定不明的,下列时间视为应付款时间:

(一)建设工程已实际交付的,为交付之日;

(二)建设工程没有交付的,为提交竣工结算文件之日;

(三)建设工程未交付,工程价款也未结算的,为当事人起诉之日。

第二十八条 当事人约定按照固定价结算工程价款,一方当事人请求对建设工程造价进行鉴定的,人民法院不予支持。

第二十九条 当事人在诉讼前已经对建设工程价款结算达成协议,诉讼中一方当事人申请对工程造价进行鉴定的,人民法院不予准许。

第三十条 当事人在诉讼前共同委托有关机构、人员对建设工程造价出具咨询意见,诉讼中一方当事人不认可该咨询意见申请鉴定的,人民法院应予准许,但双方当事人明确表示受该咨询意见约束的除外。

第三十一条 当事人对部分案件事实有争议的,仅对有争议的事实进行鉴定,但争议事实范围不能确定,或者双方当事人请求对全部事实鉴定的除外。

第三十二条 当事人对工程造价、质量、修复费用等专门性问题有争议,人民法院认为需要鉴定的,应当向负有举证责任的当事人释明。当事人经释明未申请鉴定,虽申请鉴定但未支付鉴定费用或者拒不提供相关材料的,应当承担举证不能的法律后果。

一审诉讼中负有举证责任的当事人未申请鉴定,虽申请鉴定但未支付鉴定费用或者拒不提供相关材料,二审诉讼中申请鉴定,人民法院认为确有必要的,应当依照民事诉讼法第一百七十条第一款第三项的规定处理。

第三十三条 人民法院准许当事人的鉴定申请后,应当根据当事人申请及查明案件事实的需要,确定委托鉴定的事项、范围、鉴定期限等,并组织当事人对争议的鉴定材料进行质证。

第三十四条　人民法院应当组织当事人对鉴定意见进行质证。鉴定人将当事人有争议且未经质证的材料作为鉴定依据的,人民法院应当组织当事人就该部分材料进行质证。经质证认为不能作为鉴定依据的,根据该材料作出的鉴定意见不得作为认定案件事实的依据。

第三十五条　与发包人订立建设工程施工合同的承包人,依据民法典第八百零七条的规定请求其承建工程的价款就工程折价或者拍卖的价款优先受偿的,人民法院应予支持。

第三十六条　承包人根据民法典第八百零七条规定享有的建设工程价款优先受偿权优于抵押权和其他债权。

第三十七条　装饰装修工程具备折价或者拍卖条件,装饰装修工程的承包人请求工程价款就该装饰装修工程折价或者拍卖的价款优先受偿的,人民法院应予支持。

第三十八条　建设工程质量合格,承包人请求其承建工程的价款就工程折价或者拍卖的价款优先受偿的,人民法院应予支持。

第三十九条　未竣工的建设工程质量合格,承包人请求其承建工程的价款就其承建工程部分折价或者拍卖的价款优先受偿的,人民法院应予支持。

第四十条　承包人建设工程价款优先受偿的范围依照国务院有关行政主管部门关于建设工程价款范围的规定确定。

承包人就逾期支付建设工程价款的利息、违约金、损害赔偿金等主张优先受偿的,人民法院不予支持。

第四十一条　承包人应当在合理期限内行使建设工程价款优先受偿权,但最长不得超过十八个月,自发包人应当给付建设工程价款之日起算。

第四十二条　发包人与承包人约定放弃或者限制建设工程价款优先受偿权,损害建筑工人利益,发包人根据该约定主张承包人不享有建设工程价款优先受偿权的,人民法院不予支持。

第四十三条　实际施工人以转包人、违法分包人为被告起诉的,人民法院应当依法受理。

实际施工人以发包人为被告主张权利的,人民法院应当追加转包人或者违法分包人为本案第三人,在查明发包人欠付转包人或者违法分包人建设工程价款的数额后,判决发包人在欠付建设工程价款范围内对实际施工人承担责任。

第四十四条　实际施工人依据民法典第五百三十五条规定,以转包人或者违法分包人怠于向发包人行使到期债权或者与该债权有关的从权利,影响其到期债权实现,提起代位权诉讼的,人民法院应予支持。

第四十五条　本解释自2021年1月1日起施行。

最高人民法院关于审理银行卡民事纠纷案件若干问题的规定[①]

为正确审理银行卡民事纠纷案件,保护当事人的合法权益,根据《中华人民共和国民法典》《中华人民共和国民事诉讼法》等规定,结合司法实践,制定本规定。

第一条 持卡人与发卡行、非银行支付机构、收单行、特约商户等当事人之间因订立银行卡合同、使用银行卡等产生的民事纠纷,适用本规定。

本规定所称银行卡民事纠纷,包括借记卡纠纷和信用卡纠纷。

第二条 发卡行在与持卡人订立银行卡合同时,对收取利息、复利、费用、违约金等格式条款未履行提示或者说明义务,致使持卡人没有注意或者理解该条款,持卡人主张该条款不成为合同的内容,对其不具有约束力的,人民法院应予支持。

发卡行请求持卡人按照信用卡合同的约定给付透支利息、复利、违约金等,或者给付分期付款手续费、利息、违约金等,持卡人以发卡行主张的总额过高为由请求予以适当减少的,人民法院应当综合考虑国家有关金融监管规定、未还款的数额及期限、当事人过错程度、发卡行的实际损失等因素,根据公平原则和诚信原则予以衡量,并作出裁决。

第三条 具有下列情形之一的,应当认定发卡行对持卡人享有的债权请求权诉讼时效中断:

(一)发卡行按约定在持卡人账户中扣划透支款本息、违约金等;

(二)发卡行以向持卡人预留的电话号码、通讯地址、电子邮箱发送手机短信、书面信件、电子邮件等方式催收债权;

(三)发卡行以持卡人恶意透支存在犯罪嫌疑为由向公安机关报案;

(四)其他可以认定为诉讼时效中断的情形。

第四条 持卡人主张争议交易为伪卡盗刷交易或者网络盗刷交易的,可以提供生效法律文书、银行卡交易时真卡所在地、交易行为地、账户交易明细、交易通知、报警记录、挂失记录等证据材料进行证明。

发卡行、非银行支付机构主张争议交易为持卡人本人交易或者其授权交易的,应当承担举证责任。发卡行、非银行支付机构可以提供交易单据、对账单、监控录像、交易身份识别信息、交易验证信息等证据材料进行证明。

第五条 在持卡人告知发卡行其账户发生非因本人交易或者本人授权交易导致的资金或者透支数额变动后,发卡行未及时向持卡人核实银行卡的持有及使用情况,未及时提供或者保存交易单据、监控录像等证据材料,导致有关证据材料无法取得的,应承担举证不能的法律后果。

第六条 人民法院应当全面审查当事人提交的证据,结合银行卡交易行为地与真卡所在地距离、持卡人是否进行了基础交易、交易时间和报警时间、持卡人用卡习惯、银行卡被盗刷的次数及频率、交易系统、技术和设备是否具有安全性等事实,综合判断是否存在伪卡盗刷交易或者网络盗刷交易。

[①] 最高人民法院于2021年5月24日公布(法释〔2021〕10号)。

第七条　发生伪卡盗刷交易或者网络盗刷交易,借记卡持卡人基于借记卡合同法律关系请求发卡行支付被盗刷存款本息并赔偿损失的,人民法院依法予以支持。

发生伪卡盗刷交易或者网络盗刷交易,信用卡持卡人基于信用卡合同法律关系请求发卡行返还扣划的透支款本息、违约金并赔偿损失的,人民法院依法予以支持;发卡行请求信用卡持卡人偿还透支款本息、违约金等的,人民法院不予支持。

前两款情形,持卡人对银行卡、密码、验证码等身份识别信息、交易验证信息未尽妥善保管义务具有过错,发卡行主张持卡人承担相应责任的,人民法院应予支持。

持卡人未及时采取挂失等措施防止损失扩大,发卡行主张持卡人自行承担扩大损失责任的,人民法院应予支持。

第八条　发卡行在与持卡人订立银行卡合同或者在开通网络支付业务功能时,未履行告知持卡人银行卡具有相关网络支付功能义务,持卡人以其未与发卡行就争议网络支付条款达成合意为由请求不承担因使用该功能而导致网络盗刷责任的,人民法院应予支持,但有证据证明持卡人同意使用该网络支付功能的,适用本规定第七条规定。

非银行支付机构新增网络支付业务类型时,未向持卡人履行前款规定义务的,参照前款规定处理。

第九条　发卡行在与持卡人订立银行卡合同或者新增网络支付业务时,未完全告知某一网络支付业务持卡人身份识别方式、交易验证方式、交易规则等足以影响持卡人决定是否使用该功能的内容,致使持卡人没有全面准确理解该功能,持卡人以其未与发卡行就相关网络支付条款达成合意为由请求不承担因使用该功能而导致网络盗刷责任的,人民法院应予支持,但持卡人对于网络盗刷具有过错的,应当承担相应过错责任。发卡行虽然未尽前述义务,但是有证据证明持卡人知道并理解该网络支付功能的,适用本规定第七条规定。

非银行支付机构新增网络支付业务类型时,存在前款未完全履行告知义务情形,参照前款规定处理。

第十条　发卡行或者非银行支付机构向持卡人提供的宣传资料载明其承担网络盗刷先行赔付责任,该允诺具体明确,应认定为合同的内容。持卡人据此请求发卡行或者非银行支付机构承担先行赔付责任的,人民法院应予支持。

因非银行支付机构相关网络支付业务系统、设施和技术不符合安全要求导致网络盗刷,持卡人请求判令该机构承担先行赔付责任的,人民法院应予支持。

第十一条　在收单行与发卡行不是同一银行的情形下,因收单行未尽保障持卡人用卡安全义务或者因特约商户未尽审核持卡人签名真伪、银行卡真伪等审核义务导致发生伪卡盗刷交易,持卡人请求收单行或者特约商户承担赔偿责任的,人民法院应予支持,但持卡人对伪卡盗刷交易具有过错,可以减轻或者免除收单行或者特约商户相应责任。

持卡人请求发卡行承担责任,发卡行申请追加收单行或者特约商户作为第三人参加诉讼的,人民法院可以准许。

发卡行承担责任后,可以依法主张存在过错的收单行或者特约商户承担相应责任。

第十二条　发卡行、非银行支付机构、收单行、特约商户承担责任后,请求盗刷者承担侵权责任的,人民法院应予支持。

第十三条　因同一伪卡盗刷交易或者网络盗刷交易,持卡人向发卡行、非银行支付机构、收单行、特约商户、盗刷者等主体主张权利,所获赔偿数额不应超过其因银行卡被盗刷所致损失总额。

第十四条　持卡人依据其对伪卡盗刷交易或者网络盗刷交易不承担或者不完全承担责任的事实,请求发卡行及时撤销相应不良征信记录的,人民法院应予支持。

第十五条　本规定所称伪卡盗刷交易,是指他人使用伪造的银行卡刷卡进行取现、消费、转账等,导致持卡人账户发生非基于本人意思的资金减少或者透支数额增加的行为。

本规定所称网络盗刷交易,是指他人盗取并使用持卡人银行卡网络交易身份识别信息和交易验证信息进行网络交易,导致持卡人账户发生非因本人意思的资金减少或者透支数额增加的行为。

第十六条　本规定施行后尚未终审的案件,适用本规定。本规定施行前已经终审,当事人申请再审或者按照审判监督程序决定再审的案件,不适用本规定。

最高人民法院关于审理行政赔偿案件若干问题的规定[①]

为保护公民、法人和其他组织的合法权益,监督行政机关依法履行行政赔偿义务,确保人民法院公正、及时审理行政赔偿案件,实质化解行政赔偿争议,根据《中华人民共和国行政诉讼法》(以下简称行政诉讼法)、《中华人民共和国国家赔偿法》(以下简称国家赔偿法)等法律规定,结合行政审判工作实际,制定本规定。

一、受案范围

第一条　国家赔偿法第三条、第四条规定的"其他违法行为"包括以下情形:
(一)不履行法定职责行为;
(二)行政机关及其工作人员在履行行政职责过程中作出的不产生法律效果,但事实上损害公民、法人或者其他组织人身权、财产权等合法权益的行为。

第二条　依据行政诉讼法第一条、第十二条第一款第十二项和国家赔偿法第二条规定,公民、法人或者其他组织认为行政机关及其工作人员违法行使行政职权对其劳动权、相邻权等合法权益造成人身、财产损害的,可以依法提起行政赔偿诉讼。

第三条　赔偿请求人不服赔偿义务机关下列行为的,可以依法提起行政赔偿诉讼:
(一)确定赔偿方式、项目、数额的行政赔偿决定;
(二)不予赔偿决定;
(三)逾期不作出赔偿决定;
(四)其他有关行政赔偿的行为。

第四条　法律规定由行政机关最终裁决的行政行为被确认违法后,赔偿请求人可以单独提起行政赔偿诉讼。

第五条　公民、法人或者其他组织认为国防、外交等国家行为或者行政机关制定发布行

[①] 最高人民法院于2022年3月20日公布(法释〔2022〕10号)。

政法规、规章或者具有普遍约束力的决定、命令侵犯其合法权益造成损害,向人民法院提起行政赔偿诉讼的,不属于人民法院行政赔偿诉讼的受案范围。

二、诉讼当事人

第六条　公民、法人或者其他组织一并提起行政赔偿诉讼中的当事人地位,按照其在行政诉讼中的地位确定,行政诉讼与行政赔偿诉讼当事人不一致的除外。

第七条　受害的公民死亡,其继承人和其他有扶养关系的人可以提起行政赔偿诉讼,并提供该公民死亡证明、赔偿请求人与死亡公民之间的关系证明。

受害的公民死亡,支付受害公民医疗费、丧葬费等合理费用的人可以依法提起行政赔偿诉讼。

有权提起行政赔偿诉讼的法人或者其他组织分立、合并、终止,承受其权利的法人或者其他组织可以依法提起行政赔偿诉讼。

第八条　两个以上行政机关共同实施侵权行政行为造成损害的,共同侵权行政机关为共同被告。赔偿请求人坚持对其中一个或者几个侵权机关提起行政赔偿诉讼,以被起诉的机关为被告,未被起诉的机关追加为第三人。

第九条　原行政行为造成赔偿请求人损害,复议决定加重损害的,复议机关与原行政行为机关为共同被告。赔偿请求人坚持对作出原行政行为机关或者复议机关提起行政赔偿诉讼,以被起诉的机关为被告,未被起诉的机关追加为第三人。

第十条　行政机关依据行政诉讼法第九十七条的规定申请人民法院强制执行其行政行为,因据以强制执行的行政行为违法而发生行政赔偿诉讼的,申请强制执行的行政机关为被告。

三、证据

第十一条　行政赔偿诉讼中,原告应当对行政行为造成的损害提供证据;因被告的原因导致原告无法举证的,由被告承担举证责任。

人民法院对于原告主张的生产和生活所必需物品的合理损失,应当予以支持;对于原告提出的超出生产和生活所必需的其他贵重物品、现金损失,可以结合案件相关证据予以认定。

第十二条　原告主张其被限制人身自由期间受到身体伤害,被告否认相关损害事实或者损害与违法行政行为存在因果关系的,被告应当提供相应的证据证明。

四、起诉与受理

第十三条　行政行为未被确认为违法,公民、法人或者其他组织提起行政赔偿诉讼的,人民法院应当视为提起行政诉讼时一并提起行政赔偿诉讼。

行政行为已被确认为违法,并符合下列条件的,公民、法人或者其他组织可以单独提起行政赔偿诉讼:

(一)原告具有行政赔偿请求资格;

(二)有明确的被告;

(三) 有具体的赔偿请求和受损害的事实根据;
(四) 赔偿义务机关已先行处理或者超过法定期限不予处理;
(五) 属于人民法院行政赔偿诉讼的受案范围和受诉人民法院管辖;
(六) 在法律规定的起诉期限内提起诉讼。

第十四条　原告提起行政诉讼时未一并提起行政赔偿诉讼,人民法院审查认为可能存在行政赔偿的,应当告知原告可以一并提起行政赔偿诉讼。

原告在第一审庭审终结前提起行政赔偿诉讼,符合起诉条件的,人民法院应当依法受理;原告在第一审庭审终结后、宣判前提起行政赔偿诉讼的,是否准许由人民法院决定。

原告在第二审程序或者再审程序中提出行政赔偿请求的,人民法院可以组织各方调解;调解不成的,告知其另行起诉。

第十五条　公民、法人或者其他组织应当自知道或者应当知道行政行为侵犯其合法权益之日起两年内,向赔偿义务机关申请行政赔偿。赔偿义务机关在收到赔偿申请之日起两个月内未作出赔偿决定的,公民、法人或者其他组织可以依照行政诉讼法有关规定提起行政赔偿诉讼。

第十六条　公民、法人或者其他组织提起行政诉讼时一并请求行政赔偿的,适用行政诉讼法有关起诉期限的规定。

第十七条　公民、法人或者其他组织仅对行政复议决定中的行政赔偿部分有异议,自复议决定书送达之日起十五日内提起行政赔偿诉讼的,人民法院应当依法受理。

行政机关作出有赔偿内容的行政复议决定时,未告知公民、法人或者其他组织起诉期限的,起诉期限从公民、法人或者其他组织知道或者应当知道起诉期限之日起计算,但从知道或者应当知道行政复议决定内容之日起最长不得超过一年。

第十八条　行政行为被有权机关依照法定程序撤销、变更、确认违法或无效,或者实施行政行为的行政机关工作人员因该行为被生效法律文书或监察机关政务处分确认为渎职、滥用职权的,属于本规定所称的行政行为被确认为违法的情形。

第十九条　公民、法人或者其他组织一并提起行政赔偿诉讼,人民法院经审查认为行政诉讼不符合起诉条件的,对一并提起的行政赔偿诉讼,裁定不予立案;已经立案的,裁定驳回起诉。

第二十条　在涉及行政许可、登记、征收、征用和行政机关对民事争议所作的裁决的行政案件中,原告提起行政赔偿诉讼的同时,有关当事人申请一并解决相关民事争议的,人民法院可以一并审理。

五、审理和判决

第二十一条　两个以上行政机关共同实施违法行政行为,或者行政机关及其工作人员与第三人恶意串通作出的违法行政行为,造成公民、法人或者其他组织人身权、财产权等合法权益实际损害的,应当承担连带赔偿责任。

一方承担连带赔偿责任后,对于超出其应当承担部分,可以向其他连带责任人追偿。

第二十二条　两个以上行政机关分别实施违法行政行为造成同一损害,每个行政机关的违法行为都足以造成全部损害的,各个行政机关承担连带赔偿责任。

两个以上行政机关分别实施违法行政行为造成同一损害的,人民法院应当根据其违法行政行为在损害发生和结果中的作用大小,确定各自承担相应的行政赔偿责任;难以确定责任大小的,平均承担责任。

第二十三条　由于第三人提供虚假材料,导致行政机关作出的行政行为违法,造成公民、法人或者其他组织损害的,人民法院应当根据违法行政行为在损害发生和结果中的作用大小,确定行政机关承担相应的行政赔偿责任;行政机关已经尽到审慎审查义务的,不承担行政赔偿责任。

第二十四条　由于第三人行为造成公民、法人或者其他组织损害的,应当由第三人依法承担侵权赔偿责任;第三人赔偿不足、无力承担赔偿责任或者下落不明,行政机关又未尽保护、监管、救助等法定义务的,人民法院应当根据行政机关未尽法定义务在损害发生和结果中的作用大小,确定其承担相应的行政赔偿责任。

第二十五条　由于不可抗力等客观原因造成公民、法人或者其他组织损害,行政机关不依法履行、拖延履行法定义务导致未能及时止损或者损害扩大的,人民法院应当根据行政机关不依法履行、拖延履行法定义务行为在损害发生和结果中的作用大小,确定其承担相应的行政赔偿责任。

第二十六条　有下列情形之一的,属于国家赔偿法第三十五条规定的"造成严重后果":

(一)受害人被非法限制人身自由超过六个月;
(二)受害人经鉴定为轻伤以上或者残疾;
(三)受害人经诊断、鉴定为精神障碍或者精神残疾,且与违法行政行为存在关联;
(四)受害人名誉、荣誉、家庭、职业、教育等方面遭受严重损害,且与违法行政行为存在关联。

有下列情形之一的,可以认定为后果特别严重:

(一)受害人被限制人身自由十年以上;
(二)受害人死亡;
(三)受害人经鉴定为重伤或者残疾一至四级,且生活不能自理;
(四)受害人经诊断、鉴定为严重精神障碍或者精神残疾一至二级,生活不能自理,且与违法行政行为存在关联。

第二十七条　违法行政行为造成公民、法人或者其他组织财产损害,不能返还财产或者恢复原状的,按照损害发生时该财产的市场价格计算损失。市场价格无法确定,或者该价格不足以弥补公民、法人或者其他组织损失的,可以采用其他合理方式计算。

违法征收征用土地、房屋,人民法院判决给予被征收人的行政赔偿,不得少于被征收人依法应当获得的安置补偿权益。

第二十八条　下列损失属于国家赔偿法第三十六条第六项规定的"停产停业期间必要的经常性费用开支":

(一)必要留守职工的工资;
(二)必须缴纳的税款、社会保险费;
(三)应当缴纳的水电费、保管费、仓储费、承包费;
(四)合理的房屋场地租金、设备租金、设备折旧费;

（五）维系停产停业期间运营所需的其他基本开支。

第二十九条　下列损失属于国家赔偿法第三十六条第八项规定的"直接损失"：

（一）存款利息、贷款利息、现金利息；

（二）机动车停运期间的营运损失；

（三）通过行政补偿程序依法应当获得的奖励、补贴等；

（四）对财产造成的其他实际损失。

第三十条　被告有国家赔偿法第三条规定情形之一，致人精神损害的，人民法院应当判决其在违法行政行为影响的范围内，为受害人消除影响、恢复名誉、赔礼道歉；消除影响、恢复名誉和赔礼道歉的履行方式，可以双方协商，协商不成的，人民法院应当责令被告以适当的方式履行。造成严重后果的，应当判决支付相应的精神损害抚慰金。

第三十一条　人民法院经过审理认为被告对公民、法人或者其他组织造成财产损害的，判决被告限期返还财产、恢复原状；无法返还财产、恢复原状的，判决被告限期支付赔偿金和相应的利息损失。

人民法院审理行政赔偿案件，可以对行政机关赔偿的方式、项目、标准等予以明确，赔偿内容确定的，应当作出具有赔偿金额等给付内容的判决；行政赔偿决定对赔偿数额的确定确有错误的，人民法院判决予以变更。

第三十二条　有下列情形之一的，人民法院判决驳回原告的行政赔偿请求：

（一）原告主张的损害没有事实根据的；

（二）原告主张的损害与违法行政行为没有因果关系的；

（三）原告的损失已经通过行政补偿等其他途径获得充分救济的；

（四）原告请求行政赔偿的理由不能成立的其他情形。

六、其他

第三十三条　本规定自2022年5月1日起施行。《最高人民法院关于审理行政赔偿案件若干问题的规定》（法发〔1997〕10号）同时废止。

本规定实施前本院发布的司法解释与本规定不一致的，以本规定为准。

最高人民法院关于行政机关负责人出庭应诉若干问题的规定[①]

为进一步规范行政机关负责人出庭应诉活动，根据《中华人民共和国行政诉讼法》等法律规定，结合人民法院行政审判工作实际，制定本规定。

第一条　行政诉讼法第三条第三款规定的被诉行政机关负责人应当出庭应诉，是指被诉行政机关负责人依法应当在第一审、第二审、再审等诉讼程序中出庭参加诉讼，行使诉讼权利，履行诉讼义务。

法律、法规、规章授权独立行使行政职权的行政机关内设机构、派出机构或者其他组织

---

① 最高人民法院于2020年6月22日公布（法释〔2020〕3号）。

的负责人出庭应诉,适用本规定。

应当追加为被告而原告不同意追加,人民法院通知以第三人身份参加诉讼的行政机关,其负责人出庭应诉活动参照前款规定。

第二条 行政诉讼法第三条第三款规定的被诉行政机关负责人,包括行政机关的正职、副职负责人、参与分管被诉行政行为实施工作的副职级别的负责人以及其他参与分管的负责人。

被诉行政机关委托的组织或者下级行政机关的负责人,不能作为被诉行政机关负责人出庭。

第三条 有共同被告的行政案件,可以由共同被告协商确定行政机关负责人出庭应诉;也可以由人民法院确定。

第四条 对于涉及食品药品安全、生态环境和资源保护、公共卫生安全等重大公共利益,社会高度关注或者可能引发群体性事件等的案件,人民法院应当通知行政机关负责人出庭应诉。

有下列情形之一,需要行政机关负责人出庭的,人民法院可以通知行政机关负责人出庭应诉:

(一)被诉行政行为涉及公民、法人或者其他组织重大人身、财产权益的;
(二)行政公益诉讼;
(三)被诉行政机关的上级机关规范性文件要求行政机关负责人出庭应诉的;
(四)人民法院认为需要通知行政机关负责人出庭应诉的其他情形。

第五条 人民法院在向行政机关送达的权利义务告知书中,应当一并告知行政机关负责人出庭应诉的法定义务及相关法律后果等事项。

人民法院通知行政机关负责人出庭的,应当在开庭三日前送达出庭通知书,并告知行政机关负责人不出庭可能承担的不利法律后果。

行政机关在庭审前申请更换出庭应诉负责人且不影响正常开庭的,人民法院应当准许。

第六条 行政机关负责人出庭应诉的,应当于开庭前向人民法院提交出庭应诉负责人的身份证明。身份证明应当载明该负责人的姓名、职务等基本信息,并加盖行政机关印章。

人民法院应当对出庭应诉负责人的身份证明进行审查,经审查认为不符合条件,可以补正的,应当告知行政机关予以补正;不能补正或者补正可能影响正常开庭的,视为行政机关负责人未出庭应诉。

第七条 对于同一审级需要多次开庭的同一案件,行政机关负责人到庭参加一次庭审的,一般可以认定其已经履行出庭应诉义务,但人民法院通知行政机关负责人再次出庭的除外。

行政机关负责人在一个审理程序中出庭应诉,不免除其在其他审理程序出庭应诉的义务。

第八条 有下列情形之一的,属于行政诉讼法第三条第三款规定的行政机关负责人不能出庭的情形:

(一)不可抗力;
(二)意外事件;

（三）需要履行他人不能代替的公务；

（四）无法出庭的其他正当事由。

第九条　行政机关负责人有正当理由不能出庭的，应当提交相关证明材料，并加盖行政机关印章或者由该机关主要负责人签字认可。

人民法院应当对行政机关负责人不能出庭的理由以及证明材料进行审查。

行政机关负责人有正当理由不能出庭，行政机关申请延期开庭审理的，人民法院可以准许；人民法院也可以依职权决定延期开庭审理。

第十条　行政诉讼法第三条第三款规定的相应的工作人员，是指被诉行政机关中具体行使行政职权的工作人员。

行政机关委托行使行政职权的组织或者下级行政机关的工作人员，可以视为行政机关相应的工作人员。

人民法院应当参照本规定第六条第二款的规定，对行政机关相应的工作人员的身份证明进行审查。

第十一条　诉讼参与人参加诉讼活动，应当依法行使诉讼权利，履行诉讼义务，遵守法庭规则，自觉维护诉讼秩序。

行政机关负责人或者行政机关委托的相应工作人员在庭审过程中应当就案件情况进行陈述、答辩、提交证据、辩论、发表最后意见，对所依据的规范性文件进行解释说明。

行政机关负责人出庭应诉的，应当就实质性解决行政争议发表意见。

诉讼参与人和其他人以侮辱、谩骂、威胁等方式扰乱法庭秩序的，人民法院应当制止，并根据行政诉讼法第五十九条规定进行处理。

第十二条　有下列情形之一的，人民法院应当向监察机关、被诉行政机关的上一级行政机关提出司法建议：

（一）行政机关负责人未出庭应诉，且未说明理由或者理由不成立的；

（二）行政机关有正当理由申请延期开庭审理，人民法院准许后再次开庭审理时行政机关负责人仍未能出庭应诉，且无正当理由的；

（三）行政机关负责人和行政机关相应的工作人员均不出庭应诉的；

（四）行政机关负责人未经法庭许可中途退庭的；

（五）人民法院在庭审中要求行政机关负责人就有关问题进行解释或者说明，行政机关负责人拒绝解释或者说明，导致庭审无法进行的。

有前款情形之一的，人民法院应当记录在案并在裁判文书中载明。

第十三条　当事人对行政机关具有本规定第十二条第一款情形提出异议的，人民法院可以在庭审笔录中载明，不影响案件的正常审理。

原告以行政机关具有本规定第十二条第一款情形为由拒不到庭、未经法庭许可中途退庭的，人民法院可以按照撤诉处理。

原告以行政机关具有本规定第十二条第一款情形为由在庭审中明确拒绝陈述或者以其他方式拒绝陈述，导致庭审无法进行，经法庭释明法律后果后仍不陈述意见的，人民法院可以视为放弃陈述权利，由其承担相应的法律后果。

第十四条　人民法院可以通过适当形式将行政机关负责人出庭应诉情况向社会公开。

人民法院可以定期将辖区内行政机关负责人出庭应诉情况进行统计、分析、评价,向同级人民代表大会常务委员会报告,向同级人民政府进行通报。

第十五条　本规定自2020年7月1日起施行。

电信网络新型违法犯罪案件冻结资金返还若干规定①

第一条　为维护公民、法人和其他组织的财产权益,减少电信网络新型违法犯罪案件被害人的财产损失,确保依法、及时、便捷返还冻结资金,根据《中华人民共和国刑法》《中华人民共和国刑事诉讼法》《中华人民共和国银行业监督管理法》《中华人民共和国商业银行法》等法律、行政法规,制定本规定。

第二条　本规定所称电信网络新型违法犯罪案件,是指不法分子利用电信、互联网等技术,通过发送短信、拨打电话、植入木马等手段,诱骗(盗取)被害人资金汇(存)入其控制的银行账户,实施的违法犯罪案件。

本规定所称冻结资金,是指公安机关依照法律规定对特定银行账户实施冻结措施,并由银行业金融机构协助执行的资金。

本规定所称被害人,包括自然人、法人和其他组织。

第三条　公安机关应当依照法律、行政法规和本规定的职责、范围、条件和程序,坚持客观、公正、便民的原则,实施涉案冻结资金返还工作。

银行业金融机构应当依照有关法律、行政法规和本规定,协助公安机关实施涉案冻结资金返还工作。

第四条　公安机关负责查清被害人资金流向,及时通知被害人,并作出资金返还决定,实施返还。

银行业监督管理机构负责督促、检查辖区内银行业金融机构协助查询、冻结、返还工作,并就执行中的问题与公安机关进行协调。

银行业金融机构依法协助公安机关查清被害人资金流向,将所涉资金返还至公安机关指定的被害人账户。

第五条　被害人在办理被骗(盗)资金返还过程中,应当提供真实有效的信息,配合公安机关和银行业金融机构开展相应的工作。

被害人应当由本人办理冻结资金返还手续。本人不能办理的,可以委托代理人办理;公安机关应当核实委托关系的真实性。

被害人委托代理人办理冻结资金返还手续的,应当出具合法的委托手续。

第六条　对电信网络新型违法犯罪案件,公安机关冻结涉案资金后,应当主动告知被害人。

被害人向冻结公安机关或者受理案件地公安机关提出冻结涉案资金返还请求的,应当填写《电信网络新型违法犯罪涉案资金返还申请表》(附件1)。

---

① 银监会、公安部于2016年8月4日印发(银监发〔2016〕41号)。

冻结公安机关应当对被害人的申请进行审核,经查明冻结资金确属被害人的合法财产,权属明确无争议的,制作《电信网络新型违法犯罪涉案资金流向表》和《呈请返还资金报告书》(附件2),由设区的市一级以上公安机关批准并出具《电信网络新型违法犯罪冻结资金返还决定书》(附件3)。

受理案件地公安机关与冻结公安机关不是同一机关的,受理案件地公安机关应当及时向冻结公安机关移交受、立案法律手续、询问笔录、被骗盗银行卡账户证明、身份信息证明、《电信网络新型违法犯罪涉案资金返还申请表》等相关材料,冻结公安机关按照前款规定进行审核决定。

冻结资金应当返还至被害人原汇出银行账户,如原银行账户无法接受返还,也可以向被害人提供的其他银行账户返还。

第七条 冻结公安机关对依法冻结的涉案资金,应当以转账时间戳(银行电子系统记载的时间点)为标记,核查各级转账资金走向,一一对应还原资金流向,制作《电信网络新型违法犯罪案件涉案资金流向表》。

第八条 冻结资金以溯源返还为原则,由公安机关区分不同情况按以下方式返还:

(一)冻结账户内仅有单笔汇(存)款记录,可直接溯源被害人的,直接返还被害人;

(二)冻结账户内有多笔汇(存)款记录,按照时间戳记载可以直接溯源被害人的,直接返还被害人;

(三)冻结账户内有多笔汇(存)款记录,按照时间戳记载无法直接溯源被害人的,按照被害人被骗(盗)金额占冻结在案资金总额的比例返还(返还计算公式见附件4)。

按比例返还的,公安机关应当发出公告,公告期为30日,公告期间内被害人、其他利害关系人可就返还冻结提出异议,公安机关依法进行审核。

冻结账户返还后剩余资金在原冻结期内继续冻结;公安机关根据办案需要可以在冻结期满前依法办理续冻手续。如查清新的被害人,公安机关可以按照本规定启动新的返还程序。

第九条 被害人以现金通过自动柜员机或者柜台存入涉案账户内的,涉案账户交易明细账中的存款记录与被害人笔录核对相符的,可以依照本规定第八条的规定,予以返还。

第十条 公安机关办理资金返还工作时,应当制作《电信网络新型违法犯罪冻结资金协助返还通知书》(附件5),由两名以上公安机关办案人员持本人有效人民警察证和《电信网络新型违法犯罪冻结资金协助返还通知书》前往冻结银行办理返还工作。

第十一条 立案地涉及多地,对资金返还存在争议的,应当由共同上级公安机关确定一个公安机关负责返还工作。

第十二条 银行业金融机构办理返还时,应当对办案人员的人民警察证和《电信网络新型违法犯罪冻结资金协助返还通知书》进行审查。对于提供的材料不完备的,有权要求办案公安机关补正。

银行业金融机构应当及时协助公安机关办理返还。能够现场办理完毕的,应当现场办理;现场无法办理完毕的,应当在3个工作日内办理完毕。银行业金融机构应当将回执反馈公安机关。

银行业金融机构应当留存《电信网络新型违法犯罪冻结资金协助返还通知书》原件、人民警察证复印件,并妥善保管留存,不得挪作他用。

第十三条 银行业金融机构应当指定专门机构和人员,承办电信网络新型违法犯罪涉案资金返还工作。

第十四条 公安机关违法办理资金返还,造成当事人合法权益损失的,依法承担法律责任。

第十五条 中国银监会和公安部应当加强对新型电信网络违法犯罪冻结资金返还工作的指导和监督。

银行业金融机构违反协助公安机关资金返还义务的,按照《银行业金融机构协助人民检察院公安机关国家安全机关查询冻结工作规定》第二十八条的规定,追究相应机构和人员的责任。

第十六条 本规定由中国银监会和公安部共同解释。执行中遇有具体应用问题,可以向银监会法律部门和公安部刑事侦查局报告。

第十七条 本规定自发布之日起施行。

附件:1. 电信网络新型违法犯罪案件冻结资金返还申请表(略)
　　　2. 呈请返还资金报告书(略)
　　　3. 电信网络新型违法犯罪冻结资金返还决定书(略)
　　　4. 电信网络新型违法犯罪冻结资金协助返还通知书(略)
　　　5. 资金返还比例计算方法(略)

最高人民法院　最高人民检察院　公安部关于办理电信网络诈骗等刑事案件适用法律若干问题的意见(二)

(法发〔2021〕22号)

为进一步依法严厉惩治电信网络诈骗犯罪,对其上下游关联犯罪实行全链条、全方位打击,根据《中华人民共和国刑法》《中华人民共和国刑事诉讼法》等法律和有关司法解释的规定,针对司法实践中出现的新的突出问题,结合工作实际,制定本意见。

一、电信网络诈骗犯罪地,除《最高人民法院、最高人民检察院、公安部关于办理电信网络诈骗等刑事案件适用法律若干问题的意见》规定的犯罪行为发生地和结果发生地外,还包括:

(一)用于犯罪活动的手机卡、流量卡、物联网卡的开立地、销售地、转移地、藏匿地;

(二)用于犯罪活动的信用卡的开立地、销售地、转移地、藏匿地、使用地以及资金交易对手资金交付和汇出地;

(三)用于犯罪活动的银行账户、非银行支付账户的开立地、销售地、使用地以及资金交易对手资金交付和汇出地;

(四)用于犯罪活动的即时通讯信息、广告推广信息的发送地、接受地、到达地;

(五)用于犯罪活动的"猫池"(Modem Pool)、GOIP设备、多卡宝等硬件设备的销售地、入网地、藏匿地；

（六）用于犯罪活动的互联网账号的销售地、登录地。

二、为电信网络诈骗犯罪提供作案工具、技术支持等帮助以及掩饰、隐瞒犯罪所得及其产生的收益，由此形成多层级犯罪链条的，或者利用同一网站、通讯群组、资金账户、作案窝点实施电信网络诈骗犯罪的，应当认定为多个犯罪嫌疑人、被告人实施的犯罪存在关联，人民法院、人民检察院、公安机关可以在其职责范围内并案处理。

三、有证据证实行为人参加境外诈骗犯罪集团或犯罪团伙，在境外针对境内居民实施电信网络诈骗犯罪行为，诈骗数额难以查证，但一年内出境赴境外诈骗犯罪窝点累计时间30日以上或多次出境赴境外诈骗犯罪窝点的，应当认定为刑法第二百六十六条规定的"其他严重情节"，以诈骗罪依法追究刑事责任。有证据证明其出境从事正当活动的除外。

四、无正当理由持有他人的单位结算卡的，属于刑法第一百七十七条之一第一款第（二）项规定的"非法持有他人信用卡"。

五、非法获取、出售、提供具有信息发布、即时通讯、支付结算等功能的互联网账号密码、个人生物识别信息，符合刑法第二百五十三条之一规定的，以侵犯公民个人信息罪追究刑事责任。

对批量前述互联网账号密码、个人生物识别信息的条数，根据查获的数量直接认定，但有证据证明信息不真实或者重复的除外。

六、在网上注册办理手机卡、信用卡、银行账户、非银行支付账户时，为通过网上认证，使用他人身份证件信息并替换他人身份证件相片，属于伪造身份证件行为，符合刑法第二百八十条第三款规定的，以伪造身份证件罪追究刑事责任。

使用伪造、变造的身份证件或者盗用他人身份证件办理手机卡、信用卡、银行账户、非银行支付账户，符合刑法第二百八十条之一第一款规定的，以使用虚假身份证件、盗用身份证件罪追究刑事责任。

实施上述两款行为，同时构成其他犯罪的，依照处罚较重的规定定罪处罚。法律和司法解释另有规定的除外。

七、为他人利用信息网络实施犯罪而实施下列行为，可以认定为刑法第二百八十七条之二规定的"帮助"行为：

（一）收购、出售、出租信用卡、银行账户、非银行支付账户、具有支付结算功能的互联网账号密码、网络支付接口、网上银行数字证书的；

（二）收购、出售、出租他人手机卡、流量卡、物联网卡的。

八、认定刑法第二百八十七条之二规定的行为人明知他人利用信息网络实施犯罪，应当根据行为人收购、出售、出租前述第七条规定的信用卡、银行账户、非银行支付账户、具有支付结算功能的互联网账号密码、网络支付接口、网上银行数字证书，或者他人手机卡、流量卡、物联网卡等的次数、张数、个数，并结合行为人的认知能力、既往经历、交易对象、与实施信息网络犯罪的行为人的关系、提供技术支持或者帮助的时间和方式、获利情况以及行为人的供述等主客观因素，予以综合认定。

收购、出售、出租单位银行结算账户、非银行支付机构单位支付账户，或者电信、银行、网络支付等行业从业人员利用履行职责或提供服务便利，非法开办并出售、出租他人手机卡、信用卡、银行账户、非银行支付账户等的,可以认定为《最高人民法院、最高人民检察院关于办理非法利用信息网络、帮助信息网络犯罪活动等刑事案件适用法律若干问题的解释》第十一条第(七)项规定的"其他足以认定行为人明知的情形"。但有相反证据的除外。

九、明知他人利用信息网络实施犯罪,为其犯罪提供下列帮助之一的,可以认定为《最高人民法院、最高人民检察院关于办理非法利用信息网络、帮助信息网络犯罪活动等刑事案件适用法律若干问题的解释》第十二条第一款第(七)项规定的"其他情节严重的情形":

(一)收购、出售、出租信用卡、银行账户、非银行支付账户、具有支付结算功能的互联网账号密码、网络支付接口、网上银行数字证书5张(个)以上的;

(二)收购、出售、出租他人手机卡、流量卡、物联网卡20张以上的。

十、电商平台预付卡、虚拟货币、手机充值卡、游戏点卡、游戏装备等经销商,在公安机关调查案件过程中,被明确告知其交易对象涉嫌电信网络诈骗犯罪,仍与其继续交易,符合刑法第二百八十七条之二规定的,以帮助信息网络犯罪活动罪追究刑事责任。同时构成其他犯罪的,依照处罚较重的规定定罪处罚。

十一、明知是电信网络诈骗犯罪所得及其产生的收益,以下列方式之一予以转账、套现、取现,符合刑法第三百一十二条第一款规定的,以掩饰、隐瞒犯罪所得、犯罪所得收益罪追究刑事责任。但有证据证明确实不知道的除外。

(一)多次使用或者使用多个非本人身份证明开设的收款码、网络支付接口等,帮助他人转账、套现、取现的;

(二)以明显异于市场的价格,通过电商平台预付卡、虚拟货币、手机充值卡、游戏点卡、游戏装备等转换财物、套现的;

(三)协助转换或者转移财物,收取明显高于市场的"手续费"的。

实施上述行为,事前通谋的,以共同犯罪论处;同时构成其他犯罪的,依照处罚较重的规定定罪处罚。法律和司法解释另有规定的除外。

十二、为他人实施电信网络诈骗犯罪提供技术支持、广告推广、支付结算等帮助,或者窝藏、转移、收购、代为销售及以其他方法掩饰、隐瞒电信网络诈骗犯罪所得及其产生的收益,诈骗犯罪行为可以确认,但实施诈骗的行为人尚未到案,可以依法先行追究已到案的上述犯罪嫌疑人、被告人的刑事责任。

十三、办案地公安机关可以通过公安机关信息化系统调取异地公安机关依法制作、收集的刑事案件受案登记表、立案决定书、被害人陈述等证据材料。调取时不得少于两名侦查人员,并应记载调取的时间、使用的信息化系统名称等相关信息,调取人签名并加盖办案地公安机关印章。经审核证明真实的,可以作为证据使用。

十四、通过国(区)际警务合作收集或者境外警方移交的境外证据材料,确因客观条件限制,境外警方未提供相关证据的发现、收集、保管、移交情况等材料的,公安机关应当对上述证据材料的来源、移交过程以及种类、数量、特征等作出书面说明,由两名以上侦查人员签名并加盖公安机关印章。经审核能够证明案件事实的,可以作为证据使用。

十五、对境外司法机关抓获并羁押的电信网络诈骗犯罪嫌疑人,在境内接受审判的,境外的羁押期限可以折抵刑期。

十六、办理电信网络诈骗犯罪案件,应当充分贯彻宽严相济刑事政策。在侦查、审查起诉、审判过程中,应当全面收集证据、准确甄别犯罪嫌疑人、被告人在共同犯罪中的层级地位及作用大小,结合其认罪态度和悔罪表现,区别对待,宽严并用,科学量刑,确保罚当其罪。

对于电信网络诈骗犯罪集团、犯罪团伙的组织者、策划者、指挥者和骨干分子,以及利用未成年人、在校学生、老年人、残疾人实施电信网络诈骗的,依法从严惩处。

对于电信网络诈骗犯罪集团、犯罪团伙中的从犯,特别是其中参与时间相对较短、诈骗数额相对较低或者从事辅助性工作并领取少量报酬,以及初犯、偶犯、未成年人、在校学生等,应当综合考虑其在共同犯罪中的地位作用、社会危害程度、主观恶性、人身危险性、认罪悔罪表现等情节,可以依法从轻、减轻处罚。犯罪情节轻微的,可以依法不起诉或者免予刑事处罚;情节显著轻微危害不大的,不以犯罪论处。

十七、查扣的涉案账户内资金,应当优先返还被害人,如不足以全额返还的,应当按照比例返还。

最高人民法院
最高人民检察院
公安部
2021年6月17日

最高人民法院 最高人民检察院 公安部关于办理非法集资刑事案件若干问题的意见[①]

为依法惩治非法吸收公众存款、集资诈骗等非法集资犯罪活动,维护国家金融管理秩序,保护公民、法人和其他组织合法权益,根据刑法、刑事诉讼法等法律规定,结合司法实践,现就办理非法吸收公众存款、集资诈骗等非法集资刑事案件有关问题提出以下意见:

一、关于非法集资的"非法性"认定依据问题

人民法院、人民检察院、公安机关认定非法集资的"非法性",应当以国家金融管理法律法规作为依据。对于国家金融管理法律法规仅作原则性规定的,可以根据法律规定的精神并参考中国人民银行、中国银行保险监督管理委员会、中国证券监督管理委员会等行政主管部门依照国家金融管理法律法规制定的部门规章或者国家有关金融管理的规定、办法、实施细则等规范性文件的规定予以认定。

二、关于单位犯罪的认定问题

单位实施非法集资犯罪活动,全部或者大部分违法所得归单位所有的,应当认定为单位犯罪。

个人为进行非法集资犯罪活动而设立的单位实施犯罪的,或者单位设立后,以实施非法集资犯罪活动为主要活动的,不以单位犯罪论处,对单位中组织、策划、实施非法集资犯罪活动的人员应当以自然人犯罪依法追究刑事责任。

[①] 最高人民法院、最高人民检察院、公安部于2019年1月30日印发(高检会〔2019〕2号)。

判断单位是否以实施非法集资犯罪活动为主要活动,应当根据单位实施非法集资的次数、频度、持续时间、资金规模、资金流向、投入人力物力情况、单位进行正当经营的状况以及犯罪活动的影响、后果等因素综合考虑认定。

三、关于涉案下属单位的处理问题

办理非法集资刑事案件中,人民法院、人民检察院、公安机关应当全面查清涉案单位,包括上级单位(总公司、母公司)和下属单位(分公司、子公司)的主体资格、层级、关系、地位、作用、资金流向等,区分情况依法作出处理。

上级单位已被认定为单位犯罪,下属单位实施非法集资犯罪活动,且全部或者大部分违法所得归下属单位所有的,对该下属单位也应当认定为单位犯罪。上级单位和下属单位构成共同犯罪的,应当根据犯罪单位的地位、作用,确定犯罪单位的刑事责任。

上级单位已被认定为单位犯罪,下属单位实施非法集资犯罪活动,但全部或者大部分违法所得归上级单位所有的,对下属单位不单独认定为单位犯罪。下属单位中涉嫌犯罪的人员,可以作为上级单位的其他直接责任人员依法追究刑事责任。

上级单位未被认定为单位犯罪,下属单位被认定为单位犯罪的,对上级单位中组织、策划、实施非法集资犯罪的人员,一般可以与下属单位按照自然人与单位共同犯罪处理。

上级单位与下属单位均未被认定为单位犯罪的,一般以上级单位与下属单位中承担组织、领导、管理、协调职责的主管人员和发挥主要作用的人员作为主犯,以其他积极参加非法集资犯罪的人员作为从犯,按照自然人共同犯罪处理。

四、关于主观故意的认定问题

认定犯罪嫌疑人、被告人是否具有非法吸收公众存款的犯罪故意,应当依据犯罪嫌疑人、被告人的任职情况、职业经历、专业背景、培训经历、本人因同类行为受到行政处罚或者刑事追究情况以及吸收资金方式、宣传推广、合同资料、业务流程等证据,结合其供述,进行综合分析判断。

犯罪嫌疑人、被告人使用诈骗方法非法集资,符合《最高人民法院关于审理非法集资刑事案件具体应用法律若干问题的解释》第四条规定的,可以认定为集资诈骗罪中"以非法占有为目的"。

办案机关在办理非法集资刑事案件中,应当根据案件具体情况注意收集运用涉及犯罪嫌疑人、被告人的以下证据:是否使用虚假身份信息对外开展业务;是否虚假订立合同、协议;是否虚假宣传,明显超出经营范围或者夸大经营、投资、服务项目及盈利能力;是否吸收资金后隐匿、销毁合同、协议、账目;是否传授或者接受规避法律、逃避监管的方法,等等。

五、关于犯罪数额的认定问题

非法吸收或者变相吸收公众存款构成犯罪,具有下列情形之一的,向亲友或者单位内部人员吸收的资金应当与向不特定对象吸收的资金一并计入犯罪数额:

(一)在向亲友或者单位内部人员吸收资金的过程中,明知亲友或者单位内部人员向不特定对象吸收资金而予以放任的;

(二)以吸收资金为目的,将社会人员吸收为单位内部人员,并向其吸收资金的;

(三)向社会公开宣传,同时向不特定对象、亲友或者单位内部人员吸收资金的。

非法吸收或者变相吸收公众存款的数额,以行为人所吸收的资金全额计算。集资参与人收回本金或者获得回报后又重复投资的数额不予扣除,但可以作为量刑情节酌情考虑。

六、关于宽严相济刑事政策把握问题

办理非法集资刑事案件,应当贯彻宽严相济刑事政策,依法合理把握追究刑事责任的范围,综合运用刑事手段和行政手段处置和化解风险,做到惩处少数、教育挽救大多数。要根据行为人的客观行为、主观恶性、犯罪情节及其地位、作用、层级、职务等情况,综合判断行为人的责任轻重和刑事追究的必要性,按照区别对待原则分类处理涉案人员,做到罚当其罪、罪责刑相适应。

重点惩处非法集资犯罪活动的组织者、领导者和管理人员,包括单位犯罪中的上级单位(总公司、母公司)的核心层、管理层和骨干人员,下属单位(分公司、子公司)的管理层和骨干人员,以及其他发挥主要作用的人员。

对于涉案人员积极配合调查、主动退赃退赔、真诚认罪悔罪的,可以依法从轻处罚;其中情节轻微的,可以免除处罚;情节显著轻微、危害不大的,不作为犯罪处理。

七、关于管辖问题

跨区域非法集资刑事案件按照《国务院关于进一步做好防范和处置非法集资工作的意见》(国发〔2015〕59号)确定的工作原则办理。如果合并侦查、诉讼更为适宜的,可以合并办理。

办理跨区域非法集资刑事案件,如果多个公安机关都有权立案侦查的,一般由主要犯罪地公安机关作为案件主办地,对主要犯罪嫌疑人立案侦查和移送审查起诉;由其他犯罪地公安机关作为案件分办地根据案件具体情况,对本地区犯罪嫌疑人立案侦查和移送审查起诉。

管辖不明或者有争议的,按照有利于查清犯罪事实、有利于诉讼的原则,由其共同的上级公安机关协调确定或者指定有关公安机关作为案件主办地立案侦查。需要提请批准逮捕、移送审查起诉、提起公诉的,由分别立案侦查的公安机关所在地的人民检察院、人民法院受理。

对于重大、疑难、复杂的跨区域非法集资刑事案件,公安机关应当在协调确定或者指定案件主办地立案侦查的同时,通报同级人民检察院、人民法院。人民检察院、人民法院参照前款规定,确定主要犯罪地作为案件主办地,其他犯罪地作为案件分办地,由所在地的人民检察院、人民法院负责起诉、审判。

本条规定的"主要犯罪地",包括非法集资活动的主要组织、策划、实施地,集资行为人的注册地、主要营业地、主要办事机构所在地,集资参与人的主要所在地等。

八、关于办案工作机制问题

案件主办地和其他涉案地办案机关应当密切沟通协调,协同推进侦查、起诉、审判、资产处置工作,配合有关部门最大限度追赃挽损。

案件主办地办案机关应当统一负责主要犯罪嫌疑人、被告人涉嫌非法集资全部犯罪事实的立案侦查、起诉、审判,防止遗漏犯罪事实;并应就全案处理政策、追诉主要犯罪嫌疑人、被告人的证据要求及诉讼时限、追赃挽损、资产处置等工作要求,向其他涉案地办案机关进行通报。其他涉案地办案机关应当对本地区犯罪嫌疑人、被告人涉嫌非法集资的犯罪事实

及时立案侦查、起诉、审判,积极协助主办地处置涉案资产。

案件主办地和其他涉案地办案机关应当建立和完善证据交换共享机制。对涉及主要犯罪嫌疑人、被告人的证据,一般由案件主办地办案机关负责收集,其他涉案地提供协助。案件主办地办案机关应当及时通报接收涉及主要犯罪嫌疑人、被告人的证据材料的程序及要求。其他涉案地办案机关需要案件主办地提供证据材料的,应当向案件主办地办案机关提出证据需求,由案件主办地收集并依法移送。无法移送证据原件的,应当在移送复制件的同时,按照相关规定作出说明。

九、关于涉案财物追缴处置问题

办理跨区域非法集资刑事案件,案件主办地办案机关应当及时归集涉案财物,为统一资产处置做好基础性工作。其他涉案地办案机关应当及时查明涉案财物,明确其来源、去向、用途、流转情况,依法办理查封、扣押、冻结手续,并制作详细清单,对扣押款项应当设立明细账,在扣押后立即存入办案机关唯一合规账户,并将有关情况提供案件主办地办案机关。

人民法院、人民检察院、公安机关应当严格依照刑事诉讼法和相关司法解释的规定,依法移送、审查、处理查封、扣押、冻结的涉案财物。对审判时尚未追缴到案或者尚未足额退赔的违法所得,人民法院应当判决继续追缴或者责令退赔,并由人民法院负责执行,处置非法集资职能部门、人民检察院、公安机关等应当予以配合。

人民法院对涉案财物依法作出判决后,有关地方和部门应当在处置非法集资职能部门统筹协调下,切实履行协作义务,综合运用多种手段,做好涉案财物清运、财产变现、资金归集、资金清退等工作,确保最大限度减少实际损失。

根据有关规定,查封、扣押、冻结的涉案财物,一般应在诉讼终结后返还集资参与人。涉案财物不足全部返还的,按照集资参与人的集资额比例返还。退赔集资参与人的损失一般优先于其他民事债务以及罚金、没收财产的执行。

十、关于集资参与人权利保障问题

集资参与人,是指向非法集资活动投入资金的单位和个人,为非法集资活动提供帮助并获取经济利益的单位和个人除外。

人民法院、人民检察院、公安机关应当通过及时公布案件进展、涉案资产处置情况等方式,依法保障集资参与人的合法权利。集资参与人可以推选代表人向人民法院提出相关意见和建议;推选不出代表人的,人民法院可以指定代表人。人民法院可以视案件情况决定集资参与人代表人参加或者旁听庭审,对集资参与人提起附带民事诉讼等请求不予受理。

十一、关于行政执法与刑事司法衔接问题

处置非法集资职能部门或者有关行政主管部门,在调查非法集资行为或者行政执法过程中,认为案情重大、疑难、复杂的,可以商请公安机关就追诉标准、证据固定等问题提出咨询或者参考意见;发现非法集资行为涉嫌犯罪的,应当按照《行政执法机关移送涉嫌犯罪案件的规定》等规定,履行相关手续,在规定的期限内将案件移送公安机关。

人民法院、人民检察院、公安机关在办理非法集资刑事案件过程中,可商请处置非法集资职能部门或者有关行政主管部门指派专业人员配合开展工作,协助查阅、复制有关专业资料,就案件涉及的专业问题出具认定意见。涉及需要行政处理的事项,应当及时移交处置非法集资职能部门或者有关行政主管部门依法处理。

十二、关于国家工作人员相关法律责任问题

国家工作人员具有下列行为之一,构成犯罪的,应当依法追究刑事责任:

(一)明知单位和个人所申请机构或者业务涉嫌非法集资,仍为其办理行政许可或者注册手续的;

(二)明知所主管、监管的单位有涉嫌非法集资行为,未依法及时处理或者移送处置非法集资职能部门的;

(三)查处非法集资过程中滥用职权、玩忽职守、徇私舞弊的;

(四)徇私舞弊不向司法机关移交非法集资刑事案件的;

(五)其他通过职务行为或者利用职务影响,支持、帮助、纵容非法集资的。

第六部分
行业领域监督

 **政策导读**

本部分介绍以政府相关部门或行业为主导组织开展的与经济活动相关的监督检查,主要包括社会团体与行业协会管理、涉企收费与经营服务性收费管理、保障企业款项支付、工程建设领域专项整治、金融领域经济行为监督、医疗保障基金使用监督、其他领域经济行为监督等相关内容。

一、社会团体与行业协会管理

党中央、国务院高度重视社会团体管理工作,国务院办公厅于1997年4月转发民政部《关于清理整顿社会团体意见的通知》(国办发〔1997〕11号)要求,地方各级政府、各有关部门要充分认识清理整顿社会团体工作的重要性、复杂性和艰巨性,加强领导,周密部署,切实做好清理整顿工作。民政、公安、国家安全、人民银行等部门要积极配合,以保证清理整顿工作的顺利进行。社会团体登记管理机关和业务主管部门要通过清理整顿工作,清理非法社会团体,查处违法违纪社会团体,规范社会团体行为,加强社会团体管理,确保社会团体在我国的改革开放、经济建设和社会发展中发挥积极作用。清理整顿坚持"双重"负责、从严把关、归口登记的原则,突出整顿重点,区别不同社会团体的具体情况,作出保留、整改、合并、撤销的处理方式。

为切实转变政府职能,简政放权,推进社会团体依法自治,激发社会团体活力,民政部、财政部于2014年7月印发了《民政部、财政部关于取消社会团体会费标准备案规范会费管理的通知》(民发〔2014〕166号)。该通知要求,社会团体通过的会费标准,不再报送业务主管单位、社会团体登记管理机关和财政部门备案。经社会团体登记管理机关批准成立的社会团体,可以向个人会员和单位会员收取会费。社会团体可以依据章程规定的业务范围、工作成本等因素,合理制定会费标准。社会团体收取会费,应当按照规定使用财政部和省(自治区、直辖市)财政部门印(监)制的社会团体会费收据。

行业协会商会是我国经济建设和社会发展的重要力量。改革开放以来,随着社会主义市场经济体制的建立和完善,行业协会商会发展迅速,在为政府提供咨询、服务企业发展、优化资源配置、加强行业自律、创新社会治理、履行社会责任等方面发挥了积极作用。针对一些行业协会商会还存在政会不分、管办一体、治理结构不健全、监督管理不到位、创新发展不足、作用发挥不够等问题,中共中央办公厅、国务院办公厅于2015年6月印发了《行业协会商会与行政机关脱钩总体方案》(中办发〔2015〕39号)。该方案要求,理清政府、市场、社会关系,积极稳妥推进行业协会商会与行政机关脱钩,厘清行政机关与行业协会商会的职能边界,加强综合监管和党建工作,促进行业协会商会成为依法设立、自主办会、服务为本、治理规范、行为自律的社会组织。该方案还明确了脱钩的基本原则、主体范围、任务措施、配套政策、实施步骤等内容。

为促进行业协会商会成为依法自治的现代社会组织，明确政府综合监管责任，落实各项监管制度，创新监管方式，规范脱钩后行业协会商会和直接登记的行业协会商会行为，国家发改委、民政部、中组部、中直机关工委、中央国家机关工委、外交部、财政部、人社部、国务院国资委、国家机关事务管理局于2016年12月联合印发了《行业协会商会综合监管办法》（发改经体〔2016〕2657号）。该办法明确了指导思想和主要原则、完善法人治理机制、加强资产与财务监管、加强服务及业务监管、加强纳税及收费监管、加强信用体系建设和社会监督、加强党建工作和执纪监督、强化监督问责机制等内容。要求厘清行政机关与协会商会的职能边界，改变单一行政化管理方式，构建政府综合监管和协会商会自治的新型治理模式，促进协会商会成为依法设立、自主办会、服务为本、治理规范、行为自律的社会组织。该办法明确，协会商会应建立完善资产使用和管理制度，承担相应主体责任。协会商会脱钩前占有、使用的国有资产及其他资产，由原业务主管单位组织清查盘点，结果报送本级财政部门和机关事务主管部门，按照有关规定开展资产核实、批复资产核实结果。对协会商会接受、管理、使用财政资金情况，财政部门依法进行监督。审计机关对协会商会的资产管理、使用、处置、收益的情况和协会商会接受、管理、使用财政资金的真实、合法、效益情况，依法进行审计监督。该办法规定，协会商会不得从事下列违法收费行为：强制入会并以此为目的收取会费（法律法规有规定的除外）；利用政府名义或政府委托事项为由擅自设立收费项目、提高收费标准；强制会员付费参加各类会议、培训、展览、评比、达标、表彰活动及出国考察等；强制会员赞助、捐赠、订购有关产品或刊物；以担任理事（常务理事）、负责人为名向会员收取费用（会费除外）；其他违反法律法规的收费行为。

根据《中共中央办公厅 国务院办公厅关于印发〈行业协会商会与行政机关脱钩总体方案〉的通知》（中办发〔2015〕39号）要求，经党中央、国务院同意，发展改革委、民政部、中组部、中编办、中央和国家机关工委、外交部、财政部、人社部、国资委、国管局于2019年6月联合印发了《关于全面推开行业协会商会与行政机关脱钩改革的实施意见》（发改体改〔2019〕1063号）。该意见要求，按照去行政化的原则，落实"五分离、五规范"的改革要求，全面实现行业协会商会与行政机关脱钩。坚持"应脱尽脱"的改革原则，凡是符合条件并纳入改革范围的行业协会商会，都要与行政机关脱钩，加快成为依法设立、自主办会、服务为本、治理规范、行为自律的社会组织。脱钩的主体是各级行政机关与其主办、主管、联系、挂靠的行业协会商会，同时具有以下特征的行业协会商会纳入脱钩范围：会员主体为从事相同性质经济活动的单位、同业人员，或同地域的经济组织；名称以"行业协会""协会""商会""同业公会""联合会""促进会"等字样为后缀；在民政部门登记为社会团体法人。该意见列举了列入脱钩名单的全国性行业协会商会共有795家。脱钩改革的具体任务包括：机构分离、职能分离、资产财务分离、人员管理分离、党建外事等事项分离。取消行政机关（包括下属单位）与行业协会商会的主办、主管、联系和挂靠关系，行业协会商会依法直接登记、独立运行，不再设置业务主管单位。剥离行业协会商会现有行政职能，行政机关不得将其法定职能转移或委托给行业协会商会行使，法律法规另有规定的除外。取消对行业协会商会的直接财政拨款，通过政府购买服务等方式支持其发展。脱钩过程中，要严格执行国有资产管理和处置的有关规定，严禁隐匿、私分国有资产，防止国有资产流失。行政机关不得推荐、安排在职和退（离）休公务员到行业协会商会任职兼职，现职和不担任现职但未办理退（离）休手续的党政领导干部及在职工作人员,不得在行业协会商会兼任职务。行业协会商会举办国际博(展)览会、国际比赛、国际文化展演等,按规定报有关部门审批。行业协会商会主管且主办的报刊不受脱钩影响,可维持现状。

当前,一些全国性社会组织违法违规问题时有发生,有的与非法社会组织勾连沦为非法社会组织的"挡箭牌";有的评比表彰违规操作成为社会诟病的对象;有的通过各种途径向会员乱收费牟取经济利益;有的举办研讨会、论坛偏离宗旨造成不良社会影响。对此,民政部社会组织管理局于2021年4月印发了《民政部社会组织管理局关于进一步加强社会组织管理 严格规范社会组织行为的通知》(民社管函〔2021〕43号)。要求全国性社会组织严格对照"六不得一提高"要求,坚决做到不与非法社会组织勾连或为其活动提供便利;不参与成立或加入非法社会组织;不接收非法社会组织作为分支或下属机构;不为非法社会组织提供账户等便利;不为非法社会组织进行虚假宣传。要进一步加强表彰管理,严禁借中国共产党建党100周年之机违规开展各类评比、评选、评奖等活动。要进一步规范涉企收费行为,严禁强制入会和强制收费,严禁利用法定职责和行政机关委托、授权事项违规收费,严禁通过评比达标表彰活动收费,严禁通过职业资格认定违规收费,严禁只收费不服务或多头重复收费。要进一步加强会议管理,严禁违规举办讲座、论坛、讲坛、年会、报告会和研讨会等活动,要严格审查活动内容,紧盯活动重要环节,严守宣传报道纪律,做到守土有责、守土担责、守土尽责,绝不给错误思想观点和不良文化提供传播渠道和平台。

自国务院取消全国性社会团体分支机构、代表机构(以下简称分支(代表)机构)设立登记、变更登记和注销登记的行政审批项目以来,全国性社会团体分支(代表)机构发展迅速,在服务经济社会发展中做出积极贡献,但有些全国性社会团体未按要求建立健全管理制度、加强分支(代表)机构自律管理,导致违法违规问题时有发生。为进一步加强全国性社会团体分支(代表)机构规范管理,维护全国性社会团体分支(代表)机构良好发展秩序,推动其在经济社会发展中积极发挥正能量,民政部社会组织管理局于2021年6月印发了《关于进一步加强全国性社会团体分支机构、代表机构规范管理的通知》(民社管函〔2021〕81号)。该通知要求,认真把好成立关口,严防违反规定设立分支(代表)机构,不得设立地域性分支机构,不得在分支(代表)机构下再设立分支(代表)机构或者以学组、工作组、志愿服务队等名义变相设立分支(代表)机构,不得为分支(代表)机构制作和颁发法人样式登记证书。该通知明确,社会团体分支(代表)机构是社会团体的组成部分,不具有法人资格,不得开设银行账户,不得另行制定章程,不得以"中心""联盟""研究会""促进会""研究院"等容易与各类法人组织相混淆的名称命名,在组织机构设置和负责人称呼上要注意与社会团体法人作出区分。

二、涉企收费与经营服务性收费管理

进一步规范行业协会商会收费,是落实减税降费政策的重要举措,有利于为市场主体减负松绑、增添活力。针对部分行业协会商会乱收费和监管不到位等突出问题,国务院办公厅于2020年7月印发了《国务院办公厅关于进一步规范行业协会商会收费的通知》(国办发〔2020〕21号),全面规范各类收费行为,进一步完善监管机制,做到对违法违规收费"零容忍",促进行业协会商会健康有序发展。针对市场主体反映行业协会商会违规收费较为集中的领域,该通知明确提出了"五个严禁"的要求。这五个严禁包括:严禁强制入会和强制收费,严禁利用法定职责和政府委托授权事项违规收费,严禁通过评比达标表彰活动收费,严禁通过职业资格认定违规收费,严禁只收费不服务或多头重复收费。行业协会商会收费主要包括会费和经营服务性收费两大类,管住两类收费,基本上就管住了行业协会商会收费的大头。对于会费,要经过会员(代表)大会以无记名投票的方式来确定。对经营服务性收费,则应按照分类原则,对具有一定垄断性和强制性的项目,以及其他能够由市场调节价格的项目分别作出规范。针对有的行业协会商会部分收费项目具有一定垄断性和强制性、服务价格市场化的程度较低、收费标准较高等问题,可以通过放宽准入条件,引入多元化服务主体等方式打破垄断,实现服务价格的市场化,推动价格降低。

针对暂时无法打破垄断的服务项目,要进一步规范定价程序,要求行业协会商会按照合理合法、弥补成本、略有盈余的原则确定收费标准,并经会员大会或理事会以无记名投票方式表决通过才能执行。由于历史等原因,一些行业协会商会过去由政府主办、主管,或者挂靠在行政机关、部门,存在着政会不分、管办一体、治理结构不健全、自律性不强等突出问题,部分行业协会商会甚至打着政府旗号搞垄断、乱作为、不作为,一定程度上加重了企业负担。建立健全收费长效监管机制的重要内容,就是要推进行业协会商会与行政机关脱钩改革,强化源头治理。按照 2015 年中办、国办印发的《行业协会商会与行政机关脱钩总体方案》,目前脱钩改革已由试点转入全面推开阶段,总体进展比较顺利。

为抓好《国务院办公厅关于进一步规范行业协会商会收费的通知》(国办发〔2020〕21号)(以下简称《通知》)的贯彻落实,进一步推动行业协会商会依法依规收费、规范健康发展,民政部于 2020 年 7 月印发了《民政部关于贯彻落实国务院部署 进一步规范行业协会商会收费工作的通知》(民函〔2020〕81 号),要求充分认识《通知》出台的重大意义,切实增强做好规范行业协会商会收费工作的责任感和紧迫感;加强《通知》的学习传达和宣传解读,营造规范行业协会商会收费工作开展的良好社会环境;认真抓好《通知》的贯彻落实,确保规范行业协会商会收费工作取得实效。第 81 号通知要求,联合市场监管等部门部署开展行业协会商会收费情况自查自纠和抽查检查,全面清理取消行业协会商会违法违规收费;配合发展改革部门做好行业协会商会经营服务性收费标准调整和规范、推动降低部分重点领域行业协会商会偏高收费等工作,切实减轻企业负担;按照既定时间和步骤推进行业协会商会脱钩改革;强化业务主管单位和行业管理部门对行业协会商会业务活动的指导和监管职责;畅通行业协会商会乱收费问题投诉举报渠道,在年检、评估、抽查检查等工作中加大对行业协会商会收费监督检查力度;指导督促行业协会商会加强自身建设,自觉接受社会监督。

近年来,各级民政部门认真贯彻落实党中央、国务院关于减税降费和坚决制止乱收费的部署要求,扎实组织开展"我为企业减负担"专项行动和行业协会商会乱收费专项清理整治等工作,取得积极成效,有力服务了党和国家工作大局。为进一步巩固专项清理整治工作成果,不断强化行业协会商会收费行为监管,切实帮助市场主体减负纾困、激发活力,促进行业协会商会规范健康发展,民政部于 2023 年 2 月印发了《民政部关于持续强化行业协会商会乱收费治理 切实帮助市场主体减负纾困的通知》(民函〔2023〕25 号)。该通知要求,围绕行业协会商会收费中存在的突出问题,坚持从严监管、综合施策、强化治理,坚决清理行业协商会违法违规收费,全面规范行业协会商会合法合理收费,探索完善行业协会商会收费监管机制,着力压减行业协会商会涉企收费规模,不断强化行业协会商会勤俭办会意识和服务企业能力,为减轻市场主体负担、优化营商环境、推动我国经济运行整体好转积极贡献力量。该通知部署了五个方面的主要任务:一是持续纠正违法违规收费,按照国务院"五个严禁"要求对行业协会商会当年所有收费项目进行认真自查自纠;二是持续规范合法合理收费,建立健全收费内部管理和监督机制,严格约束收费行为;三是持续帮助企业减负纾困,主动减免经营困难会员企业尤其是中小微企业的会费和其他收费项目;四是持续加大监管查处力度,加大抽查检查比例,明确抽查检查重点,提升抽查检查的针对性和有效性;五是持续完善长效监管机制,探索从登记源头明确行业管理部门指导监管职责,完善监管制度体系。

为持续深化"放管服"改革,进一步优化营商环境,根据《国务院办公厅关于进一步规范行业协会商会收费的通知》(国办发〔2020〕21号)要求,国家发展改革委办公厅于2020年8月印发了《国家发展改革委办公厅关于组织开展行业协会商会经营服务性收费清理规范工作的通知》(发改办价格〔2020〕632号)。该通知要求,围绕行业协会商会经营服务性收费存在的突出问题,按照突出重点、分类规范的原则,通过深入清理规范,进一步打破服务垄断,坚决取消违法违规收费,提升收费规范性和透明度,降低偏高收费,切实降低实体经济运行成本。清理规范的主要措施有:一是打破服务垄断,清理行业内协会商会开展的垄断性和强制性的服务项目,通过放开准入条件、引入多元化服务主体等方式实现服务价格市场化;二是取消违法违规收费项目,全面清理取消不符合法律法规及相关政策规定收取的入会费、赞助费、会议费、培训费、考试费、评比表彰费等收费,并退还违法违规所得;三是降低收费标准,对收费标准偏高、盈余较多、使用不透明、企业与社会反映较强的部分重点领域,要组织开展成本审核,降低偏高收费;四是规范收费行为,按照公平、合法、诚实守信的原则,公允确定并公开收费项目和标准,提供质价相符的服务。

为深入贯彻党中央、国务院推进减税降费的决策部署,全面落实国务院关于坚决制止"乱收费"的工作要求,民政部、国家发改委、市场监管总局于2021年6月印发了《民政部、国家发展改革委、市场监管总局关于开展行业协会商会乱收费专项清理整治工作的通知》(民发〔2021〕52号),要求通过专项清理整治的深入开展,坚决制止和查处行业协会商会违法违规收费,全面规范和引导行业协会商会合法合理收费,加快健全和完善行业协会商会收费监管制度措施和运行机制,进一步降低行业协会商会涉企收费规模,增强行业协会商会服务企业能力,促进行业协会商会健康有序发展,为减轻市场主体负担、优化营商环境、维护经济发展和社会稳定大局贡献力量。整治的重点包括以下15个方面:(1)强制或变相强制入会并收取会费;(2)只收取会费不提供服务,或者对会费所包含的基本服务项目重复收取费用;(3)利用分支(代表)机构多头收取会费;(4)采取"收费返成"等方式吸收会员、收取会费;(5)利用法定职责或者行政机关委托、授权事项违规收费;(6)通过评比达标表彰活动收费,特别是借庆祝建党100周年之机违规评选评奖收费;(7)通过职业资格认定违规收费;(8)强制会员单位参加各类会议、培训、考试、展览、评比评选、出国考察等各类收费活动;(9)强制市场主体提供赞助、捐赠、订购有关产品或刊物;(10)以设立分支机构、代表机构的名义收取或变相收取管理费、赞助费;(11)以担任理事、常务理事、负责人为名向会员收取除会费以外的其他费用;(12)会费标准未按规定程序制定或修改;(13)强制性经营服务性收费项目的收费标准未按照规定程序制定或修改;(14)实行市场调节价格的经营服务性收费项目收费标准不合理;(15)其他企业和群众反映强烈的乱收费行为。

为进一步巩固和深化专项清理整治工作成果,持续强化行业协会商会收费行为监管,切实帮助市场主体减负纾困、激发活力,按照国务院关于开展涉企违规收费专项整治行动的安排部署,民政部、国家发改委、市场监管总局于2022年7月印发了《民政部、国家发展改革委、市场监管总局关于开展行业协会商会乱收费专项清理整治"回头看"工作的通知》(民发〔2022〕54号),要求通过开展"回头看"工作,深入清理取消行业协会商会违法违规收费,全面规范行业协会商会合法合理收费,进一步压缩行业协会商会涉企收费规模,进一步提升行业协会商会服务企业能力,进一步健全行业协会商会收费长效监管机制。"回头看"的整治重点依然是此前的15个方面。

为落实国务院关于清费正税和简政放权工作要求,切实推进政府职能转变和作风转变,创造良好市场环境,减轻企业负担,国家发改委于2013年9月印发了《国家发展改革委关于开展全国涉企收费专项检查的通知》(发改价监〔2013〕1779号)。检查的范围是具有涉企收费行为的政府部门(含下属单位)及行业2012年以来的收费行为(具有连续性的重大、典型乱收费行为可以追溯到上一年度)。检查的重点是建设、交通、环保、工商、消防、商业银行等部门和行业,特别是要突出对涉及中小微企业乱收费行为的查处。重点查处违反法律、法规及政策规定的10种行为:一是国家明令取消及免征的收费项目继续收费的;二是擅自设立收费项目、自定收费标准收费的;三是分解收费项目收费、重复收费、扩大范围收费、延长收费时限收费的;四是不执行优惠、减免政策规定多收费的;五是擅自将已取消的行政事业性收费转为经营服务性收费继续收取的,或通过第三方变相强制收取的;六是通过电子政务平台违规收取经营服务性收费的;七是商业银行在贷款过程中强制收费、以捆绑等方式变相强制收费的;八是商业银行只收费不服务、少服务的;九是行业协会利用行政职能强制入会并收取会费的;十是其他企业反映强烈的违规收费行为。

为贯彻落实党的十八届三中全会精神和国务院的部署要求,进一步推进简政放权,建立权力清单制度,充分发挥市场配置资源的决定性作用,激发企业特别是小微企业的活力,国务院办公厅于2014年6月印发了《国务院办公厅关于进一步加强涉企收费管理减轻企业负担的通知》(国办发〔2014〕30号)。该通知明确提出了进一步加强涉企收费管理、减轻企业负担的5项重点任务:一是建立和实施涉企收费目录清单制度,对涉企行政事业性收费、政府性基金和实施政府定价或指导价的经营服务性收费实行目录清单管理并对外公开,接受社会监督。各地区、各部门必须严格执行目录清单,目录清单之外的涉企收费,一律不得执行。二是从严审批涉企行政事业性收费和政府性基金项目,新设立收费项目必须依据有关法律、行政法规的规定;对没有法律、行政法规依据但按照国际惯例或对等原则确需设立的,要报国务院批准。要不断完善收费管理,加强与产业政策的协调配合,建立多层次监督体系,进一步强化事中和事后监管。三是切实规范行政审批前置服务项目及收费,对没有法律法规依据的行政审批前置服务项目一律取消。各地区、各部门在公开行政审批事项清单的同时,要将涉及收费的行政审批前置服务项目公开,并引入竞争机制,通过市场调节价格。个别确需实行政府定价、指导价的行政审批前置服务实行政府定价目录管理,严格核定服务成本,制定服务价格。四是坚决查处各种侵害企业合法权益的违规行为,取消违规设立的各种涉企收费项目。对违规收费行为要坚决予以曝光,并按照法律法规及党中央国务院有关规定进行严肃处理,追究有关人员的法律责任。建立企业负担调查信息平台,完善举报和反馈机制。五是全面深化涉企收费制度改革。按照"正税清费"原则,通过清理取消和整合规范,逐步减少涉企收费项目数量。建立支持小微企业的长效机制,将暂免管理类、登记类和证照类行政事业性收费改为长期措施。加强涉企收费政策宣传评估,研究完善保护企业权益的相关法律法规。

2020年,国际疫情持续蔓延,世界经济增长低迷,国内经济下行压力增大,企业生产经营困难加剧,特别是中小微企业、个体工商户遭遇巨大挑战。对此,党中央、国务院连续出台一系列减税降费政策,并根据疫情形势变化延长实施时间。为贯彻落实党中央、国务院关于推进减税降费的决策部署和《政府工作报告》坚决整治涉企违规收费要求,加大涉企违规收费行为查处力度,确保各项减税降费政策落到实处,市场监管总局于2020年6月印发了《市场监管总局关于坚决整治涉企违规收费切实减轻企业负担的通知》(国市监竞争〔2020〕90号),为进一步优化营商环境、努力实现经济社会发展目标保驾护航,为企业发展创造良好条件。围绕以下重点领域、重点环节收费,因地制宜、精准有效开展整治工作:一是港口、检验检疫等进出口环节收费,重点查处检验检疫环节强制服务收费,以及港口环节拖轮、围油栏企业变相提高标准收费,各类中介明码标价不规范等行为。二是商业银行等企业融资相关收费,重点查处商业银行不落实小微企业"两禁两限"政策,违规收取有关信贷资金管理费用,利用贷款强势地位捆绑强制收费、只收费不服务,将贷款业务及其他服务中产生的尽职调查、押品评估等相关成本转嫁给企业承担的行为。三是供电、供气等公用事业收费,重点查处擅自制定收费项目或标准、对已取消项目继续收费等不执行政府定价、政府指导价的行为,以及强迫市场主体接受不合理服务条件,收取不合理费用的行为。四是公路、铁路等物流领域收费,重点查处铁路货运、机场不执行政府定价、指导价,对明令取消的收费项目继续收费,未执行鲜活农产品"绿色通道"政策,以及高速公路救援等单位超过政府规定标准收费等行为。五是行政审批中介服务、行业协会相关收费,严厉查处行政机关将其应当委托的行政审批中介服务、技术性服务费用转嫁给企业承担的行为,严厉查处利用行政资源强制服务、收费等行为。

整治涉企违规收费,坚决查处乱收费、乱罚款、乱摊派,是为市场主体特别是中小微企业和个体工商户减负的重要举措。为推动降费减负各项政策落到实处,支持助企纾困,进一步优化营商环境,国家发展改革委、工业和信息化部、财政部、市场监管总局于2022年6月联合印发了《涉企违规收费专项整治行动方案》(发改价格〔2022〕964号)。专项整治的总体要求是,坚持问题导向和目标导向,全面排查交通物流、水电气暖、地方财经、金融、行业协会商会等领域涉企违规收费问题,专项整治乱收费、乱罚款、乱摊派,建立协同治理和联合惩戒机制,重点查处落实降费减负政策不到位、借疫情防控违规设立收费项目、不按要求执行国家和地方已出台惠企收费政策等行为,坚持对违法违规收费行为"零容忍",切实减轻各类市场主体的不合理负担。专项整治的重点任务包括5个方面:一是交通物流领域涉企违规收费问题,重点整治水运、公路、航空、铁路等领域落实助企纾困有关降费优惠政策不到位、继续收取已明令取消的费用或重复收费、为规避政策规定拆分收费项目、不执行或推迟执行政府指导价等问题。二是水电气暖领域涉企违规收费问题,重点整治不执行政府定价和政府指导价、利用垄断地位转嫁应由自身承担的费用、自定标准自设项目收取费用、对计量装置及强制检定违规收费等行为。三是地方财经领域涉企违规收费问题,重点整治降费减负助企纾困政策未有效落实、采取打折扣搞变通方式侵蚀降费减负红利、相关政策红利未及时有效惠及市场主体等问题。四是金融领域涉企违规收费问题,重点整治商业银行未按规定披露服务价格信息、超出价格公示标准收费、只收费不服务或少服务、未提供实质性服务而收费等问题。五是行业协会商会及中介机构涉企违规收费问题,重点整治行业协会商会利用行政委托事项及其他行政影响力强制或变相强制企业入会并收取会费、擅自设立收费项目或提高收费标准,以及强制或诱导企业参加会议、培训、展览、考核评比、表彰、出国考察等收费活动,强制市场主体为行业协会商会赞助、捐赠,强制市场主体付费订购有关产品等行为。

为切实加强对电子发票第三方平台等涉税服务收费的监督管理,坚决防止借减税降费巧立名目乱收费、抵消减税降费效果,保障纳税人和缴费人应享尽享减税降费红利,国家税务总局、国家发展改革委、财政部、国务院国有资产监督管理委员会、国家市场监管总局、国家档案局于2019年4月联合印发了《关于坚决查处第三方涉税服务借减税降费巧立名目乱收费行为的通知》(税总发〔2019〕49号)。该通知要求,开展第三方借减税降费巧立名目乱收费行为专项整治,进一步加强电子发票第三方平台等涉税服务收费监管。组织电子发票第三方平台开展自查自纠,对发现存在乱收费问题的,要责令其限期整改。对违规收取电子发票版式文件的生成、打印、查询和交付等基础服务费用的,要迅速采取约谈、责令限期改正、降低信用等级、取消服务资格等方式依法依规严肃查处,坚决予以整治。协同推进开展电子发票电子化报销、入账、归档试点工作,为电子发票的推广应用、进一步降低纳税人经营成本奠定坚实的基础。

为全面深化"放管服"改革,进一步降低实体经济成本,持续改善营商环境,以更实举措更大地激发市场活力,健全主要由市场决定价格的机制,不断提高政府定价管理的科学性、规范性和透明度,国家发展改革委于2019年5月印发了《国家发展改革委关于进一步清理规范政府定价经营服务性收费的通知》(发改价格〔2019〕798号)。该通知要求,缩减政府定价范围和定价项目层级,严格按照"凡是市场能自主调节的就让市场来调节"的原则,放开机动车检测类、气象服务类、地震安全评价类等收费项目,进一步缩减政府定价范围,地方政府定价的经营服务性收费范围共20项,其中包括:交通服务收费7项、公用事业服务收费6项、其他特定服务收费7项。此外,还明确了规范定价主体和收费标准制定方法,区分不同收费项目和性质,对政府定价经营服务性收费实行不同的收费标准制定方法。通知规定,要健全管理制度体系,建立健全政府定价经营服务性收费后评估制度,不断完善政府定价经营服务性收费动态调整制度,全面落实政府定价经营服务性收费目录清单调整制度,切实加强事中事后监管。

供水供电供气供暖等公用事业,是城镇经济运行和社会发展的重要保障,具有显著的基础性、先导性和自然垄断性,直接关系社会公众利益和人民群众生活质量。近年来,我国城镇公用设施建设不断加强,公用事业市场化积极推进,服务覆盖率和服务质量持续上升,但仍存在部分地区服务收费的项目偏多、标准偏高、行为不规范,部分企业服务意识不强、服务质量和效率不高等问题。为理清价费关系、完善价格机制、提升服务质量,国务院办公厅于

2020年12月转发国家发展改革委等部门《关于清理规范城镇供水供电供气供暖行业收费促进行业高质量发展意见的通知》(国办函〔2020〕129号)。该通知要求,深化供水供电供气供暖行业市场化改革,区分网络型自然垄断环节和竞争性环节,明确属性定位,合理界定政府、企业、用户的权利义务,进一步深化公用事业领域"放管服"改革,加快推进竞争性环节的市场化,提升对网络型自然垄断环节价格监管的科学化、精细化、规范化水平,有效发挥价格机制激励约束作用,降低城镇经济社会运行基础成本,不断提高水电气暖等产品和服务供给的质量和效率,增强人民群众获得感。清理取消的不合理收费包括:供水环节收费、供电环节收费、供气环节收费、供暖环节收费、接入工程费用以及其他各类收费,没有合法有效政策依据的全部取消;地方政府采取特许经营协议等方式授权供水供电供气供暖企业以入网费、集中管网建设费、并网配套费等名目收取专项建设费用补偿收入的,应结合理顺水电气暖价格、建立健全补贴机制逐步取消。该通知指出,要严格规范价格收费行为,明确可保留的收费项目,规范政府定价行为,规范经营者收费行为。

三、保障企业款项支付

在我国经济社会发展的过程中,"三角债"曾严重影响国民经济的正常发展,"三角债"是在经济运行中诸多因素长期影响造成的,必须进行综合治理才能根本解决这个问题。国务院办公厅于1990年7月转发国务院清理"三角债"领导小组印发的《关于在全国范围内清理企业拖欠货款实施方案的通知》(国办发〔1990〕51号),集中清理全国范围的企业拖欠货款问题。清理金额的起点是:对同一付款企业,累计金额为五万元。有下列情况之一者,不予清理:交易双方预收预付的货款;交易双方商定约期支付的欠款;赊销、代销、寄销商品的货款;非商品、劳务交易的拖欠;有交易纠纷的货款拖欠。国务院办公厅于1991年3月转发国务院清理"三角债"领导小组印发的《关于继续组织清理"三角债"意见的通知》(国办发〔1991〕15号),总结了前期清理企业拖欠货款的工作成效,同时提出,国家有关部门必须采取行政、经济、法律的手段进行综合治理,才能解决好产生"三角债"的几个源头问题。

为了促进机关、事业单位和大型企业及时支付中小企业款项,规范投诉受理、处理程序,维护中小企业合法权益,工业和信息化部于2021年12月印发了《保障中小企业款项支付投诉处理暂行办法》(工信部企业〔2021〕224号)。该办法规定,中小企业就机关、事业单位和大型企业违反合同约定拒绝或者迟延支付货物、工程、服务款项提起投诉,省级以上人民政府负责中小企业促进工作综合管理的部门受理投诉,有关部门、地方人民政府对投诉做出处理。省级以上人民政府负责中小企业促进工作综合管理的部门作为受理投诉部门,应当建立便利、顺畅的投诉渠道,并向社会公布。投诉渠道可包括网络平台、电话、传真、信函等适当的方式。受理投诉部门收到投诉后,应当在10个工作日内进行审查。受理投诉部门应当按照"属地管理、分级负责,谁主管谁负责"的原则,自正式受理之日起10个工作日内,将投诉材料转交给有关部门、地方人民政府处理。处理投诉部门应当自收到投诉材料之日起30日内将处理结果告知投诉人,并反馈受理投诉部门。受理投诉部门对群众反映强烈的拖欠典型案例可予以公开曝光。经调查、核实,依法认定机关、事业单位和大型企业不履行及时支付中小企业款项义务,情节严重的,受理投诉部门可依法依规将其失信信息纳入全国信用信息共享平台,并将相关涉企信息通过"信用中国"网站和企业信用信息公示系统向社会公示,依法实施失信惩戒。

四、工程建设领域专项整治

为规范工程建设领域市场交易行为和领导干部从政行为,维护社会主义市场经济秩序,促进反腐倡廉建设,中共中央办公厅、国务院办公厅于2009年8月印发了《住房和城乡建设部公厅公关于开展工程建设领域突出问题专项治理工作的意见》,重点治理我国工程建设领域依然存在的许多突出问题,如:一些领导干部利用职权插手干预工程建设,索贿受贿;一些部门违法违规决策上马项目和审批规划,违法违规审批和出让土地,擅自改变土地用途、提高建筑容积率;一些招标人和投标人规避招标、虚假招标,围标串标,转包和违法分包;一些招标代理机构违规操作,有的专家评标不公正;一些单位在工程建设过程中违规征地拆迁、损害群众利益、破坏生态环境、质量和安全责任不落实;一些地方违背科学决策、民主决策的原则,乱上项目,存在劳民伤财的"形象工程"、脱离实际的"政绩工程"和威胁人民生命财产安全的"豆腐渣"工程。该意见要求,以政府投资和使用国有资金的项目为重点,以改革创新、科学务实的精神,坚持围绕中心、统筹协调,标本兼治、惩防并举,坚持集中治理与加强日常监管相结合,着力解决工程建设领域存在的突出问题,切实维护人民群众的根本利益,为经济社会又好又快发展提供坚强保证。突出监管重点,着重加强项目建设程序、招标投标活动、土地矿产供应及开发利用情况、项目建设实施过程、工程质量与安全等方面的监管。

为消除招投标过程中对不同所有制企业设置的各类不合理限制和壁垒,维护公平竞争的市场秩序,国家发展改革委办公厅、工业和信息化部办公厅、住房城乡建设部办公厅、交通运输部办公厅、水利部办公厅、商务部办公厅、铁路局综合司、民航局综合司于2019年8月联合印发了《工程项目招投标领域营商环境专项整治工作方案》(发改办法规〔2019〕862号),在全国开展工程项目招投标领域营商环境专项整治工作。该方案要求,通过深入开展工程项目招投标领域营商环境专项整治,消除招投标过程中对不同所有制企业特别是民营企业、外资企业设置的各类不合理限制和壁垒,促进招标人依法履行招标采购主体责任,依法规范招标代理机构和评标专家行为,督促各级招投标行政监督部门依法履行监管职责,切实有效解决招投标活动中市场主体反映强烈的突出问题,保障不同所有制企业公平参与市场竞争。整治的内容是:清理、排查、纠正在招投标法规政策文件、招标公告、投标邀请书、资格预审公告、资格预审文件、招标文件以及招投标实践操作中,对不同所有制企业设置的各类不合理限制和壁垒。重点针对违法设置的限制排斥不同所有制企业参与招投标的规定等18类问题。主要采取法规文件清理、随机抽查、重点核查等整治方式。

为深入贯彻党中央关于常态化开展扫黑除恶斗争的决策部署,落实全国扫黑除恶斗争领导小组工作要求,加强房屋建筑和市政基础设施工程招标投标活动监管,治理恶意竞标、强揽工程等突出问题,住房和城乡建设部办公厅于2021年8月印发了《住房和城乡建设部办公厅关于开展工程建设领域整治工作的通知》(建办市〔2021〕38号),聚焦工程建设领域存在的恶意竞标、强揽工程等突出问题,要求严格依法查处违法违规行为,及时发现和堵塞监管漏洞,建立健全源头治理的防范整治长效机制,持续规范建筑市场秩序。针对工程建设领域以下突出问题开展整治工作:一是投标人串通投标、以行贿的手段谋取中标、挂靠或借用资质投标等恶意竞标行为;二是投标人胁迫其他潜在投标人放弃投标,或胁迫中标人放弃中标、转让中标项目等强揽工程行为。

清理规范投资项目报建审批事项,既是推进简政放权、放管结合、优化服务改革的重要内容,也是打通投资项目开工前"最后一公里"、降低制度性交易成本、激发社会投资活力的重要举措。为了进一步简化、整合投资项目报建手续,国务院于2016年5月印发了《清理规范投资项目报建审批事项实施方案》(国发〔2016〕29号)。清理规范的原则是:凡没有法律法规依据、未列入国务院决定保留的行政审批事项目录的,一律取消审批;虽有法律法规依据,但已没有必要保留的,要通过修法取消审批;审批机关能够通过征求相关部门意见或者能够通过后续监管解决的事项,一律取消审批;对确需保留的审批事项,加大优化整合力度。65项报建审批事项中,保留34项,整合24项为8项;改为部门间征求意见的2项,涉及安全的强制性评估5项,不列入行政审批事项。清理规范后报建审批事项减少为42项。

为保护国家利益、社会公共利益和招标投标当事人的合法权益,建立公平、高效的工程建设项目招标投标活动投诉处理机制,国家发展改革委、工业和信息化部、财政部、住房城乡建设部、交通运输部、铁道部、水利部、广电总局、民航局于2013年3月修订了2004年6月发布的《工程建设项目招标投标活动投诉处理办法》,投标人或者其他利害关系人认为招标投标活动不符合法律、法规和规章规定的,有权依法向有关行政监督部门投诉。对国家重大建设项目(含工业项目)招标投标活动的投诉,由国家发展改革委受理并依法做出处理决定。有关行业行政监督部门已经收到对国家重大建设项目招标投标活动的投诉的,应当通报国家发展改革委,国家发展改革委不再受理。投诉人投诉时,应当提交投诉书。行政监督部门受理投诉后,应当调取、查阅有关文件,调查、核实有关情况;根据调查和取证情况,对投诉事项进行审查,按照规定做出处理决定。

为贯彻落实《优化营商环境条例》要求,深化招标投标领域"放管服"改革,推进"证照分离"改革,依法保障企业经营自主权,破除招标投标领域各种隐性壁垒和不合理门槛,维护公平竞争的招标投标营商环境,国家发展改革委办公厅、市场监管总局办公厅于2020年9月印发了《国家发展改革委办公厅、市场监管总局办公厅关于进一步规范招标投标过程中企业经营资质资格审查工作的通知》(发改办法规〔2020〕727号)。该通知要求,进一步明确招标投标过程中对企业经营资质资格的审查标准,招标人在招标项目资格预审公告、资格预审文件、招标公告、招标文件中不得以营业执照记载的经营范围作为确定投标人经营资质资格的依据,不得将投标人营业执照记载的经营范围采用某种特定表述或者明确记载某个特定经营范围细项作为投标、加分或者中标条件,不得以招标项目超出投标人营业执照记载的经营范围为由认定其投标无效。要落实招标人主体责任,引导和监督招标人根据招标项目实际需要合理设定投标人资格条件,公平对待各类市场主体。加强改革创新,分领域探索简化淡化对投标人经营资质资格要求,逐步建立以业绩、信用、履约能力为核心的投标人资格审查制度。要积极做好与各相关部门行政许可的信息共享和业务协同,推动各相关部门合理规范使用企业经营范围信息,减少对企业经营范围的行政强制性要求、限制或者变相限制。

为遏制工程建设领域专业技术人员职业资格"挂证"现象,维护建筑市场秩序,促进建筑业持续健康发展,住房和城乡建设部办公厅、人力资源和社会保障部办公厅、工业和信息化部办公厅、交通运输部办公厅、水利部办公厅、国家铁路局综合司、中国民用航空局综合司于2018年11月联合印发了《住房城乡建设部办公厅等关于开展工程建设领域专业技术人员职业资格"挂证"等违法违规行为专项整治的通知》(建办市〔2018〕57号)。对工程建设领域勘察设计注册工程师、注册建筑师、建造师、监理工程师、造价工程师等专业技术人员及相关单位、人力资源服务机构进行全面排查,严肃查处持证人注册单位与实际工作单位不符、买卖租借(专业)资格(注册)证书等"挂证"违法违规行为,以及提供虚假就业信息、以职业介绍为名提供"挂证"信息服务等违法违规行为。对违规的专业技术人员撤销其注册许可,自撤销注册之日起3年内不得再次申请注册,记入不良行为记录并列入建筑市场主体"黑名单",向社会公布;对违规使用"挂证"人员的单位予以通报,记入不良行为记录,并列入建筑市场主体"黑名单",向社会公布;对违规的人力资源服务机构,要依法从严查处,限期责令整改,情节严重的,依法从严给予行政处罚,直至吊销人力资源服务许可证。对发现存在"挂证"等违规行为的国家机关和事业单位工作人员,通报其实际工作单位和有关国家监察机关。

为妥善解决工程建设领域专业技术人员职业资格"挂证"等违法违规行为专项整治工作中出现的问题,更好推进专项整治工作,住房和城乡建设部办公厅于2019年2月印发了《住房和城乡建设部办公厅关于做好工程建设领域专业技术人员职业资格"挂证"等违法违规行为专项整治工作的补充通知》(建办市函〔2019〕92号),对实际工作单位与注册单位一致,但社会保险缴纳单位与注册单位不一致的人员,以下6类情形,原则上不认定为"挂证"行为:达到法定退休年龄正式退休和依法提前退休的;因事业单位改制等原因保留事业单位身份,实际工作单位为所在事业单位下属企业,社会保险由该事业单位缴纳的;属于大专院校所属勘察设计、工程监理、工程造价单位聘请的本校在职教师或科研人员,社会保险由所在院校缴纳的;属于军队自主择业人员的;因企业改制、征地拆迁等买断社会保险的;有法律法规、国家政策依据的其他情形。

关于出借资质的违法行为如何查处,住房和城乡建设部办公厅于2021年2月印发了《住房和城乡建设部办公厅关于出借资质违法行为有关查处问题的意见》(建办法函〔2021〕86号)。该意见明确,在建设工程招标投标活动中,出借资质供他人承揽工程,但未中标、未签订合同、未进场施工的施工企业或施工单位,属于《建设工程质量管理条例》第六十一条规定中的"施工单位"。应处以工程合同价款百分之二以上百分之四以下罚款的,在行政处罚决定作出时,该工程项目有中标单位或已重新招标投标确定中标单位的,以项目中标合同金额作为工程合同价款;没有中标单位,也未重新招标投标确定中标单位的,可以招标投标中最高投标限价或招标控制价作为参照。

为规范建筑工程施工发包与承包活动,保证工程质量和施工安全,有效遏制违法发包、转包、违法分包及挂靠等违法行为,维护建筑市场秩序和建设工程主要参与方的合法权益,住房和城乡建设部于2019年1月印发了《建筑工程施工发包与承包违法行为认定查处管理办法》(建市规〔2019〕1号)。该办法明确了违法发包的5种情形:建设单位将工程发包给个人的;建设单位将工程发包给不具有相应资质的单位的;依法应当招标未招标或未按照法定招标程序发包的;建设单位设置不合理的招标投标条件,限制、排斥潜在投标人或者投标人的;建设单位将一个单位工程的施工分解成若干部分发包给不同的施工总承包或专业承包单位的。该办法还分别明确了转包、挂靠、违法分包的各种情形。任何单位和个人发现违法发包、转包、违法分包及挂靠等违法行为的,均可向工程所在地县级以上人民政府住房和城乡建设主管部门进行举报。查处的违法发包、转包、违法分包、挂靠等违法行为和处罚结果记入相关单位或个人信用档案,同时向社会公示。

工程担保是转移、分担、防范和化解工程风险的重要措施,是市场信用体系的主要支撑,是保障工程质量安全的有效手段。当前建筑市场存在着工程防风险能力不强,履约纠纷频发,工程欠款、欠薪屡禁不止等问题,亟待通过完善工程担保应用机制加以解决。为进一步优化营商环境,强化事中事后监管,保障工程建设各方主体合法权益,住房城乡建设部、发展改革委、财政部、人力资源社会保障部、人民银行、银保监会于2019年6月联合印发了《住房和城乡建设部等部门关于加快推进房屋建筑和市政基础设施工程实行工程担保制度的指导意见》(建市〔2019〕68号),通过加快推进实施工程担保制度,推进建筑业供给侧结构性改革,激发市场主体活力,创新建筑市场监管方式,适应建筑业"走出去"发展需求。加快推行投标担保、履约担保、工程质量保证担保和农民工工资支付担保。支持银行业金融机构、工程担保公司、保险机构作为工程担保保证人开展工程担保业务。该意见从5个方面要求分类实施工程担保制度:一是推行工程保函替代保证金,对于投标保证金、履约保证金、工程质量保证金、农民工工资保证金,建筑业企业可以保函的方式缴纳。二是大力推行投标担保,对于投标人在投标有效期内撤销投标文件、中标后在规定期限内不签订合同或未在规定的期限内提交履约担保等行为,鼓励将其纳入投标保函的保证范围进行索赔。三是着力推行履约担保,招标文件要求中标人提交履约担保的,中标人应当按照招标文件的要求提交;招标人要求中标人提供履约担保的,应当同时向中标人提供工程款支付担保。四是强化工程质量保证银行保函应用,以银行保函替代工程质量保证金的,银行保函金额不得超过工程价款结算总额的3%;在工程项目竣工前,已经缴纳履约保证金的,建设单位不得同时预留工程质量保证金。五是推进农民工工资支付担保应用,农民工工资支付保函全部采用具有见索即付性质的独立保函,并实行差别化管理。

为进一步促进行政机关公务员廉洁从政,规范工程建设秩序,惩处违反规定插手干预工程建设领域行为,确保工程建设项目安全、廉洁、高效运行,监察部、人社部于2010年7月联合发布《违反规定插手干预工程建设领域行为处分规定》(监察部、人社部令第22号)。该规定指出,违反规定插手干预工程建设领域行为,是指行政机关公务员违反法律、法规、规章或者行政机关的决定、命令,利用职权或者职务上的影响,向相关部门、单位或者有关人员以指定、授意、暗示等方式提出要求,影响工程建设正常开展或者干扰正常监管、执法活动的行为。此外,分别明确了违反规定插手干预工程建设项目决策、工程建设项目招标投标、土地使用权矿业权审批和出让、城乡规划管理、房地产开发与经营、工程建设实施和工程质量监督管理、工程建设安全生产、工程建设环境保护、工程建设项目物资采购和资金安排使用管理等方面的违规情形,以及相应的处分措施。有违反规定插手干预工程建设领域行为,应当给予党纪处分的,移送党的纪律检查机关处理;涉嫌犯罪的,移送司法机关依法追究刑事责任。

为进一步促进党员领导干部廉洁从政,规范工程建设秩序,惩处党员领导干部违反规定插手干预工程建设领域行为,确保工程建设项目安全、廉洁、高效运行,中央纪委2010年5月发布了《党员领导干部违反规定插手干预工程建设领域行为适用〈中国共产党纪律处分条例〉若干问题的解释》,对相关违规情形、处理办法等作了明确。

五、金融领域经济行为监督

为减少对签发空头支票或者与预留银行签章不符支票行为实施行政处罚引发的行政争议,化解社会矛盾,维护金融秩序稳定,中国人民银行于2010年3月印发了《关于对违法签发支票行为行政处罚若干问题的实施意见(试行)》(银发〔2010〕88号)。该意见规定:出票人第一次、第二次、第三次签发空头支票或者与预留银行签章不符支票,且在银行退票后能主动、及时支付票款的,属于"主动消除或者减轻违法行为危害后果的"情形,分别给予支票票面金额1%但不低于300元、支票票面金额2%但不低于400元、支票票面金额3%但不低于500元的罚款。该意见还列示了"违法行为轻微并及时纠正、没有造成危害后果的"情形,可以对出票人不予行政处罚;"违法事实不能成立的"情形,对出票人不得给予行政处罚。明确了空头支票的判断时点以及确定空头支票或者与预留银行签章不符支票违法次数的方法。

为鼓励举报支付结算违法违规行为,维护支付结算市场秩序,中国人民银行于2016年4月发布了《支付结算违法违规行为举报奖励办法》(公告〔2016〕第7号)。该办法指出,支付结算违法违规行为是指违反支付结算有关法律制度和行业自律规范,违法违规开展有关银行账户、支付账户、支付工具、支付系统等领域支付结算业务的行为,违法违规主体为银行业金融机构、非银行金融机构、清算机构或者非法从事支付结算业务的单位和个人。任何单位和个人均有权举报支付结算违法违规行为,举报应当采用实名举报方式。中国支付清算协会负责结算违法违规行为举报奖励的具体实施,包括举报的受理、调查、处理、奖励等。

为整顿规范银行业金融机构吸收公款存款行为,强化廉洁从业,严禁利益输送,防范道德风险,提升服务水平,中国银监会于2017年6月印发了《中国银监会关于进一步规范银行业金融机构吸收公款存款行为的通知》(银监发〔2017〕30号)。该通知所指公款,是指财政专户资金、预算单位银行账户资金和国有企事业单位银行账户资金。要求银行业金融机构应明确规定吸收公款存款的具体形式、费用标准和管理流程,加强相关费用支出的财务管理;完善薪酬管理制度,改进绩效考评体系,不得设立时点性存款规模、市场份额或排名等指标;强化吸收公款存款行为的审计监督,对违规问题严格问责和整改,涉嫌违纪违法的,应移交有关部门处理。该通知明确,银行业金融机构办理公款存款业务,不得向公款存放主体相关负责人员赠送现金、有价证券与实物等;不得通过安排公款存放主体相关负责人员的配偶、子女及其配偶和其他直接利益相关人员就业、升职,或向上述人员发放奖酬等方式进行利益输送。

近年来,民间借贷发展迅速,以暴力催收为主要表现特征的非法活动愈演愈烈,严重扰乱了经济金融秩序和社会秩序。为规范民间借贷行为,维护经济金融秩序,防范金融风险,切实保障人民群众合法权益,打击金融违法犯罪活动,中国银保监会、公安部、国家市场监督管理总局、中国人民银行于2018年4月联合印发了《银保监会、公安部、市场监管总局、人民银行关于规范民间借贷行为维护经济金融秩序有关事项的通知》(银保监发〔2018〕10号)。该通知要求,明确信贷规则,未经有权机关依法批准,任何单位和个人不得设立从事或者主要从事发放贷款业务的机构或以发放贷款为日常业务活动。民间借贷活动必须严格遵守国家法律法规的有关规定,遵循自愿互助、诚实信用的原则。民间借贷中,出借人的资金必须是其合法收入的自有资金,禁止吸收或变相吸收他人资金用于借贷。严厉打击4种非法活动:利用非法吸收公众存款、变相吸收公众存款等非法集资资金发放民间贷款;以故意伤害、非法拘禁、侮辱、恐吓、威胁、骚扰等非法手段催收贷款;套取金融机构信贷资金,再高利转贷;面向在校学生非法发放贷款,发放无指定用途贷款,或以提供服务、销售商品为名,实际收取高额利息(费用)变相发放贷款行为。

为进一步规范市场主体金融营销宣传行为,保障金融消费者合法权益,促进金融行业健康平稳发展,中国人民银行、中国银保监会、中国证监会、国家外汇管理局于2019年12月联合印发了《中国人民银行、中国银行保险监督管理委员会、中国证券监督管理委员会、国家外汇管理局关于进一步规范金融营销宣传行为的通知》(银发〔2019〕316号)。该通知指出,金融营销宣传行为,是指金融产品或金融服务经营者利用各种宣传工具或方式,就金融产品或金融服务进行宣传、推广的行为。银行业、证券业、保险业金融机构以及其他依法从事金融业务或与金融相关业务的机构应当在国务院金融管理部门和地方金融监管部门许可的金融业务范围内开展金融营销宣传,不得开展超出业务许可范围的金融营销宣传活动,不得无证经营或超范围经营金融业务。该通知明确了7种违规开展金融营销宣传行为:不得非法或超范围开展金融营销宣传活动、不得以欺诈或引人误解的方式对金融产品或金融服务进行营销宣传、不得以损害公平竞争的方式开展金融营销宣传活动、不得利用政府公信力进行金融营销宣传、不得损害金融消费者知情权、不得利用互联网进行不当金融营销宣传、不得违规向金融消费者发送金融营销宣传信息等。

为规范中国银行保险监督管理委员会及派出机构对银行保险违法行为举报处理工作,维护经济金融秩序,中国银保监会于2019年12月发布了《银行保险违法行为举报处理办法》(银保监会令2019年第8号),自然人、法人或者其他组织,对被举报人违反相关银行保险监管法律、行政法规、部门规章和其他规范性文件的行为向银行保险监督管理机构举报,请求银行保险监督管理机构依法履行查处职责,银行保险监督管理机构对举报依法处理。举报同时符合下列条件的,予以受理:举报事项属于本机构的监管职责范围;有明确的被举报人;有被举报人违反相关银行保险监管法律、行政法规、部门规章和其他规范性文件行为的具体事实及相关的证明材料。

为了规范银行业保险业消费投诉处理工作,保护消费者合法权益,中国银保监会于2020年1月发布了《银行业保险业消费投诉处理管理办法》(银保监会令2020年第3号)。该办法所称银行业保险业消费投诉,是指消费者因购买银行、保险产品或者接受银行、保险相关服务与银行保险机构或者其从业人员产生纠纷,并向银行保险机构主张其民事权益的行为。银行保险机构是维护消费者合法权益、处理消费投诉的责任主体,负责处理因购买其产品或者接受其服务产生的消费投诉。投诉人提出消费投诉,应当客观真实,对所提供材料内容的真实性负责,不得提供虚假信息或者捏造、歪曲事实,不得诬告、陷害他人。银行保险机构在告知投诉人处理决定的同时,应当说明对消费投诉内容的核实情况、作出决定的有关依据和理由,以及投诉人可以采取的申请核查、调解、仲裁、诉讼等救济途径。银行保险机构应当依照国家有关规定制定重大消费投诉处理应急预案,做好重大消费投诉的预防、报告和应急处理工作。重大消费投诉包括以下情形:因重大自然灾害、安全事故、公共卫生事件等引发的消费投诉;20名以上投诉人采取面谈方式提出共同消费投诉的群体性投诉等。

为了惩处金融违法行为,维护金融秩序,防范金融风险,国务院于1999年2月发布了《金融违法行为处罚办法》(国务院令第260号),金融机构违反国家有关金融管理的规定,有关法律、行政法规有处罚规定的,依照其规定给予处罚。该办法所称金融机构,是指在中华人民共和国境内依法设立和经营金融业务的机构,包括银行、信用合作社、财务公司、信托投资公司、金融租赁公司等。该办法要求金融机构:不得虚假出资或者抽逃出资;不得超出中国人民银行批准的业务范围从事金融业务活动;其代表机构不得经营金融业务;不得从事账外经营行为;不得提供虚假的或者隐瞒重要事实的财务会计报告和统计报告;不得出具与事实不符的信用证、保函、票据、存单、资信证明等金融票证;不得承兑、贴现、付款或者保证违反票据法规定的票据;不得允许单位或者个人超限额提取现金;不得违反规定对持卡人透支或者帮助持卡人利用信用卡套取现金;不得占压财政存款或者资金等。办法规定了金融机构办理存款、贷款、拆借等业务的禁止性行为,办法还规定了财务公司、信托公司的相关禁止性行为。办法明确了各类违法行为相应的处罚办法。

虚拟货币"挖矿"活动指通过专用"矿机"计算生产虚拟货币的过程,能源消耗和碳排放量大,对国民经济贡献度低,对产业发展、科技进步等带动作用有限,加之虚拟货币生产、交易环节衍生的风险越发突出,其盲目无序发展对推动经济社会高质量发展和节能减排带来不利影响。整治虚拟货币"挖矿"活动对促进我国产业结构优化、推动节能减排、如期实现碳达峰、碳中和目标具有重要意义。为有效防范处置虚拟货币"挖矿"活动盲目无序发展带来的风险隐患,深入推进节能减排,助力如期实现碳达峰、碳中和目标,国家发展改革委、中央宣传部、中央网信办、工业和信息化部、公安部、财政部、人民银行、税务总局、市场监管总局、银保监会、国家能源局于2021年9月联合印发了《国家发展改革委等部门关于整治虚拟货币"挖矿"活动的通知》(发改运行〔2021〕1283号)。该通知要求,加强虚拟货币"挖矿"活动上下游全产业链监管,严禁新增虚拟货币"挖矿"项目,坚持分级负责、分类处理、依法依规、积极稳妥的原则,加快存量项目有序退出,促进产业结构优化和助力碳达峰、碳中和目标如期实现。全面梳理排查虚拟货币"挖矿"存量项目、在建新增项目,加强异常用电监测分析。严禁新增项目投资建设,强化新增虚拟货币"挖矿"项目能耗双控约束,将虚拟货币"挖矿"活动列为淘汰类产业,严禁以数据中心名义开展虚拟货币"挖矿"活动,严格限制虚拟货币"挖矿"企业用电报装和用能。加快存量项目有序退出,依法查处违法违规供电行为,实行差别电价,不允许虚拟货币"挖矿"项目参与电力市场,停止对虚拟货币"挖矿"项目的一切财税支持和金融服务。

比特币、以太币、泰达币等虚拟货币交易的炒作活动,扰乱经济金融秩序,滋生赌博、非法集资、诈骗、传销、洗钱等违法犯罪活动,严重危害人民群众财产安全。为进一步防范和处置虚拟货币交易炒作风险,切实维护国家安全和社会稳定,中国人民银行、中央网信办、最高人民法院、最高人民检察院、工业和信息化部、公安部、市场监管总局、银保监会、证监会、外汇局于 2021 年 9 月联合印发了《关于进一步防范和处置虚拟货币交易炒作风险的通知》(银发〔2021〕237 号)。该通知明确了虚拟货币和相关业务活动本质属性,虚拟货币不具有与法定货币等同的法律地位,虚拟货币相关业务活动属于非法金融活动,境外虚拟货币交易所通过互联网向我国境内居民提供服务同样属于非法金融活动,参与虚拟货币投资交易活动存在法律风险。要求建立健全应对虚拟货币交易炒作风险的工作机制,人民银行会同中央网信办、最高人民法院、等部门建立工作协调机制,协同解决工作中的重大问题。同时,加强虚拟货币交易炒作风险监测预警,构建多维度、多层次的风险防范和处置体系,严厉打击虚拟货币相关非法金融活动和涉虚拟货币犯罪活动。

六、医疗保障基金使用监督

医保基金是百姓的"看病钱""救命钱",涉及百姓切身利益,关系医疗保障制度健康持续发展。但是,医保基金使用主体多、链条长、风险点多、监管难度大,欺诈骗保问题持续高发频发,监管形势一直比较严峻。近几年,医保诈骗呈高发多发态势,一些定点医药机构大肆骗保,一批不法分子倒卖药品骗保牟利。仅 2020 年,全国公安机关就侦办此类案件 1396 起,抓获犯罪嫌疑人 1082 名,追缴医保基金 4 亿多元。此外,一些医疗机构也存在不同程度的过度诊疗问题,在一定程度上浪费了医保基金。2020 年,国家医保局会同卫生健康部门检查了定点医药机构 60 余万家,加上定点医疗机构自查,共处理违法违规违约定点医药机构 40 余万家,追回医保基金 223.1 亿元。

为鼓励举报违法违规使用医疗保障基金的行为,动员社会力量参与医疗保险基金监督,维护医疗保障基金安全和公民医疗合法权益,国家医保局办公室、财政部办公厅于 2022 年 11 月印发了《违法违规使用医疗保障基金举报奖励办法》的通知(医保办发〔2022〕22 号)。举报人向医疗保障行政部门反映涉嫌违法违规使用基本医疗保险(含生育保险)基金、医疗救助基金等医疗保障基金行为提供相关线索,经查证属实应予奖励。违法违规使用居民大病保险、职工大额医疗费用补助、公务员医疗补助等医疗保障资金的举报奖励,参照本办法执行。办法规定了奖励举报人必须同时符合的 5 个条件,不予奖励的 6 种情形,以及多人、多次举报奖励的发放规则。明确医疗保障行政部门对符合奖励条件的举报人按照案值的一定比例给予一次性奖励,最高不超过 20 万元,最低不少于 200 元。

为了加强医疗保障基金使用监督管理,保障基金安全,促进基金有效使用,维护公民医疗保障合法权益,防止百姓的"救命钱"成为"唐僧肉",国务院于 2021 年 1 月发布了《医疗保障基金使用监督管理条例》(国务院令第 735 号),规范了基本医疗保险(含生育保险)基金、医疗救助基金等医疗保障基金的使用及其监督管理。职工大额医疗费用补助、公务员医疗补助等医疗保障资金使用的监督管理,参照条例执行。条例始终坚持以人民健康为中心的价值取向:一是在立法目的方面体现了"为民",着力加强医保基金使用监督管理、保障基金安全、促进基金有效使用、维护公民医疗保障合法权益;二是在医保基金使用和享受医保经办服务方面体现了"便民",要求建立健全全国统一的医疗保障经办管理体系,提供标准化、规范化的医疗保障经办服务;三是在提供医药服务方面体现了"利民",定点医疗机构要按照规定提供合理必要的医药服务,维护公民健康权益。该条例具体包括 6 个方面的内容:明确基金使用相关主体的职责;对构建行政监管、社会监督、行业自律相结合的监管体制作出了规定;对建立医保、卫生、中医药、市场监管、财政、审计、公安等部门的监管合作机制作出安排;对加强医保协议管理提出了要求;对监管的形式作出规范;对监督检查的措施及程序作出了规定。其核心内容是织密扎牢医保基金监管的制度笼子。值得注意的是,条例加大对违法行为处罚力度,提高法律震慑力。在进一步建立健全监管机制的同时,针对不同违法主体、违法行为、违法情形,综合运用多种处罚措施,分别设置相应的法律责任,加大对违法行为的惩戒力度,让违法者付出更大的代价,进而引导和督促医疗保障基金的使用主体更好做到合法合规。

为规范医疗保障基金使用监督管理举报处理工作,确保及时、有效处理举报,切实维护医疗保障基金安全,保护自然人、法人或者其他组织合法权益,国家医疗保障局于2022年1月发布了《医疗保障基金使用监督管理举报处理暂行办法》(国家医疗保障局令第5号),规定了违法违规使用基本医疗保险(含生育保险)基金、医疗救助基金等医疗保障基金的举报处理办法。鼓励社会公众和新闻媒体对涉嫌违反医疗保障基金使用监督管理的违法违规行为依法进行社会监督和舆论监督。举报人应当提供涉嫌违反医疗保障基金使用监督管理法律、法规、规章的具体线索。医疗保障行政部门应当对举报人的信息予以保密,不得将举报人个人信息、举报办理情况等泄露给被举报人或者与办理举报工作无关的人员。医疗保障行政部门应当加强对本行政区域举报信息的统计、分析、应用,定期公布举报统计分析报告。

为进一步规范医疗行为,促进合理检查,提高医疗资源利用效率,降低医疗费用,切实维护人民群众健康权益,改善人民群众就医体验,国家卫生健康委办公厅、国家市场监管总局办公厅、国家医保局办公室、国家中医药局办公室、国家药监局综合司、中央军委后勤保障部卫生局于2021年4月联合印发了《关于开展不合理医疗检查专项治理行动的通知》(国卫办医函〔2021〕175号),严肃查处违反相关法律法规、诊疗技术规范,损害人民群众利益的不合理医疗检查(包括各类影像学检查、实验室检查、病理学检查等)行为,指导医疗机构建立健全规范医疗行为促进合理医疗检查的制度规范,营造良好的就医环境,推进建立医疗检查监管长效机制,切实保障人民群众健康权益。重点检查5个方面的行为:违法违规开展医疗检查行为;无依据检查、重复检查等不合理检查行为;违反知情同意原则实施检查行为;可能诱导过度检查的指标和绩效分配方式;违反规划配置大型医用设备行为等。

七、其他领域经济行为监督

为了加强出版管理,树立行业新风,进一步繁荣出版事业,新闻出版署于1997年1月印发了《新闻出版署关于严格禁止买卖书号、刊号、版号等问题的若干规定》(新出图〔1997〕53号),重申并补充关于禁止买卖书号、刊号、版号的若干规定。该规定要求,严禁出版单位买卖书号、刊号、版号;严禁任何单位和个人以任何名义直接或间接地购买书号、刊号、版号,并参与出版、印刷、复制、发行等活动;出版工作者在组稿和编辑过程中,不得以任何名义,向供稿单位或个人索取和收受各种费用(如审稿费、编辑费、校对费等),不得索取和收受礼品、礼金或有价证券等;出版工作者不得在出版、印刷、复制、发行等经营活动中索取和收受回扣或提成;严禁出版工作者参与各种非法出版活动;出版工作者不得利用职务之便在他人作品上署名,以谋取个人名利;不得利用职务之便以他人名义支取稿费、编审费、校对费等费用。

为进一步规范发行秩序,坚决制止违规发行行为,国家新闻出版广电总局于2014年10月印发了《国家新闻出版广电总局关于进一步规范报刊发行秩序坚决制止报刊违规发行的通知》(新广出发〔2014〕121号)。该通知要求,切实做好党报党刊发行工作,严禁突破征订范围和公费限额,各级党组织负责征订的重点党报党刊是指《人民日报》《求是》杂志、中央办公厅明确规定参照执行的报纸、地方党委机关报刊。其他各类报刊包括党报党刊所属子报子刊均不得列入党报党刊征订范围。各地区各部门不得以党报党刊名义搭车发行其他报刊;不得利用行政权力强制摊派或变相摊派报刊;不得将乡镇、村级组织、中小学等基层单位及其工作人员订阅情况与工作考核、评优达标挂钩;严禁扣发乡镇中小学教师工资和基层单位工作经费强行订阅报刊;严禁采取各种手段层层加码、突破征订范围和公费限额。要坚决制止各类违规发行行为,任何报刊不得采取提成回扣、赠钱赠物、出国考察、公费旅游等方式进行推销;不得搞有偿新闻或所谓"形象版"扩大发行;不得以舆论监督相要挟强行征订;限定发行范围的报刊不得超范围发行。报刊出版单位不得给采编人员下达发行任务;报刊记者站不得从事发行活动。内部资料性出版物要严格限定于免费内部交流,不得进行征订发行等各类经营性活动并收取任何费用。

改革开放以来,各地政府驻北京办事机构认真贯彻执行党的路线方针政策,积极开展有关工作,在加强地区间协作、服务本地区经济社会发展、处置突发事件、维护首都稳定等方面发挥了积极作用。但也存在驻京办事机构设置过多过滥、职能定位不准确、公务接待不规范、监督管理机制不健全等问题。为加强和规范各地政府驻北京办事机构管理,国务院办公厅于2010年1月印发了《国务院办公厅关于加强和规范各地政府驻北京办事机构管理的意见》(国办发〔2010〕8号)。该意见要求,认真清理现有驻京办事机构,保留省级和副省级人民政府驻京办事处;市级人民政府驻京联络处确因工作需要、经所在省政府核准后可予保留;撤销地方各级政府职能部门、各类开发区管委会以及其他行使政府管理职能单位以各种名义设立的驻京办事机构;撤销县级人民政府以各种名义设立的驻京办事机构。要严格规范驻京办事机构职能,着力加强驻京办事机构管理,除按规定保留的驻京办事机构外,地方各级政府及其部门不得以任何名义和任何形式在北京设立新的办事机构,或者派驻人员以驻京办事机构名义开展活动。

2011年9月以来,工商总局、工业和信息化部、商务部、质检总局等4部门开展了清理整顿滥用"特供""专供"等标识专项行动,实体市场清理整顿工作取得阶段性成效。但是,互联网上还是出现了大量滥用涉及党政机关"特供""专供"等标识销售商品的问题,扰乱了市场秩序,损害了党和政府形象。为了保护消费者合法权益,营造公平竞争环境,维护中央和国家机关的良好形象,国务院机关事务管理局、中共中央直属机关事务管理局于2012年9月联合印发了《关于集中清理整顿滥用中央和国家机关"特供""专供"等标识问题的通知》(国管办〔2012〕318号)。该通知要求,中央和国家机关各部门应当对使用本部门名称、简称以及与部门密切联系的特定地点、标志性建筑物名称或党和国家重大会议、活动名称的"特供""专供"等类似标识的行为进行清理整顿。各部门所属行政、事业单位使用上述特定标识的,也应纳入本次清理整顿的范围。具体包括:授权、同意其他单位或个人在其生产、销售产品的包装、标签及广告宣传中使用特定标识的;自行定制产品的包装、标签及广告宣传中使特定标识的;销售带有特定标识的产品的;其他涉及特定标识的行为。对清理自查中发现的上述行为,及时进行整改,并妥善处理好相关事宜。其中:已签订的授权、合作、销售协议应当立即中止,限期解除;带有特定标识的产品尚未使用的,应当限期退换或改变标识;带有特定标识的产品正在使用的,应当遮挡、覆盖标识;其他涉及滥用特定标识的,也应当采取适当方式处理。

2012年第四季度以来,工商总局等10部门联合组织开展了集中清理整顿利用互联网销售滥用"特供""专供"等标识商品行动,收到了良好效果。为巩固清理整顿成果,国管局、中直管理局、财政部、审计署、工商总局于2013年3月联合印发了《国管局、中直管理局、财政部、工商总局关于严禁中央和国家机关使用"特供""专供"等标识的通知》(国管办〔2013〕59号),要求充分认识滥用中央和国家机关"特供""专供"等标识的危害性,严禁中央和国家机关各部门及所属行政事业单位使用、自行或授权制售冠以"特供""专供"等标识的物品。该通知明确,"特供""专供"等标识主要包括:含有中央和国家机关部门名称(包括简称、徽标)的"特供""专供"等标识,如"××部门特供""××机关专供";同时含有中央和国家机关部门名称与机关所属行政事业单位名称的"特供""专供"等标识,如"××部门机关服务中心特供";含有与中央和国家机关密切关联的重要会议、活动名称的"特供""专供"等标识,如"××会议特供""××活动专供";含有与中央和国家机关密切关联的地点、标志性建筑名称的"特供""专供"等标识,如"××礼堂专供"。类似"特供""专供"的标识还包括"专用、内招、特制、特酿、特需、定制、订制、授权、指定、合作、接待"等标识。该通知要求,各部门、各单位要严禁采购涉及"特供""专供"等标识的物品,严禁报销列支涉及"特供""专供"等标识物品的经费支出,将涉及"特供""专供"等标识物品的事项作为内部审计的重点内容。

近期,部分电商平台出现以拼音缩写等"暗语"方式使用"特供""专供"等标识销售、宣传商品问题,严重损害党和国家机关形象,扰乱市场秩序,欺骗误导消费者。为维护良好的网络市场环境,遏制社会不良风气,树立正确导向,市场监管总局办公厅于2020年9月印发了《市场监督管理局关于开展清理整治网络销售和宣传"特供""专供"标识商品专项行动的通知》(市监网监〔2020〕110号),重点清理整治:一是含有"特供""专供"中央和国家机关等类似内容的;二是利用与中央和国家机关有密切关联的特定地点名称或者标志性建筑物名称,以及利用国宴、国宾等内容宣传"特供""专供"的;三是假借"特供""专供"或"内部特供、专用"等类似名义推销商品或服务的;四是含有"特供""专供"等类似内容的假冒伪劣商品,假冒他人注册商标、伪造或冒用质量标志、伪造产地的商品。重点针对食品(酒类、饮料、保健食品)、瓷器、箱包等舆情热点、社会反映集中的商品,以"RMDHT"(人民大会堂)、"ZXYJ"(政协用酒)、"QGRD"(全国人大)、"GYZY"(国宴专用)、"JD"(军队)等拼音缩写、汉字谐音等"暗语"方式,在销售商品的包装、标签以及发布的信息、介绍中或商品广告中使用"特供""专供"及类似内容的行为。

按照国务院部署,各地区、各部门深入扎实开展机关事业单位"吃空饷"问题集中治理工作,追缴资金,处理违纪人员,"吃空饷"现象得到有效遏制。同时,在治理过程中发现"吃空饷"问题具有隐蔽性、反复性,为巩固集中治理工作成果,进一步从源头上加强综合治理,人力资源社会保障部、中央组织部、中央编办、财政部于2016年12月联合印发了《人力资源社会保障部、中共中央组织部、中央编办、财政部关于建立机关事业单位防治"吃空饷"问题长效机制的指导意见》(人社部规〔2016〕6号)。该意见严格界定"吃空饷"的7种情形,主要包括:在机关事业单位挂名并未实际到岗上班,但从机关事业单位领取工资、津贴补贴的;因请假、因公外出期满无正当理由逾期不归或旷工等原因,按规定单位应当与其终止人事关系,但仍在原单位领取工资、津贴补贴的;已与单位终止人事关系或已办理离退休手续,仍按在职人员领取工资、津贴补贴的;已死亡或被人民法院宣告死亡、失踪,仍由他人继续领取工资、津贴补贴的;受党纪政纪处分及行政、刑事处罚等,按规定应当停发或降低工资待遇,但仍未停发或按原标准领取工资、津贴补贴的;机关事业单位隐瞒事实、虚报人员编制或实有人数套取财政资金的;其他违纪违规领取工资、津贴补贴的。该意见要求,严格人员日常管理,严格工资发放管理,严格离岗人员管理,严格监督管理,严格责任追究。要严格按照政策规定和工作程序办理进人手续,加强考勤管理,机关事业单位工作人员与单位解除、终止人事关系的,或者已死亡或被人民法院宣告死亡、失踪的,应按规定及时办理工资核销和社会保险关系转移或终止手续。机关事业单位一般不得以日常工作为由借调人员,因完成专项工作或者重点任务确需借调工作人员,须经借出、借入单位领导集体研究,并按照干部管理权限履行审批程序,明确借调期限,借调期满后继续借用的,须重新履行审批手续。严格禁止各种形式的非组织借调行为。

参考法规

行业协会商会与行政机关脱钩总体方案[①]

行业协会商会是我国经济建设和社会发展的重要力量。改革开放以来,随着社会主义市场经济体制的建立和完善,行业协会商会发展迅速,在为政府提供咨询、服务企业发展、优化资源配置、加强行业自律、创新社会治理、履行社会责任等方面发挥了积极作用。目前,一些行业协会商会还存在政会不分、管办一体、治理结构不健全、监督管理不到位、创新发展不足、作用发挥不够等问题。按照《中共中央关于全面深化改革若干重大问题的决定》《国务院机构改革和职能转变方案》有关精神和工作部署,为加快转变政府职能,实现行业协会商会与行政机关脱钩,促进行业协会商会规范发展,制定本方案。

一、总体要求和基本原则

(一)总体要求

贯彻落实党的十八大和十八届二中、三中、四中全会精神,加快形成政社分开、权责明确、依法自治的现代社会组织体制,理清政府、市场、社会关系,积极稳妥推进行业协会商会与行政机关脱钩,厘清行政机关与行业协会商会的职能边界,加强综合监管和党建工作,促进行业协会商会成为依法设立、自主办会、服务为本、治理规范、行为自律的社会组织。创新行业协会商会管理体制和运行机制,激发内在活力和发展动力,提升行业服务功能,充分发挥行业协会商会在经济发展新常态中的独特优势和应有作用。

(二)基本原则

坚持社会化、市场化改革方向。围绕使市场在资源配置中起决定性作用和更好发挥政府作用,改革传统的行政化管理方式,按照去行政化的要求,切断行政机关和行业协会商会之间的利益链条,建立新型管理体制和运行机制,促进和引导行业协会商会自主运行、有序竞争、优化发展。

坚持法制化、非营利原则。加快行业协会商会法律制度建设,明确脱钩后的法律地位,实现依法规范运行。建立准入和退出机制,健全综合监管体系。各级政府要明确权力边界,实现权力责任统一、服务监管并重。按照非营利原则要求,规范行业协会商会服务行为,发挥对会员的行为引导、规则约束和权益维护作用。

坚持服务发展、释放市场活力。提升行业协会商会专业化水平和能力,推动服务重心从政府转向企业、行业、市场。通过提供指导、咨询、信息等服务,更好地为企业、行业提供智力支撑,规范市场主体行为,引导企业健康有序发展,促进产业提质增效升级。

坚持试点先行、分步稳妥推进。在中央和地方分别开展试点,设置必要的过渡期,积

[①] 中共中央办公厅、国务院办公厅于2015年6月30日印发(中办发〔2015〕39号)。

极探索,总结经验,完善措施,逐步推开。根据行业协会商会不同情况,因地因业因会逐个缜密制定脱钩实施方案,具体安排、具体指导、具体把握,确保脱钩工作平稳过渡、有序推进。

二、脱钩主体和范围

脱钩的主体是各级行政机关与其主办、主管、联系、挂靠的行业协会商会。其他依照和参照公务员法管理的单位与其主办、主管、联系、挂靠的行业协会商会,参照本方案执行。

同时具有以下特征的行业协会商会纳入脱钩范围:会员主体为从事相同性质经济活动的单位、同业人员,或同地域的经济组织;名称以"行业协会""协会""商会""同业公会""联合会""促进会"等字样为后缀;在民政部门登记为社会团体法人。

个别承担特殊职能的全国性行业协会商会,经中央办公厅、国务院办公厅批准,另行制定改革办法。

三、脱钩任务和措施

(一)机构分离,规范综合监管关系

取消行政机关(包括下属单位)与行业协会商会的主办、主管、联系和挂靠关系。行业协会商会依法直接登记和独立运行。行政机关依据职能对行业协会商会提供服务并依法监管。

依法保障行业协会商会独立平等法人地位。按照有利于行业发展和自愿互惠原则,对行业协会商会之间、行业协会商会与其他社会组织之间的代管协管挂靠关系进行调整,并纳入章程予以规范。鼓励行业协会商会优化整合,提高服务效率和水平。

调整行业协会商会与其代管的事业单位的关系。行业协会商会代管的事业单位,并入行业协会商会的,注销事业单位法人资格,核销事业编制,并入人员按照行业协会商会人员管理方式管理;不能并入行业协会商会的,应当与行业协会商会脱钩,根据业务关联性,在精简的基础上划转到相关行业管理部门管理,并纳入事业单位分类改革。

行政机关或事业单位与行业协会商会合署办公的,逐步将机构、人员和资产分开,行政机关或事业单位不再承担行业协会商会职能。

(二)职能分离,规范行政委托和职责分工关系

厘清行政机关与行业协会商会的职能。剥离行业协会商会现有的行政职能,法律法规另有规定的除外。业务主管单位对剥离行业协会商会有关行政职能提出具体意见。

加快转移适合由行业协会商会承担的职能。行政机关对适合由行业协会商会承担的职能,制定清单目录,按程序移交行业协会商会承担,并制定监管措施、履行监管责任。

(三)资产财务分离,规范财产关系

行业协会商会应执行民间非营利组织会计制度,单独建账、独立核算。没有独立账号、与行政机关会计合账、财务由行政机关代管或集中管理的行业协会商会,要设立独立账号,单独核算,实行独立财务管理。

对原有财政预算支持的全国性行业协会商会,逐步通过政府购买服务等方式支持其发展。自2018年起,取消全国性行业协会商会的财政直接拨款,在此之前,保留原有财政拨款经费渠道不变。为鼓励全国性行业协会商会加快与行政机关脱钩,过渡期内根据脱钩年份,财政直接拨款额度逐年递减。地方性行业协会商会的财政拨款过渡期和过渡办法,由各地

自行确定,但过渡期不得超过2017年底。用于安置历次政府机构改革分流人员的财政资金,仍按原规定执行。

按照财政部门、机关事务主管部门统一部署和有关规定,各业务主管单位对其主管的行业协会商会财务资产状况进行全面摸底和清查登记,厘清财产归属。财政部门会同机关事务主管部门按照所有权、使用权相分离的原则,制定行业协会商会使用国有资产(包括无形资产)管理办法,确保国有资产不流失,同时确保行业协会商会的正常运行和发展。

行业协会商会占用的行政办公用房,超出规定面积标准的部分限期清理腾退;符合规定面积标准的部分暂由行业协会商会使用,2017年底前按《中共中央办公厅 国务院办公厅关于党政机关停止新建楼堂馆所和清理办公用房的通知》及有关规定清理腾退,原则上应实现办公场所独立。具体办法由机关事务主管部门会同有关部门制定。

(四)人员管理分离,规范用人关系

行业协会商会具有人事自主权,在人员管理上与原主办、主管、联系和挂靠单位脱钩,依法依规建立规范用人制度,逐步实行依章程自主选人用人。

行政机关不得推荐、安排在职和退(离)休公务员到行业协会商会任职兼职。现职和不担任现职但未办理退(离)休手续的党政领导干部及在职工作人员,不得在行业协会商会兼任职务。领导干部退(离)休后三年内一般不得到行业协会商会兼职,个别确属工作特殊需要兼职的,应当按照干部管理权限审批;退(离)休三年后到行业协会商会兼职,须按干部管理权限审批或备案后方可兼职。

对已在行业协会商会中任职、兼职的公务员,按相关规定进行一次性清理。任职的在职公务员,脱钩后自愿选择去留:退出行业协会商会工作的,由所属行政机关妥善安置;本人自愿继续留在行业协会商会工作的,退出公务员管理,不再保留公务员身份。在行业协会商会兼职的公务员,要限期辞去兼任职务。

行业协会商会全面实行劳动合同制度,与工作人员签订劳动合同,依法保障工作人员合法权益。工作人员的工资,由行业协会商会按照国家有关法律、法规和政策确定。行业协会商会及其工作人员按规定参加基本养老、基本医疗等社会保险和缴存住房公积金。

行业协会商会与行政机关脱钩后,使用的事业编制相应核销。现有事业人员按国家有关规定参加机关事业单位养老保险。历次政府机构改革分流人员仍执行原定政策。

(五)党建、外事等事项分离,规范管理关系

行业协会商会的党建、外事、人力资源服务等事项与原主办、主管、联系和挂靠单位脱钩。全国性行业协会商会与行政机关脱钩后的党建工作,按照原业务主管单位党的关系归口分别由中央直属机关工委、中央国家机关工委、国务院国资委党委领导。地方行业协会商会与行政机关脱钩后的党建工作,依托各地党委组织部门和民政部门建立社会组织党建工作机构统一领导;已经建立非公有制企业党建工作机构的,可依托组织部门将其与社会组织党建工作机构整合为一个机构。行业协会商会脱钩后,外事工作由住所地省(区、市)人民政府按中央有关外事管理规定执行,不再经原主办、主管、联系和挂靠单位审批。行业协会商会主管和主办的新闻出版单位的业务管理,按照文化体制改革相关要求和新闻出版行政管理部门有关规定执行。人力资源服务等事项由行业协会商会住所地有关部门按职能分工承担。

四、配套政策

(一)完善支持政策

制定有针对性的扶持引导政策,加强分类指导。完善政府购买服务机制,支持行业协会商会转型发展。鼓励各有关部门按照《国务院办公厅关于政府向社会力量购买服务的指导意见》要求,向符合条件的行业协会商会和其他社会力量购买服务,及时公布购买服务事项和相关信息,加强绩效管理。

完善行业协会商会价格政策,落实有关税收政策。按照行政事业性收费管理的有关规定,规范行业协会商会承接政府委托的行政事业性收费事项。对符合条件的非营利组织落实企业所得税优惠政策。

鼓励行业协会商会参与制定相关立法、政府规划、公共政策、行业标准和行业数据统计等事务。有关部门要充分发挥行业协会商会在行业指南制定、行业人才培养、共性技术平台建设、第三方咨询评估等方面作用,完善对行业协会商会服务创新能力建设的支持机制。

建立信息资源共享机制。全国性行业协会商会的有关行业统计数据,按原规定报送国家统计局。行业协会商会应按原渠道向行业管理部门报送相关行业数据和信息。有关职能部门要建立行业公共信息交汇平台,整合全国性行业协会商会的有关数据,为政府制定和实施相关政策提供信息服务,为行业协会商会提供必要的行业信息和数据。

支持行业协会商会在进出口贸易和对外经济交流、企业"走出去"、应对贸易摩擦等事务中,发挥协调、指导、咨询、服务作用。鼓励行业协会商会参与协助政府部门多双边经贸谈判工作,提供相关咨询和协调服务。鼓励行业协会商会积极搭建促进对外贸易和投资等服务平台,帮助企业开拓国际市场。

(二)完善综合监管体制

加强法律法规制度建设。加快推进行业协会商会立法工作。行业协会商会脱钩后,按程序修改章程并报民政部门备案。健全行业协会商会退出机制,在实施脱钩中对职能不清、业务开展不正常、不适应经济社会发展的行业协会商会依法予以注销。鼓励和促进行业协会商会间公平有序竞争。

完善政府综合监管体系。制定行业协会商会综合监管办法,健全监督管理机制。民政部门依照相关登记管理法规,对行业协会商会加强登记审查、监督管理和执法检查,强化对主要负责人任职条件和任用程序的监督管理。财政部门负责对政府购买行业协会商会服务的资金和行为进行评估和监管,并会同机关事务主管部门对行业协会商会使用的国有资产进行登记和监管。税务部门对行业协会商会涉税行为进行稽查和监管。审计部门对行业协会商会依法进行审计监督。价格部门对行业协会商会收费及价格行为进行监管。行业协会商会组织论坛、评比、达标、表彰等活动,要严格按相关规定执行,并接受监督。各行业管理部门按职能对行业协会商会进行政策和业务指导,并履行相关监管责任。其他职能部门和地方政府按职能分工对行业协会商会进行监管。党的各级纪检机关加强监督执纪问责。探索建立专业化、社会化的第三方监督机制。

完善信用体系和信息公开制度。建立行业协会商会信用承诺制度,完善行业协会商会的信用记录,建立综合信用评级制度。对行业协会商会的信用情况开展社会评价,评价结果向社会公布。建立健全行业协会商会信息公开和年度报告制度,接受社会监督。

建立完善法人治理结构。行业协会商会要按照建立现代社会组织要求,建立和完善产权清晰、权责明确、运转协调、制衡有效的法人治理结构。健全行业协会商会章程审核备案机制,完善以章程为核心的内部管理制度,健全会员大会(会员代表大会)、理事会(常务理事会)制度,建立和健全监事会(监事)制度。落实民主选举、差额选举和无记名投票制度。鼓励选举企业家担任行业协会商会理事长,探索实行理事长(会长)轮值制,推行秘书长聘任制。实施法定代表人述职、主要负责人任职前公示和过错责任追究制度。在重要的行业协会商会试行委派监事制度,委派监事履行监督和指导职责,督促行业协会商会落实宏观调控政策和行业政策。所派监事不在行业协会商会兼职、取酬、享受福利。

五、组织实施

(一)建立工作机制

国家发展改革委、民政部会同中央组织部、中央编办、中央直属机关工委、中央国家机关工委、外交部、工业和信息化部、财政部、人力资源社会保障部、商务部、审计署、国务院国资委、国管局、全国工商联,成立行业协会商会与行政机关脱钩联合工作组(以下简称联合工作组),负责组织实施本方案,推进全国性行业协会商会脱钩工作,指导和督促各地开展脱钩工作。联合工作组由国务院领导同志牵头,办公室设在国家发展改革委。各地建立相应领导机制和工作组,制定本地区脱钩方案,负责推进本地区脱钩工作。

(二)明确责任分工

各相关职能部门按照本方案和职能分工,落实相关政策和措施。各级发展改革、民政部门负责统筹协调、督促检查脱钩工作。审计部门负责对资产清查结果进行抽查监督,审计脱钩过程中财政资金使用情况。各业务主管单位负责逐个制定行业协会商会脱钩实施方案,落实各项工作,并向社会公开。

本方案印发后一个月内,有关部门分别出台相关配套文件:中央组织部会同中央直属机关工委、中央国家机关工委、国务院国资委党委制定关于全国性行业协会商会与行政机关脱钩后党建工作管理体制调整的实施办法,明确党的思想、组织、作风、反腐倡廉和制度建设的具体任务,切实加强党对行业协会商会党建工作的领导;中央编办会同国家发展改革委、工业和信息化部、财政部、人力资源社会保障部、商务部、国务院国资委等部门提出关于行业协会商会与行政机关脱钩涉及事业单位机构编制调整的意见;外交部提出相关外事管理工作政策措施;国家发展改革委牵头制定行业公共信息平台建设方案;民政部牵头制定全国性行业协会商会主要负责人任职管理办法;财政部会同国管局、中直管理局等有关部门制定行业协会商会资产清查和国有资产管理规定,财政部提出逐步取消财政拨款的具体操作办法,财政部会同国家发展改革委等部门提出购买行业协会商会服务的具体措施;国管局、中直管理局会同有关部门制定清理腾退全国性行业协会商会占用行政办公用房的具体办法。

为适应行业协会商会脱钩后的新体制新要求,国家发展改革委、民政部会同有关部门制定综合监管办法。

(三)稳妥开展试点

全国性行业协会商会脱钩试点工作由民政部牵头负责,2015年下半年开始第一批试点,2016年总结经验、扩大试点,2017年在更大范围试点,通过试点完善相应的体制机制后全面推开。按照兼顾不同类型、行业和部门的原则,第一批选择100个左右全国性行业协会商会开展脱钩试点。各业务主管单位于2015年7月底前将推荐试点名单报送民政部,并逐个制定试点行业协会商会脱钩实施方案。方案报经民政部核准、联合工作组批复后实施,其中须有关部门批准的事项,按管理权限和职能分别报批。各试点单位要在2016年6月底前完成第一批试点,由联合工作组对试点成效进行评估并认真总结经验,完善配套政策。

地方行业协会商会脱钩试点工作由各省(区、市)工作组负责。各省(区、市)同步开展本地区脱钩试点工作,首先选择几个省一级协会开展试点,试点方案报经民政部核准、联合工作组批复后实施。各地要在2016年底前完成第一批试点和评估,并将评估结果报联合工作组。在认真总结经验的基础上,完善试点政策,逐步扩大试点范围,稳妥审慎推开。

(四)精心组织实施

脱钩工作涉及面广、政策性强、社会关注度高,各地区、各有关部门和行业协会商会要高度重视,严明纪律,做好风险预案,确保如期完成脱钩任务。要严格按照本方案要求推进脱钩工作,规范工作程序,建立考核机制,确保工作有序开展。要加强舆论引导和政策解读,形成良好舆论氛围。脱钩工作中遇有重要情况和问题,要及时向联合工作组报告。

各地区、各部门要大力支持行业协会商会发展,优化发展环境,改进工作方式,构建与行业协会商会新型合作关系;建立和完善与行业协会商会协商机制,在研究重大问题和制定相关法律法规、规划、政策时应主动听取相关行业协会商会意见;加强对行业协会商会的指导和支持,及时研究解决行业协会商会改革发展中的困难和问题。行业协会商会要加快转型,努力适应新常态、新规则、新要求,完善治理结构,规范自身行为,提升专业服务水平,强化行业自律,引导企业规范经营,积极反映会员诉求,维护会员合法权益,真正成为依法自治的现代社会组织。

自本方案印发之日起,新设立的行业协会商会,按本方案要求执行。

民政部社会组织管理局关于进一步加强社会组织管理严格规范社会组织行为的通知

(民社管函〔2021〕43号)

各全国性社会组织:

当前,一些全国性社会组织违法违规问题时有发生,有的与非法社会组织勾连沦为非法社会组织的"挡箭牌";有的评比表彰违规操作成为社会诟病的对象;有的通过各种途径向会员乱收费牟取经济利益;有的举办研讨会、论坛偏离宗旨造成不良社会影响。今年是具有特殊意义的一年,党和国家大事多、喜事多,全国性社会组织都要提高政治站位,进一步增强"四个意识"、坚定"四个自信"、做到"两个维护",进一步强化遵纪守法意识,严格规范自身行为,努力为党的百年华诞营造良好氛围,为新征程开好局、起好步作出积极贡献,现就进一步加强全国性社会组织管理,严格规范全国性社会组织行为有关事项通知如下:

一、进一步加强行为自律,严禁与非法社会组织勾连

各全国性社会组织要认真学习贯彻中央和国家机关22部委联合印发的《关于铲除非法

社会组织滋生土壤 净化社会组织生态空间的通知》精神,严格对照"六不得一提高"要求,坚决做到不与非法社会组织勾连或为其活动提供便利;不参与成立或加入非法社会组织;不接收非法社会组织作为分支或下属机构;不为非法社会组织提供账户等便利;不为非法社会组织进行虚假宣传。要积极响应上述通知要求,采取有力举措,切实加强各社会组织从业人员管理,坚决抵制非法社会组织活动,不为非法社会组织"站台"或"代言";积极发动会员或会员单位踊跃参与打击整治非法社会组织行动,进一步营造好打击整治非法社会组织的浓厚氛围。

二、进一步加强表彰管理,严禁借建党百年乱评比乱表彰

各全国性社会组织要严格遵守《中共中央办公厅、国务院办公厅关于印发〈评比达标表彰活动管理办法〉的通知》(中办发〔2018〕69号)和《社会组织评比达标表彰活动管理暂行规定》(国评组发〔2012〕2号)等政策规定,坚决制止和纠正违规开展的评比达标表彰,严禁借中国共产党建党100周年之机违规开展各类评比、评选、评奖等活动。对于经批准保留的评比达标表彰项目,要严格按照既定内容、范围、周期开展活动,不得擅自改变项目名称和周期,不得擅自扩大项目范围或擅自增设子项目;对于未列入保留范围的评比达标表彰项目,一律不得举办,更不得通过变换项目名称和举办方式等途径继续举办。

三、进一步加强收费管理,严禁涉企违规收费

各全国性社会组织特别是全国性行业协会商会要按照《国务院办公厅关于进一步规范行业协会商会收费的通知》(国办发〔2020〕21号)等文件要求,进一步规范涉企收费行为,严禁强制入会和强制收费,严禁利用法定职责和行政机关委托、授权事项违规收费,严禁通过评比达标表彰活动收费,严禁通过职业资格认定违规收费,严禁只收费不服务或多头重复收费。要对会费标准是否经会员(代表)大会以无记名投票方式表决通过、是否明确会员享有的基本服务、是否按期完成经营服务性收费标准调整和规范工作、是否向社会公示各类收费信息、是否向会员公示年度财务收支等情况进行"回头看",存在问题的要立行立改,切实提升收费的规范性和透明度。

四、进一步加强会议管理,严禁违规举办"一讲两坛三会"

各全国性社会组织要切实履行主体责任,举办讲座、论坛、讲坛、年会、报告会和研讨会等活动,必须严格遵守党的纪律和国家法律法规,坚持正确的政治方向、舆论导向和价值取向,确保活动内容健康、价值导向正确、正面效果突出、得到社会认可。要严格审查活动内容,紧盯活动重要环节,严守宣传报道纪律,做到守土有责、守土担责、守土尽责,绝不给错误思想观点和不良文化提供传播渠道和平台。要慎重选择合作对象,以"主办单位""协办单位""支持单位""参与单位""指导单位"等方式与其他主体合作开展活动的,要切实履行相关职责,加强活动过程监管。要厉行节约、勤俭务实,不得组织或参与乱收费、乱摊派等违法违规活动,坚决杜绝各类形式主义和奢侈浪费。

各全国性社会组织接此通知后,要及时召开理事会、会长办公会等会议,有条件的社会团体要召开会员(代表)大会,层层传导压力,确保将本通知要求传达到所有分支机构、会员及每位工作人员。要抓紧开展自查自纠,对本组织及分支机构、代表机构、专项基金等是否存在与非法社会组织勾连、违规开展评比达标表彰、违规涉企收费、违规举办"一讲两坛三会"等情况进行全面摸排,及时消除违规隐患、纠正违规行为,并将相关情况及时报民政部、业务主管单位及党建工作机构。

民政部将会同有关部门加大监督检查力度,对于顶风违法违规开展活动的全国性社会组织,视情形依法依规从严从重给予行政处罚,列入社会组织活动异常名录或严重违法失信名单,没收违法违规所得;向社会公开曝光违法事实、查处情况,公布包括业务主管单位、主要负责人(法定代表人)名单在内的处罚信息;调整年检结论,合格的一律调整为不合格;调整评估等级,不论等级多高,一律降为2A以下;取消优先获得政府购买服务、税收优惠等资格。对于涉嫌违纪和职务违法犯罪的党员干部,移送纪检监察部门、组织人事部门依规依纪依法严肃处理。

民政部社会组织管理局
2021年4月6日

国家发展改革委办公厅关于组织开展行业协会商会经营服务性收费清理规范工作的通知

(发改办价格〔2020〕632号)

工业和信息化部、民政部、财政部、自然资源部、人民银行、国资委、市场监管总局、银保监会、证监会办公厅(室),各省、自治区、直辖市发展改革委:

为持续深化"放管服"改革,进一步优化营商环境,根据《国务院办公厅关于进一步规范行业协会商会收费的通知》(国办发〔2020〕21号)要求,现就组织开展行业协会商会收费清理规范工作有关事项通知如下:

一、清理规范的目标

围绕行业协会商会经营服务性收费存在的突出问题,按照突出重点、分类规范的原则,通过深入清理规范,进一步打破服务垄断,坚决取消违法违规收费,提升收费规范性和透明度,降低偏高收费,切实降低实体经济运行成本。

二、清理规范的措施

各部门要组织本行业内协会商会对收取的经营服务性等收费进行梳理,包括收费项目、收费内容、收费依据、收费主体、收费对象、收费标准、收费金额等。在此基础上对照相关法律法规和政策规定,对收费事项进行认真分析,按照以下要求开展清理规范工作。

(一)打破服务垄断。各部门要清理行业内协会商会开展的垄断性和强制性的服务项目,通过放开准入条件、引入多元化服务主体等方式实现服务价格市场化。对暂时无法破除垄断的,由行业协会商会按合理合法、补偿成本、略有盈余的原则确定收费标准,并经会员(代表)大会或理事会投票表决通过。

(二)取消违法违规收费项目。各部门应要求行业内协会商会收取会费的同时,明确所提供的基本服务项目,对提供的基本服务项目不得以有偿服务的形式另行收费,不得利用自身的强势地位强制服务并收费,全面清理取消不符合法律法规及相关政策规定收取的入会费、赞助费、会议费、培训费、考试费、评比表彰费等收费,并退还违法违规所得。

（三）降低收费标准。对收费标准偏高、盈余较多、使用不透明、企业与社会反映较强的部分重点领域，特别是银行、证券、保险、基金、期货、资产评估等履行法定职责的行业协会商会，各部门要组织开展成本审核，督促其综合考虑服务成本、会员经营状况、承受能力、行业发展水平等因素制定收费标准，降低偏高收费。

（四）规范收费行为。各部门应要求行业协会商会按照法律法规关于经营者义务的相关规定和自愿有偿服务的原则，在宗旨和业务范围内开展有偿服务活动，规范相关收费行为，按照公平、合法、诚实守信的原则，公允确定并公开收费项目和标准，提供质价相符的服务。

三、清理规范的组织实施

（一）提高对清理规范工作的认识。此次清理规范工作时间紧、任务重，各地方、各部门要充分认识清理规范行业协会商会收费工作对减轻企业和社会负担的重要意义，结合实际和自身职责，进一步细化任务分工，明确时间表、路线图，确保各项任务落到实处，清理规范措施务求取得实效。

（二）集中公示行业协会商会收费。各部门要在清理规范的基础上，指导制定完善行业内协会商会服务规范，细化服务流程，提高服务质量，并要求行业协会商会于11月30日前在"信用中国"网站对清理规范后的收费情况进行公示，增加政策透明度，接受社会监督，未经公示的收费项目一律不得收取。

（三）及时报送清理规范情况。各地方、各部门要全面总结评估此次行业协会商会收费清理规范情况，将打破服务垄断、取消收费项目、降低收费标准、合计减负金额等情况梳理总结，形成书面材料（附光盘）于11月30日前报送国家发展改革委（价格司）。

（四）开展随机抽查复核。国家发展改革委将对各部门报送的清理规范情况进行汇总梳理，结合行业协会商会收费公示情况，会同相关部门针对发现的突出问题，选择部分行业协会商会进行抽查复核，深入了解实际收费情况。对抽查复核中发现的问题，将会同相关部门共同明确处理原则，提出具体处理意见，切实规范收费行为。

国家发展改革委办公厅
2020年8月21日

涉企违规收费专项整治行动方案[①]

整治涉企违规收费，坚决查处乱收费、乱罚款、乱摊派，是为市场主体特别是中小微企业和个体工商户减负的重要举措。为贯彻落实党中央、国务院决策部署，按照《政府工作报告》要求，推动降费减负各项政策落到实处，支持助企纾困，进一步优化营商环境，经国务院同意，决定在全国集中开展涉企违规收费专项整治行动。

一、总体要求

以习近平新时代中国特色社会主义思想为指导，全面贯彻党的十九大和十九届历次全

[①] 国家发展改革委、工业和信息化部、财政部、市场监管总局于2022年6月23日印发（发改价格〔2022〕964号）。

会精神,完整、准确、全面贯彻新发展理念,坚持问题导向和目标导向,全面排查交通物流、水电气暖、地方财经、金融、行业协会商会等领域涉企违规收费问题,专项整治乱收费、乱罚款、乱摊派,建立协同治理和联合惩戒机制,重点查处落实降费减负政策不到位、借疫情防控违规设立收费项目、不按要求执行国家和地方已出台惠企收费政策等行为,坚持对违法违规收费行为"零容忍",切实减轻各类市场主体的不合理负担。

专项整治要强化协同治理,加强部门配合、上下联动,发挥社会监督作用,形成监管合力;强化联合惩戒,加大查处力度,发挥警示作用,营造自律守法氛围;强化标本兼治,推动完善长效监管机制,全面规范各类收费行为。

二、重点任务

(一)交通物流领域涉企违规收费问题专项整治。重点整治水运、公路、航空、铁路等领域落实助企纾困有关降费优惠政策不到位、继续收取已明令取消的费用或重复收费、为规避政策规定拆分收费项目、不执行或推迟执行政府指导价等问题。查处部分企业利用承担疫情防控任务巧立名目违规收取多种费用、随意提升收费标准、扩大收费范围等行为,严禁有关单位以疫情防控为名向交通物流企业实行强制摊派等,切实保障货运物流畅通高效。加大海运收费监管力度,督促船公司、港口、船代、货代、堆场、报关等环节严格执行价格法律法规和相关政策,严格执行收费项目和标准公示制度,依法查处不按公示价格标准收费、随意增加收费项目或价格欺诈等价格违法行为。

(二)水电气暖领域涉企违规收费问题专项整治。加强供水供电供气供暖领域红线内外接入、建设安装、更新改造、维护维修领域等价格监管,重点整治不执行政府定价和政府指导价、利用垄断地位转嫁应由自身承担的费用、自定标准自设项目收取费用、对计量装置及强制检定违规收费等行为。重点整治非电网直供电环节不合理加价、违规加价等问题,查处以用电服务费等名义向用户重复分摊收费、未落实电价收费公示制度、清退已收取的不合理费用不彻底不及时等行为,严禁供电价格上涨超过政策规定的最大允许上浮幅度。

(三)地方财经领域涉企违规收费问题专项整治。重点整治降费减负助企纾困政策未有效落实、采取打折扣搞变通方式侵蚀降费减负红利、相关政策红利未及时有效惠及市场主体等问题,严禁违反收费基金立项审批权限自立名目收费、扩大收费范围、提高征收标准等,确保取消、停征、免征及降低征收标准的收费基金落到市场主体。督促指导地方政府和下属单位加强财政收支预算管理,严肃查处违规下达收入目标任务、违规以财政支出方式实施与企业缴纳税费挂钩的返还政策、征收过头税费、集中开展逐利式乱检查乱罚款、向市场主体强制或变相摊派等加重市场主体负担的行为,坚决禁止乱收费、乱罚款、乱摊派等问题。

(四)金融领域涉企违规收费问题专项整治。重点整治商业银行未按规定披露服务价格信息、超出价格公示标准收费、只收费不服务或少服务、未提供实质性服务而收费等问题,查处利用优势地位转嫁应由银行承担的费用、贷款强制捆绑金融产品或服务、未落实国家对小微企业和个体工商户等市场主体银行服务收费优惠政策和措施、执行内部减免优惠政策要求不到位等行为,督促银行不折不扣落实减免服务收费、减轻企业负担等政策要求,规范服务价格管理和收费行为,进一步加强服务合作管理,提升金融服务质效。

(五)行业协会商会及中介机构涉企违规收费问题专项整治。在已有清理整治工作基础上,开展行业协会商会违规收费问题"回头看",重点整治行业协会商会利用行政委托事项及其他行政影响力强制或变相强制企业入会并收取会费、擅自设立收费项目或提高收费标准,以及强制或诱导企业参加会议、培训、展览、考核评比、表彰、出国考察等收费活动,强制市场主体为行业协会商会赞助、捐赠,强制市场主体付费订购有关产品等行为,督促行业协会商会进一步规范会费、经营服务性收费标准等。严肃查处中介机构超过政府定价和政府指导价违规收费、向市场主体转嫁应由政府部门承担的费用、将行政审批事项转为中介服务并收费等行为。

三、组织实施

专项整治行动分为四个阶段:

(一)部署准备(2022年6月)。由工业和信息化部、发展改革委、财政部、市场监管总局牵头,制定专项整治行动新闻宣传工作方案,以国务院减轻企业负担部际联席会议名义召开全国电视电话会议进行部署。相关行业主管部门和各地区全面梳理本领域、本地区出台的涉企收费政策,同步做好已出台涉企收费优惠措施的政策解读,加强涉企违规收费问题摸排。通过12381、12315等热线电话接受社会投诉举报,设立专门渠道收集有关问题线索和意见建议,在涉企收费政策情况梳理和投诉举报反映问题等基础上,建立涉企违规收费问题台账。

(二)自查自纠(2022年7月—9月)。由交通运输部、发展改革委、财政部、银保监会、民政部分别会同有关方面制定工作方案,对交通物流、水电气暖、地方财经、金融、行业协会商会等领域的相关收费主体开展自查自纠,深入摸排投诉举报线索及相关领域存在的突出问题,及时纠正规范乱收费、乱罚款、乱摊派行为,督促做好问题整改落实。其中,民航、铁路领域的自查自纠工作分别由民航局、国家铁路集团公司牵头负责,海运口岸收费清理规范工作按照既定职责分工落实。同时,各地区重点围绕借疫情防控名义违规收费、社会中介机构不合理收费以及变相截留涉农资金等问题开展自查自纠。工业和信息化部、发展改革委要通过企业调查、媒体报道、明察暗访等多种方式,积极推动收费主体自查自纠、主动规范整改。有关牵头部门和各地区要认真分析自查自纠发现的问题,研究提出有针对性的意见建议,形成自查自纠情况报告,送工业和信息化部、发展改革委、财政部、市场监管总局。

(三)联合检查(2022年10月)。由市场监管总局牵头会同发展改革委、工业和信息化部、财政部、审计署等部门组成联合检查组,根据有关问题线索和自查自纠情况,对重点部门、重点地区、重点领域涉企收费情况实地开展抽查检查。对实地抽查发现的涉企违规收费项目要严肃整改、坚决取消,对违规收费主体综合采取市场监管、行业监管、信用监管等方式予以联合惩戒,对情节严重、性质恶劣的典型案例公开曝光。总结有关部门和各地区落实降费减负、推动收费政策惠企利民好的经验做法,加大宣传推广力度。

(四)总结评估(2022年11月)。由发展改革委、工业和信息化部会同财政部、市场监管总局等部门系统梳理总结专项整治行动成果,对发现问题和整改落实情况等开展评估,深入分析涉企违规收费问题深层次原因,研究提出建立完善长效监管机制的意见建议,有关情况汇总形成报告报国务院。

四、工作要求

(一)加强组织领导。依托国务院减轻企业负担部际联席会议机制,建立由发展改革委、工业和信息化部会同财政部、市场监管总局等部门牵头的专项工作机制,加强对专项整治行动的统筹协调。机制下设综合业务、行业监管、财经纪律、监督检查等专项小组,统筹推进专项整治行动各项工作。各省(区、市)建立相应专项工作机制,加强对专项整治行动的领导。

(二)强化责任落实。各地区、各有关部门要深刻认识专项整治行动对做好"六稳""六保"工作的重要意义,按照专项整治行动部署统一开展工作,密切协作配合,以整治过程中发现的问题为导向,坚持边整边改、标本兼治,积极研究解决乱收费、乱罚款、乱摊派问题,着力抓好专项行动任务落实。

(三)加强督促交流。专项整治行动期间要加强工作调度,建立动态工作交流制度,每旬通报有关工作情况,加强重点难点问题协调,及时交流专项整治工作经验做法,发现的重大问题和线索要及时按程序移交有关部门,确保各项任务稳步推进、按期落实。

国家发展改革委关于进一步清理规范政府定价经营服务性收费的通知

(发改价格〔2019〕798号)

各省、自治区、直辖市及计划单列市、新疆生产建设兵团发展改革委、物价局:

为全面深化"放管服"改革,进一步降低实体经济成本,持续改善营商环境,以更实举措更大地激发市场活力,健全主要由市场决定价格的机制,不断提高政府定价管理的科学性、规范性和透明度,现就进一步清理规范政府定价经营服务性收费有关事项通知如下。

一、缩减政府定价范围和定价项目层级

严格按照"凡是市场能自主调节的就让市场来调节"的原则,放开机动车检测类、气象服务类、地震安全评价类等收费项目,进一步缩减政府定价范围,对已经形成竞争的服务,一律实行市场调节价;对能够区分竞争性领域或环节的,竞争性领域或环节的收费标准一律实行市场调节;对市场竞争不充分、仍具有垄断性的经营服务性收费,实行政府定价(含政府指导价,下同)管理。各地政府定价经营服务性收费项目不得超过规定范围(具体范围详见附件),可根据实际情况缩减,不得通过改变名称等方式扩大范围。切实减少并严格限定定价项目层级,原则上不得设立三级项目,确有必要增加项目或设立三级项目的,需报省级人民政府批准。各地压缩政府定价经营服务性收费项目,如需修改有关法律、法规的,须在履行法定程序后再行调整。地方政府定价目录应相应做出调整修订。

二、规范定价主体和收费标准制定方法

要区分不同收费项目和性质,对政府定价经营服务性收费实行不同的收费标准制定方法。原则上,政府定价经营服务性收费标准采用准许成本加合理收益的方法制定,对具备条件的鼓励采用市场化的方式定价,鼓励价格主管部门由直接定价转为制定定价机制,具体价格依照定价机制由市场调节形成;对政府投资或参与投资建设的项目,应以扣除政府投入后的成本为依据制定收费标准,充分体现公益性。对专业性、技术性较强的,价格主管部门在定价时要充分听取行业主管部门意见。各地按照本通知确定的定价范围,细化并明确每个项目的标准制定方法,并与收费标准一并公布。

三、严格履行政府定价程序

制定和调整经营服务性收费标准,要严格按照《政府定价行为规则》(国家发展和改革委员会令2017年第7号)有关规定,依法履行价格调查、成本监审或成本调查、听取社会意见、合法性审查、集体审议、作出价格决定等程序。对社会影响较大的,要提前做好风险评估并制定应对预案。关系群众切身利益的项目,要完善配套保障措施,切实保障低收入群体基本生活不受影响。

四、健全管理制度体系

一是建立健全政府定价经营服务性收费后评估制度。各地可以通过自评估、聘请第三方评估等方式,定期对政策执行情况进行跟踪调查、监测和评估,了解政策执行中遇到的问题,收费主体经营状况、成本情况、劳动生产率、市场供求变化等对收费标准的影响,密切关注社会各方面对所制定收费标准的意见。

二是不断完善政府定价经营服务性收费动态调整制度。各地要对拟放开服务、领域、环节市场竞争状况进行评估,参考评估结论,不断完善政策。综合考虑市场竞争程度、生产经营成本等变化,及时将能放开的项目放开、需要改进定价方法的进行改进、需要调整标准的进行调整。对放开后又形成垄断的,应积极配合相关部门及时查处,维护消费者正当权益。

三是全面落实政府定价经营服务性收费目录清单调整制度。不断完善政府定价经营服务性收费目录清单"一张网"。目录清单中包括具体收费项目、收费文件依据、收费标准、定价方法、定价部门和行业主管部门等。各地调整收费项目和标准,变更项目名称、收费文件依据等信息的,省级价格主管部门要及时在当地官方网站对外公布,并向国家发展改革委书面报告。同时,省级价格主管部门要将已审核同意的目录清单(含收费项目、文件依据、收费标准、定价方法、定价部门和行业主管部门等)电子版上传至国家发展改革委(价格司),由国家发展改革委价格司统一调整,并对外发布。

四是切实加强事中事后监管。加强对取消政府定价政策的跟踪督查,建立健全价格行为规则规范,引导价格合理形成,重点督查政策的落实、执行和运行情况,督促经营者做到明码标价、收费公示,自我约束、公平竞争。同时加强价格监测预警,关注舆情反映,及时了解市场价格动态和市场运行变化情况,做好应急处置。

五、具体要求

各省级价格主管部门要进一步提高认识,增强责任感,把清理规范政府定价经营服务性收费作为2019年价格改革的重点任务,进行专项部署,加强与有关部门的协作,积极推进工作。要结合本地实际,倒排时间表,细化工作方案,明确各项具体任务,落实到处、明确到人,提出可检验的成果形式和时间进度安排。要加强与媒体沟通,宣传清理规范收费工作进展,及时应对舆情反映,主动回应社会关注、民生关切。各地清理规范政府定价的经营服务性收费,不涉及修改相关法律法规或者地方定价目录的,要在2019年7月底前完成相关工作,同时将阶段性工作成果报国家发展改革委(价格司);涉及修改法律法规或者地方定价目录的,要在上报时一并注明,并说明工作进度。

附件:地方政府定价的经营服务性收费范围(略)

国家发展改革委
2019年5月5日

保障中小企业款项支付投诉处理暂行办法[①]

第一条 为了促进机关、事业单位和大型企业及时支付中小企业款项，规范投诉受理、处理程序，维护中小企业合法权益，根据《中华人民共和国中小企业促进法》《保障中小企业款项支付条例》等法律、法规，制定本办法。

第二条 中小企业就机关、事业单位和大型企业违反合同约定拒绝或者迟延支付货物、工程、服务款项提起投诉，省级以上人民政府负责中小企业促进工作综合管理的部门受理投诉，有关部门、地方人民政府对投诉做出处理，适用本办法。

其中，中小企业是指在中华人民共和国境内依法设立，依据国务院批准的《中小企业划型标准规定》确定的中型企业、小型企业和微型企业；大型企业是指中小企业以外的企业。

第三条 本办法所称投诉人，是指认为机关、事业单位和大型企业违反合同约定拒绝履行付款义务，或未在合同约定及法律、行政法规规定的期限内向其支付货物、工程、服务款项，为维护自身合法权益而提起投诉的中小企业。

本办法所称被投诉人，是指因与中小企业发生货物、工程、服务款项争议而被投诉的机关、事业单位和大型企业。

第四条 省级以上人民政府负责中小企业促进工作综合管理的部门作为受理投诉部门，应当建立便利、顺畅的投诉渠道，并向社会公布。投诉渠道可包括网络平台、电话、传真、信函等适当的方式。

第五条 投诉人根据本办法提出投诉的，应当通过受理投诉部门公布的投诉渠道进行。

投诉人在投诉时应当有具体的投诉事项和事实根据，并对提供材料的真实性负责。投诉人不得捏造、歪曲事实，不得进行虚假、恶意投诉。

第六条 投诉人应按要求提交投诉材料。投诉材料应当包括下列主要内容：

（一）投诉人名称、统一社会信用代码、企业营业执照扫描件（复印件）、企业规模类型、联系人及联系电话、通讯地址；

（二）被投诉人名称、统一社会信用代码、单位类型、企业规模类型、住所地址、联系人及联系电话；

（三）具体的投诉请求以及相关事实、证据材料；

（四）投诉事项未被人民法院、仲裁机构、其他行政管理部门或者行业协会等社会调解机构受理或者处理的承诺。

投诉材料应当由法定代表人或者主要负责人签字并加盖公章。

第七条 投诉有下列情形之一的，不予受理：

（一）非因机关、事业单位和大型企业向中小企业采购货物、工程、服务而发生欠款的；

（二）人民法院、仲裁机构、其他行政管理部门或者行业协会等社会调解机构已经受理或者处理的；

（三）法律、行政法规、部门规章规定不予受理的其他情形。

[①] 工业和信息化部于2021年12月30日印发（工信部企业〔2021〕224号）。

第八条　受理投诉部门收到投诉后,应当在10个工作日内进行审查。

对符合要求的投诉,应当予以受理,并告知投诉人。

投诉材料内容不完整的,告知投诉人补充投诉材料后重新提交投诉。

投诉不予受理的,告知投诉人并说明理由。

第九条　受理投诉部门应当按照"属地管理、分级负责,谁主管谁负责"的原则,自正式受理之日起10个工作日内,将投诉材料转交给有关部门、地方人民政府处理。

第十条　有关部门、地方人民政府对受理投诉部门转交的投诉事项应当依法及时处理。投诉人、被投诉人以及与投诉事项有关的单位及人员应当如实反映情况,并提供相关证据。

第十一条　投诉人可向受理投诉部门申请撤回投诉,投诉处理程序自受理投诉部门收到撤回申请当日终止。受理投诉部门应及时将投诉人撤回投诉的信息告知处理投诉部门。

第十二条　处理投诉部门应当自收到投诉材料之日起30日内将处理结果告知投诉人,并反馈受理投诉部门。案情复杂或有其他特殊原因的,可适当延长,但最长不超过90日。

第十三条　受理投诉部门督促处理投诉部门在规定的时限内反馈处理结果;对投诉处理情况建立定期报告制度,对未按规定反馈投诉事项处理结果,或在处理投诉事项时存在推诿、敷衍、拖延、弄虚作假等情形的进行工作通报。

第十四条　受理投诉部门对群众反映强烈的拖欠典型案例可予以公开曝光。

经调查、核实,依法认定机关、事业单位和大型企业不履行及时支付中小企业款项义务,情节严重的,受理投诉部门可依法依规将其失信信息纳入全国信用信息共享平台,并将相关涉企信息通过"信用中国"网站和企业信用信息公示系统向社会公示,依法实施失信惩戒。

第十五条　处理投诉部门在调查、处理投诉的过程中,发现被投诉的机关、事业单位和大型企业存在违反《保障中小企业款项支付条例》情形的,应将相关情况告知受理投诉部门,由其转交有关部门依法依规处理。

第十六条　省级以上人民政府建立督查制度,对及时支付中小企业款项工作进行监督检查。审计机关依法对机关、事业单位和国有大型企业支付中小企业款项情况实施审计监督。

第十七条　相关部门及其工作人员对于在受理、处理投诉过程中知悉的国家秘密、商业秘密、个人隐私和个人信息,应当予以保密,不得泄露或向他人非法提供。

第十八条　被投诉人为部分或全部使用财政资金向中小企业采购货物、工程、服务的团体组织的,参照本办法对机关、事业单位的有关规定执行。

第十九条　本办法自发布之日起施行。

住房和城乡建设部办公厅关于开展工程建设领域整治工作的通知

(建办市〔2021〕38号)

各省、自治区住房和城乡建设厅,直辖市住房和城乡建设(管)委,新疆生产建设兵团住房和城乡建设局:

为深入贯彻党中央关于常态化开展扫黑除恶斗争的决策部署,落实全国扫黑除恶斗争领导小组工作要求,加强房屋建筑和市政基础设施工程招标投标活动监管,治理恶意竞标、强揽工程等突出问题,决定开展房屋建筑和市政基础设施工程建设领域(以下简称工程建设领域)整治工作,现将有关事项通知如下。

一、总体要求

以习近平新时代中国特色社会主义思想为指导,深入学习贯彻党的十九大和十九届二中、三中、四中、五中全会精神,认真贯彻落实党中央关于常态化开展扫黑除恶斗争的决策部署,聚焦工程建设领域存在的恶意竞标、强揽工程等突出问题,严格依法查处违法违规行为,及时发现和堵塞监管漏洞,建立健全源头治理的防范整治长效机制,持续规范建筑市场秩序。

二、工作目标

通过整治工作,到 2022 年 6 月底,工程建设领域恶意竞标、强揽工程等违法违规行为得到有效遏制,招标投标乱象和突出问题得到有效整治,招标投标监管制度进一步完善。

三、整治重点

针对工程建设领域以下突出问题开展整治工作:

(一)投标人串通投标、以行贿的手段谋取中标、挂靠或借用资质投标等恶意竞标行为。

(二)投标人胁迫其他潜在投标人放弃投标,或胁迫中标人放弃中标、转让中标项目等强揽工程行为。

四、工作措施

(一)制定整治工作方案。2021 年 9 月底前,省级住房和城乡建设主管部门结合本地实际,制定本行政区域内工作方案,明确工作任务,指导监督各市、县(区)有序推进整治工作落实。地方各级住房和城乡建设主管部门进一步完善工作机制,细化工作措施,积极开展整治工作。

(二)集中整治行业乱象。2021 年 10 月至 2022 年 4 月,地方各级住房和城乡建设主管部门对本行政区域内的在建房屋建筑和市政基础设施工程项目进行全面排查,聚焦整治工作重点任务,严厉打击治理行业乱象,维护建筑市场秩序。畅通投诉举报渠道,完善处置机制,全面收集群众举报线索,加大线索核查力度。对发现的涉黑涉恶问题线索,及时移交有关部门处理。

(三)健全源头治理长效机制。2022 年 5 月至 6 月,地方各级住房和城乡建设主管部门全面总结整治工作,研究梳理房屋建筑和市政基础设施工程招标投标突出问题,深入研判招标投标领域出现的新动向、新情况,健全完善行业监管制度,堵塞监管漏洞,巩固整治成果,建立健全防范问题发生的常态化制度机制。

五、组织保障

(一)加强组织领导。地方各级住房和城乡建设主管部门要切实提高政治站位,充分认识整治工作的必要性和紧迫性,强化组织领导,明确工作目标,完善工作机制,强化责任落实,认真组织开展整治工作,确保整治任务取得扎实成效。

(二)强化监督指导。省级住房和城乡建设主管部门要建立任务跟踪督导机制,密切跟进各项工作进展。积极指导监督各市、县(区)住房和城乡建设主管部门按照"双随机、一公开"原则,通过开展现场巡查、专项检查等多种方式,加强对招标投标活动的监管。对整治不积极、效果不明显的地区、单位,通过约谈、通报、现场督导等方式督促落实,确保按期整治到位。

(三)构建联动机制。地方各级住房和城乡建设主管部门要加强与政法机关、纪检监察机关的信息共享和工作联动,强化行政执法与刑事司法衔接,不断提升监察、司法、检察建议和公安提示函("三书一函")办理质量,全面加强行业监管。对发现的涉黑涉恶问题线索,应当及时移交政法部门,并积极配合开展案件侦办工作。对发现的领导干部或工作人员违法违纪问题线索,应当及时移交纪检监察部门。

(四)加强正面宣传。地方各级住房和城乡建设主管部门要通过政府网站和主流媒体,加强对整治工作的舆论宣传,有计划地宣传报道一批典型案件,为整治工作营造良好社会氛围,鼓励和引导群众积极参与整治工作,净化市场环境。

(五)及时总结上报。地方各级住房和城乡建设主管部门要及时总结整治工作推进落实情况,由省级住房和城乡建设主管部门汇总后,分别于2021年12月底、2022年3月底填写工程建设领域整治工作情况统计表(附件1)报送我部建筑市场监管司;于2022年6月底前形成书面总结报告,并根据整治工作总体开展情况填写统计表,一并报送我部建筑市场监管司。总结报告内容应包括工程建设领域整治工作总体情况,采取的工作措施,取得的工作成效(包括查处的违法违规行为、整治的行业乱象、移送的涉黑涉恶问题线索等,应有具体的量化指标),发现的典型案例,招标投标监管制度完善情况以及工作建议等。

请省级住房和城乡建设主管部门确定一名同志作为整治工作联络员,于2021年9月30日前将整治工作方案和联络员登记表(附件2)报送我部建筑市场监管司。各地在开展工程建设领域整治工作中遇到的重大问题,请及时报送我部。

附件:1. 工程建设领域整治工作情况统计表(略)
   2. 工程建设领域整治工作联络员登记表(略)

住房和城乡建设部办公厅
2021年8月31日

工程建设项目招标投标活动投诉处理办法

(2004年6月21日国家发展改革委、建设部、铁道部、交通部、信息产业部、水利部、民航总局令第11号发布

根据2013年3月11日国家发展改革委、工业和信息化部、财政部、住房城乡建设部、交通运输部、铁道部、水利部、广电总局、民航局《关于废止和修改部分招标投标规章和规范性文件的决定》修正)

第一条 为保护国家利益、社会公共利益和招标投标当事人的合法权益,建立公平、高效的工程建设项目招标投标活动投诉处理机制,根据《中华人民共和国招标投标法》《中华人民共和国招标投标法实施条例》,制定本办法。

第二条　本办法适用于工程建设项目招标投标活动的投诉及其处理活动。

前款所称招标投标活动,包括招标、投标、开标、评标、中标以及签订合同等各阶段。

第三条　投标人或者其他利害关系人认为招标投标活动不符合法律、法规和规章规定的,有权依法向有关行政监督部门投诉。

前款所称其他利害关系人是指投标人以外的,与招标项目或者招标活动有直接和间接利益关系的法人、其他组织和自然人。

第四条　各级发展改革、工业和信息化、住房城乡建设、水利、交通运输、铁道、商务、民航等招标投标活动行政监督部门,依照《国务院办公厅印发国务院有关部门实施招标投标活动行政监督的职责分工的意见的通知》(国办发〔2000〕34号)和地方各级人民政府规定的职责分工,受理投诉并依法做出处理决定。

对国家重大建设项目(含工业项目)招标投标活动的投诉,由国家发展改革委受理并依法做出处理决定。对国家重大建设项目招标投标活动的投诉,有关行业行政监督部门已经收到的,应当通报国家发展改革委,国家发展改革委不再受理。

第五条　行政监督部门处理投诉时,应当坚持公平、公正、高效原则,维持国家利益、社会公共利益和招标投标当事人的合法权益。

第六条　行政监督部门应当确定本部门内部负责受理投诉的机构及其电话、传真、电子信箱和通讯地址,并向社会公布。

第七条　投诉人投诉时,应当提交投诉书。投诉书应当包括下列内容:

(一)投诉人的名称、地址及有效联系方式;

(二)被投诉人的名称、地址及有效联系方式;

(三)投诉事项的基本事实;

(四)相关请求及主张;

(五)有效线索和相关证明材料。

对招标投标法实施条例规定应先提出异议的事项进行投诉的,应当附提出异议的证明文件。已向有关行政监督部门投诉的,应当一并说明。

投诉人是法人的,投诉书必须由其法定代表人或者授权代表签字并盖章;其他组织或者自然人投诉的,投诉书必须由其主要负责人或者投诉人本人签字,并附有效身份证明复印件。

投诉书有关材料是外文的,投诉人应当同时提供其中文译本。

第八条　投诉人不得以投诉为名排挤竞争对手,不得进行虚假、恶意投诉,阻碍招标投标活动的正常进行。

第九条　投诉人认为招标投标活动不符合法律行政法规规定的,可以在知道或者应当知道之日起十日内提出书面投诉。依照有关行政法规提出异议的,异议答复期间不计算在内。

第十条　投诉人可以自己直接投诉,也可以委托代理人办理投诉事务。代理人办理投诉事务时,应将授权委托书连同投诉书一并提交给行政监督部门。授权委托书应当明确有关委托代理权限和事项。

第十一条　行政监督部门收到投诉书后,应当在三个工作日内进行审查,视情况分别做出以下处理决定：

（一）不符合投诉处理条件的，决定不予受理，并将不予受理的理由书面告知投诉人；

（二）对符合投诉处理条件，但不属于本部门受理的投诉，书面告知投诉人向其他行政监督部门提出投诉；

对于符合投诉处理条件并决定受理的，收到投诉书之日即为正式受理。

第十二条　有下列情形之一的投诉，不予受理：

（一）投诉人不是所投诉招标投标活动的参与者，或者与投诉项目无任何利害关系；

（二）投诉事项不具体，且未提供有效线索，难以查证的；

（三）投诉书未署具投诉人真实姓名、签字和有效联系方式的；以法人名义投诉的，投诉书未经法定代表人签字并加盖公章的；

（四）超过投诉时效的；

（五）已经作出处理决定，并且投诉人没有提出新的证据；

（六）投诉事项应先提出异议没有提出异议、已进入行政复议或行政诉讼程序的。

第十三条　行政监督部门负责投诉处理的工作人员，有下列情形之一的，应当主动回避：

（一）近亲属是被投诉人、投诉人，或者是被投诉人、投诉人的主要负责人；

（二）在近三年内本人曾经在被投诉人单位担任高级管理职务；

（三）与被投诉人、投诉人有其他利害关系，可能影响对投诉事项公正处理的。

第十四条　行政监督部门受理投诉后，应当调取、查阅有关文件，调查、核实有关情况。

对情况复杂、涉及面广的重大投诉事项，有权受理投诉的行政监督部门可以会同其他有关的行政监督部门进行联合调查，共同研究后由受理部门做出处理决定。

第十五条　行政监督部门调查取证时，应当由两名以上行政执法人员进行，并做笔录，交被调查人签字确认。

第十六条　在投诉处理过程中，行政监督部门应当听取被投诉人的陈述和申辩，必要时可通知投诉人和被投诉人进行质证。

第十七条　行政监督部门负责处理投诉的人员应当严格遵守保密规定，对于在投诉处理过程中所接触到的国家秘密、商业秘密应当予以保密，也不得将投诉事项透露给与投诉无关的其他单位和个人。

第十八条　行政监督部门处理投诉，有权查阅、复制有关文件、资料，调查有关情况，相关单位和人员应当予以配合。必要时，行政监督部门可以责令暂停招标投标活动。

对行政监督部门依法进行的调查，投诉人、被投诉人以及评标委员会成员等与投诉事项有关的当事人应当予以配合，如实提供有关资料及情况，不得拒绝、隐匿或者伪报。

第十九条　投诉处理决定做出前，投诉人要求撤回投诉的，应当以书面形式提出并说明理由，由行政监督部门视以下情况，决定是否准予撤回：

（一）已经查实有明显违法行为的，应当不准撤回，并继续调查直至做出处理决定；

（二）撤回投诉不损害国家利益、社会公共利益或者其他当事人合法权益的，应当准予撤回，投诉处理过程终止。投诉人不得以同一事实和理由再提出投诉。

第二十条　行政监督部门应当根据调查和取证情况，对投诉事项进行审查，按照下列规定做出处理决定：

（一）投诉缺乏事实根据或者法律依据的，或者投诉人捏造事实、伪造材料或者以非法手段取得证明材料进行投诉的，驳回投诉；

（二）投诉情况属实，招标投标活动确实存在违法行为的，依据《中华人民共和国招标投标法》《中华人民共和国招标投标法实施条例》及其他有关法规、规章做出处罚。

第二十一条　负责受理投诉的行政监督部门应当自受理投诉之日起三十个工作日内，对投诉事项做出处理决定，并以书面形式通知投诉人、被投诉人和其他与投诉处理结果有关的当事人。需要检验、检测、鉴定、专家评审的，所需时间不计算在内。

第二十二条　投诉处理决定应当包括下列主要内容：

（一）投诉人和被投诉人的名称、住址；

（二）投诉人的投诉事项及主张；

（三）被投诉人的答辩及请求；

（四）调查认定的基本事实；

（五）行政监督部门的处理意见及依据。

第二十三条　行政监督部门应当建立投诉处理档案，并做好保存和管理工作，接受有关方面的监督检查。

第二十四条　行政监督部门在处理投诉过程中，发现被投诉人单位直接负责的主管人员和其他直接责任人员有违法、违规或者违纪行为的，应当建议其行政主管机关、纪检监察部门给予处分；情节严重构成犯罪的，移送司法机关处理。

对招标代理机构有违法行为，且情节严重的，依法暂停直至取消招标代理资格。

第二十五条　当事人对行政监督部门的投诉处理决定不服或者行政监督部门逾期未做处理的，可以依法申请行政复议或者向人民法院提起行政诉讼。

第二十六条　投诉人故意捏造事实、伪造证明材料或者以非法手段取得证明材料进行投诉，给他人造成损失的，依法承担赔偿责任。

第二十七条　行政监督部门工作人员在处理投诉过程中徇私舞弊、滥用职权或者玩忽职守，对投诉人打击报复的，依法给予行政处分；构成犯罪的，依法追究刑事责任。

第二十八条　行政监督部门在处理投诉过程中，不得向投诉人和被投诉人收取任何费用。

第二十九条　对于性质恶劣、情节严重的投诉事项，行政监督部门可以将投诉处理结果在有关媒体上公布，接受舆论和公众监督。

第三十条　本办法由国家发展改革委会同国务院有关部门解释。

第三十一条　本办法自2004年8月1日起施行。

住房和城乡建设部办公厅关于出借资质违法行为有关查处问题的意见

（建办法函〔2021〕86号）

重庆市住房和城乡建设委员会：

《关于出借资质违法行为有关查处问题的请示》（渝建文〔2020〕118号）收悉。经研究，提出以下意见。

一、在建设工程招标投标活动中，出借资质供他人承揽工程，但未中标、未签订合同、未进场施工的施工企业或施工单位，属于《建设工程质量管理条例》第六十一条规定中的"施工单位"。

二、依照《建设工程质量管理条例》第六十一条规定，对前述施工单位处以工程合同价款百分之二以上百分之四以下罚款的，在行政处罚决定作出时，该工程项目有中标单位或已重新招标投标确定中标单位的，以项目中标合同金额作为工程合同价款；没有中标单位，也未重新招标投标确定中标单位的，可以招标投标中最高投标限价或招标控制价作为参照。

住房和城乡建设部办公厅
2021年2月19日

违反规定插手干预工程建设领域行为处分规定

（中华人民共和国监察部、中华人民共和国人力资源和社会保障部令第22号）

第一条　为进一步促进行政机关公务员廉洁从政，规范工程建设秩序，惩处违反规定插手干预工程建设领域行为，确保工程建设项目安全、廉洁、高效运行，根据《中华人民共和国行政监察法》《中华人民共和国公务员法》和《行政机关公务员处分条例》等有关法律、行政法规，制定本规定。

第二条　本规定适用于副科级以上行政机关公务员。

第三条　本规定所称违反规定插手干预工程建设领域行为，是指行政机关公务员违反法律、法规、规章或者行政机关的决定、命令，利用职权或者职务上的影响，向相关部门、单位或者有关人员以指定、授意、暗示等方式提出要求，影响工程建设正常开展或者干扰正常监管、执法活动的行为。

第四条　违反规定插手干预工程建设项目决策，有下列情形之一，索贿受贿、为自己或者他人谋取私利的，给予记过或者记大过处分；情节较重的，给予降级或者撤职处分；情节严重的，给予开除处分：

（一）要求有关部门允许未经审批、核准或者备案的工程建设项目进行建设的；

（二）要求建设单位对未经审批、核准或者备案的工程建设项目进行建设的；

（三）要求有关部门审批或者核准违反产业政策、发展规划、市场准入标准以及未通过节能评估和审查、环境影响评价审批等不符合有关规定的工程建设项目的；

（四）要求有关部门或者单位违反技术标准和有关规定,规划、设计项目方案的；

（五）违反规定以会议或者集体讨论决定方式安排工程建设有关事项的；

（六）有其他违反规定插手干预工程建设项目决策行为的。

第五条 违反规定插手干预工程建设项目招标投标活动,有下列情形之一,索贿受贿、为自己或者他人谋取私利的,给予记过或者记大过处分；情节较重的,给予降级或者撤职处分；情节严重的,给予开除处分：

（一）要求有关部门对依法应当招标的工程建设项目不招标,或者依法应当公开招标的工程建设项目实行邀请招标的；

（二）要求有关部门或者单位将依法必须进行招标的工程建设项目化整为零,或者假借保密工程、抢险救灾等特殊工程的名义规避招标的；

（三）为招标人指定招标代理机构并办理招标事宜的；

（四）影响工程建设项目投标人资格的确定或者评标、中标结果的；

（五）有其他违反规定插手干预工程建设项目招标投标活动行为的。

第六条 违反规定插手干预土地使用权、矿业权审批和出让,有下列情形之一,索贿受贿、为自己或者他人谋取私利的,给予记过或者记大过处分；情节较重的,给予降级或者撤职处分；情节严重的,给予开除处分：

（一）要求有关部门对应当实行招标拍卖挂牌出让的土地使用权采用划拨、协议方式供地的；

（二）要求有关部门或者单位采用合作开发、招商引资、历史遗留问题等名义或者使用先行立项、先行选址定点确定用地者等手段规避招标拍卖挂牌出让的；

（三）影响土地使用权招标拍卖挂牌出让活动中竞买人的确定或者招标拍卖挂牌出让结果的；

（四）土地使用权出让金确定后,要求有关部门违反规定批准减免、缓缴土地使用权出让金的；

（五）要求有关部门为不符合供地政策的工程建设项目批准土地,或者为不具备发放国有土地使用证书条件的工程建设项目发放国有土地使用证书的；

（六）要求有关部门违反规定审批或者出让探矿权、采矿权的；

（七）有其他违反规定插手干预土地使用权、矿业权审批和出让行为的。

第七条 违反规定插手干预城乡规划管理活动,有下列情形之一,索贿受贿、为自己或者他人谋取私利的,给予记过或者记大过处分；情节较重的,给予降级或者撤职处分；情节严重的,给予开除处分：

（一）要求有关部门违反规定改变城乡规划的；

（二）要求有关部门违反规定批准调整土地用途、容积率等规划设计条件的；

（三）有其他违反规定插手干预城乡规划管理活动行为的。

第八条 违反规定插手干预房地产开发与经营活动,有下列情形之一,索贿受贿、为自

己或者他人谋取私利的,给予记过或者记大过处分;情节较重的,给予降级或者撤职处分;情节严重的,给予开除处分:

(一)要求有关部门同意不具备房地产开发资质或者资质等级不相符的企业从事房地产开发与经营活动的;

(二)要求有关部门为不符合商品房预售条件的开发项目发放商品房预售许可证的;

(三)对未经验收或者验收不合格的房地产开发项目,要求有关部门允许其交付使用的;

(四)有其他违反规定插手干预房地产开发用地、立项、规划、建设和销售等行为的。

第九条 违反规定插手干预工程建设实施和工程质量监督管理,有下列情形之一,索贿受贿、为自己或者他人谋取私利的,给予记过或者记大过处分;情节较重的,给予降级或者撤职处分;情节严重的,给予开除处分:

(一)要求建设单位或者勘察、设计、施工等单位转包、违法分包工程建设项目,或者指定生产商、供应商、服务商的;

(二)要求试验检测单位弄虚作假的;

(三)要求项目单位违反规定压缩工期、赶进度,导致发生工程质量事故或者严重工程质量问题的;

(四)在对工程建设实施和工程质量进行监督管理过程中,对有关行政监管部门或者中介机构施加影响,导致发生工程质量事故或者严重工程质量问题的;

(五)有其他违反规定插手干预工程建设实施和工程质量监督管理行为的。

第十条 违反规定插手干预工程建设安全生产,有下列情形之一,索贿受贿、为自己或者他人谋取私利的,给予记过或者记大过处分;情节较重的,给予降级或者撤职处分;情节严重的,给予开除处分。

(一)要求有关部门为不具备安全生产条件的单位发放安全生产许可证的;

(二)对有关行政监管部门进行的工程建设安全生产监督管理活动施加影响,导致发生生产安全事故的;

(三)有其他违反规定插手干预工程建设安全生产行为的。

第十一条 违反规定插手干预工程建设环境保护工作,有下列情形之一,索贿受贿、为自己或者他人谋取私利的,给予记过或者记大过处分;情节较重的,给予降级或者撤职处分;情节严重的,给予开除处分:

(一)要求有关部门降低建设项目环境影响评价等级、拆分审批、超越审批权限审批环境影响评价文件的;

(二)对有关行政监管部门进行的环境保护监督检查活动施加影响,导致建设项目中防治污染或者防治生态破坏的设施不能与工程建设项目主体工程同时设计、同时施工、同时投产使用的;

(三)有其他违反规定插手干预工程建设环境保护工作行为的。

第十二条 违反规定插手干预工程建设项目物资采购和资金安排使用管理,有下列情形之一,索贿受贿、为自己或者他人谋取私利的,给予记过或者记大过处分;情节较重的,给予降级或者撤职处分;情节严重的,给予开除处分:

（一）要求有关部门违反招标投标法和政府采购法的有关规定，进行物资采购的；

（二）要求有关部门对不符合预算要求、工程进度需要的工程建设项目支付资金，或者对符合预算要求、工程进度需要的工程建设项目不及时支付资金的；

（三）有其他违反规定插手干预物资采购和资金安排使用管理行为的。

第十三条　有本规定第四条至第十二条行为之一，虽未索贿受贿、为自己或者他人谋取私利，但给国家和人民利益以及公共财产造成较大损失，或者给本地区、本部门造成严重不良影响的，给予记过或者记大过处分；情节较重的，给予降级或者撤职处分；情节严重的，给予开除处分。

第十四条　利用职权或者职务上的影响，干预有关部门对工程建设领域中的违法违规行为进行查处的，给予记过或者记大过处分；情节较重的，给予降级或者撤职处分；情节严重的，给予开除处分。

第十五条　受到处分的人员对处分决定不服的，依照《中华人民共和国行政监察法》《中华人民共和国公务员法》《行政机关公务员处分条例》等有关规定，可以申请复核或者申诉。

第十六条　有违反规定插手干预工程建设领域行为，应当给予党纪处分的，移送党的纪律检查机关处理；涉嫌犯罪的，移送司法机关依法追究刑事责任。

第十七条　下列人员有本规定第四条至第十四条行为之一的，依照本规定给予处分：

（一）法律、法规授权的具有公共事务管理职能的组织以及国家行政机关依法委托的组织中副科级或者相当于副科级以上工作人员；

（二）企业、事业单位、社会团体中由行政机关任命的副科级或者相当于副科级以上人员。

第十八条　本规定由监察部、人力资源社会保障部负责解释。

第十九条　本规定自公布之日起施行。

党员领导干部违反规定插手干预工程建设领域行为适用《中国共产党纪律处分条例》若干问题的解释[①]

为进一步促进党员领导干部廉洁从政，规范工程建设秩序，惩处党员领导干部违反规定插手干预工程建设领域行为，确保工程建设项目安全、廉洁、高效运行，现对党员领导干部违反规定插手干预工程建设领域行为适用《中国共产党纪律处分条例》若干问题解释如下。

一、党和国家机关中副科级以上党员领导干部，有违反规定插手干预工程建设领域行为的，依照本解释处理。

人民团体、事业单位中相当于副科级以上党员领导干部，国有和国有控股企业（含国有和国有控股金融企业）及其分支机构领导人员中的党员，有违反规定插手干预工程建设领域行为的，适用本解释。

---

① 中共中央纪委于2010年5月7日印发（中纪发〔2010〕23号）。

二、本解释所称违反规定插手干预工程建设领域行为,是指党员领导干部违反法律、法规、规章、政策性规定或者议事规则,利用职权或者职务上的影响,向相关部门、单位或者有关人员以指定、授意、暗示等方式提出要求,影响工程建设正常开展或者干扰正常监管、执法活动的行为。

三、违反规定插手干预工程建设项目决策,有下列情形之一,谋取私利的,依照本解释第十二条处理:

(一)要求有关部门允许未经审批、核准或者备案的工程建设项目进行建设的;

(二)要求建设单位对未经审批、核准或者备案的工程建设项目进行建设的;

(三)要求有关部门审批或者核准违反产业政策、发展规划、市场准入标准以及未通过节能评估和审查、环境影响评价审批等不符合有关规定的工程建设项目的;

(四)要求有关部门或者单位违反技术标准和有关规定,规划、设计项目方案的;

(五)违反规定以会议或者集体讨论决定方式安排工程建设有关事项的;

(六)有其他违反规定插手干预工程建设项目决策行为的。

四、违反规定插手干预工程建设项目招标投标活动,有下列情形之一,谋取私利的,依照本解释第十二条处理:

(一)要求有关部门对依法应当招标的工程建设项目不招标,或者依法应当公开招标的工程建设项目实行邀请招标的;

(二)要求有关部门或者单位将依法必须进行招标的工程建设项目化整为零,或者假借保密工程、抢险救灾等特殊工程的名义规避招标的;

(三)为招标人指定招标代理机构并办理招标事宜的;

(四)影响工程建设项目投标人资格的确定或者评标、中标结果的;

(五)有其他违反规定插手干预工程建设项目招标投标活动行为的。

五、违反规定插手干预土地使用权、矿业权审批和出让,有下列情形之一,谋取私利的,依照本解释第十二条处理:

(一)要求有关部门对应当实行招标拍卖挂牌出让的土地使用权采用划拨、协议方式供地的;

(二)要求有关部门或者单位采用合作开发、招商引资、历史遗留问题等名义或者使用先行立项、先行选址定点确定用地者等手段规避招标拍卖挂牌出让的;

(三)影响土地使用权招标拍卖挂牌出让活动中竞买人的确定或者招标拍卖挂牌出让结果的;

(四)土地使用权出让金确定后,要求有关部门违反规定批准减免、缓缴土地使用权出让金的;

(五)要求有关部门为不符合供地政策的工程建设项目批准土地,或者为不具备发放国有土地使用证书条件的工程建设项目发放国有土地使用证书的;

(六)要求有关部门违反规定审批或者出让探矿权、采矿权的;

(七)有其他违反规定插手干预土地使用权、矿业权审批和出让行为的。

六、违反规定插手干预城乡规划管理活动,有下列情形之一,谋取私利的,依照本解释第十二条处理:

（一）要求有关部门违反规定改变城乡规划的；
（二）要求有关部门违反规定批准调整土地用途、容积率等规划设计条件的；
（三）有其他违反规定插手干预城乡规划管理活动行为的。

七、违反规定插手干预房地产开发与经营活动，有下列情形之一，谋取私利的，依照本解释第十二条处理：
（一）要求有关部门同意不具备房地产开发资质或者资质等级不相符的企业从事房地产开发与经营活动的；
（二）要求有关部门为不符合商品房预售条件的开发项目发放商品房预售许可证的；
（三）对未经验收或者验收不合格的房地产开发项目，要求有关部门允许其交付使用的；
（四）有其他违反规定插手干预房地产开发用地、立项、规划、建设和销售等行为的。

八、违反规定插手干预工程建设实施和工程质量监督管理，有下列情形之一，谋取私利的，依照本解释第十二条处理：
（一）要求建设单位或者勘察、设计、施工等单位转包、违法分包工程建设项目，或者指定生产商、供应商、服务商的；
（二）要求试验检测单位弄虚作假的；
（三）要求项目单位违反规定压缩工期、赶进度，导致发生工程质量事故或者严重工程质量问题的；
（四）在对工程建设实施和工程质量进行监督管理过程中，对有关行政监管部门或者中介机构施加影响，导致发生工程质量事故或者严重工程质量问题的；
（五）有其他违反规定插手干预工程建设实施和工程质量监督管理行为的。

九、违反规定插手干预工程建设安全生产，有下列情形之一，谋取私利的，依照本解释第十二条处理：
（一）要求有关部门为不具备安全生产条件的单位发放安全生产许可证的；
（二）对有关行政监管部门进行的工程建设安全生产监督管理活动施加影响，导致发生生产安全事故的；
（三）有其他违反规定插手干预工程建设安全生产行为的。

十、违反规定插手干预工程建设环境保护工作，有下列情形之一，谋取私利的，依照本解释第十二条处理：
（一）要求有关部门降低建设项目环境影响评价等级、拆分审批、超越审批权限审批环境影响评价文件的；
（二）对有关行政监管部门进行的环境保护监督检查活动施加影响，导致建设项目中防治污染或者防治生态破坏的设施不能与工程建设项目主体工程同时设计、同时施工、同时投产使用的；
（三）有其他违反规定插手干预工程建设环境保护工作行为的。

十一、违反规定插手干预工程建设项目物资采购和资金安排使用管理，有下列情形之一，谋取私利的，依照本解释第十二条处理：
（一）要求有关部门违反招标投标法和政府采购法的有关规定，进行物资采购的；
（二）要求有关部门对不符合预算要求、工程进度需要的工程建设项目支付资金，或者对符合预算要求、工程进度需要的工程建设项目不及时支付资金的；

（三）有其他违反规定插手干预物资采购和资金安排使用管理行为的。

十二、党员领导干部有本解释第三条至第十一条行为之一，本人索取他人财物，或者收受、变相收受他人财物的，依照《中国共产党纪律处分条例》第八十五条的规定处理。

党员领导干部有本解释第三条至第十一条行为之一，其父母、配偶、子女及其配偶以及其他特定关系人收受对方财物的，追究该党员领导干部的责任，依照《中国共产党纪律处分条例》第七十五条的规定处理。

十三、党员领导干部有本解释第三条至第十一条行为之一，未谋取私利，但给党、国家和人民利益以及公共财产造成较大损失的，依照《中国共产党纪律处分条例》第一百二十七条第二款的规定处理。

党员领导干部有本解释第三条至第十一条行为之一，未谋取私利，也未造成较大损失，但给本地区、本单位造成严重不良影响的，依照《中国共产党纪律处分条例》第一百三十九条的规定处理。

十四、党员领导干部利用职权或者职务上的影响，妨碍有关部门对工程建设领域违纪违法行为进行查处的，依照《中国共产党纪律处分条例》第一百六十三条的规定处理。

十五、本解释自发布之日起施行。中央纪委、监察部2004年2月3日发布的《关于领导干部利用职权违反规定干预和插手建设工程招标投标、经营性土地使用权出让、房地产开发与经营等市场经济活动，为个人和亲友谋取私利的处理规定》同时废止。

中国银监会关于进一步规范银行业金融机构吸收公款存款行为的通知

（银监发〔2017〕30号）

各银监局，各大型银行、股份制银行，邮储银行，外资银行，中国银行业协会：

为整顿规范银行业金融机构吸收公款存款行为，强化廉洁从业，严禁利益输送，防范道德风险，提升服务水平，现就有关事项作出通知。

本通知所指公款是指财政专户资金、预算单位银行账户资金和国有企事业单位银行账户资金。

一、加强业务管理

银行业金融机构应明确规定吸收公款存款的具体形式、费用标准和管理流程，加强相关费用支出的财务管理。

银行业金融机构应完善薪酬管理制度，改进绩效考评体系，不得设立时点性存款规模、市场份额或排名等指标。

银行业金融机构应强化吸收公款存款行为的审计监督，对违规问题严格问责和整改，涉嫌违纪违法的，应移交有关部门处理。

二、严禁利益输送

银行业金融机构应督促员工遵守行业行为规范，恪守职业道德操守，廉洁从业。

银行业金融机构办理公款存款业务,不得向公款存放主体相关负责人员赠送现金、有价证券与实物等;不得通过安排公款存放主体相关负责人员的配偶、子女及其配偶和其他直接利益相关人员就业、升职,或向上述人员发放奖酬等方式进行利益输送。若公款存放主体相关负责人员的配偶、子女及其配偶和其他直接利益相关人员为银行业金融机构员工,该员工应实行回避,对不按规定回避的,所在机构要作出严肃处理。

银行业金融机构应根据《关于进一步加强财政部门和预算单位资金存放管理的指导意见》(财库〔2017〕76号)有关规定,按照公款存放主体的要求出具廉政承诺书。

三、提升服务水平

银行业金融机构应充分尊重公款存放主体的意愿和服务需求,按照公开、公平、公正原则与公款存放主体开展业务合作。银行业金融机构应积极主动参加公款存放银行的评选,持续优化业务流程,丰富产品种类,不断提升存款综合服务水平。要尽可能减少额外的手续和费用,尽可能避免不必要的公款存款大规模搬家。

银行业金融机构应通过质量优、效益好、安全性高的服务,盘活相关银行账户存量资金,增加资金存放综合效益,提高客户资金的保值增值水平。

四、强化行业自律

银行业协会应督促会员单位强化自律意识,培育合规文化,倡导公平竞争,抵制不当交易,共同遵守《中国银行业反商业贿赂承诺》《中国银行业反不正当竞争公约》等行业规约。

对于违反行业规约的会员单位,银行业协会按规定作出处理,情节严重的,相关情况应报送银行业监管部门。

五、加强监督检查

各级银行业监管部门应加强对银行业金融机构吸收公款存款业务的监督检查。

对于银行业金融机构吸收公款存款业务中的违法违规行为,各级监管部门应依法予以提示和纠正,并采取相应的监管措施和行政处罚。发现银行业金融机构借吸收公款存款进行利益输送的,应通报同级财政部门和相关纪检监察机关。

重大风险隐患或重大风险事件应及时向银监会报告。

2017年6月21日

中国人民银行　中国银行保险监督管理委员会
中国证券监督管理委员会　国家外汇管理局
关于进一步规范金融营销宣传行为的通知

(银发〔2019〕316号)

为贯彻落实党中央、国务院决策部署和全国金融工作会议要求,进一步规范市场主体金融营销宣传行为,保障金融消费者合法权益,促进金融行业健康平稳发展,根据《中华人民共和国中国人民银行法》、《中华人民共和国银行业监督管理法》、《中华人民共和国证券法》、《中华人民共和国证券投资基金法》、《中华人民共和国保险法》、《国务院办公厅关于加强金融消费者权益保护工作的指导意见》(国办发〔2015〕81号)等相关规定,现就有关事项通知如下:

一、金融营销宣传资质要求

银行业、证券业、保险业金融机构以及其他依法从事金融业务或与金融相关业务的机构(以下统称金融产品或金融服务经营者)应当在国务院金融管理部门和地方金融监管部门许可的金融业务范围内开展金融营销宣传,不得开展超出业务许可范围的金融营销宣传活动。

金融行业属于特许经营行业,不得无证经营或超范围经营金融业务。金融营销宣传是金融经营活动的重要环节,未取得相应金融业务资质的市场经营主体,不得开展与该金融业务相关的营销宣传活动。但信息发布平台、传播媒介等依法接受取得金融业务资质的金融产品或金融服务经营者的委托,为其开展金融营销宣传活动的除外。

二、监管部门职责分工

国务院金融管理部门及其分支机构或派出机构应当按照法定职责分工,切实做好金融营销宣传行为监督管理工作。国务院金融管理部门分支机构或派出机构应当以金融产品或金融服务经营者住所地为基础,以问题导向为原则,对违法违规金融营销宣传线索依法进行甄别处理,并将金融产品或金融服务经营者的金融营销宣传监督管理情况纳入金融消费者权益保护评估评价中。国务院金融管理部门对属地监督管理另有明确规定的,从其规定。

国务院金融管理部门分支机构或派出机构要与地方政府有关部门加强合作,建立健全协调机制,并根据各自的法定职责分工,监管辖区内的金融营销宣传行为。对于未取得相应金融业务资质以及未依法作为受托人的市场经营主体开展与金融业务相关的营销宣传活动的,根据其所涉及的金融业务,相关国务院金融管理部门分支机构或派出机构应当与地方政府相关部门加强沟通配合,依法、依职责做好相关监测处置工作。

对于涉及金融营销宣传的重大突发事件,按照相关国务院金融管理部门和地方政府的应急管理制度要求进行处置。

三、金融营销宣传行为规范

本通知所称金融营销宣传行为,是指金融产品或金融服务经营者利用各种宣传工具或方式,就金融产品或金融服务进行宣传、推广的行为。

(一)建立健全金融营销宣传内控制度和管理机制。金融产品或金融服务经营者应当完善金融营销宣传工作制度,指定牵头部门,明确人员职责,建立健全金融营销宣传内控制度,并将金融营销宣传管理纳入金融消费者权益保护工作,加强金融营销宣传合规专题教育和培训,健全金融营销宣传管理长效机制。

(二)建立健全金融营销宣传行为监测工作机制。金融产品或金融服务经营者应当对本机构金融营销宣传活动进行监测,并配合国务院金融管理部门相关工作。如在监测过程中发现金融营销宣传行为违反本通知规定,金融产品或金融服务经营者应当及时改正。

(三)加强对业务合作方金融营销宣传行为的监督。金融产品或金融服务经营者应当依法审慎确定与业务合作方的合作形式,明确约定本机构与业务合作方在金融营销宣传中的责任,共同确保相关金融营销宣传行为合法合规。金融产品或金融服务经营者应当监督业务合作方作出的与本机构相关的营销宣传活动。除法律、法规、规章另有规定外,金融产品或金融服务经营者不得以业务合作方金融营销宣传行为非本机构作出为由,转移、减免应承担的责任。

（四）不得非法或超范围开展金融营销宣传活动。金融产品或金融服务经营者进行金融营销宣传,应当具有能够证明合法经营资质的材料,以便相关金融消费者或业务合作方等进行查验。证明材料包括但不限于经营许可证、备案文件、行业自律组织资格等与金融产品或金融服务相关的身份资质信息。金融产品或金融服务经营者应当确保金融营销宣传在形式和实质上未超出上述证明材料载明的业务许可范围。

（五）不得以欺诈或引人误解的方式对金融产品或金融服务进行营销宣传。金融营销宣传不得引用不真实、不准确的数据和资料；不得隐瞒限制条件；不得对过往业绩进行虚假或夸大表述；不得对资产管理产品未来效果、收益或相关情况作出保证性承诺,明示或暗示保本、无风险或保收益；不得使用偷换概念、不当类比、隐去假设等不当营销宣传手段。

（六）不得以损害公平竞争的方式开展金融营销宣传活动。金融营销宣传不得以捏造、散布虚假事实等手段恶意诋毁竞争对手,损害同业信誉；不得通过不当评比、不当排序等方式进行金融营销宣传；不得冒用、擅自使用与他人相同或近似等有可能使金融消费者混淆的注册商标、字号、宣传册页。

（七）不得利用政府公信力进行金融营销宣传。金融营销宣传不得利用国务院金融管理部门或地方金融监管部门对金融产品或金融服务的审核或备案程序,误导金融消费者认为国务院金融管理部门或地方金融监管部门对该金融产品或金融服务提供保证,并应当提供对该金融产品或金融服务相关信息的查询方式；不得对未经国务院金融管理部门或地方金融监管部门审核或备案的金融产品或金融服务进行预先宣传或促销。相关法律、法规、规章另有规定的,从其规定。

（八）不得损害金融消费者知情权。金融营销宣传应当通过足以引起金融消费者注意的文字、符号、字体、颜色等特别标识对限制金融消费者权利和加重金融消费者义务的事项进行说明。通过视频、音频方式开展金融营销宣传活动的,应当采取能够使金融消费者足够注意和易于接收理解的适当形式披露告知警示、免责类信息。

（九）不得利用互联网进行不当金融营销宣传。利用互联网开展金融营销宣传活动,不得影响他人正常使用互联网和移动终端,不得提供或利用应用程序、硬件等限制他人合法经营的广告,干扰金融消费者自主选择；以弹出页面等形式发布金融营销宣传广告的,应当显著标明关闭标志,确保一键关闭；不得允许从业人员自行编发或转载未经相关金融产品或金融服务经营者审核的金融营销宣传信息。

（十）不得违规向金融消费者发送金融营销宣传信息。未经金融消费者同意或请求,不得向其住宅、交通工具等发送金融营销信息,也不得以电子信息方式向其发送金融营销信息。以电子信息方式发送金融营销信息的,应当明确发送者的真实身份和联系方式,并向接收者提供拒绝继续接收的方式。

（十一）金融产品或金融服务经营者不得开展法律法规和国务院金融管理部门认定的其他违法违规金融营销宣传活动。

四、其他规定

金融产品或金融服务经营者开展金融营销宣传活动违反上述规定但情节轻微的,国务院金融管理部门及其分支机构或派出机构可依职责对其进行约谈告诫、风险提示并责令限期改正;逾期未改正或其行为侵害金融消费者合法权益的,可依职责责令其暂停开展金融营销宣传活动。对于明确违反相关法律规定的,由国务院金融管理部门及其分支机构、派出机构或相关监管部门依法采取相应措施。

本通知由人民银行、银保监会、证监会、外汇局负责解释。

本通知自 2020 年 1 月 25 日起执行。

请人民银行上海总部,各分行、营业管理部、省会(首府)城市中心支行、副省级城市中心支行会同所在地省(区、市)银保监会、证监会派出机构将本通知转发至辖区内相关机构。

中国人民银行
中国银行保险监督管理委员会
中国证券监督管理委员会
国家外汇管理局
2019 年 12 月 20 日

中国人民银行　中央网信办　最高人民法院　最高人民检察院　工业和信息化部　公安部　市场监管总局　银保监会　证监会　外汇局关于进一步防范和处置虚拟货币交易炒作风险的通知

(银发〔2021〕237 号)

各省、自治区、直辖市人民政府,新疆生产建设兵团:

近期,虚拟货币交易炒作活动抬头,扰乱经济金融秩序,滋生赌博、非法集资、诈骗、传销、洗钱等违法犯罪活动,严重危害人民群众财产安全。为进一步防范和处置虚拟货币交易炒作风险,切实维护国家安全和社会稳定,依据《中华人民共和国中国人民银行法》《中华人民共和国商业银行法》《中华人民共和国证券法》《中华人民共和国网络安全法》《中华人民共和国电信条例》《防范和处置非法集资条例》《期货交易管理条例》《国务院关于清理整顿各类交易场所切实防范金融风险的决定》《国务院办公厅关于清理整顿各类交易场所的实施意见》等规定,现就有关事项通知如下:

一、明确虚拟货币和相关业务活动本质属性

(一)虚拟货币不具有与法定货币等同的法律地位。比特币、以太币、泰达币等虚拟货币具有非货币当局发行、使用加密技术及分布式账户或类似技术、以数字化形式存在等主要特点,不具有法偿性,不应且不能作为货币在市场上流通使用。

(二)虚拟货币相关业务活动属于非法金融活动。开展法定货币与虚拟货币兑换业务、虚拟货币之间的兑换业务、作为中央对手方买卖虚拟货币、为虚拟货币交易提供信息中介和定价服务、代币发行融资以及虚拟货币衍生品交易等虚拟货币相关业务活动涉嫌非法发售代币票券、擅自公开发行证券、非法经营期货业务、非法集资等非法金融活动,一律严格禁止,坚决依法取缔。对于开展相关非法金融活动构成犯罪的,依法追究刑事责任。

(三)境外虚拟货币交易所通过互联网向我国境内居民提供服务同样属于非法金融活动。对于相关境外虚拟货币交易所的境内工作人员,以及明知或应知其从事虚拟货币相关业务,仍为其提供营销宣传、支付结算、技术支持等服务的法人、非法人组织和自然人,依法追究有关责任。

(四)参与虚拟货币投资交易活动存在法律风险。任何法人、非法人组织和自然人投资虚拟货币及相关衍生品,违背公序良俗的,相关民事法律行为无效,由此引发的损失由其自行承担;涉嫌破坏金融秩序、危害金融安全的,由相关部门依法查处。

二、建立健全应对虚拟货币交易炒作风险的工作机制

(五)部门协同联动。人民银行会同中央网信办、最高人民法院、最高人民检察院、工业和信息化部、公安部、市场监管总局、银保监会、证监会、外汇局等部门建立工作协调机制,协同解决工作中的重大问题,督促指导各地区按统一部署开展工作。

(六)强化属地落实。各省级人民政府对本行政区域内防范和处置虚拟货币交易炒作相关风险负总责,由地方金融监管部门牵头,国务院金融管理部门分支机构以及网信、电信主管、公安、市场监管等部门参加,建立常态化工作机制,统筹调动资源,积极预防、妥善处理虚拟货币交易炒作有关问题,维护经济金融秩序和社会和谐稳定。

三、加强虚拟货币交易炒作风险监测预警

(七)全方位监测预警。各省级人民政府充分发挥地方监测预警机制作用,线上监测和线下排查相结合,提高识别发现虚拟货币交易炒作活动的精度和效率。人民银行、中央网信办等部门持续完善加密资产监测技术手段,实现虚拟货币"挖矿"、交易、兑换的全链条跟踪和全时信息备份。金融管理部门指导金融机构和非银行支付机构加强对涉虚拟货币交易资金的监测工作。

(八)建立信息共享和快速反应机制。在各省级人民政府领导下,地方金融监管部门会同国务院金融管理部门分支机构、网信部门、公安机关等加强线上监控、线下摸排、资金监测的有效衔接,建立虚拟货币交易炒作信息共享和交叉验证机制,以及预警信息传递、核查、处置快速反应机制。

四、构建多维度、多层次的风险防范和处置体系

(九)金融机构和非银行支付机构不得为虚拟货币相关业务活动提供服务。金融机构和非银行支付机构不得为虚拟货币相关业务活动提供账户开立、资金划转和清算结算等服务,不得将虚拟货币纳入抵质押品范围,不得开展与虚拟货币相关的保险业务或将虚拟货币纳入保险责任范围,发现违法违规问题线索应及时向有关部门报告。

(十)加强对虚拟货币相关的互联网信息内容和接入管理。互联网企业不得为虚拟货币相关业务活动提供网络经营场所、商业展示、营销宣传、付费导流等服务,发现违法违规问题线索应及时向有关部门报告,并为相关调查、侦查工作提供技术支持和协助。网信和电信主管部门根据金融管理部门移送的问题线索及时依法关闭开展虚拟货币相关业务活动的网站、移动应用程序、小程序等互联网应用。

(十一)加强对虚拟货币相关的市场主体登记和广告管理。市场监管部门加强市场主体登记管理,企业、个体工商户注册名称和经营范围中不得含有"虚拟货币""虚拟资产""加密货币""加密资产"等字样或内容。市场监管部门会同金融管理部门依法加强对涉虚拟货币相关广告的监管，及时查处相关违法广告。

（十二）严厉打击虚拟货币相关非法金融活动。发现虚拟货币相关非法金融活动问题线索后，地方金融监管部门会同国务院金融管理部门分支机构等相关部门依法及时调查认定、妥善处置，并严肃追究有关法人、非法人组织和自然人的法律责任，涉及犯罪的，移送司法机关依法查处。

（十三）严厉打击涉虚拟货币犯罪活动。公安部部署全国公安机关继续深入开展"打击洗钱犯罪专项行动""打击跨境赌博专项行动""断卡行动"，依法严厉打击虚拟货币相关业务活动中的非法经营、金融诈骗等犯罪活动，利用虚拟货币实施的洗钱、赌博等犯罪活动和以虚拟货币为噱头的非法集资、传销等犯罪活动。

（十四）加强行业自律管理。中国互联网金融协会、中国支付清算协会、中国银行业协会加强会员管理和政策宣传，倡导和督促会员单位抵制虚拟货币相关非法金融活动，对违反监管政策和行业自律规则的会员单位，依照有关自律管理规定予以惩戒。依托各类行业基础设施开展虚拟货币交易炒作风险监测，及时向有关部门移送问题线索。

五、强化组织实施

（十五）加强组织领导和统筹协调。各部门、各地区要高度重视应对虚拟货币交易炒作风险工作，加强组织领导，明确工作责任，形成中央统筹、属地实施、条块结合、共同负责的长效工作机制，保持高压态势，动态监测风险，采取有力措施，防范化解风险，依法保护人民群众财产安全，全力维护经济金融秩序和社会稳定。

（十六）加强政策解读和宣传教育。各部门、各地区及行业协会要充分运用各类媒体等传播渠道，通过法律政策解读、典型案例剖析、投资风险教育等方式，向社会公众宣传虚拟货币炒作等相关业务活动的违法性、危害性及其表现形式等，增强社会公众风险防范意识。

中国人民银行
中央网信办
最高人民法院
最高人民检察院
工业和信息化部
公安部
市场监管总局
银保监会
证监会
外汇局
2021年9月15日

违法违规使用医疗保障基金举报奖励办法[①]

第一条 为了鼓励举报违法违规使用医疗保障基金的行为，动员社会力量参与医疗保障基金监督，维护医疗保障基金安全和公民医疗保障合法权益，根据《中华人民共和国社会保险法》《社会救助暂行办法》《医疗保障基金使用监督管理条例》《医疗保障基金使用监督管理举报处理暂行办法》等法律、法规、规章，制定本办法。

第二条 自然人（以下称举报人）向医疗保障行政部门反映涉嫌违法违规使用基本医疗保险（含生育保险）基金、医疗救助基金等医疗保障基金行为并提供相关线索，经查证属实应予奖励的，适用本办法。

医疗保障行政部门委托医疗保障经办机构等组织开展举报处理工作的，参照本办法执行。

违法违规使用居民大病保险、职工大额医疗费用补助、公务员医疗补助等医疗保障资金的举报奖励，参照本办法执行。

第三条 举报奖励遵循依法保护举报人合法权益、自愿领取、奖励适当的原则。

第四条 奖励举报人须同时符合下列条件：

（一）有明确的被举报对象和具体违法违规线索，并提供了有效证据；

（二）举报的主要事实、证据事先未被医疗保障部门掌握；

（三）举报事项经查证属实，被举报行为已造成医疗保障基金损失；

（四）举报人愿意得到举报奖励，并提供可供核查且真实有效的身份信息、联系方式等；

（五）其他依法依规应予奖励的必备条件。

第五条 有下列情形之一的，不予奖励：

（一）举报人为医疗保障部门工作人员或者受医疗保障部门委托履行基金监管职责的第三方机构工作人员；

（二）违法违规使用医疗保障基金行为人主动供述本人及其同案人员的违法违规事实，或者在被调查处理期间检举揭发其他违法违规行为；

（三）医疗保障行政部门对举报事项作出处理决定前，举报人主动撤回举报；

（四）举报人身份无法确认或者无法与举报人取得联系；

（五）举报前，相关违法违规使用医疗保障基金行为已进入诉讼、仲裁等法定程序；

（六）其他依法依规不予奖励的情形。

第六条 医疗保障行政部门对符合奖励条件的举报人按照案值的一定比例给予一次性资金奖励，最高不超过20万元，最低不少于200元。

第七条 举报奖励所需资金纳入县级及以上医疗保障行政部门预算。

第八条 举报奖励由处理举报的医疗保障行政部门负责发放。

第九条 多人、多次举报的，奖励按照以下规则发放：

（一）举报人就同一违法违规使用医疗保障基金行为多处多次举报的，奖励不重复

[①] 国家医保局办公室、财政部办公厅于2022年11月17日印发（医保办发〔2022〕22号）。

发放；

（二）两名以上举报人分别举报同一违法违规使用医疗保障基金行为，且举报内容、提供的线索基本相同的，奖励最先举报人；

（三）两名以上举报人联名举报的，视为同一举报人发放奖励。

第十条　举报人应当在收到领取奖励通知之日起2个月内凭本人有效身份证明领取奖励。委托他人代领的，受托人须同时持有举报人授权委托书、举报人和受托人的有效身份证明。

举报人逾期未领取奖励的，视为主动放弃。联名举报的举报人应当推举一名代表领取奖励，自行内部分配。

第十一条　医疗保障行政部门应当开辟便捷的兑付渠道，便于举报人领取举报奖励资金。

举报奖励资金原则上应当使用非现金的方式兑付，按国库集中支付规定办理。

第十二条　医疗保障行政部门发放举报奖励资金时，应当严格审核。发现通过伪造材料、隐瞒事实等方式骗取举报奖励，或者存在其他不符合领取奖励的情形，发放奖励的医疗保障行政部门查实后有权收回举报奖励，并依法追究当事人相应责任。

第十三条　本办法所称案值是指举报事项涉及的应当追回的医疗保障基金损失金额。除举报事项外，查实的其他违法违规金额不纳入案值计算。

第十四条　省级、市级医疗保障行政部门和财政部门可依据本办法，制定实施细则，对奖励的标准、发放程序等作出具体规定。

第十五条　本办法由国家医保局、财政部负责解释，自2023年1月1日起施行。《国家医疗保障局办公室　财政部办公厅关于印发〈欺诈骗取医疗保障基金行为举报奖励暂行办法〉的通知》（医保办发〔2018〕22号）同时废止。

不合理医疗检查专项治理行动工作方案[①]

为进一步规范医疗行为，促进合理检查，提高医疗资源利用效率，降低医疗费用，切实维护人民群众健康权益，改善人民群众就医体验，按照《关于进一步规范医疗行为促进合理医疗检查的指导意见》要求，制定本方案。

一、行动目标

通过开展专项治理行动，严肃查处违反相关法律法规、诊疗技术规范，损害人民群众利益的不合理医疗检查（包括各类影像学检查、实验室检查、病理学检查等，下同）行为，指导医疗机构建立健全规范医疗行为促进合理医疗检查的制度规范，营造良好的就医环境，推进建立医疗检查监管长效机制，切实保障人民群众健康权益。

---

① 国家卫生健康委办公厅、国家市场监管总局办公厅、国家医保局办公室、国家中医药局办公室、国家药监局综合司、中央军委后勤保障部卫生局于2021年4月6日印发（国卫办医函〔2021〕175号）。

二、行动范围

各级各类医疗机构、违法违规开展医疗检查的其他机构。

三、重点内容

（一）治理违法违规开展医疗检查行为。对未取得医疗机构执业许可证、超出诊疗科目范围开展医疗检查，开展禁止临床使用的医疗检查，使用未依法注册或者备案的医疗器械、聘用非卫生专业技术人员开展医疗检查，以及违规收取医疗检查费用等违法违规行为进行严厉打击，依法依规严肃处理。对专项治理行动中发现存在违法违规使用医保基金行为的定点医疗机构及相关涉事人员，依法依规严肃处理。

（二）治理无依据检查、重复检查等不合理检查行为。组织对医疗机构门（急）诊、住院患者医疗检查情况进行自查和抽查，组织专家对检查必要性、规范性进行论证，对于违反卫生健康行政部门规定及有关诊疗技术规范等开展的无依据检查、非必要重复检查等行为进行查处，责令整改，依法依规严肃处理。

（三）治理违反知情同意原则实施检查行为。重点治理实施特殊检查未签署知情同意书的情形。引导医疗机构强化落实知情同意和院务公开要求，加强科普宣教，公开本院开展的检查项目收费标准。医务人员在为患者开具检查单前，要说明检查目的和必要性，征得患者或家属的理解与配合。对于特殊检查，要取得患者或家属书面同意。

（四）治理可能诱导过度检查的指标和绩效分配方式。严肃查处医疗机构和科室实施"开单提成"、设置业务收入指标并与医务人员收入直接挂钩等可能诱导过度检查的行为。推动将技术水平、疑难系数、工作质量、检查结果阳性率、患者满意度等作为绩效分配重点考核指标，引导建立体现医务人员劳动价值和技术价值的绩效分配方式。

（五）治理违反规划配置大型医用设备行为。加强对有关医疗机构的监督检查，对于违反大型医用设备配置许可管理，违规使用配置大型医用设备用于临床诊疗的行为予以查处，依法依规严肃处理。

四、责任分工

卫生健康部门会同各有关部门制订专项治理行动方案，组织协调各部门开展工作。具体负责检查医疗机构及其医务人员的医疗检查行为及内部管理，收集、整理群众举报线索并依职责转交相关部门查办，对专项治理行动取得的进展和成果进行宣传。

市场监管部门依法查处各类价格违法行为。对在日常监管中发现涉嫌未取得合法资质开展医疗检查的，及时通报卫生健康行政部门。

医保部门对专项治理行动中发现的违法违规使用医保基金行为的定点医疗机构及相关涉事人员依法依规严肃处理。

药品监管部门对使用未依法注册或者备案的医疗器械开展检查活动的机构和相关责任人依法依规严肃处理。

中医药主管部门负责中医系统医疗机构专项治理行动组织实施。

军队卫生部门负责军队系统医疗机构专项治理行动组织实施。

五、实施步骤

专项治理活动时间为2021年4月至2022年3月，分4个阶段实施。

（一）部署阶段（2021年4月—5月）。各地结合实际，确定多部门联合工作机制，制订并发布本地区实施方案并开展相关培训宣贯,对专项治理行动内容、要求等进行强调部署。

(二)自查阶段(2021年5月—8月)。各地卫生健康行政部门牵头,组织各级各类医疗机构按照本方案要求开展自查和整改。专项治理自查范围要实现辖区内医院(含中医医院和妇幼保健院)全覆盖,其他类型医疗机构(社区卫生服务中心、乡镇卫生院、门诊部、诊所)覆盖50%以上。

(三)检查评估阶段(2021年9月—2022年1月)。各地有关部门对本区域内医疗机构进行抽查,对发现问题进行整改,依法依规处理,指导医疗机构建立健全制度规范,对专项治理工作情况进行总结和评估。国家卫生健康委会同各相关部门组织对部分地区进行检查和评估。

(四)总结阶段(2022年2月—3月)。各省级卫生健康行政部门牵头,对本区域内专项治理工作情况进行总结。

六、工作要求

(一)加强组织领导。各地要充分认识不合理医疗检查专项治理对于推动深化医药卫生体制改革、规范医疗服务行为、促进医疗行业健康发展、保障人民群众健康权益的重要意义。各有关单位要主动作为、加强领导,建立省级多部门联合协作机制,细化措施、明确分工。各地各部门要认真履职尽责,切实落实工作方案要求,组织开展医疗机构自查和对医疗机构的监督检查工作。

(二)依法依规处置。各地各部门要对专项治理工作中发现的医疗检查领域违法违规行为建立台账,依法依规严肃处理。要充分发挥社会监督的作用,在卫生健康领域相关举报热线、网络平台、微信公众号等平台基础上设立不合理医疗检查监督举报专线和专用通道并向社会公布,广泛征集线索,认真调查核实,确保专项行动取得实效。

(三)加大宣传力度。各地各部门要广泛开展宣传活动。对于典型案例及情节严重案例等,要予以通报曝光,组织开展跟踪式报道。大力宣传净化行业环境、促进行业规范有序发展的有力举措和工作成效,为专项行动顺利开展营造良好的舆论氛围。

(四)推动长效机制建设。各地要指导医疗机构针对发现问题狠抓整改落实。针对专项治理行动中发现的突出问题、共性问题,进一步完善制度设计,创新监管手段,纳入医疗服务监管日常工作,推动建立信息化监管平台,常抓不懈。积极推动行业自律,充分发挥质控中心、行业学(协)会等社会组织作用,切实落实医疗机构主体责任。坚持正向引导与问题整治相结合,在优化医疗资源配置,提升诊疗规范化水平,推进薪酬制度和医保支付方式改革等方面持续发力,形成促进合理医疗检查的良好政策环境。

(五)做好信息报送。各省级卫生健康行政部门牵头负责对本区域内专项治理工作情况进行总结,填写《不合理医疗检查专项质量量化统计表》,并汇总各部门治理工作措施、取得的成效、典型经验和建立的制度化政策等,形成报告材料,分别于2021年9月15日、2022年3月15日前,将半年报告和全年报告报送国家卫生健康委医政医管局。

附件:不合理医疗检查专项治理量化统计表(略)

国务院办公厅关于加强和规范各地政府驻北京办事机构管理的意见

(国办发〔2010〕8号)

各省、自治区、直辖市人民政府,国务院各部委、各直属机构:

改革开放以来,各地政府驻北京办事机构认真贯彻执行党的路线方针政策,积极开展有关工作,在加强地区间协作、服务本地区经济社会发展、处置突发事件、维护首都稳定等方面发挥了积极作用。但也存在驻京办事机构设置过多过滥、职能定位不准确、公务接待不规范、监督管理机制不健全等问题。为加强和规范各地政府驻北京办事机构管理,经国务院同意,现提出以下意见:

一、指导思想和总体要求

(一)以邓小平理论和"三个代表"重要思想为指导,深入贯彻落实科学发展观,进一步规范驻京办事机构设置,加强监督管理,降低行政成本,推动驻京办事机构更加规范有序地开展工作。

(二)按照党的十七大提出的建设服务型政府的要求,明确驻京办事机构的职能定位,强化公共服务和社会管理,坚持以人为本,努力为派出地经济社会发展提供优质、节俭、高效的服务。

(三)认真贯彻执行党的十七届四中全会决定精神,切实加强驻京办事机构党的建设、制度建设和廉政建设,把驻京办事机构建设成为密切联系群众、清正廉洁、务实为民的服务窗口。

二、认真清理现有驻京办事机构

(四)保留省、自治区、直辖市、计划单列市、副省级市人民政府驻北京办事处,新疆生产建设兵团驻北京办事处,经济特区人民政府驻北京办事处(以下简称省级及经济特区政府驻京办事机构)。

(五)已经设立的地级市、地区、盟、州人民政府驻京联络处(以下简称地市级政府驻京办事机构),确因工作需要,经所在省(区、市)人民政府核准后可予保留。

(六)撤销地方各级政府职能部门、各类开发区管委会以及其他行使政府管理职能单位以各种名义设立的驻京办事机构。

(七)撤销县、县级市、旗、市辖区人民政府以各种名义设立的驻京办事机构。

三、严格规范驻京办事机构职能

(八)驻京办事机构主要承担派出地党委、政府委托的工作,为本地区经济社会发展服务;承办中央和国家机关有关部门交办事项;配合北京市做好维护首都稳定的有关工作。

(九)驻京办事机构要适应经济社会发展要求,切实转变职能,实行政企分开,强化公共服务和社会管理,积极推进公务接待和后勤服务社会化改革,努力为本地区基层组织、社会组织和群众在京活动提供相关服务。

(十)驻京办事机构要协助流入地党组织做好本地区在京流动党员的教育管理服务

工作。

四、着力加强驻京办事机构管理

（十一）按照"谁派出、谁监管"的原则，派出地政府要切实承担起对驻京办事机构监管的主体责任，严格驻京办事机构设置，健全监管制度，落实党风廉政建设责任制。加强预算、财务和资产管理，将驻京办事机构国有资产收益及其他非税收入纳入派出地财政管理，每年对驻京办事机构进行审计。不得违规使用财政资金在北京新建和购置具有经营、接待服务性质的场所。

（十二）国管局要做好省级及经济特区政府驻京办事机构的有关管理和协调工作，拟定相关规章制度和管理办法。加强省级及经济特区政府驻京办事机构的党团工作，协助派出地政府抓好廉政建设，必要时会同审计署对省级及经济特区政府驻京办事机构审计情况进行抽查。

（十三）北京市政府要做好保留的地市级政府驻京办事机构的核准和年检工作，负责所有保留的驻京办事机构工作户口和工作居住证管理，研究制定相关管理办法，为驻京办事机构在京开展工作提供便利。

（十四）各省（区、市）人民政府驻京办事机构要加强对本省（区、市）地市级政府驻京办事机构工作的指导，协助派出地政府抓好廉政建设。

（十五）驻京办事机构各派出地政府与国管局、北京市政府要加强沟通协调，建立信息通报机制，定期通报驻京办事机构廉政建设、履行职责、执行财经纪律等重要情况。

（十六）驻京办事机构要加强自身建设，认真执行廉洁从政的各项规定，建立健全财务和资产管理制度，严格遵守财经纪律，确保行政事业性资产的安全完整和合理使用。要认真执行党政机关国内公务接待管理规定，加强公务接待管理，不得超标准接待，严格控制经费支出。

五、切实落实驻京办事机构管理责任

（十七）地方各级政府和有关部门要高度重视驻京办事机构管理，加强领导，落实责任，制定加强和规范驻京办事机构管理的方案，认真组织实施。

（十八）妥善做好撤销驻京办事机构的工作。对撤销的驻京办事机构的土地、房屋、车辆及其他资产，派出地政府要按照国有资产管理的有关规定进行处置，防止国有资产流失；对工作人员要做好思想政治工作，妥善进行安置。撤销驻京办事机构的工作要在本意见下发后6个月内完成，各省（区、市）人民政府要将有关情况报送国务院，并抄送监察部、国管局。

（十九）除按规定保留的驻京办事机构外，地方各级政府及其部门不得以任何名义和任何形式在北京设立新的办事机构，或者派驻人员以驻京办事机构名义开展活动。地方各级机构编制管理和财政部门不得为违规设立的驻京办事机构审批编制、核拨经费。违反规定的要严肃处理，并追究有关人员的责任。

（二十）此前有关规定与本意见不一致的，以本意见为准。

国务院办公厅

二〇一〇年一月十九日

市场监管总局办公厅关于开展清理整治网络销售和宣传"特供""专供"标识商品专项行动的通知

(市监网监〔2020〕110号)

各省、自治区、直辖市及新疆生产建设兵团市场监管局(厅、委):

近期,部分电商平台出现以拼音缩写等"暗语"方式使用"特供""专供"等标识销售、宣传商品问题,严重损害党和国家机关形象,扰乱市场秩序,欺骗误导消费者。为维护良好的网络市场环境,遏制社会不良风气,树立正确导向,市场监管总局决定即日起至2021年2月底,组织开展清理整治网络销售和宣传"特供""专供"标识商品专项行动,现就有关事项通知如下:

一、高度重视,认真部署

清理整治网络销售和宣传"特供""专供"标识商品,是深入学习贯彻习近平新时代中国特色社会主义思想,增强"四个意识",坚定"四个自信",做到"两个维护"的具体体现,是维护良好网络市场经济秩序的必然要求。各地市场监管部门要进一步树立和强化政治机关意识,旗帜鲜明讲政治,把全面从严治党主体责任落到实处,充分发挥市场监管职能作用,采取有力措施,全面监测排查、依法严厉查处网络销售和宣传"特供""专供"等内容标识商品违法违规行为。

二、围绕重点,迅速行动

各地市场监管部门要参照《关于禁止中央和国家机关使用"特供""专供"等标识的通知》(国管办〔2013〕59号)有关要求,将以下内容作为清理整治重点:一是含有"特供""专供"中央和国家机关等类似内容的;二是利用与中央和国家机关有密切关联的特定地点名称或者标志性建筑物名称,以及利用国宴、国宾等内容宣传"特供""专供"的;三是假借"特供""专供"或"内部特供、专用"等类似名义推销商品或服务的;四是含有"特供""专供"等类似内容的假冒伪劣商品,假冒他人注册商标、伪造或冒用质量标志、伪造产地的商品。各地市场监管部门要立即开展对网络销售商品信息和互联网广告宣传信息的清理整治工作,加强监管执法,切实维护党和国家机关形象,进一步净化网络市场环境。

三、积极主动、落实要求

(一)全面系统监测排查。重点针对食品(酒类、饮料、保健食品)、瓷器、箱包等舆情热点、社会反映集中的商品,以"RMDHT"(人民大会堂)、"ZXYJ"(政协用酒)、"QGRD"(全国人大)、"GYZY"(国宴专用)、"JD"(军队)等拼音缩写、汉字谐音等"暗语"方式,在销售商品的包装、标签以及发布的信息、介绍中或商品广告中使用"特供""专供"及类似内容的行为,在属地全面开展对网络商品交易(特别是互联网二手交易和拍卖平台)及互联网广告的监测排查。对监测出的有关信息,排查后确属违法违规的,要立即责令删除商品信息或停止发布广告,并依照《电子商务法》《广告法》《反不正当竞争法》《食品安全法》等法律法规对责任主体予以查处。

(二)加强行政指导。各地市场监管部门要组织开展《电子商务法》《广告法》《反不正竞法》《食品安全法》等法律法规宣传教育，指导电商平台企业和互联网广告发布媒介落实管理责任，提高守法经营意识，自觉维护公平竞争市场秩序。加强行政指导，督促有关企业及时排查清理相关违规信息，及时完善相关禁限售词库，严格落实商品准入和广告发布审核责任义务。对问题突出的电商平台和互联网广告发布媒介要及时进行约谈，责令整改。

（三）强化协同监管。各地市场监管部门要加强不同业务条线的协调配合，畅通监测信息移送渠道，整合执法资源、提高监管效能，同时注重与相关部门的沟通协调，强化协同监管，做好与相关单位的信息共享、执法联动和联合惩戒工作，更好地形成合力，严惩违法犯罪行为，加强行政执法和刑事司法衔接，提升专项整治效果。

（四）建立长效机制。各地市场监管部门要持续开展对"特供""专供"商品网络交易和广告的日常监测，时刻保持警惕，发现违法违规行为，及时进行查处。

请各地市场监管部门接此通知后，立即组织开展有关清理整治工作，于10月26日前上报专项行动前期报告及报表，并于2021年2月26日前上报专项行动总结报告、报表和典型案例（5件以上，并附行政处罚决定书）。

附件：清理整治网络销售和宣传"特供""专供"标识商品专项行动报表1、2（略）

市场监管总局办公厅
2020年9月30日

人力资源社会保障部　中央组织部　中央编办　财政部
关于建立机关事业单位防治"吃空饷"问题长效机制的指导意见

（人社部规〔2016〕6号）

各省、自治区、直辖市人民政府，国务院各部委、各直属机构：

按照国务院部署，各地区、各部门深入扎实开展机关事业单位"吃空饷"问题集中治理工作，追缴资金，处理违纪人员，"吃空饷"现象得到有效遏制。同时，在治理过程中发现"吃空饷"问题具有隐蔽性、反复性，为巩固集中治理工作成果，进一步从源头上加强综合治理，经国务院同意，现就建立机关事业单位防治"吃空饷"长效机制提出以下指导意见。

一、严格界定"吃空饷"情形

机关事业单位"吃空饷"问题主要是指：

1. 在机关事业单位挂名并未实际到岗上班，但从机关事业单位领取工资、津贴补贴的。

2. 因请假、因公外出期满无正当理由逾期不归或旷工等原因，按规定单位应当与其终止人事关系，但仍在原单位领取工资、津贴补贴的。

3. 已与单位终止人事关系或已办理离退休手续，仍按在职人员领取工资、津贴补贴的。

4. 已死亡或被人民法院宣告死亡、失踪，仍由他人继续领取工资、津贴补贴的。

5. 受党纪政纪处分及行政、刑事处罚等，按规定应当停发或降低工资待遇，但仍未停发或按原标准领取工资、津贴补贴的。

6. 机关事业单位隐瞒事实、虚报人员编制或实有人数套取财政资金的。

7. 其他违纪违规领取工资、津贴补贴的。

二、严格人员日常管理

各地区、各部门要按照公务员考试录用、事业单位公开招聘、干部交流、人才引进等管理规定选拔、使用人员，严格按照政策规定和工作程序办理进人手续，严格执行公务员登记制度和事业单位工作人员实名统计制度。充分利用信息化手段，及时采集、更新在岗人员信息和工资发放信息，逐步建立机构编制、人员在岗、工资发放和人员交流等情况定期内部公示制度。加强考勤管理，机关事业单位工作人员因病、因事请假须严格履行请销假手续，并按照干部管理权限进行报批、备案，对违反规定的行为要及时依法依规处理。加强考核工作，将日常考核、年度考核与人员晋升、岗位和工资调整紧密挂钩。机关事业单位工作人员与单位解除、终止人事关系的，或者已死亡或被人民法院宣告死亡、失踪的，应按规定及时办理工资核销和社会保险关系转移或终止手续。

三、严格工资发放管理

机关事业单位工作人员病假期间，按国家有关政策执行相应的工资福利待遇，符合病退、退职条件的，应及时办理相关手续，执行相应的待遇。受党纪政纪处分的，须按规定取消、停发或降低工资待遇。机关事业单位工作人员被审判、检察、公安、国家安全机关采取强制措施和受行政刑事处罚，所在单位在收到告知书后，要按规定对其工资待遇进行处理，并按照干部管理权限报告有关单位和部门。工作人员按规定办理退休手续后，须在退休次月执行相应的退休待遇。

四、严格离岗人员管理

机关事业单位一般不得以日常工作为由借调人员，因完成专项工作或者重点任务确需借调工作人员，须经借出、借入单位领导集体研究，并按照干部管理权限履行审批程序，明确借调期限，借调期满后继续借用的，须重新履行审批手续。严格禁止各种形式的非组织借调行为。机关事业单位工作人员离岗进修培训、挂职锻炼，需按照干部管理权限审批，并按有关规定抓好日常管理。对按照中央加快实施创新驱动发展战略和大众创业、万众创新等有关文件要求离岗创业的高校、科研院所等事业单位科研人员，各地区、各部门要通过完善聘用合同管理、强化考核等办法，加强规范管理。

五、严格监督管理

各级组织、机构编制、财政和人力资源社会保障等部门要加快实现部门间信息共享和对接，建立机构编制、岗位管理、人员聘用、工资管理、社保缴费、财政预算等工作的互联管理平台。组织、人力资源社会保障部门要充分履行职责，健全统一指导、分级调控、分类管理的人事管理体制。完善人事管理制度，加强对各类人员管理及工资待遇执行等方面的政策指导。强化人事监管，健全各项管理程序，完善人员流动管理机制。机构编制部门要全面实行机构编制实名制管理，严格人员编制使用核准备案制度，强化部门间联动管理综合约束机制，依法依规推进机构人员编制信息公示公开。加强机构运行和编制使用情况的动态监测，切实加大"12310"举报受理和案件查处工作力度。财政部门要会同人力资源社会保障等部门进一步加强财政统发工资管理，严格按照财政预算核拨人员经费。根据相关规定对增人增资证明材料进行审核。

六、严格责任追究

各级组织、机构编制、财政和人力资源社会保障等部门要形成常态化联合治理工作机制,定期和不定期开展专项检查,督促有关地方和部门及时核实处理发现的问题。各地区、各部门要在政务公开网站公布举报电话、邮箱,对举报线索须及时核查处理,并向实名举报人反馈结果。对"吃空饷"问题,坚持发现一起查处一起,对查实的问题"零容忍",坚决纠正违规行为,严肃处理负有责任的领导人员和相关责任人,对违纪违规的要按照有关规定给予处理,对涉嫌违法犯罪的要移交司法机关处理。对占编"吃空饷"的单位要严格按照规定核减相应编制和预算,并收回空余编制。

各地区、各部门要将预防、治理"吃空饷"问题纳入党风廉政建设工作范畴。机关事业单位主要负责同志作为第一责任人,要切实负起领导责任。组织、机构编制、财政和人力资源社会保障等部门要各司其职、密切配合、加强协调。要宣传防治"吃空饷"问题的重要意义和取得的成效,对于社会普遍关注、群众反映强烈、影响恶劣的典型案件,要定期进行内部通报或公开曝光,对违法违规行为形成有效震慑。

人力资源社会保障部
中央组织部
中央编办
财政部
2016 年 12 月 23 日

第七部分
违法违规行为

政策导读

本部分介绍行政事业单位及其工作人员在日常财务管理活动中可能存在的违法违规行为,主要包括财政违法违规行为、"收支两条线"管理规定、设立和使用"小金库"违法违纪行为、违规发放津贴补贴行为、支付结算违法违规行为、违法失信行为、机构编制违法违纪行为、违规兼职和参加相关组织、以及其他违法违规行为等相关内容。

一、财政违法违规行为

为了纠正财政违法行为,维护国家财政经济秩序,国务院于 2005 年 2 月颁布了《财政违法行为处罚处分条例》(国务院令第 427 号),2011 年 1 月以国务院令第 588 号进行修订。该条例规定:财政监督的执法主体包括财政部门、审计机关和监察机关。财政违法行为主要包括以下 10 种:违反国家财政收入管理规定的;违反国家财政收入上缴规定的;违反国家有关上解、下拨财政资金规定的;违反规定使用、骗取财政资金的;违反国家有关预算管理规定的;违反国有资产管理的;违反国家有关投资建设项目规定的;违反国家担保法及有关规定,擅自提供担保的;违反国家有关账户管理规定,擅自在金融机构开立、使用账户的;违反规定使用、骗取政府承贷或者担保的外国政府贷款、国际金融组织贷款的等。该条例还详细列示了每一种财政违法行为的具体情形。对财政违法行为的处理措施分为五种:责令改正;责令补收应当征收的收入,收缴应当上缴的财政收入;责令限期退还违法所得;责令限期退还被侵占的国有资产;责令调整有关会计账目。财政违法行为的处罚措施有警告、通报批评、罚款、没收违法所得等。财政违法行为的行政处分种类包括警告、记过、记大过、降级、撤职、开除。

为了规范财政部门行政处罚听证程序,维护公民、法人和其他组织的合法权益,保障和监督财政部门依法实施行政处罚,财政部于 2022 年 1 月发布了《财政行政处罚听证实施办法》(国务院令第 109 号),这是对 2005 年颁布实施《财政机关行政处罚听证实施办法》(财政部令第 23 号)进行的修订,增加了行政处罚种类,扩大了行政处罚听证范围,强化了听证笔录的效力,增加了电子送达方式等内容。该办法规定,财政部门拟作出下列 10 项行政处罚决定的,应当告知当事人有要求听证的权利,当事人要求听证的,财政部门应当组织听证:吊销行政许可证件;暂停会计师事务所执业;责令资产评估机构停业;禁止供应商参加政府采购活动、禁止采购代理机构代理政府采购业务;责令会计人员不得从事会计工作;暂停注册会计师执行业务;责令资产评估专业人员停止从业;较大数额罚款;没收较大数额违法所得、没收较大价值非法财物;法律、法规和规章规定的其他事项。"较大数额""较大价值"的标准为:对公民作出 1 万元以上的处罚,对法人或者其他组织作出 10 万元以上的处罚。在优化听证流程方面,办法也有新举措:一是调整当事人提交授权委托书的时间及内容,将提交授权委托书的时间由举行听证的 3 日前,延长至举行听证日前,并规定授权委托书应当明确委托范围。二是增加第三人参加听证程序的规定,明确第三人在听证中享有陈述、质证等权利,切实维护第三人的合法权益。三是增加电子送达的规定,明确经当事人同意并签订确认书,财政部门可以采用传真、电子邮件等方式,送达相关文书。另外,还对听证延期、中止、终止情形进行了调整,增加了听证期限的计算方式等内容。

财政扶贫资金包括中央本级和地方各级的财政扶贫资金,中央本级的财政扶贫资金,是指《财政部关于全面加强脱贫攻坚期内各级各类扶贫资金管理的意见》(财办〔2018〕24号)所界定的用于支持现行标准下脱贫攻坚目标的各类转移支付资金(含对个人和家庭的补助);地方各级财政结合本地实际,参照中央资金范围,确定地方各级财政扶贫资金的具体范围。扶贫资金是贫困群众的"救命钱""保命钱"和减贫脱贫的"助推剂",对加快贫困地区发展、改善扶贫对象基本生产生活条件发挥着重要作用。当前财政扶贫资金管理使用方面还存在一些不足,影响财政扶贫资金安全和精准使用,如擅自改变财政扶贫资金使用计划方式,骗取、套取和挤占挪用财政扶贫资金,财政部门个别工作人员滥用职权弄虚作假谋取私利等。为全面贯彻落实党中央、国务院脱贫攻坚决策部署,进一步加强和规范财政扶贫资金管理,确保资金安全,提高资金使用效益,财政部于2019年6月印发了《财政部门财政扶贫资金违规管理责任追究办法》(财监〔2019〕21号)。该办法以加强资金违规管理使用责任追究为着力点和突破口,体现对损害群众利益、违反财经法纪的违规管理行为"零容忍",有力推动财政扶贫资金安全规范使用。这是财政部门落实从严治党、加强财政管理的内在要求,也是保障财政扶贫资金管理使用安全、高效的重要举措。该办法强化问题导向,针对当前财政部门财政扶贫资金管理中存在的突出问题,对照《中华人民共和国预算法》《财政违法行为处罚处分条例》以及相关法律法规规定,结合各地问责开展情况,总结梳理了10种追责的情形:以弄虚作假手段骗取、套取财政扶贫资金的;无故延迟拨付财政扶贫资金造成扶贫资金闲置的;贪污、挪用财政扶贫资金的;违反规定擅自改变财政扶贫资金使用计划、方式的;在招投标或者政府采购活动中弄虚作假谋取私利或不符合相关规定的;伪造、变造、销毁有关账簿表册凭证的;未按规定执行扶贫资金项目公告公示制度的;在财政扶贫资金管理中未按照规定执行财政扶贫资金相关政策和标准的;在履行财政扶贫资金管理监督职责过程中滥用职权谋取私利的;其他违反规定管理使用财政扶贫资金的行为。

二、"收支两条线"管理规定

为加强行政事业性收费和罚没收入"收支两条线"的管理,严肃财经纪律,预防和遏制腐败,加强党风廉政建设,财政部、监察部、国家发展计划委员会、审计署和中国人民银行于1999年8月印发了《行政事业性收费和罚没收入实行"收支两条线"管理的若干规定》(财综字〔1999〕87号)。该规定要求,具有执收执罚职能的单位根据国家法律、法规和规章收取的行政事业性收费(基金)和罚没收入,属于财政性资金,均应实行财政"收支两条线"管理。即,上述行政事业性收费和罚没收入按财政部门规定全额上缴国库或预算外资金财政专户,支出按财政部门批准的计划统筹安排,从国库或预算外资金财政专户中核拨给执收执罚单位使用。该规定明确了执收执罚单位预算外资金账户的开设与管理、票据的使用与管理、征收处罚与款项的管理、财务核算与收支预决算管理以及支出管理的要求。财政部驻各地财政监察专员办事机构负责对中央驻本地区单位行政事业性收费和罚没收入的监缴工作。执收执罚单位应凭价格主管部门颁发的《收费许可证》收费,同时必须使用中央或省级财政部门统一印(监)制的票据。对行政事业性收费和罚没款实行票款分离和罚缴分离的管理制度,各项行政事业性收费要实行"单位开票,银行代收,财政统管"的管理制度。

为了严肃财经纪律,加强廉政建设,落实行政事业性收费和罚没收入"收支两条线"管理,促进依法行政,国务院于2000年2月颁布了《违反行政事业性收费和罚没收入收支两条线管理规定行政处分暂行规定》(国务院令第281号)。该规定明确界定了行政事业性收费和罚没收入的内容范围,"行政事业性收费"是指下列属于财政性资金的收入:依据法律、行政法规、国务院有关规定、国务院财政部门与计划部门共同发布的规章或者规定以及省、自治区、直辖市的地方性法规、政府规章或者规定和省、自治区、直辖市人民政府财政部门与计划(物价)部门共同发布的规定所收取的各项收费;法律、行政法规和国务院规定的以及国务院财政部门按照国家有关规定批准的政府性基金、附加。事业单位因提供服务收取的经营服务性收费不属于行政事业性收费。"罚没收入"是指法律、行政法规授权的执行处罚的部门依法实施处罚取得的罚没款和没收物品的折价收入。违反收支两条线管理规定的行为主要有:擅自设立行政事业性收费项目或者设置罚没处罚的;擅自变更行政事业性收费或者罚没范围、标准的;对行政事业性收费项目审批机关已经明令取消或者降低标准的收费项目,仍按原定项目或者标准收费的;下达或者变相下达罚没指标的;违反《收费许可证》规定实施行政事业性收费的;违反财政票据管理规定实施行政事业性收费、罚没的;违反罚款决定与罚款收缴分离的规定收缴罚款的;不履行行政事业性收费、罚没职责,应收不收,应罚不罚,经批评教育仍不改正的;不按照规定将行政事业性收费纳入单位财务统一核算、管理的;不按照规定将行政事业性收费缴入国库或者预算外资金财政专户的;擅自开设银行账户的;截留、挪用、坐收坐支行政事业性收费、罚没收入的;将行政事业性收费、罚没收入用于提高福利补贴标准或者扩大福利补贴范围、滥发奖金实物、挥霍浪费或者有其他超标准支出行为的;不按照规定编制预算外资金收支计划、单位财务收支计划和收支决算的;不按照预算和批准的收支计划核拨财政资金,贻误核拨对象正常工作的;对坚持原则抵制违法违纪的行政事业性收费、罚没行为的单位或者个人打击报复的等。

三、设立和使用"小金库"违法违纪行为

党中央、国务院历年高度重视治理"小金库"问题,多次明令禁止,要求坚决治理。"小金库"的存在,不仅导致会计信息失真,扰乱市场经济秩序,造成国家财政收入和国有资产的流失,而且诱发和滋生一系列腐败现象,严重败坏党风政风和社会风气,是妨碍经济健康发展、影响社会和谐稳定、危害党和国家各项事业发展的毒瘤,必须坚决清除。中共中央办公厅、国务院办公厅于2009年印发了《关于深入开展"小金库"治理工作的意见》(中办发〔2009〕18号)。该意见要求,深入开展"小金库"治理工作,坚决查处和纠正各种形式的"小金库",建立和完善防治"小金库"的长效机制。违反法律法规及其他有关规定,应列入而未列入符合规定的单位账簿的各项资金(含有价证券)及其形成的资产,均纳入治理范围。

根据《中共中央办公厅 国务院办公厅印发〈关于深入开展"小金库"治理工作的意见〉的

通知》(中办发〔2009〕18号)要求,中共中央纪委、监察部、财政部、审计署于2009年4月印发了《关于在党政机关和事业单位开展"小金库"专项治理工作的实施办法》(中纪发〔2009〕7号)。该办法明确了"小金库"的7种主要表现形式:违规收费、罚款及摊派设立"小金库";用资产处置、出租收入设立"小金库";以会议费、劳务费、培训费和咨询费等名义套取资金设立"小金库";经营收入未纳入规定账簿核算设立"小金库";虚列支出转出资金设立"小金库";以假发票等非法票据骗取资金设立"小金库";上下级单位之间相互转移资金设立"小金库"。在自查自纠的基础上,重点检查以下单位:执收、执罚权相对集中的部门和单位;教育、卫生、交通、民政等与人民群众利益密切相关的部门和单位;宾馆、培训中心、招待所、出版社、报社、杂志社等与党政机关、事业单位有隶属关系的单位;以前检查发现存在"小金库"的部门和单位;有群众举报的部门和单位;自查自纠措施不得力、工作走过场的部门和单位。对专项治理中发现的"小金库",要严格按照"依法处理,宽严相济"的原则进行处理。

严肃财经纪律和深入开展"小金库"专项治理,是保障中央八项规定贯彻执行的重要举措。党中央、国务院高度重视做好这项工作,明确要求财政、审计部门加大财务监督和审计监督力度,强化专项检查,抓好"三公"经费、会议费等预算管理,进一步治理"小金库"。为确保严肃财经纪律和深入开展"小金库"专项治理工作的全面开展和顺利实施,财政部、审计署于2014年7月印发了《深入开展贯彻执行中央八项规定严肃财经纪律和"小金库"专项治理工作方案》的通知(财监〔2014〕19号)。该方案要求,通过开展专项治理,坚决纠正和查处各种财经违法违纪行为,推进厉行节约反对浪费,从源头上斩断不良作风的"资金链",确保中央八项规定落到实处。专项治理的范围是纳入预算管理或有财政拨款的部门和单位,重点是各级党政机关、事业单位和社会团体。专项治理的内容重点包括:预算收入管理情况;预算支出管理情况(突出对"三公"经费、会议费和培训费的监督检查);政府采购管理情况;资产管理情况;财务会计管理情况;财政票据管理情况;设立"小金库"情况等。

为规范财政秩序,严肃财经纪律,深入贯彻落实科学发展观,惩处设立"小金库"和使用"小金库"款项违纪行为,确保"小金库"治理工作取得实效,中纪委于2009年7月发布了《设立"小金库"和使用"小金库"款项违纪行为适用〈中国共产党纪律处分条例〉若干问题的解释》(中纪发〔2009〕20号),明确了有关责任人员的纪律处分依据和处分办法。监察部、人社部、财政部、审计署于2010年1月印发了《设立"小金库"和使用"小金库"款项违法违纪行为政纪处分暂行规定》(监察部、人社部、财政部、审计署令第19号)。该规定明确,设立和使用"小金库"违法违纪的行为主要包括:有设立"小金库"行为的;使用"小金库"款项吃喝、旅游、送礼、进行娱乐活动或者有其他类似行为的;使用"小金库"款项新建、改建、扩建、装修办公楼或者培训中心等的;使用"小金库"款项提高福利补贴标准或者扩大福利补贴范围、滥发奖金实物或者有类似支出行为的;使用"小金库"款项报销应由个人负担的费用的;以单位名义将"小金库"财物集体私分给单位职工的等。

四、违规发放津贴补贴行为

为维护收入分配秩序,严肃财经纪律,规范津贴补贴发放工作,中纪委于2012年2月发布了《违规发放津贴补贴行为适用〈中国共产党纪律处分条例〉若干问题的解释》,明确了有关责任人员的纪律处分依据和处分办法。监察部、人社部、财政部、审计署于2013年6月印发了《违规发放津贴补贴行为处分规定》（监察部、人社部、财政部、审计署令第31号）。该规定所称津贴补贴，包括国家统一规定的津贴补贴和工作性津贴、生活性补贴、离退休人员补贴、改革性补贴以及奖金、实物、有价证券等。该规定明确，违规发放津贴补贴的12种行为主要包括：违反规定自行新设项目或者继续发放已经明令取消的津贴补贴的；超过规定标准、范围发放津贴补贴的；违反中共中央组织部、人力资源社会保障部有关公务员奖励的规定，以各种名义向职工普遍发放各类奖金的；在实施职务消费和福利待遇货币化改革并发放补贴后，继续开支相关职务消费和福利费用的；违反规定发放加班费、值班费和未休年休假补贴的；违反《中共中央纪委、中共中央组织部、监察部、财政部、人事部、审计署关于规范公务员津贴补贴问题的通知》（中纪发〔2006〕17号）等规定，擅自提高标准发放改革性补贴的；超标准缴存住房公积金的；以有价证券、支付凭证、商业预付卡、实物等形式发放津贴补贴的；违反规定使用工会会费、福利费及其他专项经费发放津贴补贴的；借重大活动筹备或者节日庆祝之机，变相向职工普遍发放现金、有价证券或者与活动无关的实物的；违反规定向关联单位（企业）转移好处，再由关联单位（企业）以各种名目给机关职工发放津贴补贴的；其他违反规定发放津贴补贴的。该规定还明确了与发放津贴补贴相关的违规行为，包括：将执收执罚工作与津贴补贴挂钩，使用行政事业性收费、罚没收入发放津贴补贴的；以发放津贴补贴的形式，变相将国有资产集体私分给个人的；违反财政部关于行政事业单位工资津贴补贴有关会计核算的规定核算津贴补贴的；使用"小金库"款项发放津贴补贴的；利用职务上的便利或者职务影响，违反规定在其他单位领取津贴补贴的；以虚报、冒领等手段骗取财政资金发放津贴补贴的，等等。

中共中央办公厅、国务院办公厅2018年4月印发的《关于严禁自行出台政策发放工资津贴补贴有关问题的通知》（〔2018〕20号），再次提出明确要求：未经批准，各地区各部门一律不准以任何借口、任何名义、任何方式出台工资津贴补贴政策。已经自行决定出台但尚未实施的，一律不准执行。

五、违法失信行为

为加快推进会计领域信用体系建设，培育和践行社会主义核心价值观，推动形成褒扬诚信、惩戒失信的强大合力，国家发展改革委等22部门于2018年12月联合印发了《关于对会计领域违法失信相关责任主体实施联合惩戒的合作备忘录》（发改财金〔2018〕1777号）。联合惩戒对象主要指在会计工作中违反《中华人民共和国会计法》《中华人民共和国公司法》《中华人民共和国证券法》，以及其他法律、法规、规章和规范性文件，违背诚实信用原则，经财政部门及相关部门依法认定的存在严重违法失信行为的会计人员。认定联合惩戒对象名单的相关部门和单位通过全国信用信息共享平台将会计领域违法失信当事人的相关信息推送给财政部，并及时更新。建立惩戒效果定期通报机制，有关单位定期将联合惩戒实施情况通过全国信用信息共享平台反馈至国家发展改革委和财政部。联合惩戒的措施包括：罚款、限制从事会计工作、追究刑事责任；记入会计从业人员信用档案；通过财政部网站、"信用中国"网站及其他主要新闻网站向社会公布；实行行业惩戒；限制取得相关从业任职资格，限制获得认证证书等21项。惩戒措施由相关单位和部门依法依规组织实施。

为加快推进政府采购领域信用体系建设，建立健全失信联合惩戒机制，国家发展改革委等29部门于2018年11月联合印发了《关于对政府采购领域严重违法失信主体开展联合惩戒的合作备忘录》（发改财金〔2018〕1614号）。联合惩戒对象主要指在政府采购领域经营活动中违反《政府采购法》，以及其他法律、法规、规章和规范性文件，违背诚实信用原则，经政府采购监督管理部门依法认定的存在严重违法失信行为的政府采购当事人，包括：政府采购供应商、代理机构及其直接负责的主管人员和其他责任人员；政府采购评审专家。联合惩戒的措施包括：依法限制获取财政补助补贴性资金和社会保障资金支持；依法限制参与政府投资工程建设项目投标活动；依法限制取得政府供应土地等34项。

为加快推进社会信用体系建设，健全跨部门失信联合惩戒机制，打击社会保险领域违法失信行为，国家发展改革委等28部门于2018年11月联合印发了《关于对社会保险领域严重失信企业及其有关人员实施联合惩戒的合作备忘录》（发改财金〔2018〕1704号）。联合惩戒的对象是指人力资源社会保障部、税务总局和医疗保障局会同有关部门确定的违反社会保险相关法律、法规和规章的企事业单位及其有关人员，其严重失信、失范行为主要包括以下情形：用人单位未按相关规定参加社会保险且拒不整改的；用人单位未如实申报社会保险缴费基数且拒不整改的；应缴纳社会保险费却拒不缴纳的；隐匿、转移、侵占、挪用社会保险费款、基金或者违规投资运营的；以欺诈、伪造证明材料或者其他手段参加、申报社会保险和骗取社会保险基金支出或社会保险待遇的；非法获取、出售或变相交易社会保险个人权益数据的；社会保险服务机构违反服务协议或相关规定的；拒绝协助社会保险行政部门、经办机构对事故和问题进行调查核实的；拒绝接受或协助税务部门对社会保险实施监督检查，不如实提供与社会保险相关各项资料的；其他违反法律法规规定的。联合惩戒的措施包括：限制招录（聘）失信人为公务员或事业单位工作人员；将失信企业列为重点监督检查对象；限制失信企业参与社会保险业务合作项目等32项。

为贯彻落实"褒扬诚信、惩戒失信"的总体要求，弘扬和践行社会主义核心价值观，国家发展改革委等40部门于2018年12月联合印发了《关于对慈善捐赠领域相关主体实施守信联合激励和失信联合惩戒的合作备忘录》（发改财金〔2018〕331号）。守信联合激励的对象有两类，一是在民政部门依法登记或认定、评估等级在4A以上的慈善组织；二是有良好的捐赠记录，以及在扶贫济困领域有突出贡献的捐赠人，包括自然人、法人和非法人组织。同时，联合激励的对象必须是全国信用信息共享平台核查信用优良的自然人、法人或非法人组织，即无不良信用记录，不属于黑名单、重点关注名单对象。激励措施包括：为守信慈善组织登记事项变更、相关业务办理建立绿色通道等26项。联合惩戒对象为在慈善捐赠活动中有失信行为的相关自然人、法人和非法人组织。其中包括：被民政部门按照有关规定列入社会组织严重违法失信名单的慈善组织；上述组织的法定代表人和直接负责的主管人员；在通过慈善组织捐赠中失信，被人民法院依法判定承担责任的捐赠人；在接受慈善组织资助中失信，被人民法院依法判定承担责任的受益人；被公安机关依法查处的假借慈善名义或假冒慈善组织骗取财产的自然人、法人和非法人组织。联合惩戒的措施包括：对失信慈善组织，按照有关规定降低评估等级；取消或限制取得公益性捐赠税前扣除资格和优先获得政府购买服务、政府奖励资格等24项。

为加大对失信被执行人的惩戒力度,建立健全联合奖惩机制,国家发展改革委、最高人民法院、国土资源部于2018年3月联合印发了《关于对失信被执行人实施限制不动产交易惩戒措施的通知》(发改财金〔2018〕370号),对失信被执行人及失信被执行人的法定代表人、主要负责人、实际控制人、影响债务履行的直接责任人员,采取限制不动产交易的惩戒措施。各级人民法院限制失信被执行人及失信被执行人的法定代表人、主要负责人、实际控制人、影响债务履行的直接责任人员参与房屋司法拍卖。市、县国土资源部门限制失信被执行人及失信被执行人的法定代表人、主要负责人、实际控制人、影响债务履行的直接责任人员取得政府供应土地。

为了维护劳动者合法权益,完善失信约束机制,加强信用监管,人力资源和社会保障部于2021年11月发布了《拖欠农民工工资失信联合惩戒对象名单管理暂行办法》(人社部令第45号),规范拖欠农民工工资失信联合惩戒对象名单管理工作,是实施《保障农民工工资支付条例》,维护农民工工资权益的具体措施,对构建以信用为基础的新型监管机制,进一步提升劳动保障监察执法效能,营造守法诚信劳动用工环境具有重要意义。该办法对适用范围、职责分工、列入条件和期限、惩戒措施、信用修复和工作程序等作出规定。该办法明确,用人单位克扣、无故拖欠农民工工资达到认定拒不支付劳动报酬罪数额标准,或者因拖欠农民工工资违法行为引发群体性事件、极端事件造成严重不良社会影响,经人力资源社会保障行政部门依法责令限期支付工资,逾期未支付的,人力资源社会保障行政部门应当按照办法规定的程序,将该用人单位及其法定代表人等有关责任人员列入失信联合惩戒名单,按照规定公开并共享至同级信用信息共享平台。相关部门在各自职责范围内按照《保障农民工工资支付条例》等有关规定,在政府资金支持、政府采购、招投标、融资贷款、市场准入、税收优惠、评优评先、交通出行等方面依法依规予以限制。该办法规定,列入失信联合惩戒名单期限为三年。列入期间偿还拖欠工资的,自改正之日起满6个月,且作出守信承诺,可申请提前移出。

为了维护正常税收征收管理秩序,惩戒重大税收违法失信行为,保障税务行政相对人合法权益,促进依法诚信纳税,国家税务总局于2021年12月发布了《重大税收违法失信主体信息公布管理办法》(国家税务总局令第54号),全面规范失信主体确定、失信惩戒和提前停止公布失信信息工作的相关执法程序,明确各级税务机关的职权,细化失信主体确定、信息公布、信用修复等环节工作流程,确保相关工作在法治轨道内运行。重大税收违法失信主体的确定情形主要有:纳税人(以及扣缴义务人、涉税当事人、税务代理人)不缴、少缴、欠缴税款100万元以上的;虚开增值税普通发票100份以上或金额400万元以上的;骗取国家出口退税的;以暴力、威胁方法拒不缴纳税款的;私自印制、伪造、变造发票,非法制造发票防伪专用品,伪造发票监制章的等。

失信惩戒制度的广泛适用,对各行各业产生了强有力的威慑和惩戒效能,一定程度上促进了各类社会主体守信践诺。但失信惩戒的目的不在于永久性地"抛弃"失信主体,而在于鞭策其改过自新,主动纠正失信行为,通过重塑信用来"回归"社会,并在整体上提高社会信用水平。为规范信用信息修复工作,维护信用主体合法权益,进一步提升社会信用体系建设法治化、规范化水平,国家发展改革委员会于2023年1月颁布了《失信行为纠正后的信用信息修复管理办法(试行)》(国家发改委令第58号),就信用信息修复的条件、程序、协同联动等进行了具体的规定,回应了信用信息修复的现实需求,体现了宽严相济的原则导向和正面激励的价值遵循,不仅保障了信用主体合法权益,也有利于及时更新信用主体信用信息,进而客观真实地反映信用主体动态的信用状况,这对社会信用体系建设的高质量发展具有重要意义。信用信息修复,是指信用主体为积极改善自身信用状况,在纠正失信行为、履行相关义务后,向认定失信行为的单位或者归集失信信息的信用平台网站的运行机构提出申请,由认定单位或者归集机构按照有关规定,移除或终止公示失信信息的活动。信用主体依法享有信用信息修复的权利,信用主体可以在信息层面修复自己的失信状态,但无法对失信行为本身进行"洗白"。信用主体只要不具备禁止申请修复的情形,原则上都可以申请信用信息修复。这为信用主体申请解除信用惩戒措施、重塑信用提供了制度保障,将有效激发失信主体的守信意愿,为其主动纠正自己的失信行为提供内在动力。信用信息修复的主要方式分为移出严重失信主体名单、终止公示行政处罚信息和修复其他失信信息三种,办法就各自修复条件、修复程序等内容进行了规定。关于终止公示行政处罚信息,办法明确了信用平台网站公示行政处罚信息的范围,自然人的行政处罚信息原则上不在信用平台网站公示,对简易程序作出的行政处罚信息不进行归集和公示,对于被处以警告、通报批评的行政处罚信息,信用平台网站不予公示。该办法还明确了可在信用平台网站上公示行政处罚信息的期限。其中最短期限为三个月,最长期限为三年。其中涉及食品、药品、安全生产等与人身安全密切相关的重点领域的行政处罚信息最短公示期为一年。一方面,规定最短公示期,在制度层面确保失信惩戒给失信主体带来必要"痛苦",进而在事实上发挥威慑作用,以体现失信惩戒的严肃性和实质性,防止信用主体失信后肆意申请提前终止公示的情况发生。另一方面,明确了信用主体申请提前终止公示行政处罚信息的最早或最短时间,也即只有在最短公示期届满后才能申请提前终止公示。

六、机构编制违法违纪行为

机构编制管理的主要内容包括职能管理、机构管理和人员编制管理,所属工作部门、下级机关和事业单位以及人员数量的多少,与财政经费保障、财务经济活动密切相关。机构编制管理工作担负着配置党的执政资源、加强党的执政能力建设、巩固国家政权的重要职责。党中央、国务院对机构编制工作历来十分重视,多次重申和强调要严肃机构编制工作纪律,切实维护机构编制法律法规和中央有关方针政策的权威性和严肃性。为严肃党和国家机关、人民团体、事业单位的机构编制纪律,处理机构编制违纪行为,保障机构编制法律法规和中央有关方针政策的贯彻实施,中央纪委于2009年6月印发了《机构编制违纪行为适用〈中国共产党纪律处分条例〉若干问题的解释》(中纪发〔2009〕15号)对在机构编制违纪行为中负有责任的共产党员,如何适用《中国共产党纪律处分条例》追究党纪责任作出了明确规定。该解释以《中国共产党纪律处分条例》为依据,紧贴机构编制工作实际,明确规定了机构设置、人员编制、职数配备、"条条干预"以及违规审批等方面比较常见的违纪行为的表现形式和处分依据。这些规定针对性和可操作性比较强,政策界限比较清晰,有利于执纪实践中准确定性量纪。

为严肃机构编制纪律,惩处机构编制违法违纪行为,保障机构编制管理规定的贯彻实施,监察部、人力资源和社会保障部于2012年9月印发了《行政机关机构编制违法违纪行为政纪处分暂行规定》(监察部、人社部令第27号),这是对行政机关机构编制违法违纪行为进行政纪处分的专门规定,是第一部专门规范机构编制领域政纪处分的部门规章,是《行政机关公务员处分条例》的配套规定。该规定明确了擅自设立机构、超编进人、超领导职务职数配备领导干部、"条条干预"、"吃空饷"等9类30余种机构编制违法违纪行为的政纪处分依据。该规定与《机构编制违(«中国共产党纪律处分条例)若干问题的解释》等法规制度相衔接,形成了既有程序性规定又有实体性规定、既有党纪处分又有政纪处分的较为完整的机构编制责任追究体系。其贯彻执行有助于增强行政机关工作人员机构编制纪律意识,预防机构编制违纪违规问题的发生,有助于增强机构编制的刚性约束,对于深化行政体制改革,推进机构编制管理工作制度化规范化法制化具有重要意义。

针对有中央和国家机关存在多次印发文件擅自对地方机构设置和人员编制配备提出要求的问题,中央编办综合司于2015年8月印发了《中央编办综合司关于重申上级业务部门不得干预下级部门机构编制事项相关纪律规定的通知》(编综函字〔2015〕573号)。该通知重申,上级业务部门干预下级部门机构编制事项,属于违反党纪、政纪的行为。其附件列出了《严禁上级业务部门干预下级部门机构编制事项的有关规定和要求》,共有6项相关规定。

七、违规兼职和参加相关组织

为了适应我国政治体制改革和经济体制改革以及机构改革工作的需要,加快政府职能的转变,发挥社会团体应有的社会中介组织作用,中共中央办公厅、国务院办公厅于1998年7月印发了《中共中央办公厅、国务院办公厅关于党政机关领导干部不兼任社会团体领导职务的通知》(中办发〔1998〕17号)。该通知要求,县及县以上各级党的机关、人大机关、行政机关、政协机关、审判机关、检察机关及所属部门的在职县(处)级以上领导干部,不得兼任社会团体(包括境外社会团体)领导职务(含社会团体分支机构负责人)。社会团体领导职务是指社会团体的会长(理事长、主席)、副会长(副理事长、副主席)、秘书长,分会会长(主任委员)、副会长(副主任委员),不包括名誉职务、常务理事、理事。

为推进政社分开,加强党风廉政建设,保持基金会的民间性,民政部于2004年10月印发了《关于现职国家工作人员不得兼任基金会负责人有关问题的通知》(民函〔2004〕270号),该通知要求,执行《基金会管理条例》规定:基金会理事长、副理事长和秘书长不得由现职国家工作人员兼任。现职国家工作人员应掌握在以下范围:党的机关、人大机关、政府机关、政协机关、审判机关和检察机关中的现职工作人员,以及法律、法规授权行使行政管理职能的其他机构的工作人员。但不包括上述机关和机构中已从领导岗位上退下来尚未办理离退休手续的工作人员,也不包括上述机关和机构中离开行政工作岗位专门从事基金会工作的工作人员。

为贯彻落实党的十七大关于加强干部队伍建设和反腐倡廉建设的精神,中共中央纪委、中共中央组织部于2008年4月印发了《关于退出现职、接近或者达到退休年龄的党政领导干部在企业兼职、任职有关问题的意见》。该意见要求,退出现职、接近或者达到退休年龄和在地方换届时不再提名尚未办理退休手续的党政领导干部原则上不得在企业兼职,一般也不得安排到企业任职。个别确因工作需要到企业兼职、任职的,应当按照干部管理权限严格审批。经批准到企业兼职的,不得在企业领取薪酬、奖金等报酬,不得获取股权。经批准到企业任职的,应当将行政、工资等关系转入企业,不再保留公务员身份,不再保留党政机关的各种待遇。不得将行政、工资等关系转回党政机关办理退休;在企业办理退休手续后,也不得将行政、工资等关系转到党政机关。

近些年来,一些领导干部参加了自发成立的"老乡会""校友会""战友会"等组织,或者频繁参加老乡、校友、战友之间的各种联谊类活动,有的还是发起者或组织者。领导干部参加此类组织和活动,多数是为了联络感情,广交朋友,或者为家乡的经济发展,为母校的建设献计献策,帮忙出力。但也有部分领导干部参与其中后,借联谊、聚会之名,大吃大喝,挥霍浪费,有的甚至编织"关系网",拉"小圈子",搞团团伙伙或非组织活动,在干部群众中产生了不良影响。为了规范领导干部在参加此类组织和活动方面的行为,中共中央纪委、中共中央组织部、总政治部于2002年4月印发了《中央纪律、中组部、总政治部关于领导干部不得参加自发成立的"老乡会""校友会""战友会"组织的通知》。该通知要求,领导干部不得参加自发成立(未经民政部门登记注册)的老乡、校友、战友之间的各种联谊会之类的组织,不得担当这类联谊会的发起人和组织者,不得在这类联谊会中担任相应职务。领导干部参加老乡、校友、战友之间的各种联谊类活动,不得借机编织"关系网",搞亲亲疏疏,团团伙伙,更不得有"结盟""金兰结义"等行为。不得利用职权用公款为此类组织和活动提供赞助,不得用公款报销此类活动经费。

八、其他违法违规行为

为了进一步规范基金会的募集和接受公益捐赠行为,严格管理和使用好公益资金,民政部于2009年4月印发了《民政部关于基金会等社会组织不得提供公益捐赠回扣有关问题的通知》(民发〔2009〕54号)。该通知要求,基金会接受的公益捐赠必须依照有关法律法规的规定用于公益目的。不得在接受的公益捐赠中提取回扣返还捐赠人或帮助筹集捐赠的个人或组织。按照捐赠协议,基金会可以在接受的公益捐赠中列支公益项目成本,项目成本必须是直接用于实施公益项目的费用,属于公益支出。基金会应当有效控制公益项目的成本,尽可能将公益捐赠更多地直接用于受助对象。登记管理机关将加强对基金会捐赠使用的监管。一旦发现有提供回扣的情形,将依法严肃处理。

为了进一步加强党风廉政建设,维护财经纪律的严肃性,财政部、监察部针对目前党政机关及事业单位用公款为个人购买商业保险的有关问题,于2004年9月研究制定了《关于党政机关及事业单位用公款为个人购买商业保险若干问题的规定》(财金〔2004〕88号)。该规定所称党政机关及事业单位用公款为个人购买商业保险,是指由单位缴付全部或部分保费,为干部职工购买商业保险公司提供的各类商业保险产品的行为。该规定要求,党政机关和依照公务员管理的事业单位用公款为干部职工购买商业保险,仅限于旨在风险补偿的人身意外伤害险,包括公务旅行交通意外伤害险、特岗人员的意外伤害险,以及为援藏援疆等支援西部地区干部职工购买的人身意外伤害险;一般仅限于单位在职的干部职工,但离退休人员参加单位组织的集体活动、赴外就医的,可以购买交通意外伤害险。不依照公务员管理的事业单位用公款为干部职工购买商业保险,还包括与建立补充医疗保险相关的险种,但只能是未享受公务员医疗补助或公费医疗的事业单位;补充医疗保险受保人员的范围包括单位在职干部职工和离退休人员。该规定还明确了党政机关及事业单位用公款为个人购买商业保险时的6项禁止行为:购买虽在本规定险种范围之内,但具有投资分红性质的商业保险;购买本规定险种范围之外其他任何形式的商业保险;为本规定受保人员范围之外的其他人员购买任何形式的商业保险;违反本规定的财务列支渠道,挤占、挪用其他资金购买商业保险,以及私设"小金库"购买商业保险等;利用行政隶属关系或行政管理职权,指使或接受主管范围以内的下属单位为单位领导干部或职工购买商业保险;利用职务之便,在购买商业保险的过程中收取"回扣"等谋取私利的行为。

为贯彻落实党中央、国务院抗震救灾的重大决策部署,加强对抗震救灾款物管理使用的监督,防止抗震救灾款物管理使用违法违纪行为的发生,严厉惩处违法违纪行为,保证抗震救灾款物及时用于灾民救助和群众基本生活,中央纪委监察部于2008年5月制定了《抗震救灾款物管理使用违法违纪行为处分规定》。该规定所称抗震救灾款物,是指各级财政投入、拨付的和社会捐赠的用于抗震救灾的资金、物资。该规定对11种行为提出了"严格禁止并严肃查处"的要求:以赈灾、募捐名义诈骗、敛取不义之财行为;截留、挤占或者无故迟滞拨付、发放抗震救灾款物行为;虚报、冒领抗震救灾款物行为;利用职权为自己、亲友和有关单位徇私发放或者有偿发放抗震救灾款物行为;擅自改变抗震救灾款物用途,挪作他用行为;擅自变卖抗震救灾物资行为;故意违背政府应急救助和灾后重建规划使用抗震救灾款物行为;伪造、变造和毁损抗震救灾款物原始登记资料及相关账簿行为;隐瞒抗震救灾款物管理使用分配信息,依照规定应当公开而不公开的行为;在抗震救灾款物管理使用中玩忽职守、贻误工作行为;贪污、私分抗震救灾款物行为等。

为深入贯彻党中央、国务院关于健全价格监管规则的要求,进一步提升价格监管工作法治化、规范化水平,规范经营者明码标价行为,预防和制止价格欺诈,维护市场价格秩序,保护消费者、经营者合法权益和社会公共利益,国家市场监督管理总局于2022年4月发布了《明码标价和禁止价格欺诈规定》(国家市场监督管理总局令第56号)。在全面梳理和提炼原《关于商品和服务实行明码标价的规定》《禁止价格欺诈行为的规定》及其配套文件主要内容的基础上,针对执法实践中出现的新问题、新经济新业态经营者标价行为呈现的新特点、价格违法行为表现的新形式,按照2021年新修订的《中华人民共和国行政处罚法》的新要求,进一步完善了价格监管制度规则。该规定细化明确了明码标价规则,补充完善了部分价格违法行为的认定标准及相应的法律责任,为更好地维护消费者、经营者合法权益,规范市场价格秩序,建设高效规范、公平竞争、充分开放的全国统一大市场提供法治支撑。在明码标价方面,明确了经营者在销售商品或者提供服务时,应当标示的主要价格要素和遵循的标价原则,并对通过网络等方式销售商品或者提供服务的明码标价形式作了比较灵活的规定。授权设区的市级以上地方市场监管部门在充分保障消费者和其他经营者合法权益的前提下,可以规定特定商品或者服务应当标示的价格信息,更好地适应经济社会发展。在价格欺诈认定方面,明确了经营者在进行价格比较、折价、减价等活动时的具体要求,列举了予以禁止的典型价格欺诈行为,强调在认定价格欺诈行为时应当将当事人的主观恶意作为重要考量因素,并对网络交易经营者的标价行为提出明确要求。同时,对价格欺诈和非价格欺诈进行合理区分,明确有证据足以证明没有主观故意、实际成交价格能够使消费者或者与其进行交易的其他经营者获得更大价格优惠等情形不属于价格欺诈。在法律责任方面,该规定依据《中华人民共和国价格法》《中华人民共和国行政处罚法》的规定,坚持过罚相当原则,在明确违反明码标价规定行为以及其他价格违法行为所适用罚则的同时,规定了依法从轻、减轻或者不予处罚的情形。

为有效实施价格行政处罚,及时平抑市场价格异常波动,维护公共利益和社会稳定,国家发展改革委于2004年7月发布了《价格违法行为行政处罚实施办法》(国家发改委令第14号)。该办法规定,政府价格主管部门对经营者哄抬价格和变相提高价格的行为,予以行政处罚。经营者哄抬价格的4种行为包括:捏造、散布涨价信息,大幅度提高价格的;生产成本或进货成本没有发生明显变化,以牟取暴利为目的,大幅度提高价格的;在一些地区或行业率先大幅度提高价格的;囤积居奇,导致商品供不应求而出现价格大幅度上涨的。变相提高价格的4种行为包括:抬高等级销售商品或者收取费用的;以假充真,以次充好,降低质量的;偷工减料,短尺少秤,减少数量的;变相提高价格的其他行为。经营者有下列情形之一的,可以按没有违法所得论处:无合法销售或收费票据的;隐匿、销毁销售或收费票据的;隐瞒销售或收费票据数量,帐簿与票据金额不符导致计算违法所得金额无依据的;多收价款全部退还的;应当按没有违法所得论处的其他情形。

为了依法惩处价格违法行为,维护正常的价格秩序,保护消费者和经营者的合法权益,国家发展改革委于1999年8月发布了《价格违法行为行政处罚规定》,并于2006年2月、2008年1月、2010年12月进行了三次修订。该规定明确,经营者价格违法行为主要有:为了排挤竞争对手或者独占市场,以低于成本的价格倾销,扰乱正常的生产经营秩序,损害国家利益或者其他经营者的合法权益的;相互串通,操纵市场价格,造成商品价格较大幅度上涨的;有推动商品价格过快、过高上涨行为的;利用虚假的或者使人误解的价格手段,诱骗消费者或者其他经营者与其进行交易的;采取抬高等级或者压低等级等手段销售、收购商品或者提供服务,变相提高或者压低价格的;不执行政府指导价、政府定价的;不执行法定的价格干预措施、紧急措施的;违反法律、法规的规定牟取暴利的;违反明码标价规定的;拒绝提供价格监督检查所需资料或者提供虚假资料的等。

税收是国家筹集财政收入和调节经济、调节分配的重要手段。近年来,我国税收工作取得显著成就,为服务科学发展、全面建设小康社会作出了积极贡献。随着形势的发展,税收工作面临更加繁重的任务,有必要制定一部专门的规范税收违法违纪行为处分工作的规章,进一步严肃税收纪律,及时有效地查处税收违法违纪行为。为了加强税收征收管理,惩处税收违法违纪行为,促进税收法律法规的贯彻实施,监察部、人力资源社会保障部、国家税务总局于2012年6月联合发布了《税收违法违纪行为处分规定》(监察部、人社部、国家税务总局令第26号)。该规定紧贴税收工作实际,明确了15类37种税收违法违纪行为及其适用的处分种类和幅度。同时,为加强监察机关与税务机关在查处税收违法违纪案件中的协作配合,建立了税收违法违纪案件移送制度,以有效整合力量,更好地维护税收工作秩序。该规定的出台,对于进一步完善税收违法违纪行为责任追究制度,确保国家税收法律法规的贯彻落实,保障公平竞争的市场经济环境,维护社会主义市场经济秩序和人民群众的根本利益具有重要意义。

为了加强统计工作,提高统计数据的准确性和及时性,惩处和预防统计违法违纪行为,促进统计法律法规的贯彻实施,监察部、人社部、国家统计局于 2009 年 3 月联合发布了《统计违法违纪行为处分规定》(监察部、人社部、国家统计局令第 18 号)。该规定明确,有统计违法违纪行为的单位中负有责任的领导人员和直接责任人员,以及有统计违法违纪行为的个人,应当承担纪律责任。地方、部门以及企业、事业单位、社会团体的领导人员统计违法行为有:自行修改统计资料、编造虚假数据的;强令、授意本地区、本部门、本单位统计机构、统计人员或者其他有关机构、人员拒报、虚报、瞒报或者篡改统计资料、编造虚假数据的;对拒绝、抵制篡改统计资料或者对拒绝、抵制编造虚假数据的人员进行打击报复的;对揭发、检举统计违法违纪行为的人员进行打击报复的。统计调查对象中的单位统计违法行为有:虚报、瞒报统计资料的;伪造、篡改统计资料的;拒报或者屡次迟报统计资料的;拒绝提供情况、提供虚假情况或者转移、隐匿、毁弃原始统计记录、统计台账、统计报表以及与统计有关的其他资料的。

为了构建防范和惩治统计造假、弄虚作假督察机制,推动各地区各部门严格执行统计法律法规,确保统计数据真实准确,中共中央办公厅、国务院办公厅于 2018 年 8 月印发了《防范和惩治统计造假、弄虚作假督察工作规定》。该规定已对实施统计督察的主体和督察对象作出了明确规定,国家统计局负责统筹、指导、协调、监督统计督察工作,国家统计局统计执法监督局承担统计督察日常工作;统计督察对象是与统计工作相关的各地区、各有关部门,重点是各省、自治区、直辖市党委和政府主要负责同志和与统计工作相关的领导班子成员,必要时可以延伸至市级党委和政府主要负责同志和与统计工作相关的领导班子成员、国务院有关部门主要负责同志和与统计工作相关的领导班子成员、省级统计机构和省级政府有关部门领导班子成员。该规定提出,对省级党委和政府、国务院有关部门开展统计督察的内容包括:贯彻落实党中央、国务院关于统计改革发展各项决策部署,加强对统计工作组织领导,指导重大国情国力调查,推动统计改革发展,研究解决统计建设重大问题等情况;履行统计法定职责,遵守执行统计法律法规,严守领导干部统计法律底线,依法设立统计机构,维护统计机构和人员依法行使统计职权,保障统计工作条件,支持统计活动依法开展等情况;建立防范和惩治统计造假、弄虚作假责任制,问责统计违纪违法行为,建立统计违纪违法案件移送机制,追究统计违纪违法责任人责任,发挥统计典型违纪违法案件警示教育作用等情况;应当督察的其他情况。

合同是市场经济有序运行的基础。市场交易中,合同违法行为时有发生,不仅损害了国家利益和社会公共利益,破坏市场公平,还会挤压守法经营者的生存空间,甚至造成"劣币驱逐良币"现象。为了维护市场经济秩序,保护国家利益、社会公共利益和消费者合法权益,国家市场监管总局于 2023 年 5 月修订出台了《合同行政监督管理办法》(国家市场监督管理总局令第 77 号)。这是在 2010 年施行《合同违法行为监督处理办法》的基础上,对合同行政监管工作进行了全面系统梳理,主要包括总则、合同行为规范、合同示范文本制度、监督管理手段以及法律责任等内容。该办法对利用合同扰乱市场秩序的行为以及利用不公平格式条款侵害消费者权益的行为作出了禁止性规定,规定了市场监管部门制定推行的合同示范文本,明确了市场监管部门合同行政监管的手段以及法律责任。针对消费者反映较为强烈的经营者利用不公平格式条款减轻或者免除自身责任、加重消费者责任、排除或者限制消费者权利等行为,以及经营者就格式条款向消费者进行提示说明、不得借助技术手段强制交易等义务,办法作出了详细规定。《中华人民共和国民法典》第四百七十条规定,当事人可以参照各类合同的示范文本订立合同。多年来,市场监管部门针对房屋买卖、农村土地流转、旅游消费、养老服务等重点领域,单独或会同有关部门制定发布了大量合同示范文本,供当事人在订立合同时参照使用。参照合同示范文本订立合同,可以提升当事人合同法律意识,保障合同各方权益,减少合同纠纷,提升交易安全。2022年6月,全国合同示范文本库在市场监管总局官方网站正式上线。文本库收录了市场监管部门近年来制定发布的合同示范文本超过500份。社会公众可通过市场监管总局网站首页进入全国合同示范文本库,免费查询、下载所需合同示范文本。

为了预防和惩处档案管理违法违纪行为,有效保护和利用档案,监察部、人力资源和社会保障部、国家档案局于2013年2月联合印发了《档案管理违法违纪行为处分规定》(监察部、人社部、国家档案局令第30号),对预防和惩处档案管理违法违纪行为,有效保护和利用档案,发挥重要作用。该规定所称的档案,是指属于国家所有的档案和不属于国家所有但保存在各级国家档案馆的档案。档案管理违法违纪行为,就是违反了档案管理法律、法规、规章的规定,积极或者消极地实施了违反规定的具体行为,产生了相应的不利后果,依法应当承担相应责任的行为。该规定采用列举方式,确定了20种违法违纪行为,其中:档案征集违法违纪行为3种;档案保管违法违纪行为11种;档案安全违法违纪行为6种。有档案管理违法违纪行为,应当承担纪律责任的主体统称"有关责任人员",具体分为5种:行政机关公务员;法律、法规授权的具有公共事务管理职能的组织中从事公务的人员;行政机关依法委托从事公共事务管理活动的组织中从事公务的人员;企业、社会团体中由行政机关任命的人员;事业单位工作人员。

财政违法行为处罚处分条例

(2004年11月30日中华人民共和国国务院令第427号公布 根据2011年1月8日国务院令第588号《国务院关于废止和修改部分行政法规的决定》修订)

第一条 为了纠正财政违法行为,维护国家财政经济秩序,制定本条例。

第二条 县级以上人民政府财政部门及审计机关在各自职权范围内,依法对财政违法行为作出处理、处罚决定。

省级以上人民政府财政部门的派出机构,应当在规定职权范围内,依法对财政违法行为作出处理、处罚决定;审计机关的派出机构,应当根据审计机关的授权,依法对财政违法行为作出处理、处罚决定。

根据需要,国务院可以依法调整财政部门及其派出机构(以下统称财政部门)、审计机关及其派出机构(以下统称审计机关)的职权范围。

有财政违法行为的单位,其直接负责的主管人员和其他直接责任人员,以及有财政违法行为的个人,属于国家公务员的,由监察机关及其派出机构(以下统称监察机关)或者任免机关依照人事管理权限,依法给予行政处分。

第三条 财政收入执收单位及其工作人员有下列违反国家财政收入管理规定的行为之一的,责令改正,补收应当收取的财政收入,限期退还违法所得。对单位给予警告或者通报批评。对直接负责的主管人员和其他直接责任人员给予警告、记过或者记大过处分;情节严重的,给予降级或者撤职处分:

(一)违反规定设立财政收入项目;

(二)违反规定擅自改变财政收入项目的范围、标准、对象和期限;

(三)对已明令取消、暂停执行或者降低标准的财政收入项目,仍然依照原定项目、标准征收或者变换名称征收;

(四)缓收、不收财政收入;

(五)擅自将预算收入转为预算外收入;

(六)其他违反国家财政收入管理规定的行为。

《中华人民共和国税收征收管理法》等法律、行政法规另有规定的,依照其规定给予行政处分。

第四条 财政收入执收单位及其工作人员有下列违反国家财政收入上缴规定的行为之一的,责令改正,调整有关会计账目,收缴应当上缴的财政收入,限期退还违法所得。对单位给予警告或者通报批评。对直接负责的主管人员和其他直接责任人员给予记大过处分;情节较重的,给予降级或者撤职处分;情节严重的,给予开除处分:

（一）隐瞒应当上缴的财政收入；
（二）滞留、截留、挪用应当上缴的财政收入；
（三）坐支应当上缴的财政收入；
（四）不依照规定的财政收入预算级次、预算科目入库；
（五）违反规定退付国库库款或者财政专户资金；
（六）其他违反国家财政收入上缴规定的行为。

《中华人民共和国税收征收管理法》《中华人民共和国预算法》等法律、行政法规另有规定的，依照其规定给予行政处分。

第五条 财政部门、国库机构及其工作人员有下列违反国家有关上解、下拨财政资金规定的行为之一的，责令改正，限期退还违法所得。对单位给予警告或者通报批评。对直接负责的主管人员和其他直接责任人员给予记过或者记大过处分；情节较重的，给予降级或者撤职处分；情节严重的，给予开除处分：

（一）延解、占压应当上解的财政收入；
（二）不依照预算或者用款计划核拨财政资金；
（三）违反规定收纳、划分、留解、退付国库库款或者财政专户资金；
（四）将应当纳入国库核算的财政收入放在财政专户核算；
（五）擅自动用国库库款或者财政专户资金；
（六）其他违反国家有关上解、下拨财政资金规定的行为。

第六条 国家机关及其工作人员有下列违反规定使用、骗取财政资金的行为之一的，责令改正，调整有关会计账目，追回有关财政资金，限期退还违法所得。对单位给予警告或者通报批评。对直接负责的主管人员和其他直接责任人员给予记大过处分；情节较重的，给予降级或者撤职处分；情节严重的，给予开除处分：

（一）以虚报、冒领等手段骗取财政资金；
（二）截留、挪用财政资金；
（三）滞留应当下拨的财政资金；
（四）违反规定扩大开支范围，提高开支标准；
（五）其他违反规定使用、骗取财政资金的行为。

第七条 财政预决算的编制部门和预算执行部门及其工作人员有下列违反国家有关预算管理规定的行为之一的，责令改正，追回有关款项，限期调整有关预算科目和预算级次。对单位给予警告或者通报批评。对直接负责的主管人员和其他直接责任人员给予警告、记过或者记大过处分；情节较重的，给予降级处分；情节严重的，给予撤职处分：

（一）虚增、虚减财政收入或者财政支出；
（二）违反规定编制、批复预算或者决算；
（三）违反规定调整预算；
（四）违反规定调整预算级次或者预算收支种类；
（五）违反规定动用预算预备费或者挪用预算周转金；
（六）违反国家关于转移支付管理规定的行为；
（七）其他违反国家有关预算管理规定的行为。

第八条　国家机关及其工作人员违反国有资产管理的规定,擅自占有、使用、处置国有资产的,责令改正,调整有关会计账目,限期退还违法所得和被侵占的国有资产。对单位给予警告或者通报批评。对直接负责的主管人员和其他直接责任人员给予记大过处分;情节较重的,给予降级或者撤职处分;情节严重的,给予开除处分。

第九条　单位和个人有下列违反国家有关投资建设项目规定的行为之一的,责令改正,调整有关会计账目,追回被截留、挪用、骗取的国家建设资金,没收违法所得,核减或者停止拨付工程投资。对单位给予警告或者通报批评,其直接负责的主管人员和其他直接责任人员属于国家公务员的,给予记大过处分;情节较重的,给予降级或者撤职处分;情节严重的,给予开除处分:

（一）截留、挪用国家建设资金;

（二）以虚报、冒领、关联交易等手段骗取国家建设资金;

（三）违反规定超概算投资;

（四）虚列投资完成额;

（五）其他违反国家投资建设项目有关规定的行为。

《中华人民共和国政府采购法》《中华人民共和国招标投标法》《国家重点建设项目管理办法》等法律、行政法规另有规定的,依照其规定处理、处罚。

第十条　国家机关及其工作人员违反《中华人民共和国担保法》及国家有关规定,擅自提供担保的,责令改正,没收违法所得。对单位给予警告或者通报批评。对直接负责的主管人员和其他直接责任人员给予警告、记过或者记大过处分;造成损失的,给予降级或者撤职处分;造成重大损失的,给予开除处分。

第十一条　国家机关及其工作人员违反国家有关账户管理规定,擅自在金融机构开立、使用账户的,责令改正,调整有关会计账目,追回有关财政资金,没收违法所得,依法撤销擅自开立的账户。对单位给予警告或者通报批评。对直接负责的主管人员和其他直接责任人员给予降级处分;情节严重的,给予撤职或者开除处分。

第十二条　国家机关及其工作人员有下列行为之一的,责令改正,调整有关会计账目,追回被挪用、骗取的有关资金,没收违法所得。对单位给予警告或者通报批评。对直接负责的主管人员和其他直接责任人员给予降级处分;情节较重的,给予撤职处分;情节严重的,给予开除处分:

（一）以虚报、冒领等手段骗取政府承贷或者担保的外国政府贷款、国际金融组织贷款;

（二）滞留政府承贷或者担保的外国政府贷款、国际金融组织贷款;

（三）截留、挪用政府承贷或者担保的外国政府贷款、国际金融组织贷款;

（四）其他违反规定使用、骗取政府承贷或者担保的外国政府贷款、国际金融组织贷款的行为。

第十三条　企业和个人有下列不缴或者少缴财政收入行为之一的,责令改正,调整有关会计账目,收缴应当上缴的财政收入,给予警告,没收违法所得,并处不缴或者少缴财政收入10%以上30%以下的罚款;对直接负责的主管人员和其他直接责任人员处3000元以上5万元以下的罚款:

（一）隐瞒应当上缴的财政收入;

(二) 截留代收的财政收入;

(三) 其他不缴或者少缴财政收入的行为。

属于税收方面的违法行为,依照有关税收法律、行政法规的规定处理、处罚。

第十四条 企业和个人有下列行为之一的,责令改正,调整有关会计账目,追回违反规定使用、骗取的有关资金,给予警告,没收违法所得,并处被骗取有关资金10%以上50%以下的罚款或者被违规使用有关资金10%以上30%以下的罚款;对直接负责的主管人员和其他直接责任人员处3000元以上5万元以下的罚款:

(一) 以虚报、冒领等手段骗取财政资金以及政府承贷或者担保的外国政府贷款、国际金融组织贷款;

(二) 挪用财政资金以及政府承贷或者担保的外国政府贷款、国际金融组织贷款;

(三) 从无偿使用的财政资金以及政府承贷或者担保的外国政府贷款、国际金融组织贷款中非法获益;

(四) 其他违反规定使用、骗取财政资金以及政府承贷或者担保的外国政府贷款、国际金融组织贷款的行为。

属于政府采购方面的违法行为,依照《中华人民共和国政府采购法》及有关法律、行政法规的规定处理、处罚。

第十五条 事业单位、社会团体、其他社会组织及其工作人员有财政违法行为的,依照本条例有关国家机关的规定执行;但其在经营活动中的财政违法行为,依照本条例第十三条、第十四条的规定执行。

第十六条 单位和个人有下列违反财政收入票据管理规定的行为之一的,销毁非法印制的票据,没收违法所得和作案工具。对单位处5000元以上10万元以下的罚款;对直接负责的主管人员和其他直接责任人员处3000元以上5万元以下的罚款。属于国家公务员的,还应当给予降级或者撤职处分;情节严重的,给予开除处分:

(一) 违反规定印制财政收入票据;

(二) 转借、串用、代开财政收入票据;

(三) 伪造、变造、买卖、擅自销毁财政收入票据;

(四) 伪造、使用伪造的财政收入票据监(印)制章;

(五) 其他违反财政收入票据管理规定的行为。

属于税收收入票据管理方面的违法行为,依照有关税收法律、行政法规的规定处理、处罚。

第十七条 单位和个人违反财务管理的规定,私存私放财政资金或者其他公款的,责令改正,调整有关会计账目,追回私存私放的资金,没收违法所得。对单位处3000元以上5万元以下的罚款;对直接负责的主管人员和其他直接责任人员处2000元以上2万元以下的罚款。属于国家公务员的,还应当给予记大过处分;情节严重的,给予降级或者撤职处分。

第十八条 属于会计方面的违法行为,依照会计方面的法律、行政法规的规定处理、处罚。对其直接负责的主管人员和其他直接责任人员,属于国家公务员的,还应当给予警告、记过或者记大过处分;情节较重的,给予降级或者撤职处分;情节严重的,给予开除处分。

第十九条 属于行政性收费方面的违法行为,《中华人民共和国行政许可法》《违反行政事业性收费和罚没收入收支两条线管理规定行政处分暂行规定》等法律、行政法规及国务院另有规定的,有关部门依照其规定处理、处罚、处分。

第二十条　单位和个人有本条例规定的财政违法行为,构成犯罪的,依法追究刑事责任。

第二十一条　财政部门、审计机关、监察机关依法进行调查或者检查时,被调查、检查的单位和个人应当予以配合,如实反映情况,不得拒绝、阻挠、拖延。

违反前款规定的,责令限期改正。逾期不改正的,对属于国家公务员的直接负责的主管人员和其他直接责任人员,给予警告、记过或者记大过处分;情节严重的,给予降级或者撤职处分。

第二十二条　财政部门、审计机关、监察机关依法进行调查或者检查时,经县级以上人民政府财政部门、审计机关、监察机关的负责人批准,可以向与被调查、检查单位有经济业务往来的单位查询有关情况,可以向金融机构查询被调查、检查单位的存款,有关单位和金融机构应当配合。

财政部门、审计机关、监察机关在依法进行调查或者检查时,执法人员不得少于2人,并应当向当事人或者有关人员出示证件;查询存款时,还应当持有县级以上人民政府财政部门、审计机关、监察机关签发的查询存款通知书,并负有保密义务。

第二十三条　财政部门、审计机关、监察机关依法进行调查或者检查时,在有关证据可能灭失或者以后难以取得的情况下,经县级以上人民政府财政部门、审计机关、监察机关的负责人批准,可以先行登记保存,并应当在7日内及时作出处理决定。在此期间,当事人或者有关人员不得销毁或者转移证据。

第二十四条　对被调查、检查单位或者个人正在进行的财政违法行为,财政部门、审计机关应当责令停止。拒不执行的,财政部门可以暂停财政拨款或者停止拨付与财政违法行为直接有关的款项,已经拨付的,责令其暂停使用;审计机关可以通知财政部门或者其他有关主管部门暂停财政拨款或者停止拨付与财政违法行为直接有关的款项,已经拨付的,责令其暂停使用,财政部门和其他有关主管部门应当将结果书面告知审计机关。

第二十五条　依照本条例规定限期退还的违法所得,到期无法退还的,应当收缴国库。

第二十六条　单位和个人有本条例所列财政违法行为,财政部门、审计机关、监察机关可以公告其财政违法行为及处理、处罚、处分决定。

第二十七条　单位和个人有本条例所列财政违法行为,弄虚作假骗取荣誉称号及其他有关奖励的,应当撤销其荣誉称号并收回有关奖励。

第二十八条　财政部门、审计机关、监察机关的工作人员滥用职权、玩忽职守、徇私舞弊的,给予警告、记过或者记大过处分;情节较重的,给予降级或者撤职处分;情节严重的,给予开除处分。构成犯罪的,依法追究刑事责任。

第二十九条　财政部门、审计机关、监察机关及其他有关监督检查机关对有关单位或者个人依法进行调查、检查后,应当出具调查、检查结论。有关监督检查机关已经作出的调查、检查结论能够满足其他监督检查机关履行本机关职责需要的,其他监督检查机关应当加以利用。

第三十条　财政部门、审计机关、监察机关及其他有关机关应当加强配合,对不属于其职权范围的事项,应当依法移送。受移送机关应当及时处理,并将结果书面告知移送机关。

第三十一条　对财政违法行为作出处理、处罚和处分决定的程序,依照本条例和《中华人民共和国行政处罚法》《中华人民共和国行政监察法》等有关法律、行政法规的规定执行。

第三十二条　单位和个人对处理、处罚不服的,依照《中华人民共和国行政复议法》《中华人民共和国行政诉讼法》的规定申请复议或者提起诉讼。

国家公务员对行政处分不服的,依照《中华人民共和国行政监察法》《中华人民共和国公务员法》等法律、行政法规的规定提出申诉。

第三十三条　本条例所称"财政收入执收单位",是指负责收取税收收入和各种非税收入的单位。

第三十四条　对法律、法规授权的具有管理公共事务职能的组织以及国家行政机关依法委托的组织及其工勤人员以外的工作人员,企业、事业单位、社会团体中由国家行政机关以委任、派遣等形式任命的人员以及其他人员有本条例规定的财政违法行为,需要给予处分的,参照本条例有关规定执行。

第三十五条　本条例自2005年2月1日起施行。1987年6月16日国务院发布的《国务院关于违反财政法规处罚的暂行规定》同时废止。

财政部门财政扶贫资金违规管理责任追究办法[①]

第一章　总　则

第一条　为进一步加强和规范财政部门财政扶贫资金管理,依法严肃责任追究,提高资金使用效益,确保高质量高标准完成脱贫攻坚任务,根据《中华人民共和国预算法》《财政违法行为处罚处分条例》以及相关法律法规规定,制定本办法。

第二条　本办法适用于违规管理财政扶贫资金应当受到责任追究的各级财政部门及其工作人员。

第三条　本办法所指财政扶贫资金包括以下范围:

中央本级的财政扶贫资金,是指《财政部关于全面加强脱贫攻坚期内各级各类扶贫资金管理的意见》(财办〔2018〕24号)所界定的用于支持现行标准下脱贫攻坚目标的各类转移支付资金(含对个人和家庭的补助)。

地方各级财政结合本地实际,参照中央资金范围,确定地方各级财政扶贫资金的具体范围。

第四条　财政扶贫资金的违规管理责任追究,遵循依法依规、客观公正、权责一致、惩教结合的原则。

第二章　追责情形和追责形式

第五条　有以下情形之一的,应当对相关财政部门及其工作人员实施责任追究:

[①] 财政部于2019年6月30日印发(财监〔2019〕21号)。

（一）以弄虚作假手段骗取、套取财政扶贫资金的；
（二）无故延迟拨付财政扶贫资金造成扶贫资金闲置的；
（三）贪污、挪用财政扶贫资金的；
（四）违反规定擅自改变财政扶贫资金使用计划、方式的；
（五）在招投标或者政府采购活动中弄虚作假谋取私利或不符合相关规定的；
（六）伪造、变造、销毁有关账簿表册凭证的；
（七）未按规定执行扶贫资金项目公告公示制度的；
（八）在财政扶贫资金管理中未按照规定执行财政扶贫资金相关政策和标准的；
（九）在履行财政扶贫资金管理监督职责过程中滥用职权谋取私利的；
（十）其他违反规定管理使用财政扶贫资金的行为。

第六条　对财政部门追责的形式包括：责令改正，调整有关会计账目，追回有关财政扶贫资金，限期退还违法所得，对单位给予警告或者通报批评等。

第七条　对财政部门工作人员追责的形式包括：
（一）政务处分或行政处分。对失职失责，应当给予政务处分或行政处分的，依照《中华人民共和国公务员法》《中华人民共和国监察法》《财政违法行为处罚处分条例》等有关规定追究相应责任。
（二）纪律处分。对失职失责，应当给予纪律处分的，依照《中国共产党纪律处分条例》《中国共产党问责条例》等有关规定追究相应责任。

上述追责方式可以单独使用，也可以合并使用。追责对象涉嫌犯罪的，应当及时移送司法机关依法处理。

第三章　移送程序

第八条　本级财政部门对依法依纪应当追究责任的人员无权处理的，应当移送有权部门处理。

第九条　本级财政部门承办机构认为需要移送案件、线索等，应提出移送建议，本级财政部门应当指定2名以上工作人员或者内部有关机构对是否移送进行复核，并提出移送处理意见，报本级财政部门负责人审批。

本级财政部门办理移送时，应当向受移送机关提交移送通知书，并附下列材料：
（一）基本情况；
（二）检查报告或者调查报告；
（三）已作出处理处罚的情况以及处理处罚建议；
（四）有关证据；
（五）问题款物清单；
（六）移送通知书送达回证；
（七）其他需要移送的材料。

第十条　本级财政部门应当及时掌握移送进展情况。移送后超过30日尚未收到送达回证的，或者受理后超过90日尚未收到书面处理结果的，应当向受移送机关函询移送进展情况。

第四章 附　　则

第十一条 地方各级财政部门可结合本地区实际，参照制定具体办法。

第十二条 本办法自公布之日起30日后施行。

行政事业性收费和罚没收入实行"收支两条线"管理的若干规定[①]

第一章 总　　则

第一条 为加强行政事业性收费和罚没收入"收支两条线"管理，根据国家有关法律、法规的规定，制定本规定。

第二条 具有执收执罚职能的单位（以下称"执收执罚单位"）根据国家法律、法规和规章收取的行政事业性收费（基金，下同）和罚没收入，属于财政性资金，均应实行财政"收支两条线"管理。即，上述行政事业性收费和罚没收入按财政部门规定全额上缴国库或预算外资金财政专户，支出按财政部门批准的计划统筹安排，从国库或预算外资金财政专户中核拨给执收执罚单位使用。

第二章　帐户的开设及资金的收缴

第三条 执收执罚单位预算外资金帐户的开设与管理应符合国家有关规定。凡需开设预算外资金收入汇缴专用存款帐户和支出专用存款帐户的，须经财政部门批准，并持人民银行核发的《开户许可证》。收入汇缴专用存款帐户和支出专用存款帐户必须按规定用途使用，收支款项应符合国家规定。任何单位不得私自开设或多头开设预算外资金收支帐户。

第四条 执收执罚单位的预算外资金有关专用存款帐户，由本单位财务机构负责统一开设和管理。

第五条 执收执罚单位应将收取的行政事业性收费和罚没收入，按规定及时、足额缴入国库或预算外资金财政专户。

经批准开设预算外资金收入汇缴专用存款帐户的单位，应按财政部门的规定，定期及时足额将收入汇缴专用存款帐户中的资金（含利息）上缴预算外资金财政专户。

第六条 凡经国务院或财政部会同有关部门批准设立的政府性基金、省级以上人民政府及所属财政、计划（物价）部门批准的行政事业性收费，有上解下拨关系的，应实行上下级预算外资金财政专户结算的管理办法。

第七条 财政部门负责同级执收执罚单位预算外资金有关专用存款帐户开设的管理和行政事业性收费、罚没收入的监缴工作。财政部驻各地财政监察专员办事机构负责对中央驻本地区单位行政事业性收费和罚没收入的监缴工作。

[①] 财政部、监察部、国家发展计划委员会、审计署、中国人民银行于1999年8月1日印发（财综字〔1999〕87号）。

第八条 各级财政部门应建立健全行政事业性收费、罚没收入缴库制度和预算外资金财政专户收支管理制度,堵塞漏洞,强化财政监管职能。同时,要增强服务观念,及时审核办理有关帐户开设、变更、撤销及有关款项的拨付工作。

第三章 票据的使用和管理

第九条 执收执罚单位应严格遵守国家有关行政事业性收费和罚没款票据的管理规定。执收执罚单位应凭价格主管部门颁发的《收费许可证》收费,同时必须使用中央或省级财政部门统一印(监)制的票据。任何部门、单位和个人不得使用自制票据或其他非法票据。

执收执罚单位的财务机构统一向财政部门购领行政事业性收费和罚款票据,并负责本单位此类票据的管理。

第十条 财政部门要做好有关收费、罚没款票据的印(监)制、发放和监督工作,建立和完善票据管理稽查制度。

第四章 征收、处罚与款项的管理

第十一条 对行政事业性收费和罚没款实行票款分离和罚缴分离的管理制度。

各项行政事业性收费要实行"单位开票,银行代收,财政统管"的管理制度。经同级财政部门批准由执收单位直接收取的除外。

罚款实行罚款决定与罚款收缴相分离制度,即由当事人持行政处罚决定书到财政部门指定的银行缴纳罚款。法律、法规规定可以当场收缴罚款的除外。

第十二条 执收执罚单位的其他罚没财政管理,要严格按照国家有关规定执行。

第五章 财务核算管理体制和收支预决算管理

第十三条 执收执罚单位的财务应建立适应于统一核算、统一管理要求的内部财务会计核算体系和制度。不得脱离本单位财务会计核算主体和统一核算制度,另行建立有关行政事业性收费和罚没款收支核算体系。

第十四条 执收执罚单位应将财政预算专项核拨资金和预算外资金财政专户核拨资金纳入单位财务统一核算和管理。对不按规定纳入单位财务统一核算和管理的,财政部门应停止其资金核拨。

第十五条 执收执罚单位应按规定编制年度预算外资金收支计划和单位财务收支计划,并报同级财政部门审批。财政部门要按照预算内外资金结合使用原则和"零基预算"的要求,结合行政事业性收费上缴国库和预算外资金财政专户情况,统一审核执收执罚单位年度经费预算,行政事业性收费优先用于满足相关业务的必要支出。

执收执罚单位应按规定编制年度预算外资金收支决算和单位财务收支决算,并报同级财政部门审批。

第六章 支出管理

第十六条 执收执罚单位应按照国家规定及财政部门批准的预算外资金收支计划和财务收支计划,对财政核拨的资金切实加强管理,严格按照规定的开支范围、开支标准使用,并在财务报表中如实反映。

第七章 监督与检查

第十七条 各级财政部门要切实加强对"收支两条线"工作的管理，建立经常性的监督检查制度，及时发现并纠正执收执罚部门在"收支两条线"管理中存在的问题。各级审计机关也要结合审计工作加强监督。在检查中发现的违法违纪问题，要依法依纪严肃处理。

第八章 附 则

第十八条 各省、自治区、直辖市人民政府，国务院各部门、各直属机构，可根据本规定制定具体实施办法，并报财政部备案。

第十九条 本规定自发布之日起实行。

第二十条 本规定由财政部负责解释。

违反行政事业性收费和罚没收入收支两条线管理规定行政处分暂行规定

（中华人民共和国国务院令第281号）

第一条 为了严肃财经纪律，加强廉政建设，落实行政事业性收费和罚没收入"收支两条线"管理，促进依法行政，根据法律、行政法规和国家有关规定，制定本规定。

第二条 国家公务员和法律、行政法规授权行使行政事业性收费或者罚没职能的事业单位的工作人员有违反"收支两条线"管理规定行为的，依照本规定给予行政处分。

第三条 本规定所称"行政事业性收费"，是指下列属于财政性资金的收入：

（一）依据法律、行政法规、国务院有关规定、国务院财政部门与计划部门共同发布的规章或者规定以及省、自治区、直辖市的地方性法规、政府规章或者规定和省、自治区、直辖市人民政府财政部门与计划（物价）部门共同发布的规定所收取的各项收费；

（二）法律、行政法规和国务院规定的以及国务院财政部门按照国家有关规定批准的政府性基金、附加。

事业单位因提供服务收取的经营服务性收费不属于行政事业性收费。

第四条 本规定所称"罚没收入"，是指法律、行政法规授权的执行处罚的部门依法实施处罚取得的罚没款和没收物品的折价收入。

第五条 违反规定，擅自设立行政事业性收费项目或者设置罚没处罚的，对直接负责的主管人员和其他直接责任人员给予降级或者撤职处分。

第六条 违反规定，擅自变更行政事业性收费或者罚没范围、标准的，对直接负责的主管人员和其他直接责任人员给予记大过处分；情节严重的，给予降级或者撤职处分。

第七条 对行政事业性收费项目审批机关已经明令取消或者降低标准的收费项目，仍按原定项目或者标准收费的，对直接负责的主管人员和其他直接责任人员给予记大过处分；

情节严重的,给予降级或者撤职处分。

第八条 下达或者变相下达罚没指标的,对直接负责的主管人员和其他直接责任人员给予降级或者撤职处分。

第九条 违反《收费许可证》规定实施行政事业性收费的,对直接负责的主管人员和其他直接责任人员给予警告处分;情节严重的,给予记过或者记大过处分。

第十条 违反财政票据管理规定实施行政事业性收费、罚没的,对直接负责的主管人员和其他直接责任人员给予降级或者撤职处分;以实施行政事业性收费、罚没的名义收取钱物,不出具任何票据的,给予开除处分。

第十一条 违反罚款决定与罚款收缴分离的规定收缴罚款的,对直接负责的主管人员和其他直接责任人员给予记大过或者降级处分。

第十二条 不履行行政事业性收费、罚没职责,应收不收、应罚不罚,经批评教育仍不改正的,对直接负责的主管人员和其他直接责任人员给予警告处分;情节严重的,给予记过或者记大过处分。

第十三条 不按照规定将行政事业性收费纳入单位财务统一核算、管理的,对直接负责的主管人员和其他直接责任人员给予记过处分;情节严重的,给予记大过或者降级处分。

第十四条 不按照规定将行政事业性收费缴入国库或者预算外资金财政专户的,对直接负责的主管人员和其他直接责任人员给予记大过处分;情节严重的,给予降级或者撤职处分。

不按照规定将罚没收入上缴国库的,依照前款规定给予处分。

第十五条 违反规定,擅自开设银行账户的,对直接负责的主管人员和其他直接责任人员给予降级处分;情节严重的,给予撤职或者开除处分。

第十六条 截留、挪用、坐收坐支行政事业性收费、罚没收入的,对直接负责的主管人员和其他直接责任人员给予降级处分;情节严重的,给予撤职或者开除处分。

第十七条 违反规定,将行政事业性收费、罚没收入用于提高福利补贴标准或者扩大福利补贴范围、滥发奖金实物、挥霍浪费或者有其他超标准支出行为的,对直接负责的主管人员和其他直接责任人员给予记大过处分;情节严重的,给予降级或者撤职处分。

第十八条 不按照规定编制预算外资金收支计划、单位财务收支计划和收支决算的,对直接负责的主管人员和其他直接责任人员给予记过处分;情节严重的,给予记大过或者降级处分。

第十九条 不按照预算和批准的收支计划核拨财政资金,贻误核拨对象正常工作的,对直接负责的主管人员和其他直接责任人员给予记过处分;情节严重的,给予记大过或者降级处分。

第二十条 对坚持原则抵制违法违纪的行政事业性收费、罚没行为的单位或者个人打击报复的,给予降级处分;情节严重的,给予撤职或者开除处分。

第二十一条 实施行政处分的权限以及不服行政处分的申诉,按照国家有关规定办理。

第二十二条 违反本规定,构成犯罪的,依法追究刑事责任。

第二十三条 本规定自发布之日起施行。

深入开展贯彻执行中央八项规定严肃财经纪律和"小金库"专项治理工作方案[①]

严肃财经纪律和深入开展"小金库"专项治理,是保障中央八项规定贯彻执行的重要举措。党中央、国务院高度重视做好这项工作,明确要求财政、审计部门加大财务监督和审计监督力度,强化专项检查,抓好"三公"经费、会议费等预算管理,进一步治理"小金库",切实严肃财经纪律,真正从源头上斩断不良作风的"资金链"。一年多来,各地区、各部门采取有效措施,在贯彻执行中央八项规定、严肃财经纪律方面做了大量工作。但必须看到,财经纪律意识淡薄、预算资产财务管理不到位、私设"小金库"等问题依然存在,必须采取有效措施坚决予以纠正和防范。为确保严肃财经纪律和"小金库"专项治理工作的全面开展和有效实施,现根据《中共中央办公厅国务院办公厅关于贯彻执行中央八项规定情况的报告》(中办发〔2014〕9号)和国务院第二次廉政工作会议部署,制定如下工作方案:

一、工作目标和指导原则

(一)工作目标。

通过开展专项治理,坚决纠正和查处各种财经违法违纪行为,推进厉行节约反对浪费,从源头上斩断不良作风的"资金链",确保中央八项规定落到实处。

(二)指导原则。专项治理工作要掌握以下原则:

一是分级负责,分口把关。实行中央与地方分级负责、各有关职能部门和行业主管部门分口把关的工作机制,落实专项治理工作责任制,一级抓一级、层层抓落实。

二是突出重点,统筹兼顾。专项治理工作要围绕预算、资产、财务、政府采购、会计工作的关键节点和薄弱环节,结合各地区、各部门的实际情况,有的放矢,突出重点。同时,要与财政、审计日常监管工作相结合,形成整体合力。

三是严格执法,标本兼治。坚持依法依规办事,坚决查处和纠正各类违法违规行为。同时更加注重治本,更加注重预防,不断深化财政、金融、国有资产经营管理等改革,逐步完善体制、机制和制度。

二、专项治理的范围和内容

各地区、各部门要紧紧围绕贯彻落实中央八项规定,结合本地区、本部门实际,明确专项治理范围,细化专项治理内容,提升专项治理的针对性、有效性。

(一)专项治理范围。

纳入预算管理或有财政拨款的部门和单位,重点是各级党政机关、事业单位和社会团体。

(二)专项治理内容。

2013年以来违反中央八项规定和财经纪律以及设立"小金库"的有关问题,数额较大和情节严重的,可追溯到以前年度。重点包括:

1. 预算收入管理情况。按照综合预算的要求,加强对预算收入管理的监督检查。重点

[①] 财政部、审计署于2014年7月28日印发(财监〔2014〕19号)。

检查各单位依法取得的罚没收入、行政事业性收费、政府性基金、国有资产收益和处置等非税收入,未按规定及时足额上缴国库,隐瞒、截留、挤占、挪用、坐支或者私分,以及违规转移到所属工会、培训中心、服务中心等单位使用等问题;严肃查处各种形式的乱收费、乱罚款、乱摊派。

2. 预算支出管理情况。遵循先有预算、后有支出的原则,加强对预算支出管理的监督检查。重点检查超预算或者无预算安排支出,虚列支出、转移或者套取预算资金,转嫁支出等问题;及时纠正违反规定擅自设立项目、超标准超范围发放津贴补贴问题;对公务卡管理使用情况开展监督检查。

突出对"三公"经费的监督检查。重点检查违规扩大出国经费开支范围,擅自提高出国经费开支标准和虚报出国团组级别、人数等套取出国经费,擅自增加出访国家、地区及城市,接受企事业单位资助或向下属单位摊派出国费用等问题;超标准配置公务用车、违规配置和向下属单位或其他单位转移摊派公务用车购置及运行经费等问题;超规格、超标准接待和赠送礼品、礼金、有价证券、纪念品及土特产品等问题。

突出对会议费和培训费的监督检查。会议费重点检查计划外召开会议,以虚报、冒领手段骗取会议费,虚报会议人数、天数等进行报销,违规扩大会议费开支范围,擅自提高会议费开支标准,在非定点饭店或严禁召开会议的风景名胜区召开会议,违规转嫁或摊派会议费用以及报销与会议无关费用等问题。培训费重点检查计划外举办培训班,超范围和开支标准列支培训费,虚报和未按规定程序报销培训费,转嫁、摊派培训费用和向参训人员乱收费等问题。及时纠正借会议、培训之名组织会餐、安排宴请、公款旅游以及在会议费、培训费中列支公务接待费等与会议、培训无关的支出。

3. 政府采购管理情况。按照公开透明、公平竞争、诚实信用的原则,加强对货物、工程和服务等政府采购的管理和监督。重点检查采购预算编制不完整,执行经费预算和资产配置标准不严格,违反政府采购程序,"暗箱"操作、无预算采购、超预算采购等问题。

4. 资产管理情况。从资产配置、使用、处置等环节入手,严肃查处擅自处置资产、转移收入、私分资产等行为。资产配置环节,重点检查违反有关法律、法规和制度的规定配置资产,资产配置与履行职责不适应,以及资产配置中存在的奢侈浪费等问题。资产管理环节,重点检查资产管理使用制度不健全,资产管理责任制不落实,资产账实不符等问题。资产处置环节重点检查在处置范围、审批程序、处置方式、收入管理等方面存在的违规问题。

5. 财务会计管理情况。落实《行政单位财务规则》和《事业单位财务规则》,检查各级党政机关和事业单位的财务会计核算行为。重点检查各单位未设置会计账簿,会计凭证、会计账簿、财务会计报告和其他会计资料不真实不完整,会计核算不符合《会计法》和国家统一的会计制度的规定,从事会计工作的人员不具备从业资格等问题,严肃查处各种会计造假行为。

6. 财政票据管理情况。加强对财政票据印制、发放与领用、使用与保管、核准与销毁等全过程的管理与监督。重点检查非法印制票据,转让、出借、串用、代开票据,或者伪造、变造、买卖、擅自销毁票据等行为,坚决查处假发票。

7. 设立"小金库"情况。继续深入开展"小金库"治理工作,对违反法律及其他有关规定,应列入而未列入规定账户、账簿的各项资金(含有价证券)及其形成的资产进行清理检查,坚决查处贪污、私分、行贿、受贿,以及套取会议费、培训费和出国(境)费用等设立"小金库"问题。

三、专项治理的方法步骤

此次专项治理工作采取自查自纠与重点检查相结合的方式进行。

(一)自查自纠(本方案下发之日起至8月15日)。

各地区、各部门要按照本方案的要求,抓紧制定具体工作方案,落实工作措施,认真组织自查,做到不走过场、全面覆盖。自查面必须达到100%。各单位对自查中发现的各种违规违纪问题,必须自觉纠正,及时填报《单位"三公"经费自查情况报告表》(附表1)、《单位会议费、培训费自查情况报告表》(附表2)、《单位"小金库"自查自纠情况报告表》(附表3)和《单位严肃财经纪律和治理"小金库"自查自纠情况报告表》(附表4)。各单位负责人对自查自纠工作负完全责任。

自查自纠工作结束后,各地区、各部门根据自查自纠情况汇总填报本地区、本部门的《"三公"经费自查情况统计表》(附表5)、《会议费、培训费自查情况统计表》(附表6)、《"小金库"自查自纠情况统计表》(附表7)和《严肃财经纪律和治理"小金库"自查自纠情况统计表》(附表8),逐级上报。各省(自治区、直辖市)、中央和国家机关各部委、各人民团体于8月20日前将自查自纠总结报告和统计报表报财政部(监督检查局)。

(二)重点检查(8月16日至9月底)。

在自查自纠基础上,各级财政、审计部门要组织力量开展重点检查,对有具体举报线索、社会反映比较强烈、日常监管中问题较多、自查自纠不认真的地区和单位,要集中开展重点检查。

重点检查报告及《"三公"经费重点检查情况统计表》(附表9)、《会议费、培训费重点检查情况统计表》(附表10)、《"小金库"重点检查情况统计表》(附表11)和《严肃财经纪律和治理"小金库"重点检查情况统计表》(附表12)要逐级上报。各省(自治区、直辖市)于10月10日前将重点检查报告和统计报表报财政部(监督检查局)。

各级财政、审计部门对本年度开展的检查工作中,发现的与违反财经纪律和设立"小金库"相关问题,一并汇总填报。

(三)整改完善(9月底至10月中旬)。

各地区、各部门要针对专项治理工作发现的问题,制定整改措施并切实抓好落实,做到资金资产处理到位、违规违纪责任人员处理到位。要深入分析产生问题的原因,完善制度,深化改革,强化源头控制,健全完善长效机制。

专项治理工作基本结束后,各省(自治区、直辖市)、中央和国家机关各部委、各人民团体要对专项治理工作进行全面总结并形成书面报告,于10月10日前报送财政部(监督检查局)汇总。

四、工作要求

(一)加强组织领导。各地区、各部门要高度重视,把专项治理工作摆在重要位置,进一步强化责任,精心部署落实。财政部、审计署组建工作班子,建立专项治理工作协调机制,负责指导和协调全国范围内专项治理工作。各地区、各部门要组建专项治理工作班子,切实加强组织领导,建立健全领导体制和工作协调机制,狠抓工作落实。各单位主要领导对专项治理工作负总责,领导班子其他成员根据工作分工,对职责范围内的有关工作负直接领导责任。

(二)加大执法力度。各级财政、审计部门要认真开展重点检查,对发现的问题,要依法进行处理处罚,对有关责任人员要依纪依法追究责任。各地区、各部门要加强对自查自纠、重点检查发现问题的汇总、分析与研究,及时通报各类违规违纪问题。对严重违法乱纪的,特别是抵制检查、顶风违纪、转移资金、突击花钱的,要严肃处理并通过新闻媒体予以公开曝光,充分发挥警示与威慑作用。

(三)强化工作督导。为保证专项治理质量,各地区、各部门要组织力量有重点地开展督促指导,总结推广好的经验做法,督办典型案件,验收治理效果。有关部门和单位也要组织力量开展检查,尽量把问题解决在自查阶段。对工作组织领导不力、自查自纠和重点检查不认真,以及拒绝接受重点检查的部门和单位,要给予通报批评并责令整改。

附表:略

中国共产党中央纪律检查委员会关于设立"小金库"和使用"小金库"款项违纪行为适用《中国共产党纪律处分条例》若干问题的解释

(中纪发〔2009〕20号)

为规范财政秩序,严肃财经纪律,深入贯彻落实科学发展观,惩处设立"小金库"和使用"小金库"款项违纪行为,确保"小金库"治理工作取得实效,现对设立"小金库"和使用"小金库"款项违纪行为适用《中国共产党纪律处分条例》若干问题解释如下:

一、本解释所称"小金库",是指违反法律法规及其他有关规定,应列入而未列入符合规定的单位账簿的各项资金(含有价证券)及其形成的资产。

二、党和国家机关、人民团体、事业单位、国有和国有控股企业及其内设机构有设立"小金库"行为的,对负有责任的领导人员和其他直接责任人员中的共产党员(以下统称有关责任人员),依照本解释追究责任。

三、有设立"小金库"行为的,对有关责任人员,依照《中国共产党纪律处分条例》第一百二十六条的规定追究责任。

四、使用"小金库"款项吃喝、旅游、送礼、进行娱乐活动或者以其他方式挥霍的,对有关责任人员,依照《中国共产党纪律处分条例》第七十八条的规定追究责任。

五、使用"小金库"款项新建、改建、扩建、装修办公楼或者培训中心等的,对有关责任人员,依照《中国共产党纪律处分条例》第一百二十六条的规定追究责任。

六、使用"小金库"款项提高福利补贴标准或者扩大福利补贴范围、滥发奖金实物或者有其他超标准支出行为的,对有关责任人员,依照《中国共产党纪律处分条例》第一百二十六条的规定追究责任。

七、使用"小金库"款项报销应由个人负担的费用的,对有关责任人员,依照《中国共产党纪律处分条例》第七十二条的规定追究责任。

八、以单位名义将"小金库"财物集体私分给单位职工的,对有关责任人员,依照《中国共产党纪律处分条例》第八十四条的规定追究责任。

九、有设立"小金库"或者使用"小金库"款项行为,并且有本解释规定之外的其他违纪行为需要合并处理的,对有关责任人员,依照《中国共产党纪律处分条例》第二十五条的规定追究责任。

十、对在治理"小金库"工作中有弄虚作假、压案不查、对抗检查、拒不纠正、销毁证据、突击花钱、打击报复举报人等行为的,从重处理。

对在治理"小金库"工作中不负责任,造成严重不良后果的部门和单位,追究主要负责人的责任。

十一、有设立"小金库"或者使用"小金库"款项行为,情节较轻,且能够按照有关规定认真自查自纠的,可以免予处分。

有设立"小金库"或者使用"小金库"款项行为,情节较重,但能够按照有关规定自查自纠的,可以减轻或者从轻处分。

有设立"小金库"或者使用"小金库"款项行为,情节严重,但能够按照有关规定自查自纠的,可以从轻处分。

十二、中共中央办公厅、国务院办公厅《关于深入开展"小金库"治理工作的意见》(中办发〔2009〕18号)印发后再设立或者变换方式继续设立"小金库"的,对有关责任人员,按照组织程序先予免职,再依据本解释追究责任。

设立"小金库"和使用"小金库"款项
违法违纪行为政纪处分暂行规定

(中华人民共和国监察部、人社部、财政部、审计署令第19号)

第一条 为规范财政秩序,严肃财经纪律,惩处设立"小金库"和使用"小金库"款项违法违纪行为,确保"小金库"治理工作取得实效,根据《中华人民共和国行政监察法》《中华人民共和国公务员法》《行政机关公务员处分条例》《财政违法行为处罚处分条例》及其他有关法律、行政法规,制定本规定。

第二条 本规定所称"小金库",是指违反法律法规及其他有关规定,应列入而未列入符合规定的单位账簿的各项资金(含有价证券)及其形成的资产。

第三条 国家行政机关及其内设机构有设立"小金库"或者使用"小金库"款项行为的,对负有责任的领导人员和其他直接责任人员(以下统称有关责任人员),由任免机关或者监察机关按照管理权限,依法给予处分。

国有及国有控股企业、事业单位有设立"小金库"或者使用"小金库"款项行为的,对负有责任的领导人员和其他直接责任人员中由国家行政机关任命的人员(以下统称有关责任人员),由任免机关或者监察机关按照管理权限,依法给予处分。

第四条 有设立"小金库"行为的,对有关责任人员,给予记过或者记大过处分;情节严重的,给予降级或者撤职处分。

第五条 使用"小金库"款项吃喝、旅游、送礼、进行娱乐活动或者有其他类似行为的,对有关责任人员,给予警告处分;情节较重的,给予记过或者记大过处分;情节严重的,给予降级或者撤职处分。

第六条 使用"小金库"款项新建、改建、扩建、装修办公楼或者培训中心等的,对有关责任人员,给予警告处分;情节较重的,给予记过或者记大过处分;情节严重的,给予降级或者撤职处分。

第七条 使用"小金库"款项提高福利补贴标准或者扩大福利补贴范围、滥发奖金实物或者有类似支出行为的,对有关责任人员,给予警告处分;情节较重的,给予记过或者记大过处分;情节严重的,给予降级或者撤职处分。

第八条 使用"小金库"款项报销应由个人负担的费用的,对有关责任人员,给予记过或者记大过处分;情节较重的,给予降级或者撤职处分;情节严重的,给予开除处分。

第九条 以单位名义将"小金库"财物集体私分给单位职工的,对有关责任人员,给予记过或者记大过处分;情节较重的,给予降级或者撤职处分;情节严重的,给予开除处分。

第十条 有设立"小金库"或者使用"小金库"款项行为,并且有本规定之外的其他违法违纪行为需要合并处理的,对有关责任人员,依照《行政机关公务员处分条例》第十条的规定追究责任。

第十一条 对在治理"小金库"工作中有弄虚作假、对抗检查、拒不纠正、销毁证据、突击花钱、压案不查、打击报复举报人等行为的,依法从重处理。

第十二条 中共中央办公厅、国务院办公厅《关于深入开展"小金库"治理工作的意见》(中办发〔2009〕18号)印发前,有设立"小金库"或者使用"小金库"款项行为,情节较轻,且能够按照有关规定认真自查自纠的,可以免予处分;情节较重,但能够按照有关规定自查自纠的,可以减轻或者从轻处分;情节严重,但能够按照有关规定自查自纠的,可以从轻处分。

第十三条 中共中央办公厅、国务院办公厅《关于深入开展"小金库"治理工作的意见》(中办发〔2009〕18号)印发后再设立或者继续设立"小金库"的,对有关责任人员,按照组织程序先予免职,再依据本规定追究责任。

第十四条 本规定由监察部、人力资源社会保障部、财政部、审计署负责解释。

第十五条 本规定自2010年2月15日起施行。

违规发放津贴补贴行为适用《中国共产党纪律处分条例》若干问题的解释[①]

为维护收入分配秩序,严肃财经纪律,规范津贴补贴发放工作,现对违规发放津贴补贴行为适用《中国共产党纪律处分条例》若干问题解释如下:

---

① 中共中央纪委于2012年2月4日印发(中纪发〔2012〕4号)。

一、本解释所称津贴补贴包括国家统一规定的津贴补贴和工作性津贴、生活性补贴、离退休人员补贴、改革性补贴以及奖金、实物、有价证券等。

二、各级党的机关、人大机关、行政机关、政协机关、审判机关、检察机关、民主党派机关，以及经批准参照《中华人民共和国公务员法》管理和经费来源主要由财政拨款的事业单位，违反津贴补贴管理规定的，对负有领导责任和直接责任的人员中的共产党员（以下统称有关责任人员），依照本解释追究责任。

三、有下列行为之一的，对有关责任人员，依照《中国共产党纪律处分条例》第一百二十六条的规定追究责任：

（一）违反规定自行新设项目或者继续发放已经明令取消的津贴补贴的；

（二）超过规定标准、范围发放津贴补贴的；

（三）违反中共中央组织部、人力资源社会保障部有关公务员奖励的规定，以各种名义向职工普遍发放各类奖金的；

（四）在实施职务消费和福利待遇货币化改革并发放补贴后，继续开支相关职务消费和福利费用的；

（五）违反规定发放加班费、值班费和未休年休假补贴的；

（六）违反《中共中央纪委、中共中央组织部、监察部、财政部、人事部、审计署关于规范公务员津贴补贴问题的通知》等规定，擅自提高标准发放改革性补贴的；

（七）超标准缴存住房公积金的；

（八）继续以有价证券、支付凭证、商业预付卡、实物等形式发放津贴补贴的；

（九）将执收执罚工作与津贴补贴挂钩，使用行政事业性收费、罚没收入发放津贴补贴的；

（十）违反规定使用工会会费、福利费及其他专项经费发放津贴补贴的；

（十一）借重大活动筹备或者节日庆祝之机，变相向职工普遍发放现金、有价证券或者与活动无关的实物的；

（十二）其他违反规定发放津贴补贴的。

四、以发放津贴补贴的形式，变相将国有资产集体私分给个人的，对有关责任人员，依照《中国共产党纪律处分条例》第八十四条的规定追究责任。

五、违反财政部关于行政事业单位工资津贴补贴有关会计核算的规定核算津贴补贴的，对有关责任人员，依照《中国共产党纪律处分条例》第一百二十五条的规定追究责任。

六、使用"小金库"款项发放津贴补贴的，对有关责任人员，依照《设立"小金库"和使用"小金库"款项违纪行为适用〈中国共产党纪律处分条例〉若干问题的解释》（中纪发〔2009〕20号）的有关规定追究责任。

七、利用职务上的便利或者职务影响，违反规定在其他单位领取津贴补贴的，对有关责任人员，依照《中国共产党纪律处分条例》第七十二条的规定追究责任。

八、以虚报、冒领等手段骗取财政资金发放津贴补贴的，对有关责任人员，依照《中国共产党纪律处分条例》第一百一十四条的规定追究责任。

以虚报、冒领等手段骗取财政资金，并以发放津贴补贴的形式合伙私分的，依照《中国共产党纪律处分条例》第一百一十四条的规定加重追究责任。

九、在规范津贴补贴工作中不负责任,导致本地区、本部门、本系统和本单位发生严重违规发放津贴补贴行为的,依照《中国共产党纪律处分条例》第一百二十七条和《关于实行党风廉政建设责任制的规定》(中发〔2010〕19号)的相关规定追究主要负责人的责任。

十、不制止、不查处本地区、本部门、本系统和本单位发生的严重违规发放津贴补贴行为的,对有关责任人员,依照《中国共产党纪律处分条例》第一百二十八条的规定追究责任。

十一、对违规发放的津贴补贴,应当按有关规定责令整改,并清退收回违规发放的津贴补贴。

违规发放津贴补贴行为处分规定

(中华人民共和国监察部、人力资源和社会保障部、财政部、审计署令第31号)

第一条 为维护收入分配秩序,严肃财经纪律,规范津贴补贴政策执行,根据《中华人民共和国行政监察法》《中华人民共和国公务员法》《行政机关公务员处分条例》及其他有关法律、行政法规,制定本规定。

第二条 本规定所称津贴补贴包括国家统一规定的津贴补贴和工作性津贴、生活性补贴、离退休人员补贴、改革性补贴以及奖金、实物、有价证券等。

第三条 有违规发放津贴补贴行为的单位,其负有责任的领导人员和直接责任人员,以及有违规发放津贴补贴行为的个人,应当承担纪律责任。属于下列人员的,由任免机关或者监察机关按照管理权限依法给予处分:

(一)行政机关公务员;

(二)法律、法规授权的具有公共事务管理职能的事业单位中经批准参照《中华人民共和国公务员法》管理的工作人员。

法律、行政法规对违规发放津贴补贴行为的处分另有规定的,从其规定。

第四条 有下列行为之一的,给予警告处分;情节较重的,给予记过或者记大过处分;情节严重的,给予降级或者撤职处分:

(一)违反规定自行新设项目或者继续发放已经明令取消的津贴补贴的;

(二)超过规定标准、范围发放津贴补贴的;

(三)违反中共中央组织部、人力资源社会保障部有关公务员奖励的规定,以各种名义向职工普遍发放各类奖金的;

(四)在实施职务消费和福利待遇货币化改革并发放补贴后,继续开支相关职务消费和福利费用的;

(五)违反规定发放加班费、值班费和未休年休假补贴的;

(六)违反《中共中央纪委、中共中央组织部、监察部、财政部、人事部、审计署关于规范公务员津贴补贴问题的通知》(中纪发〔2006〕17号)等规定,擅自提高标准发放改革性补贴的;

（七）超标准缴存住房公积金的；

（八）以有价证券、支付凭证、商业预付卡、实物等形式发放津贴补贴的；

（九）违反规定使用工会会费、福利费及其他专项经费发放津贴补贴的；

（十）借重大活动筹备或者节日庆祝之机，变相向职工普遍发放现金、有价证券或者与活动无关的实物的；

（十一）违反规定向关联单位（企业）转移好处，再由关联单位（企业）以各种名目给机关职工发放津贴补贴的；

（十二）其他违反规定发放津贴补贴的。

第五条　将执收执罚工作与津贴补贴挂钩，使用行政事业性收费、罚没收入发放津贴补贴的，给予记大过处分；情节严重的，给予降级或者撤职处分。

第六条　以发放津贴补贴的形式，变相将国有资产集体私分给个人的，给予记大过处分；情节较重的，给予降级或者撤职处分；情节严重的，给予开除处分。

第七条　违反财政部关于行政事业单位工资津贴补贴有关会计核算的规定核算津贴补贴的，给予警告处分；情节较重的，给予记过或者记大过处分；情节严重的，给予降级或者撤职处分。

第八条　使用"小金库"款项发放津贴补贴的，给予警告处分；情节较重的，给予记过或者记大过处分；情节严重的，给予降级或者撤职处分。

第九条　利用职务上的便利或者职务影响，违反规定在其他单位领取津贴补贴的，给予记过或者记大过处分；情节较重的，给予降级或者撤职处分；情节严重的，给予开除处分。

第十条　以虚报、冒领等手段骗取财政资金发放津贴补贴的，给予记大过处分；情节较重的，给予降级或者撤职处分；情节严重的，给予开除处分。

以虚报、冒领等手段骗取财政资金，并以发放津贴补贴的形式合伙私分的，依照前款规定从重处分。

第十一条　在执行津贴补贴政策中不负责任，导致本地区、本部门、本系统和本单位发生严重违规发放津贴补贴行为的，给予记过或者记大过处分；情节较重的，给予降级或者撤职处分；情节严重的，给予开除处分。

第十二条　不制止、不查处本地区、本部门、本系统和本单位发生的严重违规发放津贴补贴行为的，给予记过或者记大过处分；情节较重的，给予降级或者撤职处分；情节严重的，给予开除处分。

第十三条　对违规发放的津贴补贴，应当按有关规定责令整改，并清退收回。

第十四条　经费来源由财政补助的事业单位工作人员有本规定所列行为的，参照本规定第四条至第十二条规定的违纪情节，依照《事业单位工作人员处分暂行规定》处理。

第十五条　处分的程序和不服处分的申诉，依照《中华人民共和国行政监察法》《中华人民共和国公务员法》《行政机关公务员处分条例》等有关法律法规的规定办理。

第十六条　有违规发放津贴补贴行为，应当给予党纪处分的，移送党的纪律检查机关处理；涉嫌犯罪的，移送司法机关处理。

第十七条　本规定由监察部、人力资源社会保障部、财政部、审计署负责解释。

第十八条　本规定自2013年8月1日起施行。

国家发展改革委 最高人民法院 国土资源部 关于对失信被执行人实施限制不动产交易惩戒措施的通知

(发改财金〔2018〕370号)

各省、自治区、直辖市、新疆生产建设兵团社会信用体系建设牵头单位、高级人民法院、国土资源厅(局):

为深入学习贯彻习近平新时代中国特色社会主义思想和党的十九大精神,进一步落实《中共中央办公厅 国务院办公厅关于加快推进失信被执行人信用监督、警示和惩戒机制建设的意见》(中办发〔2016〕64号)、《国务院关于建立完善守信联合激励和失信联合惩戒制度加快推进社会诚信建设的指导意见》(国发〔2016〕33号)和《最高人民法院关于限制被执行人高消费的若干规定》(法释〔2010〕8号)等有关要求,加大对失信被执行人的惩戒力度,建立健全联合奖惩机制,国家发展改革委、最高人民法院、国土资源部共同对失信被执行人及失信被执行人的法定代表人、主要负责人、实际控制人、影响债务履行的直接责任人员,采取限制不动产交易的惩戒措施。现将有关事项通知如下。

一、各级人民法院限制失信被执行人及失信被执行人的法定代表人、主要负责人、实际控制人、影响债务履行的直接责任人员参与房屋司法拍卖。

二、市、县国土资源部门限制失信被执行人及失信被执行人的法定代表人、主要负责人、实际控制人、影响债务履行的直接责任人员取得政府供应土地。

三、各地国土资源部门与人民法院要积极推进建立同级不动产登记信息和失信被执行人名单信息互通共享机制,有条件的地区,国土资源部门在为失信被执行人及失信被执行人的法定代表人、主要负责人、实际控制人、影响债务履行的直接责任人员办理转移、抵押、变更等涉及不动产产权变化的不动产登记时,应将相关信息通报给人民法院,便于人民法院依法采取执行措施。

四、建立健全全国信用信息共享平台与国家不动产登记信息平台信息互通共享机制。全国信用信息共享平台将最高人民法院提供的失信被执行人名单信息及时推送至国家不动产登记信息平台;国家不动产登记信息平台将失信被执行人名下的不动产登记信息及时反馈至全国信用信息共享平台。

国家发展改革委
最高人民法院
国土资源部
2018年3月1日

拖欠农民工工资失信联合惩戒对象名单管理暂行办法

(中华人民共和国人力资源和社会保障部令第45号)

第一条 为了维护劳动者合法权益,完善失信约束机制,加强信用监管,规范拖欠农民工工资失信联合惩戒对象名单(以下简称失信联合惩戒名单)管理工作,根据《保障农民工工资支付条例》等有关规定,制定本办法。

第二条 人力资源社会保障行政部门实施列入失信联合惩戒名单、公开信息、信用修复等管理活动,适用本办法。

第三条 人力资源社会保障部负责组织、指导全国失信联合惩戒名单管理工作。

县级以上地方人力资源社会保障行政部门依据行政执法管辖权限,负责失信联合惩戒名单管理的具体实施工作。

第四条 失信联合惩戒名单管理实行"谁执法、谁认定、谁负责",遵循依法依规、客观公正、公开透明、动态管理的原则。

实施失信联合惩戒名单管理,应当依法依规加强信用信息安全和个人信息保护。人力资源社会保障行政部门及其工作人员对实施失信联合惩戒名单管理过程中知悉的国家秘密、商业秘密、个人隐私,应当依法依规予以保密。

第五条 用人单位拖欠农民工工资,具有下列情形之一,经人力资源社会保障行政部门依法责令限期支付工资,逾期未支付的,人力资源社会保障行政部门应当作出列入决定,将该用人单位及其法定代表人或者主要负责人、直接负责的主管人员和其他直接责任人员(以下简称当事人)列入失信联合惩戒名单:

(一)克扣、无故拖欠农民工工资达到认定拒不支付劳动报酬罪数额标准的;

(二)因拖欠农民工工资违法行为引发群体性事件、极端事件造成严重不良社会影响的。

第六条 人力资源社会保障行政部门在作出列入决定前,应当告知当事人拟列入失信联合惩戒名单的事由、依据、提出异议等依法享有的权利和本办法第七条可以不予列入失信联合惩戒名单的规定。

当事人自收到告知之日起5个工作日内,可以向人力资源社会保障行政部门提出异议。对异议期内提出的异议,人力资源社会保障行政部门应当自收到异议之日起5个工作日内予以核实,并将结果告知当事人。

第七条 用人单位在人力资源社会保障行政部门作出列入决定前,已经改正拖欠农民工工资违法行为,且作出不再拖欠农民工工资书面信用承诺的,可以不予列入失信联合惩戒名单。

第八条 人力资源社会保障行政部门应当自责令限期支付工资文书指定期限届满之日起20个工作日内作出列入决定。情况复杂的,经人力资源社会保障行政部门负责人批准,可以延长20个工作日。

人力资源社会保障行政部门作出列入决定,应当制作列入决定书。列入决定书应当载明列入事由、列入依据、联合惩戒措施提示、提前移出条件和程序、救济措施等,并按照有关规定交付或者送达当事人。

第九条 作出列入决定的人力资源社会保障行政部门应当按照政府信息公开等有关规定,通过本部门门户网站和其他指定的网站公开失信联合惩戒名单。

第十条 作出列入决定的人力资源社会保障行政部门应当按照有关规定,将失信联合惩戒名单信息共享至同级信用信息共享平台,供相关部门作为在各自职责范围内按照《保障农民工工资支付条例》等有关规定,对被列入失信联合惩戒名单的当事人实施联合惩戒的依据。

对被列入失信联合惩戒名单的当事人,由相关部门在政府资金支持、政府采购、招投标、融资贷款、市场准入、税收优惠、评优评先、交通出行等方面依法依规予以限制。

第十一条 当事人被列入失信联合惩戒名单的期限为3年,自人力资源社会保障行政部门作出列入决定之日起计算。

第十二条 用人单位同时符合下列条件的,可以向作出列入决定的人力资源社会保障行政部门申请提前移出失信联合惩戒名单:

(一)已经改正拖欠农民工工资违法行为的;
(二)自改正之日起被列入失信联合惩戒名单满6个月的;
(三)作出不再拖欠农民工工资书面信用承诺的。

第十三条 用人单位符合本办法第十二条规定条件,但是具有下列情形之一的,不得提前移出失信联合惩戒名单:

(一)列入失信联合惩戒名单期限内再次发生拖欠农民工工资违法行为的;
(二)因涉嫌拒不支付劳动报酬犯罪正在刑事诉讼期间或者已经被追究刑事责任的;
(三)法律、法规和党中央、国务院政策文件规定的其他情形。

第十四条 用人单位申请提前移出失信联合惩戒名单,应当提交书面申请、已经改正拖欠农民工工资违法行为的证据和不再拖欠农民工工资书面信用承诺。

人力资源社会保障行政部门应当自收到用人单位提前移出失信联合惩戒名单申请之日起15个工作日内予以核实,决定是否准予提前移出,制作决定书并按照有关规定交付或者送达用人单位。不予提前移出的,应当说明理由。

人力资源社会保障行政部门准予用人单位提前移出失信联合惩戒名单的,应当将该用人单位的其他当事人一并提前移出失信联合惩戒名单。

第十五条 申请提前移出的用人单位故意隐瞒真实情况、提供虚假资料,情节严重的,由作出提前移出决定的人力资源社会保障行政部门撤销提前移出决定,恢复列入状态。列入的起止时间重新计算。

第十六条 列入决定所依据的责令限期支付工资文书被依法撤销的,作出列入决定的人力资源社会保障行政部门应当撤销列入决定。

第十七条 有下列情形之一的,作出列入决定的人力资源社会保障行政部门应当于10个工作日内将当事人移出失信联合惩戒名单,在本部门门户网站停止公开相关信息,并告知第九条规定的有关网站:

(一)当事人被列入失信联合惩戒名单期限届满的;

（二）人力资源社会保障行政部门决定提前移出失信联合惩戒名单的；

（三）列入决定被依法撤销的。

当事人被移出失信联合惩戒名单的，人力资源社会保障行政部门应当及时将移出信息共享至同级信用信息共享平台，相关部门联合惩戒措施按照规定终止。

第十八条　当事人对列入失信联合惩戒名单决定或者不予提前移出失信联合惩戒名单决定不服的，可以依法申请行政复议或者提起行政诉讼。

第十九条　人力资源社会保障行政部门工作人员在实施失信联合惩戒名单管理过程中，滥用职权、玩忽职守、徇私舞弊的，依法依规给予处分；构成犯罪的，依法追究刑事责任。

第二十条　本办法自2022年1月1日起施行。

机构编制违纪行为适用《中国共产党纪律处分条例》若干问题的解释

（中纪发〔2009〕15号）

为严肃党和国家机关、人民团体、事业单位的机构编制纪律，处理机构编制违纪行为，保障机构编制法律法规和中央有关方针政策的贯彻实施，现对机构编制违纪行为中负有责任的人员中的共产党员（以下简称有关责任人员），适用《中国共产党纪律处分条例》追究责任的若干问题解释如下：

一、超机构限额设置机构或者变相增设机构，擅自设立机构或者变更机构名称、规格、性质、职责、权限的，对有关责任人员，依照《中国共产党纪律处分条例》第一百二十七条的规定处理。

二、违反规定增加编制或者超出编制限额录用、调任、转任人员的，对有关责任人员，依照《中国共产党纪律处分条例》第一百二十七条的规定处理。

三、擅自超职数配备领导干部的，对有关责任人员，依照《中国共产党纪律处分条例》第六十四条的规定处理。

四、违反规定干预下级部门机构设置、职能配置、人员编制和领导职数配备，造成严重不良后果的，对有关责任人员，依照《中国共产党纪律处分条例》第一百三十六条的规定处理。

五、具有机构编制审批权的机关在履行机构编制管理职责时，有下列行为之一的，对有关责任人员，依照《中国共产党纪律处分条例》第一百二十七条的规定处理：

（一）超越权限审批机构的；

（二）超越权限审批编制种类、编制的；

（三）违反规定核定领导职数和非领导职数的。

机构编制管理机关有前款所列行为的，对有关责任人员，从重处理。

六、伪造、篡改、虚报、瞒报或者拒报机构编制统计资料，造成不良后果的，对有关责任人员，依照《中国共产党纪律处分条例》第一百二十七条的规定处理。

七、以虚报人员等方式占用编制并冒用财政资金的,对有关责任人员,依照《中国共产党纪律处分条例》第一百一十四条的规定处理。

八、妨碍、干预机构编制监督检查工作或者机构编制违纪责任追究的,对有关责任人员,依照《中国共产党纪律处分条例》第一百六十三条的规定处理。

九、在机构编制工作中,利用职务上的便利,为自己或者他人谋取私利,除《中国共产党纪律处分条例》有明确规定的外,对有关责任人员,依照《中国共产党纪律处分条例》第八十二条的规定处理。

十、经集体研究决定,导致机构编制违纪行为发生的,对有关责任人员,依照《中国共产党纪律处分条例》第二十八条的规定处理。

行政机关机构编制违法违纪行为政纪处分暂行规定

(中华人民共和国监察部、中华人民共和国人力资源和社会保障部令第27号)

第一条 为严肃机构编制纪律,惩处机构编制违法违纪行为,保障机构编制管理规定的贯彻实施,根据《中华人民共和国行政监察法》和《行政机关公务员处分条例》《国务院行政机构设置和编制管理条例》《地方各级人民政府机构设置和编制管理条例》及其他有关法律、行政法规,制定本规定。

第二条 有机构编制违法违纪行为的行政机关工作人员,应当承担纪律责任的,由任免机关或者监察机关按照管理权限依法给予处分。

单位有机构编制违法违纪行为,需要追究纪律责任的,对负有责任的领导人员和直接责任人员,由任免机关或者监察机关按照管理权限依法给予处分。

法律、行政法规、国务院决定和国务院监察机关、国务院人力资源社会保障部门制定的处分规章对机构编制违法违纪行为的处分另有规定的,从其规定。

第三条 超机构限额设置机构或者变相增设机构,擅自设立机构、加挂机构牌子或者变更机构名称、规格、性质、职责、权限的,对有关责任人员,给予警告、记过或者记大过处分;情节较重的,给予降级或者撤职处分;情节严重的,给予开除处分。

第四条 违反规定增加编制或者超出编制限额进人的,对有关责任人员,给予警告、记过或者记大过处分;情节较重的,给予降级或者撤职处分;情节严重的,给予开除处分。

第五条 擅自超领导职务职数配备领导干部的,对有关责任人员,给予警告或者记过处分;情节较重的,给予记大过或者降级处分;情节严重的,给予撤职处分。

第六条 违反规定干预下级部门机构设置、职能配置、人员编制和领导职数配备,造成不良后果的,对有关责任人员,给予警告或者记过处分;情节较重的,给予记大过或者降级处分;情节严重的,给予撤职处分。

第七条 具有机构编制审批权的机关在履行机构编制管理职责时,有下列行为之一的,对有关责任人员,给予警告、记过或者记大过处分;情节较重的,给予降级或者撤职处分;情节严重的,给予开除处分:

（一）超越权限审批机构的；
（二）超越权限审批编制种类、编制的；
（三）违反规定核定领导职务职数的。

机构编制管理机关有前款所列行为的，对有关责任人员，从重处理。

第八条　伪造、篡改、虚报、瞒报或者拒报机构编制统计资料，情节较轻的，对有关责任人员，给予警告、记过或者记大过处分；情节较重的，给予降级或者撤职处分；情节严重的，给予开除处分。

第九条　以虚报人员等方式占用编制并冒用财政资金的，对有关责任人员，给予记大过处分；情节较重的，给予降级或者撤职处分；情节严重的，给予开除处分。

第十条　妨碍、干预机构编制监督检查工作或者机构编制违法违纪责任追究的，对有关责任人员，给予记过或者记大过处分；情节较重的，给予降级或者撤职处分；情节严重的，给予开除处分。

第十一条　在机构编制工作中，利用职务上的便利，为自己或者他人谋取私利的，对有关责任人员，给予记过或者记大过处分；情节较重的，给予降级或者撤职处分；情节严重的，给予开除处分。

第十二条　有机构编制违法违纪行为，涉嫌犯罪的，移送司法机关依法处理。

第十三条　本规定由监察部、人力资源社会保障部负责解释。

第十四条　本规定自发布之日起施行。

中共中央纪委　中共中央组织部关于退出现职、接近或者达到退休年龄的党政领导干部在企业兼职、任职有关问题的意见

（中组发〔2008〕11号）

为贯彻落实党的十七大关于加强干部队伍建设和反腐倡廉建设的精神，根据公务员法和有关法律法规、政策规定，现就退出现职、接近或者达到退休年龄的党政领导干部在企业兼职、任职有关问题提出以下意见：

一、退出现职、接近或者达到退休年龄和在地方换届时不再提名尚未办理退休手续的党政领导干部原则上不得在企业兼职，一般也不得安排到企业任职。

二、个别确因工作需要到企业兼职、任职的，应当按照干部管理权限严格审批。不得违反规定，擅自审批党政领导干部到企业兼职、任职。

三、经批准到企业兼职的，不得在企业领取薪酬、奖金等报酬，不得获取股权。

四、经批准到企业任职的，应当将行政、工资等关系转入企业，不再保留公务员身份，不再保留党政机关的各种待遇。不得将行政、工资等关系转回党政机关办理退休；在企业办理退休手续后，也不得将行政、工资等关系转到党政机关。

本意见所指企业包括国有企业和国有控股等企业。在其他营利性组织兼职、任职的，参照本意见执行。对担任上市公司、基金管理公司和中央企业独立董事、独立监事另有规定

的,按照有关规定执行。

参照公务员法管理的人民团体和群众团体、事业单位领导人员,按照本意见执行;国家机关委托行使公共事务管理职能的事业单位领导人员,参照本意见执行。

本意见下发前退出现职、接近或者达到退休年龄和在地方换届时不再提名的尚未办理退休手续的党政领导干部在企业兼职、任职的,应当按照本意见予以规范。

中共中央纪委　中共中央组织部　总政治部关于领导干部不得参加自发成立的"老乡会""校友会""战友会"组织的通知

(组通字〔2002〕19号)

各省、自治区、直辖市纪委、党委组织部,中央和国家机关各部委、各人民团体纪检(监察)、干部(人事)部门,新疆生产建设兵团纪委、党委组织部,中央管理的国有重要骨干企业纪检、人事部门,各大军区、各军兵种、各总部、军事科学院、国防大学、国防科学技术大学、武警部队政治部:

近些年来,一些领导干部参加了自发成立的"老乡会""校友会""战友会"(以下简称"三会")等组织,或者频繁参加老乡、校友、战友之间的各种联谊类活动,有的还是发起者或组织者。领导干部参加此类组织和活动,多数是为了联络感情,广交朋友,或者为家乡的经济发展、为母校的建设献计献策,帮忙出力。但也有部分领导干部参与其中后,借联谊、聚会之名,大吃大喝,挥霍浪费,有的甚至编织"关系网",拉"小圈子",搞团团伙伙或非组织活动,在干部群众中产生了不良影响。为了规范领导干部在参加此类组织和活动方面的行为,现作出如下规定:

一、领导干部不得参加自发成立(未经民政部门登记注册)的老乡、校友、战友之间的各种联谊会之类的组织,不得担当这类联谊会的发起人和组织者,不得在这类联谊会中担任相应职务。已经参加的,必须退出;已经担任职务的,必须辞去。

二、在职领导干部、特别是党员领导干部,由于统战工作等特殊情况,需要参加在各级民政部门登记注册的"三会"组织或者继续留任的,要按照干部管理权限审批。退(离)休领导干部参加这些"三会"组织,要向原工作单位党组织报告;需要担任秘书长以上职务的,要按照干部管理权限审批。

三、领导干部参加老乡、校友、战友之间的各种联谊类活动,要坚持党的原则,遵守党的纪律和国家有关法律,倡导健康文明、积极向上的人际交往。

四、领导干部参加老乡、校友、战友之间的各种联谊类活动,不得借机编织"关系网",搞亲亲疏疏,团团伙伙,更不得有"结盟""金兰结义"等行为。

五、领导干部不得利用职权用公款为此类组织和活动提供赞助,不得用公款报销此类活动经费。

六、领导干部要把违反规定参加老乡、校友、战友之间的各种联谊类活动的情况,作为廉洁自律的内容,严格自查自纠。

七、各级领导干部要严格执行上述规定,发挥表率作用。组织上发现领导干部在参加"三会"组织和老乡、校友、战友之间的各种联谊类活动中有违反规定行为的,要及时进行批评教育,促其改正;对违背组织原则,情节严重的,要给予党纪政纪处分。各级纪检(监察)机关、组织(人事)部门和军队政治部门要加强检查和监督。

国有企事业单位的各级领导干部遵照以上规定执行。

关于党政机关及事业单位用公款为个人购买商业保险若干问题的规定[①]

为规范党政机关及事业单位用公款为个人购买商业保险的行为,维护财经纪律的严肃性,加强财政性资金的管理,进一步加强党风廉政建设和反腐败工作,现将有关问题规定如下:

一、本规定所称党政机关及事业单位用公款为个人购买商业保险,是指由单位缴付全部或部分保费,为干部职工购买商业保险公司提供的各类商业保险产品的行为。

二、本规定所称"党政机关及事业单位"区分为以下两类:

(一)党政机关和依照公务员管理的事业单位。其中:党政机关是指,各级党的机关、人大机关、行政机关、政协机关、审判机关、检察机关,以及各级工会、共青团、妇联等人民团体;依照公务员管理的事业单位是指,按照人事部和各地人事厅局有关文件确定的依照公务员管理的事业单位。

(二)不依照公务员管理的事业单位。

三、党政机关和依照公务员管理的事业单位用公款为干部职工购买商业保险,应严格遵守下列规定:

(一)购保的险种。仅限于旨在风险补偿的人身意外伤害险,包括公务旅行交通意外伤害险、特岗人员的意外伤害险,以及为援藏援疆等支援西部地区干部职工购买的人身意外伤害险。

(二)受保的人员范围。一般仅限于单位在职的干部职工,但离退休人员参加单位组织的集体活动、赴外就医的,可以购买交通意外伤害险。

(三)保费的财务列支渠道。公务旅行交通意外伤害险的费用在单位的差旅费中列支。特岗人员、援藏援疆等支援西部地区干部职工人身意外伤害险费用,应首先在单位按照规定计提的职工福利费中列支;职工福利费不足的,党政机关在人员经费中列支,事业单位在职工福利基金中列支。

四、不依照公务员管理的事业单位用公款为干部职工购买商业保险,应严格遵守下列规定:

(一)购保的险种。限于本规定第三条第一款规定的意外伤害险,以及与建立补充医疗保险相关的险种。购买补充医疗保险的只能是未享受公务员医疗补助或公费医疗的事业

[①] 财政部、监察部于2004年9月16日印发(财金〔2004〕88号)。

单位。

（二）受保的人员范围。意外伤害险受保人员的范围按本规定第三条第二款的规定执行；补充医疗保险受保人员的范围包括单位在职干部职工和离退休人员。

（三）保费的财务列支渠道。公务旅行交通意外伤害险、特岗人员以及援藏援疆等支援西部地区干部职工人身意外伤害险费用的财务列支渠道，按照本规定第三条第三款的规定处理。补充医疗保险费用在社会保障费中列支。

五、党政机关及事业单位为特岗人员购买人身意外伤害险的，对特岗人员的界定、具体的意外伤害险险种、以及购保资金的额度等，按照分级管理的原则，由省级政府和中央部门审批确定。其中，中央单位由部级机关审批确定，报财政部备案；地方单位由省级政府各部门及直属单位商省级财政部门报省政府审批确定，有关审批文件抄送省级财政部门。

六、不依照公务员管理的事业单位为干部职工建立补充医疗保险的，单位承担的年度购保资金额度不得超过上一年度工资总额的4%（工资总额按国家统计局的口径执行）；超出部分的购保资金，由受保人员自行承担，并由单位在其工资中代扣代缴。其他有关事项，按照《国务院关于印发完善城镇社会保障体系试点方案的通知》（国发〔2000〕42号）和有关法律、行政法规对企业建立补充医疗保险的规定执行。

七、党政机关及事业单位用公款为个人购买商业保险时，严禁下列行为：

（一）购买虽在本规定险种范围之内，但具有投资分红性质的商业保险；

（二）购买本规定险种范围之外其他任何形式的商业保险；

（三）为本规定受保人员范围之外的其他人员购买任何形式的商业保险；

（四）违反本规定的财务列支渠道，挤占、挪用其他资金购买商业保险，以及私设"小金库"购买商业保险等；

（五）利用行政隶属关系或行政管理职权，指使或接受主管范围以内的下属单位为单位领导干部或职工购买商业保险；

（六）利用职务之便，在购买商业保险的过程中收取"回扣"等谋取私利的行为。

八、党政机关及事业单位应严格按照以上条款的规定，认真清理本单位用公款为干部职工购买的商业保险，有关清退政策规定如下：

（一）清退范围的界定。对各单位用公款购买的商业保险，凡不符合上述规定的商业保险险种、受保的人员范围，以及用私设"小金库"或财政专款购买的商业保险，一律纳入清退范围。保险已经期满或失效，个人领取了年金、红利等收益的，以及在本规定下发之前已办理退保并由个人领取了退保金的，也必须全部清退。

在本规定下发时受保人员已经死亡或正在接受大病医疗保险的，可不列入清退的范围。

（二）退保资金的财务处理。对纳入清退范围的退保资金，属于用私设"小金库"或财政专款购买的商业保险，一律上缴同级财政部门；属于用职工福利费、职工福利基金、工会经费等其他资金购买的商业保险，由单位按原资金来源渠道收回。对于没有纳入清退范围，但财务列支渠道与本规定不一致的，可不再进行账务调整。

（三）保费的清退方式。各保险公司在向原投保单位支付退保资金时，对由单位缴付全部保费的商业保险，退保资金一律通过银行转账支付给单位，不得直接向受保人员支付现金或银行储蓄存单；对由单位和个人共同出资购买的商业保险，退保资金由单位和个人按缴费比例分配,退保损失也应按比例分摊,保险公司给单位的退保资金须通过银行转账支付。

(四)允许个人自愿买断。在受保人员自愿用个人资金补偿单位已缴保费的前提下,允许个人续保。采取个人自愿买断方式的,单位不得再以任何形式弥补个人应补偿给单位的款项或为个人续保提供赞助。

(五)清退时限及监督检查。各单位应由主要领导负责,高度重视清退工作,严格执行本规定的各项政策和要求,并将有关清退结果报同级纪检、监察和财政部门备案。各级纪检、监察和财政部门应加强对各单位清退工作的指导和监督,及时跟踪检查各单位清退工作的进度和质量,并对清退结果进行必要的抽查,切实保证各项清退政策的贯彻执行。各中央单位和省级财政部门应认真汇总《用公款为个人购买商业保险清退情况统计表》(附后),形成清退总结报告,并于2004年11月30日之前上报财政部。

九、各级党政机关及事业单位应严格按照现行财务规章制度及财政性资金管理的有关规定,加强自身内部财务管理,杜绝用公款违规为个人购买商业保险的行为。

单位在规定的清退期限内拒不自查自纠,甚至弄虚作假、隐瞒不报,以及在本规定下发后仍违规用公款为个人购买商业保险的,一经查出,购保资金一律没收并上缴同级财政部门;对单位主要领导等有关责任人员,按照党纪政纪的有关规定,给予相应的处理;构成犯罪行为的,依法追究刑事责任。

十、省级政府和中央部门可以结合实际情况,依据本规定明确的各项政策和原则要求,制定具体的落实措施和清退方案,并报财政部、监察部备案。

十一、本规定自印发之日起执行。各级政府和部门制定颁发的有关政策与本规定不一致的,以本规定为准。

附件:用公款为个人购买商业保险清退情况统计表(略)

抗震救灾款物管理使用违法违纪行为处分规定[①]

为贯彻落实党中央、国务院抗震救灾的重大决策部署,加强对抗震救灾款物管理使用的监督,防止抗震救灾款物管理使用违法违纪行为的发生,严厉惩处违法违纪行为,保证抗震救灾款物及时用于灾民救助和群众基本生活,尽快恢复生产、重建家园,确保抗震救灾工作有力有序有效进行,根据《中国共产党纪律处分条例》等党内法规和《中华人民共和国防震减灾法》《行政机关公务员处分条例》《财政违法行为处罚处分条例》等国家法律法规,作如下规定。

一、严格禁止并严肃查处以赈灾、募捐名义诈骗、敛取不义之财行为。

有关机关、企业事业单位、社会团体、城乡基层群众自治组织开展抗震救灾款物的募集活动要严格按照有关规定进行,应当公开名称、地址、银行账号及接收捐赠情况,并将全部捐赠款物及时通过正规渠道送往灾区。对打着赈灾、募捐旗号,非法募捐,诈骗民众钱财,敛取

---

① 中共中央纪委、监察部于2008年5月29日印发(中纪发〔2008〕15号)。

不义之财的,党内给予开除党籍处分,行政给予开除处分。

二、严格禁止并严肃查处截留、挤占或者无故迟滞拨付、发放抗震救灾款物行为。

各地区各部门要加强协作、积极配合,提高抗震救灾款物运行效率和使用效益,不得截留、挤占或者无故迟滞拨付、发放抗震救灾款物。违反规定的,对有关责任人员党内给予严重警告或者撤销党内职务处分,行政给予记大过、降级或者撤职处分;情节严重的,党内给予留党察看或者开除党籍处分,行政给予开除处分。

三、严格禁止并严肃查处虚报、冒领抗震救灾款物行为。

各地区各部门应当如实上报人员伤亡、财产损失等受灾情况,不得虚报灾情或者骗取、冒领抗震救灾款物。违反规定的,对有关责任人员党内给予严重警告或者撤销党内职务处分,行政给予记大过、降级或者撤职处分;情节严重的,党内给予留党察看或者开除党籍处分,行政给予开除处分。

四、严格禁止并严肃查处利用职权为自己、亲友和有关单位徇私发放或者有偿发放抗震救灾款物行为。

各地区各部门在抗震救灾款物分配使用过程中,要规范管理,保证抗震救灾款物的分配使用公平、公正。不得利用职权为自己、亲友和有关单位徇私发放或者有偿发放抗震救灾款物。违反规定的,对有关责任人员党内给予严重警告或者撤销党内职务处分,行政给予记大过、降级或者撤职处分;情节严重的,党内给予留党察看或者开除党籍处分,行政给予开除处分。

五、严格禁止并严肃查处擅自改变抗震救灾款物用途,挪作他用行为。

各地区各部门应当坚持专款专用、专项专用、重点使用、合理分配,定向捐赠的抗震救灾款物要尊重捐赠人的意愿。不得向非灾区拨款;不得用于弥补救灾之外的其他社会救济费的不足;不得擅自扩大抗震救灾款物使用范围,用于地方其他事业费和任何行政经费开支。违反规定的,对有关责任人员党内给予警告、严重警告处分,行政给予记大过或者降级处分;情节严重的,党内给予撤销党内职务、留党察看或者开除党籍处分,行政给予撤职或者开除处分。

挪用抗震救灾款物归个人使用的,党内给予撤销党内职务或者留党察看处分,行政给予降级或者撤职处分;情节严重的,党内给予开除党籍处分,行政给予开除处分。

六、严格禁止并严肃查处擅自变卖抗震救灾物资行为。

对灾区不适用的境内救灾捐赠物资,经捐赠人书面同意,报县级以上地方人民政府民政部门批准后可以变卖。对灾区不适用的境外救灾捐赠物资以及无法取得捐赠人同意的救灾捐赠物资,应当报省级人民政府民政部门批准后变卖。变卖救灾捐赠物资应当由县级以上地方人民政府民政部门依照有关规定统一组织实施。违反规定的,对有关责任人员党内给予警告或者严重警告处分,行政给予警告、记过或者记大过处分;情节严重的,党内给予撤销党内职务或者留党察看处分,行政给予降级或者撤职处分。

变卖抗震救灾捐赠物资所得款项,应当作为抗震救灾捐赠款管理、使用。

七、严格禁止并严肃查处故意违背政府应急救助和灾后重建规划使用抗震救灾款物行为。

各地区各部门对抗震救灾款物要依法管理、合理安排、科学调度,按照政府应急救助和灾后重建规划使用抗震救灾款物。故意违反规定的，对有关责任人员党内给予警告、严重警告处分，行政给予记大过或者降级处分；情节严重的，党内给予撤销党内职务或者留党察看处分，行政给予撤职处分。

八、严格禁止并严肃查处伪造、变造和毁损抗震救灾款物原始登记资料及相关账簿行为。

各地区各部门应当按照规定设立抗震救灾款物账户和登记制度，做到账目清楚、手续完备。不得伪造、变造、私设抗震救灾款物会计账簿或者在非紧急情况下，不登记、不如实登记捐赠款物；不得违反规定填制、取得原始凭证；不得违反规定保管抗震救灾款物原始登记资料，致使其毁损、灭失。违反规定的，对有关责任人员党内给予警告、严重警告或者撤销党内职务处分，行政给予记大过、降级或者撤职处分；情节严重的，党内给予留党察看或者开除党籍处分，行政给予开除处分。

故意毁损、灭失抗震救灾款物原始登记资料及相关账簿的，从重处分。

九、严格禁止并严肃查处隐瞒抗震救灾款物管理使用分配信息，依照规定应当公开而不公开的行为。

各地区各单位要主动公开抗震救灾款物的来源、数量、种类和去向。市、县两级要重点公开抗震救灾款物的管理、使用和分配情况。乡镇要重点公开抗震救灾款物的发放情况。村民委员会、居民委员会要公开发放的对象和原则；公开上级拨来的抗震救灾款物数量；公开得款户、得物户的名单和数量。违反规定的，对有关责任人员党内给予警告或者严重警告处分，行政给予警告、记过或者记大过处分；情节严重的，党内给予撤销党内职务或者留党察看处分，行政给予降级或者撤职处分。

十、严肃查处在抗震救灾款物管理使用中玩忽职守、贻误工作行为。

有关部门和人员在抗震救灾款物管理使用过程中，应当忠于职守、勤勉尽责，不得敷衍塞责、消极懈怠。对疏于管理，致使抗震救灾款物被贪污、挪用、毁损、灭失或者浪费严重的，对有关责任人员党内给予警告或者严重警告处分，行政给予警告、记过或者记大过处分；情节严重的，党内给予撤销党内职务、留党察看或者开除党籍处分，行政给予降级、撤职或者开除处分。

对因失职渎职影响灾民生活或者造成其他严重后果的，加重或者从重处分。

十一、严肃查处贪污、私分抗震救灾款物行为。

经手管理使用抗震救灾款物应当手续完备、专款专用、专人负责、独立核算、账目清楚。对贪污抗震救灾款物的，党内给予撤销党内职务或者留党察看处分，行政给予降级或者撤职处分；情节严重的，党内给予开除党籍处分，行政给予开除处分。

以集体名义将抗震救灾款物私分给个人的，对有关责任人员党内给予撤销党内职务或者留党察看处分，行政给予降级或者撤职处分；情节严重的，党内给予开除党籍处分，行政给予开除处分。

少数人私分抗震救灾款物的，以贪污论。

十二、有违反抗震救灾款物管理使用有关规定行为的单位，其负有责任的领导人员和直接责任人员，以及有违反抗震救灾款物管理使用有关规定行为的个人，应当承担纪律责任。属于下列人员，按照本规定给予党纪政纪处分：

（一）党员；

（二）行政机关公务员；

（三）法律、法规授权的具有公共事务管理职能的组织中除工勤人员以外的工作人员；

（四）行政机关依法委托的组织中除工勤人员以外的工作人员；

（五）企业、事业单位、社会团体中由行政机关任命的人员；

（六）村民委员会、居民委员会的组成人员。

十三、对违反上述规定的单位和个人，要依法依纪从快、从严查处。涉嫌犯罪的，移送司法机关依法处理。对违反上述规定的案件隐瞒不报、压案不查、包庇袒护的，一经发现，严肃追究有关责任人员的责任。

十四、本规定所称抗震救灾款物，是指各级财政投入、拨付的和社会捐赠的用于抗震救灾的资金、物资。

十五、本规定自发布之日起施行。

本规定发布前，有抗震救灾款物管理使用违法违纪行为，造成严重后果或者恶劣影响的，依照本规定处理。

合同行政监督管理办法

（国家市场监督管理总局令第77号）

第一条　为了维护市场经济秩序，保护国家利益、社会公共利益和消费者合法权益，根据《中华人民共和国民法典》《中华人民共和国消费者权益保护法》等法律法规，制定本办法。

第二条　市场监督管理部门根据法律、行政法规和本办法的规定，在职责范围内开展合同行政监督管理工作。

第三条　市场监督管理部门开展合同行政监督管理工作，应当坚持监管与指导相结合、处罚与教育相结合的原则。

第四条　经营者订立合同应当遵循平等、自愿、公平、诚信的原则，不得违反法律、行政法规的规定，违背公序良俗，不得利用合同实施危害国家利益、社会公共利益和消费者合法权益的行为。

第五条　经营者不得利用合同从事下列违法行为，扰乱市场经济秩序，危害国家利益、社会公共利益：

（一）虚构合同主体资格或者盗用、冒用他人名义订立合同；

（二）没有实际履行能力，诱骗对方订立合同；

（三）故意隐瞒与实现合同目的有重大影响的信息，与对方订立合同；

（四）以恶意串通、贿赂、胁迫等手段订立合同；

（五）其他利用合同扰乱市场经济秩序的行为。

第六条　经营者采用格式条款与消费者订立合同，应当以单独告知、字体加粗、弹窗等显著方式提请消费者注意商品或者服务的数量和质量、价款或者费用、履行期限和方式、安全注意事项和风险警示、售后服务、民事责任等与消费者有重大利害关系的内容,并按照消费者的要求予以说明。

经营者预先拟定的,对合同双方权利义务作出规定的通知、声明、店堂告示等,视同格式条款。

第七条 经营者与消费者订立合同,不得利用格式条款等方式作出减轻或者免除自身责任的规定。格式条款中不得含有以下内容:

(一)免除或者减轻经营者造成消费者人身伤害依法应当承担的责任;

(二)免除或者减轻经营者因故意或者重大过失造成消费者财产损失依法应当承担的责任;

(三)免除或者减轻经营者对其所提供的商品或者服务依法应当承担的修理、重作、更换、退货、补足商品数量、退还货款和服务费用等责任;

(四)免除或者减轻经营者依法应当承担的违约责任;

(五)免除或者减轻经营者根据合同的性质和目的应当履行的协助、通知、保密等义务;

(六)其他免除或者减轻经营者自身责任的内容。

第八条 经营者与消费者订立合同,不得利用格式条款等方式作出加重消费者责任、排除或者限制消费者权利的规定。格式条款中不得含有以下内容:

(一)要求消费者承担的违约金或者损害赔偿金超过法定数额或者合理数额;

(二)要求消费者承担依法应当由经营者承担的经营风险;

(三)排除或者限制消费者依法自主选择商品或者服务的权利;

(四)排除或者限制消费者依法变更或者解除合同的权利;

(五)排除或者限制消费者依法请求支付违约金或者损害赔偿金的权利;

(六)排除或者限制消费者依法投诉、举报、请求调解、申请仲裁、提起诉讼的权利;

(七)经营者单方享有解释权或者最终解释权;

(八)其他加重消费者责任、排除或者限制消费者权利的内容。

第九条 经营者采用格式条款与消费者订立合同的,不得利用格式条款并借助技术手段强制交易。

第十条 市场监督管理部门引导重点行业经营者建立健全格式条款公示等制度,引导规范经营者合同行为,提升消费者合同法律意识。

第十一条 经营者与消费者订立合同时,一般应当包括《中华人民共和国民法典》第四百七十条第一款规定的主要内容,并明确双方的主要权利和义务。

经营者采用书面形式与消费者订立合同的,应当将双方签订的书面合同交付消费者留存,并不少于一份。

经营者以电子形式订立合同的,应当清晰、全面、明确地告知消费者订立合同的步骤、注意事项、下载方法等事项,并保证消费者能够便利、完整地阅览和下载。

第十二条 任何单位和个人不得在明知或者应知的情况下,为本办法禁止的违法行为提供证明、印章、账户等便利条件。

第十三条 省级以上市场监督管理部门可以根据有关法律法规规定,针对特定行业或者领域,联合有关部门制定合同示范文本。

根据前款规定制定的合同示范文本,应当主动公开,供社会公众免费阅览、下载、使用。

第十四条 合同示范文本供当事人参照使用。合同各方具体权利义务由当事人自行约定。当事人可以对合同示范文本中的有关条款进行修改、补充和完善。

第十五条 参照合同示范文本订立合同的,当事人应当充分理解合同条款,自行承担合同订立和履行所发生的法律后果。

第十六条 省级以上市场监督管理部门可以设立合同行政监督管理专家评审委员会,邀请相关领域专家参与格式条款评审、合同示范文本制定等工作。

第十七条 县级以上市场监督管理部门对涉嫌违反本办法的合同行为进行查处时,可以依法采取下列措施:

(一)对与涉嫌合同违法行为有关的经营场所进行现场检查;

(二)询问涉嫌违法的当事人;

(三)向与涉嫌合同违法行为有关的自然人、法人和非法人组织调查了解有关情况;

(四)查阅、调取、复制与涉嫌违法行为有关的合同、票据、账簿等资料;

(五)法律、法规规定可以采取的其他措施。

采取前款规定的措施,依法需要报经批准的,应当办理批准手续。

市场监督管理部门及其工作人员对履行相关工作职责过程中知悉的国家秘密、商业秘密或者个人隐私,应当依法予以保密。

第十八条 经营者违反本办法第五条、第六条第一款、第七条、第八条、第九条、第十二条规定,法律、行政法规有规定的,依照其规定;没有规定的,由县级以上市场监督管理部门责令限期改正,给予警告,并可以处十万元以下罚款。

第十九条 合同违法行为轻微并及时改正,没有造成危害后果的,不予行政处罚;主动消除或者减轻危害后果的,从轻或者减轻行政处罚。

第二十条 市场监督管理部门作出行政处罚决定后,应当依法通过国家企业信用信息公示系统向社会公示。

第二十一条 违反本办法规定,构成犯罪的,依法追究刑事责任。

第二十二条 市场监督管理部门依照本办法开展合同行政监督管理,不对合同的民事法律效力作出认定,不影响合同当事人民事责任的承担。法律、行政法规另有规定的,依照其规定。

第二十三条 本办法自2023年7月1日起施行。2010年10月13日原国家工商行政管理总局令第51号公布的《合同违法行为监督处理办法》同时废止。

档案管理违法违纪行为处分规定

(中华人民共和国监察部、人力资源和社会保障部、国家档案局令第30号)

第一条 为了预防和惩处档案管理违法违纪行为,有效保护和利用档案,根据《中华人民共和国档案法》《中华人民共和国行政监察法》《中华人民共和国公务员法》《行政机关公务员处分条例》等有关法律、行政法规,制定本规定。

第二条　有档案管理违法违纪行为的单位,其负有责任的领导人员和直接责任人员,以及有档案管理违法违纪行为的个人,应当承担纪律责任。属于下列人员的(以下统称有关责任人员),由任免机关或者监察机关按照管理权限依法给予处分:

(一)行政机关公务员;

(二)法律、法规授权的具有公共事务管理职能的组织中从事公务的人员;

(三)行政机关依法委托从事公共事务管理活动的组织中从事公务的人员;

(四)企业、社会团体中由行政机关任命的人员。

事业单位工作人员有档案管理违法违纪行为的,按照《事业单位工作人员处分暂行规定》执行。

法律、行政法规、国务院决定及国务院监察机关、国务院人力资源社会保障部门制定的规章对档案管理违法违纪行为的处分另有规定的,从其规定。

第三条　将公务活动中形成的应当归档的文件材料、资料据为己有,拒绝交档案机构、档案工作人员归档的,对有关责任人员,给予警告处分;情节较重的,给予记过或者记大过处分;情节严重的,给予降级或者撤职处分。

第四条　拒不按照国家规定向指定的国家档案馆移交档案的,对有关责任人员,给予警告或者记过处分;情节较重的,给予记大过或者降级处分;情节严重的,给予撤职处分。

第五条　出卖或者违反国家规定转让、交换以及赠送档案的,对有关责任人员,给予撤职或者开除处分。

第六条　利用职务之便,将所保管的档案据为己有的,对有关责任人员,给予记大过处分;情节较重的,给予降级或者撤职处分;情节严重的,给予开除处分。

第七条　因工作不负责任或者不遵守档案工作制度,导致档案损毁、丢失的,对有关责任人员,给予记过处分;情节较重的,给予记大过或者降级处分;情节严重的,给予撤职或者开除处分。

第八条　擅自销毁档案的,对有关责任人员,给予记过处分;情节较重的,给予记大过或者降级处分;情节严重的,给予撤职或者开除处分。

第九条　有下列行为之一的,对有关责任人员,给予记过或者记大过处分;情节较重的,给予降级或者撤职处分;情节严重的,给予开除处分:

(一)涂改、伪造档案的;

(二)擅自从档案中抽取、撤换、添加档案材料的。

第十条　携运、邮寄禁止出境的档案或者其复制件出境的,对有关责任人员,给予警告、记过或者记大过处分;情节较重的,给予降级或者撤职处分;情节严重的,给予开除处分。

第十一条　有下列行为之一的,对有关责任人员,给予警告、记过或者记大过处分;情节较重的,给予降级或者撤职处分;情节严重的,给予开除处分:

(一)擅自提供、抄录、复制档案的;

(二)擅自公布未开放档案的。

第十二条　有下列行为之一,导致档案安全事故发生的,对有关责任人员,给予记过或者记大过处分;情节较重的,给予降级或者撤职处分;情节严重的,给予开除处分:

（一）未配备安全保管档案的必要设施、设备的；

（二）未建立档案安全管理规章制度的；

（三）明知所保存的档案面临危险而不采取措施的。

第十三条　有下列行为之一的，对有关责任人员，给予记过或者记大过处分；情节较重的，给予降级或者撤职处分；情节严重的，给予开除处分：

（一）档案安全事故发生后，不及时组织抢救的；

（二）档案安全事故发生后，隐瞒不报、虚假报告或者不及时报告的；

（三）档案安全事故发生后，干扰阻挠有关部门调查的。

第十四条　在档案利用工作中违反国家规定收取费用的，对有关责任人员，给予记过或者记大过处分；情节较重的，给予降级或者撤职处分；情节严重的，给予开除处分。

第十五条　违反国家规定扩大或者缩小档案接收范围的，对有关责任人员，给予警告或者记过处分；情节较重的，给予记大过或者降级处分；情节严重的，给予撤职处分。

第十六条　拒不按照国家规定开放档案的，对有关责任人员，给予警告、记过或者记大过处分。

第十七条　因档案管理违法违纪行为受到处分的人员对处分决定不服的，依照《中华人民共和国行政监察法》《中华人民共和国公务员法》《行政机关公务员处分条例》等有关规定，可以申请复核或者申诉。

第十八条　任免机关、监察机关和档案行政管理部门建立案件移送制度。

任免机关、监察机关查处档案管理违法违纪案件，认为应当由档案行政管理部门给予行政处罚的，应当及时将有关案件材料移送档案行政管理部门。档案行政管理部门应当依法及时查处，并将处理结果书面告知任免机关、监察机关。

档案行政管理部门查处档案管理违法案件，认为应当由任免机关或者监察机关给予处分的，应当及时将有关案件材料移送任免机关或者监察机关。任免机关或者监察机关应当依法及时查处，并将处理结果书面告知档案行政管理部门。

第十九条　有档案管理违法违纪行为，应当给予党纪处分的，移送党的纪律检查机关处理。涉嫌犯罪的，移送司法机关依法追究刑事责任。

第二十条　本规定所称的档案，是指属于国家所有的档案和不属于国家所有但保存在各级国家档案馆的档案。

第二十一条　本规定由监察部、人力资源社会保障部、国家档案局负责解释。

第二十二条　本规定自2013年3月1日起施行。

第八部分
监督方式探析

工作研讨

本部分介绍编者在实际工作中总结的与财会监督相关的一些工作方法与技巧,主要包括如何有效利用被监督单位资料台账等工作痕迹、如何检查发现各类问题线索、如何挖掘潜在风险隐患、如何抓好问题整改与问责等相关内容。

一、寻踪觅迹 有效利用台账资料

对于一个单位而言,任何经济业务事项,只要发生,必定留痕。通过科学严谨的工作方法,可以从工作痕迹中还原事情的原由、过程和结果等事实真相。如果存在相关问题,则可以定性定量、明确责任、严肃处理。

1. 财务工作痕迹包括哪些内容。从监督检查的角度看,财务工作痕迹主要包括以下内容:一是各类会议记录,了解单位党委议事情况,查看是否坚持民主集中制、是否严格执行决议、是否集体研究"三重一大"事项等。二是各类内控制度,了解其建立及运行情况,查看是否建立健全、是否严格执行、发现问题是否按规定处理等。三是各类财务会计档案,审阅预算执行、经费使用、具体开支情况等,查看经费支出中是否存在问题。四是各类采购档案,审阅物资装备、信息化建设、大项支出等采购资料,查看采购决策、采购程序、验收、付款等方面是否存在问题。五是工程建设档案,审阅各类营房新建、改建、扩建、大型修缮等资料,查看项目决策、招标程序、过程监理、项目增减、质量验收、进度付款等方面是否存在问题。六是专项工作档案,与监督检查有关的专项工作台账,如产生大项支出的大型活动的开展资料、历史遗留问题的相关资料等。七是个人相关资料,如个人参加某次某项工作会议的相关记录等。八是外调取得的资料,根据工作需要,进行外调取证,可以是图片、视频、录音、电子数据等。上述这些工作痕迹,都是在工作过程中形成的,有些痕迹是相互关联、相互印证的,如发票的存根联、记账联、发票联。有些痕迹可以通过技术手段恢复取证,如个人手机里的通话记录、微信聊天等,电脑中被删除的数据等。有些痕迹可以通过第三方调取,如单位加油卡消费记录、个人银行卡交易流水和行程记录等。

2. 如何有效利用工作痕迹。一是从各类痕迹中提前了解相关情况。通过单位类别,可以了解被检查单位工作职责及其经济业务活动的主要内容,财务保障的方式与范围,经费开支的标准与要求等。通过单位规模,可以了解其人数、所属单位的个数、经费总量、基建或采购的数量、举办大型活动频次等,单位规模越大,经济活动越多,业务环节越复杂,存在问题的风险越大,出现问题的影响也越大。通过单位特点,可以了解单位所在地的地域、气候、风景名胜等,地域辽阔的单位,则差旅费开支较大,可能存在超标准乘坐交通工具、超标准报销住宿费的风险;北方寒区的单位,则取暖期长、取暖费开支较大,燃油费、锅炉维修等开支大,可能存在虚列支出、多报燃油费的风险;风景名胜多的地区,可能存在借公款之机旅游的风险等。还可通过其他渠道了解相关信息,从上级对被检查单位开展审计或巡察后出具的审

计（或巡察反馈）报告，以及相关工作底稿，了解其存在问题及整改情况；从上级纪委或地方有关部门转办、本级纪委查办或有关领导交办的举报或反映线索，了解掌握相关问题。二是从现有痕迹中提炼出有用信息。可以针对一些可能出现问题的事项，制作相关表格，由被检查单位按照账簿记录、实际情况等现有工作痕迹中据实填列，并如实提供填表过程中涉及的有关台账资料。只需要对会计账簿、台账资料等工作痕迹进行复核确认，就可节省出查账填表的大量时间，提高工作效率。为确保表格数据真实准确并明确责任，可以要求被检查单位在统计表或相关资料上签字盖章，要把相关资料作为工作底稿入档备查。一般可以制作以下相关表格，如：银行账户及资金情况统计表、公务车辆情况统计表、会议培训情况统计表、固定资产情况统计表、往来款项情况统计表、营房情况统计表、工程建设情况统计表、装备采购情况统计表、津贴补贴发放情况统计表以及有关经费开支情况统计表等。

二、望闻问切　及时发现各类问题

借用中医术语"望、闻、问、切"，简要介绍如何开展财务检查。望，就是"管中窥豹"，从观察到的局部和部分，通过推测发现问题。闻，就是"捕风捉影"，对虚无缥缈的迹象作分析，通过假设发现问题。问，就是"环环相扣"，从不同对象对同一问题或同一对象对不同问题的多角度询问，相互印证，通过询问发现问题。切，就是"追本溯源"，对相关线索追究根本，探索源头，定性定量核实问题。

1. 望，管中窥豹推全貌（看什么）。一看营区营房。看营区面积大小、营区绿化情况、营房新旧程度，可以了解单位营房建设的基本情况，推测单位的营房维修开支、物业管理费用等相关财务信息。看食堂卫生、主副食品库、菜单食谱，可以了解单位伙食管理情况，推测伙食标准落实情况、伙食费开支程序、是否浪费以及食品卫生等相关信息。二看资产物资。看车辆新旧程度、维护保养，可以了解车辆使用管理情况，推测车辆购置费、车辆维修保险油料费的开支等相关信息。看物资器材的库存、出入库登记，推测单位购置器材物资的合理性以及使用管理情况。看各类资产的标签、卡片，推测单位固定资产登记、清查、维护保养等管理情况。三看精神面貌。看单位机构人数多少、各类干部组成、外聘人员多少，推测单位经费保障人均标准、与实际发放工资的人数是否相同等相关信息。

2. 闻，捕风捉影找线索（听什么）。一听信访举报。从纪检和信访部门了解，被检查单位有没有什么人、什么事被举报，是否查实，怎么查处，与此相关的党委理财、采购审批、合同协议等可能会存在什么风险。从相关领导在举报件或处理意见上的批示精神，了解领导意图，以便下一步检查工作深入开展。二听社会传闻。从"事难办、人难看"等传闻，可以推测单位监督执法的规范情况。从"单位福利好"的传闻，可以推测单位福利待遇的规范情况。三听上下反映。从地方相关部门领导听取对被检查单位的评价，从上级业务部门领导听取对下级单位的评价，听所在单位职工对本单位的评价，可以了解这个单位某个人、做某件事、取得什么成效、存在什么不足等相关信息。

3. 问，环环相扣设圈套（问什么）。一问特定对象。问单位主要领导，了解党委领导下的分工负责制落实、经费审签、党委理财等情况。问业务部门负责人，了解部门重点工作开展、经费预算执行等情况。问具体经办人，了解日常经济业务办理程序、差旅费伙食费标准等执行情况。问食堂管理员,了解主副食品采购、伙食费开支等情况。问财务人员,了解经费审批权限执行、财经管理等情况。二问关心问题。问重点,单位营房基建、装备采购、信息化建设、大项开支、重大活动等相关情况,了解相关程序、流程。问难点,历史遗留、人员滞留、举报信访、问题整改等相关情况,了解问题产生原因、处理办法、机制建立。问疑点,营房建设维修的施工单位、装备器材物资的采购供应商、车辆维修的维修点怎么确定的,了解相关招投标程序执行情况。问焦点,公务接待、会议培训、住宿交通、福利补贴,了解中央八项规定精神等落实情况。三问来龙去脉。对一项工程,从党委决策、立项办理、概算预算、招投标、履约保证金、进度付款、过程监督、决算审计、工程验收、预留质保金等每个环节,详细了解。对一笔开支,从党委理财、部门承办、合同协议、验收付款、结算报销、经费使用绩效等每个过程,详细了解。同一经济事项可以从多个人、多个单位了解咨询,相互印证,力求掌握真实情况。

4. 切,追本溯源探究竟(查什么)。通过前面三个阶段的初步工作,检查人员可以基本了解被检查单位的部分情况,可以基本评估检查风险的大小,可以基本框定需要检查的重点内容。一般来说,检查的重点在以下几个方面:一查资金支付。梳理单位"库存现金"和"银行存款"科目所有发生额,筛选其中的大额付款(如5000元以上、10000元以上),抽样核查。主要关注:是否超现金限额、是否经党委理财、是否履行规定的采购程序、合同协议是否规范、是否按合同付款、是否验收合格、是否预留质保金等相关信息。梳理单位"暂付款"和"暂收款"明细科目,关注是否有长期挂账的往来款,尤其关注对个人的借款,查明往来款的形成原因、审批过程、清理意见,防止资金损失风险。二查异常现象。伙食费开支异常现象有:自制副食品采购凭证的人数与实际人数不符、人均伙食标准超标,连续几日的副食品采购凭证明显雷同,当日菜谱与所购食材不符,所购食材有鲍鱼海参穿山甲等高档菜肴或保护动物。公杂费开支异常现象有:办公文体用品(纸张、墨盒、硒鼓、篮球、洗洁精等)明显过多,所有发票都是同一家或几家的,转账付款对象都是同一家。车辆维修油料费异常现象:新购置的车辆就有大量维修费(私车公养),维修清单明显异常(同一辆车每个月都换轮胎),单车油料消耗明显异常(根据行驶里程与加油登记测算百公里油耗超出实际多倍)。营房维修异常现象:新建营房就有大量维修费开支,同一营房部位连续多年维修(或是前次维修质量不合格或是后次可疑),付款方式异常(未对公转账或转个人账户或现金支付)。资产物资异常现象:消耗性器材物资的消耗明显与实际不符(或是浪费或是可疑),资产物资处置程序不规范(未上党委会未鉴定评估无残值收入可能存在流失风险)。三查细枝末节。必须手工签字的地方是否都有签字,是否为本人所签,特别是审批领导。有些现金方式发放工资福利的,是否有人代签,是否发放至本人手中。伙食费农副食品采购款项,是通过食堂管理员个人银行卡转至供应商,还是直接转至供应商银行卡的。经常有某一人报销开支,收款人为同一个、或同一单位的。给外聘人员发放工资,现金发放是否有代签,转账发放是否直接转至外聘人员个人卡。四查敏感事项。对前面望、闻、问3个环节中可能存在的复杂、敏感事项,进行专门核查。如:公务接待怎么安排、怎么报销;住宿交通有没有超标,超标是否清退;财务专项整治自查的问题是否都逐一整改;上级审计、检查、巡视等发现问题的整改情况;有些信访举报件涉及财务工作方面,进行再次核实等。

三、或有事项　关注潜在风险隐患

《政府会计准则第 8 号——负债》对政府会计主体的或有事项作了明确规定。或有事项，是指由过去的经济业务或者事项形成的，其结果须由某些未来事项的发生或不发生才能决定的不确定事项，未来事项是否发生不在政府会计主体控制范围内。对一些行政事业单位来说，由于国家机构改革而产生的机构合并、撤销、转隶等情况，过去一些因历史原因产生的未决事项，形成了事实上的或有事项（预计负债），需要在检查中予以重点关注。

1. 常见或有事项及原因分析。一是单位人员的意外伤亡。在日常工作或上下班途中，可能因交通事故给本人或其他群众造成伤亡。在过去发生的、因此而造成的人员意外伤亡，有的已经得到合理善后处置，有的则由于各种原因迟迟未能妥善处理，形成了意外导致的或有事项。二是改制转隶前因各种原因形成的滞留人员。人员借调、离职、退休等属于正常人员流动，但也有各种原因、造成一些原单位人员滞留。这些可能需要支付一定经济资源解决安排的滞留人员，形成了既成事实的或有事项。三是房屋等不动产权的遗留问题。一些单位的办公用房、业务用房、生活用房等建设，有些历史久远、形式多样、情况复杂，可能还需要补付相关费用办理产权证，形成了历史遗留的或有事项。四是日常经济纠纷中的未决事项。一些单位在日常经济活动中，可能存在一些经济纠纷，有的与对方无法达到协议。一些设备采购过程中，因与留存样品存在误差、未能完全响应招标文件等验收不合格，或设备延期交付、售后服务不完善等。工程项目建设中，因建筑材料和施工水平未达到规定标准等造成房屋渗漏、墙体开裂，因隐蔽工程和签证资料缺失等造成工程进度款支付疑议，因工期延误等造成建设成本增加。日常零星采购中，对采购货物的品名、数量、规格、质量、售后等存在异议。这些未能达成协议的经济业务事项，在价款结算或质量保证金支付等情况时，形成了未决纠纷的或有事项。五是突发事件可能需要的政府救助。在遇到疫情等突发事件时，有一些难以预料、或超出预期的事项，需要临时应急准备，有时还需要政府的救助扶持等，形成了突发情况的或有事项。

2. 或有事项处置情况。一是确认现时负债的，是否及时结清。或有事项中，可以定性确认的经济事项，应按照政策规定的待遇标准和计算方法，及时办结。比如发生伤亡的人员，按照有关抚恤规定处理，有的还有意外伤害保险，有的可以申请地方政府专项补助，还有一些自发自愿的社会救助等。凡是可以明确给付标准、经费来源的或有事项，建议及时处理，这样既可以妥善安置给付对象，也便于单位在事实清楚、标准明确、权责明晰的情况下，及时处理，不留尾巴。二是属于预计负债的，是否合理预估。对于一时难以处理的历史遗留问题，需要未来以支付一定金额方式才能处理，属于会计准则中预计负债范畴的，应综合考虑与或有事项有关的风险、不确定等因素，合理确定最佳估计数，及时挂账处理。有确凿证据表明该账面余额不能真实反映当前最佳估计数的，应当按照当前最佳估计数对该账面余额进行调整。履行该预计负债的相关义务不是很可能导致经济资源流出政府会计主体时，应当将该预计负债的账面余额予以转销。在统筹消化存量资金时，要充分考虑或有事项，可以通过向单位党委专题报告的形式确认预计负债，既可以及时消化存量资金，又可以为解决历史遗留问题提前合理预留资金。三是形成国家赔偿的，是否依法处置。如果有明确证据表明行政单位及其工作人员,在或有事项中存在相关侵权事实,符合《国家赔偿法》规定的行政赔偿范围的,要按照规定的程序,依法处置。赔偿请求人应当递交赔偿申请书,并载明具体的要求、事实根据和理由;赔偿义务机关在规定限期内应作出是否赔偿的决定;赔偿请求人对赔偿的方式、项目、数额有异议的,或者赔偿义务机关作出不予赔偿决定的,赔偿请求人可以向人民法院提起诉讼。人民法院审理行政赔偿案件,赔偿请求人和赔偿义务机关对自己提出的主张,应当提供证据。国家赔偿以支付赔偿金为主要方式,能够返还财产或者恢复原状的,予以返还财产或者恢复原状。赔偿金的计算,按照国家有关规定标准执行。四是是否申请财政预备费,满足急需。《中华人民共和国预算法》中明确规定:各级一般公共预算应当按照本级一般公共预算支出额的百分之一至百分之三设置预备费,用于当年预算执行中的自然灾害等突发事件处理增加的支出及其他难以预见的开支。各级地方政府已在同级财政中安排有预备费。遇有突发事件需要的救援准备、政府救助或专项补助时,行政单位应及时向同级政府专题报告,申请地方财政追加经费;或是逐级向上请示,申请追加中央财政预算,以满足应急需要。五是是否在报告中适时披露,提醒关注。或有事项具有不确定性、敏感性等特点,需要行政单位在有关报告中,适时合理披露。具有明确标准和金额的确认事项、作出最佳预估数的预计负债、依法承担的国家赔偿金、专项申请的政府补助,需要形成专题报告,提交单位党委研究决定。对在国家赔偿事项中,承担相关责任的人员,还应提出相关追责追偿建议。同时,按照政府会计准则要求,对于不能可靠计量金额或不需要支付金额的或有事项,需要在年度预算执行情况报告中予以合理披露,提醒事项当事人关注跟进、提请党委决策参考。

四、整改问责 做好监督后篇文章

财经管理中存在的问题就是潜伏期的隐患痼疾、未引爆的定时炸弹,可能会被时间暂时尘封,但绝不会无缘无故地消失不见。只有通过监督检查才能把特定时期内的问题揭示出来,把潜在的风险消除在萌芽状态,把损失减到最小,把危害降到最低,促进行政单位的政治生态、经济生活健康有序发展。从财务检查、审计监督、政治巡察等各类检查监督的情况看,一些行政单位在财经管理方面依然存在诸多问题,有的甚至还很严重,需要引起关注和纠正。

1. 行政单位财经管理中常见问题。一是党委决策不科学。单位党委和主要领导对涉及经济事项的决策不科学,如:营房超标准装修、采购的物资装备不符合实际需要等造成的经费投向不合理、经费投量不恰当,信访事项长期未能解决、基建欠账久拖不决以及可能引起纠纷的潜在涉讼事项等解决历史遗留问题不坚决,以合规形式决策违规事项、滥发津贴补贴等错误决策,"三重一大"等应提交党委集体研究但没有上会,对一些事项议而不决或有决议但不执行或没有得到有效执行,缺少经济事项名称、金额、实施办法、明确意见等党委会议记录不科学等。二是工作程序不合规。一些经济活动按照法规要求需要实施规定的程序,但实际没有按规定程序进行,如:工程项目建设、物资装备采购、信息化建设等按未按规定组织招标或招标程序不规范,装备采购验收、工程建设质量验收、实物采购验收未按规定程序组织实施或验收流于形式、质量不高,工程项目建设未规定方式进行经费结算、竣工决算、资产交付使用手续,一些需要审计的事项未按规定接受审计等。三是业务手续不齐全。经济业务事项的手续不齐全、不严密,如:经费开支的经办人、验收人、复核人、审核人、审批人等报销手续不齐全,实物发放凭证、领取现金凭证没有具体领取人签字,以现金方式缴纳的党团费、工会会费、伙食费等没有缴款人手工签字,办公用品等笼统发票开支没有提供符合规定的明细清单,出差审批单、会议培训费结算单等会计凭证附件不齐全,退还质保金时没有必要的审验手续等。四是付款方式不严谨。向外单位的资金付款不严谨,如:未按合同约定支付工程建设进度款、采购货物的预付款,建设项目、采购项目等应扣留质保金但未按规定扣留质保金,或扣留质保金比例不符合规定,同一时段向同一家单位(或同一个人)连续支付多笔内容相似开支的款项,合同签订单位、发票开具单位与实际收款人名称不一致,从单位"零余额"账户发放的个人费用与批准预算项目不符、单位"零余额"账户向实体账户转款等。五是经费开支不合理。单位会计账簿记录的经费开支金额明显不合常理,如:连续多笔金额相近、发票号码连号的相似开支(涉嫌规避上级审批或化整为零规避集中采购),单车年均开支的油料费维修等运行维护费、单位每月平均开支伙食费出现较大幅度波动,或与实际情况明显不符等异常现象,单位加油卡多次在同一异地加油、多次在本行政区域以外举办大型活动等经费开支的实际发生地不合理、或与风景名胜区有关规定不符,办公或业务用房多次维修、营区路面场地多次整修等可能重复浪费支出,会议培训、大型演练活动的人数天数与有关通知、签到簿不符、甚至虚列会议培训等。六是业务动机不合理。每一笔经济业务的处理都有其必要的、合理的原因或依据,但也有一些业务的处理动机是值得商榷的,可能存在虚假业务。如:经济业务性质与承办部门工作职责不相符(宣传费开支一般只能由宣传部门承办),越权审批或无权审批(财务部门领导不能越权代替单位领导签批、分管业务领导不能代替分管财务领导签批),情况不明的固定资产报废(特别是笔记本电脑、数码相机等办公设备可能会造成资产流失),情况不明的核销事项(特别是时间长久的个人借款、单位往来等可能形成历史遗留问题、或引起潜在经济纠纷)。七是签字环节不正常。按照"谁分管、谁签字,谁签字、谁负责"的要求,单位一些签字环节可能不正常,如:发票的验收人、请示报告的分管领导等一些应该签字的必要环节没有签字,可能存在相关人员不愿意签字、不想签字、或者有关人员故意跳过此环节;有的签字日期先后倒置,没有按照先上会决策、后招标签合同、再验收后付款等业务环节的先后顺序办理,可能存在事后弥补手续、甚至有造假舞弊可能。八是工作标准不合格。有些经费保障是有规定标准的、财务审核把关是有工作原则的,但实际工作中可能存在保障标准或工作质量不合格,如:差旅费未按规定乘坐交通工具、超标准住宿、未按规定缴纳应由个人负担的伙食费和交通费等,会议培训费超范围列支不应由会议费开支的明细项目、经费开支超标准等,个人未按规定及时缴纳党团费、在本单位就餐未交纳伙食费、出差时在接待单位未交纳伙食费、住用单位公寓房未缴纳房租费、未按标准缴纳工会经费等,经办人承办的经济事项与实际情况不符,可能存在虚假业务,财务审核开支报销、工程或装备质量验收、实物数量验收等审核把关环节缺失、或把关不严格等。九是工作绩效不满意。经济业务活动的绩效性不强,如:年初安排的项目没有及时启动、预算执行进度迟缓、造成财政资金被收回、影响下年预算指标安排,经办人在经济业务了结后没有及时办理结算报销、影响零余额账户资金支付进度,财务人员向个人报销付款拖延、影响个人生活质量,财务人员未及时报告经费收支情况、影响预算安排与调整,上级或领导交办的任务未按时完成、影响数据上报或工作决策等。

上述问题可以概括为三个层面。一是该不该办（决策层面）。是否进行必要性可行性分析和评估论证，是否经党委集体研究决定，是否符合经济社会和事业发展规划的要求，是否符合地区特点和行业实际情况，是否纳入财政预算保障等。二是有没有按规定办（执行层面）。是否严格执行规定的工作程序（如采购、验收、结算、审批、处置等），审查工作合规性；是否实事求是（有无花大钱办小事、多花钱少办事、虚花钱没办事），审查业务真实性，并可进行绩效评价。三是有无廉洁风险（监督层面）。合理分析常见风险领域（如后勤财经、基本建设、装备采购、信息化建设、监督执法），了解相关风险岗位（如采购、验收、实物管理、油卡等），掌握业务风险环节（如大型活动的承办、无规定标准和开支限额的支出项目、临时性活动等），风险表现形式（如收受红包、违规报销个人费用、接受宴请和土特产、虚列支出、造成较大负面的社会舆情影响等）。

2. 整改问题的具体举措。一是清退违规资金。对于超标准超范围报销的差旅费，违规发放的奖励费、津贴补贴，已经确认为虚假交易的支出报销，违规报销的应由个人负担的费用等，要责成相关人员逐一清退。清退时，应制作明细清单，列明清退原因、计算过程、原来报销的会计凭证号等相关信息，以便后续核实复查。二是补缴漏缴经费。对于个人应缴未缴的伙食费、党团费、工会会员费、租车费、房租费，应代扣代缴而未代扣代缴的个人所得税，以及其他应由个人负担的上缴经费，应由相关人员逐一补缴。补缴时，应制作明细清单，列明补缴原因、计算过程等相关信息，以便后续核实复查。三是规范会计处理。对于有些记账科目归属不准确，年度清理结转不规范，科目设置不合理等会计业务处理不正确的，应按照政府会计制度和会计基础工作规范的相关要求，补齐相关凭证附件，完善相关手续，调整相应会计记录，规范会计业务处理。四是组织资产清查。对于实物资产账实不符、账账不符的，要按照资产清查核实的工作要求，立即组织清查盘点，登记清查盘点表，拟写资产清查报告，对报废、流失等原因形成的待处理资产，要逐一查明原因、提出处置意见，报单位党委研究审定后，调整相关账务。对于应收账款形成的坏账损失，要严格按照有关规定，补齐催收资料、经济鉴证等相关资料，提交党委研究处理，防止资金流失浪费。五是作出情况说明。对于因为未严格执行规定程序、审核手续不齐全等有关事项的开支，由于具体事项已经终结，无法重新组织实施，只能完善相关手续、并作出相关情况说明。同时要求单位和相关人员在下一步工作中，严格坚持原则，严格标准，规范程序。单位党委要高度重视，财务部门、业务部门要密切配合，共同抓好制度执行。六是完善内控制度。按照财政部有关内控制度规范的统一要求，认真梳理分析单位内控制度的建立和运行情况，对于一些因缺失相关内控制度规定而形成的不规范经济行为，要抓紧制定相关规定、完善内控制度，形成全过程、全覆盖、全方位的内控制度体系，把所有经济活动都纳入财经制度的笼子，切实规范收支行为，防范财务风险。七是相关责任处理。对于在检查发现问题中有过错或责任的具体人员，应视情况严重程度等，按规定作出相应追责处理。要结合实际情况具体分析，区分问题的性质、金额的大小、对社会影响的程度、个人认错的态度、事后追偿或清退的结果等因素，合理运用纪委执纪"四种形态"，对负有经济责任的人员进行相应处理。涉嫌犯罪的，依法追究刑事责任。